21世纪经济学研究生规划教材

Advanced
Microeconomics 2E

高级微观经济学

（第二版）

蒋殿春 ◎编著

图书在版编目(CIP)数据

高级微观经济学 / 蒋殿春编著. —2版. —北京:北京大学出版社,2017.9
(21世纪经济学研究生规划教材)
ISBN 978-7-301-28108-6

Ⅰ.①高… Ⅱ.①蒋… Ⅲ.①微观经济学—研究生—教材 Ⅳ.①F016

中国版本图书馆CIP数据核字(2017)第026501号

书　　　名	高级微观经济学(第二版) GAOJI WEIGUAN JINGJIXUE
著作责任者	蒋殿春　编著
责 任 编 辑	王晶
标 准 书 号	ISBN 978-7-301-28108-6
出 版 发 行	北京大学出版社
地　　　址	北京市海淀区成府路205号　100871
网　　　址	http://www.pup.cn
电 子 信 箱	em@pup.cn　QQ　552063295
新 浪 微 博	@北京大学出版社　@北京大学出版社经管图书
电　　　话	邮购部62752015　发行部62750672　编辑部62767347
印 刷 者	北京宏伟双华印刷有限公司
经 销 者	新华书店
	787毫米×1092毫米　16开本　34.25印张　808千字 2006年8月第1版 2017年9月第2版　2023年7月第3次印刷
定　　　价	68.00元

未经许可,不得以任何方式复制或抄袭本书之部分或全部内容。
版权所有,侵权必究
举报电话: 010-62752024　电子信箱: fd@pup.pku.edu.cn
图书如有印装质量问题,请与出版部联系,电话: 010-62756370

第二版前言

离本书上一版出版已逾十年。其间，虽然微观经济理论并无重大的发展，但国内微观经济学教学状况已发生了很大变化。一方面，由于不断强调高等数学基础在经济学学习和研究中的重要性，近年来经济管理类研究生入学时的数学准备已今非昔比，使得研究生阶段的经济学理论教学更为顺畅和有效；另一方面，随着近年来大量海归博士毕业回国充实到国内高校教师队伍中，研究生经济学理论教学水平也得到了很大的提高。具体到研究生微观经济学教学上，理论的系统性、分析手段和理论深度都已有较大提升。本书新版就是为了适应这种新的形势和需要而推出的。

新版对上版主要做了以下几方面的修改。第一，新版更正了上一版中存在的一些疏漏。第二，进一步充实了现有章节的内容，例如第 4 章和第 5 章增添了 Dixit-Stiglitz (1977) 模型的基础性内容，博弈论部分适当置换了一些实例，并增添了均衡的讨论内容等。第三，也是这一版最大的变化，是新增"资产市场"和"社会选择问题"两章：(1) "资产市场"一章插入原第 10 章和第 11 章之间，属于不确定性条件下的一般均衡模型，这一补充不仅完善了 Arrow & Debreu 一般均衡体系，而且也将日益重要的资本市场纳入了本书体系；(2) "社会选择问题"的主旨在于将个体偏好"加总"为社会偏好，为个体偏好到集体行为架起桥梁。

感谢马永亮博士，他为本书的 LaTeX 格式排版付出了巨大的艰辛和努力，大大提升了本书的阅读体验。书稿交付出版社后，出版社各位编辑对后期出版事务的安排调度高效合理，为本书的顺利出版贡献良多，在此也一并感谢。

蒋殿春

2017 年 3 月 30 日

第一版前言

这本《高级微观经济学》是在本人 2000 年出版的同名教材 (经济管理出版社出版) 基础上经过大量修改和完善而成的,其对象为经济学相关专业的研究生或高年级本科生。它力图在较为系统地介绍"标准"的新古典微观经济分析技巧的同时,突出展现该学科近年来的最新发展趋势。

一、理论发展一览

自 19 世纪晚期杰文斯、门格尔、瓦尔拉斯和戈森等人为代表的边际主义学说,到 20 世纪上半叶希克斯的《价值和资本》和萨缪尔森的《经济分析基础》等著作发表,新古典微观经济学从萌芽走向了成熟。稍后在 20 世纪 50 年代,阿罗和德布鲁的工作又将其推向了非常完美的境地。但是长期以来,其完全竞争假设以及由此得到的一些不切实际的理论结果一直遭到许多经济学家的严厉批评。

这些批评没有使这一学科就此沉沦。相反,它们间接地推动了微观经济学现在的空前繁荣。随着 20 世纪 70 年代非合作博弈论分析方法的引入,寡占理论揭开了新的篇章,信息经济学也迅速崛起并壮大。这些发展变化来得如此迅速和深刻,包括西方经济学界也始料不及。1970 年阿克尔洛夫关于二手车市场逆向选择问题的信息经济学经典论文发表之前,曾遭三家权威杂志拒绝登载,但到了 20 世纪 80 年代中期,信息经济学已经成为经济分析基础的一个核心组成部分。60 年代之前,作为"主流理论"的一个例外,古典寡占模型的视角只是寡头的产量或价格行为,现代寡占理论不仅分析的深度大大提高,而且研究触角已经延伸到广告竞争、新产品研究开发竞争、市场进入壁垒等不完全竞争市场的各个方面。微观经济学已从传统的价格理论的代名词,演化成为一门研究价格和非价格经济机制下的个体行为,以及这些行为的加总结果的学科。今天,微观经济学不仅处于现代经济学研究的最前沿,而且已经真正成了所有经济分析的基础理论。

但如果有人认为新古典经济学已经完成它的历史使命,那是一个严重的误解。这一凝聚了众多经济学巨人两百多年创造和智慧的理论体系,不仅能在许多场合对经济现实提供睿智的分析见解,而且还为后来的发展奠定了坚实的基础。近年来经济学家对传统微观经济学所做的,是放宽其较为严格的理论假设,在博弈论模型中讨论各种情况下经济个体的行为选择。这些工作是对原有经济理论的累加和发展,而不是革命。事实上,完全竞争市场可以视为一类特殊的博弈模型。如果一个博弈中各局中人的支付仅依赖于自己的战略选择,而与其余局中人的行为无关,并且信息是完备的,新古典微观经济环境便又一次凸现在我们面前:消费者根据自己的偏好和市场既定价格,在收入约束下最大化自己的效用;厂商根据外生的价格水平,选择利润最大化产量。传统微观经济学中丰富的理论命题,为更复杂的模型研究提供了理想的参照。

另一方面，博弈论的引入无疑丰富了经济学家的分析手段，但微积分、非线性规划等传统的分析工具，以及比较静态分析等在新古典理论中发展成熟的研究技巧，即使在博弈模型里也是不可或缺的。若缺乏新古典微观经济学知识，那么绝大部分近来涌现的理论模型是难以阅读和理解的。

二、本书特点

本书承袭了初版以下主要特点：

第一是突出表现本学科最新的发展变化。我们以近一半的篇幅，重点介绍不确定性理论、非合作博弈论、信息经济学等目前也属经济学研究前沿的主要内容。

第二是考虑到本教材的读者层次，传统的新古典理论相对写得较为紧凑，但深度和广度都比以前的教材有较大的提高。比如，明确讨论最大值问题中的角点解条件，强调比较静态分析的重要性，引入对偶性定理等；另外，在标准的偏好理论之外，介绍了显示偏好理论、Lancaster 偏好理论。

第三是考虑到许多内容已经达到了相当深度，本书不是一味地向学生灌输概念和方法，而是在每一章末都推荐相关问题的主要参考文献，鼓励学生作进一步的深入研究。

第四是关于书中的内容行进方式，考虑到我国学生数学基础较弱，而这种层次的教材又根本不可能避开数学工具，我们采取一种介于理论的严格性和直观性间的折中办法：命题论证以数学方法为主，但对假设条件、结论以及它们之间的必然联系都以图形和文字加以直观解释。作者以为，这种方式既能基本上保证理论的规范性，同时还使内容显得生动有趣，易于理解。另外，作者尽力将全书所用的数学知识限制在最小范围以内，这些数学知识作为附录列为专门一章，供读者随时查阅。

三、修改说明

新版对初版所做的修改遍及各处，但主要是下面四个方面：

第一是更正初版中存在的错误。虽然这些错误基本不影响正常阅读，但这不应当是一部教材的最低标准。尽管书中不少错漏之处都是读者向我指出的，但没有理由要求每一个读者都有识错的义务和能力。错误就在那里，年复一年地嘲笑着作者。由于这个原因，我花了大量时间和精力做了纠错工作。尽管不可能完全杜绝错误，但新版在这方面的确有了很大的提高。

第二是对原有的部分章节进行了完善。其中，最为明显的是博弈论部分经过了调整和充实，不完备信息博弈的内容几乎全部改写，并单独列为一章。

第三是新增了拍卖理论内容（第 17 章）。作为非合作博弈论的应用，拍卖理论近年来日趋活跃，不仅拓展了微观经济学的内容，而且有助于我们加深对市场价格形成和信息传播机制的理解。本书引入拍卖理论的基本内容，就是希望顺应这种理论发展趋势，推动拍卖理论在国内的研究和应用。

第四是为了帮助读者做章末的练习问题，同时也希望通过各类问题的解题过程帮助读者深入理解微观经济分析方法，新版增加了全部习题的解答。提供习题解答也许会使一些学生轻易放弃自己求解的努力，但我认为它突出了练习问题的重要性，同时还可能会鼓励更多的读者关注并认真思考这些习题,因为他们知道必要时可以找到有用的提示。需要指出的是,不少经济学问题同时存在多种解答路径,所以读者不应当将这里提供的解答视为"标准答案"。

还需指出的是,新版中个别专业术语做了改动,使之与目前国内大多数文献使用的习惯相符,希望不致引起读者误解。

感谢我的学生和关心本书的其他广大读者。是他们的赞扬和批评,促使我努力工作,使得本书在初版基础上又向前迈进一步。特别要指出的是,博士生张宇、黄静、高越、王荣艳、杨长志、袁永娜、李峰、张宁和刘津等直接参与了本书习题解答部分的编写过程,相当一部分习题答案都是我在他们提供的解答基础上审校、修正或加工而成的。当然,其中存在的错误由我独自负责。

感谢北京大学出版社的林君秀主任和张慧卉编辑,她们对我一再拖延交稿日期给予了最大的宽容和理解,她们为本书出版付出的辛勤努力和表现出的专业素养令人敬佩。

蒋殿春
2006 年 3 月 25 日于天津

目　　录

第 1 章　生产技术 ··· 1
 1.1　生产函数 ··· 1
 1.2　单调技术和凸技术 ··· 5
 1.3　规模收益 ··· 6
 1.4　齐次和位似的生产函数 ··· 8
 1.5　多产品生产函数 ·· 9
 进一步阅读 ·· 11
 练习与思考 ·· 11

第 2 章　利润最大化 ·· 13
 2.1　利润最大化条件 ·· 13
 2.2　要素需求函数的性质 ·· 17
 2.3　利润函数 ··· 19
 2.4　短期利润最大化 ·· 23
 2.5　多产品生产 ·· 26
 进一步阅读 ·· 27
 练习与思考 ·· 28

第 3 章　成本最小化 ·· 30
 3.1　成本最小化条件 ·· 30
 3.2　成本函数 ··· 32
 3.3　Shephard 引理与比较静态分析 ··· 35
 3.4　长期与短期成本函数 ·· 37
 3.5　多工厂厂商 ·· 39
 3.6　多产品生产 ·· 41
 进一步阅读 ·· 42
 练习与思考 ·· 43

第 4 章　消费者行为 ·· 45
 4.1　偏好的公理性假设与效用函数存在定理 ································· 45
 4.2　效用最大化 ·· 51
 4.3　支出最小化及对偶原理 ·· 56
 4.4　比较静态 ··· 60
 进一步阅读 ·· 66
 练习与思考 ·· 67

第 5 章　消费者理论专题 ··· 70
　5.1　消费者剩余及效用币值 ·· 70
　5.2　等值变化与补偿变化 ·· 73
　5.3　商品的群分 ·· 77
　5.4　个体需求函数加总 ·· 81
　5.5　消费者的时间配置 ·· 85
　5.6　跨时消费 ·· 88
　进一步阅读 ·· 90
　练习与思考 ·· 91

第 6 章　进一步的消费模型 ·· 93
　6.1　显示偏好 ·· 93
　6.2　Lancaster 偏好 ··· 99
　进一步阅读 ·· 104
　练习与思考 ·· 104

第 7 章　完全竞争市场 ··· 106
　7.1　完全竞争厂商的供给 ·· 106
　7.2　短期市场均衡 ·· 109
　7.3　预期与均衡的稳定性 ·· 111
　7.4　福利经济学基本定理 ·· 114
　7.5　社会福利分析 ·· 116
　7.6　长期均衡 ·· 118
　进一步阅读 ·· 122
　练习与思考 ·· 122

第 8 章　一般均衡 ··· 125
　8.1　交换经济中的瓦尔拉斯均衡 ·· 125
　8.2　生产部门的引入 ··· 129
　8.3　均衡的稳定性 ·· 131
　8.4　均衡的福利分析 ··· 135
　8.5　艾奇沃斯交换与核 ·· 141
　进一步阅读 ·· 148
　练习与思考 ·· 149

第 9 章　不确定性和个体行为 ·· 152
　9.1　不确定性与期望效用函数 ··· 152
　9.2　个体对待风险的态度 ·· 157
　9.3　全域风险厌恶 ·· 162
　9.4　资产间的风险比较 ·· 164
　进一步阅读 ·· 169
　练习与思考 ·· 170

第 10 章　不确定性下的交换···173
- 10.1　保险需求···173
- 10.2　比较静态分析···176
- 10.3　风险均摊：Arrow-Lind 定理···179
- 10.4　风险汇合和资产多样化···181
- 10.5　有效风险配置···186
- 进一步阅读···189
- 练习与思考···190

第 11 章　资产市场···192
- 11.1　Arrow–Debreu 证券和完备市场···192
- 11.2　完备市场中的帕累托效率···196
- 11.3　时间可加效用函数和一致的信念···202
- 11.4　资产定价···206
- 11.5　以期权扩展完备市场···208
- 进一步阅读···209
- 练习与思考···210

第 12 章　完全信息博弈···212
- 12.1　静态博弈···212
- 12.2　动态博弈···225
- 12.3　重复博弈···234
- 进一步阅读···241
- 练习与思考···242

第 13 章　不完全信息博弈···245
- 13.1　静态博弈···245
- 13.2　动态博弈···252
- 13.3　信号博弈···258
- 进一步阅读···266
- 练习与思考···267

第 14 章　独占市场···271
- 14.1　独占定价···271
- 14.2　福利分析···273
- 14.3　三级价格歧视···275
- 14.4　一级价格歧视···277
- 14.5　二级价格歧视···279
- 14.6　二级价格歧视的变形及应用···284
- 14.7　价格歧视的福利含义···285
- 进一步阅读···287
- 练习与思考···287

第 15 章　静态寡占模型 · 290
- 15.1　古诺模型 · 290
- 15.2　贝特朗模型 · 294
- 15.3　艾奇沃斯模型 · 296
- 15.4　模型选择 · 299
- 15.5　序惯行动寡占 · 300
- 进一步阅读 · 303
- 练习与思考 · 304

第 16 章　多阶段寡占竞争 · 306
- 16.1　Folk 定理与串谋 · 306
- 16.2　战略性的生产规模与市场进入壁垒 · 310
- 16.3　战略竞争的一般模型及其应用 · 315
- 进一步阅读 · 319
- 练习与思考 · 320

第 17 章　拍卖 · 323
- 17.1　概述 · 323
- 17.2　独立私人价值标的拍卖 · 325
- 17.3　收益等值定理 · 329
- 17.4　价值联动 · 334
- 进一步阅读 · 341
- 练习与思考 · 342

第 18 章　社会选择问题 · 345
- 18.1　社会福利泛函 · 345
- 18.2　社会福利泛函公理条件 · 349
- 18.3　阿罗不可能性定理 · 352
- 18.4　单峰偏好 · 356
- 进一步阅读 · 360
- 练习与思考 · 360

第 19 章　市场失效 · 363
- 19.1　外部性 · 363
- 19.2　离散型公共物品的供给 · 368
- 19.3　连续型公共物品的供给 · 373
- 19.4　次优理论 · 377
- 进一步阅读 · 379
- 练习与思考 · 380

第 20 章　委托-代理理论 · 383
- 20.1　代理理论：隐藏信息 · 383
- 20.2　委托-代理模型：隐藏行为 · 392
- 进一步阅读 · 401
- 练习与思考 · 401

第 21 章　逆向选择、道德风险和信号 ··· 404
　21.1　保险市场上的非对称信息：逆向选择 ································· 404
　21.2　保险市场上的非对称信息：道德风险 ································· 409
　21.3　信号模型 ··· 413
　　进一步阅读 ··· 417
　　练习与思考 ··· 418

附录 I　数学基础知识 ··· 421
　A　线性代数 ··· 421
　B　集合论 ·· 426
　C　微分 ·· 429
　D　函数的性态和微分的关系 ·· 432
　E　积分 ·· 435
　F　最值问题 ··· 436
　G　最值的微分条件 ·· 439
　H　包络定理和拉格朗日系数的解释 ·· 444
　I　概率和随机变量 ··· 446
　　进一步阅读 ··· 449

附录 II　参考答案 ·· 450

第 1 章 生产技术

从本章开始到第 3 章，我们介绍传统的厂商理论。要对一个厂商作全面的描述，通常需要回答这样几个问题：谁拥有它？谁管理它？如何进行管理？内部组织结构是什么样子？它能做什么？在所有这些问题中，我们将集中精力分析最后一个。这倒不是说其他问题不重要，而是因为我们希望以最少的概念来分析厂商的生产决策和市场行为。

由此，我们将围绕着厂商的生产机能进行分析。在这个意义上，一个厂商，或称企业，指的是一个生产单位，它可以将若干投入要素转换成为可供消费或可供进一步作为生产投入的产品或服务。此外，我们假设每个厂商有一个"拥有者"，每个拥有者的唯一动机是使其厂商的利润最大化。

在这样的抽象假设下，厂商利润最大化行为面临两个方面的约束：技术约束和市场约束。以当前的生产技术，一定的要素投入能生产出什么样的产品，能生产多少产品，这是厂商面临的技术约束；购买一定量的生产要素所花的成本与要素市场的价格相关，生产出来的产品能实现的收益与产品市场价格相关，这是厂商面临的市场约束。这一章我们先描述厂商的技术约束，市场约束将在第 7 章、第 14—16 章中论述。

1.1 生产函数

对厂商生产技术的刻画有若干种不同的等价形式。如果一个厂商投入 n 种要素 (以 n 维向量 $\mathbf{x} = (x_1, x_2, \ldots, x_n)$ 表示)，同时生产 k 种产品 (以 k 维向量 $\mathbf{y} = (y_1, y_2, \ldots, y_k)$ 表示)，生产技术最一般的表示形式是**生产可能集** (production possibilities set)。不过，大多数时候，我们只考虑厂商只生产唯一一种产品的情况。在这种场合，**生产函数**是对厂商生产技术的一种基本的、也是最普遍的刻画形式。作为厂商理论的分析起点，我们先来对生产函数及其相关概念作出较为严格的定义。多种产出的生产技术则作为单产出情形的推广稍后介绍。

1.1.1 生产函数

假设一个厂商投入 n 种不同的要素，生产唯一一种产品。如果在要素投入 $\mathbf{x} = (x_1, x_2, \ldots, x_n)$ 下，可以得到产量 y，就称这样的要素组合 $\mathbf{x}$ 及产出 y 是一个可行的生产方案。一个可行的生产方案可以简单地以**净产出向量** $\mathbf{z} = (y, -\mathbf{x})$ 表示，这里要注意要素投入被表示为负的净产出。作为一个基本的规范，我们假设各投入水平和产量都是非负的：$\mathbf{x} \geqslant \mathbf{0}, y \geqslant 0$。所有可行的生产方案组成的集合称为**生产可能集**，记为 Z。

固定投入组合 $\mathbf{x}$，厂商的产量也可能会不同，这首先取决于它的生产是否有效率。譬如，某厂商投入 100 个单位的劳动和 200 个单位的资本，在有效率地生产时可能得到 500 千克钢；如果厂商的生产中有一些不必要的资源浪费，同样的技术和投入组合下钢产量可能只有

400 千克。如果厂商可以无成本地丢弃它不想要的资源 (这称为**无成本处置条件 (free disposal condition)**)，同样的投入组合生产 400 千克、300 千克等任何低于 500 千克的产量都是可能的。

我们假设厂商的生产总是有效率的。这样，在特定投入组合 $\mathbf{x}$ 下厂商总是得到可能的最大产量，将这个最大产量记为 $f(\mathbf{x})$。这样，给定一个生产技术，我们事实上定义了与之对应的**生产函数**：

$$f(\mathbf{x}) = \max\{y \mid (y, -\mathbf{x}) \in Z\} \tag{1.1}$$

生产函数不仅是厂商生产技术的刻画，而且由于 $f(\mathbf{x})$ 定义为厂商在要素投入 $\mathbf{x}$ 时能达到的最大产量，它良好地体现了厂商所受到的技术约束。

1.1.2 长期和短期

微观经济学中使用的长短期概念并不以时间的长短 (一个月、一年等) 而论，而是依所考虑的时间内厂商能否改变所有的要素投入量而区分的。我们知道，现实中企业的厂房、机器设备等固定资产是不会时时增减的。在一定时期内，厂商只是在现有固定资产基础上考虑雇用多少工人、购买多少零部件，那么这段时间就可作为短期处理。但是从长远来看，经济形势的变化总会促使厂商变更它的固定资产规模，当厂商将所有要素纳入其视野考虑最优生产配置时，这就成了一个长期的经济问题。反映在生产函数上，如果在我们考虑的时段内允许厂商改变它所有的要素投入规模，前面定义的生产函数中所有 x_i 都是可变的，那么它就是一个长期生产函数；假设在某一时期内厂商的一部分生产要素是固定不变的，将要素向量记为 $(\mathbf{x}_v, \mathbf{x}_f^0)$，其中 $\mathbf{x}_v$ 是可变要素，$\mathbf{x}_f^0$ 是固定要素。则这期间的短期生产函数可以写为

$$f(\mathbf{x}_v, \mathbf{x}_f^0) = \max\{y \mid (y, -\mathbf{x}_v, -\mathbf{x}_f^0) \in Z\} \tag{1.2}$$

1.1.3 等产量集

对任意一个产量水平 y^0，所有那些产出至少为 y^0 的投入组合 $\mathbf{x}$ 所组成的集合

$$V(y^0) = \{\mathbf{x} \mid f(\mathbf{x}) \geqslant y^0\} \tag{1.3}$$

称为产出 y^0 的**必要投入集 (input requirement set)**；所有产出恰好是 y^0 的投入组合 $\mathbf{x}$ 所组成的集合

$$Q(y^0) = \{\mathbf{x} \mid f(\mathbf{x}) = y^0\} \tag{1.4}$$

称为产量 y^0 的**等产量集 (isoquant)**。给定一个产量水平，就可以定义与其对应的一个等产量集。在两种要素的情形，等产量集是 (x_1, x_2) 平面上一族曲线，也称**等产量线**；等产量线右上方所有点组成的区域就是同一产出水平的必要投入集，见图 1.1。

1.1.4 边际产出和技术替代率

要考虑一种要素对产量的"贡献"有多大，某种程度上可以看这种要素的边际产出是多少。假设在要素组合 $\mathbf{x}$ 的基础上，让要素 i 的投入增加 Δx_i，同时保持其他要素 $\mathbf{x}_{-i} =$

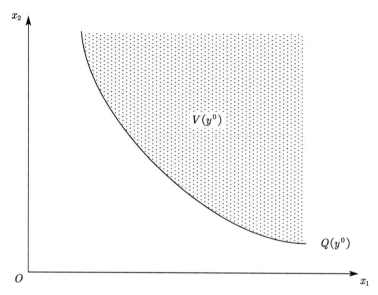

图 1.1　必要投入集和等产量线

$(x_1, \ldots, x_{i-1}, x_{i+1}, \ldots, x_n)$ 的投入量不变,则要素 i 的增加量 Δx_i 对产量的贡献可以由以下比值表现

$$\frac{\Delta y}{\Delta x_i} = \frac{f(x_i + \Delta x_i, \mathbf{x}_{-i}) - f(x_i, \mathbf{x}_{-i})}{\Delta x_i}$$

如果生产函数 $f(\mathbf{x})$ 是可微的,$\Delta x_i \to 0$ 时上述比值的极限存在,就定义这个极限为要素 i 的**边际产出 (marginal product)**

$$\mathrm{MP}_i = \lim_{\Delta x_i \to 0} \frac{f(x_i + \Delta x_i, \mathbf{x}_{-i}) - f(x_i, \mathbf{x}_{-i})}{\Delta x_i} = \frac{\partial f(\mathbf{x})}{\partial x_i} \tag{1.5}$$

如果引用简单的微分记号 $f_i(\mathbf{x}) \equiv \partial f(\mathbf{x})/\partial x_i$,我们就有

$$\mathrm{MP}_i(\mathbf{x}) = f_i(\mathbf{x})$$

有时,厂商需要在保持产量不变的情况下,调整要素投入的相对比重。**技术替代率 (technical rate of substitute, TRS)** 就是一个描述这种不影响产量的要素间替代关系的指标。如果将要素 i 的投入量变化 Δx_i ($\Delta x_i > 0$ 和 $\Delta x_i < 0$ 时分别是增加和减少要素 i 的投入),同时对要素 j 的投入量作一个 Δx_j 的调整,使得原来的产量 y^0 保持不变,则 $\Delta x_j/\Delta x_i$ 就是要素 j 对要素 i 的技术替代率 TRS_{ij}。不过,这样定义的 TRS 会随 Δx_i 的大小变化,不足以成为一个精确的概念。所以,在 $\Delta x_j/\Delta x_i$ 的极限存在的情形下,总是将 TRS 定义为这个极限值

$$\mathrm{TRS}_{ij} = \lim_{\Delta x_i \to 0} \left.\frac{\Delta x_j}{\Delta x_i}\right|_{y=y^0} \tag{1.6}$$

按微分定义,这恰好是 $\partial x_j/\partial x_i$。如果生产函数 $f(\mathbf{x})$ 是可微的,我们可以方便地求出这一导数:由于要保持产量 y^0 不变,在等产量方程

$$f(\mathbf{x}) = y^0$$

两端对 x_i 求导得

$$\frac{\partial f(\mathbf{x})}{\partial x_i} + \frac{\partial f(\mathbf{x})}{\partial x_j}\frac{\partial x_j}{\partial x_i} = 0$$

(注意, 由于我们只是作要素 i 和要素 j 之间的替代, 所以除了 x_i 和 x_j, 其他投入水平都保持不变)。所以

$$\text{TRS}_{ij} = \frac{\partial x_j}{\partial x_i} = -\frac{\partial f/\partial x_i}{\partial f/\partial x_j} = -\frac{\text{MP}_i}{\text{MP}_j} \tag{1.7}$$

在只有两种要素投入的情形下, TRS_{12} 就是相应点处等产量线的切线斜率, 见图 1.2。

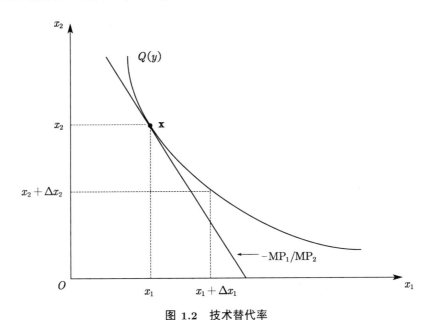

图 1.2 技术替代率

注意这样定义的技术替代率总是一个负值, 因为增加要素 i 的投入时, 要保持产量不变, 要素 j 的投入需要减少; 反之, 降低要素 i 的投入量时, 需要增加要素 j 的投入才可能达到原来的产量。也有的教材将技术替代率定义为极限 (1.6) 式的绝对值, 这样能保证它永远是一个正值。

1.1.5 技术替代弹性

与技术替代率相关的一个概念是**技术替代弹性**。在两种投入要素的情形下, 技术替代率是等产量线的斜率, 而替代弹性刻画的是等产量线的弯曲程度。如果要素投入比 x_j/x_i 按一定的速度增长, 技术替代率 TRS_{ij} 的变化速度较快, 就说明等产量线的弯曲程度较大; 反之, 当要素投入比按一定的速度增长时, TRS_{ij} 的变化速度较小, 等产量线就较为平坦。在数学上, 要素投入比和技术替代率的变化速度分别为

$$\frac{\Delta(x_j/x_i)}{x_j/x_i} \text{ 和 } \frac{\Delta \text{TRS}_{ij}}{\text{TRS}_{ij}}$$

替代弹性 σ 定义为这两者的比值。在极限存在的情形下

$$\sigma_{ij} = \lim_{\Delta x_i \to 0} \left[\frac{\Delta(x_j/x_i)}{x_j/x_i}\right] \Big/ \left(\frac{\Delta \text{TRS}_{ij}}{\text{TRS}_{ij}}\right) = \frac{d(x_j/x_i)}{d(\text{TRS}_{ij})}\frac{\text{TRS}_{ij}}{(x_j/x_i)} \tag{1.8}$$

在两种投入的情形，σ_{12} 越大，等产量线越平直。注意到 $d\ln z = dz/z$，替代弹性又可写为

$$\sigma_{ij} = \frac{d\ln(x_j/x_i)}{d\ln|\text{TRS}_{ij}|} \tag{1.9}$$

其中 TRS 取绝对值是为了保证它取对数有意义。

1.2 单调技术和凸技术

在以后的分析中，我们需要对厂商的技术作一定的假设。当然，这些假设原则上都建立在对现实所作的观察之上。单调性和凸性是两个最常见的假设，这一节对它们作简单的描述。

1.2.1 单调性

如果生产函数 $f(\mathbf{x})$ 是每个变量 x_i 的单增函数，即

$$\mathbf{x}_1 \leqslant \mathbf{x}_2 \Rightarrow f(\mathbf{x}_1) \leqslant f(\mathbf{x}_2)$$

则称该技术为**单调**的；如果这里改为严格不等式，就称为严格单调技术。

单调性说的是，投入越多产出也越多，这与常理应该说是相符的。但是严格说来，单调性隐含地使用了无成本处置条件，即假设厂商可以无成本地处置多余的要素。为什么这样说呢？看这个两要素生产技术的简单例子：如果投入要素组合 (3,3) 可生产 1 单位产品，(4,3) 能否生产至少 1 单位产品呢？只要无成本处置条件成立，厂商能毫无代价地闲置或丢弃 1 单位要素 1，问题就全部解决了；若不是这样，丢弃多余要素还需额外的花费 (更多的要素)，那么谁也不能保证厂商的产量不小于 1。

在只有两种投入要素的情形下，如果技术是单调的，那么位于 (x_1, x_2) 平面中右上方的等产量线对应的产量总比左下方等产量线对应的产量高。

1.2.2 凸性

如果厂商任何一个必要投入集

$$V(y) = \{\mathbf{x}|\, f(\mathbf{x}) \geqslant y\} \quad \forall y \geqslant 0$$

都是凸集，就说该技术是**凸**的。注意到 $V(y)$ 是生产函数 $f(\mathbf{x})$ 的上轮廓集，而所有上轮廓集为凸集的函数又被称为拟凹函数，所以如果厂商的技术是凸的，它的生产函数必然是拟凹函数，这也就是有时将凸技术称为**拟凹技术**的原因。图 1.3 显示了几种两要素生产技术的等产量线。其中 (a) 和 (b) 显示的即为凸技术，而 (c) 则为一种非凸的生产技术。

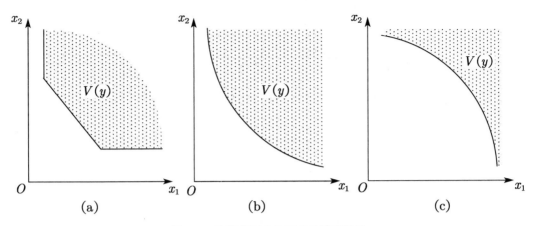

图 1.3 凸技术和非凸技术的等产量线

对凸技术的理解,可以看一个简单的例子:某厂商可用 A 方法或 B 方法生产 1 单位产品, A 方法使用的要素组合是 $(1,2)$, B 方法的要素投入组合则是 $(2,1)$。如果允许重复这两种生产方法,那么生产 100 单位产品至少有两条途径:重复 A 方法 100 次,最终使用要素组合 $(100,200)$ 生产出 100 单位产品,这也可表示为 $(100,200) \in V(100)$;重复 B 方法 100 次,也能得到 100 单位产品,简记为 $(200,100) \in V(100)$。还有其他途径生产 100 单位产品吗?还有许多。譬如,同时重复两种方法各 50 次,有 $(150,150) \in V(100)$;重复 A 方法 75 次并重复 B 方法 25 次, $(125,175) \in V(100)$, 等等。一般地,为得到 100 单位产品,厂商可以重复 A 方法 T 次 (T 为任何 0 和 100 间的整数),再重复 B 方法 $100-T$ 次,最终投入的要素组合是

$$T(1,2) + (100-T)(2,1)$$

为分析方便,假设 T 可取 0 和 100 间任何实数,记 $T/100$ 为 t,则

$$t(100,200) + (1-t)(200,100) \in V(100) \quad (0 \leqslant t \leqslant 1)$$

就是说,如果 $\mathbf{x}_1 \in V(y)$, $\mathbf{x}_2 \in V(y)$, 而 $0 \leqslant t \leqslant 1$, 通常情况下我们可以断言 $t\mathbf{x}_1 + (1-t)\mathbf{x}_2 \in V(y)$。这就是凸技术假设的背景。

凸技术的等产量线 (两要素情形) 是凸向原点的,这意味着随着 x_1 的增加曲线越来越平坦, TRS_{12} 越来越小。技术替代率递减是新古典微观经济学的一个标准假设。

1.3 规模收益

1.3.1 全局规模经济

如果所有要素的投入量同比例增加 (或减少) 时,产量也按此比例增加 (或减少),则说该技术呈**常规模收益**特征,或者说该技术是**规模收益不变**的。按这个定义,常规模收益技术的生产函数是一次齐次的,即

$$f(t\mathbf{x}) = tf(\mathbf{x}) \quad \forall t > 0, \forall \mathbf{x} \geqslant \mathbf{0} \tag{1.10}$$

相似地, 若 $\forall t > 1$, $\forall \mathbf{x} \geqslant \mathbf{0}$
$$f(t\mathbf{x}) > tf(\mathbf{x}) \tag{1.11}$$
称生产技术是**规模收益递增**的; 若
$$f(t\mathbf{x}) < tf(\mathbf{x}) \tag{1.12}$$
则称生产技术是**规模收益递减**的。

虽然我们定义了规模收益递减技术, 但实际上这种技术极为少见, 因为通常情况下厂商总可以重复原有生产方案, 而这意味着 t 倍的投入组合下得到的产量也将放大 t 倍。当人们认为某一生产函数是规模收益递减时, 往往是因为忽略了某些投入要素的存在而导致了误判。考虑下面这个例子: 假设 $f(\mathbf{x})$ 满足
$$f(t\mathbf{x}) < tf(\mathbf{x}) \quad \forall t > 0, \forall \mathbf{x} \geqslant \mathbf{0}$$
定义 $F(\mathbf{x}, z) = zf(\mathbf{x}/z)$。注意 $F(\mathbf{x}, 1) \equiv f(\mathbf{x})$, 且 $F(\mathbf{x}, z)$ 是一次齐次的
$$F(t\mathbf{x}, tz) = (tz)f(t\mathbf{x}/tz) = tF(\mathbf{x}, z)$$

如果我们将 z 想象成一种除 $\mathbf{x}$ 外的虚拟要素, 那么作为一个具有 $n+1$ 种投入要素的生产技术, $F(\mathbf{x}, z)$ 是规模收益不变的; $f(\mathbf{x})$ 是"完整的"生产函数 $F(\mathbf{x}, z)$ 在要素 z 固定为 1 时的形式。$f(\mathbf{x})$ 之所以呈规模收益递减特征, 是因为人们观察到 $\mathbf{x}$ 增加了 t 倍时, "要素" z 并没有随之增加 t 倍。由于遗忘了不明显的要素, 才出现规模收益递减技术。

1.3.2 局部规模经济

以上定义的规模经济概念要求各定义式在所有生产规模和各种要素组合下都成立, 这意味着这些概念是全局性的。当然, 其限制条件也就非常强。很多生产函数不满足上面三个式子中任何一个, 但是, 它们可能会在某个产量范围内是规模收益递增的, 而在另外的产量范围内是规模收益不变或递减的。即是说, 生产技术的规模收益特性常常与厂商的生产规模及要素组合情况相关。我们用 (局部) 规模收益弹性刻画这种局部性的规模收益特性。

设 $f(\mathbf{x})$ 是生产函数, t 为一个正数; 记 $y(t) = f(t\mathbf{x})$, 则 t 事实上是一个生产规模系数: $t = 1$ 代表厂商以原有的规模和组合生产, $t > 1$ 代表各要素的投入都同比例地放大, 而 $t < 1$ 则是要素投入同比例地减少。我们关心的是, 在原有的规模 ($t = 1$) 基础上, 增加或减少生产规模 t 时, 产量 $y(t)$ 的变化速度怎样。自然地, 定义生产技术在要素组合为 $\mathbf{x}$ 时的规模收益弹性为
$$e(\mathbf{x}) = \left.\frac{dy(t)/y(t)}{dt/t}\right|_{t=1} = \left.\frac{1}{f(\mathbf{x})}\frac{df(t\mathbf{x})}{dt}\right|_{t=1} \tag{1.13}$$
如果 $e(\mathbf{x}) = 1$, 表明产量增长速度与规模增长速度相同, 则说技术在 $\mathbf{x}$ 处是规模收益不变的; 相似地, $e(\mathbf{x}) > 1$ 或 $e(\mathbf{x}) < 1$ 时, 技术在 $\mathbf{x}$ 处分别是规模收益递增和递减的。

显然, 全局规模收益递增 (递减、不变) 是局部规模收益递增 (递减、不变) 的特例。比如, 对于规模收益不变技术, $f(t\mathbf{x}) = tf(\mathbf{x})$, 在任何一点的规模收益弹性是
$$e(\mathbf{x}) = \left.f(\mathbf{x}) \cdot \frac{t}{tf(\mathbf{x})}\right|_{t=1} = 1$$

无论是哪一种要素组合 $\mathbf{x}$, $e(\mathbf{x})$ 总是 1, 就是说生产技术在各种要素组合 $\mathbf{x}$ 下都是规模收益不变的。

1.4 齐次和位似的生产函数

上一小节我们已经看到，一个一次齐次生产函数对应于规模收益不变的技术, 那么其他种类的齐次生产函数对应的技术有什么样的特征呢?

假设一个生产函数是 k 次齐次的 (k 是某个非负整数):

$$f(t\mathbf{x}) = t^k f(\mathbf{x}) \quad \forall\, t > 0$$

让我们先来求出它的规模收益弹性

$$e(\mathbf{x}) = \left[\frac{df(t\mathbf{x})}{dt}\frac{t}{f(t\mathbf{x})}\right]_{t=1} = \left[\frac{d[t^k f(\mathbf{x})]}{dt}\frac{t}{t^k f(\mathbf{x})}\right]_{t=1} = k$$

注意这个弹性值与投入组合 $\mathbf{x}$ 无关, 所以, $k > 1$ 时规模收益递增, $k < 1$ 时规模收益递减, 而 $k = 1$ 时规模收益不变的情况前面已经说明。

由于 k 次齐次函数的导数是 $k-1$ 次齐次函数

$$f_i(t\mathbf{x}) = t^{k-1} f_i(\mathbf{x})$$

所以, 由技术替代率定义 (1.7) 有

$$\mathrm{TRS}_{ij}(t\mathbf{x}) = -\frac{f_i(t\mathbf{x})}{f_j(t\mathbf{x})} = -\frac{f_i(\mathbf{x})}{f_j(\mathbf{x})} = \mathrm{TRS}_{ij}(\mathbf{x}) \tag{1.14}$$

即是说, 如果厂商的生产函数是齐次的, 它任何两种要素间的技术替代率只与各要素的投入比例有关, 与投入规模无关。

在只有两种要素投入的场合, (x_1, x_2) 平面上从原点 O 出发的任何一条射线上的所有点都有相同的要素投入比例 x_2/x_1。如果生产函数是齐次函数, 那么在每一条这样的射线上等产量线的斜率 (即 TRS_{12}) 不变, 见图 1.4。

现在转而考虑位似的生产函数 $f(\mathbf{x})$, 即是说, $f(\mathbf{x})$ 是一个一次齐次函数的正单调变换

$$f(\mathbf{x}) = F(g(\mathbf{x}))$$

这里 $F'(\cdot) > 0$, $g(\mathbf{x})$ 是一次齐次函数。这种情况下规模收益是否不变呢? 不一定。事实上, 规模收益弹性是

$$e(\mathbf{x}) = \frac{df(t\mathbf{x})}{dt}\frac{t}{f(t\mathbf{x})} = \frac{dF(g(t\mathbf{x}))}{dg}\frac{dg(t\mathbf{x})}{dt}\frac{t}{F(g(t\mathbf{x}))}$$

$$= \frac{dF}{dg}\frac{dg}{dt}\frac{t}{g}\frac{g}{F} = \frac{dF}{dg}\frac{g}{F}$$

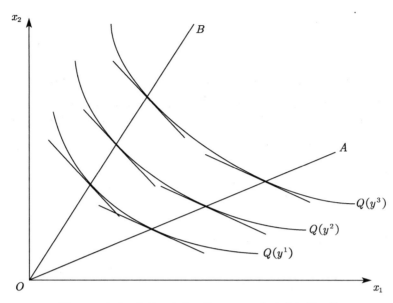

图 1.4 齐次 (位似) 生产函数下 TRS 与生产规模无关

上面的计算中最后一个等式用到了函数 $g(\mathbf{x})$ 的一次齐次性质。上式可能大于、小于或等于 1，所以我们不能断定位似生产函数的规模收益性质。不过，位似生产函数的分析价值是它满足性质 (1.14)，即是说，技术替代率只依赖于要素间的投入比例，而与生产规模无关

$$\text{TRS}_{ij}(t\mathbf{x}) = \frac{f_i(t\mathbf{x})}{f_j(t\mathbf{x})} = \frac{F'(g)g_i(t\mathbf{x})}{F'(g)g_j(t\mathbf{x})} = \frac{F'(g)g_i(\mathbf{x})}{F'(g)g_j(\mathbf{x})} = \text{TRS}_{ij}(\mathbf{x})$$

所以，在两要素投入的情况下，位似生产函数的等产量线也像图 1.4 所示，其斜率在射线 OA 或 OB 上保持不变。

1.5 多产品生产函数

前面我们用生产函数 $y = f(\mathbf{x})$ 刻画了一种产品的生产技术。一般地，我们也可以将它写为隐函数的形式

$$g(y, \mathbf{x}) = y - f(\mathbf{x}) = 0 \tag{1.15}$$

或者，如果考虑到厂商的生产可能不会完全有效率，有

$$g(y, \mathbf{x}) = y - f(\mathbf{x}) \leqslant 0 \tag{1.16}$$

(1.15) 或 (1.16) 形式的生产函数有利于我们将其推广到多产品生产技术的情形。如果厂商同时生产多种产品，首先，我们可以用前面见过的**净产出向量**表现这样的技术：假设厂商以 n 种投入同时生产 k 种产品，我们将投入向量 $\mathbf{x} = (x_1, \ldots, x_n)$ 和产出向量 $\mathbf{y} = (y_1, \ldots, y_k)$ 组合成净产出向量 $(\mathbf{y}, -\mathbf{x})$。然后，仿照 (1.15) 或 (1.16)，厂商的技术约束可以写为

$$g(\mathbf{y}, \mathbf{x}) \leqslant 0 \tag{1.17}$$

或者，如果厂商的生产是有效率的，则

$$g(\mathbf{y}, \mathbf{x}) = 0 \tag{1.18}$$

满足 (1.17) 的净产出向量组成的集合称为厂商的生产可能集，而满足 (1.18) 的净产出向量组成的集合称为厂商的**生产 (有效) 边界 (production frontier)**。

假设厂商的生产是有效率的，即是说它处于生产边界 (1.18) 上；假设函数 $g(\mathbf{y}, \mathbf{x})$ 连续可微，我们可以考虑下列三种导数：

(a) 由隐函数求导法则

$$\frac{\partial x_j}{\partial x_i} = -\frac{\partial g/\partial x_i}{\partial g/\partial x_j} \equiv \text{TRS}_{ij} \quad i, j = 1, \ldots, n \tag{1.19}$$

这是以要素 j 替代要素 i 的技术替代率。

(b) 同样

$$\frac{\partial y_j}{\partial x_i} = -\frac{\partial g/\partial x_i}{\partial g/\partial y_j} \equiv \text{MP}_i^j \quad i = 1, \ldots, n, j = 1, \ldots, k \tag{1.20}$$

这是要素 i 对产出 j 的边际产出。

(c) 一种在单产出生产技术中没有的概念是

$$\frac{\partial y_j}{\partial y_i} = -\frac{\partial g/\partial y_i}{\partial g/\partial y_j} \equiv \text{MRT}_{ij} \quad i, j = 1, \ldots, k \tag{1.21}$$

这称为产出 i 和 j 间的**边际转换率 (marginal rate of transformation)**。MRT_{ij} 刻画的是，保持所有投入水平和其他产品的产出水平不变，少生产一单位产品 i，可以多生产多少单位产品 j。譬如，在有两种产出的情形，保持所有投入水平不变，方程 (1.18) 成为 (y_1, y_2) 平面上一条曲线，这也称为产品 1 和产品 2 间的**转换曲线**。MRT_{12} 即转换曲线的斜率，如图 1.5 所示。

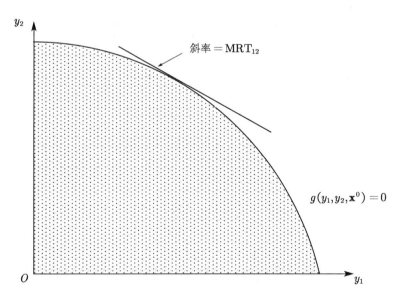

图 1.5　转换曲线及边际转换率

进一步阅读

对生产函数及其特征的详细描述可参见:

Chamber, R.G. (1988), *Applied Production Analysis*, Cambridge: Cambridge University Press.

Ferguson, C.E. (1969), *The Neo-Classical Theory of Production and Distribution*, Cambridge: Cambridge University Press.

Shephard, R. W. (1970), *Theory of Cost and Production Function*, NJ : Princeton University.

练习与思考

1-1 两种产品 x 和 y 唯一需要的要素投入是劳动 L。一单位 x 产品需要的劳动投入量是 8,一单位 y 产品需要的劳动投入量是 1。假设可投入的劳动量总共为 48。
(1) 写出生产可能集 Z 的代数表达式。
(2) 写出生产 (隐) 函数。
(3) 在 (x, y) 平面上标示生产边界。

1-2 试画出 Leontief 生产函数

$$f(x_1, x_2) = \min\{x_1/\beta_1, x_2/\beta_2\}$$

的等产量线。

1-3 对 Cobb-Douglas 生产函数 $f(x_1, x_2) = A x_1^\alpha x_2^\beta (A > 0, \alpha, \beta > 0)$
(1) 证明 $MP_1 = \alpha y/x_1$,$MP_2 = \beta y/x_2$。
(2) 求技术替代率 TRS_{12}。
(3) 当 y 或 x_2/x_1 变化时,TRS_{12} 如何随之变化?
(4) 画出等产量线。

1-4 对 CES 生产函数

$$y = A(\delta_1 x_1^\alpha + \delta_2 x_2^\alpha)^{1/\alpha}, \quad \delta_1 + \delta_2 = 1, \quad A > 0$$

(1) 证明边际产出 $MP_i = A^\alpha \delta_i (y/x_i)^{1-\alpha}$。
(2) 求技术替代率 TRS_{12}。
(3) 当 y 或 x_2/x_1 变化时,TRS_{12} 如何随之变化?
(4) 证明技术替代弹性 $\sigma = 1/(1 - \alpha)$。

1-5 证明: CES 生产函数在 $\alpha = 1$ 时变为线性函数, 在 $\alpha \to 0$ 时变为 Cobb-Douglas 函数, 在 $\alpha \to -\infty$ 时变为 Leontief 生产函数。

1-6 证明以下两问:
(1) 试证明欧拉定理: 对任何 k 次 $(k \geqslant 0)$ 齐次生产函数 $f(\mathbf{x})$, 总有

$$kf(\mathbf{x}) = \sum_i \frac{\partial f}{\partial x_i} x_i$$

(2) 用生产函数 $f(x_1, x_2) = A x_1^\alpha x_2^\beta$ $(A > 0, \alpha, \beta > 0)$ 验证欧拉定理。

1-7 下列生产函数的规模收益状况如何?
(1) 线性函数: $f(x_1, x_2) = ax_1 + bx_2$, $a, b > 0$。
(2) Leontief 生产函数。
(3) Cobb-Douglas 生产函数。
(4) CES 生产函数。

1-8 证明:
(1) 对于二元生产函数 $f(x_1, x_2)$, 替代弹性可以表示为

$$\sigma_{12} = \frac{f_1 f_2 (x_1 f_1 + x_2 f_2)}{x_1 x_2 (2 f_1 f_2 f_{12} - f_1^2 f_{22} - f_2^2 f_{11})}$$

(2) 如果生产函数 $f(x_1, x_2)$ 还是一次齐次的, 则进一步有

$$\sigma_{12}(\mathbf{x}) = \frac{f_1(\mathbf{x}) f_2(\mathbf{x})}{f(\mathbf{x}) f_{12}(\mathbf{x})}$$

第 2 章 利润最大化

这一章的主题是, 厂商面对完全竞争的产品和要素市场时如何安排生产, 具体说就是买什么样的要素组合和生产多少。当然, 我们认定厂商的生产目标是利润最大化, 这是新古典经济学的一个基本假设。产品和要素市场完全竞争的假设意味着厂商是市场**价格的接受者** (price taker), 它可以在现行价格下买任何数量的要素和卖任何数量的产品而不影响价格, 这一假设在以后的模型中会放宽。

为了避免叙述的累赘, 除非明确考虑例外情况, 我们总是假设生产函数是连续、严格单增并且严格拟凹的, 由数学附录 F.2 节的最大值唯一性定理, 这个条件保证了最大值的唯一性; 并且, 必要时我们总是假设相关的函数具有足够的光滑性质, 允许我们以微分技巧进行各种比较静态分析。

2.1 利润最大化条件

2.1.1 内点解

设产品的市场价格为 p, 要素的市场价格为 $\mathbf{w}$。如果厂商购买要素组合 $\mathbf{x}$, 成本将为 $\mathbf{wx} = \sum_i w_i x_i$, 产品在市场上出售所得的收益为 py。当然, 厂商受技术约束, 产品产量 y 不可能超过 $f(\mathbf{x})$, 并且, 各要素的投入水平也不可能为负值。所以, 厂商面对的问题是

$$\max_{y,\mathbf{x}}(py - \mathbf{wx}) \\ \text{s.t.} \quad y \leqslant f(\mathbf{x}) \\ \mathbf{x} \geqslant \mathbf{0} \tag{2.1}$$

由于厂商利润是产量 y 的单增函数, 厂商不会选择无效率的生产, 所以技术约束中等号必然成立 (或说这个约束是束紧的): $y = f(\mathbf{x})$, 将其代入目标函数, 问题 (2.1) 等价于

$$\max_{\mathbf{x} \in \mathbf{R}_+^n}[pf(\mathbf{x}) - \mathbf{wx}] \tag{2.2}$$

如果这个最大值问题在 $\mathbf{R}_+^n = \{\mathbf{x} \mid x_i \geqslant 0\}$ 的内点 $\mathbf{x}^*$ (即 $x_i^* > 0$) 得解, 必然满足一阶必要条件

$$p\frac{\partial f(\mathbf{x}^*)}{\partial x_i} - w_i = 0 \quad i = 1, \ldots, n \tag{2.3}$$

以及二阶必要条件: 生产函数 $f(\mathbf{x})$ 的**海赛矩阵** (Hessian matrix)

$$\mathbf{D}^2 f(\mathbf{x}^*) = \begin{pmatrix} f_{11} & \cdots & f_{1n} \\ \vdots & \ddots & \vdots \\ f_{n1} & \cdots & f_{nn} \end{pmatrix} \bigg|_{\mathbf{x}=\mathbf{x}^*} = (f_{ij}(\mathbf{x}^*))_{n \times n}$$

是半负定的。

一阶条件揭示了利润最大化厂商的要素配置原则:每一要素的边际产出价值 $p(\partial f/\partial x_i)$ 都应等于它的价格 w_i。将一阶条件 n 个等式的两端两两相除,得到

$$\frac{\partial f(\mathbf{x}^*)/\partial x_i}{\partial f(\mathbf{x}^*)/\partial x_j} = \frac{w_i}{w_j} \tag{2.4}$$

回忆上一章, (2.4) 式等号左端定义为要素 i 和 j 间的技术替代率 TRS_{ij},所以,利润最大化要求任何两个要素间的技术替代率等于这两个要素的价格比。

我们也可以用几何方法简单说明上述一阶和二阶必要条件。考虑只有一种要素投入的生产技术 $y = f(x)$,在 (x, y) 平面上 (如图 2.1(a)),等利润线 Π^0 的方程是

$$py - wx = \pi^0$$

或者写为

$$y = (w/p)x + \pi^0/p$$

这是一条斜率为 w/p 的直线。注意其位置往左上方移动代表利润提高。技术可行集是图 2.1(a) 中阴影部分,厂商的目标就是要在这个阴影区域中找一点达到最高的等利润线。显然,这个最优生产点必定是曲线 $y = f(x)$ 与某一条等利润线 Π^* 的切点 (x^*, y^*),在这点二者的斜率相等

$$w/p = f'(x^*) = \text{MP}$$

这就是一阶条件 (2.3)。

那么二阶必要条件的作用是什么呢?如图 2.1(b) 所示,曲线 $y = f(x)$ 同时与两条等利润曲线相切。但在切点 (x', y') 附近,生产函数曲线位于与之相切的等利润曲线的上侧,这表明少量变动要素投入和产量即可增加利润,π' 不可能是厂商的最大利润。事实上 (x', y') 是

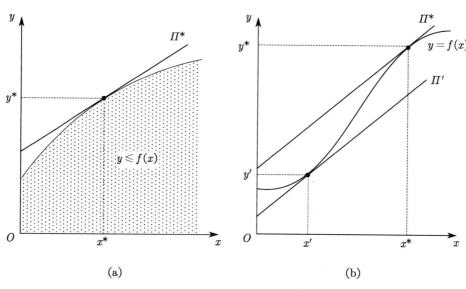

图 2.1 利润最大化的一阶和二阶必要条件

一个 (局部) 利润极小值点。为了避免这样的利润极小值点, 要求在生产函数与等利润线相切的切点附近, 前者处于后者的下侧。换句话说, 要求最优生产点附近生产函数是 "向下弯曲" 的, 用正式术语说就是生产函数局部凹:

$$f''(x^*) \leqslant 0$$

这就是单要素投入情况下的二阶必要条件。为了说明条件 (2.4), 考虑一个两种要素投入的生产技术 $y = f(x_1, x_2)$, 假设 (x_1^*, x_2^*) 是最优投入水平, 最优产量是 $y^* = f(x_1^*, x_2^*)$。此时, 厂商的成本是 $C^* = w_1 x_1^* + w_2 x_2^*$。现在考虑等成本线 (见图 2.2)

$$w_1 x_1 + w_2 x_2 = C^*$$

注意它过 (x_1^*, x_2^*) 点, 因为这点的坐标满足上面的方程。现在我们断言, 这条等成本线一定与产量水平为 y^* 的等产量线 $Q(y^*)$ 相切于 (x_1^*, x_2^*)——因若不然, (1) 如果这两条曲线不相交, 则说明要素组合 (x_1^*, x_2^*) 无法达到产量 y^*, 这与假设矛盾; (2) 如果这两条曲线有两个以上的交点, 则在该等成本线上必定有其他要素组合可以生产更高的产量, 而这意味着厂商可以不增加成本而生产更多的产品, 这与 (x_1^*, x_2^*) 是最优投入组合的假设矛盾。

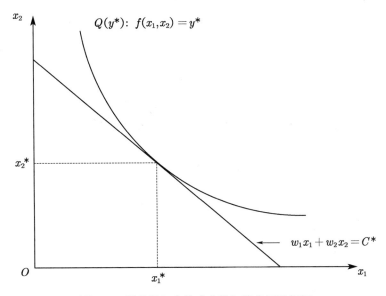

图 2.2 最优投入点等成本线与等产量线相切

所以, 在 (x_1^*, x_2^*) 点, 等成本线的斜率与等产量线的斜率相等

$$-\frac{w_1}{w_2} = -\frac{f_1}{f_2}$$

去掉等号两端的负号, 就得到 (2.4)。

2.1.2 角点解

以上的分析都是在内点解 $\mathbf{x}^*: x_i > 0 \ (i = 1, \ldots, n)$ 这一前提下进行的。但是, 利润最大化问题 (2.1) 的解可能只是一个**角点解** (**corner solution**, 或称**边界解**), 此时, 某些要素的投入水平为零。如果 (2.1) 中的约束 $\mathbf{x} \geqslant \mathbf{0}$ 中有一些是束紧的, 前面叙述的必要条件可能不成立。

要解决这一问题, 需要应用 Kuhn-Tucker 定理。在不等式约束 $\mathbf{x} \geqslant \mathbf{0}$ 下, 拉格朗日函数是

$$L = pf(\mathbf{x}) - \mathbf{w}\mathbf{x} + \sum_{i=1}^{n} \mu_i x_i$$

一阶必要条件是

$$\frac{\partial L}{\partial x_i} = p\frac{\partial f(\mathbf{x}^*)}{\partial x_i} - w_i + \mu_i^* = 0 \tag{2.5}$$

这里 $\mu_i^* \geqslant 0$, 并且满足互补松弛条件: 如果 $x_i^* > 0$, 则 $\mu_i^* = 0$。

综合 (2.5) 和互补松弛条件, 我们有

$$\text{如果 } x_i^* > 0, \text{则 } pf_i(\mathbf{x}^*) - w_i = 0 \tag{2.6}$$

$$\text{如果 } x_i^* = 0, \text{则 } pf_i(\mathbf{x}^*) - w_i \leqslant 0 \tag{2.7}$$

也就是说, 对于有正投入的要素, 相关的一阶必要条件与 (2.3) 完全一致; 对于投入量为零的要素, 其边际产出价值必定不超过这种要素的价格。

图 2.3 显示了两种要素投入情况下的一种边界解 $(x_1^*, 0)$: 要素 2 的投入量为 0, 厂商购买要素 1 的费用就是它的全部成本。按必要条件 (2.5) 和 (2.6)

$$\frac{f_1}{f_2} \geqslant \frac{w_1}{w_2}$$

这意味着在最优投入点 $(x_1^*, 0)$, 等产量线的斜率 (绝对值) 不小于等成本线的斜率 (绝对值)。注意当 $x_1 < x_1^*$ 时等产量线更陡峭, 根本不可能与常斜率的等成本线相切。

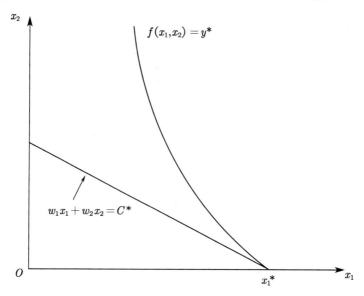

图 2.3 边界解: 等产量线总比等成本线陡峭

条件 (2.7) 在直观上也容易理解: 如果厂商弃某一要素投入不用, 其原因必然是这种要素的边际产出价值低于它的价格。

2.2 要素需求函数的性质

让我们回到一般的内点解情形。如果生产函数是严格拟凹的,一定市场环境 $(p, \mathbf{w})$ 中的最佳要素投入组合 $\mathbf{x}^*$ 是唯一的,将其记为 $\mathbf{x}(p, \mathbf{w})$,这就是厂商的**要素需求**;相应地,$y(p, \mathbf{w}) = f(\mathbf{x}(p, \mathbf{w}))$ 就是厂商的**产品供给**。利用一阶和二阶条件,我们可以作一些比较静态分析,推导要素需求函数的性质。

让我们从最简单的单要素技术开始。此时,一、二阶必要条件分别是

$$pf'(\mathbf{x}(p, \mathbf{w})) - \mathbf{w} \equiv 0 \tag{2.8}$$

和

$$pf''(\mathbf{x}(p, \mathbf{w})) \leqslant 0 \tag{2.9}$$

在一阶条件 (2.8) 中对 w 求导

$$pf''(\mathbf{x}(p, \mathbf{w}))\frac{\partial \mathbf{x}(p, \mathbf{w})}{\partial \mathbf{w}} - 1 \equiv 0$$

不妨假设 $f''(x) \neq 0$,我们有

$$\frac{\partial \mathbf{x}(p, \mathbf{w})}{\partial \mathbf{w}} \equiv \frac{1}{pf''(\mathbf{x}(p, \mathbf{w}))} \tag{2.10}$$

由二阶条件 (2.9), (2.10) 式是负值,这说明要素需求是要素价格的减函数,或说要素需求随要素价格的上升而减少——这是情理之中的事。

如果在一阶条件 (2.8) 中对价格 p 求导,就有

$$f'(\mathbf{x}(p, \mathbf{w})) + pf''(\mathbf{x}(p, \mathbf{w}))\frac{\partial \mathbf{x}(p, \mathbf{w})}{\partial p} \equiv 0$$

从而

$$\frac{\partial \mathbf{x}(p, \mathbf{w})}{\partial p} = -\frac{f'}{pf''} > 0 \tag{2.11}$$

这表明要素需求随产品价格的增加而增加。

现在来看两种要素的生产技术。一阶条件是

$$p\frac{\partial f(\mathbf{x}(p, \mathbf{w}))}{\partial x_1} \equiv w_1, \quad p\frac{\partial f(\mathbf{x}(p, \mathbf{w}))}{\partial x_2} \equiv w_2 \tag{2.12}$$

(2.12) 中两个恒等式分别对 w_1 求偏导

$$p\left(f_{11}\frac{\partial x_1}{\partial w_1} + f_{12}\frac{\partial x_2}{\partial w_1}\right) = 1$$

$$p\left(f_{21}\frac{\partial x_1}{\partial w_1} + f_{22}\frac{\partial x_2}{\partial w_1}\right) = 0$$

(2.12) 分别对 w_2 求偏导

$$p\left(f_{11}\frac{\partial x_1}{\partial w_2} + f_{12}\frac{\partial x_2}{\partial w_2}\right) = 0$$

$$p\left(f_{21}\frac{\partial x_1}{\partial w_2} + f_{22}\frac{\partial x_2}{\partial w_2}\right) = 1$$

将以上四式写为矩阵形式

$$p\begin{pmatrix} f_{11} & f_{12} \\ f_{21} & f_{22} \end{pmatrix} \begin{pmatrix} \dfrac{\partial x_1}{\partial w_1} & \dfrac{\partial x_1}{\partial w_2} \\ \dfrac{\partial x_2}{\partial w_1} & \dfrac{\partial x_2}{\partial w_2} \end{pmatrix} = \begin{pmatrix} 1 & 0 \\ 0 & 1 \end{pmatrix} \tag{2.13}$$

不妨假设海赛矩阵 (f_{ij}) 是非退化的, 从而由二阶条件它还是负定的, 这样

$$\begin{pmatrix} \dfrac{\partial x_1}{\partial w_1} & \dfrac{\partial x_1}{\partial w_2} \\ \dfrac{\partial x_2}{\partial w_1} & \dfrac{\partial x_2}{\partial w_2} \end{pmatrix} = \frac{1}{p}\begin{pmatrix} f_{11} & f_{12} \\ f_{21} & f_{22} \end{pmatrix}^{-1} \tag{2.14}$$

等号左端的矩阵反映了要素价格变化引起投入要素之间的替代关系, 称为**替代矩阵 (substitute matrix)**。由于海赛矩阵 (f_{ij}) 负定, 其逆矩阵也负定; 又由于负定矩阵中主对角线上的元素必为负值, 所以

$$\frac{\partial x_i}{\partial w_i} < 0 \quad i = 1, 2 \tag{2.15}$$

即是说要素的价格变化必然引起该要素需求的反方向变化; 注意到 (f_{ij}) 还是对称矩阵, 其逆矩阵也是对称的, 故而我们又有

$$\frac{\partial x_i}{\partial w_j} = \frac{\partial x_j}{\partial w_i} \quad i,j = 1, 2 \tag{2.16}$$

这意味着要素价格的交叉效应是对称的: 要素 1 一个微小幅度涨价 (跌价) 引起的要素 2 需求的增加 (减少) 量, 与要素 2 同幅度涨价 (跌价) 引起的要素 1 需求的增加 (减少) 量相等。

对熟悉矩阵运算的读者, 可以方便地进行以下 n 要素生产函数的比较静态推演。将一阶必要条件写为矩阵形式 (假设 p 为常数, 并将 $\mathbf{x}(p, \mathbf{w})$ 简写为 $\mathbf{x}(\mathbf{w})$)

$$p\mathbf{D}f(\mathbf{x}(\mathbf{w})) - \mathbf{w} \equiv \mathbf{0} \tag{2.17}$$

这里 $\mathbf{0}$ 是 n 维零向量, 其中每个分量都为 0。对 $\mathbf{w}$ 微分

$$p\mathbf{D}^2 f(\mathbf{x}(\mathbf{w}))\mathbf{D}\mathbf{x}(\mathbf{w}) - \mathbf{I} \equiv \mathbf{0}$$

其中 $\mathbf{I}$ 表示 n 阶单位矩阵 (主对角线上的元素为 1, 其他元素全为 0)。若将考虑范围限制在海赛矩阵 $\mathbf{D}^2 f$ 非退化的情形, 我们有

$$\mathbf{D}\mathbf{x}(\mathbf{w}) \equiv [p\mathbf{D}^2 f(\mathbf{x}(\mathbf{w}))]^{-1} \tag{2.18}$$

由于 $\mathbf{D}^2[f(\mathbf{x}(\mathbf{w}))]$ 是负定的对称矩阵,其逆矩阵亦然。与两要素的情形类似,这意味着要素需求是自身价格的减函数,且要素价格的交叉效应相等。

2.3 利润函数

2.3.1 利润函数的性质

如果生产函数是 $f(\mathbf{x})$,我们将厂商能达到的最大利润定义为它的**利润函数**

$$\pi(p, \mathbf{w}) = \max[pf(\mathbf{x}) - \mathbf{w}\mathbf{x}] \equiv pf(\mathbf{x}(p, \mathbf{w})) - \mathbf{w}\mathbf{x}(p, \mathbf{w})$$

几乎无需对生产函数施加任何条件,我们就可以证明下面的命题:

利润函数的性质定理:

(1) $\pi(p, \mathbf{w})$ 是产品价格 p 的增函数,是每一要素价格 w_i 的减函数: $\forall p^1, p^2, w_i^1, w_i^2$,

$$p^1 \leqslant p^2 \Rightarrow \pi(p^1, \mathbf{w}) \leqslant \pi(p^2, \mathbf{w})$$
$$w_i^1 \leqslant w_i^2 \Rightarrow \pi(p, w_i^1, \mathbf{w}_{-i}) \geqslant \pi(p, w_i^2, \mathbf{w}_{-i})$$

(2) $\pi(p, \mathbf{w})$ 是 $(p, \mathbf{w})$ 的一次齐次函数: $\forall t > 0$,

$$\pi(tp, t\mathbf{w}) = t\pi(p, \mathbf{w})$$

(3) $\pi(p, \mathbf{w})$ 是 $(p, \mathbf{w})$ 的凸函数: $\forall t \in [0, 1], \forall p^1, p^2, \mathbf{w}^1, \mathbf{w}^2$ 记

$$p^3 = tp^1 + (1-t)p^2, \mathbf{w}^3 = t\mathbf{w}^1 + (1-t)\mathbf{w}^2$$

则

$$\pi(p^3, \mathbf{w}^3) \leqslant t\pi(p^1, \mathbf{w}^1) + (1-t)\pi(p^2, \mathbf{w}^2)$$

【证明】

(1) 设 $\mathbf{x}(p^i, \mathbf{w})$ 为价格 $(p^i, \mathbf{w})$ $(i = 1, 2)$ 下的要素需求函数,$p^1 \leqslant p^2$。按利润函数的定义

$$\pi(p^i, \mathbf{w}) = p^i f(\mathbf{x}(p^i, \mathbf{w})) - \mathbf{w}\mathbf{x}(p^i, \mathbf{w})$$

从而

$$\pi(p^2, \mathbf{w}) = p^2 f(\mathbf{x}(p^2, \mathbf{w})) - \mathbf{w}\mathbf{x}(p^2, \mathbf{w})$$
$$\geqslant p^2 f(\mathbf{x}(p^1, \mathbf{w})) - \mathbf{w}\mathbf{x}(p^1, \mathbf{w})$$

又因 $p^1 \leqslant p^2$,

$$p^2 f(\mathbf{x}(p^1, \mathbf{w})) - \mathbf{w}\mathbf{x}(p^1, \mathbf{w})$$
$$\geqslant p^1 f(\mathbf{x}(p^1, \mathbf{w})) - \mathbf{w}\mathbf{x}(p^1, \mathbf{w}) = \pi(p^1, \mathbf{w})$$

这就得到 $\pi(p^1, \mathbf{w}) \leqslant \pi(p^2, \mathbf{w})$。

另一方面，记 $\mathbf{w}^j = (w_i^j, \mathbf{w}_{-i})$，$j = 1, 2$，

$$\pi(p, \mathbf{w}^1) = pf(\mathbf{x}(p, \mathbf{w}^1)) - \mathbf{w}^1 \mathbf{x}(p, \mathbf{w}^1)$$
$$\geqslant pf(\mathbf{x}(p, \mathbf{w}^2)) - \mathbf{w}^1 \mathbf{x}(p, \mathbf{w}^2)$$

因为 $\mathbf{w}^1 \leqslant \mathbf{w}^2$，

$$pf(\mathbf{x}(p, \mathbf{w}^2)) - \mathbf{w}^1 \mathbf{x}(p, \mathbf{w}^2)$$
$$\geqslant pf(\mathbf{x}(p, \mathbf{w}^2)) - \mathbf{w}^2 \mathbf{x}(p, \mathbf{w}^2)$$
$$= \pi(p, \mathbf{w}^2)$$

(2) 由于 $\mathbf{x}(p, \mathbf{w})$ 是利润最大化问题的解，所以，$\forall \mathbf{x} \in \mathbf{R}_+^n$，

$$pf(\mathbf{x}(p, \mathbf{w})) - \mathbf{w} \mathbf{x}(p, \mathbf{w}) \geqslant pf(\mathbf{x}) - \mathbf{w}\mathbf{x}$$

$\forall t > 0$，上式两端同乘以 t

$$(tp)f(\mathbf{x}(p, \mathbf{w})) - (t\mathbf{w})\mathbf{x}(p, \mathbf{w}) \geqslant (tp)f(\mathbf{x}) - (t\mathbf{w})\mathbf{x}$$

即是说，$\mathbf{x}(p, \mathbf{w})$ 也是最大化问题

$$\pi(tp, t\mathbf{w}) = \max[(tp)f(\mathbf{x}) - (t\mathbf{w})\mathbf{x}]$$

的解。所以，

$$\pi(tp, t\mathbf{w}) = (tp)f(\mathbf{x}(p, \mathbf{w})) - (t\mathbf{w})\mathbf{x}(p, \mathbf{w})$$
$$= t[pf(\mathbf{x}(p, \mathbf{w})) - \mathbf{w}\mathbf{x}(p, \mathbf{w})]$$
$$= t\pi(p, \mathbf{w})$$

(3) 按定义

$$\pi(p^3, \mathbf{w}^3) = p^3 f(\mathbf{x}(p^3, \mathbf{w}^3)) - \mathbf{w}^3 \mathbf{x}(p^3, \mathbf{w}^3)$$
$$= t[p^1 f(\mathbf{x}(p^3, \mathbf{w}^3)) - \mathbf{w}^1 \mathbf{x}(p^3, \mathbf{w}^3)] +$$
$$(1-t)[p^2 f(\mathbf{x}(p^3, \mathbf{w}^3)) - \mathbf{w}^2 \mathbf{x}(p^3, \mathbf{w}^3)]$$

同样根据利润函数的定义

$$p^1 f(\mathbf{x}(p^3, \mathbf{w}^3)) - \mathbf{w}^1 \mathbf{x}(p^3, \mathbf{w}^3) \leqslant p^1 f(\mathbf{x}(p^1, \mathbf{w}^1)) - \mathbf{w}^1 \mathbf{x}(p^1, \mathbf{w}^1)$$
$$p^2 f(\mathbf{x}(p^3, \mathbf{w}^3)) - \mathbf{w}^2 \mathbf{x}(p^3, \mathbf{w}^3) \leqslant p^2 f(\mathbf{x}(p^2, \mathbf{w}^2)) - \mathbf{w}^2 \mathbf{x}(p^2, \mathbf{w}^2)$$

将这两个不等式代入上面的等式即有

$$\pi(p^3, \mathbf{w}^3) \leqslant t\pi(p^1, \mathbf{w}^1) + (1-t)\pi(p^2, \mathbf{w}^2)$$

证毕。

有必要对凸利润函数的经济学意义多作一些解释。如果 $\pi(p, \mathbf{w})$ 是变量 $(p, \mathbf{w})$ 的凸函数，它就必然对 p 和每一个 w_i 也是凸的，这里我们只说明为什么 $\pi(p, \mathbf{w})$ 是变量 p 的凸函数，它关于 w_i 凸的性质可以用相似的过程予以说明。考虑任何一组价格 $(p^0, \mathbf{w}^0)$，记厂商与此对应的要素需求为 $\mathbf{x}^0 = \mathbf{x}(p^0, \mathbf{w}^0)$。现在假设产品价格由 p^0 变到了 p，并且厂商拒绝对此做出理性反应，仍保持要素投入 $\mathbf{x}^0$ —— 这种情况下厂商的利润将是

$$\Pi(p) = pf(\mathbf{x}^0) - \mathbf{w}^0 \mathbf{x}^0$$

由于 $f(\mathbf{x}^0)$ 为常值，这在 (p, π) 坐标平面上是一条直线 (见图 2.4)。但我们考虑的是理性厂商，它以利润最大化为生产目标 —— 当产品价格变为 p 时，这样的厂商必将作出适当的生产调整，并实现最大利润 $\pi(p)$。将 $\Pi(p)$ 与 $\pi(p)$ 比较，前者是厂商拒绝对价格变化作出调整时所得的利润，后者为价格变化时厂商作了最恰当的反应后所得的利润 —— 显然，后者不可能比前者还低：$\Pi(p) \leqslant \pi(p)$ —— 在 (p, π) 坐标平面上，这意味着当价格由 p^0 变为 p 时，利润函数 $\pi(p)$ 的图像将向上弯曲 (相对于直线 $\Pi(p)$)。这说明，利润函数是凸的。

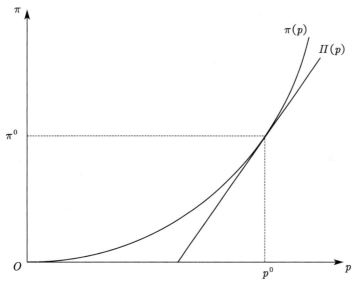

图 2.4　利润函数是凸函数

2.3.2　包络定理

在经济学常见的最值 (最大、最小) 问题中，外生变量的变化往往引起最值的变化，判断这种影响的大小和方向就是所谓的比较静态研究，**包络定理** (Envelope Theorem) 正是这类比较静态研究中一个十分有用的工具。记

$$M(a) = \max_{x} f(x, a)$$

这里 a 即是一个外生变量，这个最大值问题是在 a 为某一固定值时寻找适当的 x^*，使得 $f(x, a)$ 达到最大；显然，若 a 的值发生变化，找到的 x^* 和目标函数的最大值 $f(x^*, a)$ 也会

随之变化。判断 a 变化时 $M(a) = f(x^*(a), a)$ 变化的大小和方向，可以求 $dM(a)/da$，而这通常是对特定的 a 先求出最大值点 $x^*(a)$，将其代入目标函数 $f(x, a)$ 中，再对 a 求导得到的。这种方法不仅烦琐，而且要求先求出函数 $x^*(a)$ 的具体形式，而这常常是不可能的。经济分析中，许多场合我们对 $x^*(a)$ 的具体函数形式并不感兴趣，这时能否直接作比较静态分析呢？包络定理为我们提供了一种十分有效的方法。沿用上面所作的记号，有

包络定理：若 $M(a) \equiv \max\limits_{x} f(x, a)$，$f(x, a)$ 是可微的，则

$$\frac{dM(a)}{da} = \left.\frac{\partial f(x, a)}{\partial a}\right|_{x=x^*}$$

证明过程只涉及简单的微分运算，见本书附录 I。

2.3.3 Hotelling 引理

作为包络定理一个简单的应用，我们这里证明：

Hotelling 引理：若厂商的利润函数 $\pi(p, \mathbf{w})$ 可微，则

(1) 产品供给 $y(p, \mathbf{w}) = \dfrac{\partial \pi(p, \mathbf{w})}{\partial p}$；

(2) 要素需求 $x_i(p, \mathbf{w}) = -\dfrac{\partial \pi(p, \mathbf{w})}{\partial w_i}$。

【证明】由利润函数的定义

$$\pi(p, \mathbf{w}) = \max[pf(\mathbf{x}) - \mathbf{w}\mathbf{x}]$$

利用包络定理 (注意，按定义要素需求 $\mathbf{x}(p, \mathbf{w})$ 是这个最大值问题的解)

$$\frac{\partial \pi(p, \mathbf{w})}{\partial p} = \left.\frac{\partial}{\partial p}[pf(\mathbf{x}) - \mathbf{w}\mathbf{x}]\right|_{\mathbf{x}=\mathbf{x}(p, \mathbf{w})} = f(\mathbf{x}(p, \mathbf{w})) = y(p, \mathbf{w})$$

$$\frac{\partial \pi(p, \mathbf{w})}{\partial w_i} = \left.\frac{\partial}{\partial w_i}[pf(\mathbf{x}) - \mathbf{w}\mathbf{x}]\right|_{\mathbf{x}=\mathbf{x}(p, \mathbf{w})} = -x_i(p, \mathbf{w})$$

证毕。

2.3.4 利用利润函数的比较静态分析

如果利润函数是二阶可微的，我们可以利用 Hotelling 引理方便地得到一些著名的比较静态结果。

注意到 $\pi(p, \mathbf{w})$ 是 $(p, \mathbf{w})$ 的凸函数,其海赛矩阵

$$\mathbf{D}^2\pi(p, \mathbf{w}) = \begin{pmatrix} \dfrac{\partial^2 \pi}{\partial p^2} & \dfrac{\partial^2 \pi}{\partial p \partial w_1} & \cdots & \dfrac{\partial^2 \pi}{\partial p \partial w_n} \\ \dfrac{\partial^2 \pi}{\partial w_1 \partial p} & \dfrac{\partial^2 \pi}{\partial w_1^2} & \cdots & \dfrac{\partial^2 \pi}{\partial w_1 \partial w_n} \\ \vdots & \vdots & \ddots & \vdots \\ \dfrac{\partial^2 \pi}{\partial w_n \partial p} & \dfrac{\partial^2 \pi}{\partial w_n \partial w_1} & \cdots & \dfrac{\partial^2 \pi}{\partial w_n^2} \end{pmatrix}$$

是半正定的,从而其主对角线上的元素是非负的

$$\frac{\partial y(p, \mathbf{w})}{\partial p} = \frac{\partial^2 \pi(p, \mathbf{w})}{\partial p^2} \geqslant 0 \tag{2.19}$$

$$\frac{\partial x_i(p, \mathbf{w})}{\partial w_i} = -\frac{\partial^2 \pi(p, \mathbf{w})}{\partial w_i^2} \leqslant 0 \tag{2.20}$$

(2.19) 说明,厂商的供给函数是产品价格的增函数; (2.20) 我们在前面已经利用二阶必要条件作过推导,它说的是要素需求是其价格的减函数。

因为 $\mathbf{D}^2\pi(p, \mathbf{w})$ 还是对称矩阵,所以我们又得到一个已经见过的结果

$$\frac{\partial x_i(p, \mathbf{w})}{\partial w_j} = -\frac{\partial^2 \pi(p, \mathbf{w})}{\partial w_i \partial w_j} = \frac{\partial x_j(p, \mathbf{w})}{\partial w_i} \tag{2.21}$$

要素需求的交叉价格效应相等。

2.4 短期利润最大化

2.4.1 利润最大化条件

在此之前,我们都隐含地假设厂商可以改变其所有的要素投入,但正如 1.1 节中所述,在经济学的短期分析中,厂商无法改变某些固定要素的投入水平。所以,短期内厂商只好在现行固定要素的基础上来尽力使其利润达到最大。

沿用 1.1 节中的记号,投入向量 $\mathbf{x} = (\mathbf{x}_v, \mathbf{x}_f)$ 中,$\mathbf{x}_v$ 是可变投入向量,相应的价格为 $\mathbf{w}_v$; $\mathbf{x}_f$ 是固定投入向量,相应价格为 $\mathbf{w}_f$。则厂商的短期利润最大化问题是

$$\begin{aligned} &\max_{y, \mathbf{x}_v}(py - \mathbf{w}_v \mathbf{x}_v - \mathbf{w}_f \mathbf{x}_f) \\ &\text{s.t.} \quad y \leqslant f(\mathbf{x}) \\ &\qquad \mathbf{x} \geqslant \mathbf{0} \end{aligned} \tag{2.22}$$

假设生产函数是严格单增的,从而厂商总在 $y = f(\mathbf{x})$ 上生产。内点解 $\mathbf{x}_v^*$ 满足一阶必要条件

$$p\frac{\partial f(\mathbf{x}_v^*, \mathbf{x}_f)}{\partial x_{vi}} - w_{vi} = 0 \tag{2.23}$$

这与长期利润最大化一阶条件 (2.3) 的区别只是它仅限于可变要素投入。

上述最优可变要素投入 $\mathbf{x}_v^*$ 不仅与其市场价格 $\mathbf{w}_v$ 和产品价格 p 有关, 还与现有固定要素 $\mathbf{x}_f$ 有关。如果问题 (2.22) 的解是唯一的, $\mathbf{x}_v^*$ 就是这三者的函数, 记为 $\mathbf{x}_v(p, \mathbf{w}_v, \mathbf{x}_f)$, 这就是固定要素 $\mathbf{x}_f$ 下厂商的短期 (可变) 要素需求; 相应地, 厂商的短期利润函数定义为

$$\pi(p, \mathbf{w}, \mathbf{x}_f) = pf(\mathbf{x}_v^*, \mathbf{x}_f) - \mathbf{w}_v \mathbf{x}_v^* - \mathbf{w}_f \mathbf{x}_f$$

可以证明, 短期利润函数具有 2.3 节中所述长期利润函数的全部性质。并且, 利用包络定理, 此时 Hotelling 引理也成立。

短期利润函数的 Hotelling 引理: 若短期利润函数 $\pi(p, \mathbf{w}, \mathbf{x}_f)$ 可微, 则

(1) 短期产品供给 $y(p, \mathbf{w}, \mathbf{x}_f) = \dfrac{\partial \pi(p, \mathbf{w}, \mathbf{x}_f)}{\partial p}$;

(2) 短期要素需求 $x_{vi}(p, \mathbf{w}) = -\dfrac{\partial \pi(p, \mathbf{w}, \mathbf{x}_f)}{\partial w_{vi}}$。

2.4.2 长期与短期利润函数

仅凭定义我们就可以推知一些长、短期利润函数间的关系。长期利润函数 $\pi(p, \mathbf{w})$ 是通过求解问题 (2.1) 得到的, 其中厂商可以任意改变包括可变和固定要素的投入; 短期利润函数由问题 (2.22) 得来, 厂商只能根据固定的投入 $\mathbf{x}_f$ 选择可变要素 $\mathbf{x}_v$ 的投入组合。所以, 给定产品和要素价格 $(p, \mathbf{w})$, 长期利润必定不低于短期利润:

$$\pi(p, \mathbf{w}) \geqslant \pi(p, \mathbf{w}, \mathbf{x}_f) \quad \forall \mathbf{x}_f \tag{2.24}$$

但是, 如果厂商在某一时期的固定要素恰好处于长期利润最大化水平 $\mathbf{x}_f(p, \mathbf{w})$, 厂商在此基础上选择可变要素投入组合生产得到的短期利润就与长期利润一致。原因在于, 即使是长期利润最大化问题, 我们也可以假想厂商分两步完成它的目标: 先确定 $\mathbf{x}_f$ 的最优投入水平, 再决定 $\mathbf{x}_v$ 的投入组合——这正与此时实现短期利润的过程一致。这就说明了以下原理:

Le Chatelier 原理: 若价格 $(p, \mathbf{w})$ 下固定要素的长期最优组合是 $\mathbf{x}_f(p, \mathbf{w})$, 则

$$\pi(p, \mathbf{w}) = \pi[p, \mathbf{w}, \mathbf{x}_f(p, \mathbf{w})] \tag{2.25}$$

为了得到长、短期利润函数的进一步关系, 记价格 $(p^0, \mathbf{w}^0)$ 下的固定要素的长期最优投入为 $\mathbf{x}_f(p^0, \mathbf{w}^0) = \mathbf{x}_f^0$, 定义函数

$$G(p, \mathbf{w}) \equiv \pi(p, \mathbf{w}) - \pi(p, \mathbf{w}, \mathbf{x}_f^0) \tag{2.26}$$

由 (2.24) 及 Le Chatelier 原理, $G(p, \mathbf{w}) \geqslant 0$, $G(p^0, \mathbf{w}^0) = 0$。这意味着 $G(p, \mathbf{w})$ 于 $(p^0, \mathbf{w}^0)$ 取得最小值, 在该点下列一阶必要条件成立

$$\frac{\partial G}{\partial p} = \frac{\partial \pi}{\partial p} - \frac{\partial \pi^s}{\partial p} = y - y^s = 0 \tag{2.27}$$

$$\frac{\partial G}{\partial w_{vi}} = \frac{\partial \pi}{\partial w_{vi}} - \frac{\partial \pi^s}{\partial w_{vi}} = x_{vi}^s - x_{vi} = 0 \tag{2.28}$$

注意这里利用了 Hotelling 引理, 短期函数以上标 s 标示 (无 s 上标的函数都是长期函数)。这两个等式的意思是, 如果固定要素处于长期最优水平, 则厂商的长、短期产品供给和可变要素需求都相等, 这可视为 Hotelling 引理的一个推论。

另一方面, $G(p, \mathbf{w})$ 于 $(p^0, \mathbf{w}^0)$ 取最小值的二阶必要条件为

$$\frac{\partial^2 G}{\partial p^2} = \frac{\partial^2 \pi}{\partial p^2} - \frac{\partial^2 \pi^s}{\partial p^2} = \frac{\partial y}{\partial p} - \frac{\partial y^s}{\partial p} \geqslant 0 \tag{2.29}$$

$$\frac{\partial^2 G}{\partial w_{vi}^2} = \frac{\partial^2 \pi}{\partial w_{vi}^2} - \frac{\partial^2 \pi^s}{\partial w_{vi}^2} = \frac{\partial x_{vi}^s}{\partial w_{vi}} - \frac{\partial x_{vi}}{\partial w_{vi}} \geqslant 0 \tag{2.30}$$

(2.29) 说明, 当产品价格在 p^0 附近变化时, 长期供给和边际利润的变化速度比短期供给和边际利润的变化速度快——这是因为, 产品价格变化时, 长期内厂商可以不受固定要素的限制而在较宽的范围内更充分地调整要素投入, 从而对利润和供给的影响更大; 另一方面, 注意到 (2.30) 中 $\partial x_{vi}^s / \partial w_{vi}$ 和 $\partial x_{vi} / \partial w_{vi}$ 均为负值, 这一式子表明, 可变要素价格变化时长期要素需求和边际利润的变化速度也比短期要素需求和边际利润的变化速度快——原因在于, 可变要素价格变化时, 长期中由于要素的相对价格变化, 厂商会进一步调整可变要素与固定要素的投入比例 (替代效应)。

让我们以两种要素为例以几何方式对 (2.27)—(2.30) 加以解释。假设厂商的生产函数为 $f(x, z)$, 其中 x 和 z 分别是短期可变和固定投入, 价格分别记为 w_x 和 w_z。图 2.5 对应上面的 (2.27) 式和 (2.29) 式。由 (2.27), 长期和短期利润函数在 $p = p^0$ 相切, 与这两条利润线共切的直线方程是

$$\Pi(p) = py^0 - w_x^0 x^0 - w_z^0 z^0$$

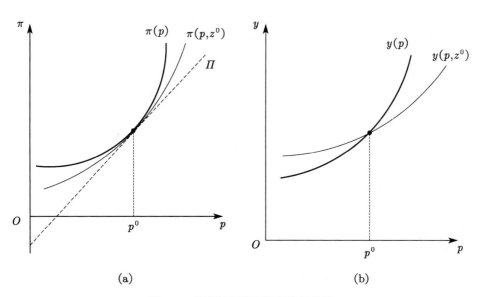

图 2.5 长期和短期利润和产品供给

(2.29) 则要求长期利润线比短期利润线的弯曲度更大 (回忆二阶导数刻画函数曲线的弯曲程度), 这保证了前者处于后者的上方 (因为利润函数是凸的), 所以我们得到图 2.5(a); 同时, (2.27) 和 (2.29) 还给出了图 2.5(b) —— 从技术上说, 这个图是从图 2.5(a) 通过 Hotelling 引理"推导"出来的, 这在上面的相关关系式中表现得很清楚。相似地, 图 2.6 表示了 (2.28) 式和 (2.30) 式, 与图 2.5 不同的是, 在 (w_1, π) 平面上利润函数是向下倾斜的。图中与两条利润线共切的直线方程是

$$\Pi'(w_x) = -w_x x^0 - w_z^0 z^0 + p^0 y^0$$

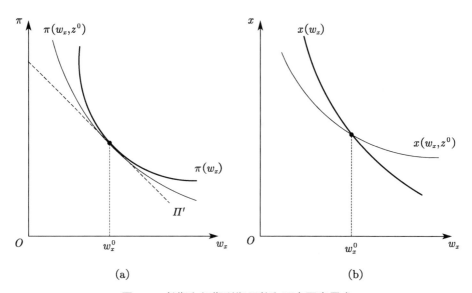

图 2.6　长期和短期利润函数和可变要素需求

2.5　多产品生产

作为本章的结尾, 我们对多产出厂商的利润最大化问题作一简略的分析。

如果厂商以 n 种要素 $\mathbf{x}$ 生产 k 种产品 $\mathbf{y}$, 由 1.5 节的说明, 此时厂商的技术约束形如 $g(\mathbf{y}, \mathbf{x}) \leqslant 0$; 如果厂商的生产是有效率的, 它将总是在生产可能边界

$$g(\mathbf{y}, \mathbf{x}) = 0$$

上生产。记产品价格向量为 $\mathbf{p}$, 厂商面对的问题是:

$$\begin{aligned} &\max_{\mathbf{x}, \mathbf{y}} (\mathbf{p}\mathbf{y} - \mathbf{w}\mathbf{x}) \\ &\text{s.t.} \quad g(\mathbf{y}, \mathbf{x}) = 0 \end{aligned} \quad (2.31)$$

拉格朗日函数是

$$L = \mathbf{p}\mathbf{y} - \mathbf{w}\mathbf{x} - \lambda g(\mathbf{y}, \mathbf{x})$$

在内点解满足一阶必要条件:

$$\frac{\partial L}{\partial x_i} = -w_i - \lambda^* \frac{\partial g(\mathbf{y}^*, \mathbf{x}^*)}{\partial x_i} = 0 \quad i = 1, \ldots, n \tag{2.32}$$

$$\frac{\partial L}{\partial y_j} = p_j - \lambda^* \frac{\partial g(\mathbf{y}^*, \mathbf{x}^*)}{\partial y_j} = 0 \quad j = 1, \ldots, k \tag{2.33}$$

$$\frac{\partial L}{\partial \lambda} = -g(\mathbf{y}^*, \mathbf{x}^*) = 0$$

(2.32) 中 n 个等式移项后两两相除, 得到

$$\frac{w_i}{w_j} = \frac{\partial g/\partial x_i}{\partial g/\partial x_j} = \text{TRS}_{ij} \quad i, j = 1, \ldots, n \tag{2.34}$$

用同样的方法, 由 (2.33)

$$\frac{p_i}{p_j} = \frac{\partial g/\partial y_i}{\partial g/\partial y_j} = \text{MRT}_{ij} \quad i, j = 1, \ldots, k \tag{2.35}$$

(2.34) 与单产出厂商利润最大化的一阶条件 (2.4) 是完全一样的。这毫不奇怪, 因为增加产出种类不应该影响投入要素的配置原则。(2.35) 要求厂商各产品的产量选择, 满足产品间的边际转换率等于相应产品的价格比。如果这两者不相等, 譬如说 $\text{MRT}_{ij} < p_i/p_j$, 那么厂商少生产一些产品 j, 将节约的资源用来生产产品 i 必然会增加利润。

另一方面, (2.33) 和 (2.32) 移项后两等式相除, 得到

$$\frac{w_i}{p_j} = -\frac{\partial g/\partial x_i}{\partial g/\partial y_j} \tag{2.36}$$

回忆 (1.20), (2.36) 式等号右端恰是要素 i 对产品 j 的边际产出 MP_i^j, 所以它又可写成

$$w_i = p_j \text{MP}_i^j \tag{2.37}$$

这一条件要求, 要素 i 对任何一种产品 j 的边际产出价值都等于该要素的价格, 这与单产出的场合相似。

进一步阅读

关于利润函数的性质, 标准的参考文献是:

Hicks, J. (1946), *Value and Capital*, Oxford, England: Clarendon Press.

Samuelson, P. (1947), *Foundations of Economic Analysis*, Cambridge, Mass: Harvard University Press.

以下文献对利润函数以及它与下章要讨论的成本函数的关系作了详尽的分析:

Chambers, R. G. (1988), *Applied Production Analysis: A Dual Approach*, Cambridge: Cambridge University Press, Chap 4.

McFadden, D. (1978), "Cost, Revenue and Profit Functions", in Fuss, M. and D. McFadden (eds.), *Production Economics: A Dual Approach to Theory and Applications*, Amsterdam: North Holland.

练习与思考

2-1 对于 Cobb-Douglas 生产函数: $y = Ax_1^\alpha x_2^\beta$, $\alpha, \beta > 0$, $\alpha + \beta \leqslant 1$, $A > 0$。
(1) 验证: 仅在参数条件 $\alpha + \beta \leqslant 1$ 下, 利润最大化问题的二阶条件才能得到满足。
(2) 求要素需求函数和产品供给函数 (可在结果中保留变量 y)。
(3) 求利润函数。
(4) 验证利润函数是 (p, w_1, w_2) 的一次齐次函数。
(5) 验证 Hotelling 引理。

2-2 不利用包络定理, 证明 Hotelling 引理。

2-3 厂商在短期内以可变要素 1 和固定要素 2 生产一种市场价格为 p 的产品, 生产函数为 $f(x_1, x_2) = x_1^{\frac{1}{3}} x_2^{\frac{2}{3}}$, 要素 1 和 2 的价格分别为 w_1 和 w_2。
(1) 求厂商的短期可变要素需求。
(2) 求厂商的短期利润函数。
(3) 试讨论不同价格条件下, 固定要素 2 的长期最优投入水平。

2-4 某厂商以一种投入同时生产两种产品, 生产函数是
$$y_1^2 + y_2^2 - x = 0$$
试求该厂商的要素需求和产品供给。

2-5 一个多产品市场厂商的生产函数是 $g(\mathbf{y}, \mathbf{x}) = 0$, 对其利润最大化问题 (2.31),
(1) 写出角点解的一阶必要条件。
(2) 写出内点解的二阶必要条件。

2-6 如果一个厂商的技术是规模收益递增的, 产品价格和要素价格都保持不变。证明: 这个厂商的利润或者是零, 或者是无穷大。

2-7 假设某厂商以两种投入生产一种产品, 生产函数 $y = f(x_1, x_2)$ 是凹函数; 产品市场和要素市场都是完全竞争的, 就是说厂商的行为不改变产品和要素的价格。厂商追求利润最大化, 但它资金紧张, 可用于购买要素的钱只有 $B > 0$, 这样它还受预算约束
$$w_1 x_1 + w_2 x_2 \leqslant B$$
(1) 在上述预算约束下, 推导厂商的最优要素投入条件。
(2) 假设现在存在另一种可选要素 3, 它与要素 2 是相互完全替代的 (投入一单位要素 2

与一单位要素 3 没有区别); 要素 3 的价格高于要素 2 的价格: $w_3 > w_2$, 不过厂商使用要素 3 不受预算约束的限制——我们可以想象要素 3 的销售商允许赊账。在什么情况下厂商会使用要素 3? 试推导此时厂商对三种要素的最优需求条件。

第 3 章 成本最小化

上一章厂商利润最大化的过程也可以分为两步完成: 第一步, 确定一定产量下的最小成本; 第二步, 选择最优的产量。在许多场合下, 第一步中成本最小化问题本身也很让人感兴趣。譬如, 在一个具有某种程度的计划经济中, 如果计划当局下达产量指标, 生产者有自我组织生产的权利的话, 讨论成本最小化问题就特别有意义。不过, 研究成本最小化问题的真正价值还不仅在于此。事实上, 由成本最小化过程推导出来的成本函数包含所有生产技术的信息, 它可以取代生产函数刻画厂商的生产技术——这就是所谓的成本函数与生产函数的对偶性质。在许多计量模型中, 基于成本函数的分析往往更为方便。

本章我们继续保持要素市场完全竞争的假定。由于我们仅考虑厂商如何以最低的成本生产出一定产量的产品, 所以可以不必关心产品市场上的竞争状况。同上一章一样, 我们假设厂商具有连续和严格拟凹的生产函数, 保证最值解存在并且是唯一的。另外, 在必要的场合, 总是假设相关的函数满足足够的光滑性质, 允许我们利用微分技巧进行比较静态分析。

3.1 成本最小化条件

假设生产函数为 $f(\mathbf{x})$, 要素价格为 $\mathbf{w}$。给定一个产量水平 y, 成本最小化问题可以表述为

$$\begin{aligned} &\min \mathbf{w}\mathbf{x} \\ &\text{s.t.} \quad f(\mathbf{x}) = y \\ &\quad\quad \mathbf{x} \geqslant \mathbf{0} \end{aligned} \tag{3.1}$$

不考虑角点解的特殊情况。如果每个条件 $x_i \geqslant 0$ 都不束紧的话 (即是说在最优点处每个严格不等式 $x_i > 0$ 都成立), 将多余的约束 $\mathbf{x} \geqslant \mathbf{0}$ 除去, (3.1) 成为一个等式约束的最小值问题, 标准的解法是先建立拉格朗日函数

$$L(\lambda, \mathbf{x}) = \mathbf{w}\mathbf{x} - \lambda[f(\mathbf{x}) - y]$$

最小值点 $\mathbf{x}^*$ 满足下面的一阶必要条件:

$$\frac{\partial L}{\partial x_i} = w_i - \lambda^* f_i(\mathbf{x}^*) = 0 \quad i = 1, \ldots, n \tag{3.2}$$

$$\frac{\partial L}{\partial \lambda} = -[f(\mathbf{x}^*) - y] = 0 \tag{3.3}$$

(3.2) 中的 n 个等式移项后两两相除, 得

$$\frac{f_i(\mathbf{x}^*)}{f_j(\mathbf{x}^*)} = \frac{w_i}{w_j} \quad i, j = 1, \ldots, n \tag{3.4}$$

这表明，厂商应使不同要素边际产品的比值等于相应要素价格的比值，或者说，让技术替代率等于要素价格比。

上述一阶必要条件也可以用几何方式说明。以两种要素为例：给定一个产量水平 y，就对应着一条等产量线 $f(x_1, x_2) = y$，厂商的任务是在这条等产量线上找一个成本最低的点。如果某条等成本线 $w_1 x_1 + w_2 x_2 = c$ 与 $f(x_1, x_2) = y$ 相切，则切点正是厂商要找的 $\mathbf{x}^*$，因为任何低于 $w_1 x_1 + w_2 x_2 = c$ 的等成本线上的点都不足以生产产量 y。等成本线与等产量线相切意味着在切点 $\mathbf{x}^*$ 处二者具有相同的切线，而等成本线的斜率是 w_1/w_2，等产量线在 $\mathbf{x}^*$ 的切线斜率正是该点的技术替代率，见图 3.1。

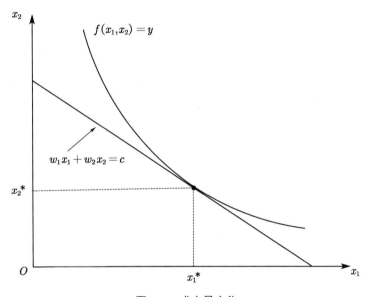

图 3.1　成本最小化

如果将 (3.4) 写为：
$$\frac{f_i(\mathbf{x}^*)}{w_i} = \frac{f_j(\mathbf{x}^*)}{w_j} \quad i, j = 1, \ldots, n \tag{3.5}$$

它有一个或许我们更熟悉的解释：在每种要素上最后一分钱的支出所得的 (边际) 产出都相等。

二阶必要条件是：对任何满足
$$\mathbf{D}[f(\mathbf{x}^*) - y]\mathbf{h} = 0$$

的 n 维行向量 $\mathbf{h}$

$$\mathbf{h}^\mathrm{T} \mathbf{D}^2 L(\lambda^*, \mathbf{x}^*) \mathbf{h} \geqslant 0 \tag{3.6}$$

由一阶条件 (3.2)
$$\mathbf{D}[f(\mathbf{x}^*) - y] = \mathbf{D} f(\mathbf{x}^*) = \mathbf{w}/\lambda^*$$

另外，$D^2L(\lambda^*, x^*) = -\lambda^* D^2 f(x^*)$，所以，我们可将二阶条件重新整理为：

$$h^T D^2 f(x^*) h \leqslant 0 \quad \forall\, h \in \{h | wh = 0\} \tag{3.7}$$

将成本最小化问题 (3.1) 的解定义为厂商的**条件要素需求**，这里修饰词"条件"指的是产量为 y 这一约束。条件要素需求是与指定产量水平 y 和要素价格 w 相关的，遂记为 $x(w, y)$；厂商购买 $x(w, y)$ 的支出 $wx(w, y)$，即生产 y 单位产品的最小成本，定义为厂商的**成本函数**，记为 $c(w, y)$。自然地，我们有两个常用的相关概念：**平均成本**和**边际成本**。它们分别定义为：平均成本 $AC = c(w, y)/y$；边际成本 $MC = c_y(w, y)$。

3.2 成本函数

由于成本函数 $c(w, y) = wx(w, y)$ 是在技术约束 $f(x) = y$ 下推导出来的，它与生产函数一样，包含关于生产技术的所有信息。原则上，关于生产函数定义的每一个概念，都可以在成本函数中定义一个相应的概念；特定的生产函数所具有的性质，在其成本函数中也对应着相应的性质。反之亦然。这一节将依从这个对偶性原则，推导成本函数的几个主要性质，并将之前学习过的一些概念从成本函数的角度作进一步的讨论。

3.2.1 成本函数的性质

仅仅根据定义，就很容易由定义证明下述定理：

成本函数的性质定理：
(1) $c(w, y)$ 是 w 和 y 的单增函数；
(2) $c(w, y)$ 是 w 的一次齐次函数；
(3) $c(w, y)$ 是 w 的凹函数。

【证明】性质 (1) 和性质 (2) 的证明非常简单，留给读者证明，我们只证明性质 (3)。任取两个价格向量 w^1, w^2，记

$$w^3 = tw^1 + (1-t)w^2 \quad (0 \leqslant t \leqslant 1)$$

记 x^i 为价格 w^i 下的条件要素需求。按定义

$$\begin{aligned} c(w^3, y) &= w^3 x^3 \\ &= tw^1 x^3 + (1-t)w^2 x^3 \\ &\geqslant tw^1 x^1 + (1-t)w^2 x^2 \\ &= tc(w^1, y) + (1-t)c(w^2, y) \end{aligned}$$

证毕。

$c(\mathbf{w}, y)$ 的凹性同样可作一个几何说明：记 $\mathbf{x}^0$ 为要素价格 $\mathbf{w}^0$ 下的条件要素需求，考虑要素 i 的价格由 w_i^0 变为 w_i，其他要素的价格不变。假设厂商不根据要素价格的变化调整其要素投入，仍保持原来的需求 $\mathbf{x}$，则它的成本将是

$$C(w_i) = w_i x_i^0 + \sum_{j \neq i} w_j x_j^0$$

如图 3.2，这在 (w_i, c) 平面上是一条斜率为 x_i^0 的直线。但是，理性厂商不可能在要素价格发生变化时不相应地调整其生产计划。当要素 i 的价格由 w_i^0 变至 w_i，成本最小化厂商会修正其要素投入量，达到最小成本 $c(w_i)$。$C(w_i)$ 与 $c(w_i)$ 比较，显然后者不会比前者更高。这意味着在 (w_i, c) 平面上 w_i^0 附近，曲线 $c(w_i)$ 是向下弯曲的；又因为 w_i^0 是任取的，$c(w_i)$ 是凹函数。

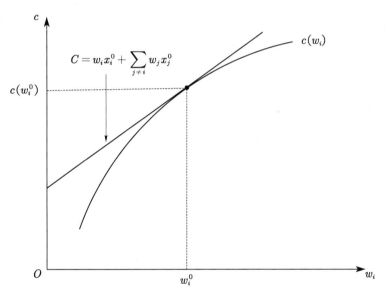

图 3.2　凹成本函数向下弯曲

3.2.2　规模收益与成本函数

在 1.3 节中我们用生产函数定义了规模收益弹性，用以分析生产技术的规模收益特性。按对偶性原理，成本函数与生产函数一样，完整地刻画了厂商的生产技术。那么，规模收益递增或者规模收益不变的技术在成本函数上有什么样的表现呢？事实上，我们也可以从成本函数的角度，定义类似规模收益弹性 $e(\mathbf{x})$ 的指标，这就是**成本的产量弹性**。

固定要素价格 $\mathbf{w}$，将成本函数 $c(\mathbf{w}, y)$ 简写为 $c(y)$。假设产量作一微小变化，定义成本的产量弹性 E_y^c 为成本的变化率与产量变化率的比值

$$E_y^c(y) = \lim_{\Delta y \to 0} \frac{\Delta c(y)/c(y)}{\Delta y/y} = \frac{c'(y)}{c(y)/y} \tag{3.8}$$

注意到 $c'(y)$ 即厂商的边际成本 MC，$c(y)/y$ 是平均成本 AC，所以又有

$$E_y^c = \frac{\text{MC}}{\text{AC}} \tag{3.9}$$

如果 $E_y^c < 1$，成本增加的速度低于产量增加的速度，比方说要生产从前 2 倍的产品，成本只需增加 1.5 倍——此时存在规模经济；如果 $E_y^c > 1$，成本增加的速度高于产量增加的速度——此时存在规模不经济；如果 $E_y^c = 1$，成本增加的速度等于产量增加的速度，表明此时规模收益不变。正式地，我们有以下命题成立：

命题： 成本的产量弹性 $E_y^c(y) < 1 \ (>1, =1)$ 的充分必要条件是规模收益弹性

$$e(\mathbf{x}(y)) > 1 \ (<1, =1)$$

这里 $\mathbf{x}(y)$ 是产量为 y 时厂商的条件要素需求。

【证明】只需证明规模收益递增的情况，其他情况的证明过程与此完全相似。

充分性：记 $\mathbf{x}^* = \mathbf{x}(y)$ 为产量 y 下的条件因素需求。如果

$$e(\mathbf{x}^*) \equiv \left[\frac{df(t\mathbf{x}^*)}{dt}\frac{t}{f(t\mathbf{x}^*)}\right]\bigg|_{t=1} > 1$$

注意到

$$\frac{df(t\mathbf{x}^*)}{dt} = \sum_{i=1}^{n}\frac{\partial f(t\mathbf{x}^*)}{\partial(tx_i^*)}x_i^*$$

以及 $y = f(\mathbf{x}^*)$，就有

$$\sum_{i=1}^{n}\frac{\partial f(\mathbf{x}^*)}{\partial x_i^*}x_i^* > y$$

但因 $\mathbf{x}^*$ 为条件要素需求，满足一阶必要条件 (3.2) 式，因而

$$\sum_{i=1}^{n}\frac{1}{\lambda^*}w_i x_i^* > y$$

又因为 $\lambda^* \equiv c'(y)$（参见后面的 (3.17) 式），置换到上式，得到

$$c(y) = \sum_{i=1}^{n} w_i x_i^* > y c'(y)$$

这意味着

$$\frac{c(y)}{y} > c'(y)$$

从而

$$E_y^c(y) = \frac{c'(y)}{c(y)/y} < 1$$

必要性：上述过程逆推回去即得到必要性证明。

证毕。

3.2.3 位似技术的成本函数

如果一个厂商的生产函数是位似的，即是说，它是一个一次齐次函数的正单调变换，这个厂商的成本函数将呈非常特殊的形式。

回忆 1.4 节，如果生产函数是位似的，则技术替代率 TRS 与厂商的生产规模无关，仅依赖于各要素间的投入比例。由一阶条件 (3.4)，成本最小化厂商总是保持技术替代率等于要素价格比。所以，当要素价格不发生变化时，厂商的技术替代率也保持恒定值。可见，在位似生产函数的场合，无论厂商的生产规模如何变化，只要要素价格不变，各要素的投入比例也必然是不变的。因此，如果单位产量下条件要素需求为 $\mathbf{x}(\mathbf{w}, 1)$，产量变动到 y 时条件要素需求将保持 $\mathbf{x}(\mathbf{w}, 1)$ 的投入比例，仅仅只是在此基础上变动了一个投入规模 $s(y)$：

$$\mathbf{x}(\mathbf{w}, y) = s(y)\mathbf{x}(\mathbf{w}, 1) \tag{3.10}$$

进而

$$c(\mathbf{w}, y) = s(y)c(\mathbf{w}, 1) = s(y)b(\mathbf{w}) \tag{3.11}$$

这里 $b(\mathbf{w}) = c(\mathbf{w}, 1)$ 是厂商生产单位产量所需的成本，它与产量 y 无关。所以，如果厂商具有位似生产函数，其成本函数呈 (3.11) 那样的"可分"形式。

因为齐次函数是一种特殊的位似函数，所以如果生产函数是齐次函数，成本函数无疑将呈 (3.11) 的形式。不过，我们还可以将其形式写得更具体些：假设生产函数 $y = f(\mathbf{x})$ 满足

$$f(t\mathbf{x}) = t^k f(\mathbf{x}) \quad \forall t > 0$$

如果单位产量下条件要素需求为 $\mathbf{x}(\mathbf{w}, 1)$，$f(\mathbf{x}(\mathbf{w}, 1)) \equiv 1$，则

$$f(y^{1/k}\mathbf{x}(\mathbf{w}, 1)) = (y^{1/k})^k f(\mathbf{x}(\mathbf{w}, 1)) = y \quad \forall y \geqslant 0 \tag{3.12}$$

即是说 $y^{1/k}\mathbf{x}(\mathbf{w}, 1)$ 就是产量为 y 时的条件要素需求，从而

$$c(\mathbf{w}, y) = \mathbf{w}[y^{1/k}\mathbf{x}(\mathbf{w}, 1)] = y^{1/k}b(\mathbf{w}) \tag{3.13}$$

这里 $b(\mathbf{w}) = \mathbf{w}\mathbf{x}(\mathbf{w}, 1)$ 是单位产量的生产成本。特别，对于一次齐次生产函数

$$c(\mathbf{w}, y) = b(\mathbf{w})y \tag{3.14}$$

3.3 Shephard 引理与比较静态分析

前一章我们利用包络定理对要素需求函数作了比较静态分析，那里的包络定理只用于无条件约束的最值问题。这里我们介绍等式约束条件下的包络定理，并利用它来推导条件要素需求函数的性质。

包络定理：记

$$M(a) = \max_{\mathbf{x}} f(\mathbf{x}, a)$$
$$\text{s.t.} \quad g(\mathbf{x}, a) = 0$$

的解为 $\mathbf{x}^*(a)$, 拉格朗日函数

$$L(\mathbf{x}, a, \lambda) = f(\mathbf{x}, a) - \lambda g(\mathbf{x}, a)$$

则

$$\frac{dM(a)}{da} = \frac{\partial L(\mathbf{x}^*, a, \lambda^*)}{\partial a}$$

与利润最大化问题中 Hotelling 引理类似，这里有一个相应的引理：

Shephard 引理：记条件要素需求为 $\mathbf{x}(\mathbf{w}, y)$, 若成本函数 $c(\mathbf{w}, y)$ 可微，则

$$x_i(\mathbf{w}, y) = \frac{\partial c(\mathbf{w}, y)}{\partial w_i} \quad i = 1, 2, \ldots, n$$

【证明】由定义，$\mathbf{x}(\mathbf{w}, y)$ 是成本最小化问题 (3.1) 的解，而 $c(\mathbf{w}, y)$ 就是这个最小成本。利用等式约束的包络定理

$$\frac{\partial c(\mathbf{w}, y)}{\partial w_i} = \frac{\partial}{\partial w_i} \left[\mathbf{w}\mathbf{x} - \lambda(f(\mathbf{x}) - y) \right]\Big|_{\substack{\mathbf{x}=\mathbf{x}^* \\ \lambda=\lambda^*}} = x_i(\mathbf{w}, y)$$

证毕。

我们还可以提供一个与上述证明同样简洁，但直接基于定义的 Shephard 引理证明：任取一组要素价格 $\mathbf{w}'$, 记对应的条件要素需求为 $\mathbf{x}(\mathbf{w}', y)$, 考虑函数

$$S(\mathbf{w}) = c(\mathbf{w}, y) - \mathbf{w}\mathbf{x}(\mathbf{w}', y) \tag{3.15}$$

注意这样定义的函数 $S(\mathbf{w}) \leqslant 0$, 因为 $\mathbf{x}(\mathbf{w}', y)$ 不是要素价格 $\mathbf{w}$ 下的最优要素投入组合，而按定义 $c(\mathbf{w}, y)$ 是在价格 $\mathbf{w}$ 下最优投入组合的成本。

显然，$S(\mathbf{w}') = 0$。这就是说，函数 $S(\mathbf{w})$ 在 $\mathbf{w} = \mathbf{w}'$ 达到最大值。于是下列一阶条件成立

$$\frac{\partial S}{\partial w_i}\bigg|_{\mathbf{w}=\mathbf{w}'} = \frac{\partial c(\mathbf{w}, y)}{\partial w_i}\bigg|_{\mathbf{w}=\mathbf{w}'} - x_i(\mathbf{w}', y) = 0 \tag{3.16}$$

由于这个等式对任何要素价格 $\mathbf{w}'$ 都成立，Shephard 引理得证。

Shephard 引理说明成本函数对要素价格的偏导数恰是厂商对该要素的 (条件) 需求。细心的读者一定会想，如果利用包络定理来求成本函数对产量 y 的导数，结果会怎样呢？尤其，我们知道 $\partial c(\mathbf{w}, y)/\partial y$ 是边际成本，这就更引起我们的兴趣。事实上，利用包络定理，

$$\frac{\partial c(\mathbf{w}, y)}{\partial y} = \frac{\partial}{\partial y} \left[\mathbf{w}\mathbf{x} - \lambda(f(\mathbf{x}) - y) \right]\Big|_{\substack{\mathbf{x}=\mathbf{x}^* \\ \lambda=\lambda^*}} = \lambda^* \tag{3.17}$$

厂商的边际成本恰为均衡时的拉格朗日系数，所以，这里的 λ^* 又被称为产品的**影子价格**。注意 (3.17) 与数学附录 H.2 节的解释是一致的——这里的拉格朗日系数 λ^* 是问题 (3.1) 中约束方程 $f(\mathbf{x}) = y$ 中约束参数 y 增加时目标函数最值的边际变化量。关于影子价格 λ^* 的称谓，可以参照利润最大化原则作一个直观的解释：我们知道，利润最大化厂商最优生产的基本原则是边际成本等于边际收益，在产品市场是完全竞争的情况下这就意味着边际成本等

于产品价格。但成本最小化模型中并没有产品价格的位置,因为厂商的任务只是以最低的成本生产指定的产量。尽管如此, (3.17) 表明,成本最小化模型隐含地确定了什么是产品的"合理"价格。如果比较一下利润最大化问题和成本最小化问题的一阶必要条件, λ^* 与产品价格 p 处于同样的位置,"影子价格"的意思就明白了。

由上一节成本函数性质,利用 Shephard 引理,可以容易地推导条件要素需求函数的性质。由成本函数的性质,$c(\mathbf{w}, y)$ 是关于 $\mathbf{w}$ 的一次齐次凹函数,即是说,矩阵

$$\left[\frac{\partial^2 c(\mathbf{w}, y)}{\partial w_i \partial w_j}\right]$$

是半负定的; 利用 Shephard 引理

$$\left[\frac{\partial x_i(\mathbf{w}, y)}{\partial w_j}\right] = \left[\frac{\partial^2 c(\mathbf{w}, y)}{\partial w_i \partial w_j}\right]$$

也是半负定矩阵,而半负定矩阵主对角线上的元素不可能为正值,这事实上证明了下述定理。

条件要素需求的性质定理:

(1) $x_i(\mathbf{w}, y)$ 是要素价格 $\mathbf{w}$ 的零次齐次函数,$i = 1, \ldots, n$;

(2) $\dfrac{\partial x_i(\mathbf{w}, y)}{\partial w_i} \leqslant 0, \quad i = 1, \ldots, n$;

(3) $\dfrac{\partial x_i(\mathbf{w}, y)}{\partial w_j} = \dfrac{\partial x_j(\mathbf{w}, y)}{\partial w_i}, \quad i, j = 1, \ldots, n$。

3.4 长期与短期成本函数

我们曾经作过说明,长期中厂商可以改变它所有的要素投入量,而在短期内,有的要素是固定不变的。到此之前涉及的成本函数其实都是从长期的角度构造的,因为在定义 $c(\mathbf{w}, y)$ 的成本最小化问题中,我们允许所有的要素投入都是可变的。沿用第 1 章的记号,短期内不变的要素记为 $\mathbf{x}_f$,可变要素为 $\mathbf{x}_v$,则短期成本函数定义为

$$c(\mathbf{w}, y, \mathbf{x}_f) = \min_{\mathbf{x}_v} (\mathbf{w}_v \mathbf{x}_v + \mathbf{w}_f \mathbf{x}_f) \\ \text{s.t.} \quad f(\mathbf{x}_v, \mathbf{x}_f) = y \tag{3.18}$$

要素价格 $\mathbf{w} = (\mathbf{w}_v, \mathbf{w}_f)$ 不变时,可将成本函数简写为 $c(y, \mathbf{x}_f)$,它由可变成本 $\mathbf{w}_v \mathbf{x}_v$ 和不变成本 $\mathbf{w}_f \mathbf{x}_f$ 组成。短期成本是与当前固定要素的规模 $\mathbf{x}_f$ 相关的,这不仅因为不同的固定要素规模构成不同的固定成本,而且在不同的固定要素基础上厂商对可变要素的投入选择一般也不会相同。

现在,为生产产量 y,一个厂商就存在两种成本: 短期成本和长期成本,厂商究竟位于哪一条成本线上要看它能否根据不同的产量水平对其所有要素作适当的调整。现在我们来考虑这两种成本间的关系。

根据定义,短期成本函数是在固定要素不变这一限制下得到的,而长期成本函数则没有这一限制。在一个自由度更大的空间里长期成本理应比短期成本更低 (或至少不比它更

高)——这说明，基于任何固定要素所得的短期成本线都不可能低于长期成本线。另一方面，面对任一产量水平，考虑生产成本最小（所以这涉及长期成本），必然对应一个最优的固定资产投入规模，那么基于这一规模的那个短期成本必然与长期成本一致。所以对任一产量水平，至少有一条短期成本线与长期成本线相切。下面，我们简要地将这一不容易用文字表达清楚的道理用代数式推导出来。

为此，考虑一种短期固定要素的情形。记 z 是这种固定要素，我们也可以将它理解为某种生产规模的指标（包含若干不同的固定要素，如厂房、机器设备等）。

按定义，短期成本是固定 z 不动，选择最优的 $\mathbf{x}_v$ 达到产量 y

$$c(y,z) = \min_{\mathbf{x}_v}(\mathbf{w}_v\mathbf{x}_v + w_z z) \\ \text{s.t.} \quad f(\mathbf{x}_v, z) = y \tag{3.19}$$

与之不同，长期成本函数允许 z 也作适当的变化

$$c(y) = \min_{\mathbf{x}_v, z}(\mathbf{w}_v\mathbf{x}_v + w_z z) \\ \text{s.t.} \quad f(\mathbf{x}_v, z) = y \tag{3.20}$$

由上述定义立即有

$$c(y) \leqslant c(y,z) \quad \forall y, z > 0 \tag{3.21}$$

这说明，每一条短期成本线都在长期成本线之上。另一方面，$\forall y^* > 0$，记 $z^* = z(y^*)$ 是固定要素对应于产量 y^* 的长期最优投入。由定义式 (3.20) 和 (3.21)

$$c(y^*) = \min_z c(y^*, z) = c(y^*, z^*) \tag{3.22}$$

即是说当固定要素为 z^* 时，短期成本与长期成本在 $y = y^*$ 相等。但是，短期成本线要维持在长期成本线之上的位置，二者不可能相交，所以，它们必然在 $y = y^*$ 点相切。这也可以用包络定理来检查

$$\left.\frac{dc(y)}{dy}\right|_{y=y^*} = \left.\frac{\partial c(y,z)}{\partial y}\right|_{y=y^*} = \left.\frac{\partial c(y,z^*)}{\partial y}\right|_{y=y^*} \tag{3.23}$$

注意后一等式用到了 $z^* = z(y^*)$。这就证明了 $c(y)$ 与 $c(y,z^*)$ 在 $y = y^*$ 处相切。

根据上面证明过程的原理，我们常说长期成本曲线是短期成本曲线族的包络线，图 3.3 显示了二者这种关系。在图 3.3(a) 中，长期成本 $c(y)$ 是 $c(y, z(y_1))$、$c(y, z(y_2))$、$c(y, z(y^*))$ 等无数条短期成本线的包络线。图 3.3(b) 显示，在长、短期成本线的切点 y_1、y_2 和 y^*，相应的长短期平均成本线也相切，所以长期平均成本线也是短期平均成本线的包络线——这在数学上表现为：

$$c(y)/y \leqslant c(y,z)/y \quad \text{（由 (3.21)）}$$

和

$$\frac{d}{dy}\left[\frac{c(y)}{y}\right]_{y=y^*} = \frac{y^* c'(y^*) - c(y^*)}{y^{*2}}$$

$$= \frac{y^* c_y(y^*, z^*) - c(y^*)}{y^{*2}} = \frac{\partial}{\partial y}\left[\frac{c(y, z^*)}{y}\right]_{y=y^*} \quad \text{（由 (3.23)）}$$

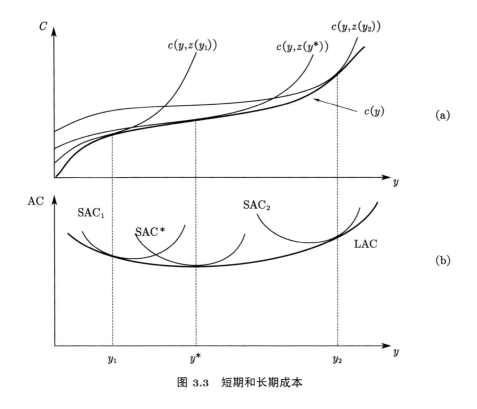

图 3.3 短期和长期成本

3.5 多工厂厂商

有不少厂商拥有两个以上的工厂生产同一产品,但不同的工厂的生产技术可能存在差异。对任一给定的产量水平 y,这种厂商就面临在其多个工厂间分配生产的问题。我们将这一问题分两个步骤来解决:第一步,在每一个特定工厂的技术约束下求该工厂生产一定产量所需的最低成本,或者简单地说就是先求出每一个工厂的成本函数 $c_i(y)$(在此不妨假设各要素的价格不变);第二步,将指定的产量在工厂间分配。

第一个步骤我们已经在 3.1 节中完成了,通过求解成本最小化问题 (3.1),所得的特定工厂的成本函数 $c_i(y)$ 满足 3.2 节所述的若干性质。余下的问题只是如何在工厂间有效地分配产量。

我们以一个两工厂厂商为例进行分析,其结果可以毫无困难地推广到三个以上工厂的情形。假设一个厂商有两个生产同一产品的工厂,成本函数分别是 $c_1(y)$ 和 $c_2(y)$。指定任一产量水平 y,如果厂商在工厂 1 生产 y_1,在工厂 2 生产 y_2,它的成本是

$$C(y) = c_1(y_1) + c_2(y_2)$$

自然,这种产量分配首先要满足约束 $y_i \geqslant 0$, $i = 1, 2$,因为厂商无法让工厂生产一个负产量;

其次，应该有 $y_1 + y_2 = y$。所以，厂商需要求解下面的问题：

$$\min_{y_1, y_2} [c_1(y_1) + c_2(y_2)]$$
$$\text{s.t.} \quad y_1 + y_2 = y \quad (3.24)$$
$$y_i \geqslant 0, \quad i = 1, 2$$

拉格朗日函数是

$$L = c_1(y_1) + c_2(y_2) - \lambda(y_1 + y_2 - y) - \sum_{i=1}^{2} \mu_i y_i$$

假设 $c_i(y)$ 都是凸函数：$c_i'' > 0 \ (i = 1, 2)$，这意味着两个工厂的边际成本都是产量的严格单增函数。作这个假设是为了使得 $C(y) = c_1(y_2) + c_2(y_2)$ 是严格凸的，从而 Kuhn-Tucker 条件是问题 (3.24) 的充分必要条件。据 Kuhn-Tucker 定理，存在 λ^*、μ_1^*、$\mu_2^* \geqslant 0$，使得

$$\frac{\partial L}{\partial y_i} = c_i'(y_i^*) - \lambda^* - \mu_i^* = 0 \quad i = 1, 2 \quad (3.25)$$

由互补松弛条件

$$\text{若 } y_i^* > 0, \ c_i'(y_i^*) = \lambda^* \quad (3.26)$$

$$\text{若 } y_i^* = 0, \ c_i'(y_i^*) \geqslant \lambda^* \quad (3.27)$$

由于有产量约束 $y_1 + y_2 = y$，至少有一个 y_i 是正值。可能出现两种最优解：

(1) $y_1^* > 0, y_2^* > 0$：此时由 (3.26) 立即有

$$c_1'(y_1^*) = c_2'(y_2^*) = \lambda^* \quad (3.28)$$

厂商将在两个工厂都安排生产，产量分配使得两个工厂的边际成本相等时即是最优的。这一条件的直观意义是明显的：如果哪一个工厂的边际成本比另一个工厂的边际成本高，那么这个工厂分一些产量到另一个工厂去生产必定是有利可图的。由于拉格朗日系数可以解释为约束参数变化时目标函数的边际变化，在这里就是总产量 y 变化时总成本 $C(y)$ 的边际变化，也就是厂商的边际成本 $C'(y)$，这种解释与一阶条件 (3.26) 是相符的。

(2) 有一个工厂的产量是零，全部产量由另一个工厂生产。在此不妨假设 $y_2^* = 0$，从而 $y_1^* = y$。由一阶条件 (3.26) 和 (3.27) 得知必然有

$$c_2'(0) \geqslant c_1'(y) \quad (3.29)$$

在这种状态下，厂商无法再从边际成本较高的工厂 2 转移产量到工厂 1 来节约成本，因为工厂 2 的产量已经降到了最低。

图 3.4 显示了上述两工厂厂商的生产配置原理。图 (a) 和图 (b) 分别是工厂 1 和工厂 2 的边际成本线，图 (c) 是厂商作为一个整体的边际成本线。图 (c) 中的 y^0 是一个临界点：超过这个临界产量水平，厂商将同时在两个工厂生产，产量配置分别是 y_1^* 和 y_2^*；如果 $y \leqslant y^0$，工厂 2 的边际成本总是超过工厂 1 的边际成本，此时厂商只利用工厂 1 生产是最优的。

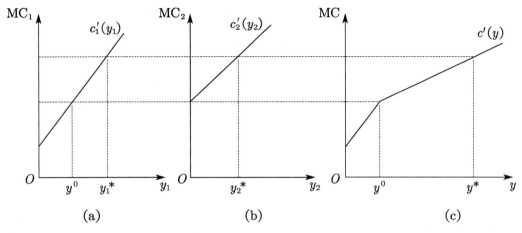

图 3.4 两工厂厂商的生产配置

3.6 多产品生产

3.6.1 成本最小化条件

这一节我们考虑另一个特殊的问题：一个厂商同时生产多种产品。由 1.5 节，我们知道，如果一个厂商以 n 种投入同时生产 k 种产品，在有效率生产的假设下，厂商的生产函数呈隐函数形式

$$g(\mathbf{y}, \mathbf{x}) = 0$$

这里 $\mathbf{y}$ 是 k 维产出向量，$\mathbf{x}$ 是 n 维投入向量。这种厂商的成本最小化问题是

$$\min_{\mathbf{x}} \mathbf{wx} \\ \text{s.t.} \quad g(\mathbf{y}, \mathbf{x}) = 0 \qquad (3.30) \\ \mathbf{x} \geqslant \mathbf{0}$$

如果忽略角点解的可能性，可以将非束紧的约束条件 $\mathbf{x} \geqslant \mathbf{0}$ 去掉，拉格朗日函数是

$$L = \mathbf{wx} - \lambda g(\mathbf{y}, \mathbf{x})$$

在内点解 $\mathbf{x}^*$ 满足一阶条件：

$$\frac{\partial L}{\partial x_i} = w_i - \lambda \frac{\partial g(\mathbf{y}, \mathbf{x}^*)}{\partial x_i} = 0 \quad i = 1, \ldots, n \qquad (3.31)$$

(3.31) 中 n 个等式移项后两两相除得：

$$\frac{w_i}{w_j} = \frac{\partial g/\partial x_i}{\partial g/\partial x_j} = \text{TRS}_{ij} \quad i, j = 1, \ldots, n \qquad (3.32)$$

成本最小化条件要求要素间的技术替代率等于相关要素的价格比，这与单产出厂商的情形是完全一样的，同时也与 2.5 节多产出利润最大化一阶条件中 (2.34) 式一样。

同样，(3.30) 的解 $\mathbf{x}^* = \mathbf{x}(\mathbf{w}, \mathbf{y})$ 是此时的条件要素需求，厂商的成本函数是

$$c(\mathbf{w}, \mathbf{y}) = \mathbf{w}\mathbf{x}(\mathbf{w}, \mathbf{y})$$

它具有 3.2 节所述的单产出厂商成本函数的所有性质，其证明过程也十分类似，这里不再赘述。

3.6.2 范围经济

现实中同时生产多种产品的厂商比比皆是：一个服装公司多半会同时生产上衣、裤子和衬衫，一个汽车公司同时生产轿车和卡车。如果你将大学也看成一个"厂商"，它也有多种产品：大学毕业生和科研论文。当一个厂商可以选择生产单一产品而事实上同时生产多种产品时，一个恰当的推测是，在一个厂商内同时生产这些产品比多个厂商分别生产这些产品来得更经济。

举一个两种产出的厂商为例。假设某厂商同时生产产品 1 和 2，其成本函数是 $c(\mathbf{w}, y_1, y_2)$。设想该厂商现在只生产产品 1，其成本是 $c(\mathbf{w}, y_1, 0)$；同样，若厂商只生产产品 2，成本是 $c(\mathbf{w}, 0, y_2)$。如果

$$c(\mathbf{w}, y_1, y_2) < c(\mathbf{w}, y_1, 0) + c(\mathbf{w}, 0, y_2) \tag{3.33}$$

就称产品 1 和产品 2 的生产存在**范围经济** (economies of scope)；如果 (3.33) 中的不等号方向逆转，联合生产的成本大于分别生产的成本之和，称产品 1 和产品 2 的生产间存在范围不经济；如果将 (3.33) 中不等号改为等号，则称成本函数是**可分的**(separable)，此时产品 1 和产品 2 联合生产与分别生产的经济效果是一样的。

如果不考虑厂商的管理成本，范围不经济的例子是不会太多的，因为通常说来厂商总可以在联合生产时一一重复分别生产时的生产流程。许多由纯技术原因引致范围不经济的例子，事实上是由于厂商的某种产品生产会产生一定的社会成本 (参看第 19 章外部性的内容)，而当厂商同时生产其他产品时，它又吸收了 (部分) 这样的社会成本。比方说，一个化工产品生产厂商如果试图同时加工茶叶，为了避免让茶叶染上化工原料刺鼻的气味，厂商必然要增添专门的设备，导致额外的成本。

进一步阅读

关于成本函数的性质的严格讨论，可参看：

Shephard, R.W. (1970), *Theory of Cost and Production Functions*, NJ: Princeton University Press, Princeton.

Diewert, E. (1974), "Applications of Duality Theory", in Intriligator, M. and D. Kendrick (eds.), *Frontiers of Quantitative Economics*, Amsterdam: North-Holland.

有关成本函数与生产函数关系可参看：

Chamber, R.G. (1988), *Applied Production Analysis*, Cambridge: Cambridge University Press.

多产品成本函数的讨论及其在产业组织理论中的应用：

Baumol, W.J., Panzar J.C. and R.D.Willig (1982), *Contestable Markets and the Theory of Industrial Structure*, New York: Harcourt Brace Jovanovich.

Sharkey, W.W. (1982), *The Theory of Natural Monopoly*, Cambridge: Cambridge University Press.

练习与思考

3-1 某厂商具有 Leontief 生产函数：$y = \min\{x_1/\beta_1, x_2/\beta_2\}, \beta_1, \beta_2 > 0$。
(1) 求条件要素需求函数和成本函数。
(2) 画出成本函数曲线。

3-2 某厂商具有线性生产函数：$y = ax_1 + bx_2, a, b > 0$。
(1) 求条件要素需求函数和成本函数。
(2) 画出成本函数曲线。

3-3 某厂商具有 Cobb-Douglas 生产函数：$y = Ax_1^\alpha x_2^{1-\alpha}, A > 0, 0 \leqslant \alpha \leqslant 1$。证明其成本函数形式为 $c(\mathbf{w}, y) = Bw_1^\alpha w_2^{1-\alpha} y$，其中 B 是依赖于 A 和 α 的常数。

3-4 证明成本函数的性质：
(1) $c(\mathbf{w}, y)$ 是 $\mathbf{w}$ 和 y 的单增函数。
(2) $c(\mathbf{w}, y)$ 是 $\mathbf{w}$ 的一次齐次函数。

3-5 证明：如果生产函数是凹函数，则成本函数 $c(\mathbf{w}, y)$ 是 y 的凸函数。

3-6 证明：对于位似生产函数，规模收益弹性与成本的产量弹性存在关系：$e(\mathbf{x}(\mathbf{w}, y)) = 1/E_y^c(y)$。

3-7 考虑一个两工厂厂商，其工厂的成本函数分别为

$$c_1(y_1) = 2y_1^2 \quad \text{和} \quad c_2(y_2) = (y_2 + 1)^2$$

(1) 什么条件下厂商只使用一个工厂？什么条件下厂商需要两个工厂同时生产？
(2) 推导厂商的成本函数。

3-8 假设一个竞争厂商的成本函数是

$$c(w_1, w_2, y) = w_1^\alpha w_2^\beta y^\gamma$$

(1) 参数 α、β 和 γ 需要满足什么条件，$c(w_1, w_2, y)$ 才是一个典型的成本函数？

(2) 求条件要素需求函数。

3-9 一个厂商有两个工厂，这两个工厂的成本函数是相同的

$$c_i(y) = F + ky^\alpha \quad (y > 0; F > 0, k > 0) \quad i = 1, 2$$

但如果厂商只在一个工厂生产，另一个工厂的固定成本 F 是可以避免的，即是说 $c_i(0) = 0$。

(1) 成本最小条件 (3.28) 是否一定成立？为什么？

(2) 在 $\alpha = 1$ 和 $\alpha = 3$ 两种情况下，厂商如何决定是在一个工厂生产还是同时以两个工厂生产？

(3) 在 $\alpha = 3$ 条件下，什么产量范围内存在规模经济？

3-10 对一个多产出成本函数：

$$c(\mathbf{w}, y_1, y_2) = \sum_i w_i \ln[(y_1 + 1)(y_2 + 1)] + (y_1 + y_2)^\alpha$$

常数 α 分别取什么样的值时产品 1 和产品 2 的生产呈范围经济、范围不经济以及可分特征？

第 4 章　消费者行为

从某种意义上说，消费者行为与厂商行为非常相似：厂商在要素市场上购买要素，产品在产品市场出售，它追求的是利润最大化；与此相对，消费者购买形形色色的商品获得消费满足，他追求效用最大化。所以，我们会注意到这两个理论中一些两两相对应的概念，如产品与效用，要素需求与商品需求，生产成本与消费支出，等等。不过，消费者理论一开始就碰到了一个厂商理论中不存在的问题：消费带来的满足 (效用) 是一个心理上的抽象概念，它不像由要素生产出来的产品那样是一个客观的存在。所以，消费者理论不得不首先小心地构造效用函数，它既要令人信服，又应满足深入分析消费者行为的需要。这可能是消费者理论与厂商理论最大的不同，因为生产函数概念的建立毫无困难所言。

一开始，经济学家创立了基数效用论，它假设商品消费为消费者带来一个实际的效用值。基数效用论虽然带来了分析的方便，对现实的解释却过于牵强，比如，说某人喝一杯咖啡比喝一杯牛奶多获 2 单位的效用究竟是什么意思？19 世纪末，帕累托认识到，作为基数量的效用即使存在，也是一个不必要而且未能证实的假设。研究消费者行为只需要进行消费满足多和少的比较，至于多多少或少多少则是无关紧要的。以这个思想建立的序数效用论，大大地放宽了基数效用论的假设，在消费偏好的基础上对消费者的行为作了全新的阐述，并很快就被证明这丝毫无损于对消费者行为深入系统的研究。所以，序数效用论早已成为标准的效用理论。

作为消费者理论的基础，4.1 节首先建立了偏好理论，并在消费偏好基础上导出了效用函数；4.2 节通过考虑效用最大化问题，推导了消费者的需求函数；4.3 节转而考虑支出最小化问题，介绍与之关联的支出函数和补偿需求 (希克斯需求) 等概念；4.4 节讨论需求函数的比较静态性质，主要讨论了需求的价格效应及分解，并建立了 Slutsky 方程。

4.1　偏好的公理性假设与效用函数存在定理

4.1.1　偏好与效用函数

假设某消费者面对 k 种可选的商品，任一商品组合也称为一个商品束，以 k 维向量 $\mathbf{x} = (x_1, \ldots, x_k)$ 表示，以 X 表示所有可选的消费束集合；假设 X 是凸集，这意味着消费者还可以选择任何两种可选消费束的组合。通常我们假设 X 就是 $\mathbf{R}_+^k$。

假设消费者面对消费集 X 中任何两个消费束时，都有一个"优劣"的判断，他能说出自己更喜欢其中哪一个。或者说，消费者在 X 上有一个偏好结构。任取 X 中两个消费束 $\mathbf{x}$ 和 $\mathbf{y}$，如果消费者认为 $\mathbf{x}$ 至少与 $\mathbf{y}$ 一样好，或说 $\mathbf{x}$ "不次于" $\mathbf{y}$，我们将其表示为 "$\mathbf{x} \succeq \mathbf{y}$"。特定消费者在他可选择的消费束上特定的排序方式称为他的**偏好**。

无论消费者的偏好关系是什么样子，总可以用前面定义的关系记号"$\succeq$"予以完整地表示出来。但为了方便，我们还使用另外两个记号：如果消费者认为 x 优于 y，这等价于"$x \succeq y$ 但没有 $y \succeq x$"，可将其记为 $x \succ y$；当 $x \succeq y$ 和 $y \succeq x$ 同时成立时意味着消费者认为 x 和 y 是无差异的，记为 $x \sim y$。

为了适当地建立消费者理论，这样定义的偏好关系首先应该是"合理"的，其次还应该易于分析，所以要对它施加一定的条件。我们假设它满足下面的条件：

完全性 (complete)：$\forall x, y \in X$，必然有 $x \succeq y$ 或 $y \succeq x$ 或二者同时成立（亦即 $x \sim y$）。
自反性 (reflexive)：$\forall x \in X, x \succeq x$。
传递性 (transitive)：$\forall x, y, z \in X$，若 $x \succeq y, y \succeq z$，则 $x \succeq z$。

完全性是说，消费者可以比较任何两个消费束；自反性说的是消费者不应该认为一个特定的消费束比它自身差。至于传递性，尽管有人对它提出异议，但它是任何合理偏好都应该满足的一个基本准则：如果你说你宁愿吃一个梨而不愿吃一个苹果，而你又说你宁愿吃一个苹果而不愿吃一个桃，那么你应该宁愿吃一个梨而不愿吃一个桃，否则别人会怀疑你是否头脑清楚。

另外，为了建立一个像基数效用那样具有良好操作性的"效用函数"，我们还需要对消费者偏好作一个技术性的假设：

连续性 (continuity)：$\forall y, \{x | x \succ y\}$ 是开集。

粗略地说，如果消费者认为消费束 x 优于 y，那么与 x 非常相似的消费束也优于 y。
可以证明 (Debreu, 1964)，如果一个偏好结构满足上述四个条件，则存在下述定理：

效用函数存在定理：如果 X 上的偏好 $\succeq$ 满足完全性、自反性、传递性和连续性，则存在一个连续的效用函数 $u: X \to \mathbf{R}$：

$$x \succeq y \quad \Leftrightarrow \quad u(\mathbf{x}) \geqslant u(\mathbf{y})$$

由此可见，只需对偏好作几个公理性的假设，我们就得到了类似于基数论的效用量化结果。但是应特别注意，这种量化的目的仅在于以一种较方便的方式表述偏好。效用函数的唯一功能只是为不同的消费束排序，指明在任何两种消费束中哪一个更让消费者合意。所以，$u(\mathbf{x})$ 的值本身是没有经济含义的。由于同样的原因，虽然我们也将 $\partial u(\mathbf{x})/\partial x_i$ 定义为商品 i 的边际效用，但它也只有在与其他商品的边际效用比较大小时才有意义。

正是由于上述原因，极其自然的一个推论是，如果 $u(\mathbf{x})$ 是一个消费偏好的效用函数，而另一个连续函数 $v(\mathbf{x})$ 对 X 中消费束的排序与 $u(\mathbf{x})$ 一致，则 $v(\mathbf{x})$ 也是表示同一偏好的效用函数。用数学语言来说，一个消费者的效用函数是不唯一的：如果 $u(\cdot)$ 是一个消费偏好的效用函数，则 $u(\cdot)$ 的任意一个**正单调变换** (monotonic transformation) $g(u(\cdot))$ 也必然是表示同一偏好的效用函数，这里函数 $g(\cdot)$ 是任意一个严格单增函数。比如，如果某人的效用函

数是
$$u(x_1, x_2, x_3) = \sqrt{x_1 x_2 x_3}$$
则这个人的效用函数也可以写为
$$u^2 = x_1 x_2 x_3 \quad \text{或} \quad 2\ln u = \ln x_1 + \ln x_2 + \ln x_3$$
因为当 $u \geqslant 0$ 时 u^2 和 $\ln u$ 都是 u 的严格单增函数。

4.1.2 无差异集及边际替代率

类似于厂商理论中的等产量集，一个**无差异集** (indifference sets) 定义为带给消费者某一特定水平的同等效用的所有消费束的集合：
$$I(\mathbf{x}_0) = \{\mathbf{x} \in X | \mathbf{x} \sim \mathbf{x}_0\}$$
或者，以效用函数更方便地定义为
$$I(\mathbf{x}_0) = \{\mathbf{x} \in X | u(\mathbf{x}) = u(\mathbf{x}_0)\}$$

当然，无差异集有许多个。给定一个消费束或者一个效用水平，就有一个无差异集与之对应。几何上，无差异集是一族 k 维空间上的超曲面。特别地，在两种商品的情形下，它就是我们熟知的**无差异曲线**。

增加某种商品的消费量，需要如何调整另一种商品的消费才能保持消费者的效用不受影响？这是**边际替代率** (marginal rate of substitute, MRS) 回答的问题。如果消费者在 i 商品上的消费增加 Δx_i，j 商品的消费减少 $-\Delta x_j$ 时效用水平不受影响，则有
$$u(x_i + \Delta x_i, \mathbf{x}_{-i}) = u(x_j + \Delta x_j, \mathbf{x}_{-j}) \tag{4.1}$$
这里 $\mathbf{x}_{-i} = (x_1, \ldots, x_{i-1}, x_{i+1}, \ldots, x_k)$。如果 Δx_i 很小，由效用函数 $u(\mathbf{x})$ 对各分量的连续性得知 Δx_j 也很小。如果效用函数还是可微的，(4.1) 等式两端分别利用泰勒展式得
$$u(\mathbf{x}) + \frac{\partial u(\mathbf{x})}{\partial x_i} \Delta x_i \approx u(\mathbf{x}) + \frac{\partial u(\mathbf{x})}{\partial x_j} \Delta x_j$$
记 $u_i(\mathbf{x}) = \partial u(\mathbf{x})/\partial x_i$，则
$$\frac{\Delta x_j}{\Delta x_i} \approx -\frac{u_i(\mathbf{x})}{u_j(\mathbf{x})} \qquad i, j = 1, \ldots, k \tag{4.2}$$
边际替代率 MRS 就定义为上述分式 $\Delta x_j/\Delta x_i$ 的极限 $\partial x_j/\partial x_i$。上面泰勒展式的方法只是为了直观地显示 MRS 的经济含义，但我们通常是应用隐函数求导的方法来求 MRS 的：首先，消费者的效用水平保持不变意味着方程 $u(\mathbf{x}) = u_0$ 成立；维持其他商品的消费量不变，让商品 i 和 j 的消费量变化，在方程 $u(\mathbf{x}) = u_0$ 两端对 x_i 求导
$$\frac{\partial u(\mathbf{x})}{\partial x_i} + \frac{\partial u(\mathbf{x})}{\partial x_j} \frac{\partial x_j}{\partial x_i} = 0$$

这就得到
$$\text{MRS}_{ij} = \frac{\partial x_j}{\partial x_i} = -\frac{u_i(\mathbf{x})}{u_j(\mathbf{x})} \qquad i,j = 1,\ldots,k \tag{4.3}$$

在两种商品的情形,MRS 正好是相关点处无差异曲线的切线斜率。

很容易验证,用同一个偏好的众多的效用函数中任何一个来计算边际替代率其结果都是一样的。前面已经说明,如果 $u(\mathbf{x})$ 是一个效用函数,则任取一个严格单增函数 $g(\cdot)$,$g(u(\mathbf{x}))$ 也是一个效用函数,并且表示的偏好与 $u(\mathbf{x})$ 相同。我们来看看利用效用函数 $g(u(\mathbf{x}))$ 求得的边际替代率

$$\text{MRS}_{ij} = -\frac{\partial g(u(\mathbf{x}))/\partial x_i}{\partial g(u(\mathbf{x}))/\partial x_j} = -\frac{g'(u)u_i(\mathbf{x})}{g'(u)u_j(\mathbf{x})} = -\frac{u_i(\mathbf{x})}{u_j(\mathbf{x})}$$

与前面用 $u(\mathbf{x})$ 所求得的结果完全相同。

同生产函数类似,我们也可以通过效用函数来定义不同商品之间的替代弹性,它衡量的是当两种商品消费的相对比重呈一定速度增加时,这两种商品间边际替代率的变化速度。其计算公式为

$$\sigma_{ij} = -\frac{d\ln(x_j/x_i)}{d\ln|\text{MRS}_{ij}|} = -\frac{\text{MRS}_{ij}}{x_j/x_i}\frac{d(x_j/x_i)}{d(\text{MRS}_{ij})}$$

例如,下面的 **CES 效用函数**

$$u(\mathbf{x}) = \left(\sum_{i=1}^{k} x_i^\rho\right)^{1/\rho} \qquad 0 < \rho < 1$$

正如其名称所揭示的那样,任意两种商品间的替代弹性都是常数

$$\sigma_{ij} = -\frac{(x_i/x_j)d(x_j/x_i)}{(\rho-1)(x_i/x_j)^{\rho-1}(x_j/x_i)^{\rho-2}d(x_j/x_i)} = \frac{1}{1-\rho} \triangleq \sigma$$

4.1.3 对偏好的其他假设

4.1.1 小节仅由三个公理性的假设和一个技术性假设便在消费偏好的基础上建立了与之对应的效用函数,但经济个体的偏好表现出的性质不仅是那几个假设。再说,只凭这些假设对更深入的经济分析通常是不够的。经济学家经常根据具体情况对偏好作更多的一些假设,最常见的就是**局部非餍足性** (local nonsatiation)、**单调性** (monotonicity) 和**凸性** (convexity)。

所谓**餍足**,是指消费者认为某一特定的消费束是最佳的,对其他消费束的偏好则视其与最佳消费束的差异而定:与最佳消费束越接近的消费束效用越高。图 4.1 中的点 (消费束)$S(x_1^0, x_2^0)$ 是消费者的一个餍足点,无差异曲线是以 S 为中心的圈线,外圈比里圈的效用水平低。局部非餍足偏好即是排除了餍足点的存在,无论处于哪一点,消费者都能从适当的细微变更中获益,它的正式定义是这样的:

局部非餍足性: $\forall \mathbf{x} \in X, \varepsilon > 0$,存在 $\mathbf{y} \in X$,使得

$$|\mathbf{x} - \mathbf{y}| < \varepsilon, \text{且} \mathbf{y} \succ \mathbf{x}$$

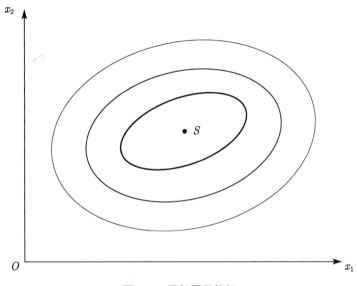

图 4.1　局部餍足偏好

单调性是比局部非餍足更强的假设，它的意思是，无论哪一种商品，消费者总是觉得多多益善。我们可以区分强弱两种单调性：

弱单调性： 如果 $\mathbf{x} \geqslant \mathbf{y}$，则 $\mathbf{x} \succeq \mathbf{y}$。
强单调性： 如果 $\mathbf{x} \geqslant \mathbf{y}$ 且 $\mathbf{x} \neq \mathbf{y}$，则 $\mathbf{x} \succ \mathbf{y}$。

注意这里 $\mathbf{x} \geqslant \mathbf{y}$ 表示 $x_i \geqslant y_i$ $i=1,\ldots,k$。

自然，单调性假设要求每一种商品对消费者说来都是"有用的""好的"。万一我们需要考虑一些消费者"讨厌的""坏的"商品，单调性假设就不成立了。不过，经过一个简单的技术性处理，这种情况下我们仍然可以假设偏好是单调的。譬如，空气污染是消费者不喜欢的"商品"，在分析中可转而讨论"负的空气污染"，或更明白地说是"空气不污染"。这样一来，"空气不污染"对消费者是"好的"商品，无损于单调性假设。单调性偏好对应的效用函数是单增的，而且，弱单调性偏好对应单增函数，强单调性偏好对应严格单增函数。在只有两种商品的情形，如果偏好是单调的，那么在 (x_1, x_2) 平面上向右上方移动无差异曲线代表消费者的效用水平增加。

凸性是另一个关于偏好的常见假设。具有凸偏好的消费者相对说来更喜欢"平均"的商品组合，而不喜欢"极端"的组合。举例来说，一种商品束是 10 只冰激凌，另一种商品束是 10 个面包，但你也许觉得这两种商品束都不如 5 只冰激凌加 5 个面包，这就是凸偏好的意思。其严格的定义是：

凸性： $\forall t \in [0, 1]$, $\forall \mathbf{x}, \mathbf{y}, \mathbf{z} \in X$，且 $\mathbf{x} \succeq \mathbf{z}$, $\mathbf{y} \succeq \mathbf{z}$，则

$$t\mathbf{x} + (1-t)\mathbf{y} \succeq \mathbf{z}$$

上述定义也可以等价地表示为: $\forall \mathbf{z} \in X$, $\{\mathbf{x}|\mathbf{x} \succeq \mathbf{z}\}$ 是凸集。相似地, 也可以定义**严格凸**的偏好:

严格凸性: $\forall t \in (0, 1)$, $\forall \mathbf{x}, \mathbf{y}, \mathbf{z} \in X$, $\mathbf{x} \neq \mathbf{y}$, 且 $\mathbf{x} \succeq \mathbf{z}$, $\mathbf{y} \succeq \mathbf{z}$, 则

$$t\mathbf{x} + (1-t)\mathbf{y} \succ \mathbf{z}$$

为什么消费者会觉得"平均的"比"极端的"消费束好呢? 这事实上来自新古典经济学的一个经验假设。新古典学派认为, 正常情况下, 商品的消费满足边际效用递减规律 (这后来被更规范地表述为边际替代率递减规律)。既然如此, "平均的" 消费束降低了相同商品重复消费的次数, 同时增加了其他商品的消费, 效用必然增加。

如果消费者的偏好是凸的, $B = \{\mathbf{x}|\mathbf{x} \succeq \mathbf{z}\}$ 是凸集, 在只有两种商品的情形下, 这意味着无差异曲线总是凸向原点 (见图 4.2), 这样的无差异曲线随 x_1 的增大越来越平坦。由于无差异曲线的切线斜率正是边际替代率 MRS_{12}, 凸偏好假设其实就是假设边际替代率 (绝对值) 递减。

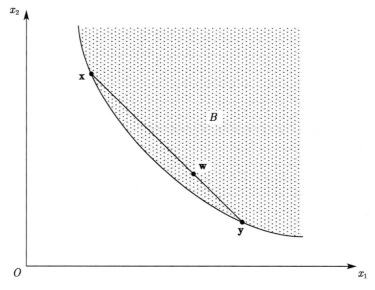

图 4.2　凸偏好

图 4.2 还显示, 如果两个消费束 $\mathbf{x}$ 和 $\mathbf{y}$ 处于同一条无差异曲线上, 则点 $\mathbf{x}$ 和点 $\mathbf{y}$ 间连线上所有的点 (譬如 $\mathbf{w}$ 点) 都将处于更高的无差异曲线上。

我们通常假设消费者的偏好是严格凸的, 这对消费者行为分析中还有一个重要的意义: 既然严格凸偏好对应于一个严格拟凹的效用函数, 所以, 只要消费者的预算约束集不是凹的, 效用函数的唯一一个极值点必然是它的最大值点 (见数学附录 F.2 节)。这就是说, 只要某消费束满足效用最大化问题的一阶必要条件, 它必然就是消费者的最优消费束。这无疑会大大简化分析过程。

4.2 效用最大化

4.2.1 最优消费条件

上一节根据消费者的偏好结构建立了效用函数,现在我们利用效用函数来考察具有一定货币收入的消费者的效用最大化行为。

假设消费集为 $\mathbf{R}_+^k = \{\mathbf{x}|x_i \geqslant 0, i = 1, \ldots, k\}$;消费者有严格凸偏好,效用函数为 $u(\mathbf{x})$,收入为 m;商品的市场价格以 k 维向量 $\mathbf{p} = (p_1, \ldots, p_k)$ 表示,这对消费者是外生的,不会因消费者的购买量变化而变化。

消费者面临的问题是

$$\begin{aligned} &\max u(\mathbf{x}) \\ &\text{s.t.} \quad \mathbf{px} \leqslant m \\ &\quad \mathbf{x} \geqslant \mathbf{0} \end{aligned} \tag{4.4}$$

这里 $\mathbf{px} = \sum_{i=1}^k p_i x_i \leqslant m$ 是消费者的预算约束,它表示消费不能超出收入。满足预算约束的商品束集合 $B = \{\mathbf{x} \in \mathbf{R}_+^k | \mathbf{px} \leqslant m\}$ 称为**可行消费集**。如果我们假设偏好是非局部餍足甚或单调的,则消费者不可能以低于 m 的支出达到最大效用,因为此时将剩余的钱随便再购买一些商品总能增加效用,所以消费者总是在其预算边界 $\mathbf{px} = m$ 上达到最大效用。暂时忽略角点解的可能,即约束 $\mathbf{x} \geqslant \mathbf{0}$ 中每个不等式都不束紧,那么问题 (4.4) 可转化为更简单的形式

$$\begin{aligned} &\max u(\mathbf{x}) \\ &\text{s.t.} \quad \mathbf{px} = m \end{aligned} \tag{4.5}$$

按等式约束最值问题的标准解法,先建立拉格朗日函数

$$L(\mathbf{x}, \lambda) = u(\mathbf{x}) - \lambda(\mathbf{px} - m)$$

最大值问题 (4.5) 在 $\mathbf{R}_+^k$ 的内点 $\mathbf{x}^*$ 得解的一阶必要条件是

$$\frac{\partial L(\mathbf{x}^*, \lambda^*)}{\partial x_i} = \frac{\partial u(\mathbf{x}^*)}{\partial x_i} - \lambda^* p_i = 0 \quad i = 1, \ldots, k \tag{4.6}$$

$$\frac{\partial L(\mathbf{x}^*, \lambda^*)}{\partial \lambda} = -(\mathbf{px}^* - m) = 0 \tag{4.7}$$

重新整理 (4.6) 中 k 个等式,有

$$\frac{u_i(\mathbf{x}^*)}{u_j(\mathbf{x}^*)} = \frac{p_i}{p_j} \tag{4.8}$$

即是说,在消费者的最优相关点,边际替代率的绝对值等于相关商品的价格比。在两种商品的情形,这意味着最优消费点是预算线 $p_1 x_1 + p_2 x_2 = m$ 与某无差异曲线 $u(\mathbf{x}) = u^*$ 的切点 (见图 4.3)。

有时候,条件 (4.6) 也写为下列形式

$$\frac{u_1(\mathbf{x}^*)}{p_1} = \frac{u_2(\mathbf{x}^*)}{p_2} = \ldots = \frac{u_k(\mathbf{x}^*)}{p_k} = \lambda^* \tag{4.9}$$

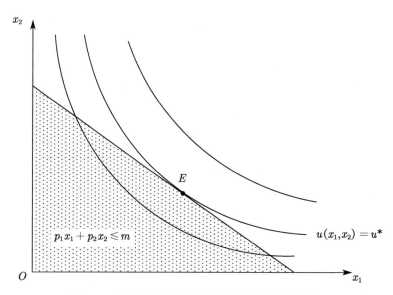

图 4.3 最优消费束: 预算线与无差异曲线的切点

我们知道 (见数学附录 H.2 节), 在标准的等式约束最大值问题中, 拉格朗日系数 λ^* 是约束参数增加时目标函数的边际增加值。在这里, 约束变量是收入 m, 目标函数是效用函数, 所以, $\lambda^* = \partial u / \partial m$。按这种解释, (4.9) 要求花费在每一种商品上的单位收入所获得的边际效用 u_i / p_i 都相等, 并等于收入的边际效用。

由 $\partial^2 L / \partial x_i \partial x_j = \partial^2 u / \partial x_i \partial x_j$, 所以二阶必要条件是:

$$\text{对所有满足 } \mathbf{ph} = 0 \text{ 的向量 } \mathbf{h}, \mathbf{h}^T \mathbf{D}^2 u(\mathbf{x}^*) \mathbf{h} \leqslant 0$$

利用一阶条件, 我们还可将其改写为:

$$\text{对所有满足 } \mathbf{D}u(\mathbf{x}^*)\mathbf{h} = 0 \text{ 的 } \mathbf{h}, \mathbf{h}^T \mathbf{D}^2 u(\mathbf{x}^*) \mathbf{h} \leqslant 0$$

这又等价于要求效用函数 $u(\mathbf{x})$ 是拟凹的——在凸偏好假设下, 二阶条件自然满足。

4.2.2 角点解

没有谁能保证最优消费束一定在内点得解, 所以通常情况下还需要考虑最优解 $\mathbf{x}^*$ 中有一些分量为零这种角点解的可能。在某些不等式约束 $x_i \geqslant 0$ 可能束紧的情况下, 问题 (4.4) 的拉格朗日函数是

$$L = u(\mathbf{x}) - \lambda(\mathbf{px} - m) + \sum_{i=1}^{k} \mu_i x_i$$

由 Kuhn-Tucker 定理, 存在 λ^* 及 $\mu_i^* \geqslant 0$, 使得

$$\frac{\partial L}{\partial x_i} = u_i(\mathbf{x}^*) - \lambda^* p_i + \mu_i^* = 0 \tag{4.10}$$

$$\frac{\partial L}{\partial \lambda} = -(\mathbf{px}^* - m) = 0 \tag{4.11}$$

且满足互补松弛条件: 若 $x_i^* > 0$, 则 $\mu_i^* = 0$。

条件 (4.11) 与 (4.7) 完全一样, 而由互补松弛条件, (4.10) 又可分别写为

$$\text{若 } x_i^* > 0, \text{则 } u_i(\mathbf{x}^*)/p_i = \lambda^* \tag{4.12}$$

$$\text{若 } x_i^* = 0, \text{则 } u_i(\mathbf{x}^*)/p_i \leqslant \lambda^* \tag{4.13}$$

这就是说, 在所有消费量为正的商品中, 单位收入在每种商品上"购得"的边际效用 u_i/p_i 都是相同的; 如果消费者没有购买某一种商品 (这种商品的消费量为零), 原因一定是: 单位收入在这种商品上所能买到的边际效用小于在其他商品上能买到的边际效用。

图 4.4 显示了两种商品情形下的一种角点解 $(x_1^*, 0)$。此时, 综合一阶条件 (4.12) 和 (4.13), 容易得

$$\frac{u_1(x_1^*, 0)}{u_2(x_1^*, 0)} \geqslant \frac{p_1}{p_2}$$

所以在最优消费束 $(x_1^*, 0)$ 点, 无差异曲线比预算线陡峭。

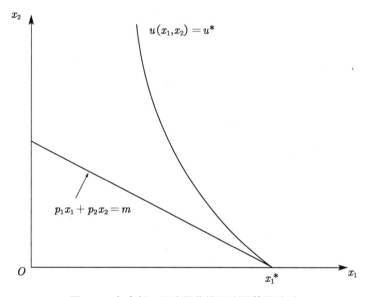

图 4.4　角点解: 无差异曲线总比预算线陡峭

4.2.3　间接效用函数及性质

效用最大化问题的解 $\mathbf{x}^*$ 被自然地称为消费者的商品需求, 它与商品的市场价格 $\mathbf{p}$ 以及消费者的收入有关, 可记为 $\mathbf{x}(\mathbf{p}, m)$; $\mathbf{x}(\mathbf{p}, m)$ 带给消费者的效用, 也就是消费者能达到的最大效用, 定义为与效用函数 $u(\mathbf{x})$ 对应的**间接效用函数**, 记为 $v(\mathbf{p}, m)$:

$$v(\mathbf{p}, m) = \max_{\mathbf{x} \in \{\mathbf{x} | \mathbf{p}\mathbf{x} \leqslant m\}} u(\mathbf{x}) \equiv u(\mathbf{x}(\mathbf{p}, m))$$

仿照厂商理论中利润函数的性质, 我们可以证明以下命题:

间接效用函数的性质定理:

(1) $v(\mathbf{p}, m)$ 是 $\mathbf{p}$ 的减函数，是 m 的增函数：商品价格上升降低效用，收入上升增加效用；

(2) $v(\mathbf{p}, m)$ 是 $(\mathbf{p}, m)$ 的零次齐次函数：商品价格和收入同比例增减不影响效用；

(3) $v(\mathbf{p}, m)$ 是 $\mathbf{p}$ 的拟凸函数：对任何 $t \in [0, 1]$ 和价格 $\mathbf{p}^1, \mathbf{p}^2$

$$v[t\mathbf{p}^1 + (1-t)\mathbf{p}^2, m] \leqslant \max\{v(\mathbf{p}^1, m), v(\mathbf{p}^2, m)\}$$

(4) **Roy 等式**：若间接效用函数 $v(\mathbf{p}, m)$ 可微，则

$$x_i(\mathbf{p}, m) = -\frac{\partial v(\mathbf{p}, m)/\partial p_i}{\partial v(\mathbf{p}, m)/\partial m} \quad i = 1, \ldots, k$$

【证明】

(1) 若 $\mathbf{p}^1 \leqslant \mathbf{p}^2$，则 $B(\mathbf{p}^1) \supseteq B(\mathbf{p}^2)$，这里

$$B(\mathbf{p}^i, m) = \{\mathbf{x} \in \mathbf{R}_+^k | \mathbf{p}^i \mathbf{x} \leqslant m\}$$

是对应于价格 $\mathbf{p}^i$ 的可行消费集。显然，在 $B(\mathbf{p}^1, m)$ 上达到的最大效用 $v(\mathbf{p}^1, m)$ 不可能小于其子集 $B(\mathbf{p}^2, m)$ 上达到的最大效用 $v(\mathbf{p}^2, m)$：$v(\mathbf{p}^1, m) \geqslant v(\mathbf{p}^2, m)$。

类似地，若 $m^1 \leqslant m^2$，则 $B(\mathbf{p}, m^1) \subseteq B(\mathbf{p}, m^2)$，从而

$$v(\mathbf{p}, m^1) \leqslant v(\mathbf{p}, m^2)$$

(2) $\forall t > 0$，只要注意到 $B(\mathbf{p}, m) = B(t\mathbf{p}, tm)$，即知

$$v(\mathbf{p}, m) = v(t\mathbf{p}, tm)$$

(3) $\forall \mathbf{p}^1, \mathbf{p}^2 \geqslant \mathbf{0}$，记 $\mathbf{p}^3 = t\mathbf{p}^1 + (1-t)\mathbf{p}^2$ $(0 \leqslant t \leqslant 1)$。可以断言，$B(\mathbf{p}^3, m) \subseteq B(\mathbf{p}^1, m) \cup B(\mathbf{p}^2, m)$。因若不然，存在 $\mathbf{x}$，$\mathbf{x} \in B(\mathbf{p}^3, m)$，但 $\mathbf{x} \notin B(\mathbf{p}^1, m)$，$\mathbf{x} \notin B(\mathbf{p}^2, m)$，这意味着

$$\mathbf{p}^3 \mathbf{x} = t\mathbf{p}^1 \mathbf{x} + (1-t)\mathbf{p}^2 \mathbf{x} \leqslant m$$

但

$$\mathbf{p}^1 \mathbf{x} > m, \ \mathbf{p}^2 \mathbf{x} > m$$

这显然是不可能的。所以

$$v(\mathbf{p}^3, m) = \max_{\mathbf{x} \in B(\mathbf{p}^3, m)} u(\mathbf{x}) \leqslant \max\{v(\mathbf{p}^1, m), v(\mathbf{p}^2, m)\}$$

(4) 利用包络定理

$$\frac{\partial v(\mathbf{p}, m)}{\partial p_i} = \left.\frac{\partial L(\mathbf{x}, \lambda)}{\partial p_i}\right|_{\mathbf{x}=\mathbf{x}(\mathbf{p}, m)} = -\lambda x_i(\mathbf{p}, m)$$

$$\frac{\partial v(\mathbf{p}, m)}{\partial m} = \left.\frac{\partial L(\mathbf{x}, \lambda)}{\partial m}\right|_{\mathbf{x}=\mathbf{x}(\mathbf{p}, m)} = \lambda$$

两式相除即得 Roy 等式。

证毕。

4.2.4 CES 效用函数

作为例子，本小节考虑 CES 效用函数下的效用最大化问题。CES 效用函数应用非常广泛，例如著名的 Dixit-Stiglitz 垄断竞争模型采用的就是 CES 效用函数，这种偏好假定很好地体现了垄断竞争市场的需求特征，即消费者面临众多相互有一定替代性的**差异产品 (differentiated goods)**，同时具有商品的多样性偏好。

考虑一个包含 k 种商品的经济，标准的 CES 效用函数为

$$u(\mathbf{x}) = \left(\sum_{i=1}^{k} x_i^\rho\right)^{1/\rho} \tag{4.14}$$

其中 $\rho \in (0, 1)$ 为衡量商品间替代性的参数，注意在 $\rho < 1$ 条件下 u 是凹函数。由 4.1.2 节我们知道，在该效用函数下，任何两种商品之间的替代弹性均为常数

$$\sigma = \frac{1}{1-\rho} > 1 \tag{4.15}$$

σ 越大，意味着商品间的替代性越强。根据序数效用函数的性质，我们可以在以下进行效用最大化问题分析时，选取 (4.14) 式的正单调变换形式 $U(\mathbf{x}) = u^\rho(\mathbf{x})$，这样一来其预算约束下效用最大化问题的拉格朗日函数是

$$L(\mathbf{x}, \lambda) = \sum_{i=1}^{k} x_i^\rho - \lambda(\sum_{i=1}^{k} p_i x_i - m)$$

一阶必要条件为

$$\frac{\partial L}{\partial x_i} = \rho x_i^{\rho-1} - \lambda p_i = 0 \quad i = 1, 2, \ldots, k$$

或写为

$$x_i = \left(\frac{\lambda p_i}{\rho}\right)^{1/(\rho-1)} \quad i = 1, 2, \ldots, k \tag{4.16}$$

由此容易得到

$$\frac{x_i}{x_j} = \left(\frac{p_i}{p_j}\right)^{1/(\rho-1)} \tag{4.17}$$

利用 (4.15)，将 (4.17) 式变形为

$$x_i = \left(\frac{p_i}{p_j}\right)^{-\sigma} x_j$$

方程两边同时乘以 p_i，并对 i 加总，得到

$$\sum_{i=1}^{k} p_i x_i = x_j \sum_{i=1}^{k} p_i \left(\frac{p_i}{p_j}\right)^{-\sigma}$$

利用预算约束，等式左端恰为消费者收入 m，因此消费者的马歇尔需求函数为

$$x_j = \frac{m p_j^{-\sigma}}{\sum_{i=1}^{k} p_i^{1-\sigma}} \tag{4.18}$$

定义一个"复合价格指数"

$$P = \left(\sum_{i=1}^{k} p_i^{1-\sigma}\right)^{1/(1-\sigma)} \tag{4.19}$$

需求函数最终变为

$$x_j = \frac{m}{P}\left(\frac{p_j}{P}\right)^{-\sigma} \tag{4.20}$$

将上面的需求函数代入效用函数 (4.14), 得到间接效用函数:

$$v(\mathbf{p}, m) = \left\{\sum_i \left[\frac{m}{P}\left(\frac{p_i}{P}\right)^{-\sigma}\right]^\rho\right\}^{1/\rho} = \frac{m}{P^{1-\sigma}}\left(\sum_i p_i^{1-\sigma}\right)^{\sigma/(\sigma-1)} = \frac{m}{P} \tag{4.21}$$

CES 效用函数下, 消费者对商品种类有**多样性偏好** (taste for variety), 即是说随着经济中商品种类的增加, 消费者的效用水平会因此而提升——要理解这一点, 可以考虑对称消费的简单情况: 假定所有商品都有同一个价格 p, 则消费者在每一种商品上的消费量也相同, 记为 x。此时预算约束式变为 $npx = m$, 将其代入效用函数:

$$u = \left[\sum_{i=1}^{n}\left(\frac{m}{np}\right)^\rho\right]^{1/\rho} = n^{(1-\rho)/\rho}\frac{m}{p} = n^{1/(\sigma-1)}\frac{m}{p}$$

由于 $\sigma > 1$, 当商品数量 n 增加时, 消费者的效用水平会相应提高, 提高速度依赖于商品间的替代弹性。由于多样性偏好特征, CES 偏好下消费者总是选择尽可能多的商品。

4.3 支出最小化及对偶原理

4.3.1 支出函数及其性质

与厂商理论中成本最小化问题对应的, 是消费者既定效用水平下的支出最小化问题

$$\begin{aligned} &\min_{\mathbf{x} \in \mathbf{R}_+^k} \mathbf{px} \\ &\text{s.t.} \quad u(\mathbf{x}) = u \end{aligned} \tag{4.22}$$

拉格朗日函数是

$$L(\mathbf{x}, \lambda) = \mathbf{px} - \lambda[u(\mathbf{x}) - u]$$

在 $\mathbf{R}_+^k$ 内点取得极值的一阶必要条件是

$$\frac{\partial L}{\partial x_i} = p_i - \lambda^* u_i(\mathbf{x}^*) = 0 \quad i = 1, \ldots, k \tag{4.23}$$

$$\frac{\partial L}{\partial \lambda} = -[u(\mathbf{x}^*) - u] = 0 \tag{4.24}$$

由 (4.23)

$$\frac{p_i}{p_j} = \frac{u_i(\mathbf{x}^*)}{u_j(\mathbf{x}^*)} \tag{4.25}$$

这与效用最大化条件 (4.8) 一致。这是非常自然的: 在效用最大化问题中, 消费者要在可行消费集内 (或者预算线上) 寻找能达到尽可能高的无差异曲线的点 (回忆图 4.3); 而在费用最小化问题中, 消费者试图在一条给定的无差异曲线上寻找一点 (消费束), 使得过这点的预算线尽可能低。这两个过程找到的最优点都只可能是预算线与无差异曲线的切点。

按等式约束最值问题的规则, 二阶条件应是: 对任何满足 $Du(\mathbf{x}^*)\mathbf{h} = 0$ 的向量 $\mathbf{h}$, 都有 $\mathbf{h}^T D^2 L(\mathbf{x}^*, \lambda^*) \geqslant 0$。或者, 注意到一阶条件 (4.23): $\mathbf{p} = \lambda^* Du(\mathbf{x}^*)$, 以及 $D^2 L = -\lambda^* D^2 u$, 二阶条件也可以等价地表述为:

对任何满足 $\mathbf{ph} = 0$ 的 $\mathbf{h}$, 有 $\mathbf{h}^T D^2 u(\mathbf{x}^*) \leqslant 0$。

支出最小化问题 (4.22) 的解 $\mathbf{x}^*$ 称为消费者的**希克斯需求** (Hicksian demands), 或称为**补偿需求** (compensated demands), 记为 $\mathbf{h}(\mathbf{p}, u)$; 购买商品束 $\mathbf{h}(\mathbf{p}, u)$ 的支出, 即消费者为达到效用 u 的最小支出, 定义为消费者的**支出函数**, 以 $e(\mathbf{p}, u)$ 表示。支出函数与厂商理论中的成本函数十分相似, 所以它也具有成本函数类似的性质。现在我们来证明以下命题:

支出函数的性质定理:
(1) $e(\mathbf{p}, u)$ 是 $\mathbf{p}$ 的增函数;
(2) $e(\mathbf{p}, u)$ 是 $\mathbf{p}$ 的一次齐次函数;
(3) $e(\mathbf{p}, u)$ 是 $\mathbf{p}$ 的凹函数;
(4) 如果 $e(\mathbf{p}, u)$ 可微, 则

$$h_i(\mathbf{p}, u) = \frac{\partial e(\mathbf{p}, u)}{\partial p_i} \quad i = 1, \ldots, k$$

【证明】
(1) 从定义, $e(\mathbf{p}, u)$ 是商品价格为 $\mathbf{p}$ 时达到效用 u 的最小支出: $e(\mathbf{p}, u) = \mathbf{ph}(\mathbf{p}, u)$。于是, 若 $\mathbf{p}^1 \leqslant \mathbf{p}^2$, 则

$$\begin{aligned} e(\mathbf{p}^1, u) &= \mathbf{p}^1 \mathbf{h}(\mathbf{p}^1, u) \leqslant \mathbf{p}^1 \mathbf{h}(\mathbf{p}^2, u) \\ &\leqslant \mathbf{p}^2 \mathbf{h}(\mathbf{p}^2, u) = e(\mathbf{p}^2, u) \end{aligned}$$

(2) 由于 $\mathbf{h}(\mathbf{p}, u)$ 是支出最小化问题的解, 所以对任何满足 $u(\mathbf{x}) = u$ 的 $\mathbf{x} \geqslant \mathbf{0}$, $\mathbf{ph}(\mathbf{p}, u) \leqslant \mathbf{px}$。在这个不等式两端同乘任意正数 t, 有 $(t\mathbf{p})\mathbf{h}(\mathbf{p}, u) \leqslant (t\mathbf{p})\mathbf{x}$, 这意味着 $\mathbf{h}(\mathbf{p}, u)$ 同时还是价格 $t\mathbf{p}$ 下达到效用 u 的最小支出。从而

$$e(t\mathbf{p}, u) = (t\mathbf{p})\mathbf{h}(\mathbf{p}, u) = t[\mathbf{ph}(\mathbf{p}, u)] = te(\mathbf{p}, u)$$

(3) $\forall \mathbf{p}^1, \mathbf{p}^2 \gg \mathbf{0}$, 记 $\mathbf{p}^3 = t\mathbf{p}^1 + (1-t)\mathbf{p}^2$,

$$\begin{aligned} e(\mathbf{p}^3, u) &= \mathbf{p}^3 \mathbf{h}(\mathbf{p}^3, u) \\ &= t\mathbf{p}^1 \mathbf{h}(\mathbf{p}^3, u) + (1-t)\mathbf{p}^2 \mathbf{h}(\mathbf{p}^3, u) \\ &\geqslant t\mathbf{p}^1 \mathbf{h}(\mathbf{p}^1, u) + (1-t)\mathbf{p}^2 \mathbf{h}(\mathbf{p}^2, u) \\ &= te(\mathbf{p}^1, u) + (1-t)e(\mathbf{p}^2, u) \end{aligned}$$

(4) 利用包络定理,

$$\frac{\partial e(\mathbf{p}, u)}{\partial p_i} = \left.\frac{\partial L(\mathbf{x}, \lambda)}{\partial p_i}\right|_{\mathbf{x}=\mathbf{h}(\mathbf{p}, u)} = h_i(\mathbf{p}, u)$$

4.3.2 希克斯需求函数及性质

由上一节的支出函数性质, 我们立即可以推出希克斯需求 (补偿需求) 函数几个有用的性质:

希克斯需求函数的性质定理:

(1) $h_i(\mathbf{p}, u)$ 是 $\mathbf{p}$ 的零次齐次函数: 任取 $t > 0$

$$h_i(t\mathbf{p}, u) = h_i(\mathbf{p}, u) \quad i = 1, \ldots, k$$

(2) $h_i(\mathbf{p}, u)$ 是 $\mathbf{p}$ 的单减函数。如果它是可微的, 则

$$\frac{\partial h_i(\mathbf{p}, u)}{\partial p_i} \leqslant 0 \quad i = 1, \ldots, k$$

(3) 如果 $\mathbf{h}(\mathbf{p}, u)$ 可微, 则有

$$\frac{\partial h_i(\mathbf{p}, u)}{\partial p_j} = \frac{\partial h_j(\mathbf{p}, u)}{\partial p_i} \quad i, j = 1, \ldots, k$$

【证明】

(1) 由支出函数性质 (4), $h_i(\mathbf{p}, u)$ 是一次齐次函数 $e(\mathbf{p}, u)$ 对 p_i 的偏导数, 一次齐次函数的一阶导数是零次齐次的。

(2) 和 (3) 由于 $h_i(\mathbf{p}, u) = \partial e(\mathbf{p}, u)/\partial p_i$, 我们有

$$\frac{\partial h_i(\mathbf{p}, u)}{\partial p_j} = \frac{\partial^2 e(\mathbf{p}, u)}{\partial p_i \partial p_j}$$

而 $e(\mathbf{p}, u)$ 是凹函数, 这意味着其海赛矩阵 $[\partial^2 e(\mathbf{p}, u)/\partial p_i \partial p_j]$ 是半负定的, 所以替代矩阵 $[\partial h_i(\mathbf{p}, u)/\partial p_j]$ 亦然; 又因为半负定矩阵主对角线上的元素不可能为正值, 所以 $\partial h_i(\mathbf{p}, u)/\partial p_i \leqslant 0$。如果注意到矩阵 $[\partial^2 e(\mathbf{p}, u)/\partial p_i \partial p_j]$ 还是对称的, 立即得 $\partial h_i(\mathbf{p}, u)/\partial p_j = \partial h_j(\mathbf{p}, u)/\partial p_i$。

证毕。

4.3.3 对偶原理

我们分别讨论了消费者效用最大化问题 (4.4) 和支出最小化问题 (4.22), 容易看出, 二者的行为原则是完全一致的。这一节将严格证明这种消费行为的对偶性。

对偶性定理: 如果效用函数 $u(\cdot)$ 是严格单调和连续的, 且 (4.4) 和 (4.22) 都有解, 则

(1) $\mathbf{x}(\mathbf{p}, m) \equiv \mathbf{h}(\mathbf{p}, v(\mathbf{p}, m))$;

(2) $\mathbf{h}(\mathbf{p}, u) \equiv \mathbf{x}(\mathbf{p}, e(\mathbf{p}, u))$;
(3) $e(\mathbf{p}, v(\mathbf{p}, m)) \equiv m$;
(4) $v(\mathbf{p}, e(\mathbf{p}, u)) \equiv u$。

【证明】只需证明前两个恒等式，后两个恒等式同时得证。

(1) 按定义，$\mathbf{x}(\mathbf{p}, m)$ 是 (4.4) 的解，记 $u = u(\mathbf{x}(\mathbf{p}, m)) = v(\mathbf{p}, m)$，将这样定义的效用水平置换到问题 (4.22) 中，我们要证明 $\mathbf{x}(\mathbf{p}, m)$ 同时还是问题 (4.22) 的解。如若不然，记 (4.22) 的解为 $\mathbf{x}'$，$\mathbf{x}' \neq \mathbf{x}(\mathbf{p}, m)$，就有

$$\mathbf{p}\mathbf{x}' < \mathbf{p}\mathbf{x}(\mathbf{p}, m) \equiv m, \quad u(\mathbf{x}') = u$$

记 $\bar{p} = \max\{p_i\}$，取 $\varepsilon = (m - \mathbf{p}\mathbf{x}')/\bar{p}$，$\mathbf{x}'' = (x_1' + \varepsilon, x_2', \ldots, x_k')$，则

$$\begin{aligned}
\mathbf{p}\mathbf{x}'' &= p_1(x_1' + \varepsilon) + \sum_{i=2}^{k} p_i x_i' \\
&= \mathbf{p}\mathbf{x}' + \frac{p_1}{\bar{p}}(m - \mathbf{p}\mathbf{x}') \\
&\leqslant \mathbf{p}\mathbf{x}' + 1 \cdot (m - \mathbf{p}\mathbf{x}') \\
&= m
\end{aligned}$$

由于 $u(\mathbf{x})$ 是严格单增函数，$u(\mathbf{x}'') > u(\mathbf{x}') = u(\mathbf{x}(\mathbf{p}, m))$，即是说 $\mathbf{x}(\mathbf{p}, m)$ 不是问题 (4.4) 的解，矛盾。

(2) 设 $\mathbf{h}(\mathbf{p}, u)$ 是问题 (4.22) 的解，将 $m = \mathbf{p}\mathbf{h}(\mathbf{p}, u)$ 置换进 (4.4) 的约束方程中，我们需要证明 $\mathbf{h}(\mathbf{p}, u)$ 还是问题 (4.4) 的解。如若不然，存在 $\mathbf{x}'$，$\mathbf{x}' \neq \mathbf{h}(\mathbf{p}, u)$，使得 $u(\mathbf{x}') > u(\mathbf{h}(\mathbf{p}, u))$，且 $\mathbf{p}\mathbf{x}' \leqslant m$。由于 $u(\cdot)$ 是连续的严格单增函数，必然存在一个足够小的 $\varepsilon > 0$，使得 $\mathbf{x}'' = (1 - \varepsilon)\mathbf{x}'$，$u(\mathbf{x}'') > u(\mathbf{h}(\mathbf{p}, u))$，且

$$\mathbf{p}\mathbf{x}'' = (1 - \varepsilon)\mathbf{p}\mathbf{x}' < m$$

这说明 $\mathbf{h}(\mathbf{p}, u)$ 不是问题 (4.22) 的解，而这与假设矛盾。

证毕。

对偶性定理中等式 (1) 和 (3) 说的是，如果商品价格是 $\mathbf{p}$，一个收入为 m 的消费者购买消费束 $\mathbf{x}(\mathbf{p}, m)$，实现最大效用 $v(\mathbf{p}, m)$；反过来，同一个消费者要最经济（支出最小）地达到效用水平 $v(\mathbf{p}, m)$，最少的花费恰为 m，而且此时消费者购买的商品组合也恰为 $\mathbf{x}(\mathbf{p}, m)$。

借助平面几何图来理解（可参看图 4.3），效用最大化问题 (4.4) 是预先有一条预算线 $\mathbf{p}\mathbf{x} = m$，消费者需要在这条线上找一个效用最大的点——我们知道，这相当于找一条与之相切的无差异曲线 I，切点即为效用最大值点 $\mathbf{x}(\mathbf{p}, m)$；反之，支出最小化问题 (4.22) 是指定一条无差异曲线，消费者需在其上找一个支出最小的点，而这又相当于找一条与之相切的预算线——如果指定的无差异曲线恰是前述的 I，情况会怎样呢？显然，消费者找到的预算线必定就是 $\mathbf{p}\mathbf{x} = m$，而切点也必然就是 $\mathbf{x}(\mathbf{p}, m)$——只是，这时候我们将其记为 $\mathbf{h}(\mathbf{p}, u)$。如果你将这里叙述的顺序反过来，即解释了对偶性等式 (2) 和 (4)。

为便于理解和记忆，我们将消费者理论的对偶性原理总结成为一个逻辑关系示意图，见图 4.5。

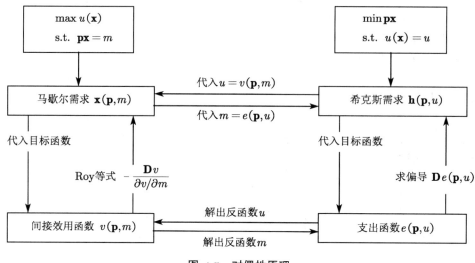

图 4.5 对偶性原理

4.4 比较静态

4.4.1 收入扩展线与价格提供线

从本节开始比较静态分析要回答的问题是, 货币收入或商品价格的变动会如何影响消费者的购买行为? 要对这些问题作一般性的回答, 用几何方法常常是很方便的, 尤其在两种商品的情形下更是如此。收入扩展线和价格提供线就是从几何角度构造的两个比较静态分析工具。

所谓**收入扩展线** (income expansion path), 是在商品价格 $\mathbf{p}$ 保持不动, 收入 m 变化时消费者的 (马歇尔) 需求 $\mathbf{x}(\mathbf{p}, m)$ 随之变化的轨迹。图 4.6 是两种商品情况下几种可能的收入扩展线形状。在扩展线 A 的情形下, 随着收入的增加 (或减少), 各种商品的需求也在按收入增加的速度增加 (或减少), 每一种商品需求的价格弹性都是 1; 对扩展线 B, 当收入增加时, 商品 1 和商品 2 的需求都在增加, 但前者增加的速度低于收入增加的速度, 后者增加的速度高于收入增加的速度。

这时, 消费者视商品 1 为**必需品** (necessary good)——在收入较低时也得购买一些以供生活的基本要求, 在收入增加时, 他以有限的一部分额外收入用于改善基本的生活状况, 而用较多的一部分额外收入用于其他 (商品 2) 的消费, 故而商品 1 需求的价格弹性小于 1; 商品 2 对消费者来说具有奢侈品特征, 因为在较低的收入状况下其需求十分有限, 但收入增加时却以快于收入增加的速度增加。

扩展线 C 较为特殊, 收入增加到一定水平之后, 商品 1 的需求随着收入的增加反而减少。这时, 称商品 1 为**劣质品**(inferior good), 自然, 它是相对于**正常品**(normal good)——即收入增加而需求增加的商品——来说的。

相对于收入扩展线, 某一商品价格 p_i 的**价格提供线** (price offer curve) 指的是这个价格变化时需求 $\mathbf{x}(\mathbf{p}, m)$ 的轨迹。图 4.7 刻画了两种可能的价格提供线。A 是一条一般形状的

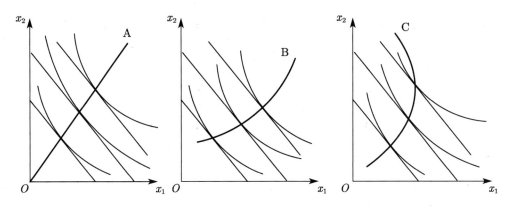

图 4.6　需求的收入扩展线

提供线,从图中看出当商品 1 降价时其需求随之增长;提供线 B 较为特殊,商品 1 的需求在某个价格区间内与其价格同方向增减,这样的商品称为**吉芬商品**(**Giffen good**)。

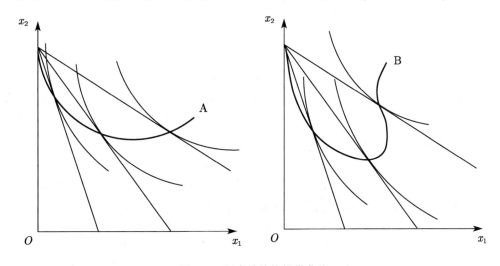

图 4.7　需求的价格提供曲线

4.4.2　替代效应与收入效应

某一商品价格变动时,效用最大化消费者将调整其消费束。本节试图说明,这种价格效应事实上可以分解为两种更为基本的效应——替代效应和收入效应——之和。

想象一个小学生的消费。某小学生的父母每月给他固定的一笔钱,用以支付两种商品——文具和食品 (零食)。现在假设文具价格下降了,而食品价格不变。学生的父亲比较严格,看到文具价格下降了,而儿子支付了原来的购买清单后将有剩余,决定收回多余的钱,只留给儿子能支付原有消费的钱。让我们想想这位小学生在被父亲收回"多余"的钱后的购买行为:他剩下的钱恰能购买和从前一样的消费,但他是否会用这笔钱去买原来的商品束呢?由于文具价格下降,现在食品相对于文具比从前贵了,再消费原来那么多的食品就不经济了——追求效用最大化的学生将会购买更多相对便宜的文具,替代一些食品。所以,尽管现在还能购买从前那种消费束,但学生不会再像从前那样消费,因为他可以消费另外某种消费束而获得更高的效用。这种保持原有购买力不变(现在的货币收入恰能支付原有消费束),仅由于相对价格变化引起的消费调整,称为(价格变化引起的)**替代效应**。

让我们把上面的故事继续下去。小学生的母亲很疼爱孩子,她觉得孩子的父亲收回一部分该给孩子的钱对孩子不公平,所以说服丈夫把那部分钱又还给了孩子。这下,这位小学生的货币收入又同文具降价前一样多了。自然,他会用这笔补发的钱适当地再多买些文具和食品。这笔补发的钱是由于文具降价,扣除了原来消费束所用的花费后"多余"出来的。与文具降价前相比,虽然学生的货币收入没有变化,但商品价格变化造成了他的实际购买力发生了变化。这种因实际购买力变化而引起的消费量调整,即这里小学生用补发的钱所作的消费,称为(价格变化引起的)**收入效应**。

这个"严父慈母"的例子中,我们只是虚构了"父亲"和"母亲"这两个角色来分解商品价格变化对消费需求的影响,他们一开始取走了孩子的一部分货币收入,随后又将其还给了他。所以,小学生因此所作的两次消费调整其效果相当于他以不变货币收入针对文具降价而作的一次性调整。即是说,商品价格变化引起的任一商品需求的变化,都可以分解为收入效应和替代效应之和:

$$\Delta x_i = \Delta x_i^s + \Delta x_i^m \quad i = 1, \ldots, k \tag{4.26}$$

其中 Δx_i 表示价格变化引起的商品 i 的马歇尔需求(总)变化量;Δx_i^s 代表替代效应,它是维持原有购买力不变的前提下,仅因商品的相对价格变化而引起的需求变化;Δx_i^m 为收入效应,是在商品相对价格不变时,消费者针对其实际购买力变化所作的消费调整。价格效应的这种分解就是后面要推导的 **Slutsky 方程**最基本的含义。下面我们再用大家熟悉的几何方法来说明两种商品情况下的这种分解。

设有两种商品,现行价格分别为 p_1 和 p_2;消费者的收入为 m。消费者的预算线 AB 的斜率是 $-p_1/p_2$,在图 4.8 中 E 点达到效用最大化。假设现在商品 1 的价格跌至 $p_1', p_1' < p_1$,这种价格变化导致预算线以 A 点为支点向外旋转,新的预算线是 AB',E' 是这时的效用最大点。$\Delta x_i = x_i' - x_i, i = 1, 2$。Slutsky 方程说的是,预算线由 AB 旋至 AB' 的过程可以分解为两步完成:先将 AB 以原来的均衡消费点 E 为支点旋转,使其斜率与新的价格比 $-p_1'/p_2$ 一致,得到一条虚构的预算线 CD(这即是上例中小学生在被父亲收回"多余"的钱时的预算线);然后,再将 CD 平行地推至 AB' 的位置。相应地,消费者由均衡 E 至 E' 的调整过程,分解为由 E 到 E'',再由 E'' 到 E' 两个过程的叠加。由于虚构预算线 CD 过原来的均衡消费束 E,表明这时的货币收入恰能支付消费束 E,实际购买力维持在商品 1 跌价前的水平;又由于 CD 平行于商品 1 跌价后的预算线 AB',表明 CD 上的最优消费点 E'' 已根据相对价格的变化作了调整,$x_i'' - x_i$ 正是所谓的替代效应 Δx_i^s。因为 CD 平行于 AB',所以从 CD 到 AB' 的过程相对价格没有变化,仅是实际购买力由原有的水平调整到了商品 1 降价后的水平,$x_i' - x_i''$ 即是收入效应 Δx_i^m。

需求价格效应的分解,还可以按另一种方式进行(如图 4.9):在第一步分离替代效应时,不是像图 4.8 那样将预算线 AB 以均衡点 E 旋转,而是将其紧贴 E 点所在的无差异曲线滑动,到达与新预算线 AB' 平行的位置 CD;第二步中的收入效应与前类似,将 CD 平行地推至 AB'。这种分解方法称为**希克斯分解 (Hicks decomposition)**,为了区别,我们不妨将前面那种通常的分解方法称为 **Slutsky 分解**。在图 4.9 所示的希克斯分解中，由于 CD 与 AB 与同一条无差异曲线相切，这表明 CD 上的均衡点 E'' 与原来的最优消费点对消费者有同样的效用。就是说，希克斯分解中的替代效应是维持消费者原有效用水平不变，因相对价格变化引起的消费量调整；收入效应则是在相对价格不变时，效用水平变化引致的需求变化。

显然，需求变化的 Slutsky 分解和希克斯分解结果是不同的，但是，它们说明的是同一个道理：价格变化引起的马歇尔需求的变化，总可以分解为替代效应和收入效应之和。特别，由图 4.8 和图 4.9 可以看出，当商品价格的变动幅度很小时，预算线 AB 以 E 为支点旋转与紧贴无差异曲线滑动的差异不大。稍后我们在进行 Slutsky 方程直观性的推导时，将用到这一近似的等价性。

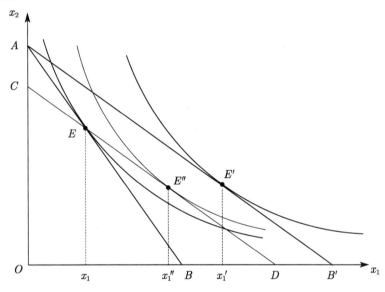

图 4.8　价格效应的分解：替代效应和收入效应

4.4.3　Slutsky 方程

如果是商品 j 的价格 p_j 变动引起了上一节所讨论的需求变动，很自然，将价格效应分解式写成这样的形式更为方便

$$\frac{\Delta x_i}{\Delta p_j} = \frac{\Delta x_i^s}{\Delta p_j} + \frac{\Delta x_i^m}{\Delta p_j}$$

进一步，我们希望得到这个等式的微分形式，这样等式两端的值就不会随 Δp_j 的不同而变化不定。下面我们先根据前面所述的分解原理分四个步骤进行一个较为直观但不甚严格的推导，之后再对推导结果给出正式的数学证明。

不妨假设有两种商品，价格是 $\mathbf{p} = (p_1, p_2)$；消费者的收入是 m。假设现在商品 1 的价格有一个变化量 Δp_1，商品 2 的价格 p_2 保持不变。

(1) 确定替代效应 Δx_i^s $(i = 1, 2)$。记 (x_1, x_2) 为价格变动前的最优消费束（马歇尔需求），它满足当时的预算约束 $p_1 x_1 + p_2 x_2 = m$。当商品 1 的价格发生变化时，因为替代效应的前提是维持原有购买力不变，为此，需要（虚构性的）发给消费者一笔适当的补贴 T，使他

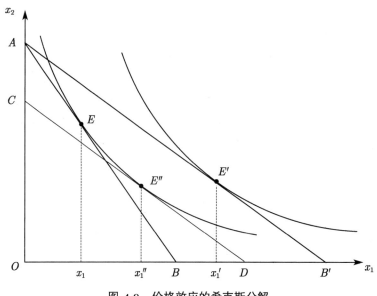

图 4.9 价格效应的希克斯分解

在新价格下仍能支付原来的消费束

$$(p_1 + \Delta p_1)x_1 + p_2 x_2 = m + T$$

与原来的预算约束比较容易看出 $T = \Delta p_1 x_1$，从而

$$\Delta x_i^s = x_i(p_1 + \Delta p_1, p_2, m + \Delta p_1 x_1) - x_i(p_1, p_2, m) \quad i = 1, 2 \tag{4.27}$$

(2) 确定收入效应 Δx_i^m。将第 (1) 步中发给消费者的补贴 T 取走

$$\Delta x_i^m = x_i(p_1 + \Delta p_1, p_2, m) - x_i(p_1 + \Delta p_1, p_2, m + \Delta p_1 x_1) \tag{4.28}$$

不难验证确有 $\Delta x_i = \Delta x_i^s + \Delta x_i^m$ 成立。

(3) 令 $\Delta p_1 \to 0$，在分解等式两端试取极限：

$$\lim_{\Delta p_1 \to 0} \frac{\Delta x_i}{\Delta p_1} = \lim_{\Delta p_1 \to 0} \frac{\Delta x_i^s}{\Delta p_1} + \lim_{\Delta p_1 \to 0} \frac{\Delta x_i^m}{\Delta p_1}$$

由 (4.28)

$$\begin{aligned}
\lim_{\Delta p_1 \to 0} \frac{\Delta x_i^m}{\Delta p_1} &= \lim_{\Delta p_1 \to 0} \frac{x_i(p_1 + \Delta p_1, p_2, m) - x_i(p_1 + \Delta p_1, p_2, m + \Delta p_1 x_1)}{\Delta p_1} \\
&= \lim_{\Delta p_1 \to 0} -\frac{x_i(p_1, p_2, m + \Delta p_1 x_1) - x_i(p_1, p_2, m)}{\Delta p_1 x_1} x_1 \\
&= -\frac{\partial x_i(p_1, p_2, m)}{\partial m} x_1
\end{aligned} \tag{4.29}$$

求替代效应的极限却没有这样简单，因为 Δx_i^s 的表达式中同时有两个变量在变化。为解决这一问题，我们将这里由 Slutsky 分解得到的替代效应换成由希克斯分解所得的替代效应——上一节末曾经作过解释，当价格变化很小时这两种分解可近似地视为等价的，而求极限的过程正是在令 Δp_1 为一个无穷小量条件下进行的。希克斯分解中的替代效应要求"替代"前后预算线都与原有的无差异曲线 $u(x_1, x_2) = v(p_1, p_2, m)$ 相切，从而

$$\Delta x_i^s \approx h_i(p_1 + \Delta p_1, p_2, v(p_1, p_2, m)) - h_i(p_1, p_2, v(p_1, p_2, m))$$

取极限的结果是

$$\lim_{\Delta p_1 \to 0} \frac{\Delta x_i^s}{\Delta p_1} = \frac{\partial h_i(p_1, p_2, v(p_1, p_2, m))}{\partial p_1} \tag{4.30}$$

(4) 结合各项取极限的结果 (4.29) 和 (4.30)，即为一个所谓的 Slutsky 方程

$$\frac{\partial x_i(\mathbf{p}, m)}{\partial p_1} = \frac{\partial h_i(\mathbf{p}, v(\mathbf{p}, m))}{\partial p_1} - \frac{\partial x_i(\mathbf{p}, m)}{\partial m} x_1(\mathbf{p}, m) \quad i = 1, 2 \tag{4.31}$$

在 k 种商品的情形，Slutsky 方程的一般形式是：

$$\frac{\partial x_i(\mathbf{p}, m)}{\partial p_j} = \frac{\partial h_i(\mathbf{p}, v(\mathbf{p}, m))}{\partial p_j} - \frac{\partial x_i(\mathbf{p}, m)}{\partial m} x_j(\mathbf{p}, m) \tag{4.32}$$

$$i, j = 1, \ldots, k$$

上述推导的优点在于它完全基于 4.4 节中替代效应和收入效应的分解原理，直观、易于理解。但是，将 Slutsky 分解和希克斯分解中的替代效应视为等同终究是不甚严格的。不过，Slutsky 方程严格的证明极其简练，只不过证明过程中的经济意义不太明显。

记 $\mathbf{x}^*$ 是收入为 m^* 的消费者面对价格 $\mathbf{p}^*$ 时的最优消费束：$u^* = u(\mathbf{x}^*) \equiv v(\mathbf{p}^*, m^*)$。由 4.3.3 节中对偶性等式 (2)，对任何价格向量 $\mathbf{p}$，都有

$$h_i(\mathbf{p}, u^*) \equiv x_i(\mathbf{p}, e(\mathbf{p}, u^*))$$

成立。在这个恒等式两端对 p_j 求导

$$\frac{\partial h_i(\mathbf{p}, u^*)}{\partial p_j} \equiv \frac{\partial x_i(\mathbf{p}, e(\mathbf{p}, u^*))}{\partial p_j} + \frac{\partial x_i(\mathbf{p}, m)}{\partial m} \frac{\partial e(\mathbf{p}, u^*)}{\partial p_j} \tag{4.33}$$

注意到

$$\left.\frac{\partial e(\mathbf{p}, u^*)}{\partial p_j}\right|_{\mathbf{p}=\mathbf{p}^*} = h_j(\mathbf{p}^*, u^*) = h_j(\mathbf{p}^*, v(\mathbf{p}^*, m^*)) = x_j(\mathbf{p}^*, m^*)$$

恒等式 (4.33) 两端在 $\mathbf{p}^*$ 取值，移项后得

$$\frac{\partial x_i(\mathbf{p}^*, m^*)}{\partial p_j} = \frac{\partial h_i(\mathbf{p}^*, v(\mathbf{p}^*, m^*))}{\partial p_j} - \frac{\partial x_i(\mathbf{p}^*, m^*)}{\partial m} x_j(\mathbf{p}^*, m^*)$$

由于 $\mathbf{p}^*$ 和 m^* 是任取的，Slutsky 方程得证。

4.4.4 具有初始禀赋的 Slutsky 方程

有时, 我们所讨论的消费者的收入形式并不是货币, 而是表现为实物形态的一个商品束, 这构成他的初始禀赋。这种情况下, 如果市场价格发生变化, 货币化收入也将随之改变。由于这个缘故, 比较静态分析中除了有前几节那些效应, 还有货币收入变化带来的影响。

记消费者的初始禀赋向量为 $\mathbf{z} = (z_1, \ldots, z_k)$, 则价格为 $\mathbf{p}$ 时收入为 $m = \mathbf{pz}$, 消费的预算约束变为 $\mathbf{px} = \mathbf{pz}$, 相应的需求函数可以写为 $\mathbf{x(p, pz)}$。我们称 $x_i - z_i$ 为消费者对商品 i 的净需求, 这个值为正和负时分别对应消费者买进和卖出 (一部分) 商品 i 的情形。

当商品价格变化时, 一个具有初始禀赋的消费者将如何调整他的消费呢？首先, 我们可以将这种调整分解为两部分: 一部分是保持原来货币化收入不变情况下引起的需求变化, 另一部分则是单纯由货币化收入变化引起的需求变化。前者在前几节中已经有了详尽的讨论, 标准的 Slutsky 方程告诉我们它又可以进一步分解为替代效应和收入效应; 货币化收入的变化之前未曾涉及, 但容易想象, 它引致需求变化的方式与收入效应是完全一样的 —— 事实上, 这才是真正的"收入效应", 因为在价格波动时消费者真实地看到了自己口袋里的钱在增减 (如果他将其禀赋商品束出售的话), 而之前谈到的收入效应指的是货币收入不变但因价格变动引起了购买力发生变化。有了这段说明, 下面的数学推导也变得易于理解了。

保持其他商品价格不变, 让商品 j 的价格变动。在需求函数中对 p_j 求导

$$\frac{dx_i(\mathbf{p, pz})}{dp_j} = \frac{\partial x_i(\mathbf{p, pz})}{\partial p_j} + \frac{\partial x_i(\mathbf{p, pz})}{\partial m} \frac{\partial (\mathbf{pz})}{\partial p_j}$$

注意等式右端第一项是对第一个变量求偏导, 按微分规则此时第二个变量 $\mathbf{pz}$ 是保持不变的, 从而它就是标准 Slutsky 方程的左端。将 Slutsky 方程代入, 即得初始禀赋情况下的 Slutsky 方程

$$\frac{dx_i(\mathbf{p, pz})}{dp_j} = \frac{\partial h_i(\mathbf{p}, v(\mathbf{p, pz}))}{\partial p_j} - \frac{\partial x_i(\mathbf{p, pz})}{\partial m}[x_j(\mathbf{p, pz}) - z_j] \tag{4.34}$$

$i, j = 1, \ldots, k$。比较后容易发现, 货币收入变化引致的"收入效应"与购买力变化引致的收入效应叠加在一起, 使先前收入效应项中的需求变成了这里的净需求。

进一步阅读

关于消费者理论的一般性论述, 建议阅读：

Green, H. A. J. (1976), *Consumer Theory*, London: Macmillan.

Deaton, A. and J. Muellbauer (1980), *Economics and Consumer Behavior*, Cambridge: Cambridge University Press.

关于效用理论的历史, 参见综述：

Stigler, G. (1950), "The Development of Utility Theory", *Journal of Political Economy*, 58: 307-327, 373-396.

对消费者偏好严格而详尽的分析有：

Debreu, G. (1959), *Theory of Value*, New York: JohnWiley, Chap 4.

Richter, M. (1971), "Rational Choice" in Chipman, J. , Hurwicz, L. and H. Sonnenshein (eds), *Preferences, Utility and Demand*, New York: Harcourt Brance Jovanovich.

关于 CES 效用函数和 Dixit-Stiglitz 垄断竞争模型：

Dixit, A. K. and J. E. Stiglitz (1977), "Monopolistic Competition and Optimum Product Diversity", *American Economic Review*, 67(3): 297-308.

效用函数的存在性定理：

Debreu, G. (1964), "Continuity Properties of Paretian Utility", *International Economic Review*, 5: 285-293.

关于对偶性原理：

Diewert, W. E. (1974), "Applications of Duality Theory", in Intriligator, M. D. and J. W. Kendrick (eds.), *Frontiers of Quantitative Economics*, Vol. II, Amsterdam: North Holland.

 练习与思考

4-1 如果消费者的偏好满足 4.1 中所述公理，证明任两条无差异曲线不可能相交。

4-2 有一个钱币收藏家，同时还是一个投机者，他会根据钱币的市场价格买进一些或者卖出一些钱币；假设他现在处于均衡状态，即是说目前的市价下他不想买进也不想卖出。证明：无论钱币市场的价格上涨还是下跌，这个人的效用水平总会增加。

4-3 一个消费者的效用函数为

$$u(x_1, x_2) = A x_1^\alpha x_2^\beta \quad \alpha, \beta > 0, \ A > 0$$

该消费者的效用函数又可以写为下列哪种函数形式？

(a) $u(x_1, x_2) = \alpha \ln x_1 + \beta \ln x_2$；

(b) $u(x_1, x_2) = x_1^{\alpha/(\alpha+\beta)} x_2^{\beta/(\alpha+\beta)}$；

(c) $u(x_1, x_2) = \alpha x_1^\alpha + \beta x_2^\beta + A$。

4-4 推导上一问题中消费者的

(1) 马歇尔需求函数和间接效用函数。

(2) 希克斯需求函数和支出函数。

(3) 比较马歇尔需求和希克斯需求曲线的斜率。

(4) 验证 Roy 等式。

(5) 验证对偶性定理。

4-5 考虑效用函数

$$u(x_1, x_2, x_3) = (x_1 - b_1)^\alpha (x_2 - b_2)^\beta (x_3 - b_3)^\gamma, \quad \alpha, \beta, \gamma > 0$$

首先解释为什么我们可以假设 $\alpha + \beta + \gamma = 1$，保持这个假设，解答以下问题：

(1) 推导希克斯需求和支出函数，验证它们满足 4.3.1 节和 4.3.2 节陈述的性质。

(2) 验证 Slutsky 方程。

(3) 验证希克斯需求的自价格效应为负，交叉价格效应是对称的。

4-6 试画出下列效用函数的无差异曲线，并讨论其对应的间接效用函数和支出函数的特征。

(a) 完全替代商品：$u = x_1 + x_2$；

(b) 完全互补商品：$u = \min\{x_1, x_2\}$。

4-7 我们在 4.2.3 节使用包络定理证明了 Roy 等式，但它还有别的证明方法，试按下面的方法证明之：

(1) 直接从间接效用函数的定义出发，使用效用最大化一阶必要条件。

(2) 由对偶性等式 (4)，$v(\mathbf{p}, e(\mathbf{p}, u)) \equiv u$，保持 u 不动，在等式两边对 p_i 求导，使用复合函数求导法则。

4-8 如果消费者需要缴纳消费税，比较下列两种税制对消费行为的影响：

(a) 消费者一次性缴纳一笔固定税款 T；

(b) 从价税：如果商品价格为 p，消费者按税后价格 $(1+t)p$ 购买。

4-9 证明希克斯需求函数满足等式：

$$\sum_{j=1}^{k} \frac{\partial h_i}{\partial p_j} p_j = 0 \quad i = 1, \ldots, k$$

4-10 $x_i(\mathbf{p}, m)$ 是消费者对商品 i 的马歇尔需求 ($i = 1, \ldots, k$)，定义其收入弹性和价格弹性分别为

$$\mathrm{EM}_i = \frac{\partial x_i}{\partial m} \frac{m}{x_i}, \mathrm{EP}_{ij} = \frac{\partial x_i}{\partial p_j} \frac{p_j}{x_i}$$

(1) 证明下面的"恩格尔和性质"：

$$\sum_{i=1}^{k} \beta_i \mathrm{EM}_i = 1$$

这里 β_i 是消费者在商品 i 上的支出份额：$\beta_i = p_i x_i / m$。

(2) 证明"齐次限制等式"成立：

$$\sum_{j=1}^{k} \mathrm{EP}_{ij} = -\mathrm{EM}_i \quad i = 1, \ldots, k$$

4-11 证明马歇尔需求满足等式：

(1) Cournot 可加性: $\sum_{i=1}^{k} \dfrac{\partial x_i}{\partial p_j} p_i + x_j = 0 \quad j = 1, \ldots, k$。

(2) Engel 可加性: $\sum_{i=1}^{k} \dfrac{\partial x_i}{\partial m} p_i = 1$。

4-12 如果消费者的效用函数是位似函数,证明:
(1) 支出函数具有形式 $e(\mathbf{p}, u) = e(\mathbf{p})u$, $e(\mathbf{p})$ 是 $u = 1$ 时的最小支出。
(2) 间接效用函数为 $v(\mathbf{p}, m) = m/e(\mathbf{p})$。
(3) 马歇尔需求函数为 $x_i = e_i(\mathbf{p})m/e(\mathbf{p})$。

4-13 假设某消费者的马歇尔需求函数 $\mathbf{x}(\mathbf{p}, m)$ 是收入 m 的一次齐次函数,且交叉价格效应为零,即
$$\frac{\partial x_i(\mathbf{p}, m)}{\partial p_j} = 0 \quad i \neq j$$
证明:
$$x_i(\mathbf{p}, m) = \frac{a_i m}{p_i}$$
这里 a_i 是正的常数。

第 5 章　消费者理论专题

前一章我们在基本的效用最大化和支出最小化模型中分析了消费者行为, 并得到了若干比较静态分析结果。这一章继续讨论前面尚未涉及的消费者理论中另外几个基本的问题。第一个问题是价格或收入变化对消费者福利水平的影响。这方面, 我们熟悉的消费者剩余是一个常用的工具。不过, 5.1 节将说明, 消费者剩余作为一个消费福利衡量工具常常是不准确的, 并提出了效用币值的概念; 5.2 节在此基础上构造了标准的福利值变量——等值变化和补偿变化, 而且说明了它们与消费者剩余的关系; 5.3 节转向商品的群分问题, 这关系到理论应用中的价格指数化方法的合理性; 5.4 节讨论若干消费者商品需求函数的加总问题, 这在计量研究中有十分明显的意义; 5.5 节是时间经济学的一些基本内容, 分析了消费者的劳动供给, 并进一步考察了消费者时间配置问题; 5.6 节则将消费选择理论推广到了存在借贷的跨时模型中。

5.1　消费者剩余及效用币值

5.1.1　消费者剩余

我们常常用消费者剩余来衡量某人消费一定量商品时获得的福利, 消费者剩余是与保留价格概念相连的。先考虑一种离散型需求的例子。假如消费者对某一商品的需求曲线如图 5.1 所示, p^i 是消费者对第 i 单位商品的保留价格——对第 i 单位商品, 他愿意出的最高价格是 p^i。假设现行的市场价格为 p^*, 消费者相应的需求为 n。经济学家认为, 消费者愿意出价 p^1 购买第一个单位的商品, 但他仅为其支付市场价格 p^*, 所以, 他会从第一单位商品的消费中获得价格剩余 $(p^1 - p^*)$; 同样, 他愿意以 p^2 换取第二个单位的消费, 但他只需为此支付 p^*, 他从第二单位商品的消费中获得价格剩余 $(p^2 - p^*)$。将这个逻辑应用到消费者购买的全部 n 单位商品, 消费者最终将从该商品的消费中获得总剩余

$$\text{CS} = \sum_{i=1}^{n}(p^i - p^*) = \sum_{i=1}^{n} p^i - np^*$$

这恰好就是图中阴影部分的面积。

一般地, 对连续的需求函数 $x = x(p)$, 定义消费者剩余是

$$\text{CS} = \int_{p^*}^{\overline{p}} x(p)dp \tag{5.1}$$

其中 $\overline{p}$ 是恰好使需求为零的最低价格, p^* 是实际的市场价格。

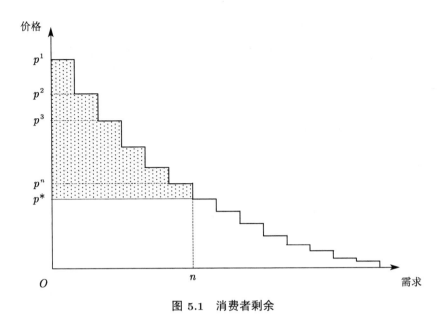

图 5.1 消费者剩余

当商品的价格由原来的 p^0 变至某个 p^1 时，消费者剩余的变化为

$$\Delta \text{CS} = \int_{p^1}^{\bar{p}} x(p)dp - \int_{p^0}^{\bar{p}} x(p)dp = \int_{p^1}^{p^0} x(p)dp \tag{5.2}$$

价格变化过程中，所考虑的商品的消费量发生了变化，ΔCS 刻画了消费者在该商品的消费中的福利变化。但是，一种商品价格变化时，不仅该商品的消费量会随之增减，其他商品的消费量也必然受到影响。ΔCS 描述了前者带来的福利净增量，却没能将后一种效应计算在内，它仅只是一种局部市场内的指标。换个角度看，消费者剩余是根据保留价格概念导出的，而消费者对一种商品的保留价格一定程度上取决于它可以消费多少其他商品，而一种商品的价格发生变化时，收入效应会影响消费者在其他商品上的消费。所以，在不同的价格水平，消费者对同一种商品的保留价格也会有差异。ΔCS 的计算过程中隐含地假设消费者在价格 p^0 和 p^1 下有同一套保留价格，自然就不足以成为一个令人满意的福利衡量标准。

5.1.2 效用币值函数

回到 k 种商品的一般情形。如果商品价格由 $\mathbf{p}^0$ 变至 $\mathbf{p}^1$，如何来构造恰当的消费者福利变化指标呢？在消费者收入 m 不变的情况下，一个非常自然的想法是，既然在价格 $\mathbf{p}^0$ 下消费者达到的最大效用是 $v(\mathbf{p}^0, m)$，价格 $\mathbf{p}^1$ 下的最大效用是 $v(\mathbf{p}^1, m)$，那么消费者的效用净增量必然是

$$\Delta v = v(\mathbf{p}^1, m) - v(\mathbf{p}^0, m) \tag{5.3}$$

如果这个差值为正，表明消费者境况得到了改善；如果它为负，表明消费者遭受了损失。但是，直接效用函数 $u(\mathbf{x})$ 的本质功能只是体现消费者在不同消费束上的偏好顺序上，其绝对量并不具有任何经济含义，事实上任何 $u(\mathbf{x})$ 的正单调变换也是同一个消费者的效用函数。由于直接效用函数不是唯一的，间接效用函数必然也不止一个。所以，Δv 除了正负符号能说

明消费者的效用是增加还是减少，其大小并不具有任何福利含义，由它我们无法确定消费者在价格变化过程中境况变化了多少。效用的绝对量不说明任何经济问题，那么在一个各种商品都被货币标了价的世界，可否也为消费者达到的某一效用标一个"价格"？直观地说，我们不仅想了解一个人从消费中达到某一效用，还希望知道这个效用"值多少钱"。一旦为效用恰当地标了价，前面碰到的问题也就迎刃而解了，因为这个福利价格必然是唯一的。

下面定义的**效用币值** (money metric utility) 就是为特定效用水平"标价"的工具，它又分为**直接效用币值**和**间接效用币值**。直接效用币值回答这样一个问题：给定商品束 $\mathbf{x}$，在价格为 $\mathbf{p}$ 的情况下，最少需支付多少，才能获得不低于 $\mathbf{x}$ 带来的效用？以数学语言来说，直接效用币值定义为

$$m(\mathbf{p}, \mathbf{x}) = \min\{\mathbf{pz}|u(\mathbf{z}) \geqslant u(\mathbf{x})\} \tag{5.4}$$

事实上，因为消费束 $\mathbf{x}$ 带来效用 $u(\mathbf{x})$，由支出函数的定义

$$m(\mathbf{p}, \mathbf{x}) \equiv e(\mathbf{p}, u(\mathbf{x})) \tag{5.5}$$

从而 $m(\mathbf{p}, \mathbf{x})$ 具有支出函数 $e(\mathbf{p}, u(\mathbf{x}))$ 的一切性质。譬如，它是价格 $\mathbf{p}$ 的单增、一次齐次函数，也是 $\mathbf{p}$ 的连续的凹函数。从几何上看（图 5.2(a)），我们只要找到一条与商品束 $\mathbf{x}$ 所在的无差异曲线相切的预算线，这条预算线代表的收入水平即是 $m(\mathbf{p}, \mathbf{x})$。

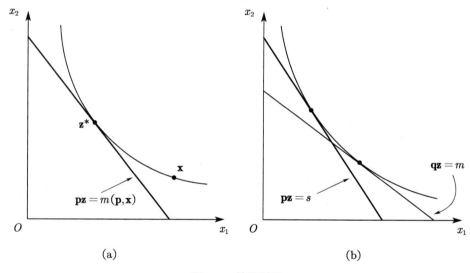

图 5.2 效用币值

直接效用币值直接为特定的商品束带来的效用标价，但有时，我们还需为一定收入的消费者在特定价格环境中所能获得的效用标价。如果原来的价格是 $\mathbf{q}$，消费者的收入为 m，现在价格变为 $\mathbf{p}$，需要如何调整消费者的收入，才能保证消费者的效用不受影响呢？我们定义间接效用币值为

$$\begin{aligned} s(\mathbf{p}; \mathbf{q}, m) &= \min\{\mathbf{pz}|u(\mathbf{z}) \geqslant v(\mathbf{q}, m)\} \\ &\equiv e(\mathbf{p}, v(\mathbf{q}, m)) \end{aligned} \tag{5.6}$$

图 5.2(b) 显示了这一定义的原理。显然，我们有

$$s(\mathbf{p}; \mathbf{p}, m) \equiv m \tag{5.7}$$

5.2 等值变化与补偿变化

5.2.1 等值变化和补偿变化

假设原来的价格是 $\mathbf{p}^0$, 收入为 m 的消费者将达到效用 $v(\mathbf{p}^0, m)$; 如果现在价格变为 $\mathbf{p}^1$, 他达到的效用变为 $v(\mathbf{p}^1, m)$。为了衡量这二者间的福利差, 我们只需选择一个可比价格 $\mathbf{q}$, 按这个价格计算二者的间接效用币值即可

$$s(\mathbf{q}; \mathbf{p}^1, m) - s(\mathbf{q}; \mathbf{p}^0, m)$$

原则上讲, 只要一个价格向量的各个分量都不为零, 我们都可以选其作为可比价格。但最自然的两个候选者分别是原来的价格 $\mathbf{p}^0$ 和现在的价格 $\mathbf{p}^1$。当我们选取 $\mathbf{p}^0$ 为可比价格 $\mathbf{q}$ 时, 就得到**等值变化** (equivalent variation)

$$\mathrm{EV} = s(\mathbf{p}^0; \mathbf{p}^1, m) - s(\mathbf{p}^0; \mathbf{p}^0, m) \tag{5.8}$$

如果选取 $\mathbf{q} = \mathbf{p}^1$, 我们得到的是**补偿变化** (compensating variation)

$$\mathrm{CV} = s(\mathbf{p}^1; \mathbf{p}^1, m) - s(\mathbf{p}^1; \mathbf{p}^0, m) \tag{5.9}$$

如果价格变化的同时收入也发生了变化, 譬如说由 m 变至 m^1, 只要将上述两个定义式中将第一项中的 m 改写为 m^1, 即可同时考虑收入变化带来的福利影响。只不过, 我们在这里对这种影响不感兴趣, 所以以下仍假设收入不变。

在只有两种商品的情形下, 很容易将等值变化和补偿变化用几何方法表示出来。如图 5.3, 预先将商品 2 的价格规范为 1 (这只要在预算约束等式两端同除以 p_2, 将相对价格 p_1/p_2 视为商品 1 的价格即可), 这样预算约束在纵轴 (x_2 轴) 上的截距就是收入。EV 和 CV 都衡量了价格变化前后两条无差异曲线间的距离, 只不过前者是通过平移原来的预算线 $\mathbf{p}^0\mathbf{x} = m$ 计算而得, 而后者则是通过平移当前的预算线 $\mathbf{p}^1\mathbf{x} = m$ 计算出来的。

进行简单的微积分运算, 还可将这两种收入变化写为类似于消费者剩余那样的积分表达式。固定收入 m, 设商品 i 的价格由 p_i^0 变至 p_i^1, 其他商品的价格保持不变。为避免烦琐, 在下面的推导过程中省写其他商品的价格, 并省去我们所考虑的商品的下标 i; 记 $u^0 = v(p^0, m)$, $u^1 = v(p^1, m)$。利用 (5.7)

$$s(p^0; p^0, m) = m = s(p^1; p^1, m)$$

从而

$$\begin{aligned}
\mathrm{EV} &= s(p^0; p^1, m) - s(p^0; p^0, m) \\
&= s(p^0; p^1, m) - s(p^1; p^1, m) \\
&= e(p^0, u^1) - e(p^1, u^1) \\
&= \int_{p^1}^{p^0} \frac{\partial e(p, u^1)}{\partial p} dp = \int_{p^1}^{p^0} h(p, u^1) dp
\end{aligned} \tag{5.10}$$

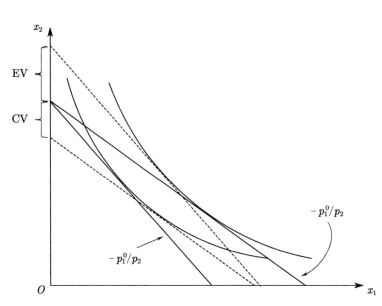

图 5.3 等值变化与补偿变化

同样的过程可以推知

$$\text{CV} = \int_{p^1}^{p^0} h(p,\ u^0) dp \tag{5.11}$$

我们可以将 EV、CV 同消费者剩余变化 ΔCS 一起画在图中比较。回忆 Slutsky 方程

$$\frac{\partial h(p,\ u)}{\partial p} = \frac{\partial x(p,\ m)}{\partial p} + \frac{\partial x(p,\ m)}{\partial m} x(p,\ m)$$

只要我们考虑的是正常商品,满足 $\partial x/\partial m \geqslant 0$,就有

$$\frac{\partial h(p,\ u)}{\partial p} \geqslant \frac{\partial x(p,\ m)}{\partial p} \tag{5.12}$$

注意到不等式两端都是负值,(5.12) 表明在坐标系 $(x,\ p)$ 内,希克斯需求曲线比马歇尔需求曲线陡峭,见图 5.4。

(5.10) 和 (5.11) 表明,EV 和 CV 分别是希克斯需求曲线 $h(p,\ u^1)$ 和 $h(p,\ u^0)$ 与直线 $p = p^0$、直线 $p = p^1$ 以及纵轴所围成区域的面积;消费者剩余 ΔCS 则是马歇尔需求曲线 $x(p,\ m)$ 与直线 $p = p^0$、直线 $p = p^1$ 以及纵轴所围的面积。显然,消费者剩余变化的大小位于等值变化和收入变化之间。图 5.4 中,$p^0 > p^1$,必然有 $u^0 < u^1$,从而 $h(p,\ u^0) < h(p,\ u^1)$。此时

$$\text{CV} < \Delta\text{CS} < \text{EV} \tag{5.13}$$

如果是 $p^0 < p^1$,曲线 $h(p,\ u^0)$ 和 $h(p,\ u^1)$ 的左右顺序恰与图中所示的相反,但此时各个积分式的下限大于上限,CV、ΔCS 和 EV 分别是相应面积的相反数,所以这时三者的大小顺序仍与 $p^0 > p^1$ 时相同。即是说,对于正常商品,无论价格增加或减少,总有 (5.13) 成立。

(5.13) 表明,虽然 ΔCS 并不是衡量消费者福利变化的准确指标,但因为被两个标准的福利指标上下相夹,它仍不失为消费者福利变化的一个良好的近似。不仅如此,我们下一节将

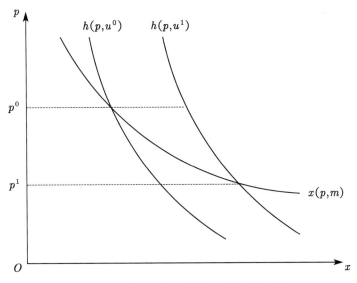

图 5.4 消费者剩余与等值变化和补偿变化

证明,在某些情况下,消费者剩余变化甚至与等值变化和补偿变化相等。这种时候,它就完全准确地衡量了价格变化中消费者的福利增减幅度。

5.2.2 拟线性效用函数的消费者剩余

在很多时候,尤其是在福利分析中,使用一种特殊的效用函数是特别方便的。所谓**拟线性效用函数 (quasilinear utility)**,是指具有下列形式的效用函数

$$U(x_0, x_1, \ldots, x_n) = x_0 + u(x_1, \ldots, x_n) \tag{5.14}$$

即是说效用函数对某一种商品 (在这里是商品 0) 的消费量是线性的。

在拟线性效用下,消费者的商品需求会呈什么样的特征呢? 为表达式简洁起见,将商品 0 的价格规范化为 1,仍将 $(x_1, \ldots, x_n)$ 记为 $\mathbf{x}$,其对应的价格向量 $(p_1, \ldots, p_n)$ 记为 $\mathbf{p}$,考虑效用最大化问题

$$\begin{aligned}&\max_{x_0, \mathbf{x}} [x_0 + u(\mathbf{x})] \\ &\text{s.t.} \quad x_0 + \mathbf{px} = m\end{aligned} \tag{5.15}$$

在预算约束等式中解出 x_0,代入目标函数,问题变为

$$\max_{\mathbf{x}} [m - \mathbf{px} + u(\mathbf{x})]$$

一阶必要条件是

$$p_i = u_i(\mathbf{x}) \qquad i = 1, \ldots, n \tag{5.16}$$

注意这 n 个等式中都不含收入变量 m,从而由它们解出的需求函数也与 m 无关: $\mathbf{x} = \mathbf{x}(\mathbf{p})$。这就是说,无论消费者的收入如何变化,都不会影响他对商品 1、商品 2、……、商品

n 的消费量,增加或减少的收入全部用于调整商品 0 的消费。进一步,拟线性效用下的间接效用函数也有特殊的形式

$$V(\mathbf{p}, m) = m + [u(\mathbf{x}(\mathbf{p})) - \mathbf{p}\mathbf{x}(\mathbf{p})] = v(\mathbf{p}) + m \tag{5.17}$$

这里 $v(\mathbf{p}) = u(\mathbf{x}(\mathbf{p})) - \mathbf{p}\mathbf{x}(\mathbf{p})$。

特别地,如果只有两种商品:商品 0 和商品 1,且效用函数是拟线性的

$$U(x_0, x_1) = x_0 + u(x_1)$$

那么商品 1 的反需求函数是

$$p_1 = u'(x_1) \tag{5.18}$$

不同的无差异曲线的形状完全相同,只是在垂直方向上的位置不同而已;每一条收入扩展线都是垂直线 (如图 5.5)。

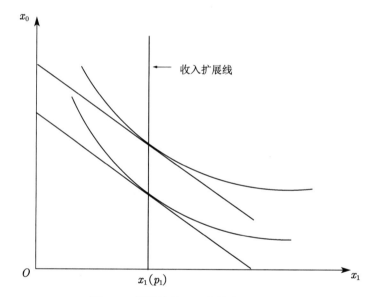

图 5.5 拟线性效用函数的收入扩展线

拟线性效用函数粗看起来对消费者的偏好有较为严格的限制,但它事实上描述了生活中很多消费现象。比如,一般人对铅笔和纸张等文具的消费量并不会因收入的变化而变化多少;对粮食等生活基本用品的需求也不会因收入增加而大幅度变动。只要消费者对某物需求的收入弹性较小,作拟线性效用函数假设就是基本合理的。拟线性效用函数让人感兴趣的地方不仅在于它描述了许多现实中的消费行为,而且还在于它在福利分析中常常使问题变得简单化。其表现形式之一,就是在拟线性效用假设下,消费者剩余与等值变化和补偿变化三者是等同的。要看出这一点,考虑支出最小化问题

$$\begin{aligned} &\min_{x_0, \mathbf{x}} (x_0 + \mathbf{p}\mathbf{x}) \\ &\text{s.t.} \quad x_0 + u(\mathbf{x}) = u^0 \end{aligned} \tag{5.19}$$

在约束等式中解出 x_0 代入目标函数,一阶必要条件是

$$p_i = u_i(\mathbf{x}) \quad i = 1, \ldots, n \tag{5.20}$$

与效用最大化问题的一阶必要条件 (5.16) 完全相同。所以,由 (5.20) 解出的 $\mathbf{x}^*$——按定义这是希克斯需求——也必将与 (5.16) 解出的马歇尔需求完全一致。而且,由于 (5.20) 不含效用水平 u^0,这意味着不同效用水平的希克斯需求曲线都是同一条曲线:

$$\mathbf{h}(\mathbf{p}, u^0) = \mathbf{h}(\mathbf{p}, u^1) \quad \forall u^0, u^1 > 0 \tag{5.21}$$

这足以保证

$$\mathrm{CV} = \Delta \mathrm{CS} = \mathrm{EV}$$

5.3 商品的群分

5.3.1 问题背景

许多时候,研究者需要考虑某一类商品的消费需求,而对其中每一具体的商品消费没有兴趣。比如,你只对食品的总体需求感兴趣,却并不关心其中面包或猪肉的情况,这些时候,商品群分——将若干种具体的商品按其属性的相似性划归不同的商品群,就变得很有必要了。我们希望包括了若干具体商品的一个商品群也能像一个具体的商品那样作需求分析,这要求对商品群定义适当的"量"指标和"价格"指标。当然,并不是对任何一个商品群都能这样处理,那么究竟在什么条件下这才是可行的呢?

不妨假设我们将所有商品分成了两群,x-类商品和 y-类商品;所有 x-类商品以向量 $\mathbf{x}$ 表示,其相应的价格向量为 $\mathbf{p}$;y-类商品以向量 $\mathbf{y}$ 表示,相应的价格向量为 $\mathbf{q}$。在未作商品群分的情况下,标准的效用最大化问题是

$$\begin{aligned} & \max_{\mathbf{x}, \mathbf{y}} u(\mathbf{x}, \mathbf{y}) \\ & \text{s.t.} \quad \mathbf{px} + \mathbf{qy} = m \end{aligned} \tag{5.22}$$

如果只想讨论 x-类商品的需求,而不希望纠缠于其中单个商品的需求究竟怎样,应为 x-类商品构造一个量化指数 X,以及一个价格指数 P

$$P = f(\mathbf{p}), \quad X = g(\mathbf{x}) \tag{5.23}$$

进一步,这要求我们为消费者重新构造一个基于"商品" X 和商品 $\mathbf{y}$ 的效用函数 $U(X, \mathbf{y})$,使得以这个效用函数(以及价格向量 $(P, \mathbf{q})$)导出的需求与上述标准效用最大化问题得到的需求结果一致。具体地说,问题

$$\begin{aligned} & \max_{X, \mathbf{y}} u(X, \mathbf{y}) \\ & \text{s.t.} \quad PX + \mathbf{qy} = m \end{aligned} \tag{5.24}$$

的解 $X(P, \mathbf{q}, m)$ 应满足条件

$$X(P, \mathbf{q}, m) \equiv X(f(\mathbf{p}), \mathbf{q}, m) \equiv g(\mathbf{x}(\mathbf{p}, \mathbf{q}, m)) \tag{5.25}$$

对商品价格或效用函数作适当的限制，可以进行这样的商品群分。这里介绍限制商品价格变化的希克斯可分条件，以及一种对效用函数作出限制的函数可分条件。

5.3.2 希克斯可分性

希克斯可分条件要求，x- 商品群中商品的相对价格保持不变，或说，x- 类商品的价格总是同比例地变化：

希克斯可分条件： 存在固定的价格向量 $\mathbf{p}^0$，使得任何时候都有 $\mathbf{p} = t\mathbf{p}^0$ 成立，t 为某一正数。

如果 x- 商品群满足希克斯可分条件，我们可以这样来构造指数

$$P = t, \quad X = \mathbf{p}^0 \mathbf{x} \tag{5.26}$$

相应的效用函数 $U(X, \mathbf{y})$ 如何定义呢？要直接构造一个效用函数是较为困难的。不过，我们可以利用对偶性原理，先定义其对应的间接效用函数

$$\begin{aligned}V(P, \mathbf{q}, m) &= \max_{X, \mathbf{y}} u(\mathbf{x}, \mathbf{y}) \\ \text{s.t.} \quad & P(\mathbf{p}^0 \mathbf{x}) + \mathbf{q}\mathbf{y} = m\end{aligned} \tag{5.27}$$

这样定义间接效用函数不仅十分直观，而且它确能导出上面构造的"商品"需求：由包络定理

$$\frac{\partial V(P, \mathbf{q}, m)}{\partial P} = -\lambda \mathbf{p}^0 \mathbf{x}(P\mathbf{p}^0, \mathbf{q}, m) = -\lambda \mathbf{p}^0 \mathbf{x}(\mathbf{p}, \mathbf{q}, m)$$

$$\frac{\partial V(P, \mathbf{q}, m)}{\partial m} = \lambda$$

从而 $X(P, \mathbf{q}, m)$ 可通过 Roy 等式推出

$$-\frac{\partial V(P, \mathbf{q}, m)/\partial P}{\partial V(P, \mathbf{q}, m)/\partial m} = \mathbf{p}^0 \mathbf{x}(\mathbf{p}, \mathbf{q}, m) = X(P, \mathbf{q}, m) \tag{5.28}$$

在得到间接效用函数之后，与之对偶的直接效用函数通过求解下列问题得到

$$\begin{aligned}U(X, \mathbf{y}) &= \min_{P, \mathbf{q}} V(P, \mathbf{q}, m) \\ \text{s.t.} \quad & PX + \mathbf{q}\mathbf{y} = m\end{aligned} \tag{5.29}$$

当然，在实际应用中，往往没有必要求出消费者的直接或间接效用函数。只要希克斯可分条件得到满足，即可进行商品群分分析。

5.3.3 函数可分性

另一种商品群分可行的条件要求一种特殊的偏好结构:

函数可分条件: 消费者在 x- 类商品上的偏好与他拥有多少 y- 类商品无关——以效用函数表示,这意味着效用函数**弱可分** (weak separable):

$$u(\mathbf{x}, \mathbf{y}) \equiv U(v(\mathbf{x}), \mathbf{y}) \tag{5.30}$$

其中 U 是 v 的严格单增函数。

由 (5.30),任何两种 x- 类商品间的边际替代率与 y- 类商品的消费量无关

$$\mathrm{MRS}_{ij}^{\mathrm{X}} = \frac{(\partial U/\partial v)v_i}{(\partial U/\partial v)v_j} = \frac{v_i(\mathbf{x})}{v_j(\mathbf{x})} \tag{5.31}$$

如果函数可分条件 (5.30) 满足,记 $[\mathbf{x}(\mathbf{p}, \mathbf{q}, m), \mathbf{y}(\mathbf{p}, \mathbf{q}, m)]$ 是标准效用最大化问题 (5.22) 的解。令 $m_x = \mathbf{p}\mathbf{x}(\mathbf{p}, \mathbf{q}, m)$,这样 m_x 就是消费者在 x- 类商品上的最优支出。可以证明,$\mathbf{x}(\mathbf{p}, \mathbf{q}, m)$ 同时还是以下"子效用"最大化问题的解

$$\begin{aligned}\max_{\mathbf{x}} \ & v(\mathbf{x}) \\ \text{s.t.} \ & \mathbf{p}\mathbf{x} = m_x\end{aligned} \tag{5.32}$$

因若不然,存在另一个向量 $\mathbf{x}'$,满足

$$\mathbf{p}\mathbf{x}' = m_x$$

且

$$v(\mathbf{x}') > v[\mathbf{x}(\mathbf{p}, \mathbf{q}, m)]$$

注意到 $\mathbf{x}'$ 还满足等式

$$\mathbf{p}\mathbf{x}' + \mathbf{q}\mathbf{y}(\mathbf{p}, \mathbf{q}, m) = m$$

由函数 $U(v, \mathbf{y})$ 的单调性

$$U(v(\mathbf{x}'), \mathbf{y}(\mathbf{p}, \mathbf{q}, m)) > U(v(\mathbf{x}(\mathbf{p}, \mathbf{q}, m)), \mathbf{y}(\mathbf{p}, \mathbf{q}, m))$$

这与假设矛盾。

由对偶性,价格 $\mathbf{p}$ 下消费者达到 (间接) 子效用 $v(\mathbf{x}(\mathbf{p}, \mathbf{q}, m))$ 的支出 $e(\mathbf{p}, v) = m_x$,从而我们可将标准的效用最大化问题写为:

$$\begin{aligned}\max_{v, \mathbf{y}} \ & U(v, \mathbf{y}) \\ \text{s.t.} \ & e(\mathbf{p}, v) + \mathbf{q}\mathbf{y} = m\end{aligned} \tag{5.33}$$

到此我们已经完成了商品的群分。不过,如果还需要对 x- 类商品定义一个价格指数,仅凭函数可分条件还不够。如果将子效用值 v 选作商品群 x 的量化指数 X,并能把函数 $e(\mathbf{p}, v)$

进一步分离成 v 的线性函数形式，价格指数才能定义。遗憾的是 $e(\mathbf{p}, v)$ 通常并不是 v 的线性函数。为此，需要对子效用函数 $v(\mathbf{x})$ 再作进一步的假设。由第 4 章练习与思考 4-12，如果效用函数 $v(\mathbf{x})$ 是位似的，支出函数将呈 $e(\mathbf{p})v$ 的形式，其中 $e(\mathbf{p})$ 是 $v=1$ 时的最小支出。所以，在 $v(\mathbf{x})$ 位似条件下，记

$$X = v(\mathbf{x}), \ P = e(\mathbf{p})$$

最值问题 (5.33) 等价于

$$\max_{X, \mathbf{y}} U(X, \mathbf{y}) \\ \text{s.t.} \quad PX + \mathbf{q}\mathbf{y} = m \tag{5.34}$$

这就完成了指数化群分。

涉及函数可分，Dixit-Stiglitz 垄断竞争模型是一个典型的实例。Dixit and Stiglitz (1977) 考虑一个包含两个生产部门的经济：第一个部门为一种同质产品 (产品 0) 的生产，通常被视为货币等价物；第二个部门包含数量庞大的差异性产品，记为商品 i ($i = 1, \ldots, k$)。代表性消费者的偏好表现为一个位似的可分函数：

$$U = U(x_0, u(\mathbf{x})) \tag{5.35}$$

其中 x_0 为商品 0 的消费量，$\mathbf{x} = (x_1, \ldots, x_k)$ 为差异商品的消费量；而 $u(\mathbf{x})$ 为上一章 4.2.4 节讨论的 CES 函数：

$$u(\mathbf{x}) = \left(\sum_{i=1}^{k} x_i^\rho\right)^{1/\rho} \quad \rho \in (0, 1) \tag{5.36}$$

我们将商品 0 的价格规范化为 1，差异化商品的价格为 $\mathbf{p} = (p_1, \ldots, p_k)$；记消费者的初始收入为 M。应用分阶段效用最大化的分析技巧，则消费者在差异产品上的消费决策与 4.2.4 节完全一致。根据 (4.20) 式，其马歇尔需求为

$$x_j = \frac{\delta M}{P}\left(\frac{p_j}{P}\right)^{-\delta} \tag{5.37}$$

其中，δ 为消费者在差异化产品 (类) 上的支出比重，P 为差异产品的价格指数

$$P = \left(\sum_{i=1}^{k} p_i^{1-\sigma}\right)^{1/(1-\sigma)} \tag{5.38}$$

由 (4.20)，消费者在差异化产品上的间接效用函数将是

$$v(\mathbf{p}, \delta M) = \frac{\delta M}{P} \tag{5.39}$$

由对偶性，立即得知差异化产品类的支出函数是

$$e(\mathbf{p}, u) = Pu \tag{5.40}$$

上述支出函数的线性形式毫不奇怪，因为 $u(\mathbf{x})$ 是一次齐次的。现在我们记差异产品类的数量指数 $X = v(\mathbf{p}, \delta M)$，价格指数 P 如 (5.38)，即完成了该模型中的商品群分。

一种特殊的弱可分函数是**和式可分的** (additive separable)

$$u = F[u_1(x_1) + u_2(x_2) + \ldots + u_k(x_k)] \tag{5.41}$$

满足 $F'[\,\cdot\,] > 0$, $u_i'(x_i) > 0$, $i = 1, \ldots, k$。如果消费者的效用函数形如 (5.41)，无论我们如何对商品分群，不难看出它都是 (5.30) 意义上的弱可分函数，所以，如果消费者的效用函数是和式可分的，我们可以随意地对其进行群分。注意经济学上常用的函数 $u = x_1^{a_1} x_2^{a_2} \ldots x_k^{a_k}$ 就是和式可分的，因为我们有

$$\ln u = \sum_i a_i \ln x_i$$

5.4 个体需求函数加总

到此为止我们讨论的都是个人的消费行为，但很多时候，还需要考虑由若干个体组成的集团或社会的商品需求。不用说，集团 (或社会) 对某一商品的需求，就是组成这个集团的各个个体对该商品的需求加总。如果一个消费集团 (社会) 由 n 个个体组成，个体 s 的需求向量为

$$\mathbf{x}^s(\mathbf{p}, m^s) = [x_1^s(\mathbf{p}, m^s), \ldots, x_k^s(\mathbf{p}, m^s)] \quad s = 1, \ldots, n$$

则这个消费团体的需求函数是

$$\mathbf{X}(\mathbf{p}, m^1, \ldots, m^n) = \sum_s \mathbf{x}^s(\mathbf{p}, m^s) \tag{5.42}$$

问题是，$\mathbf{X}(\mathbf{p}, m^1, \ldots, m^n)$ 还保持了多少 $\mathbf{x}^s(\mathbf{p}, m^s)$ 的性质？

我们知道，个体需求函数 $\mathbf{x}^s(\mathbf{p}, m^s)$ 是变量 $(\mathbf{p}, m^s)$ 的零次齐次函数；并且，只要消费者 i 具有连续的严格凸偏好，$\mathbf{x}^s(\mathbf{p}, m^s)$ 必然是连续的。简单的数学常识告诉我们，这些性质在求和过程中不会消失。不仅如此，当个体需求函数不连续时，集团需求函数却可能是连续的。即是说，$\mathbf{x}^s(\mathbf{p}, m^s)$ 连续只是 $\mathbf{X}(\mathbf{p}, m^1, \ldots, m^n)$ 连续的充分条件，而不是必要条件。这在数学上十分明显，经济学对此有何解释呢？

不妨考虑电视机需求的例子。作为一种耐用消费品，个人 (家庭) 对电视机的需求呈典型的离散性：视其价格的高低，他或者买一台，或者一台也不买。所以，个体 s 的需求函数可写为以下形式

$$x^s(p) = \begin{cases} 0 & p > p^s \\ 1 & p \leqslant p^s \end{cases}$$

当电视机价格高于消费者觉得可接受的最高价格 p^s 时，他决定一台也不买；当价格水平在 p^s 以下，他便会买一台 (一台电视机就足够，一般人不会因为觉得电视机价格"过低"而增加购买量)。这个消费者认为可接受的最高价格 p^s 即是他对电视机所持的保留价格。保留价格的高低是消费者的偏好结构和收入水平等因素的综合反映，所以，具有不同偏好或收入的人对同一件商品的保留价格往往是不相同的。如果一个集团包含很多人，这些人的偏好又不至于太雷同，且他们的收入水平也有一定的差距，那么我们就有理由近似地认为，这些

人对电视机 (或其他商品) 的保留价格将从某一很高的水平 P 开始向下连续地分布。当组成集团的人非常多时 (比如整个经济社会), 集团对电视机的需求曲线就近似于连续曲线。

集团需求函数虽然保留了个体需求函数的连续性和零次齐次性, 但个体需求最重要的性质——Slutsky 方程, 却在需求加总过程中丢失了, 其中的道理其实十分简单: 由于 $\mathbf{X}(\mathbf{p}, m^1, \ldots, m^n)$ 是由每个个体支配自己的收入 m^s 后加总所得, 而不是集团统一地支配一个"总收入"的情况下得到的, 所以"收入效应"也无从谈起。当集团总收入 $M = \sum_s m^s$ 变化时, 商品需求的变化一方面依赖于需求的收入弹性, 另一方面还依赖于集团内部收入分布的变化。我们无法确定集团中每个人的收入有何变化, 从而也就无法判定需求的变化情况。也就是说, 通常情况下, 我们不能将一个集团或社会视为一个"巨大的"消费者来考虑它的商品需求。由于集团内部的收入分布变化因素, 集团需求函数并不完全具备我们在第 4 章得到的那些个体需求函数所具有的典型性质。

如果集团总需求是一个只依赖于集团总收入的函数 $\mathbf{X}(\mathbf{p}, M)$, 集团内部的收入分布变化因素对总需求的影响就消失了。或者说, 只要保持总收入 M 不变, 收入分布变化时总需求不受任何影响。具体地, 如果我们从个体 r 那里取走 l 元钱, 转赠给个体 s, 那么后者因此多消费的商品量恰好等于前者少消费的商品量

$$x_i^s(\mathbf{p}, m^s + l) - x_i^s(\mathbf{p}, m^s) = x_i^r(\mathbf{p}, m^r) - x_i^r(\mathbf{p}, m^r - l) \tag{5.43}$$

注意这对集团中任意两个个体 r 和 s, 任意收入水平 $m^r, m^s \geqslant 0$, 以及任意转移支付 $l \leqslant m^r$ 都成立。等式 (5.43) 两端同除以 l, 并令 $l \to 0$, 得到

$$\frac{\partial x_i^s(\mathbf{p}, m^s)}{\partial m^s} = \frac{\partial x_i^r(\mathbf{p}, m^r)}{\partial m^r} \tag{5.44}$$

固定 $m^r = m_0^r$, 让 m^s 自由变化, (5.44) 中等式右端是常数, 从而等式左端也是常数

$$\frac{\partial x_i^s(\mathbf{p}, m^s)}{\partial m^s} = \beta_i \tag{5.45}$$

同理, 固定 $m^s = m_0^s$, 让 m^r 自由变化, 容易看出 (5.44) 中等式右端也是同一个常数。当然, 这个常数 β 是从其不受 m^r 和 m^s 影响的意义上来说的, 商品价格 $\mathbf{p}$ 变化时它仍会随之变化。所以, 我们有

$$x_i^s(\mathbf{p}, m^s) = \alpha_i^s(\mathbf{p}) + \beta_i(\mathbf{p})m^s \tag{5.46}$$

注意这不仅要求每个个体的马歇尔需求都是其收入的线性函数, 而且其中收入 m^s 的系数对每个个体来说都是相等的——这当然是一个非常严格的条件。下面的定理表明, 集团总需求只依赖于集团总收入 M——从而 (5.46) 成立——的充分必要条件是集团中每个个体具有一种特殊的偏好结构——拟位似偏好。

定理: 如果每个单独的消费者 s 都具有**拟位似偏好** (quasi-homothetic preferences), 使其支出函数呈以下 Gorman 形式

$$e^s(\mathbf{p}, u^s) = a^s(\mathbf{p}) + b(\mathbf{p})u^s \tag{5.47}$$

则存在一个函数 $U(\mathbf{x})$, 使得由 (5.42) 定义的 $\mathbf{X}(\mathbf{p}, m^1, \ldots, m^n)$ 是下面最大化问题的解

$$V(\mathbf{p}, M) = \max U(\mathbf{x})$$
$$\text{s.t.} \quad \mathbf{p}\mathbf{x} = M \tag{5.48}$$

这里 $M = \sum_s m^s$; 反过来, 如果 $\mathbf{X}(\mathbf{p}, m^1, \ldots, m^n)$ 是最大化问题 (5.48) 的解, 则 $e^s(\mathbf{p}, u^s)$ 必然呈 Gorman 形式。

【证明】若每个个体都有 Gorman 形式的支出函数 (5.47), 利用对偶性等式 $e(\mathbf{p}, v(\mathbf{p}, m)) \equiv m$, 可解得个体 s 的间接效用函数为:

$$v^s(\mathbf{p}, m^s) = -\frac{a^s(\mathbf{p})}{b(\mathbf{p})} + \frac{1}{b(\mathbf{p})} m^s \tag{5.49}$$

由 Roy 等式, 个体 s 对商品 i 的需求为:

$$x_i^s(\mathbf{p}, m^s) = -\frac{\partial v^s(\mathbf{p}, m^s)/\partial p_i}{\partial v^s(\mathbf{p}, m^s)/\partial m^s} = \alpha_i^s(\mathbf{p}) + \beta_i(\mathbf{p}) m^s \tag{5.45'}$$

(注意将其与前面直观的推导结果 (5.46) 比较) 这里

$$\alpha_i^s(\mathbf{p}) = \frac{\partial a^s(\mathbf{p})}{\partial p_i} - \frac{a^s(\mathbf{p})}{b(\mathbf{p})} \frac{\partial b(\mathbf{p})}{\partial p_i}$$

$$\beta_i(\mathbf{p}) = -\frac{\partial b(\mathbf{p})/\partial p_i}{b(\mathbf{p})}$$

定义

$$V(\mathbf{p}, M) = \sum_{s=1}^n v^s(\mathbf{p}, m^s) = A(\mathbf{p}) + B(\mathbf{p}) M \tag{5.50}$$

其中 $A(\mathbf{p}) = \sum_{s=1}^n a^s(\mathbf{p})/b(\mathbf{p})$, $B(\mathbf{p}) = 1/b(\mathbf{p})$。由 Roy 等式不难验证间接效用函数 $V(\mathbf{p}, M)$ 导出的需求函数恰与集团需求一致:

$$-\frac{\partial V/\partial p_i}{\partial V/\partial M} = \sum_s \left[\frac{\partial a^s(\mathbf{p})}{\partial p_i} - \frac{a^s(\mathbf{p})}{b(\mathbf{p})} \frac{\partial b(\mathbf{p})}{\partial p_i} \right] + \frac{1}{b(\mathbf{p})} \frac{\partial b(\mathbf{p})}{\partial p_i} M$$

$$= \sum_s [\alpha_i^s(\mathbf{p}) + \beta_i(\mathbf{p}) m^s]$$

"集团直接效用函数" $U(\mathbf{x})$ 可利用对偶性来定义:

$$U(\mathbf{x}) = \min v(\mathbf{p}, 1)$$
$$\text{s.t.} \quad \mathbf{p}\mathbf{x} = 1 \tag{5.51}$$

反之, 若 $\mathbf{X}(\mathbf{p}, m^1, \ldots, m^n) = \sum_s \mathbf{x}^s(\mathbf{p}, m^s)$ 是最大值问题 (5.48) 的解, 它必然可以写为 $\mathbf{Z}(\mathbf{p}, M)$ 的形式 (注意等式约束为 $\mathbf{p}\mathbf{x} = M$), 在等式 $Z_i(\mathbf{p}, M) = \sum_s x_i^s(\mathbf{p}, m^s)$ 两端对变量 m^s 求导

$$\frac{\partial Z_i(\mathbf{p}, M)}{\partial M} = \frac{\partial x_i^s(\mathbf{p}, m^s)}{\partial m^s} \quad s = 1, \ldots, n$$

从而对任何两个序数 $s, r = 1, \ldots, n, s \neq r$

$$\frac{\partial x_i^s(\mathbf{p}, m^s)}{\partial m^s} = \frac{\partial x_i^r(\mathbf{p}, m^r)}{\partial m^r}$$

注意这就是我们早先以直观推理得到的 (5.44)。这个等式的两端再对 m^s 求导得

$$\frac{\partial^2 x_i^s(\mathbf{p}, m^s)}{\partial (m^s)^2} = \frac{\partial^2 x_i^r(\mathbf{p}, m^r)}{\partial m^r \partial m^s} = 0 \quad s = 1, \ldots, n$$

由此，

$$\frac{\partial x_i^s(\mathbf{p}, m^s)}{\partial m^s} = \beta_i(\mathbf{p})$$

从而 (5.46) 成立

$$x_i^s(\mathbf{p}, m^s) = \alpha_i^s(\mathbf{p}) + \beta_i(\mathbf{p}) m^s$$

为了进一步证明每个个体的支出函数都呈 Gorman 形式, 在对偶性等式 $x_i^s(\mathbf{p}, m^s) \equiv h_i^s(\mathbf{p}, v^s(\mathbf{p}, m^s))$ 中对 m^s 求导：

$$\frac{\partial x_i^s(\mathbf{p}, m^s)}{\partial m^s} = \frac{\partial h_i^s(\mathbf{p}, v^s(\mathbf{p}, m^s))}{\partial v^s} \frac{\partial v^s(\mathbf{p}, m^s)}{\partial m^s}$$

再对 m^s 求导一次

$$\frac{\partial^2 x_i^s}{\partial (m^s)^2} = \frac{\partial^2 h_i^s}{\partial (v^s)^2} \left(\frac{\partial v^s}{\partial m^s}\right)^2 + \frac{\partial h_i^s}{\partial v^s} \frac{\partial^2 v^s}{\partial (m^s)^2} \tag{5.52}$$

由于马歇尔需求满足 (5.46), (5.52) 等号左端为零。另一方面，在价格 $\mathbf{p}$ 不变的情况下，适当选择效用函数的形式，总可以保证收入的边际效用 $\partial v^s / \partial m^s$ 是常数，此时 $\partial^2 v^s / \partial (m^s)^2 = 0$。所以, (5.52) 变为

$$\frac{\partial^2 h_i^s}{\partial (v^s)^2} = 0 \tag{5.53}$$

该式对变量 v^s 积分两次得到

$$h_i^s(\mathbf{p}, v^s) = f_i^s(\mathbf{p}) + g_i^s(\mathbf{p}) v^s \tag{5.54}$$

由于 (5.46) 中收入 m^s 的系数与个体 s 无关, (5.54) 式中 v^s 的系数也与 s 无关, 从而个体 s 的支出函数为

$$e^s(\mathbf{p}, v^s) = \sum_{i=1}^{k} p_i h_i^s(\mathbf{p}, v^s)$$
$$= \sum_{i=1}^{k} p_i f_i^s(\mathbf{p}) + v^s \sum_{i=1}^{k} p_i g_i^s(\mathbf{p})$$
$$= a^s(\mathbf{p}) + b^s(\mathbf{p}) v^s$$

证毕。

5.5 消费者的时间配置

到此为止我们考虑的只是消费者货币收入在各商品上的支出配置问题，这一节简要讨论消费者对其时间的配置。这个问题的重要性体现在两方面。一方面，消费者用于购买商品的收入中一部分是他的工资，而工资是消费者出卖其时间所得的酬劳；另一方面，现实中的消费行为不只像前面的模型中那样以货币收入去购买商品，这些商品的消费过程同时还需要时间，而时间是一种稀缺资源。下面我们依次考虑消费者的劳动供给——时间在劳动和闲暇间的配置，以及伴随商品消费的时间投入这一因素对消费行为的影响。

5.5.1 消费者的劳动供给

在我们考虑的期间内，一个人的满足程度不只与他消费的商品束 $\mathbf{x}$ 有关，同时还依赖于他拥有多少劳动以外的闲暇 z。假设消费者具有效用函数

$$u = u(\mathbf{x}, z) \quad u_z > 0$$

如果记消费者总的可支配时间为 T，劳动时间为 L，显然消费者受下面的时间约束

$$z + L = T \tag{5.55}$$

T 是消费者可支配的时间总量，如果我们考虑的是一天，它就等于 24 小时。在这个时间约束中解出 z 代入效用函数，也可以将效用函数写为 $U(\mathbf{x}, L)$，满足 $U_L < 0$。

消费者的收入 m 含两部分：劳动工资 W 和工资外收入 $\overline{m}$。工资外收入 $\overline{m}$ 来自投资收益、债券利息等，在此假设为不变的常数；工资收入 W 取决于工资率 w 和劳动时间 L：$W = wL$。从而，消费者的预算约束是

$$\mathbf{px} \leqslant m = \overline{m} + wL \tag{5.56}$$

我们可以将时间约束 (5.55) 代入 (5.56) 式，将其变为下面的形式：

$$\mathbf{px} + wz \leqslant \overline{m} + wT \equiv M \tag{5.57}$$

这里 M 是消费者将其全部时间禀赋用来劳动情况下的收入，是消费者的货币收入上限。由于没有人会永无休止地劳动，(5.56) 可以这样理解：消费者将其时间禀赋全部出卖 (劳动)，再用一部分收入买回一定量的闲暇。预算约束写为 (5.57) 形式的优点是，模型中闲暇 z 被视为一种"价格"为 w 的商品。加进了闲暇这种特殊的商品之后，在预算约束 (5.57) 下最大化目标函数 $u(\mathbf{x}, z)$ 的问题与标准的效用最大化问题没有什么差别。

不过，为了更突出地显示消费者的劳动供给，不妨将消费者的最优抉择过程分解为两步：(1) 不改变劳动-闲暇时间配置，在 z 和 m 不变的情况下选择最优商品束 $\mathbf{x}^* = \mathbf{x}(\mathbf{p}, m, z)$；(2) 调整 z(从而 m) 达到效用最大化。

这里第一步选择对我们来说已没有任何问题，因为它就是上一章的基本消费模型。将 z 和 m 不变的情况下的最优商品束 $\mathbf{x}^* = \mathbf{x}(\mathbf{p}, m, z)$ 代入效用函数，得到**条件间接效用函数**

$$v = u(\mathbf{x}(\mathbf{p}, m, z), z) = v(\mathbf{p}, m, z)$$

条件间接效用函数这个称谓的意思是, $v(\mathbf{p}, m, z)$ 是消费者拥有闲暇 z 时所达到的效用水平。固定商品价格 $\mathbf{p}$, 利用时间约束 (5.55), 将间接效用函数写为

$$V = v(\mathbf{p}, m, T-L) \equiv V(m, L)$$

注意有 $V_L = -v_z$ 成立。

在单调偏好假设下, 预算约束 (5.55) 只有在等号成立时才可能达到效用最大, 从而, 消费者第二步的问题是

$$\max_L V(\overline{m} + wL, L) \tag{5.58}$$

假设消费者总是有正的劳动供给, 同时闲暇时间也不为零。这时可以只考虑问题 (5.58) 的内点解, 其一阶必要条件是

$$wV_m + V_L = 0 \tag{5.59}$$

或者写为

$$-\frac{V_L}{V_m} = w \tag{5.60}$$

(5.60) 等号左端是 (L, m) 平面中无差异曲线

$$V(\overline{m} + wL, L) = V^0$$

的斜率。由于 $V_L = -v_z < 0, V_m > 0$, 无差异曲线是向上倾斜的, 且越向左上方移动代表的效用水平越高。(5.60) 等号右端则是预算约束线 (5.56)(等号成立时) 的斜率。如图 5.6 所示, 一阶条件 (5.60) 表明问题 (5.58) 在无差异曲线与预算线的切点的解, 该切点的横坐标就是最优劳动供给。

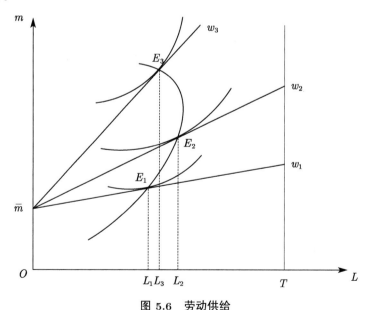

图 5.6 劳动供给

让工资率 w 变化, 我们就得到不同工资率下的切点解, 将这些切点连接起来, 可以得到一条对应于不同工资率的劳动供给轨迹。图 5.6 中显示了三个代表性的工资水平, $w_1 < w_2 <$

w_3, 分别对应劳动供给 L_1、L_2 和 L_3。我们看到, 随着工资率的增加, 劳动供给有可能反而减少。这是为什么呢? 正如前面所述, w 本可理解为闲暇的价格。与一般商品一样, w 变化时在闲暇消费量上的价格效应可分解为替代效应和收入效应。替代效应虽然永远是负的, 但收入效应是正的 (闲暇是正常商品)。随着 w 的增加, 一方面消费者会降低闲暇时间 (增加劳动供给) 以换取相对便宜了的消费商品; 另一方面, w 的增加使得消费者的时间禀赋更值钱了, 而更富有的消费者需要消费更多的闲暇, 这会降低劳动供给。当收入效应的绝对值超过替代效应, 劳动供给就可能随工资率 w 的增加反而减少。事实上, 读者可以参照具有初始禀赋时候的 Slutsky 方程 (4.34), 写出闲暇需求 (劳动供给) 的 Slutsky 方程来印证这一点。

5.5.2 消费过程中的时间配置

上一小节我们考虑了消费者时间禀赋在劳动和闲暇间的配置, 不过, 我们仍然忽略了消费各种商品同时还需要一定量的时间投入。譬如, 进电影院看电影、去餐馆就餐等消费行为不仅花费金钱, 也花费时间, 所以时间就是金钱。由于时间是消费者的稀缺资源, 消费过程的时间投入必然会影响消费行为。

假设消费者在商品束 $\mathbf{x}$ 上的偏好决定其效用函数为 $u(\mathbf{x})$, 其预算约束与 (5.56) 相同, 这里直接将其等式形式写出

$$\mathbf{px} = \overline{m} + wL \tag{5.61}$$

同时, 消费者受时间禀赋的约束: $T = \sum T_i + L$, 其中 T_i 是消费商品 i 必要的时间投入, L 是劳动时间; 为简洁不妨假设 T_i 与商品 i 的消费量 x_i 成正比关系: $T_i = t_i x_i$, $t_i \geqslant 0$。这样时间约束是

$$T = \mathbf{tx} + L \tag{5.62}$$

如果你接受时间就是金钱这个观点, 想必也能理解我们将 t_i 视为商品 i 的 "时间价格", 因为需要时间 t_i 来 "购买" 单位商品 i 的消费。消费者的问题是, 在约束 (5.61) 和 (5.62) 下, 最大化效用 $u(\mathbf{x})$。

将 (5.62) 中 L 解出代入 (5.61), 整理后得

$$(\mathbf{p} + w\mathbf{t})\mathbf{x} = \overline{m} + wT \tag{5.63}$$

由于商品 i 的消费需要的时间投入是 t_i, 而单位时间的价值为 w, 所以 wt_i 是消费商品 i 的时间成本; 再加上商品 i 的货币价格 p_i, $p_i + wt_i$ 可以称为商品 i 的**全价格**, (5.63) 进而也被称为**全价格预算约束**。

在约束 (5.63) 下, 效用最大化问题可以借助拉格朗日函数求解。一阶必要条件是

$$u_i - \lambda(p_i + wt_i) = 0 \quad i = 1, \ldots, k$$

或写作

$$\frac{u_i}{u_j} = \frac{p_i + wt_i}{p_j + wt_j} \quad i,j = 1, \ldots, k \tag{5.64}$$

即是说, 商品间的边际替代率 (绝对值) 等于相应商品的全价格之比。

让我们以两种商品的简单情形为例对一阶条件 (5.64) 作一个几何说明。如果只有两种商品, $\mathbf{x} = (x_1, x_2)$, 全价格预算约束 (5.63) 在 (x_1, x_2) 平面上是一条直线, 斜率为

$$\frac{dx_2}{dx_1} = -\frac{p_1 + wt_1}{p_2 + wt_2} \tag{5.65}$$

由于满足 (5.63) 的点同时满足货币预算约束 (5.61) 和时间约束 (5.62), 所以 (5.63) 是由这两条直线的交点组成的。(5.61) 和 (5.62) 的斜率分别为 $-p_1/p_2$ 和 $-t_1/t_2$, 不妨假设 $p_1/p_2 > t_1/t_2$, 货币预算约束线 (5.61) 比时间约束线 (5.62) 陡峭, 见图 5.7。这种情况下, 商品 1 的相对货币价格比其相对时间投入量高, 是一种花钱较多但不太费时的商品; 相较之下, 商品 2 较为便宜, 但消费过程需要消费者较长的时间。

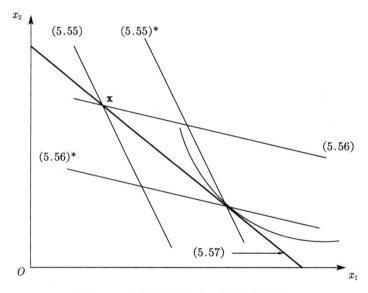

图 5.7　全价格预算约束下的效用最大化

最优消费点 $\mathbf{x}^*$ 处于某一条无差异曲线与全价格预算线的切点。所以, 在 $\mathbf{x}^*$ 点二者的斜率必然相等, 而这就是一阶条件 (5.64)。

5.6　跨时消费

到现在为止, 我们在消费模型中一直假设静态的预算约束: 消费者只能不多不少地花光他自己的收入 m, 没有储蓄, 也不能借钱消费。这一节我们放宽这个假设, 考虑一个两期消费模型, 其原理可以毫无困难地推广到两期以上的情形。

假设存在两个时期: 时期 0 和时期 1; 存在一个完全竞争的借贷市场, 利息率为 r, 消费者在时期 0 借 1 元钱要在时期 1 还 $1+r$ 元, 或者在时期 0 储蓄 1 元而在时期 1 收回 $1+r$ 元。我们进一步假设在各个时期内商品价格保持不变, 这样我们可以只考虑各时期消费的货币总和, 而不管具体消费了什么 (回忆 5.3 节中的希克斯可分条件)。将消费者在时期 0 和时期 1 的消费支出分别记为 m_0 和 m_1。假设消费者在现在 (时期 0) 和未来 (时期 1) 的消费上

存在一个连续、严格单调和严格凸的偏好,从而存在一个连续、严格单调和严格拟凹的效用函数 $u(m_0, m_1)$;消费者在时期 0 和时期 1 分别有非负的初始收入 $\overline{m}_0$ 和 $\overline{m}_1$;记消费者在时期 0 的借贷为 A,$A > 0$ 时表示借款,$A < 0$ 表示储蓄;虽然消费者在时期 0 可以无限制地借贷,但他在两期内要保持收支平衡,所以有下列预算约束

$$m_0 = \overline{m}_0 + A \tag{5.66}$$

$$m_1 = \overline{m}_1 - (1+r)A \tag{5.67}$$

在 (5.67) 中解出 A,代入 (5.66) 得

$$m_0 + \frac{m_1}{1+r} = \overline{m}_0 + \frac{\overline{m}_1}{1+r} = \overline{V} \tag{5.68}$$

这也称为消费者的财富约束:借贷市场使得消费者可以改变他在两个时期的消费量,但他最终要满足收支平衡——两期内消费支出的现值等于他财富禀赋的现值 $\overline{V}$。在 (m_0, m_1) 平面上,(5.68) 是一条过初始禀赋点 $\overline{M} = (\overline{m}_0, \overline{m}_1)$、斜率为 $-(1+r)$ 的直线,如图 5.8 中直线 $\overline{V}_r$。

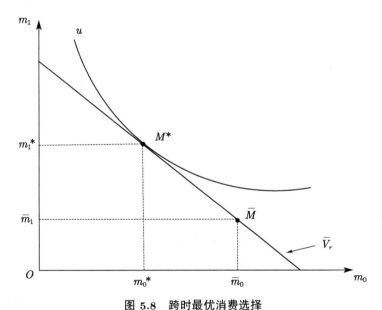

图 5.8 跨时最优消费选择

在我们的偏好假设下,约束 (5.68) 下效用最大化问题的解必然如图中那样处于一条无差异曲线与财富约束线 $\overline{V}_r$ 的切点 M^*,在这点二者的斜率相等

$$\frac{u_0(m_0^*, m_1^*)}{u_1(m_0^*, m_1^*)} = 1 + r \tag{5.69}$$

其中 $u_0 = \partial u / \partial m_0, u_1 = \partial u / \partial m_1$。读者可以建立拉格朗日函数或者直接将 (5.68) 代入目标函数 $u(m_0, m_1)$ 中验证 (5.69) 就是最优消费的一阶必要条件。

在图 5.8 的情形下,消费者在时期 0 储蓄 $\overline{m}_0 - m_0^*$,从而得以在时期 1 增加 $m_1^* - \overline{m}_1$ 的消费。

最优跨时消费条件 (5.69) 还可以作以下的经济解释：对于同样的财富，现在消费与未来消费比较，当然是现在消费更好。如果消费者觉得，时期 0 少消费 1 元钱所牺牲的效用需要时期 2 多消费 $1+\rho$ 元钱才能弥补，我们可以将 $\rho > 0$ 视为他的"主观利率"。注意，这个主观利率与消费者现在和未来的消费水平 (m_0, m_1) 有关。事实上，时期 0 少消费 1 元钱，效用损失是 $u_0(m_0, m_1)$；时期 2 多消费 $1+\rho$ 元钱，效用增加 $(1+\rho)u_1(m_0, m_1)$。二者相抵意味着

$$\rho = \frac{u_0(m_0, m_1)}{u_1(m_0, m_1)} - 1 \tag{5.70}$$

但现在市场利率是 r，只要 $\rho \neq r$，消费者都可以通过借贷调整自己在两期间的消费增加效用。譬如，如果 $\rho > r$，再借些钱用于当期消费必定是有利可图的，因为消费者认为现在的 1 元钱"相当于"未来的 $1+\rho$ 元钱，但现在借 1 元钱将来只需还 $1+r$ 元，消费者借 1 元钱可赚取 $(\rho - r)/(1+\rho) > 0$ 的现值。当然，这种赚钱的买卖不可能无休无止：随着时期 0 借款量的增加，当期消费的边际效用 u_0 降低，同时未来消费的边际效用增加 (未来的消费量因偿债而降低了)，由 (5.70)ρ 也就随之降低；当时期 0 的借款足够大，使得 $\rho = r$ 时，再继续借钱在时期 0 消费就得不偿失了。同样的道理，在 $\rho < r$ 的情况下，消费者在时期 0 再多储蓄一些总是有利可图的。当 $\rho = r$ 时，消费者达到跨时最优消费点——这就是 (5.69)。

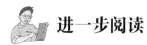 进一步阅读

希克斯创造了等值变化和补偿变化概念，Willig 则显示了消费者剩余与它们的关系：

Hicks, J. (1956), *A Revision of Demand Theory*, London: Cambridge University.

Willig, R. (1976), "Consumer's Surplus without Apology", *American Economic Review*, 66: 589-597.

关于商品的群分及可分性，参见：

Deaton, A and J. Muellbauer (1980), *Economics and Consumer Behavior*, Cambridge: Cambridge University Press.

Blackorby, C., D. Primont and R. R. Russell (1978), *Duality, Separability and Functional Structure*, New York: American Elisevier.

关于 Dixit-Stiglitz 偏好：

Dixit, A. K. and J. E. Stiglitz (1977), "Monopolistic Competition and Optimum Product Diversity", *American Economic Review*, 67(3): 297-308.

时间经济学的权威文献是：

Becker, G.S. (1965), "Theory of the Allocation of Time", *Economic Journal*, 75: 493-517.

Becker, G.S. (1976), *The Economic Approach to Human Behaviour*, Chicago: University of Chicago Press.

跨时消费问题在下列文献中有详尽的分析：

Hirsleifer, J. (1970), *Investment, Interest and Capital*, Englewood Cliffs: Prentice-Hall.

Bliss, C. J. (1975), *Capital Theory and the Distribution of Income*, Amsterdam: North-Holland.

练习与思考

5-1 某人的效用函数是 $u(x_1, x_2) = x_1 x_2$,他的收入 $m = 100$。最初的商品价格是 $\mathbf{p} = (1, 1)$,假设现在价格变化为 $\mathbf{p}' = (1/4, 1)$。计算 EV、CV 和 ΔCS,比较你的计算结果并作简明的解释。

5-2 小李的效用函数是 $u(x_1, x_2, x_3) = x_1 \min\{x_2, x_3\}$,他原来在深圳一家公司总部工作,月薪 3 000 元,深圳的商品价格是 $\mathbf{p} = (1, 2, 4)$;现在公司内部调动,小李被派往内地城市的公司办事处,那里的商品价格为 $\mathbf{p} = (1, 1, 1)$。
(1) 如果小李的工资不变,他在内地达到的生活水平相当于他在深圳多少收入的生活水平?
(2) 如果公司在人事变动时按照各地物价水平调整职员工资,使他们的效用水平保持不变,小李在调动时工资会调整到什么水平?

5-3 某消费者具有效用函数 $u(x_1, y_2, y_3) = x_1^a y_2^b y_3^c$。
(1) 证明这个效用函数是弱可分的。
(2) 推导 y- 类商品的子效用函数。
(3) 在 y- 类商品的支出为 m_y 的前提下,求这类商品的需求函数。

5-4 如果集团中每个个体的间接效用函数都具有形式
$$v^s(\mathbf{p}, m^s) = c^s(\mathbf{p}) + d(\mathbf{p}) m^s \quad s = 1, \ldots, n$$
(1) 证明各个体的偏好是拟位似的。
(2) 推导集团需求函数 $Z(\mathbf{p}, M) = X(\mathbf{p}, m^1, \ldots, m^n)$。
(3) 验证 $Z(\mathbf{p}, M)$ 满足 Slutsky 方程。

5-5 证明:如果效用函数是和式可分的,则不存在劣质品 (收入增加时需求反而减少的商品)。

5-6 在拟线性效用函数 $U(x_0, x_1) = x_0 + u(x_1)$ 的反需求函数 (5.18) 中,我们事实上隐含地假设了 $m \geq p_1 x_1(p_1)$,因为由这个假设我们才能在预算约束中得到一个非负的 x_0 并将其代入目标函数。如果凭消费者的收入根本就买不起 $x_1(p_1)$,情况又该如何?

5-7 某人原来是一个手工业者,他唯一的生产投入是劳动,他每天投入的劳动量是 7 小时,其余时间是闲暇。如果有企业雇用他,每小时的工资要超过某一最低限他才会到企业去工作。现在假设有一个企业向他提供这一最低限工资，并允许他自己决定每天的工时。这个人接受了聘任，变为一个工人。画图说明这个人现在每天的工作时间比 7 小时长还是短，或者仍然是 7 小时。

5-8 如果个体的效用函数是

$$u(x_1, x_2, x_3) = (x_1 - b_1)^\alpha (x_2 - b_2)^\beta (x_3 - b_3)^\gamma$$

其中 $\alpha, \beta, \gamma > 0, \alpha + \beta + \gamma = 1$。证明：该个体的支出呈 Gorman 形式 (5.47)。

5-9 如果某消费者有 Cobb-Douglas 效用函数

$$u = m_0^\alpha m_1^{1-\alpha}, \quad 0 < \alpha < 1$$

市场利率为 r，初始收入为 $(\overline{m}_0, \overline{m}_1)$。试推导消费者在时期 0 和时期 1 的需求函数。

5-10 试利用 4.4 节初始禀赋下的 Slutsky 方程，写出跨时消费的 Slutsky 方程，并利用它分析市场利率 r 变化对消费者跨时消费的影响。

第 6 章　进一步的消费模型

这一章我们介绍另外两个有别于标准偏好理论的消费者行为理论: **显示偏好理论**和 **Lancaster 偏好理论**。

显示偏好理论的产生源于萨缪尔森等经济学家对偏好和效用函数的实际应用所作的深入探讨。与传统的偏好理论不同, 这个理论将我们可观察到的消费者行为作为最基本的分析和规范对象, 而不是去对隐藏在消费者行为背后的偏好作无法证实的公理假设。所以, 严格说来显示偏好理论并不是一种关于"偏好"的理论, 而是一种关于"行为"的理论。

Lancaster 偏好则是不折不扣的"偏好"的理论。与萨缪尔森等人将分析起点拉回到个体行为相反, Lancaster 是将其推向更深层的"元素空间"——那些构成各种商品的基本"元素"的空间。对标准偏好的这种修改在某些应用场合, 例如在考虑经济系统中可选的商品范围扩大, 或者产品间客观或主观的差异等问题时, 显得尤其方便。

6.1　显示偏好

6.1.1　显示偏好弱公理

在此之前建立的标准的消费者理论建立在消费者的偏好之上, 但是我们并不能直接地观察到消费者的偏好。从理论上讲, 可以通过实验得知一个消费者的偏好结构——只要将所有可能的商品束两两地让他挑选即可; 进一步, 如果这个偏好结构还满足 4.1 中那些公理假设, 对各个消费束赋予适当的数值就得到了该消费者的一个效用函数。所以许多经济学家认为, 偏好和序数效用函数作为分析工具的可操作性很强。

但是, 有一些经济学家却怀疑偏好和序数效用论的可操作性是否真有那么强, 因为要真正实施一个实验来获取某人的偏好结构常常是不可能的。萨缪尔森 (1947) 说, "消费者的市场行为要用偏好来解释, 而偏好本身又只能由行为来定义。结果很容易形成循环论证, ……通常所表述的无非就是这样一个结论: 人们像他们所行动的那样行动"。这些经济学家建议, 一个"纯粹的"消费者行为理论应当直接建立在可观察到的经济行为之上, 而不是去借助无法观察到的"偏好"以及带有功利色彩的"效用函数"概念。

虽然我们很难通过一个完整的实验来获取某人的偏好结构, 但观察到他的日常消费行为却是没有问题的。直接针对个体显示出来的行为, 显示偏好理论首先有一些规范性的假设: (1) 消费者总是用完他所有的收入; (2) 特定商品价格和收入 $(\mathbf{p}, m)$ 下消费者选择的消费束 $\mathbf{x}$ 是唯一的; (3) 对任何消费者选择的一个消费束 $\mathbf{x}$, 有且只有一个价格-收入组合 $(\mathbf{p}, m)$ 与之对应——换句话说, 不同的经济环境 $(\mathbf{p}, m)$ 下消费者选择的消费束必然是不同的。

显示偏好理论的一个关键假设是, 在特定价格下观察到的消费束必然是所有此时能支付的消费束中最优的。具体说来，如果市场价格为 $\mathbf{p}^1$，我们看到某人购买的消费束为 $\mathbf{x}^1$，他的消费支出是 $\mathbf{p}^1\mathbf{x}^1 = \sum_{i=1}^{k} p_i^1 x_i^1$；如果有另一消费束 $\mathbf{x}^2$ 满足 $\mathbf{p}^1\mathbf{x}^1 \geqslant \mathbf{p}^1\mathbf{x}^2$，消费者必然认为 $\mathbf{x}^1$ 比 $\mathbf{x}^2$ 更好，因为他在买得起 $\mathbf{x}^2$ 的情况下选择了 $\mathbf{x}^1$；现在如果我们又观察到在价格 $\mathbf{p}^2$ 下消费者购买消费束 $\mathbf{x}^2$，那么此时消费者的支出 $\mathbf{p}^2\mathbf{x}^2$ 必定不足以购买 $\mathbf{x}^1$：$\mathbf{p}^2\mathbf{x}^2 < \mathbf{p}^2\mathbf{x}^1$，否则他会购买这个他认为更好的消费束。也就是说，观察数据 $(\mathbf{p}^1,\mathbf{x}^1)$ 和 $(\mathbf{p}^2,\mathbf{x}^2)$ 要满足：

显示偏好弱公理 (WARP)：如果 $\mathbf{p}^1\mathbf{x}^1 \geqslant \mathbf{p}^1\mathbf{x}^2$，则必然有 $\mathbf{p}^2\mathbf{x}^2 < \mathbf{p}^2\mathbf{x}^1$。

如果消费者在能够支付 $\mathbf{x}^2$ 的情况下实际选择了 $\mathbf{x}^1$，称为"$\mathbf{x}^1$ **直接显示优于** $\mathbf{x}^2$"（$\mathbf{x}^1$ directly revealed preferred to $\mathbf{x}^2$），记为 $\mathbf{x}^1 \succeq_{dR} \mathbf{x}^2$。利用这一术语，上述显示偏好弱公理又可以表述为：

如果 $\mathbf{x}^1 \succeq_{dR} \mathbf{x}^2$，且 $\mathbf{x}^1 \neq \mathbf{x}^2$，就不可能再有 $\mathbf{x}^2 \succeq_{dR} \mathbf{x}^1$

图 6.1 显示了几种观测结果，我们来考虑它们是否满足 WARP。在图 6.1(a) 中，由于 $\mathbf{x}^2$ 位于价格 $\mathbf{p}^1$ 的预算线上，价格为 $\mathbf{p}^1$ 时这一消费束是能够负担的，但消费者选了 $\mathbf{x}^1$，所以 $\mathbf{x}^1 \succeq_{dR} \mathbf{x}^2$；价格为 $\mathbf{p}^2$ 时，消费者选了 $\mathbf{x}^2$，注意价格 $\mathbf{p}^2$ 的预算线处于 $\mathbf{x}^1$ 点的下方，说明在这一价格下消费者买不起 $\mathbf{x}^1$。所以，这两个观测值满足 WARP。

图 6.1(b) 中，价格 $\mathbf{p}^1$ 的预算线处于 $\mathbf{x}^2$ 的上方，说明在这一价格下他的支出如果用来买 $\mathbf{x}^2$ 是绰绰有余的，但他选了 $\mathbf{x}^1$，所以 $\mathbf{x}^1 \succeq_{dR} \mathbf{x}^2$；注意价格 $\mathbf{p}^2$ 的预算线还通过 $\mathbf{x}^1$，所以价格

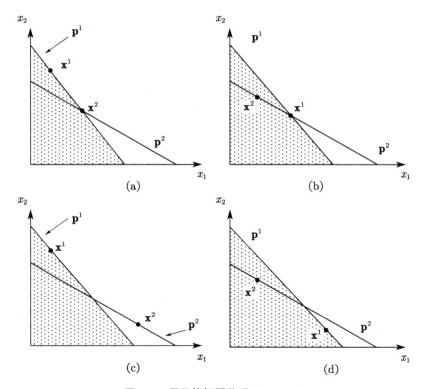

图 6.1 显示偏好弱公理 (WARP)

$\mathbf{p}^2$ 下消费者能够买 $\mathbf{x}^1$，但他实际上购买的是 $\mathbf{x}^2$，这又意味着 $\mathbf{x}^2 \succeq_{dR} \mathbf{x}^1$，消费者的行为不符合 WARP。

图 6.1(c) 中，$\mathbf{x}^1$ 和 $\mathbf{x}^2$ 间不存在直接显示偏好关系，消费者的行为并不与 WARP 矛盾。

图 6.1(d) 中，$\mathbf{x}^1$ 在价格 $\mathbf{p}^2$ 的预算线之下，故有 $\mathbf{p}^2\mathbf{x}^1 < \mathbf{p}^2\mathbf{x}^2$；但 $\mathbf{x}^2$ 也在价格 $\mathbf{p}^1$ 的预算线之下，故又有 $\mathbf{p}^1\mathbf{x}^2 < \mathbf{p}^1\mathbf{x}^1$，这不符合 WARP。

基于规范性假设 (1)–(3) 以及显示偏好弱公理，我们可以推导出前面消费者行为理论中得到的所有结果。只是，这些结果现在呈离散形式。譬如，考虑商品价格变化下的比较静态性质，先从几何上看两种商品的直观情形 (图 6.2)：假设在价格 $\mathbf{p}^0$ 下的消费束是 $\mathbf{x}^0$，考虑商品 1 的价格由 p_1^0 下降至 p_1^1，消费者的预算线由原来的 B^0 变为 B^1，新价格下的消费束是 $\mathbf{x}^1$。这一价格效应可以分两步进行分析：首先，保持原有购买力不变，调整消费以适应新的价格——这在图中相当于以点 $\mathbf{x}^0$ 为支点旋转预算线直至其与新预算线 B^1 平行，这得到一条假想的预算线 B^2；第二步，平移预算线 B^2 至 B^1 的位置。这两个步骤分别得到替代效应和收入效应。既然 B^2 是假想的预算线，并不是真实发生的经济现象，所以我们也就无法观察到这条预算线上的消费束 $\mathbf{x}^2$，那为什么我们在图中将 $\mathbf{x}^2$ 标在 $\mathbf{x}^0$ 的右端呢？这是因为，$\mathbf{x}^0$ 和 $\mathbf{x}^2$ 都在预算线 B^2 上，但消费者的选择是后者，说明 $\mathbf{x}^2 \succeq_{dR} \mathbf{x}^0$；如果 $\mathbf{x}^2$ 处于 $\mathbf{x}^0$ 的左端，它必然落在预算线 B^0 的左下侧，这意味着价格为 $\mathbf{p}^0$ 时消费者可以支付 $\mathbf{x}^2$，但我们观察到的却是 $(\mathbf{p}^0, \mathbf{x}^0)$，这说明 $\mathbf{x}^0 \succeq_{dR} \mathbf{x}^2$——这与显示偏好弱公理矛盾。所以，商品 1 的价格下降时，替代效应中消费者对商品 1 的需求必然增加，这说明替代效应是负的。

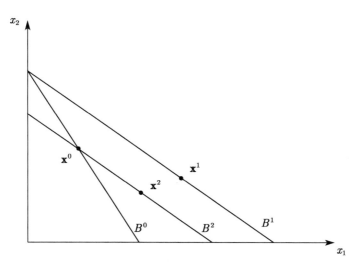

图 6.2 显示偏好下的替代效应和收入效应

利用简单的代数运算，很容易将这个结果推广到 k 种商品、所有价格同时变化的一般情形。假设 $(\mathbf{p}^0, \mathbf{x}^0)$ 为初始的价格–消费组合，$(\mathbf{p}^1, \mathbf{x}^1)$ 为新的价格–消费组合。替代效应是保持原有购买力不变，将价格由 $\mathbf{p}^0$ 调整至 $\mathbf{p}^1$，故过渡性的假想消费束 $\mathbf{x}^2$ 满足

$$\mathbf{p}^1\mathbf{x}^2 = \mathbf{p}^1\mathbf{x}^0 \tag{6.1}$$

此时消费者在能够支付 $\mathbf{x}^0$ 的情况下却选择了 $\mathbf{x}^2$,由 WARP,

$$\mathbf{p}^0\mathbf{x}^2 > \mathbf{p}^0\mathbf{x}^0 \tag{6.2}$$

将 (6.1) 和 (6.2) 分别写为

$$\mathbf{p}^1(\mathbf{x}^2 - \mathbf{x}^0) = 0$$

和

$$\mathbf{p}^0(\mathbf{x}^2 - \mathbf{x}^0) > 0$$

两式相减得到

$$(\mathbf{p}^1 - \mathbf{p}^0)(\mathbf{x}^2 - \mathbf{x}^0) < 0 \tag{6.3}$$

这个关系式允许多种商品的价格同时变化,但如果我们限定只有商品 i 的价格变化,其他商品的价格不变,则

$$\sum_j (p_j^1 - p_j^0)(x_j^2 - x_j^0) = (p_i^1 - p_i^0)(x_i^2 - x_i^0) < 0 \tag{6.4}$$

这就相当于前面以几何方法得到的结果: 替代效应 $(x_i^2 - x_i^0)$ 的符号总是与价格变化 $(p_i^1 - p_i^0)$ 的符号相反。

接下来我们可以进一步推导 Slutsky 方程。如果限定其他商品的价格不变,只有商品 i 的价格变化,购买力的变化是

$$\Delta m = p_i^0 x_i^0 - p_i^1 x_i^0 = -(p_i^1 - p_i^0)x_i^0 = -\Delta p_i x_i^0 \tag{6.5}$$

商品 i 需求的价格效应 $x_i^1 - x_i^0$ 可分解为上述替代效应 $(x_i^2 - x_i^0)$ 和收入效应 $(x_i^1 - x_i^2)$ 之和

$$x_i^1 - x_i^0 = (x_i^2 - x_i^0) + (x_i^1 - x_i^2)$$

等式两端同除以 Δp_i

$$\frac{x_i^1 - x_i^0}{\Delta p_i} = \frac{x_i^2 - x_i^0}{\Delta p_i} + \frac{x_i^1 - x_i^2}{\Delta p_i} \tag{6.6}$$

但由 (6.5),$\Delta p_i = -\Delta m / x_i^0$,将其置换到 (6.6) 等式右端第二项中

$$\frac{x_i^1 - x_i^0}{\Delta p_i} = \frac{x_i^2 - x_i^0}{\Delta p_i} - x_i^0 \frac{x_i^1 - x_i^2}{\Delta m}$$

或者写为

$$\left.\frac{\Delta x_i}{\Delta p_i}\right|_m = \left.\frac{\Delta x_i}{\Delta p_i}\right|_{\mathbf{px}} - x_i^0 \left.\frac{\Delta x_i}{\Delta m}\right|_{\mathbf{p}} \tag{6.7}$$

这里记号"$|_m$"表示货币收入不变,右边各项的类似记号也作同样的解释。(6.7) 就是 Slutsky 方程。

显示偏好理论与标准的偏好理论有什么联系呢? 如果消费者存在标准的偏好,容易证明,预算约束下的效用最大化行为必然满足显示偏好弱公理 (见练习与思考 6-3)。反过来,我们

也可以基于显示偏好建立效用函数,但需要适当加强对消费者行为的限制。为此,我们需要进一步假设显示偏好具有类似于偏好的那种传递性。

定义: 如果有 $\mathbf{x} \succeq_{dR} \mathbf{x}^1$, $\mathbf{x}^1 \succeq_{dR} \mathbf{x}^2$, ..., $\mathbf{x}^n \succeq_{dR} \mathbf{y}$,则称"$\mathbf{x}$ **显示优于** $\mathbf{y}$"(x revealed preferred to y),记为 $\mathbf{x} \succeq_R \mathbf{y}$。

现在我们假设消费者的行为满足:

显示偏好广义公理 (GARP): 如果 $\mathbf{x}^1 \succeq_R \mathbf{x}^2$,就不可能再有 $\mathbf{x}^2 \succeq_{dR} \mathbf{x}^1$。换句话说,如果 $\mathbf{x}^1 \succeq_R \mathbf{x}^2$,必然有 $\mathbf{p}^2 \mathbf{x}^1 \geqslant \mathbf{p}^2 \mathbf{x}^2$ 成立。

Afriat(1969) 证明,如果观察数据满足显示偏好广义公理,则存在与之相应的效用函数,这就在显示偏好与 (序数) 效用函数、与偏好结构之间建立了有机的联系。

GARP 与效用函数存在性等价定理: 设 $\{(\mathbf{p}^t, \mathbf{x}^t), t = 1, \ldots, T\}$ 是一组不同价格下的需求观察值,它满足 GARP 的充分必要条件是:存在一个局部非餍足的、连续的、单调凹函数 $u(\mathbf{x})$,满足

$$\mathbf{x}^t \succeq_{dR} \mathbf{x}^s \Leftrightarrow u(\mathbf{x}^t) \geqslant u(\mathbf{x}^s).$$

这里不再证明这个定理,有兴趣的读者可直接参看上述文献。

也许正是基于显示偏好得到的分析结果与标准的消费者理论内容并无什么不同,萨缪尔森 1947 年出版的名著《经济分析基础》仍然是基于效用函数写成的。事实上,今天很少有人将显示偏好视为与偏好结构理论对立的理论,相反,二者被认为是完全相容的。一般的观点是,效用函数用以处理具有连续 (或近似连续) 观察数据的问题,而显示偏好则在只有有限多个观察数据的情形中较为方便。

6.1.2 价格指数

许多时候,制定公共政策需要比较商品价格波动对消费者福利的影响。从理论上讲,5.2 节介绍的等值变化和补偿变化对这个问题作了完满的回答。不过,计算 EV 和 CV 需要预先知道消费者的偏好,这对政策制定者来说常常是不可能的。这里我们用显示偏好弱公理对这个问题再作一些便于实际应用的讨论。

以价格–收入组合 $(\mathbf{p}, m)$ 来概括消费者面对的经济环境,考虑一个两期模型,其中经济环境由 $(\mathbf{p}^0, m^0)$ 变化至 $(\mathbf{p}^1, m^1)$。记消费者在两种环境下购买的消费束分别是 $\mathbf{x}^0$ 和 $\mathbf{x}^1$,假设消费者的行为满足显示偏好弱公理 WARP。

首先,如果 $\mathbf{p}^1 \mathbf{x}^1 \geqslant \mathbf{p}^1 \mathbf{x}^0$,按定义是 $\mathbf{x}^1 \succeq_{dR} \mathbf{x}^0$。在不等式两端同除以一个正数 $\mathbf{p}^0 \mathbf{x}^0$,得到

$$\frac{\mathbf{p}^1 \mathbf{x}^1}{\mathbf{p}^0 \mathbf{x}^0} \geqslant \frac{\mathbf{p}^1 \mathbf{x}^0}{\mathbf{p}^0 \mathbf{x}^0} \tag{6.8}$$

(6.8) 式左端是消费者在两种经济环境中的收入之比 m^1/m^0。将其定义为**收入指数** MI

$$\text{MI} = \frac{\mathbf{p}^1\mathbf{x}^1}{\mathbf{p}^0\mathbf{x}^0} \tag{6.9}$$

(6.8) 右端分子分母分别是以基期 (时期 0) 消费量 $\mathbf{x}^0$ 为权重的两期平均价格。将其定义为 **Laspeyres 价格指数** LP

$$\text{LP} = \frac{\mathbf{p}^1\mathbf{x}^0}{\mathbf{p}^0\mathbf{x}^0} \tag{6.10}$$

所以, 只要 MI ⩾ LP, 我们就可以断言消费者在时期 1 的效用提高了。注意我们仅假设消费行为满足 WARP, 并没有要求消费者有一个什么样的偏好。另外, MI 和 LP 都可以通过市场数据计算出来。不过, 如果 MI < LP, 我们无法确定消费者的效用是提高了还是降低了。

现在, 假设有 $\mathbf{p}^0\mathbf{x}^0 \geqslant \mathbf{p}^0\mathbf{x}^1$, 即是说 $\mathbf{x}^0 \succeq_{dR} \mathbf{x}^1$。将不等式两端的项置于分母上, 掉转不等号方向, 两边同时乘以 $\mathbf{p}^1\mathbf{x}^1$, 得到

$$\text{MI} = \frac{\mathbf{p}^1\mathbf{x}^1}{\mathbf{p}^0\mathbf{x}^0} \leqslant \frac{\mathbf{p}^1\mathbf{x}^1}{\mathbf{p}^0\mathbf{x}^1} = \text{PP} \tag{6.11}$$

这里 **PP** 是另一个价格指数 —— **Paasche 价格指数**的简写, 其构造方法与 LP 一样, 只是它以时期 1 的商品消费量为权重计算。如果 (6.11) 成立, 那么消费者毫无疑问在时期 1 受损。同样, 如果是 MI > PP, 无法肯定消费者福利的变化情况。

上述收入指数与价格指数的比较的确提供了一种简单的消费者福利变化分析方法。不过, 我们感兴趣的问题时常是某个消费群体甚或社会上所有消费者的福利变化, 而不是某一特定消费者的得失。上面的各种指数都是以特定消费者的商品消费量为权重来构造的, 直接套用于群体消费的分析显然不适合。所以, 我们试着按下列式子定义新的指数

$$\text{MI} = \frac{\sum_s \mathbf{p}^1\mathbf{x}_s^1}{\sum_s \mathbf{p}^0\mathbf{x}_s^0} = \frac{\mathbf{p}^1\sum_s \mathbf{x}_s^1}{\mathbf{p}^0\sum_s \mathbf{x}_s^0} \tag{6.12}$$

$$\text{LP} = \frac{\mathbf{p}^1\sum_s \mathbf{x}_s^0}{\mathbf{p}^0\sum_s \mathbf{x}_s^0} \tag{6.13}$$

$$\text{PP} = \frac{\mathbf{p}^1\sum_s \mathbf{x}_s^1}{\mathbf{p}^0\sum_s \mathbf{x}_s^1} \tag{6.14}$$

其中 $\mathbf{x}_s$ 表示群体中消费者 s 消费的商品束。这样定义的指数是否也可用来比较消费群体的福利变化呢？这通常是行不通的。譬如说, 现在有 MI > LP, 这意味着

$$\mathbf{p}^1\sum_s \mathbf{x}_s^1 > \mathbf{p}^1\sum_s \mathbf{x}_s^0 \tag{6.15}$$

考虑一个只有 A 和 B 两人的消费群体, 此时 (6.15) 变为

$$\mathbf{p}^1\mathbf{x}_A^1 + \mathbf{p}^1\mathbf{x}_B^1 > \mathbf{p}^1\mathbf{x}_A^0 + \mathbf{p}^1\mathbf{x}_B^0 \tag{6.16}$$

但由这个不等式我们无法推出 $\mathbf{p}^1\mathbf{x}_A^1 > \mathbf{p}^1\mathbf{x}_A^0$ 和 $\mathbf{p}^1\mathbf{x}_B^1 > \mathbf{p}^1\mathbf{x}_B^0$ 同时成立, 但可以肯定这两个不等式中至少有一个成立。这就是说, 当 MI > LP 时, 即使我们能够肯定消费者 A 和 B 中有一个人的效用水平提高了, 但另一个人的效用水平可能反而降低了。

只有在某些特殊的情况下, (6.16) 才意味着 A 和 B 两人的效用同时得到提高。譬如, 如果两人的商品需求总是成比例的

$$\mathbf{x}_A^0 = k\mathbf{x}_B^0 \;,\; \mathbf{x}_A^1 = k\mathbf{x}_B^1$$

将其代入 (6.16), 立即可得 $\mathbf{p}^1\mathbf{x}_B^1 > \mathbf{p}^1\mathbf{x}_B^0$; 在得到的这个不等式两端乘上 k, 又可得 $\mathbf{p}^1\mathbf{x}_B^1 > \mathbf{p}^1\mathbf{x}_B^0$。这就保证了两人的效用同时提高。

要群体中各个体的商品需求总是成一定的比例, 当然需要对这些个体的偏好作特殊的限制。譬如, 如果群体中所有个体具有完全相同的偏好, 并且收入也完全相同, 那么所有个体的商品需求就是一致的。另一个稍微宽松一些的条件是, 所有个体都有相同的位似偏好。由第 4 章练习与思考 4-13, 具有位似偏好的消费者的马歇尔需求呈 $x_i(\mathbf{p}, m) = [a_i(\mathbf{p})/a(\mathbf{p})]m$ 的形式; 如果所有个体果真具有相同的位似偏好, 收入为 m_A 和 m_B 的个体间的商品需求只相差一个比例常数 m_A/m_B。

6.2 Lancaster 偏好

6.2.1 元素空间和 Lancaster 偏好

虽然基于标准偏好结构的消费者理论在许多方面都是令人满意的, 但用它分析某些经济问题却非常不方便。例如新商品的引入问题。当可选择的商品种类增加时, 我们不得不在新的商品空间重新定义消费者的偏好, 但我们根本无法确定新旧偏好之间有什么联系, 从而也就无法分析新商品的引入对消费者的行为有何影响。另一个问题是关于广告的作用。如果一种商品广告改变了消费者的需求, 这在标准消费理论中必然是这一广告改变了消费者的偏好。由于我们只有在一定的偏好前提下才能对消费行为进行分析, 所以要分析广告对消费行为有何影响, 以及广告的福利意义也是不可能的。这一节我们简要地介绍 Lancaster 定义的一种有别于标准偏好理论的偏好结构: Lancaster 偏好。用这种新的偏好结构在分析类似上述的问题时会十分方便。

标准的消费者偏好定义在商品空间上, 但是, 每一种商品却可以视为由一些更为基本的"元素"组成 (我们只是借用化学中"元素"这一名称, 这里当然不是指化学上的元素)。比方, 一千克面粉含若干热量、蛋白质以及其他种类的元素, 而某种品牌的汽车除了含有一定量的钢、橡胶等物质元素, 还有一定的技术含量。如果组成各种商品的元素全部有 r 种, 那么 (一定量的) 每一种商品都可以视为这 r 种元素的某种组合: $\mathbf{s} = (s^1, \ldots, s^r), s^i \geqslant 0 \; (i = 1, \ldots, r)$。当然, 其中有很多分量可能为零, 因为通常说来一种商品中所含有的元素只占所有元素中的很小一部分。

假设商品的种类有 k 种, 以 $\mathbf{x} = (x_1, \ldots, x_k)$ 表示一个商品束; 如果一单位商品 j 的元素含量为 $\mathbf{a}_j = (a_j^1, \ldots, a_j^r)$, 则消费商品束 $\mathbf{x}$ 所获得的元素 i 的量为:

$$s^i = a_1^i x_1 + \ldots + a_k^i x_k = \mathbf{a}^i \mathbf{x} \quad i = 1, \ldots, r$$

这里 $\mathbf{a}^i = (a_1^i, \ldots, a_k^i)$。

假设消费者在元素空间上存在一个连续、严格单调和严格凸的偏好，从而存在一个定义在元素空间上的效用函数 $u(\mathbf{s}) = u(s^1, \ldots, s^r)$。给定商品价格 $\mathbf{p}$，在一定的收入 m 下，消费者要解决问题：

$$\max_{\mathbf{s},\mathbf{x}} u(\mathbf{s})$$
$$\text{s.t.} \quad \mathbf{p}\mathbf{x} \leqslant m \qquad (6.17)$$
$$s^i = \mathbf{a}^i \mathbf{x} \quad i = 1, \ldots, r$$

我们可以将元素构成约束 $s^i = \mathbf{a}^i \mathbf{x}$ 代入目标函数，在商品空间上求解。不过，这样做多少失去了 Lancaster 偏好的意义，所以下面我们直接在元素空间中分析消费者的行为。

6.2.2 有效消费边界

在问题 (6.17) 中，暂且先将效用最大化问题搁在一旁，只考察约束集。为了让叙述尽可能简洁，并能以几何方式直观地进行分析，这里主要考虑一个两元素-两商品的模型。假设单位商品 1 和商品 2 的元素含量分别为 (a_1^1, a_1^2) 和 (a_2^1, a_2^2)。如果消费者将其收入 m 全部购买商品 1，他可以消费 m/p_1 单位的商品 1，他由此获取元素 1 和元素 2 的量分别是 $s_1^1 = (m/p_1)a_1^1$ 和 $s_1^2 = (m/p_1)a_1^2$，

如图 6.3 所示，消费者处于射线 OG_1 上的 A_1 点；同理，如果消费者将其收入全部用以消费商品 2，他可以获得 $s_2^1 = (m/p_2)a_2^1$ 单位元素 1 和 $s_2^2 = (m/p_2)a_2^2$ 单位元素 2，这样他处于射线 OG_2 上的 A_2 点。注意图 6.3 中我们隐含地假设 $s_2^2/s_2^1 > s_1^2/s_1^1$，所以射线 OG_2 比 OG_1 更陡峭。

显然，三角形区域 OA_1A_2 内的所有点都是消费者能够支付的。并且，如果他花光他的全部收入，购买一定量的商品 1 和商品 2，他可以获得线段 A_1A_2 上任一点的元素组合。譬如，考虑图中的 A_t 点，$A_t = tA_1 + (1-t)A_2$，$0 \leqslant t \leqslant 1$。自 A_t 点各引一条平行于射线 OG_2 和 OG_1 的直线，分别与 OG_1 和 OG_2 交于 A_3 和 A_4。由向量加法的几何意义，我们知道向

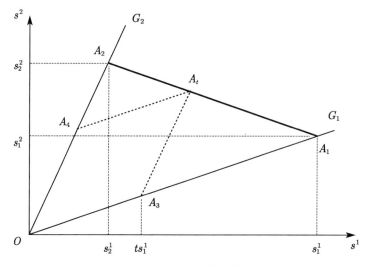

图 6.3 元素空间内的预算约束

量 A_3 与 A_4 之和正好是 A_t；另一方面，A_3 是货币收入 tm 购买商品 1 获得的元素组合，A_4 则是以货币收入 $(1-t)m$ 购买商品 2 获得的元素组合。这样的消费方式正好使消费者达到 A_t。

线段 A_1A_2 就是元素空间上的预算线，或称为**有效消费边界 (efficient consumption frontier)**。A_1A_2 的斜率表示消费者可以在元素间替代的比例。为什么呢？如果消费者原来处于预算线 A_1A_2 上某一点，但现在他希望多消费一单位商品 1，在收入保持不变的情况下，这必然要牺牲 p_1/p_2 单位商品 2 的消费。这种商品间相对消费量的变化引致的元素摄取量变化为

$$\Delta s^1 = a_1^1 - (p_1/p_2)a_2^1, \Delta s^2 = a_1^2 - (p_1/p_2)a_2^2$$

从而

$$\frac{\Delta s^2}{\Delta s^1} = \frac{a_1^2 - (p_1/p_2)a_2^2}{a_1^1 - (p_1/p_2)a_2^1} = \frac{a_1^2/p_1 - a_2^2/p_2}{a_1^1/p_1 - a_2^1/p_2} \tag{6.18}$$

另一方面，线段 A_1A_2 的斜率可以从 A_1 和 A_2 两点的坐标求出

$$\frac{s_1^2 - s_2^2}{s_1^1 - s_2^1} = \frac{m(a_1^2/p_1 - a_2^2/p_2)}{m(a_1^1/p_1 - a_2^1/p_2)}$$

这正好等于 (6.18) 的右端。

在单调偏好假设下，消费者不可能在不花光其收入的情况下达到最大效用，所以我们可以将问题 (6.17) 在两种元素和两种商品时的约束条件详细地写为

$$\begin{aligned} p_1 x_1 + p_2 x_2 &= m \\ a_1^1 x_1 + a_2^1 x_2 &= s^1 \\ a_1^2 x_1 + a_2^2 x_2 &= s^2 \end{aligned} \tag{6.19}$$

利用 Cramer 法则，在后两个等式中求出 x_i

$$x_1 = \frac{a_2^2 s^1 - a_2^1 s^2}{a_1^1 a_2^2 - a_1^2 a_2^1}, \quad x_2 = \frac{a_1^1 s^2 - a_1^2 s^1}{a_1^1 a_2^2 - a_1^2 a_2^1} \tag{6.20}$$

代入 (6.19) 中第一个等式，整理后得

$$\pi^1 a^1 + \pi^2 a^2 = m \tag{6.21}$$

这里

$$\pi^1 = \frac{a_2^2 p_1 - a_1^2 p_2}{a_1^1 a_2^2 - a_1^2 a_2^1}, \quad \pi^2 = \frac{a_1^1 p_2 - a_2^1 p_1}{a_1^1 a_2^2 - a_1^2 a_2^1} \tag{6.22}$$

从等式 (6.21)，我们自然地定义 π^i 为元素 i 的**隐性价格 (implicit price)**，其合理性可以从两方面加以说明。首先，由定义 (6.22) 立即有

$$\begin{aligned} \pi^1 a_1^1 + \pi^2 a_1^2 &= p_1 \\ \pi^1 a_2^1 + \pi^2 a_2^2 &= p_2 \end{aligned} \tag{6.23}$$

在定义了元素 i 的隐性价格 π^i 后，(6.23) 式等号左端是单位商品 j 的价值，而右端恰好是该商品的 (单位) 价格；其次，我们可以检查元素价格比 π^1/π^2，不难发现它就是预算线斜率 $\Delta s^2/\Delta s^1$ 的绝对值，而这与商品空间中的情况是相似的 (参看第 5 章相关内容)。

如果还有另一种商品 3，约束线是什么样子呢？假设商品 3 的价格为 p_3，仿照前面的方法，如果消费者将收入全部购买商品 3，他达到图 6.4 中 A_3 点；如果他在商品 1 和商品 3 上花完全部收入，他将处于线段 A_1A_3 上某一点；如果他购买的是商品 2 和商品 3，他将处于线段 A_2A_3 上某一点；而如果他购买的是商品 1 和商品 2，就达到 A_1A_2 线段。在图 6.4(a) 的情形，线段 A_1A_2 处于 A_1A_3 和 A_2A_3 的左下方，从而在 A_1A_2 上不可能达到消费的有效边界——如果消费者要在三种商品中选择购买两种，他必定选择的是商品 1 和商品 3，或者商品 2 和商品 3。在图 6.4(b) 的情形，线段 A_1A_3 和 A_2A_3 都处于 A_1A_2 的左下方，所以如果消费者要在三种商品中选择购买两种，他必定选择的是商品 1 和商品 2，不会考虑包含商品 3 的商品组合。

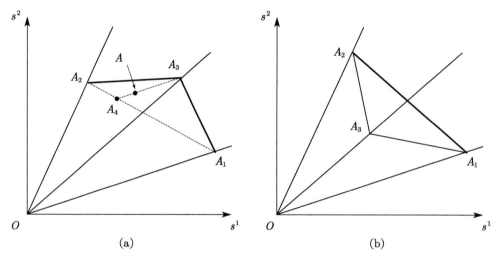

图 6.4　两元素三商品情况下的有效组合边界

但消费者还可以选择同时购买三种商品。假设他用于购买商品 j 的收入为 $\delta_j m$ ($j = 1, 2, 3$)，$\delta_1 + \delta_2 + \delta_3 = 1$，图中 A_j 点的元素组合就记为 A_j 的话，则他获得的元素组合是

$$A = \delta_1 A_1 + \delta_2 A_2 + \delta_3 A_3 \tag{6.24}$$

在图 6.4(a) 的情形，我们可以将 (6.24) 重新写为

$$\begin{aligned} A &= (\delta_1 + \delta_2)\left[\frac{\delta_1}{(\delta_1+\delta_2)}A_1 + \frac{\delta_2}{(\delta_1+\delta_2)}A_2\right] + \delta_3 A_3 \\ &= (\delta_1 + \delta_2)A_4 + \delta_3 A_3 \end{aligned} \tag{6.25}$$

方括号内是商品 1 和商品 2 混合得到的一个元素组合，记为 A_4，在图 6.4(a) 中 A_4 点位于线段 A_1A_2 上。显然，除非 δ_1 或 δ_2 中有一个为零，A_4 与 A_3 的组合 A 必然处于折线 $A_2A_3A_1$ 的左下侧。换句话说，如果消费者同时购买三种商品，他不可能达到其有效消费边界——这

从另一个角度看也十分明显: A_4 是商品 1 和商品 2 混合得到的元素组合, 但我们先前说过这种组合总是没有斜率的, 如果将其换作商品 1 和商品 3、或者商品 2 和商品 3 的组合, 消费者能够达到更高的效用。(6.25) 包含一个低效率的消费组合 A_4, 自然就处于有效消费边界的下方。所以, 此时的有效消费边界就是折线 $A_2A_3A_1$。在图 6.4(b) 的情形下, 三种商品组合的无效率就更为明显, 因为这种组合总是处于线段 A_1A_2 的下方, 此时的有效消费边界就是线段 A_1A_2。

总结以上的分析, 我们就得到这样一个结论: 在两元素–三商品模型中, 任何同时包含三种商品的组合都是无效率的 (或至少不会更有效率), 理性的消费者将永远只选择其中两种商品消费。这一结论推广到一般情形就是

有效消费原则: 如果有 r 种元素, k 种商品, $k > r$, 则有效消费边界上的组合最多只包含 r 种商品。

6.2.3 最优消费行为

确定了有效消费边界后, 消费者的最优消费选择就是一个简单的问题了。利用消费者在元素空间上的效用函数 $u(\mathbf{s})$, 我们可以画出他的无差异曲线。效用最大化问题 (6.17) 就相当于在有效消费边界上找一个能达到最高无差异曲线的点。如果只有两种商品, 一个包含两种商品的内点解必然是有效消费边界与某条无差异曲线的切点 A^*, 如图 6.5。在 A^*, 有效消费边界与无差异曲线的斜率必然相等。注意到有效消费边界的斜率恰是两元素间有效价格之比, 内点解的一阶必要条件就是

$$\frac{\partial u/\partial s^1}{\partial u/\partial s^2} = \frac{\pi^1}{\pi^2} \tag{6.26}$$

等号的左端也可以理解为消费者在元素空间内的边际替代率的绝对值。读者可以将其与上一章商品空间中效用最大化的一阶必要条件比较。

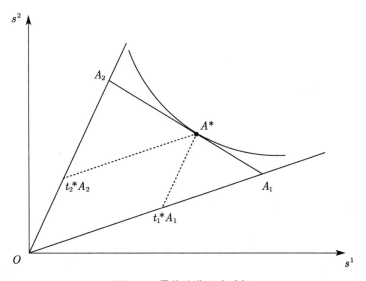

图 6.5 最优消费组合选择

当然,说消费者的最优元素组合位于 A^* 点未免太抽象了,现实中终究没有谁能够弄清楚商品中的各种元素含量后再来计划他的消费。为了得到与 A^* 对应的商品组合,可以自这一点引一条平行于射线 OG_1 和一条平行于 OG_2 的直线,分别得到图中两个交点 $t_2^* A_2$ 和 $t_1^* A_1$,这里 $t_1^* + t_2^* = 1$。最优元素组合点 A^* 要求,消费者用于消费商品 1 和商品 2 的收入分别为 $t_1^* m$ 和 $t_2^* m$。

如果有三种商品,且各种商品的元素组合呈图 6.4(a) 那样的状况,消费者的最优消费组合处于哪一点要看他的无差异曲线形状。无差异曲线可能与线段 $A_1 A_3$ 或 $A_2 A_3$ 相切,得到内点解,也可能在 A_1、A_2 或 A_3 处得到角点解。但无论如何,不可能存在一个包含商品 1 和商品 2 的解,也不可能存在一个包含三种商品的组合解。

进一步阅读

显示偏好及其应用可参看:

Samuelson, P. A. (1938), "A Note on the Pure Theory of Consumer Behaviour", *Economica*, 5: 61-71.

Samuelson, P. A. (1950), "Evaluation of Real National Income", *Oxford Economic Paper*, 1-29.

GARP 与效用函数存在性等价定理的证明见:

Afriat, S (1969), "The Construction of a Utility Function from Expenditure Data", *International Economic Review*, 8: 67-77.

Lancaster 偏好理论及其应用可参见:

Lancaster, K. (1971), *Consumer Demand: A New Approach*, New York: Columbia University.

练习与思考

6-1 以下的观察值是否满足显示偏好弱公理?

$$\mathbf{p}^0 = (4, 2), \quad \mathbf{x}^0 = (1, 3)$$
$$\mathbf{p}^1 = (3, 2), \quad \mathbf{x}^1 = (2, 3)$$

6-2 某健身协会有一个健身房,只有该协会会员才有资格进入。现在协会在考虑如何在会员中征募健身房的运营成本。有三种可行的方案: (一) 每个会员每月交会费 50 元,进入健身房一次交 5 元; (二) 每个会员每月交会费 20 元,进入健身房一次交 15 元; (三) 不交会费,进入健身房一次交 45 元。经过问卷调查,获知这三种方案下每个会员每季度进入健身房的次数分别是 7 次、4 次和 1 次,假设每一种方案都恰好维持健身房收支平衡。

利用显示偏好弱公理,你认为哪一种方案最好?

6-3　用几何图说明:预算约束下的效用最大化行为必然满足显示偏好弱公理。

6-4　如果你观察到下面的数据:

	2000 年	2001 年
大米消费量	200 万吨	160 万吨
猪肉消费量	10 万吨	12 万吨
大米价格	2.5 元/千克	2.2 元/千克
猪肉价格	12 元/千克	18 元/千克

如果不考虑其他消费品,试计算收入指数、Laspeyres 指数和 Paasche 价格指数,根据这些指数,这两个年度消费者的境况有什么样的变化?

6-5　假设有两种元素,三种商品。单位商品 1、2 和 3 的元素含量分别为 (3, 1)、(2, 2) 和 (1, 3),价格分别为 5、4 和 5。试画出有效消费边界。

6-6　如果在图 6.5 中引入第四种商品,在什么条件下新商品的引入会提高、降低或者不改变消费者现有的效用?

第 7 章 完全竞争市场

前面我们分析了厂商的生产决策和消费者的消费选择问题,现在我们将二者结合起来,考虑由它们构成的完整市场。作为下一章一般均衡体系一个过渡性的简化分析,这一章暂时只考虑经济中众多商品市场中的一个。我们将在单个市场中,证明新古典经济学中最重要的两个命题——完全竞争市场中资源配置的有效性和社会效用最大化性质。

对完全竞争市场的一个直观描述是,市场上存在许多厂商和许多消费者,每个厂商的产量只占整个行业产量中的极小部分,每个消费者的消费量也只占市场总消费量的极小部分。但这个说法显然存在模棱两可的局限,譬如我们会问,一个行业究竟需要由多少家企业组成,每家企业的产量要小到多少,才能形成完全竞争市场呢?而且,按现代观点,即使一个市场上只有两个厂商,只要其中一个厂商坚持按固定价格出售它的产品 (虽然我们会问它为什么会这样),那么另一个厂商面临的市场环境就与完全竞争无异。所以,我们采用另一种简明的定义: 如果市场中所有的厂商和消费者都是**价格接受者** (price taker),这个市场就是完全竞争的。价格接受者的含义在前几章已经解释,它的意思是厂商或消费者的销售或购买行为不影响市场价格。

由于局部均衡分析无法考虑不同产品市场间的相互影响,我们将假设每一个消费者都具有拟线性效用函数。这种假设的好处是,我们所考虑的商品的价格变化不影响其他商品的价格,从而也不影响消费者在这些商品消费中获得的福利。

7.1 完全竞争厂商的供给

按定义,完全竞争厂商是市场价格的接受者: 如果开价高于现行价格,一件产品也卖不出去; 如果定价不超过市场价格,则可出售任何数量的产品。所以,准确地说,完全竞争厂商面对的需求函数是

$$D(p) = \begin{cases} 0 & p > \bar{p} \\ \infty & p \leqslant \bar{p} \end{cases} \tag{7.1}$$

竞争厂商怎样做供给决策呢? 第 2 章我们在利润最大化问题中已经得到了厂商的产品供给函数 $y = f(\mathbf{x}^*)$,其中 $\mathbf{x}^*$ 是利润最大化要素投入。不过,这个供给函数强调厂商的要素投入选择,产品供给与产品价格之间的联系却不太直接。所以,我们改用第 3 章提到的另一个分析方法,将厂商利润最大化过程分为两步: 先确定一定产量水平的最低成本,然后再选择最优生产水平。第一步我们在第 3 章已经解决了: 在要素价格 $\mathbf{w}$ 下,生产产量 y 的最小成本就是那里得到的成本函数 $c(\mathbf{w}, y)$。由于这里主要是对厂商的产量选择感兴趣,我们假设要素市场也是完全竞争的,并固定要素价格 $\mathbf{w}$ 不变,将成本函数 $c(\mathbf{w}, y)$ 简写为 $c(y)$。这样

一来，厂商余下的问题是
$$\max_y [\bar{p}y - c(y)] \qquad (7.2)$$
$$\text{s.t.} \quad y \geqslant 0$$

利用 Kuhn-Tucker 定理，一阶必要条件是
$$\bar{p} \leqslant c'(y^*) = \text{MC}, \quad \text{当 } y^* > 0 \text{ 时等号成立} \qquad (7.3)$$

这正是我们熟悉的利润最大化原则：厂商的边际收益 $\bar{p}$ 等于边际成本 MC。二阶条件是
$$-c''(y^*) \leqslant 0 \qquad (7.4)$$

这里不妨假设成本函数是严格凸的，这样二阶条件 (7.4) 自然满足，且最优解是唯一的。先不考虑 $y^* = 0$ 的情形，在等式 (7.3) 中将 y^* 解出
$$y^* = y^*(\bar{p}) \qquad (7.5)$$

这是产品价格为 $\bar{p}$ 时厂商的利润最大化产量。不过，在断言它就是厂商的产品供给之前，需要先检查这个产量是否至少使得厂商维持收支平衡，这就又涉及长期与短期的区别。

先考虑产品的长期供给。由于在长期内厂商可以调整其所有的要素投入水平，所以如果在某些价格下无论生产多少都只能获得负利润，厂商可以简单地停止生产，获零利润。所以，要厂商供给 y^*，首先需要
$$\bar{p}y^* - c(y^*) \geqslant 0$$
或说
$$\bar{p} \geqslant \frac{c(y^*)}{y^*} = \text{AC} \qquad (7.6)$$

将产品的市场价格 $\bar{p}$ 换为变量 p，厂商的产品供给函数可以写为
$$y = \begin{cases} y^*(p) & p \geqslant c(y^*)/y^* \\ 0 & p < c(y^*)/y^* \end{cases} \qquad (7.7)$$

注意到 $y^* = y^*(p)$ 是 (7.3) 的反函数 ($y^* > 0$ 的情形)，所以在 (y, p) 平面上，供给曲线正好是位于平均成本曲线以上的边际成本线，如图 7.1。注意，由于是考虑长期产品供给，这里使用的成本概念当然也是也是长期意义上的。

如果考虑的是短期，要素价格不变时可将短期成本函数写为
$$c(y, F) = c_v(y) + F \qquad (7.8)$$

这里 $F = c_f(\mathbf{w}) > 0$ 是固定成本。由于短期内厂商无法调整固定要素投入量，所以厂商即使停产也无法避免成本 F。或者说，厂商停产时的利润为 $-F$。因而，产品供给 $y > 0$ 的条件是
$$py(p) - [c_v(y) + F] \geqslant -F$$
等价地
$$p \geqslant \frac{c_v(y)}{y} = \text{AVC} \qquad (7.9)$$

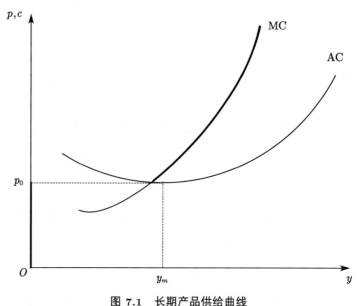

图 7.1 长期产品供给曲线

这就是说, 短期产品供给曲线是位于平均可变成本线之上的边际成本线 (产量为正的情形), 加上一条位于纵轴上的线段 (停产时的情形)。

利用必要条件 (7.3) 和 (7.4), 也可以对供给函数进行比较静态分析。譬如, 在 (7.3) 中对 p 微分

$$1 = c''(y^*)\frac{dy^*}{dp}$$

这就得到

$$\frac{dy^*}{dp} = -\frac{1}{c''(y^*)} > 0 \tag{7.10}$$

这一结果早在第 2 章 (2.19) 中就得到了, 它是说产品供给曲线是向上倾斜的, 这是自然而然的事。

在图 7.1 中, 边际成本线 MC 在平均成本线 AC 的最低点由下向上穿过 AC, 这很容易验证: 在 AC 线的最低点 y_m, 其切线必然平行于横轴:

$$\frac{d}{dy}\left[\frac{c(y)}{y}\right]_{y=y_m} = \frac{y_m c'(y_m) - c(y_m)}{y_m^2} = 0 \tag{7.11}$$

即

$$\frac{c(y_m)}{y_m} = c'(y_m) \tag{7.12}$$

这就说明 MC 线与 AC 线在 $y = y_m$ 处相交。而在 y_m 左边, AC 处于下降区间, 其切线的斜率为负, 这意味着 $c(y)/y > c'(y)$, AC 在 MC 之上; 在 y_m 右边, AC 处于上升区间, 其切线的斜率为正, 这意味着 $c(y)/y < c'(y)$, AC 在 MC 之下。

7.2 短期市场均衡

7.2.1 均衡的存在性

在短期,由于各厂商无法改变固定投入水平,行业内厂商数目 m 是固定的。上一节的分析已经给出厂商 j 的产品供给是 $y_j(p)$,各个厂商的供给加总自然就是行业供给

$$Y(p) = \sum_{j=1}^{m} y_j(p) \tag{7.13}$$

如果消费者 i 对商品的需求为 $x_i(p)$,则所有消费者的需求加总就是市场需求函数 $X(p)$

$$X(p) = \sum_{i} x_i(p) \tag{7.14}$$

如果市场均衡存在,市场价格由均衡方程决定

$$X(p^*) = Y(p^*) \tag{7.15}$$

对于特定厂商来说,短期的均衡价格 p^* 可能高于、等于或低于它的平均成本,所以,短期内厂商可能会盈利,也有可能亏损。

市场均衡是否存在依赖于供给函数和需求函数的形状和位置。图 7.2 显示了几种可能的情况。图 7.2(a) 中供给曲线与需求曲线相交,给出市场均衡价格 p^* 和均衡需求(供给)$X^* = Y^*$;但图 7.2(b) 和 7.2(c) 中都不存在均衡。图 7.2(b) 中,行业供给函数存在间断点,产生不连续性的一种最容易想象的原因是,行业中所有厂商具有同样的成本函数,从而当价格低于它们的平均可变成本 AVC 时,所有厂商都突然停止供给。相似地,如果供给函数是连续的,但总需求 $X(p)$ 不连续,也可能导致均衡不存在。图 7.2(c) 则是行业供给曲线完全位于市

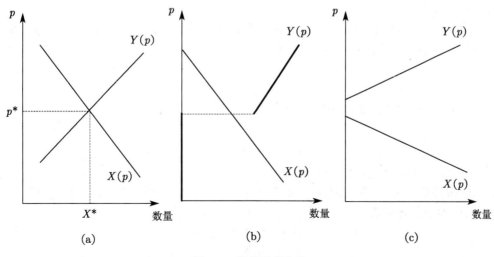

图 7.2 均衡的存在性

场需求曲线的上方，双方找不到一个交点。如果某种产品的生产成本过高，即使按最有效率的厂商的平均可变成本标价也无人问津，就会出现这样的情况。

图 7.2 正好揭示了市场均衡存在的两个关键的条件。为叙述均衡存在性定理，我们定义一个同时包含供给和需求信息的函数

$$z(p) = X(p) - Y(p) \tag{7.16}$$

其中 $z(p)$ 称为市场的超额需求。参照图 7.2，你会觉得下面的定理十分自然。

均衡存在性定理： 如果对任何 $p \geqslant 0$，超额需求函数 $z(p)$ 都是连续的，且存在 $p', p'' > 0$，使得 $z(p') < 0, z(p'') > 0$，则一定存在均衡价格 p^*：$z(p^*) = 0$。

证明： 由于 $z(p)$ 是连续函数，而 $z(p') < 0, z(p'') > 0$。由连续函数的中间值定理，$\forall z_0 \in [z(p'), z(p'')]$，都存在一个 $p > 0$，使得 $z(p) = z_0$。特别地，取 $z_0 = 0$，也存在一个 p^*，使得

$$z(p^*) = 0$$

证毕。

7.2.2 均衡条件

为了避免所考虑的市场对其他产品价格产生影响，原则上需要假设每一个消费者在所考虑的产品中的支出只占他们全部消费支出的很小一部分。不过在理论上，为了达到同一个目的，我们可以假设每一个消费者都具有拟线性效用函数。将我们讨论的商品记为 x，消费者在其他所有商品上的支出想象为一种特殊的商品 q。假设消费者 i 的效用函数形式为

$$U_i(q_i, x_i) = q_i + u_i(x_i) \tag{7.17}$$

回忆 5.2 节的内容，如果消费者具有以上形式的效用函数，价格变化时商品 x 的需求中的收入效应为零。

将商品 q 的价格规范为 1，商品 x 的价格记为 p，在预算约束 $q_i + px_i = m_i$ 下，效用最大化一阶条件给出了消费者 i 的反需求函数

$$p = u_i'(x_i) \tag{7.18}$$

另一方面，根据 7.1 节的分析，行业内厂商 j 的反供给函数是

$$p = c_j'(y_j) \tag{7.19}$$

这里 $c_j(\cdot)$ 是厂商 j 的短期成本函数。

如果市场均衡存在，在均衡价格 p^* 下 (7.18) 和 (7.19)，以及市场出清条件 (7.15) 同时成立，这就得到以下均衡条件

$$\begin{aligned} u_i'(x_i^*) &= p^* = c_j'(y_j^*) \\ \sum_i x_i^* &= \sum_j y_j^* \end{aligned} \tag{7.20}$$

当然, (7.20) 暗含地假设了各消费者的消费量和厂商的供给都为正, 但市场均衡中可能存在一些厂商的均衡产量为零, 或者一部分消费者的消费量为零的情况。前面已经看到, 如果某厂商利润最大化生产水平 $y_{\max}$ 处的平均可变成本 AVC 超过了市场均衡价格, 它会简单地停止生产这种产品; 另一方面, 如果均衡价格对某消费者来说过高——即使将消费量降到最低点边际效用仍不能抵补价格 p^*, 他就会将其收入全部用于其他商品的消费。如果某一消费者的均衡消费量 $x_i^* = 0$, 有必要将 (7.20) 中的相应等式修正为 $u_i(0) \leqslant p^*$; 类似地, 对于均衡供给 $y_j^* = 0$ 的厂商 j, 相应的均衡条件是 $p^* \leqslant c_j'(0)$。

7.3 预期与均衡的稳定性

7.3.1 试错过程与马歇尔过程

均衡分析的一个重要方面是均衡的稳定性问题, 它是指经济能否在偏离均衡位置时自动回复到均衡。假设存在一个均衡价格 p^*, 但市场的初始价格是 $p(0) \neq p^*$。假设时间 t 作连续变化, 如果有

$$\lim_{t \to +\infty} p(t) = p^* \tag{7.21}$$

均衡就是稳定的。如果上述极限不存在, 或者即使存在却不等于均衡价格 p^*, 均衡就是不稳定的。

当然, 均衡的稳定性讨论依赖于模型对非均衡状态下的调整方式如何设定。对此, 经济学上一个最著名的假设是瓦尔拉斯的**试错过程**(tatonnement process), 它借助于一个假想的市场组织者, 视超额需求 $z(p(t))$ 按以下方式调整价格

$$\frac{dp}{dt} = \lambda z(p(t)) \tag{7.22}$$

其中 $\lambda > 0$ 是某个常数, 代表价格调整速度。按照 (7.22), 如果超额需求为正, 即需求大于供给, 则提高价格; 如果超额需求为负, 需求小于供给, 则降低价格。价格调整的速度与超额需求的绝对值成一固定比例。

与价格调整 (7.22) 不同, 马歇尔假设市场是通过供给数量来调整非均衡状态的。对任何一个行业供给水平 Y, 都对应一个行业愿意出售的供给价格 $p_Y(Y)$, 以及一个恰好将 Y 单位产品出清的需求价格 $p_X(Y)$。注意 $p_Y(Y)$ 正是行业供给函数 (7.13) 的反函数, 而 $p_X(Y)$ 则是市场需求函数 (7.14) 的反函数 (将总需求 X 换成 Y)。如果 $p_X(Y) = p_Y(Y)$, 各厂商愿意出售的价格正好是市场出清价格, Y 就是均衡产量 Y^*, $p_X(Y) = p_Y(Y)$ 就是均衡价格 p^*。如果 $p_X(Y) \neq p_Y(Y)$, 行业按以下方式调整供给

$$\frac{dY}{dt} = \lambda [p_X(Y) - p_Y(Y)] \tag{7.23}$$

其中 $\lambda > 0$ 是调整速度。(7.23) 的经济背景是, 如果 $p_X(Y) > p_Y(Y)$, 对现行的供给市场的出价比厂商愿意索取的价格高, 厂商增加供给必定是有利可图的, 因为 p_Y 等于各厂商的边际成本, p_X 则是市场对行业许诺的边际收益。反过来, 如果 $p_X(Y) < p_Y(Y)$, 各厂商会意识

到它们已经在一个过高的边际成本下生产，而过多的供给已将市场价格压得过低，所以有必要降低供给。

虽然试错过程和马歇尔过程假设下的分析结果有所不同，但主要结果是一致的：只要供给曲线和需求曲线呈正常形状，即供给曲线向上倾斜，需求曲线向下倾斜，均衡就是稳定的。我们将在第 8 章一般均衡模型中对试错过程下均衡的稳定性做较为详细的证明。

7.3.2 预期的作用

如前所示，通常的稳定性分析是通过预先假设一个特定的价格调整规则进行的。这种将调整方式作为外生假设的方法，自然省去了分析中的许多麻烦，但它同时也抹煞了一些十分重要而且有趣的问题，厂商的预期对稳定性的影响就是其中之一。

考虑一个供给存在时滞的市场，譬如某种农产品市场，农产品生产者对来年市场价格的预期影响他今年的栽种量，从而决定了产品来年的供给。我们考虑时间 t 作离散的时期变化。为简便，假设每个厂商 (生产者) 的预期都是相同的，从而整个行业有对未来市场价格一致的预期。如果在时刻 $t-1$，各厂商预期时刻 t 的市场价格为 p_t^e，它们会照此计划当期的生产，使得

$$Y_t = Y(p_t^e) \tag{7.24}$$

这里 $Y(\cdot)$ 是行业供给函数 (7.13)。

厂商如何预期未来的市场价格需要做经验研究。一个最简单的假设是所谓**天真预期 (naive expectation)**：厂商简单地认为现行价格就是下一期的市场价格

$$p_t^e = p_{t-1} \tag{7.25}$$

假设初始时刻市场处于非均衡状态，市场价格为 p_0，如图 7.3。此时，行业预期时刻 1 的价格 $p_1^e = p_0$，这决定了时刻 1 的供给为 $Y_1 = Y(p_0)$，但这个供给量投放到市场上得到的价格是 p_1；现在，厂商又预期时刻 2 的价格 $p_2^e = p_1$，并在时刻 2 将供给量调整至 $Y_2 = Y(p_1)$，可是时刻 2 实现的价格事实上是 p_2；厂商再次对未来做出预期，$p_3^e = p_2$，提供时刻 3 的供给 $Y_3 = Y(p_2) \ldots\ldots$ 这种调整一直持续下去，在图 7.3(a) 的情形下，市场价格最终趋于均衡价格

$$\lim_{t \to \infty} p_t = p^*$$

这种情况下均衡是稳定的。但是，图 7.3(b) 中市场价格与均衡价格的偏离越来越大，说明均衡是不稳定的。另一种不稳定的情形 (图中未显示) 是，价格调整过程以一个固定的矩形为轨迹绕均衡点重复进行，离均衡点的距离既不增加也不减少，从而无法逼近均衡点。

以上模型被形象地称为**蛛网理论**。我们可以通过简单的代数运算推导出稳定性条件。为避免繁复，像图中已经显示的那样，假设供给和需求都是价格的线性函数

$$Y_t = a + bp_{t-1}, \quad X_t = \alpha - \beta p_t \tag{7.26}$$

利用市场出清条件 $X_t = Y_t$，有

$$p_t = \frac{\alpha - a}{\beta} - \frac{b}{\beta} p_{t-1} \tag{7.27}$$

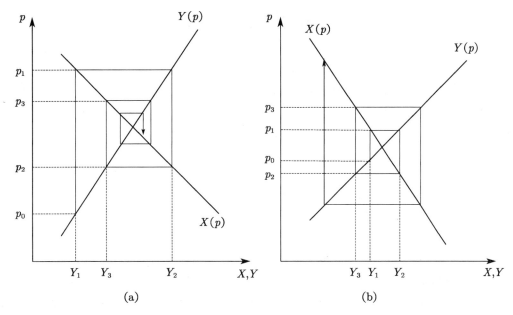

图 7.3 价格预期与均衡的稳定性

如果价格调整幅度 $|p_t - p_{t-1}|$ 越来越小，$\lim p_t$ 必然存在，均衡就是稳定的。不失一般性，假设 $p_t - p_{t-1} > 0$，由于价格调整是正负相间的，必然有 $p_{t+1} - p_t < 0$。我们需要

$$-(p_{t+1} - p_t) < p_t - p_{t-1} \tag{7.28}$$

将 (7.27) 代入 (7.28) 左端两项中，整理后得

$$\frac{b}{\beta}(p_t - p_{t-1}) < p_t - p_{t-1}$$

简化后就得到了均衡的稳定性条件

$$b < \beta \tag{7.29}$$

注意 $1/b$ 和 $1/\beta$ 分别是图 7.3 中供给曲线和需求曲线的斜率 (绝对值)，读者可以检验图中 (a) 和 (b) 分别对应了 $b < \beta$ 和 $b > \beta$ 两种情形。另外，如果是 $b = \beta$，就将出现前面所述的那种固定矩形价格调整轨迹。

正如其名称一样，天真预期确实也太天真了一些。尽管每一次预期都是错的，厂商还是死抱着"今天的价格就是明天的价格"这一教条不放，未免过于愚蠢。与此相对，也有经济学家假设多少显得过于聪明的**理性预期**。理性预期假设大体是说，即使不是每个厂商都能准确地把握市场走向，但可能有一些厂商或者市场咨询机构能够准确地测算出供给曲线和需求曲线，从而知道正确的均衡价格。只要这些知情者将这一信息出售给相关厂商，行业供给就会恰好等于均衡供给。显然，在理性预期假设下，市场均衡永远是稳定的。

除了天真预期与理性预期，还存在其他一些预期假设。具体采用什么样的假设，只有根据具体市场的具体情况而定。

7.4 福利经济学基本定理

这一节我们分析经济中资源配置的效率。从杜绝资源浪费的意义上，**帕累托有效**(**帕累托最优**) 是经济学中一个最一般的资源配置斜率标准。在一般意义上，如果经济社会中每个个体在不损害别人现有利益的原则下都达到了他的最大效用，这个经济就达到了帕累托有效。换句话说，帕累托有效状态意味着不存在其他可行的资源配置方式，使得每个个体都不会降低现有效用，而且某些个体还增加了效用。

这个一般意义上的资源有效配置原则在市场中的具体含义是什么呢？设想一开始社会上只存在一种商品，它就是我们前面所说的商品 q；社会中有 n 个个体 (消费者)，其中个体 i 有 ω_i 单位的商品 q 作为他的初始禀赋，这样社会的初始禀赋总量是 $\sum_i \omega_i$；现在出现了商品 x 的生产技术，有 m 个厂商开始生产商品 x，其中厂商 j 的成本函数为 $c_j(y_j)$；产品以某种方式分配给社会个体消费，记消费者 i 所得的分配为 x_i。

如果记商品 x 的分配向量 $\mathbf{x} = (x_1, \ldots, x_n)$，产量向量 $\mathbf{y} = (y_1, \ldots, y_m)$，商品 q 的消费向量 $\mathbf{q} = (q_1, \ldots, q_n)$，上面描述的资源配置可以用记号 $(\mathbf{q}, \mathbf{x}, \mathbf{y})$ 概括。一种可行的资源配置 $(\mathbf{q}, \mathbf{x}, \mathbf{y})$ 同时受两方面的约束。一方面，商品 x 的生产受社会初始禀赋的约束

$$\sum_{j=1}^m c_j(y_j) \leqslant \sum_{i=1}^n (\omega_i - q_i) \tag{7.30}$$

另一方面，商品 x 在社会个体中的分配显然要以生产总量为限

$$\sum_{i=1}^n x_i \leqslant \sum_{j=1}^m y_j \tag{7.31}$$

假设社会各个体有拟线性效用函数形式 (7.17)

$$U_i(q_i, x_i) = q_i + u_i(x_i),$$

现在可以具体地定义帕累托有效了：

定义： $(\mathbf{q}, \mathbf{x}, \mathbf{y})$ 是一个可行的配置，如果不存在其他可行配置 $(\mathbf{q}', \mathbf{x}', \mathbf{y}')$，使得

$$q_i' + u_i(x_i') \geqslant q_i + u_i(x_i) \quad i = 1, \ldots, n$$

且其中至少有一个严格不等号成立，则 $(\mathbf{q}, \mathbf{x}, \mathbf{y})$ 是一个帕累托有效配置。

为了推导帕累托有效条件，可以任意选定一个个体 i，在不降低其他个体当前效用的前提下，加上资源约束 (7.30) 和 (7.31)，求该个体的效用最大化。假设 $u_i' > 0$, $u_i'' < 0$, $i = 1, \ldots, n$；

$c_j' > 0$, $c_j'' > 0$, $j = 1, \ldots, m$。选定消费个体 1，考虑下面的最值问题

$$\max_{\mathbf{q,x,y}} [q_1 + u_1(x_1)]$$
$$\text{s.t.} \quad q_i + u_i(x_i) \geqslant \bar{U}_i \quad i = 2, \ldots, n$$
$$\sum_{j=1}^{m} c_j(y_j) \leqslant \sum_{i=1}^{n} (\omega_i - q_i) \tag{7.32}$$
$$\sum_{i=1}^{n} x_i \leqslant \sum_{j=1}^{m} y_j$$

由于各个个体的效用函数是严格单增的，各厂商的成本函数也是严格单增的，问题 (7.32) 显然只有在各个不等式约束束紧时得解，即是说两个约束不等式中等号都成立。作拉格朗日函数

$$L = [q_1 + u_1(x_1)] - \sum_{i=2}^{n} \lambda_i [q_i + u_i(x_i) - \bar{U}_i]$$
$$- \nu \left[\sum_{j=1}^{m} c_j(y_j) + \sum_{i=1}^{n} q_i - \sum_{i=1}^{n} \omega_i \right] - \mu \left(\sum_{i=1}^{n} x_i - \sum_{j=1}^{m} y_j \right)$$

忽略角点解的特殊情况，在拟凹效用函数和凸成本函数假设下，下列一阶条件是问题 (7.32) 的充分必要条件

$$\partial L/\partial q_1 = 1 - \nu = 0$$
$$\partial L/\partial x_1 = u_1' - \mu = 0$$
$$\partial L/\partial q_i = -\lambda_i - \nu = 0 \quad i = 2, \ldots, n$$
$$\partial L/\partial x_i = -\lambda_i u_i' - \mu = 0 \quad i = 2, \ldots, n$$
$$\partial L/\partial y = \mu - \nu c_j' = 0$$

(这里省写了条件 $\partial L/\partial \lambda_i = \partial L/\partial \mu = \partial L/\partial \nu = 0$，因为它们就是问题中的约束等式)。整理后写为

$$u_i'(x_i) = \mu = c_j'(y_j) \quad i = 1, \ldots, n, \; j = 1, \ldots, m$$
$$\sum_i x_i = \sum_j y_j \tag{7.33}$$

这就是帕累托有效条件。将其与竞争均衡条件 (7.20) 相比，二者是完全一样的，我们这就在局部均衡中证明了以下定理：

福利经济学第一基本定理： 如果每个消费者有凸偏好，每个厂商的成本函数是凸的，则完全竞争均衡必然导致帕累托有效配置。

事实上，在拟线性效用函数假设下，我们还容易看出这个定理的逆定理也是成立的。回忆拟线性效用函数的性质：个体在商品 x 上的消费抉择与他的收入水平无关，或者等价地说，与他在商品 q 上的消费量无关。因而，在社会个体中重新分配商品 q，改变初始禀赋的社会

分布并不会改变个体对商品 x 的需求，它只是改变了个体得到的效用；并且，个体的效用变化恰好等于他对商品 q 消费量的变化。当然，商品 q 的重新分配也不会改变厂商的最优生产位置，所以这种重新分配并不破坏商品 x 的市场均衡。另一方面，任何两种不同的帕累托有效配置下，虽然特定个体得到的效用可能会有所不同，但条件 (7.32) 必须满足。所以，对于任何一个帕累托有效配置 $(\mathbf{q}, \mathbf{x}, \mathbf{y})$，我们都可以在初始的经济中适当地转移商品 q，使得市场均衡下的资源配置恰好就是 $(\mathbf{q}, \mathbf{x}, \mathbf{y})$。这就是下面的定理：

福利经济学第二基本定理： 假设消费者有拟线性效用函数。对任何帕累托有效配置下的效用水平 $(U_1^*,\ldots,U_n^*)$，存在商品 q 的一个转移向量 $(T_1,\ldots,T_n)$，$\sum_i T_i = 0$，使得在禀赋 $(\omega_1 + T_1,\ldots,\omega_n + T_n)$ 下达到的完全竞争均衡中各个个体所得的效用正好是 $(U_1^*,\ldots,U_n^*)$。

7.5 社会福利分析

7.5.1 社会福利最大化条件

帕累托有效虽然是一个应用非常广泛的效率标准，但其应用范围终究是有限的。譬如说，用帕累托标准我们无法比较两种帕累托有效配置间的优劣，有时甚至无法肯定一种帕累托有效配置就一定比一种帕累托无效的配置优越。所以有时候需要考虑特定资源配置为社会带来的"总福利"。

一般地，如果经济中各个体的达到了效用 $(U_1,\ldots,U_n)$，一个刻画社会总福利的社会福利函数 $W(U_1,\ldots,U_n)$ 应当满足 $W_i = \partial W/\partial U_i > 0$，即增加任何一个个体的效用都会增加社会效用。不过，如果要进一步定义一个具体的社会福利函数 $W(U_1,\ldots,U_n)$，我们不得不涉及一个敏感的问题：如何对待不同个体的效用？一个看起来较为公正的方法是简单地将社会效用定义为各个体效用的和：$W = \sum_i U_i$，但这种定义事实上将所有个体的效用视为同等的。在这种标准下，一个富翁增加一个单位效用与一个穷人增加一个单位效用没有什么差别。如果你认为这似乎有些不妥，也可以对不同个体的效用乘上不同的权重再相加，或者以其他更复杂的方式构造社会福利函数。

不过，在拟线性效用函数假设下，对于社会福利最大化问题，事实上用不着考虑社会福利函数 $W(U_1,\ldots,U_n)$ 是如何定义的。为了明白这一点，回忆任何一个可行配置都必须满足资源约束 (7.30) 和 (7.31)，将 (7.30) 移项后重新写为：

$$\sum_{i=1}^n q_i \leqslant \sum_{i=1}^n \omega_i - \sum_{j=1}^m c_j(y_j) \tag{7.30'}$$

而个体 i 的效用函数是 $U_i(q_i, x_i) = q_i + u_i(x_i)$，所以给定商品 x 的消费向量 $\mathbf{x}$ 和产量向量 $\mathbf{y}$，社会效用分配的可行集合可以写为：

$$D = \left\{ (U_1,\ldots,U_n) \Big| \sum_{i=1}^n U_i \leqslant \sum_{i=1}^n \omega_i + \sum_{i=1}^n u_i(x_i) - \sum_{j=1}^m c_j(y_j) \right\}$$

由于社会福利最大化问题总是在可行分配集合 D 中求社会福利函数 $W(U_1,\ldots,U_n)$ 的最大值, 显然集合 D 越大则求得的 $W(U_1,\ldots,U_n)$ 的最大值也会越大。注意这个结论不依赖于 $W(U_1,\ldots,U_n)$ 的具体形式。所以, 在社会总禀赋 $\sum_i \omega_i$ 不变的情况下, 无论 $W(U_1,\ldots,U_n)$ 是如何定义的, 改变 $(\mathbf{x},\mathbf{y})$ 引起的 $W(U_1,\ldots,U_n)$ 的变化方向总是与下式定义的**马歇尔剩余**的变化方向相同

$$S(\mathbf{x},\mathbf{y}) = \sum_{i=1}^n u_i(x_i) - \sum_{j=1}^m c_j(y_j) \tag{7.34}$$

这样, 社会福利最大化问题就转化成为一个求马歇尔剩余最大的问题

$$\begin{aligned}&\max S(\mathbf{x},\mathbf{y})\\ &\text{s.t.} \quad \sum_i x_i = \sum_j y_j\end{aligned} \tag{7.35}$$

拉格朗日函数是

$$L = \sum_i u_i(x_i) - \sum_j c_j(y_j) - \lambda\left(\sum_i x_i - \sum_j y_j\right)$$

在 $u_i'' < 0$ 和 $c_j'' > 0$ 假设下, 以下一阶条件既是必要条件, 也是充分条件

$$\frac{\partial L}{\partial x_i} = u_i'(x_i) - \lambda = 0 \quad i = 1,\ldots,n$$
$$\frac{\partial L}{\partial y_j} = -c_j'(y_j) + \lambda = 0 \quad j = 1,\ldots,m$$

消去拉格朗日乘数, 并为一个等式, 就是社会福利最大化条件

$$u_i'(x_i) = c_j'(y_j) \quad i = 1,\ldots,n;\ j = 1,\ldots,m \tag{7.36}$$

将 (7.36) 与市场均衡条件 (7.20) 比较, 容易发现二者是一致的。所以, 我们同时证明了, 完全竞争市场均衡下社会福利达到了最大化。

7.5.2 税收对市场的扭曲

政府有时对消费征税或者补贴, 让我们来看看这种行为对社会福利有什么样的影响。

在无政府干涉的情况下, 假设市场在价格 p^*、产量 (消费)$X^* = Y^*$ 处达到均衡。此时, 马歇尔剩余 (7.34) 可写为

$$S^* = \left[\sum_{i=1}^n u_i(x_i^*) - p^* X^*\right] + \left[p^* X^* - \sum_{j=1}^m c_j(y_j^*)\right] \tag{7.37}$$

等号右边前一个方括号内正好是每个社会个体所得的消费者剩余之和, 将其记为 CS; 后一个方括号内是行业的收益减去总生产成本, 称为生产者剩余, 记为 Π。所以此时有

$$S^* = \text{CS}^* + \Pi^*$$

在图 7.4(a) 中，马歇尔剩余是 $[0, X^*]$ 间需求曲线与供给曲线之间区域的面积，它等于消费者剩余和生产者剩余之和。

现在假设政府对消费征收从量税 $t > 0$：消费者购买单位产品需缴纳消费税 t 元，从而在市场价格为 p 时消费者相当于以价格 $p+t$ 购买商品。

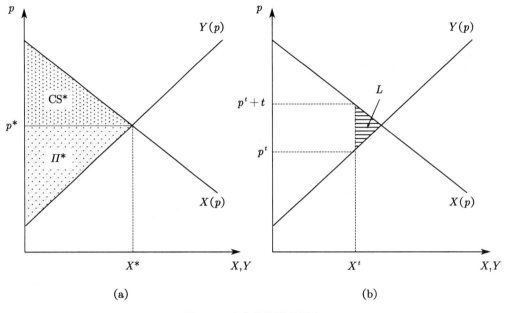

图 7.4 消费税的福利损失

图 7.4(b) 显示了税收下的均衡。此时的马歇尔剩余由三部分组成（上标 t 表示税收下的均衡）

$$S = \left[\sum_{i=1}^{n} u_i(x_i^t) - (p^t + t)X^t\right] + \left[p^t X^t - \sum_{j=1}^{m} c_j^t(y_j^t)\right] + tX^t \tag{7.38}$$

其中第三项 $tX^t = T$ 是政府的税收收入。图中清楚地看到，与无干涉的市场均衡相比，税收政策下的马歇尔剩余有一个正的净损失 L。

7.6 长期均衡

对于长期的完全竞争市场，仍然使用厂商数目外生模型是不恰当的。如果一个厂商将其技术调整至长期成本线的水平仍不能至少保持收支平衡，它无疑会退出该产业；同时，如果一个行业内大量的厂商在赚取经济利润，就会吸引行业外的潜在厂商进入市场参与竞争。所以，在长期竞争市场模型中，除了所有厂商都在长期成本曲线上生产，通常加上自由进出假设：厂商可以无成本地进入和退出市场。

为了明确地在模型中将行业内的厂商数目内生化，不妨假设一开始有无穷多个潜在的厂商，它们都掌握了商品 x 的生产技术，随时可以投入生产；为了将模型复杂程度降到最低，假设各个潜在厂商是对称的, 有相同的 (长期) 成本函数 $c(y)$; 由于我们考虑的是长期均衡, 假设 $c(0) = 0$, 这表明厂商不存在固定成本, 必要时可以停止生产获零利润。

为了与未进入市场的潜在厂商区别, 将进入市场有正的生产量的厂商称为生产厂商。一个长期均衡需要同时确定生产厂商的数目、各生产厂商的产量和市场价格。假设市场需求是 $X(p)$, 由于这里假设各潜在厂商是对称的, 进入市场的每个生产厂商的均衡产量也相等。如果一个长期均衡有 m^* 个生产厂商、各厂商的均衡产量为 y^*、市场价格为 p^*, 将这个均衡记为 (p^*, y^*, m^*), 它同时满足以下三个条件:

(1) **利润最大化条件:** y^* 是问题 $\pi(p^*) = \max[p^*y - c(y)]$ 的解;
(2) **市场出清条件:** $X(p^*) = m^*y^*$;
(3) **自由进出条件:** $p^*y^* - c(y^*) = 0$。

自由进出条件意味着, 在均衡点没有生产厂商能赚取经济利润, 也没有生产厂商亏损, 每个生产厂商的利润为零

$$\pi(p^*) = p^*y^* - c(y^*) = 0 \quad y^* > 0 \tag{7.39}$$

注意, 由于生产厂商受零利润约束, 对留在市场外未参与产品供给的潜在厂商来说, 其选择 $y = 0$ 也正好是它的最优选择, 因为在这样的供给下它获得利润 $\pi(p^*) = p^* \cdot 0 - c(0) = 0$, 进入市场参与竞争并不会获得更多的利益。

将 (7.39) 写为

$$p^* = \frac{c(y^*)}{y^*} = \text{AC}$$

再加上厂商利润最大化条件 $p^* = c'(y^*)$, 就是

$$\frac{c(y^*)}{y^*} = p^* = c'(y^*) \tag{7.40}$$

这就是我们熟悉的平均成本、边际成本和价格三位一体公式。由这个公式, 只要厂商的生产技术不发生变化, 由平均成本等于边际成本条件所决定的厂商最优产量 y^* 也不会发生变化, 进而均衡的市场价格也将稳定不变 —— 这就是说, 行业供给曲线是一条水平的直线 $p = p^*$。

在这个模型中, 需求对市场价格没有影响, 是行业本身的竞争将价格推向均衡位置, 需求的大小仅仅决定行业内的生产厂商数目。在价格 p^* 下, 市场需求为 $X(p^*)$。如果每个厂商的均衡产量 y^* 是唯一的, 行业内的厂商数目自然是

$$m^* = \frac{X(p^*)}{y^*} \tag{7.41}$$

长期均衡的性态直接依赖于厂商成本函数的性质, 我们考虑下列三种成本函数对均衡的影响。

(a) 首先, 假设厂商具有相同的规模收益不变技术: $c(y) = cy$, $c > 0$。由 (7.39), $p^* = c$, 这进一步决定了市场均衡需求 $X^* = X(c)$。不过, 由于厂商在任何产量水平 y 上利润最大化条件 (2) (或者 (7.40)) 都是满足的, 所以每个厂商的均衡产量 y^* 是不定的, 这意味着行业内的生产厂商数目也是不定的。

(b) 厂商具有 U 形长期平均成本: 存在 $\bar{y} > 0$, 使得

$$\frac{d}{dy}\left[\frac{c(y)}{y}\right] \begin{cases} < 0 & 0 \leqslant y < \bar{y} \\ = 0 & y = \bar{y} \\ > 0 & y > \bar{y} \end{cases}$$

这是新古典微观经济学中标准的成本函数具有的性质: 厂商边际成本曲线于 $y = \bar{y}$ 处自下而上穿过平均成本曲线, 而 $y = \bar{y}$ 也是厂商的长期最佳生产规模 (参照图 7.1)。均衡价格

$$p^* = c(\bar{y})/\bar{y} = c'(\bar{y})$$

每个厂商的均衡产量 $y^* = \bar{y}$, 市场内均衡的厂商数目

$$m^* = X(c'(\bar{y}))/\bar{y}$$

图 7.5 显示了这种情况下的行业供给和均衡。由 7.1 节, 厂商的长期供给曲线 $y(p)$ 是位于平均成本线以上的边际成本线。由于我们假设各厂商是对称的, 如果进入市场生产的厂商有 m 个, 行业供给就是 $my(p)$。在市场需求 $X(p)$ 下, 均衡点为图中 E 点。

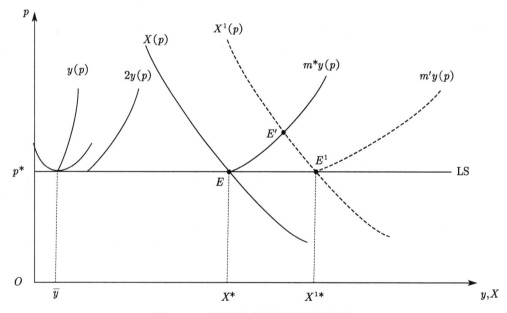

图 7.5 U 形平均成本线下的长期均衡

现在假设需求发生变化, 需求曲线移至 $X^1(p)$, 如果市场内生产厂商的数目不变, 市场均衡将移至 E' 点; 但是, 在 E' 点生产厂商将赚取正利润, 从而会吸引潜在厂商进入市场, 从而行业供给增加, 市场价格降低。新厂商的进入将一直进行到 $p^* = c(\bar{y})/\bar{y}$ 时候为止, 这时市场达到新的均衡点 E^1。显然, 无论需求情况怎样, 均衡点会一直落在水平直线 $p = p^*$ 上。所以, 这条水平线也是行业的长期供给线 LS。当然, 这只是一个近似的说法, 从图中我们看出, 行业长期供给线事实上只是直线 $p = p^*$ 上相距 $\bar{y}$ 的点组成的虚线。而且, 即使采用了这种

谨慎的修正, 我们还隐含地假设了 $X(p^*)/\bar{y}$ 总是整数。如果 $X(p^*)/\bar{y}$ 不是整数, 市场均衡点可能高于直线 $p = p^*$: 在市场内现有厂商的总供给下价格高于 p^*, 但如果再多加一个厂商的最小有效供给 $\bar{y}$, 市场价格将低于 p^*——潜在厂商正确地预见到这一点之后, 选择继续留在市场外。当然, 如果 $\bar{y}$ 相对于市场需求来说微不足道, 市场中生产厂商的数目巨大, 这种整数问题也就关系甚微了。

(c) 对任何产量 y, $c'(y) > 0$, 且 $c''(y) > 0$。此时, 厂商技术在所有产量范围内都是严格规模递减的。考虑函数

$$F(y) = yc'(y) - c(y) \tag{7.42}$$

当 $y \geqslant 0$ 时

$$F'(y) = yc''(y) \geqslant 0 \tag{7.43}$$

且在 $y > 0$ 时严格不等式成立。所以 $F(y)$ 是严格单增函数; 但 $F(0) = 0$, 故

$$F(y) > 0 \quad \forall y > 0 \tag{7.44}$$

移项后同除以一个 y 就是

$$c'(y) > \frac{c(y)}{y} \quad \forall y > 0 \tag{7.45}$$

这就是说边际成本线永远处在平均成本线的上方。由 7.1 节的分析, 厂商的供给曲线是其平均成本线之上的边际成本线, 从而这里厂商的供给曲线就是自价格轴上的点 $(0, c'(0))$ 出发的边际成本线, 图 7.6 中记为 $y(p)$ ($p = c'(y)$ 的反函数)。

只要 $p > c'(0)$, 潜在厂商进入市场总是有利可图的, 因为按照利润最大化条件 $p = c'(y)$, 厂商可获利润

$$\pi = yc'(y) - c(y) = F(y) > 0 \tag{7.46}$$

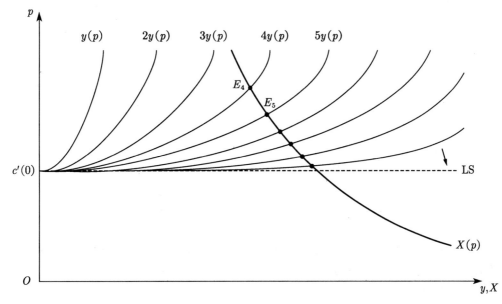

图 7.6 严格凸成本函数下的长期均衡

另一方面，价格低于 $c'(0)$ 时每个生产厂商都会亏损，所以，均衡价格是 $p^* = c'(0)$。

下面让我们借助几何图来说明：在均衡中，市场上有无穷多个生产厂商，每个厂商的均衡产量无穷小。参照图 7.6，对任何一个市场需求 $X(p)$，假设 $X(c'(0)) > 0$。譬如说目前行业内有 4 家生产厂商，其总供给曲线 $Y = 4y(p)$ 与市场需求曲线 $X(p)$ 交于 E_4 点，在该点每个厂商都有正利润（由 (7.46)），这必然会吸引第 5 家厂商进入市场；现在，由 5 个厂商组成的行业供给是 $Y = 5y(p)$，它与市场需求曲线 $X(p)$ 交于 E_5 点，注意到此时仍然有 $p > c'(0)$ 成立，所以第 6 家厂商也会进入……只要行业内的厂商数是有限的，新厂商的进入就不会停止。换句话说，均衡状态下市场内的生产厂商数不可能是有限的。显然，当一个行业内有无穷多个厂商在生产有限多的产量时，每个厂商的供给只能是无穷小。另外，图中还显示，随着新厂商的不断进入，生产厂商越来越多，行业供给逐渐逼近于水平直线 $p = c'(0)$，这就是行业的长期供给曲线。

进一步阅读

马歇尔是局部均衡理论的始祖，下面的论著是本章内容的标准参考文献：

Marshall, A. (1920), *Principles of Economics*, London: Macmillan.

一个更现代、也更有深度的论述：

Stigler, G. (1987), *The Theory of Price*, 4th ed, New York: Macmillan.

均衡的稳定性分析可参见：

Samuelson, P. A. (1948), *Foundations of Economic Analysis*, Cambridge Mass: Harvard University Press.

Davis, D. G. (1963), "A Note on Marshellian vs. Walrasian Conditions", *Canadian Journal of Economics and Political Science*, 27.

练习与思考

7-1 一个完全竞争厂商的短期成本函数为
$$c(y) = \frac{1}{3}y^3 - 5y^2 + 25y + 10$$

(1) 求短期边际成本、平均成本和平均可变成本函数。
(2) 求短期供给函数。
(3) 如果市场内有 100 个这样的厂商，求市场的短期供给函数。

7-2 在拟线性效用假设下，消费者 i 的间接效用函数形如 $v_i(p) + m$；如果 $\pi_j(p)$ 是厂商 j 的利润函数，定义一个福利函数为
$$W(p) = \sum_i v_i(p) + \sum_j \pi_j(p)$$

(1) 如果完全竞争均衡价格 p^* 存在,证明 p^* 使得函数 $W(p)$ 最小化。
(2) 解释为什么 p^* 不是使得函数 $W(p)$ 最大化,却反而使它最小化。

7-3 如果政府对某商品开征一种交易税,使得 $p_s = p_d - t$,这里 p_s 和 p_d 分别是卖方价格和买方价格。证明:无论是消费者还是厂商(卖方)承担交易税,均衡价格 p_s^*、p_d^* 以及均衡交易量 X^* 都是一样的。

7-4 假设一个供给存在时滞的市场需求和供给函数分别是

$$X_t = a - bp_t \quad 和 \quad Y_t = c + dp_{t-1}, \quad a,b,c,d > 0$$

(1) 什么条件下市场是稳定的?
(2) 假如政府确定了某一个目标价格 $\bar{p}$,并在发现市场偏离该价格时进场做调节性的买卖;政府的干涉政策奉行下面的原则

$$G_t = a(\bar{p} - p_{t-1})$$

其中 G_t 是政府在 t 期的购买量(若 $G_t < 0$ 政府事实上出售 $|G_t|$)。如果市场本身是不稳定的,政府的这种干涉是否会稳定市场?如果市场本身是稳定的,政府的干涉是否会使得市场不稳定?

7-5 假设厂商采用**调整性预期** (adaptive expectations)

$$p_t^e - p_{t-1}^e = k(p_{t-1} - p_{t-1}^e) \quad 0 < k < 1$$

市场均衡是否是稳定的?

7-6 举例说明一种帕累托有效配置不一定比一种帕累托无效的配置优越。

7-7 在长期,如果每个生产厂商及潜在厂商都有相同的严格凸成本函数: $c'(y) > 0$, $c''(y) > 0$。需求的变化会如何影响市场内生产厂商的均衡数量和生产厂商的均衡供给?

7-8 如果行业内所有厂商都增加产量时会抬高投入要素价格,这会对厂商的供给曲线有什么影响?此时行业的长期供给曲线呈什么形状?反过来,如果行业扩张产量时要素价格降低,情况又如何?如何解释要素价格随行业供给变化的这两种形式?

7-9 某产品市场的市场需求函数为 $X(p) = Ap^{-\alpha}$ ($A, \alpha > 0$),市场中有 m 个厂商,所有厂商的边际成本函数都是 $c'(y) = By^\beta$ ($B, \beta > 0$)。
(1) 计算均衡价格和均衡行业总产量。
(2) 改变参数 α 或 β 将怎样影响均衡价格和产量?

7-10 假设某国内市场的供给厂商中有 m 个国内厂商和 n 个国外厂商 (通过进口), 每个国内厂商的成本函数都是 $c_d(y_i)$, 每个国外厂商的成本函数都是 $c_f(y_j)$。假设这两个成本函数都是凸函数。国内消费者的效用函数都是拟线性的。政府准备对该产品征收每单位 t 的进口关税, 政府的目标是最大化国内马歇尔总剩余。证明:

(1) 若 $c_f(y_j)$ 是严格凸的, 征收少量关税将改善国内福利。

(2) 如果 $c_f(y_j)$ 呈规模收益不变特征, 则征收少量关税将降低国内福利。

7-11 某产品的市场需求函数是 $X(p) = A - Bp\ (A, B > 0)$。假设有无穷多个相同的潜在厂商, 每一个潜在厂商的成本函数都是

$$c(y_i) = K + \alpha y_i + \beta y_i^2 \quad (K, \alpha, \beta > 0)$$

计算该市场长期均衡中的价格、每个厂商的产量以及生产厂商的数目 (忽略厂商数目整数问题)。

第 8 章 一般均衡

在此之前我们考虑的都是单个商品的市场均衡,但是,任何一个经济社会中的商品种类都远不止一种。一个存在多种商品的社会,能否于某一组价格下在所有商品市场都同时达到均衡呢?这就是所谓一般均衡的存在性问题。一般均衡存在性问题的重要性主要体现在两个方面:在实践上,如果我们不能证明均衡的存在性,那就意味着以价格为枢纽的市场经济天生就是不稳定的,因为无论如何,市场总处于不均衡状态;另一方面,在理论上,一般均衡理论是福利经济学的基础。微观经济学的分析方法是彻底的均衡分析方法,对一个未达到一般均衡的经济进行完全的福利分析是不可想象的。

作为本章的开始,我们在 8.1 节分析一个不含生产部门的纯交换经济,证明了均衡的存在性定理;8.2 节在前一节基础上加入了生产部门;8.3 节在瓦尔拉斯"试错过程"假设下考察了均衡的稳定性问题;8.4 节证明了福利经济学基本定理;8.5 节则回到纯交换经济,进一步讨论了不同的市场均衡概念间的区别和联系。

8.1 交换经济中的瓦尔拉斯均衡

8.1.1 瓦尔拉斯均衡

让我们想象这样一种情形:一群人各自带着各式食品去岛上举行一个午餐会。午餐会中每人都吃自己带的食品,但之前可以与别人进行交换。另外,结束时不允许带走剩余的食品。我们称这样一个经济为纯交换经济,因为这样的经济中没有商品生产。如果经过一定的交易过程,每个人都认为他已经达到了最满意的状态 —— 按现行的交易方式,他不愿意再以任何一种食品去换其他的食品 —— 我们就称经济达到了一般均衡。

以 i 代表参加午餐会的个体,$1 \leqslant i \leqslant m$,$\omega_{ih}$ 为他自带的食品 h 的量 (禀赋),x_{ih} 则是他在午餐会上对食品 h 的需求,$1 \leqslant h \leqslant H$。虽然这里的交换可能仅只是物物交换,但我们暂且假想存在一个市场组织者,由他公布各种物品的交换价格。在某一组公布的非负价格 $\mathbf{p} = (p_1, \ldots, p_H)$ 下,个体 i 面临的问题是

$$\max_{\mathbf{x}_i} u_i(\mathbf{x}_i) \\ \text{s.t.} \quad \mathbf{p}\mathbf{x}_i = \mathbf{p}\boldsymbol{\omega}_i \tag{8.1}$$

假设所有个体都具有连续、严格凸的偏好 (效用函数是连续和严格拟凹的),则给定任一价格 $\mathbf{p} \geqslant 0$,问题 (8.1) 的解是唯一的。将价格 $\mathbf{p}$ 下个体 i 唯一的最优消费束记为 $\mathbf{x}_i(\mathbf{p})$,记 $\mathbf{z}_i(\mathbf{p}) = \mathbf{x}_i(\mathbf{p}) - \boldsymbol{\omega}_i$ 是个体 i 的**净需求向量**,所有个体的净需求加总 $\mathbf{z}(\mathbf{p}) = \sum_{i=1}^{n} \mathbf{z}_i(\mathbf{p})$ 即是**社会超额需求**。由第 4 章的分析,我们知道个体需求 $\mathbf{x}_i(\mathbf{p})$ 是价格 $\mathbf{p}$ 的零次齐次函数 —— 所

有商品的价格成比例地变化并不影响消费者的最优消费束。由上面的定义，个体 i 的净需求函数 $\mathbf{z}_i(\mathbf{p})$ 乃至社会超额需求函数 $\mathbf{z}(\mathbf{p})$ 都是零次齐次的

$$\forall \lambda > 0, \quad \mathbf{z}(\lambda \mathbf{p}) = \mathbf{z}(\mathbf{p}) \tag{8.2}$$

$\mathbf{z}(\mathbf{p})$ 的零次齐次性质在下一小节均衡的存在性证明中将起重要的作用。

由于个体 i 必须满足预算约束 $\mathbf{p}\mathbf{x}_i = \mathbf{p}\boldsymbol{\omega}_i$，所以无论他的净需求向量如何变化，其市场价值必然是零，进而社会对商品超额需求的价值也必然是零——这个简单的事实称为瓦尔拉斯法则：

瓦尔拉斯法则 (Walras' law): $\forall \mathbf{p} \geqslant \mathbf{0}$，都有 $\mathbf{p}\mathbf{z} \equiv 0$。

通常说来，市场达到均衡的意思是所有的市场都出清：

$$\sum_i \mathbf{x}_i(\mathbf{p}) = \sum_i \boldsymbol{\omega}_i$$

但是，我们不能忽视一种情况：某些物品可能是免费的 (free)。比方说，在我们岛上午餐会的例子中，如果有人带有矿泉水，但到了岛上才发现那里有更美味的山泉，而这还是免费的。如果所有人都更喜欢喝山泉水而不愿喝矿泉水，而剩余食物又不能带走，矿泉水也将变成免费物品。为了在模型中包括免费物品，瓦尔拉斯均衡不要求上述等式成立，而仅排除需求大于供给的情况：

定义 (瓦尔拉斯均衡): 如果存在价格 $\mathbf{p}^* \geqslant \mathbf{0}$ 满足

$$\mathbf{z}(\mathbf{p}^*) \leqslant \mathbf{0} \tag{8.3}$$

则称经济达到了一个瓦尔拉斯均衡。

为简洁，我们常常也将均衡价格 $\mathbf{p}^*$ 称为瓦尔拉斯均衡。

利用瓦尔拉斯法则，$\mathbf{p}^*\mathbf{z} = \sum_h p_h^* z_h = 0$，所以 (8.3) 还可以分写为下面更直观的两个式子

$$\text{若 } p_h^* > 0, \quad \text{则 } z_h = 0 \tag{8.4}$$

$$\text{若 } p_h^* = 0, \quad \text{则 } z_h \leqslant 0 \tag{8.5}$$

(8.4) 说的是，如果某商品的均衡价格是正的，其市场应予出清；(8.5) 则是针对免费商品，此时允许总供给大于总需求。这两情况分别显示在图 8.1(a) 和图 8.1(b) 中。

8.1.2 均衡的存在性

我们先给出均衡的存在性定理，再来考虑它的证明。

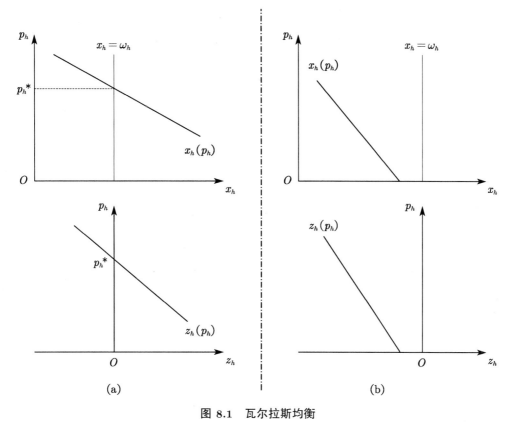

图 8.1 瓦尔拉斯均衡

瓦尔拉斯均衡存在性定理：若超额需求函数 $\mathbf{z}(\mathbf{p})$ 连续，且满足瓦尔拉斯法则，则存在瓦尔拉斯均衡 $\mathbf{p}^*$：$\mathbf{z}(\mathbf{p}^*) \leqslant \mathbf{0}$。

为证明这个定理，需要应用下面的不动点定理：

Brouwer 不动点定理：设 B 是 n 维空间中一个闭、凸、有界集，如果 $\mathbf{f}: B \to B$ 是从 B 到它自身的一个连续的一一映射，则 B 中一定存在一个 $\mathbf{f}$ 的不动点 $\mathbf{x}$：$\mathbf{x} = \mathbf{f}(\mathbf{x})$。

一一映射的意思是，对集合 B 内的任一点 $\mathbf{x}$，存在唯一一个点 $\mathbf{x}' \in B$ 和它对应。怎么将均衡的存在性与上述定理挂上钩呢？目前我们有一个从价格空间

$$P = \{\mathbf{p} |\ p_h \in [0, +\infty), h = 1, \ldots, H\}$$

至超额需求空间的映射 $\mathbf{z}(\mathbf{p})$

$$Z = \{\mathbf{z} |\ z_h \in (-\infty, +\infty), h = 1, \ldots, H\}$$

该映射表示任一组价格下与之对应的超额需求。为了构造一个自价格空间 P 到它自身的映射，需要先构造一个从空间 Z 到 P 的映射。从经济学的角度来说，我们需要一个按超额需求

来调整现行价格的机制。自然, 这个机制应当体现基本的供需法则: 如果某商品的超额需求大于零 (需求大于供给), 该商品的市场价格应当提高。所以, 我们先试着这样来定义一个映射 $\hat{g}: Z \to P$

$$\hat{g}_h(\mathbf{z}) = p_h + \max\{0, k_h z_h\} \qquad k_h > 0$$

这里调整系数 k_h 主要体现一种函数构造中的灵活性。这样, 复合函数 $\mathbf{z} \circ \hat{g}$ 即是从空间 P 到它自身的映射了。

剩下来的问题是, 价格空间 P 是一个无界的集合, 不能直接应用 Brouwer 定理。不过, 只要注意到函数 $\mathbf{z}(\mathbf{p})$ 是零次齐次的, 解决这个问题就十分容易, 只需将价格向量作如下的规范化处理: 令

$$q_h = p_h \Big/ \sum_{j=1}^{H} p_j \tag{8.6}$$

注意到 $\sum_{h=1}^{H} q_h = 1$, 原价格空间事实上规范化为一个 H 维单纯形 $S^{H-1} = \left\{ \mathbf{q} \big| \sum_{h=1}^{H} q_h = 1 \right\}$, 这显然是有界凸集。由 $\mathbf{z}(\cdot)$ 的零次齐次性质 (8.2), $\mathbf{z}(\mathbf{q}) = \mathbf{z}(\mathbf{p})$。经过这样的规范处理之后, $\mathbf{z}(\mathbf{q})$ 成为一个从单纯形 S^{H-1} 到 Z 的一个连续一一映射。现在定义映射 $\mathbf{g}: Z \to S^{H-1}$

$$g_h(\mathbf{z}) = \frac{q_h + \max\{0, k_h z_h\}}{1 + \sum_{j=1}^{H} \max\{0, k_j z_j\}} \tag{8.7}$$

容易验证, $\forall \mathbf{q} \in S^{H-1}$, 都有 $\sum_{h=1}^{H} g_h(\mathbf{z}) = 1$ 成立, 这证实 $\mathbf{g}(\mathbf{z})$ 确实是单纯形 S^{H-1} 中的点。另外, $\mathbf{g}(\mathbf{z})$ 还是连续的。只要函数 $\mathbf{z}(\mathbf{p})$ 也是连续的, 复合函数 $\mathbf{g} \circ \mathbf{z}$ 即定义了一个从单纯形 S^{H-1} 到它自身的连续函数 (一一映射)。利用不动点定理, 存在 $\mathbf{q}^*$ 使得

$$\mathbf{q}^* = \mathbf{g}(\mathbf{z}(\mathbf{q}^*))$$

或利用 (8.7) 将其写为

$$q_h^* = \frac{q_h^* + \max\{0, k_h z_h(\mathbf{q}^*)\}}{1 + \sum_{j=1}^{H} \max\{0, k_j z_j(\mathbf{q}^*)\}} \tag{8.8}$$

现在我们来验证不动点 $\mathbf{q}^*$ 即是瓦尔拉斯均衡。将 (8.8) 式简单地变形得

$$\max\{0, k_h z_h(\mathbf{q}^*)\} = q_h^* \sum_{j=1}^{H} \max\{0, k_j z_j(\mathbf{q}^*)\} \tag{8.9}$$

如果 $q_h^* = 0$, (8.9) 式等号右边等于零, 其左边也必然是零

$$\max\{0, k_h z_h(\mathbf{q}^*)\} = 0$$

又由于 $k_h > 0$, 从而 $z_h(\mathbf{q}^*) \leqslant 0$——这是免费商品的情形。

将所有价格不为零的商品集合记为 D:

$$D = \{h \mid q_h^* > 0\}$$

方程 (8.9) 两边同乘以 $z_h(\mathbf{q}^*)$ 并对 $h \in D$ 加总

$$\sum_{h \in D} z_h(\mathbf{q}^*) \max\{0, k_h z_h(\mathbf{q}^*)\} = \{\sum_{h \in D} q_h^* z_h(\mathbf{q}^*)\} \sum_{j=1}^{H} \max\{0, k_j z_j(\mathbf{q}^*)\} \qquad (8.10)$$

注意到 $h \notin D$ 时有 $q_h^* = 0$, 由瓦尔拉斯法则

$$\sum_{h \in D} q_h^* z_h(\mathbf{q}^*) = \sum_{h=1}^{H} q_h^* z_h(\mathbf{q}^*) = 0 \qquad (8.11)$$

从而 (8.10) 变为

$$\sum_{h \in D} z_h(\mathbf{q}^*) \max\{0, k_h z_h(\mathbf{q}^*)\} = 0 \qquad (8.12)$$

注意到等式左端的和式中每一项或者是 0, 或者是 $k_h z_h^2(\mathbf{q}^*)$, 而 $k_h > 0$, 所以 (8.12) 成立的必要条件是 $z_h(\mathbf{q}^*) \leqslant 0$。再利用瓦尔拉斯法则 (8.11), 对任何 $\forall h \in D$, 必然有 $z_h(\mathbf{q}^*) = 0$。这证明 $\mathbf{q}^*$ 确实是瓦尔拉斯均衡。

上述定理中函数 $z(\mathbf{p})$ 的连续性条件是较严格的。一般说来, 当所有商品的价格都为正值时, 每个个体的净需求函数 $\mathbf{z}_i(\mathbf{p})$ 连续没有太大的问题; 即使 $\mathbf{z}_i(\mathbf{p})$ 出现间断点, 个体需求加总后得到的函数 $\mathbf{z}(\mathbf{p})$ 也可能是连续的, 这在前面已经论述过。问题是, $\mathbf{z}(\mathbf{p})$ 是否在边界点上连续? 通常, 在这样的点上连续性不能保证, 因为如果某些商品的价格为零, 具有典型偏好的个体对这些商品的需求将是无穷大。

不过, 我们可以对个体偏好的假设稍作修改来解决需求连续性的问题。譬如, 假设每个个体对每种商品都存在一个餍足水平, 超过这个餍足水平的消费边际效用是零; 但是, 对每个个体都至少有一种商品的社会总禀赋 (各个体禀赋之和) 未达到他的餍足水平。注意, 在餍足假设下, 即使一种商品的价格为零, 个体对它的需求不会是无穷大; 同时, 由于个体不可能在每种商品上都达到他的餍足水平, 他永远需要以正的价格购买至少一种商品, 从而其预算约束中的等号始终成立, 这意味着瓦尔拉斯法则始终得以保证。

另一个问题是, 在上述证明中我们始终假设在任一组价格 $\mathbf{p}$ 下每个个体的最优消费束都是唯一的, 从而最终得到的社会超额需求与价格 $\mathbf{p}$ 是一一对应的——这就是所谓的超额需求函数 $\mathbf{z}(\mathbf{p})$。如果个体的偏好不是严格凸的, 特定的价格 $\mathbf{p}$ 下的最优消费束就可能不止一个, 这样的情况下我们得到的是一个从价格空间到商品空间的多值映射, 从而不能再使用 Brouwer 不动点定理。不过, 对多值映射, 存在一个与 Brouwer 不动点定理平行的**角谷 (Kakutani) 不动点定理**, 所以多值映射问题并不会对均衡的存在性产生任何影响。有兴趣的读者可以参看章末所列的相关文献。

8.2 生产部门的引入

回忆前面岛上午餐会的例子, 假设有人愿意出钓鱼竿等鱼具, 让愿意劳动的人来钓鱼 (当然这里的钓鱼纯粹只是劳动, 不考虑钓鱼的娱乐作用), 这个岛上社会就有了自己的生产部门。这里购置鱼具的人可以称为股东, 他们有权分得一部分钓上来的鱼; 而愿意劳动的人也视其劳动量获得一定量的鱼作为他的工资。

现在我们考虑在上一节的交换经济中引入生产部门。假设经济中有 n 个生产厂商, 厂商 j 对商品 h 的净供给记为 y_{jh}, 注意若 $y_{jh} < 0$ 则表示厂商事实上是以该商品作为生产投入品。由于利润分配和劳动供给都不是我们这里感兴趣的问题, 我们简单地设个体 i 在厂商 j 利润中的分配份额为 β_{ij}, 这里 $\sum_{i=1}^{m} \beta_{ij} = 1$, 这样个体 i 从生产部门获得的利润收入是

$$w_i = \sum_{j=1}^{n} \beta_{ij} \pi_j \tag{8.13}$$

他的效用最大化问题是

$$\max_{\mathbf{x}_i} u_i(\mathbf{x}_i) \\ \text{s.t.} \quad \mathbf{p}\mathbf{x}_i \leqslant \mathbf{p}\boldsymbol{\omega}_i + w_i \tag{8.14}$$

如果个体偏好是严格凸的 (效用函数 $u_i(\mathbf{x}_i)$ 严格拟凹), 则该最值问题存在唯一的解 $\mathbf{x}_i(\mathbf{p})$。厂商 j 的利润最大化问题是

$$\pi_j = \max_{\mathbf{y}_j} \mathbf{p}\mathbf{y}_j \\ \text{s.t.} \quad F_j(\mathbf{y}_j) \leqslant 0 \tag{8.15}$$

这里 $F_j(\mathbf{y}_j)$ 是厂商 j 生产函数的隐函数。我们假设厂商的生产技术具有边际收益严格递减特征, 这意味着厂商的生产可能集是严格凸的, 或等价地说 $\mathbf{D}^2 F_j$ 是负定的。在这样的假设之下, 上述利润最大化问题也存在唯一的解 $\mathbf{y}_j(\mathbf{p})$。在包含生产部门的经济中, 超额需求函数的形式是

$$\mathbf{z}(\mathbf{p}) = \sum_{i=1}^{m} \mathbf{x}_i(\mathbf{p}) - \sum_{j=1}^{n} \mathbf{y}_j(\mathbf{p}) - \boldsymbol{\omega} \tag{8.16}$$

如果个体的偏好是严格单调的, 个体的预算约束中的等号成立; 或者, 个体对每种商品都存在一个餍足水平, 但对每个个体都至少有一种商品的社会总量未达到他的餍足水平, 此时预算约束也同样成立 (参见上一节末):

$$\mathbf{p}\mathbf{x}_i = \mathbf{p}\boldsymbol{\omega}_i + w_i \tag{8.17}$$

进一步, 容易验证此时瓦尔拉斯法则同样成立。事实上, 将所有 m 个个体的预算方程相加:

$$\sum_{i=1}^{m} \mathbf{p}\mathbf{x}_i = \sum_{i=1}^{m} (\mathbf{p}\boldsymbol{\omega}_i + w_i)$$

利用分配方程 (8.13), 就有

$$0 = \mathbf{p}\sum_{i=1}^{m}(\mathbf{x}_i - \boldsymbol{\omega}_i) - \sum_{i=1}^{m}\sum_{j=1}^{n}\beta_{ij}\pi_j \\ = \mathbf{p}(\sum_{i=1}^{m}\mathbf{x}_i - \boldsymbol{\omega}) - \sum_{j=1}^{n}\pi_j \\ = \mathbf{p}(\sum_{i=1}^{m}\mathbf{x}_i - \boldsymbol{\omega}) - \sum_{j=1}^{n}\mathbf{p}\mathbf{y}_j = \mathbf{p}\mathbf{z}$$

与上一节的证明过程几乎一样，可以证明下面的存在性定理成立：

均衡存在性定理： 如果如 (8.16) 所定义的超额需求函数 $\mathbf{z(p)}$ 连续，且满足瓦尔拉斯法则，则存在瓦尔拉斯均衡价格 $\mathbf{p}^*$，使得 $\mathbf{z(p^*)} \leqslant 0$。

8.3 均衡的稳定性

上一节我们讨论了瓦尔拉斯均衡的存在性。现在我们转而考虑均衡的稳定性问题：一旦经济系统偏离了均衡状态，它能否自动地回复到均衡？或者，经济一开始处于非均衡状态，它如何达到均衡？

若经济一开始处于某个非均衡位置，随时间的变化，价格向量也将作一系列相应的变化。我们假设时间 $t \in [0, +\infty)$ 作连续变化，$\mathbf{p}(t)$ 是价格变量，均衡价格为 $\mathbf{p}^*$，$\mathbf{p}(0) \neq \mathbf{p}^*$。

定义： 如果对任何初始非均衡价格 $\mathbf{p}(0) \neq \mathbf{p}^*$，总有

$$\lim_{t \to \infty} \mathbf{p}(t) = \mathbf{p}^*$$

则经济系统就是 **(全域) 稳定的** (globally stable)。

稳定性分析需要首先对价格调整方式作出一个明确的假设。随着时间的变化，非均衡价格的调整可以有不同的假设，在第 7 章局部均衡模型中我们介绍了两种市场调整假设：瓦尔拉斯的"试错过程"和马歇尔过程。由于两种假设下的分析过程是相似的 (尽管分析结果有所不同)，这里只考虑前者：假想存在一个市场组织者，他报告每一时刻的价格，收集该价格下各商品的需求和供给信息，并根据以下原则行事：

(1) 若其报告的价格 $\mathbf{p}(t)$ 使经济达到了瓦尔拉斯均衡，允许经济按此价格交易；
(2) 若 $\mathbf{p}(t)$ 未能使经济达到均衡，与超额需求成比例地调整价格：

$$\frac{dp_h(t)}{dt} = \lambda_h z_h \quad h = 1, \ldots, H \quad \lambda_h > 0 \tag{8.18}$$

注意这一调整过程满足最基本的经济法则：需求大于供给 (超额需求为正)，则价格上涨；需求小于供给，则价格下跌。除此之外，我们的假设并没有更多的内容。"市场组织者"的存在只是经济系统信息充分完备的一种通俗表示。另外，注意经济调整过程中，瓦尔拉斯法则始终成立，因为对任何公布的价格，个体的预算约束方程始终成立。

一个包含 H 种商品的经济，非均衡价格的调整过程涉及超额需求中价格的交叉效应，这是一般均衡与局部均衡稳定性分析的最大不同。譬如，假设在某价格向量 $\mathbf{p}$ 下，除了商品 1 和商品 2 市场，其他市场都达到了均衡。如果 $z_1 > 0$，商品 1 的价格上升将减少其超额需求。但同时，p_1 上升还将减少与商品 1 互补的商品的超额需求，增加与商品 1 替代的商品的超额需求。所以，为使商品 1 达到均衡，可能破坏其他商品市场已达到的均衡状态。事实上，调整规则 (8.17) 确实不足以保证均衡的稳定性。但可以证明：

均衡的稳定性定理： 如果经济中任何两种商品间都是**相互总替代的** (gross substitute)，即是说，$\forall i, j = 1, \ldots, H, i \neq j$

$$\frac{\partial z_j}{\partial p_i} > 0 \tag{8.19}$$

则由试错过程 (8.18) 定义的价格向量一定趋于均衡价格。

注意这里定义的商品总替代概念与通常所说的替代性稍有区别，因为后者只限于需求商品间的关系，而这里的超额需求 $\mathbf{z}$ 中同时包含需求和供给 (回忆超额需求的定义)。

为了让表达式不至于过于烦琐，下面我们在一个只有两种商品的经济中证明上述稳定性定理。但在之前，我们先证明下面三个引理。

引理 1： 若商品 1 和商品 2 是相互总替代的，则均衡价格向量在相差一个正的倍数意义上是唯一的。换言之，若 $\mathbf{p}^*$ 和 $\mathbf{p}^{**}$ 都是均衡价格，则必然存在某个正数 k，使得 $\mathbf{p}^{**} = k\mathbf{p}^*$。

【证明】 由于超额需求是零次齐次的，如果 $\mathbf{p}^*$ 是一个均衡价格，则任给一个正数 k，$k\mathbf{p}^*$ 也是均衡价格。我们要证明的是，所有的均衡只能是这种形式。如若不然，忽略免费商品的特殊情形，$\mathbf{z}(\mathbf{p}^*) = \mathbf{z}(\mathbf{p}^{**}) = \mathbf{0}$，但不存在任何正数 k，使得 $\mathbf{p}^{**} = k\mathbf{p}^*$。如图 8.2，过原点 O 和均衡点 $\mathbf{p}^*$ 的直线包括所有能表示为 $k\mathbf{p}^*$ 形式的点，由假设可知 $\mathbf{p}^{**}$ 不在这条直线上。由于 $\mathbf{z}(\mathbf{p})$ 是零次齐次的，过原点 O 和 $\mathbf{p}^{**}$ 的直线上的所有点 $\mu\mathbf{p}^{**}$ 也是均衡点。在这条直线上找一点 $\mu_0\mathbf{p}^{**}$，使得 $\mu_0 p_1^{**} = p_1^*$，显然 $\mu_0 p_2^{**} \neq p_2^*$。现在我们有

$$z_i(p_1^*, p_2^*) = 0,$$
$$z_i(\mu_0 p_1^{**}, \mu_0 p_2^{**}) = z_i(p_1^*, \mu_0 p_2^{**}) = 0$$

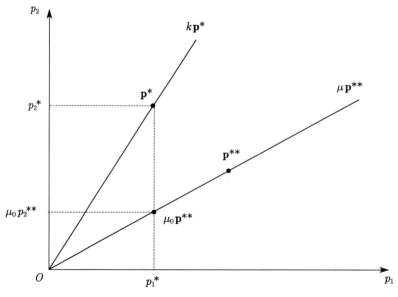

图 8.2 均衡价格的唯一性

$i = 1, 2$。所以
$$z_i(p_1^*, p_2^*) = z_i(p_1^*, \mu_0 p_2^{**}) = 0$$
而 $\mu_0 p_2^{**} \neq p_2^*$，这与两种商品相互总替代假设 (8.19) 矛盾。

证毕。

引理 2: 如果商品 1 和商品 2 在 (8.19) 意义上是相互总替代的，且瓦尔拉斯法则成立，则对任何非均衡价格 $\mathbf{p}$，都有
$$\mathbf{p}^* \mathbf{z}(\mathbf{p}) > 0 \tag{8.20}$$
即是说，非均衡价格下的超额需求以均衡价格计算所得的总价值总大于零。

【证明】若 $\mathbf{p}^* = (p_1^*, p_2^*)$ 是均衡价格，忽略免费商品的情形，按均衡的定义
$$z_1(p_1^*, p_2^*) = z_2(p_1^*, p_2^*) = 0$$
对任一价格 $\mathbf{p} = (p_1, p_2)$，$p_1 \geqslant p_1^*$，$p_2 < p_2^*$，由于商品 1 和商品 2 是相互总替代的，必然有
$$z_1(p_1, p_2) \leqslant 0, \quad z_2(p_1, p_2) > 0$$
所以
$$(p_1^* - p_1)z_1(p_1, p_2) + (p_2^* - p_2)z_2(p_1, p_2) > 0$$
移项整理后再应用瓦尔拉斯法则即得
$$p_1^* z_1(p_1, p_2) + p_2^* z_2(p_1, p_2) > p_1 z_1(p_1, p_2) + p_2 z_2(p_1, p_2) = 0$$
按完全相同的步骤可以验证，对价格
$$\mathbf{p} = (p_1, p_2), \quad p_1 < p_1^*, \quad p_2 \geqslant p_2^*,$$
不等式 (8.20) 也成立。

证毕。

引理 3: 若价格 $\mathbf{p}(t)$ 和均衡价格 $\mathbf{p}^*$ 间的"距离"定义为
$$\delta(\mathbf{p}(t), \mathbf{p}^*) = \frac{1}{2\lambda_1}[p_1(t) - p_1^*]^2 + \frac{1}{2\lambda_2}[p_2(t) - p_2^*]^2 \tag{8.21}$$
其中 λ_i 是 (8.18) 中的价格调整系数，则
$$\begin{aligned} \frac{d\delta(\mathbf{p}(t), \mathbf{p}^*)}{dt} &< 0 \quad \forall \mathbf{p}(t) \neq k\mathbf{p}^*; \\ \frac{d\delta(\mathbf{p}(t), \mathbf{p}^*)}{dt} &= 0 \quad \forall \mathbf{p}(t) = k\mathbf{p}^* \end{aligned} \tag{8.22}$$

【证明】(8.21) 对 t 微分

$$\frac{d\delta(\mathbf{p}(t),\mathbf{p}^*)}{dt} = \frac{1}{\lambda_1}[p_1(t)-p_1^*]\frac{dp_1(t)}{dt} + \frac{1}{\lambda_2}[p_2(t)-p_2^*]\frac{dp_2(t)}{dt}$$

由价格调整原则 (8.18)

$$\frac{d\delta}{dt} = (p_1-p_1^*)z_1(p_1,p_2) + (p_2-p_2^*)z_2(p_1,p_2)$$
$$= p_1z_1 + p_2z_2 - (p_1^*z_1 + p_2^*z_2)$$

回忆 $\mathbf{z}(\mathbf{p})$ 的零次齐次性：$\mathbf{z}(k\mathbf{p}^*) = \mathbf{z}(\mathbf{p}^*) = \mathbf{z}^*$，利用瓦尔拉斯法则和我们在上一步骤中证明的结论 (8.20)，最终得到

$$\frac{d\delta}{dt} = \begin{cases} -(p_1^*z_1 + p_2^*z_2) < 0 & \mathbf{p}(t) \neq k\mathbf{p}^* \\ -(p_1^*z_1^* + p_2^*z_2^*) = 0 & \mathbf{p}(t) = k\mathbf{p}^* \end{cases}$$

证毕。

现在我们来证明均衡稳定性定理：

【均衡稳定性定理的证明】由 (8.22)，极限 $\lim_{t\to\infty}\mathbf{p}(t)$ 存在，我们只需证明存在某个正数 k，使得

$$\lim_{t\to\infty}\mathbf{p}(t) = k\mathbf{p}^*$$

采用反证法。不失一般性，假设初始价格为 $p_1(0) > p_1^*$, $p_2(0) > p_2^*$

$$\lim_{t\to\infty}\mathbf{p}(t) = \mathbf{p}', \quad p_1' > p_1^*, \quad p_2' > p_2^*$$

且对任何常数 k，都有 $\mathbf{p}' \neq k\mathbf{p}^*$，则

$$A = [p_1', p_1(0)] \times [p_2', p_2(0)]$$

是非空有界闭集。由于 $d\delta/dt$ 是集合 A 上的连续函数，它必然在其中某一点取得最大值，将这个最大值记为 s:

$$\frac{d\delta(\mathbf{p}(t),\mathbf{p}^*)}{dt} \leqslant s, \quad \forall t \tag{8.23}$$

根据集合 A 的定义，利用 (8.22)，我们知道 $s < 0$。任取一个 $\bar{t}$，由不等式 (8.23)，

$$\delta(\mathbf{p}(\bar{t}),\mathbf{p}^*) - \delta(\mathbf{p}(0),\mathbf{p}^*) = \int_0^{\bar{t}}\frac{d\delta}{dt} \leqslant \int_0^{\bar{t}}s\,dt = s\bar{t}$$

或写为

$$\delta(\mathbf{p}(\bar{t}),\mathbf{p}^*) \leqslant s\bar{t} + \delta(\mathbf{p}(0),\mathbf{p}^*) \tag{8.24}$$

注意到 $s < 0$，我们可以选取 $\bar{t}$ 足够大，使得 (8.24) 等号右端为负，而这意味着 $\delta(\mathbf{p}(\bar{t}),\mathbf{p}^*) < 0$，这与函数 δ 的定义矛盾。

证毕。

8.4 均衡的福利分析

前一章我们在局部均衡中证明, 如果一种商品市场是完全竞争的, 那么市场均衡是帕累托有效的。这一节将把这一结果推广到一般均衡中。如前面所言, 帕累托有效是指经济达到了这样一种状态: 要增加任一个体的效用, 都必须牺牲别的个体的现有效用作为补偿——这个一般性的定义在任何应用环境中都是一样的。但是, 由于一般均衡涉及多种产品的生产和消费, 其帕累托有效的内容将更加丰富, 分析过程自然也就更加复杂一些。

8.4.1 帕累托有效条件

一种资源配置, 指的是经济资源的特定使用状态, 它包括: 各消费者的消费束, 消费者的劳动供给和生产资源供给 (禀赋), 这些资源供给在生产部门的使用情况和产量束。利用我们前面使用的记号, 一种配置可以用 $(\mathbf{x}, \mathbf{y}, \boldsymbol{\omega})$ 描述。由于禀赋的外生性, 我们经常省略地表示为 $(\mathbf{x}, \mathbf{y})$。

定义: 若经济中每种商品个体分配的总和都等于社会总供给

$$\sum_{i=1}^{m}\mathbf{x}_i = \sum_{j=1}^{n}\mathbf{y}_j + \sum_{i=1}^{m}\boldsymbol{\omega}_i$$

则配置 (x, y) 称为是**可行的** (feasible)。

如果在 A 和 B 两种可行配置中, 配置 A 带给每个社会个体的效用都不小于配置 B 带给他们的效用, 而且有人从配置 A 下得到比配置 B 下更高的效用, 我们就称配置 A 是配置 B 的一个**帕累托改进**。将社会所有个体的集合记为 I。更精确地, 帕累托改进可以用以下数学式定义:

定义: 如果 $\forall i \in I, u_i(A) \geqslant u_i(B)$, 但存在 $k \in I$, 使得 $u_k(A) > u_k(B)$, 就称 A 是 B 的一个**帕累托改进**。如果配置 A 不存在可行的帕累托改进配置, 就称它是一个**帕累托有效**(**帕累托最优**) 配置。

换言之, 如果经济达到了这样一种状态, 要增加任一个体的效用, 都必须牺牲别的个体的现有效用作为补偿, 那么此时经济就达到了帕累托有效状态, 或说此时的资源配置是帕累托有效的。

下面我们先推导帕累托有效的条件, 将它们与市场均衡条件比较, 分析瓦尔拉斯均衡的配置效率。

考虑 8.2 节中的 $m \times n \times H$ 经济: m 个消费者, n 个厂商, H 种商品。直接由帕累托有效的定义容易推知, 适当调整个体 $i = 2, \ldots, m$ 的初始效用 u_i^0, 经济中任何一个帕累托有效

配置 $(\mathbf{x},\mathbf{y})$ 都可以通过求解下述问题得到 (我们将其证明留给读者练习):

$$
\begin{aligned}
&\max_{\mathbf{x},\mathbf{y}} u_1(\mathbf{x}_1) \\
&\text{s.t.} \quad (1)\ u_i(\mathbf{x}_i) \geqslant u_i^0 \qquad\qquad\qquad\qquad i=2,\ldots,m \\
&\qquad (2)\ \sum_{i=1}^m x_{ih} = \sum_{i=1}^m \omega_{ih} + \sum_{j=1}^n y_{jh} \quad h=1,\ldots,H \\
&\qquad (3)\ F_j(\mathbf{y}_j)=0 \qquad\qquad\qquad\qquad j=1,\ldots,n
\end{aligned}
\tag{8.25}
$$

其中 $u_i(\cdot)$ 是消费者 i 的效用函数，ω_{ih} 是他初始拥有水平 h 的量；$F_j(\cdot)$ 是生产厂商 j 生产函数的隐函数，从而约束 (3) 是生产边界方程；注意 $y_{jh} > 0$ 时表示厂商 j 生产商品 h，$y_{jh} < 0$ 则表示商品 h 是厂商 j 的投入商品。假设每个消费者都具有凸偏好 ($u_i(\cdot)$ 是拟凹函数)，每个厂商的生产函数 $F_j(\cdot)$ 都是凸函数，这样的假设下问题 (8.25) 的二阶必要条件自然满足，而一阶必要条件同时还是充分条件。作拉格朗日函数

$$
L = u_1(\mathbf{x}_1) - \sum_{i=2}^m \lambda_i [u_i^0 - u_i(\mathbf{x}_i)] - \sum_{j=1}^n \mu_j F_j(\mathbf{y}_j) \\
- \sum_{h=1}^H \rho_h \left[\sum_{i=1}^m (x_{ih} - \omega_{ih}) - \sum_{j=1}^m y_{jh} \right]
$$

如果排除角点解存在的情况，一阶条件是

$$
\left.\begin{aligned}
\frac{\partial L}{\partial x_{1h}} &= \frac{\partial u_1}{\partial x_{1h}} - \rho_h = 0 \\
\frac{\partial L}{\partial x_{ih}} &= \lambda_i \frac{\partial u_i}{\partial x_{ih}} - \rho_h = 0
\end{aligned}\right\}
\quad \begin{aligned} h &= 1,\ldots,H \\ i &= 2,\ldots,m \end{aligned}
\tag{8.26}
$$

$$
\frac{\partial L}{\partial y_{jh}} = -\mu_j \frac{\partial F}{\partial y_{jh}} + \rho_h = 0 \quad \begin{aligned} h &= 1,\ldots,H \\ j &= 1,\ldots,n \end{aligned}
\tag{8.27}
$$

(8.26) 移项后两两消除可得

$$
\frac{\partial u_i/\partial x_{ih}}{\partial u_i/\partial x_{ih'}} = \frac{\rho_h}{\rho_{h'}} = \frac{\partial u_{i'}/\partial x_{i'h}}{\partial u_{i'}/\partial x_{i'h'}} \quad \begin{aligned} i,i' &= 1,\ldots,m \\ h,h' &= 1,\ldots,H \end{aligned}
\tag{8.28}
$$

相似地由 (8.27) 也可以得到

$$
\frac{\partial F_j/\partial y_{jh}}{\partial F_j/\partial y_{jh'}} = \frac{\rho_h}{\rho_{h'}} = \frac{\partial F_{j'}/\partial y_{j'h}}{\partial F_{j'}/\partial y_{j'h'}} \quad \begin{aligned} j,j' &= 1,\ldots,n \\ h,h' &= 1,\ldots,H \end{aligned}
\tag{8.29}
$$

由这两式进一步有

$$
\frac{\partial u_i/\partial x_{ih}}{\partial u_i/\partial x_{ih'}} = \frac{\rho_h}{\rho_{h'}} = \frac{\partial F_j/\partial y_{jh}}{\partial F_j/\partial y_{jh'}}
\tag{8.30}
$$

(8.28)—(8.30) 合在一起给出了帕累托有效的三组条件。为了解释这些条件，读者最好先复习一下 1.5 和 4.1.2 中的相关概念。(8.28) 是**消费有效条件**，它保证在给定商品禀赋和社

会生产总量的情况下，每一个个体都愿意消费他目前持有的商品束，不愿意进行进一步的交换。如何理解这个有效消费条件呢？(8.28) 的两端分别是个体 i 和个体 i' 在任何两种商品 h 和 h' 间的边际替代率，所以它事实上是要求

$$\mathrm{MRS}_{hh'}^{i} = \mathrm{MRS}_{hh'}^{i'} \quad \forall i, i', h, h'$$

我们知道，边际替代率 $\mathrm{MRS}_{hh'}^{i}$ 的绝对值衡量的是个体 i 愿意以多少商品 h 来替代他已有的一单位商品 h'。换句话说，它表现了商品 h' 对个体 i 的边际价值 (以商品 h 来计量)。为什么帕累托有效需要任何一种商品对每个个体的边际价值相等呢？如果不是这样，必然还存在进一步交换获得帕累托改进的机会。比方说，$\mathrm{MRS}_{21}^{1} = 3$ 而 $\mathrm{MRS}_{21}^{2} = 5$，这意味着个体 1 愿意以 3 单位商品 2 来换取 1 单位商品 1，而个体 2 则愿意以 5 单位商品 2 来换取 1 单位商品 1。现在只要从个体 2 那里取 4 单位商品 2 交换个体 1 的 1 单位商品 1，即可同时改善两人的效用。

(8.29) 是一定经济资源下不同生产技术 (厂商) 间的**生产有效条件**，它事实上是要求不同厂商在任何两种商品间的边际转换率相等

$$\mathrm{MRT}_{hh'}^{j} = \mathrm{MRT}_{hh'}^{j'} \quad \forall j, j', h, h'$$

如果这个条件不满足，比方说 $\mathrm{MRT}_{12}^{1} = 5$ 而 $\mathrm{MRT}_{12}^{2} = 3$，这表示其他条件不变时如果厂商 1 少生产 (或多投入)1 单位商品 1，将多生产 (或节约)5 单位商品 2，而由厂商 2 的技术下牺牲 3 单位商品 2 可以多得到 1 单位商品 1。重新配置生产，让厂商 1 少生产一单位商品 1，厂商 2 多生产一单位商品 1，整个社会将由此增加 $5 - 3 = 2$ 单位商品 2。

(8.30) 则是**生产总量有效条件**，它回到这样一个问题：社会应当在总禀赋中分出多少用于生产？将 $-y_{jh}$ 解释为厂商 j 的净投入，$y_{jh'}$ 是其净产出，则等式右边是其投入 h 对产出 h' 的边际产出，所以它又可以写为

$$-\mathrm{MRS}_{hh'}^{i} = \mathrm{MP}_{hh'}^{j} \quad \forall i, j, h, h'$$

等号左边表示消费者放弃一单位商品 h 时要求多消费多少商品 h' 作为补偿，右边则是生产部门投入一单位商品 h 增加的商品 h' 产量。如果这二者不等，譬如说 $-\mathrm{MRS}_{hh'}^{i} < \mathrm{MP}_{hh'}^{j}$，那么从个体 i 那里先取走一单位商品 h，将其投入厂商 j 的生产，由此得到的商品 h' 的增加量补偿个体 i 之后还有剩余。

8.4.2 福利经济学第一基本定理

瓦尔拉斯均衡下的资源配置是否有效？其实通过瓦尔拉斯均衡的定义和我们推导的帕累托有效条件，不难知道回答是肯定的。

在超额需求函数 $\mathbf{z}(\mathbf{p})$ 的定义 (8.16) 中，$\mathbf{x}_i(\mathbf{p})$ 是效用最大化问题 (8.14) 的解，$\mathbf{y}_j(\mathbf{p})$ 是利润最大化问题 (8.15) 的解。如果个体的偏好和生产技术都是凸的，下面的一阶条件就是充

分和必要条件:

$$\frac{\partial u_i}{\partial x_{ih}} - \alpha_i p_h = 0 \quad i=1,\ldots,m;\ h=1,\ldots H \tag{8.31}$$

$$p_h - \beta_j \frac{\partial F_j}{\partial y_{jh}} = 0 \quad j=1,\ldots,n;\ h=1,\ldots,H \tag{8.32}$$

α_i 和 β_j 分别是问题 (8.14) 和 (8.15) 的拉格朗日系数。将条件中的系数作以下置换

$$p_h = \rho_h, \quad \alpha_i = 1/\lambda_i, \quad \beta_j = \mu_j$$

(8.31) 和 (8.32) 的形式就分别与 (8.26) 和 (8.27) 完全一样。由于这两组条件都是充分必要条件, 这证实瓦尔拉斯均衡确实是帕累托有效的。

不过, 上面的分析是在凸偏好、凸技术等条件下进行的。下面的定理却说明, 即使没有这些假设, 竞争均衡必然导致帕累托有效。

福利经济学第一基本定理: 如果每个个体的偏好都是非局部餍足的, $(\mathbf{x},\mathbf{y},\mathbf{p})$ 是一个瓦尔拉斯均衡, 则 $(\mathbf{x},\mathbf{y})$ 是帕累托配置。

【证明】若不然, 可行配置集合中存在 $(\mathbf{x},\mathbf{y})$ 的一个帕累托改进配置 $(\mathbf{x}',\mathbf{y}')$: 所有人都在配置 $(\mathbf{x}',\mathbf{y}')$ 下至少与 $(\mathbf{x},\mathbf{y})$ 下同样好, 但至少有一个人 (不妨设个体 k) 在 $(\mathbf{x}',\mathbf{y}')$ 下的效用严格大于他在 $(\mathbf{x},\mathbf{y})$ 下得到的效用。由于瓦尔拉斯均衡中每个个体都在预算约束下实现了效用最大化, 所以必定有

$$\mathbf{p}\mathbf{x}'_i \geqslant \mathbf{p}\omega_i + \sum_{j=1}^m \beta_{ij}\mathbf{p}\mathbf{y}_j \quad i=1,\ldots,n,\ i\neq k$$

$$\mathbf{p}\mathbf{x}'_k > \mathbf{p}\omega_k + \sum_{j=1}^m \beta_{kj}\mathbf{p}\mathbf{y}_j$$

累加上面的不等式得到

$$\mathbf{p}\sum_{i=1}^n \mathbf{x}'_i > \mathbf{p}\sum_{i=1}^n \omega_i + \mathbf{p}\sum_{j=1}^m \mathbf{y}_j \tag{8.33}$$

又由于 $(\mathbf{x}',\mathbf{y}')$ 是可行配置, 而每个个体都是非局部餍足的, 禀赋约束等式必然成立

$$\sum_{i=1}^n \mathbf{x}'_i = \sum_{i=1}^n \omega_i + \sum_{j=1}^m \mathbf{y}_j$$

这与 (8.33) 矛盾。

证毕。

虽然上述定理中只有唯一一个非局部餍足条件, 但读者不应该忘记瓦尔拉斯均衡定义中已经有两个较强的条件: 一是每种商品只有唯一一个市场价格, 二是每个消费者和生产者都是市场价格的接受者, 他们的行为不改变市场价格。我们将在本书的后半部分重点考虑这两个条件不满足时市场机制下的资源配置。

8.4.3 福利经济学第二基本定理

下面我们来考虑上述定理的逆定理:

福利经济学第二基本定理: 如果 $(\mathbf{x}^*, \mathbf{y}^*)$ 是初始禀赋 ω 下的一个帕累托有效配置,且各个个体在每一种商品上的分配量都严格大于零: $x_{il}^* > 0$, $i = 1, \ldots, n$; $j = 1, \ldots, m$; 个体的偏好是连续、严格单调和凸的; 厂商的生产可能集也都是凸的。在个体间适当地重新分配初始禀赋后,一定存在一个价格向量 $\mathbf{p}^*$,使得 $(\mathbf{x}^*, \mathbf{y}^*, \mathbf{p}^*)$ 是新禀赋下的瓦尔拉斯均衡。

我们不打算证明这个定理,而是在一个特殊的例子中构造一个瓦尔拉斯均衡,使得均衡配置恰好是预先给定的帕累托有效配置; 并且,通过它说明该定理中凸偏好和凸技术假设的必要性。

考虑一个只含一个个体、两种商品的经济: 商品 1 为闲暇,商品 2 是某种消费品; 经济中唯一的一个人既是消费者,同时也是生产者——他可以投入劳动 L 生产商品 2,生产函数是 $y = f(L)$。初始禀赋是 $(T, 0)$,这里 T 是个体可用于闲暇或劳动的最大时间,他一开始拥有的商品 2 的数量是 0。由于只有一个个体,我们自然无法显示一定情况下重新分配禀赋的必要性,但这允许我们在简单的图形中直观地理解定理的内容。

可行的配置 (x_1, x_2) 满足禀赋约束

$$x_1 + L = T, \quad x_2 = y \tag{8.34}$$

如果个体拥有凸偏好,生产技术也是凸的,我们可以将其生产可能集 Z 和无差异曲线画在图 8.3 中。图中 A 点是初始禀赋点,无差异曲线 U^* 与生产可能性边界 $y = f(T - x_1)$ 的切点 E 显然是这个经济中的帕累托有效点。于 E 点引一条同时与无差异曲线 U^* 和生产可

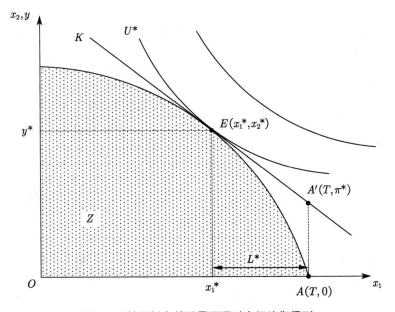

图 8.3 帕累托有效配置可通过市场均衡得到

能性边界的切线 K, 因为偏好是凸的, 而且生产可能集 Z 也是凸集, U^* 和 Z 分别位于直线 K 的上、下两侧。注意到直线 K 的斜率是负值, 我们将其记为 $-P, P > 0$。

现在我们向这个体宣布"市场"价格: 消费品 (商品 2) 的价格为 1, 闲暇 (商品 1) 的价格为直线 K 斜率的绝对值。即是说

$$p_1 = P,\ p_2 = 1 \tag{8.35}$$

给定这一价格, 个体作为生产者将努力使下列利润最大化

$$\pi = 1 \cdot f(L) - PL = f(T - x_1) - P(T - x_1)$$

最优劳动供给 $\hat{L} = T - \hat{x}_1$ 满足一阶条件:

$$f'(\hat{L}) = f'(T - \hat{x}_1) = P \tag{8.36}$$

注意到生产可能性边界的方程是 $y = f(T - x_1)$, 其切线斜率是 $dy/dx_1 = -f'(T - x_1)$, (8.36) 意味着个体将在 E 点安排他的生产, 因为只有这一点处生产边界的切线斜率是 $-P$。记这个最优劳动供给下达到的利润为 $\hat{\pi}$

$$\hat{\pi} = \hat{y} - P(T - \hat{x}_1)$$

移项后利用 (8.34), 可以得到个体作为消费者的预算约束

$$Px_1 + x_2 = P\hat{x}_1 + \hat{x}_2 = \hat{\pi} + PT \tag{8.37}$$

这条直线正是图中与无差异曲线相切的直线 K。显然, 在该预算约束下, 个体的最优消费点位于 E。

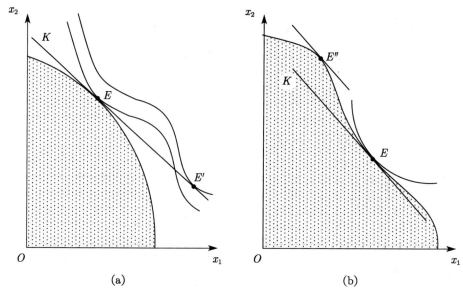

图 8.4 福利经济学第二定理中的凸条件

这样，通过定义价格 (8.35)，我们就构造了一个市场均衡，其配置正好是一开始给定的帕累托有效配置

$$\hat{x}_1 = x_1^*, \quad \hat{x}_2 = x_2^*$$

凸偏好和凸技术条件的必要性可以通过图 8.4 显示出来。图 8.4(a) 是非凸偏好可能出现的情形：帕累托最优点是 E，而且这也是价格 $(1, P)$ 下的最优生产位置，但这组价格下最优消费束处于 E'，市场无法达到均衡；图 8.4(b) 中生产技术是非凸的，E 点代表帕累托有效配置。在价格 $(1, P)$ 下，最优消费点就是 E，但最优生产组合处于 E''。凸偏好和凸技术条件的作用是，它保共切线 K 将二者分在上下两侧，从而保证价格 $(1, P)$ 下的最优生产和消费位置都处于切点 E（读者可以验证无差异曲线与生产边界曲线的切点不唯一时不会影响我们的结论）。

8.5 艾奇沃斯交换与核

8.5.1 艾奇沃斯交换

在前面分析的瓦尔拉斯经济中，假想的市场组织者预先给定一组市场价格，消费者和生产者观察到这组价格后决定各自的消费束或生产计划，由此产生市场总需求和总供给；如果这二者不等，市场组织者按一定的规则调整价格，直至最终各个市场都达到均衡。在本章一开始提出的那个"岛上午餐会"例子中，我们即是假设个体按市场组织者公布的价格进行食品交换的。

现实中的市场显然不是如此运行的。参加岛上午餐会的人通常不会带上一位市场组织者去为他们组织交易。张三可能觉得他苹果过多，而忘了带梨，于是他会用一些苹果与李四换一些梨；随后他可能觉得用两根香肠换一条烤鱼的主意不错，而王五同意跟他交换，于是二人又完成一笔交易。在这里，市场交易是在个体间直接进行的。而且，虽然每一笔交易事实上确实是在按某一 (隐性) 价格在进行，但之前没有谁告诉交易者交易该如何进行，交易价格是交易双方讨价还价的结果。我们身处的市场大多也是如此：你要买一台电视机，你会货比三家，虽然走进任何一个商场都有价目标在那里，但那只是商家的意见，你可以与卖主讨价还价。

艾奇沃斯 (Edgeworth) 向我们提供了更为贴近上述现实的分析。这种分析不仅使我们对市场运行机制有更准确的理解，而且还能延伸出一些重要的分析工具和概念。下面我们从只有两个个体和两种商品的简单经济开始。

如果经济中只有两个个体和两种商品，交换过程可以用著名的艾奇沃斯方框图来作直观的演示。如图 8.5，个体 1 的无差异曲线所在的坐标平面是 (x_1, y_1)，他初始的禀赋是 (x_1^0, y_1^0)；个体 2 所在的坐标平面为 (x_2, y_2)，拥有初始禀赋 (x_2^0, y_2^0)。我们将个体 2 的坐标系逆时针旋转 $180°$，并使得二人的初始禀赋点于图中 E^0 点重合。这样就得到一个所谓的艾奇沃斯矩形方框，这个矩形的横向长等于两人的 **x-** 商品原始禀赋之和 $x^0 = x_1^0 + x_2^0$，纵向高则是两个体拥有的 **y-** 商品原始禀赋之和 $y^0 = y_1^0 + y_2^0$；个体 1 和个体 2 的坐标原点分别处于矩形的左下角和右上角顶点。假设个体的偏好是严格凸的，从而两人的无差异曲线都凸向各自的原

点。需要注意的是，由于个体 2 的原点在方框右上角 O_2，其无差异曲线呈图中 U_2^0 或 U_2' 那样的形状，而且位置越靠近左下方的线代表的效用水平越高。假设个体按以下两个原则进行交换：

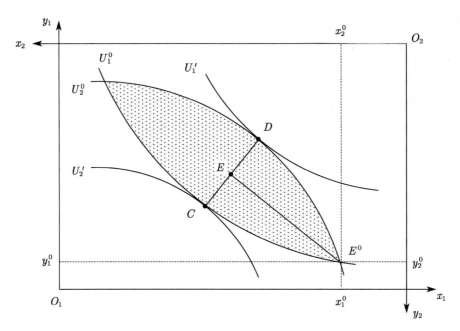

图 8.5　艾奇沃斯方框：交换均衡

艾奇沃斯交换原则： (1) 如果某项交换至少能使一个个体的效用更高，并且也不伤害任何个体，则两人总是愿意这项交换；(2) 任何个体都不愿进行降低自己效用的交换。

如果像图 8.5 中显示的那样，两人通过初始点 E^0 的无差异曲线 U_1^0 和 U_2^0 相交，围成一个透镜形状的阴影区域，由交换原则 (2)，任何交换结果都不可能落在该阴影区域之外，而阴影区域内的所有点都会提高至少一个个体的效用。另一方面，在两人的边际替代率 MRS_{xy} 相等之前，必然还有对两人都有利的交换存在。比方说，在某一点有 $\mathrm{MRS}^1_{xy} = 3$ 而 $\mathrm{MRS}^2_{xy} = 5$，这意味着个体 1 愿意以 3 单位 **x-** 商品来换取 1 单位 **y-** 商品，而个体 2 则愿意以 5 单位 **x-** 商品来换取 1 单位 **y-** 商品。现在只要从个体 2 那里取 4 单位 **x-** 商品交换个体 1 的 1 单位 **y-** 商品，即可同时改善两人的效用。图中的曲线段 CD 表示的是阴影区域内两人无差异曲线相切的轨迹，上面每一点都满足 $\mathrm{MRS}^1 = \mathrm{MRS}^2$，这说明均衡点只可能落在 CD 上。

假设二人通过交换已经到达 CD 线上某一点 E，进一步的交换是否还有可能？没有。如果交换使他们离开 CD，新的分配点必然落在某一个体过 E 点的无差异曲线以下，交换原则 (2) 表明这个个体不会同意这样的交换；如果交换沿着 CD 线移动，某个个体效用增加的代价是降低对方的效用，交换原则 (1) 排除了这种可能。

综上所述，CD 线上的所有点，而且只有这些点，同时满足艾奇沃斯的两个交换原则。由于这个原因，CD 称为**契约线 (contract curve)**。但是，我们不清楚最终的均衡究竟是在契

约线 CD 上的哪一点。即是说，艾奇沃斯分析得到的是一个均衡集合，而不是一个均衡点。这看起来是这种分析的弱点，但我们要记住，艾奇沃斯分析的假设条件比瓦尔拉斯均衡分析的条件弱了许多，从而这种分析也就更为一般化。在这里，个体不是消极地按给定的价格进行交换，而是直接根据自己的偏好和禀赋，与对方进行积极的讨价还价，最终达到尽可能高的效用。

如果我们知道最终的均衡点，我们可以计算出隐含的均衡价格。譬如说 E 点是均衡点，假设 E 点的坐标是 (x^*, y^*)。这意味着个体 2 付出了 $y_2^0 - y^*$ 单位的 y- 商品来换取 $x^* - x_2^0$ 单位的 x- 商品，所以 x- 商品的价格是 $(y_2^0 - y^*)/(x^* - x_2^0)$（如果我们将 y- 商品视为货币）。即是说，自禀赋点 E^0 出发至均衡点 E^* 连线的斜率隐含地定义了均衡价格。从这个角度说，图 8.5 中所有可能的均衡都可以以一系列的价格来表示，这些价格介于线段 E^0C 和 E^0D 的斜率之间。均衡价格越接近 E^0C 的斜率，x- 商品的相对价格越低，由于个体 1 是 x- 商品的供给者和 y- 商品的需求者，他在均衡中达到的效用也就越低；同时，个体 2 作为 y- 商品的供给者和 x- 商品的需求者，能获得的均衡效用越高。另一方面，均衡价格越接近 E^0D 的斜率，则 x- 商品的相对价格越高，个体 1 达到的效用越高，个体 2 达到的均衡效用越低。

8.5.2 核与均衡

核 (core) 是合作博弈论中的一个关键概念，但经济学家发现它与市场均衡有直接的联系。这里我们仅在纯交换经济中分析二者的联系。

考虑一个含有 m 个消费者、H 种商品的纯交换经济。假设消费个体 i 拥有初始禀赋 $\omega_i \geqslant 0$；每个个体都具有严格单增、严格凸并且连续的偏好。这个经济中的任何一个可行配置 $(\mathbf{x}_1, \ldots, \mathbf{x}_m)$ 都满足禀赋约束

$$\sum_{i=1}^{n} \mathbf{x}_i = \sum_{i=1}^{n} \omega_i$$

将经济中所有个体的集合记为 I：$I = \{1, \ldots, m\}$，I 中任何一个非空子集 S 称为一个**合作群** (coalition)。包括所有个体的集合 I 本身，一个由 m 个个体组成的经济存在 $2^m - 1$ 个合作群。比如，一个包含"张""王"和"李"三个人的经济，可能的合作群有下列 7 种：

$\{张\}, \{王\}, \{李\}, \{张, 王\}, \{张, 李\}, \{王, 李\}, \{张, 王, 李\}$

注意一个个体也组成一个合作群。

假设目前经济中的配置是 $\mathbf{x}$，如果一个合作群 $S \subseteq I$ 中的个体只在 S 的范围内交换就可以实现帕累托改进，那么经济就不应该采用这个配置。这个直观的思想包含在下面的概念中：

定义：$S \subseteq I$ 是经济中一个合作群，$\mathbf{x}$ 是经济的一个可行配置。如果存在另一种配置 $\mathbf{x}'$，使得对每个个体 $i \in S$，$u_i(\mathbf{x}') \geqslant u_i(\mathbf{x})$，并且至少有一个严格不等式成立

$$\sum_{i \in S} \mathbf{x}'_i = \sum_{i \in S} \omega_i$$

就称配置 $\mathbf{x}$ 是被合作群 S 淘汰的 (blocked by S)。

定义： 经济中一个不会被任何合作群淘汰的配置称为经济的一个**核配置**；所有核配置的集合称为经济的**核** (core)。

对于上一小节考虑的两个体、两商品的纯交换经济，所有可行配置都处于艾奇沃斯方框中。这个简单的经济中可能的合作群有三个：$\{1\}, \{2\}, \{1,2\}$。图 8.6 是这个经济的艾奇沃斯方框，E^0 是初始禀赋点，个体 1 和个体 2 过 E^0 点的无差异曲线分别是 U_1^0 和 U_2^0。处于 U_1^0 左下方的点 (配置) 会被$\{1\}$这个合作群淘汰——他只要持有自己原有的禀赋不动就可以得到较高的效用；同样，合作群$\{2\}$会淘汰位于无差异曲线 U_2^0 右上方那些配置。所以，剩下的只有透镜形区域内的配置，但在这些配置中，处于契约线 CD 以外的点又会被$\{1,2\}$淘汰。对于 CD 上任何一点，没有任何一个合作群会淘汰它 (回忆上一小节说明契约线 CD 是帕累托有效集合的过程)。所以，这个经济中的核就是契约线 CD。

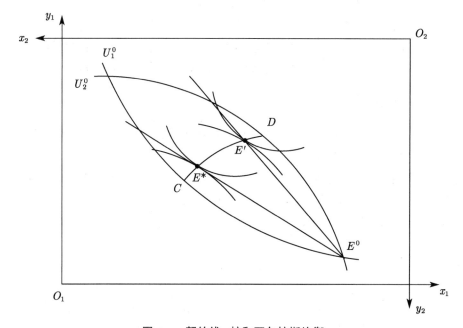

图 8.6 契约线、核和瓦尔拉斯均衡

现在我们来考虑瓦尔拉斯市场均衡与核的关系。先看两个体-两商品的交换经济。假设 $\mathbf{p}^* = (p_1^*, p_2^*)$ 是一个瓦尔拉斯均衡价格。由于价格 $\mathbf{p}^*$ 下两个消费者都达到了他们各自的最大效用，所以在艾奇沃斯方框中，均衡点 E^* 处二者的无差异曲线必然相切；另一方面，E^* 点带给两人的效用不会低于他们在初始禀赋下的效用，所以，瓦尔拉斯均衡点 E^* 必然是一个核配置，或者说，E^* 必然位于契约线 CD 上。下面的定理说明，这个结论并不是上面简单例子中的特殊现象，它对一般的经济也是成立的。

定理： 任何一个瓦尔拉斯均衡配置都是核配置。

【证明】 假设配置 $\mathbf{x}^* = (\mathbf{x}_1^*, \ldots, \mathbf{x}_m^*)$ 是一个价格 $\mathbf{p}^* \geqslant \mathbf{0}$ 下的瓦尔拉斯均衡，由福利经济学第一定理，整个社会 I 作为一个合作群不会淘汰这个配置，我们要证明任何一个合作群 $S \subset I$ 都不会淘汰 $\mathbf{x}^*$。

如果不是这样，存在某个 $S \subset I$，使得存在 S 中的帕累托改进配置 $\{\mathbf{x}_i\}_{i \in S}$：对任何合作

群 S 中的个体 i

$$u_i(\mathbf{x}_i) \geqslant u_i(\mathbf{x}_i^*) \quad \forall i \in S$$

并且至少有一个严格不等式成立。由于个体 i 在价格 $\mathbf{p}^*$ 下的最优消费是 $\mathbf{x}_i^*$, 所以 $\mathbf{x}_i$ 的支出必然高于个体 i 初始禀赋的市场价值:

$$\mathbf{p}^* \mathbf{x}_i > \mathbf{p}^* \boldsymbol{\omega}_i \quad \forall i \in S$$

从而有

$$\mathbf{p}^* \sum_{i \in S} \mathbf{x}_i > \mathbf{p}^* \sum_{i \in S} \boldsymbol{\omega}_i$$

由此必然有 $\sum_{i \in S} \mathbf{x}_i > \sum_{i \in S} \boldsymbol{\omega}_i$, 而这与定义矛盾。

证毕。

这个定理的逆命题显然是不成立的。在图 8.6 中核是整个契约线 CD, 而瓦尔拉斯均衡只是 CD 上的一点 E^*。注意到 E^* 与禀赋点 E^0 连线的斜率是相对价格的负值 $-p_1^*/p_2^*$, 这一点两个个体的无差异曲线都与直线 E^*E^0 相切。其他核配置点并不满足这个性质。譬如图中 E', 二人的无差异曲线虽然相切，但都与连线 $E'E^0$ 相交。

8.5.3 核的收敛

上一小节证明，瓦尔拉斯均衡一定在核中，但核中还存在非瓦尔拉斯均衡的核配置。下面我们将说明，当社会中的消费者数量趋于无穷大时，任何非瓦尔拉斯均衡的配置都将被淘汰，剩下的核配置只可能是瓦尔拉斯均衡。换言之，在一个包含众多个体的经济中，瓦尔拉斯均衡与核是近乎等价的。这个时候，无论我们将经济个体理解为互相间能够直接地讨价还价的交换者，还是简单地假设他们只是一组市场统一价格的被动接受者，均衡结果都没有什么分别。Debreu and Scarf (1963) 提出并证明了这个所谓的核极限定理。我们只在一种特殊的情况下给出一个尽可能直观的证明。

假设只存在两种商品: x 和 y, 经济中的所有消费者可以分为 A 和 B 两类, 每一类消费者都有相同的禀赋和偏好, 并且这两类消费者的数量相等, 记为 n。如果每一个 A 类消费者的初始禀赋是 (x_A^0, y_A^0), B 类消费者的禀赋是 (x_B^0, y_B^0), 则整个社会的禀赋是

$$x^0 = n(x_A^0 + x_B^0), \; y^0 = n(y_A^0 + y_B^0)$$

记属于 A 类的消费者为 A_i $(i = 1, \ldots, n)$, B 类消费者为 B_j $(j = 1, \ldots, n)$。我们先来证明下面的同等待遇原则。

同等待遇原则 (equal treatment principle): 如果两类消费者的人数都不小于 2, 偏好是严格单调、严格凸和连续的, 则任何一个核配置中, 同类消费者的消费束是完全一样的。

【证明】 假设不是这样, 譬如说同属 A 类的消费者 A_1 和 A_2 在某个核配置中有不同的消费束。有两种可能的情况:

(a) A_1 和 A_2 的消费点 a_1 和 a_2 处于同一条无差异曲线 U_A 上,如图 8.7。由于偏好是严格凸的,则二人只要沿着连线 a_1a_2 交换即可同时获得更高的效用。比方说,他们可以同时消费 a_1a_2 中点 a 代表的消费束,这样二人都会处于更高的无差异曲线。也就是说,合作群 $\{A_1, A_2\}$ 将淘汰 a_1 和 a_2 点,这与核配置矛盾;

(b) A_1 和 A_2 的消费点如图 8.7 中 a_1 和 a_2',A_1 所处的无差异曲线较低,A_2 所处的无差异曲线较高。对 A_1 来说,线段 a_1a_2' 的任何一点,比方说中点 a',都比他原来的 a_1 强,所以他希望与 A_2 交换,但 A_2 不会答应,因为这会将他拉到较低的无差异曲线上来。合作群 $\{A_1, A_2\}$ 不会对双方现有的状况有任何改善。尽管这样,我们注意到 A_1 的一个交换动机:如果能达到 a' 点,他的效用将得到改善。a' 的商品组合是

$$[(x_{A1} + x'_{A2})/2, (y_{A1} + y'_{A2})/2]$$

A_2 不会与 A_1 交换,那么 B 类消费者中是否有人有兴趣与 A_1 交换? 适当排列 B 类消费者的下标,不妨假设 B_1 达到的效用不超过 B_2 的效用。在图 8.7 中将下标 A 改为 B,上面的分析同样适合对 B_1 和 B_2。如果 B_1 和 B_2 原来的消费束分别是 $b_1(x_{B1}, y_{B1})$ 和 $b_2(x_{B2}, y_{B2})$,由前面的分析,B_1 必然更希望得到下面的消费束

$$b': \quad [(x_{B1} + x_{B2})/2, (y_{B1} + y_{B2})/2]$$

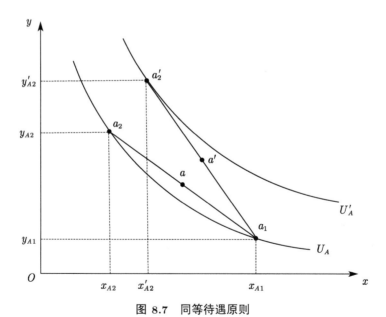

图 8.7 同等待遇原则

我们断言,A_1 与 B_1 交换可以达到各自希望的消费束,这可以通过计算这两个消费束所需要的商品数量来验证。如果 A_1 和 B_1 分别获商品束 a' 和 b',需要的 x 商品和 y 商品分别是 (注意个体原有的消费束满足禀赋约束)

$$\frac{x_{A1} + x'_{A2}}{2} + \frac{x_{B1} + x_{B2}}{2} = \frac{x_{A1} + x_{B1}}{2} + \frac{x'_{A2} + x_{B2}}{2} = x_A^0 + x_B^0$$

$$\frac{y_{A1}+y'_{A2}}{2}+\frac{y_{B1}+y_{B2}}{2}=\frac{y_{A1}+y_{B1}}{2}+\frac{y'_{A2}+y_{B2}}{2}=y_A^0+y_B^0$$

可见 A_1 与 B_1 原有的禀赋足以支持消费束 a' 和 b', 这意味着合作群 $\{A_1,B_1\}$ 必然会淘汰 a_1 和 b_1, 这与假设矛盾。

如果 B_1 和 B_2 原来的消费束是一样的, 那么上面构造的消费束 b' 与 b_1 是一样的, $\{A_1,B_1\}$ 仍然会淘汰 a_1 和 b_1, 因为这在不影响 B_1 效用的情况下增加了 A_1 的效用。这就证明了同等待遇原则。

证毕。

现在转过来分析消费者人数增加时核的变化。我们从 $n=1$ 开始。图 8.8 是一个 A 类消费者 A_1 与一个 B 类消费者 B_1 交换的艾奇沃斯方框, 其中 e^0 是初始禀赋点, cd 线是这个二人经济的核。假设二人在其中核配置点 c 达到均衡, 即是说 A 类消费者没有从交换中获得任何好处, 而 B 类消费者独享所有的交换利益。

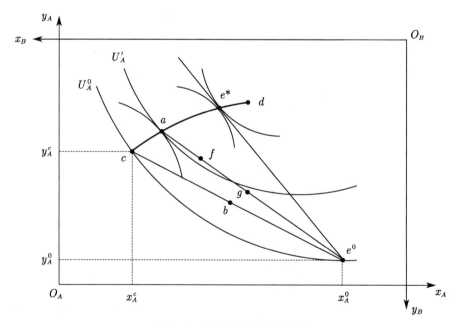

图 8.8 淘汰非瓦尔拉斯均衡

现在我们在经济中引入另一对消费者 A_2 和 B_2。由于新来的 A 类消费者 A_2 的初始禀赋位于 e^0, 位于 c 点的 A_1 看到了改善处境的机会: 由于偏好是一个凸的, 直线段 ce^0 必然位于无差异曲线 U_A^0 的上方, 从而这上面的每一点都可以使他处于更高的无差异曲线。当然, A_1 和 A_2 间的交换并不能使他们达到线段 ce^0 上任何一点, 因为 A_1 愿意放弃的商品 y 的数量要恰好满足 A_2 的需要, 而 A_1 需要的商品 x 的数量也要 A_2 愿意提供。满足这个条件的唯一一点是 ce^0 的中点 b: 只要 A_1 向 A_2 提供 $(y_A^0-y_A^c)/2$ 单位 y 商品, 交换 $(x_A^0-x_A^c)/2$ 单位 x 商品, 双方就同时到达 b 点。所以, 在 $n=2$ 时, c 点必然被排除在核之外, 因为合作群 $\{A_1,B_1,A_2\}$ 会淘汰这个配置 (消费者 B_1 包含在这个合作群中是因为需要他先与 A_1 交换使后者到达 c 点)。

由此，我们已经看到，经济从 $n=1$ 扩容到 $n=2$，一些原先的核配置已经被淘汰。其中的道理其实不难理解——随着消费者的增加，可交换的余地必然随之增大，以前只是希望的一些结果现在可以实现了，某些配置自然会在较大的经济中被丢弃。

关键问题是，随着 n 越来越大，哪些核配置会被逐渐淘汰，而哪些配置会永远留在核中？根据上面淘汰 c 的分析过程，只要某一核配置点与初始禀赋的连线与某个消费者的无差异曲线相交于两点，并且这条连线的中点又处于这两个交点之间，经济从 $n=1$ 扩容到 $n=2$ 时就会淘汰这样的核配置。

如果一个核配置不是瓦尔拉斯均衡，像图 8.8 中的 a 点，a 点与初始禀赋点的连线 ae^0（及其延长线）必然同时与 A_1 和 A_2 过 a 点处的无差异曲线相交。但是，线段 ae^0 的中点 g 不在两交点之间，所以虽然图中 f 点能使 A_1 和 A_2 都处于更高的无差异曲线，二者之间的交换却不能达到这一点——处于 a 点的 A_1 能提供的 y 商品太少，需要的 x 商品也太少，不足以将 A_2 从 e^0 拉到 f。所以，$n=2$ 时像 a 这样的核配置会仍然留在核中。

不过，只要允许 n 取任何一个整数值，配置 a 必然会被淘汰。分别将 a 和 f 对应的消费束记为 (x_A^a, y_A^a) 和 (x_A^f, y_A^f)，假设目前是一个 $n=k$ 的经济。由同等待遇原则，均衡中所有 k 个 A 类消费者有同样的消费束，B 类消费者也有同类消费束。假设经济在 a 点取得均衡。现在我们再往经济中引入 s 对分属于 A、B 两类的消费者，使得

$$k(x_A^f - x_A^a) = s(x_A^0 - x_A^f) \tag{8.38}$$

或者等价地

$$k/s = (x_A^0 - x_A^f) \big/ (x_A^f - x_A^a) \tag{8.38'}$$

则下面等式也自动成立

$$k(y_A^a - x_A^f) = s(x_A^f - x_A^0) \tag{8.39}$$

这样，k 个处于 a 点的 A 类消费者与 s 个处于 e^0 处新来的 A 类消费者之间交换，即可同时达到 f 点。换句话说，配置 a 将被合作群 $\{A_1, \ldots, A_{k+s}, B_1, \ldots B_k\}$ 淘汰。

如果一个核配置是瓦尔拉斯均衡，像图 8.8 中的 e^* 点，e^* 点与初始禀赋点的连线 $e^* e^0$ 是相对价格线，它同时与两类个体过 e^* 点处的无差异曲线相切。此时无论经济中有多少消费者，e^* 也不会被上述过程丢弃（由于核不会是空集，这也证实瓦尔拉斯均衡将永远留在核中）。

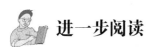

进一步阅读

Hildenbrand, W. and A. Kirman (1988), *Equilibrium Analysis*, New York: North-Holland.

Debreu, G. and H. Scarf (1963), "A Limit Theorem on the Core of an Economy", *Journal of Economic Theory*, 25: 269-282.

练习与思考

8-1 一个二人经济中有两种商品。个体 1 开始有 2 单位 x 商品和 2 单位 y 商品；个体 2 开始只有 2 单位 x 商品；两人的效用函数分别是

$$u_1(x,y) = x + \ln y , \ u_2(x,y) = \ln x + \ln y$$

试求这个纯交换经济的瓦尔拉斯均衡价格和配置。

8-2 一个二人经济中有两种商品。个体 1 开始有 30 单位 x 商品，个体 2 开始有 20 单位 y 商品；两人的效用函数分别是

$$u_1(x,,y) = \min\{x,\ y\} , \ u_2(x,,y) = \min\{x,\ y^{1/2}\}$$

试求这个纯交换经济的瓦尔拉斯均衡价格和配置。

8-3 在一个两种商品、两个消费者的经济中，假设社会的初始禀赋是 $(\bar{x}, \bar{y})$，消费者 i 的马歇尔需求是 $(x_i(p), y_i(p))$，$i = 1, 2$。如果两个消费者都是非局部餍足的。

(1) 证明：对任何价格 $\mathbf{p} = (p_x, p_y) \geqslant \mathbf{0}$

$$p_x(\sum_i x_i(\mathbf{p}) - \bar{x}) + p_y(\sum_i y_i(\mathbf{p}) - \bar{y}) = 0$$

(2) 如果在价格 $\mathbf{p}^* \gg \mathbf{0}$ 下 x 商品市场出清，证明 y 商品市场也必然同时出清。

8-4 考虑 8.1.2 节中定义的映射 (8.7)：$\mathbf{g}: \mathbf{Z} \to S^{H-1}$：

$$g_h(\mathbf{z}) = \frac{q_h + \max\{0,\ k_h z_h\}}{1 + \sum_{j=1}^{H} \max\{0,\ k_j z_j\}}$$

(1) 验证：$\forall \mathbf{z} \in Z$，都有 $\sum_{h=1}^{H} g_h(\mathbf{z}) = 1$。
(2) 验证 $g_h(\mathbf{z})$ 是 $\mathbf{z}$ 的连续函数。

8-5 假设经济中每个个体的间接效用函数都有拟线性形式：$v_i(\mathbf{p}, m_i) = f_i(\mathbf{p}) + m_i$，$\mathbf{p}^*$ 是一个瓦尔拉斯均衡，证明：在 $\mathbf{p}^*$ 附近总需求函数 $X_h(\mathbf{p})$ 是 p_h 的单减函数。

8-6 在什么情况下契约线将完全落在艾奇沃斯方框的一条边上？此时是否每个帕累托配置都对应一个瓦尔拉斯均衡 (适当调整初始禀赋)？你的回答是否与福利经济学第二基本定理矛盾？

8-7 证明：对于一个包含 m 个消费者、n 个厂商、H 种商品的经济，通过适当调整个体 i $(i=2,\ldots,m)$ 的初始效用水平 u_i^0，任何一个帕累托有效配置 $(\mathbf{x}^P, \mathbf{y}^P)$ 都可以通过求解问题 (8.25) 得到。

8-8 假设经济中各个体的效用函数是 $u_i(\mathbf{x}_i)$ $(i=1,\ldots,n)$，定义社会福利函数

$$W(\mathbf{x}, \mathbf{k}) = \sum_{i=1}^{n} k_i u_i(\mathbf{x}_i)$$

其中 $\mathbf{x} = (\mathbf{x}_1, \ldots, \mathbf{x}_n)$，$\mathbf{k} = (k_1, \ldots, k_n) \gg \mathbf{0}$ 是每个分量都大于零的常向量。给定经济中的初始禀赋不变，证明：

(1) $\forall \mathbf{k} \gg \mathbf{0}$，如果 $\mathbf{x}^*$ 使得社会福利 $W(\mathbf{x}, \mathbf{k})$ 达到最大，则它必然是一个帕累托有效配置。

(2) 如果 $\mathbf{x}^* \gg \mathbf{0}$ 是一个帕累托有效配置，且每一个 u_i 都是连续、单增的凹函数，则必然存在 $\mathbf{k}^*$，使得函数 $W(\mathbf{x}, \mathbf{k}^*)$ 的最大值解就是 $\mathbf{x}^*$（提示：使用福利经济学第二基本定理）。

(3) 上一小问中的 $\mathbf{k}^* = (k_1^*, \ldots, k_n^*)$ 有什么经济学解释？

8-9 在一个包含两种商品、两个消费者的经济中，依照下面的步骤，利用价格提供线来简单地构造瓦尔拉斯均衡（回忆第 4 章图 4.7 定义的价格提供曲线）。

证明：

(1) 在艾奇沃斯方框中，两个个体的价格提供线都经过初始禀赋点，并且都处于两人过初始点处无差异曲线围成的透镜区域内。

(2) 初始点与个体 i 价格提供线上任一点的连线，必然与个体 i 过这一点的无差异曲线相切。

(3) 如果两人的价格提供线在艾奇沃斯方框内相交（除了初始点），这一交点必然是瓦尔拉斯均衡。

(4) 结合 (1)—(3)，解释瓦尔拉斯均衡配置必然处于核中。

8-10 假设经济中只存在两种商品：x 和 y，有 A 和 B 两类消费者，每一类消费者都有相同的禀赋和偏好。如果个体的偏好是凸的，但不一定是严格凸的，同等待遇原则是否还成立？当经济中的人数增加时，非瓦尔拉斯均衡是否一定会被淘汰？

8-11 考虑一个由消费者 $\{A_1, A_2, B_1, B_2\}$ 组成、有两种商品的经济。如果 A_1 和 A_2 的消费束是一样的，而 B_1 和 B_2 处于不同的无差异曲线上。证明：这个配置必然会被某一合作群淘汰。

8-12 考虑一个两商品、人数相同的两群消费者构成的经济。A 类消费者的初始禀赋是 $(1, 0)$，效用函数 $u_A = ax + by$；B 类消费者的初始禀赋是 $(0, 1)$，效用函数 $u_B = \min\{cx, dy\}$。$a, b, c, d > 0$。

(1) 求这个经济的竞争均衡 (它是否是唯一的?)。

(2) 在两类消费者都只有一个人的情况下, 求这个经济的核。

(3) 如果 $a = b$, $c = d$, 证明: 只要每一群消费者的人数不小于 2, 所有核配置都是瓦尔拉斯均衡。

第 9 章　不确定性和个体行为

我们之前涉及的都是确定世界中的个体行为,而现实世界却包含许许多多的不确定事件。通货膨胀影响消费者的实际购买力,而通货膨胀率的高低对消费者来说是难以确定的;股票行情的好坏影响投资者的收益,而没有哪一个投资者能准确地预测股市的兴衰。为分析不确定环境中的个体行为,9.1 节在可供消费的商品空间内引入**彩票** (lottery) 这一概念,将一般的商品空间扩展到了所谓的彩票空间,并在其中定义了期望效用函数;利用期望效用函数,9.2—9.3 两节讨论个体对待不确定性风险的态度; 9.4 节则介绍了基本的衡量不确定性收益资产的风险衡量方法。

9.1　不确定性与期望效用函数

9.1.1　彩票空间

经济学中的不确定性有多种不同的表示方法。一种说法是,如果自然有若干种不同的可能状态,个体的收益 (或支出) 高低要视事实上出现哪一种自然状态而定,那么这个个体就面临不确定性。以博弈论的观点,也可以将不确定性环境理解为有一个假想的局中人——"自然"参与的博弈:"自然"这个特殊的局中人可以选择若干种不同的"状态",其他局中人在作自己的战略选择时看不到"自然"的战略选择。以后我们会用到这些描述方法,但目前我们采用在通常的商品空间中引入"彩票"的方法来刻画不确定性,因为它在许多场合能够简化我们的表述。

首先有必要对特定事件或状态发生的概率这一概念作一点说明。对某一不确定事件 A 发生的概率 p 最自然的理解,是事件 A 发生的**客观概率**。譬如,反复作掷币试验,结果发现硬币正面朝上的机会大约是一半,这种重复试验中正面朝上的频率 1/2 就是该事件 (硬币正面向上) 的客观概率。不过,并不是所有不确定事件都可以照此方法发现它发生的客观概率。诸如"明天股价指数上涨 3% 以上"或"周末要下雨"这样的事件,我们根本无法测定出什么客观概率。所以,在我们的分析中使用的都是**主观概率**,它反映的是个体对特定事件发生可能性的判断,或者说反映个体对自然的**信念** (belief)。不同的个体可能对同一事件有不同的判断,从而也会对其赋予不同的概率。在某些场合,考虑这种个体间的信念差异可能会得到相当有趣的分析结果,但除非特别说明,我们都隐含地假设不同个体对"自然"持相同的信念,这样一来一个事件的概率就是唯一的。

假设某人面对某一不确定事件 A, 若事件 A 发生时他可得到 x, 事件 A 不发生时得到 y。这里 x 和 y 可以是货币数量,也可以代表特定的商品束,甚至可以是不确定的财富。如果事件 A 发生的概率为 $p, 0 \leqslant p \leqslant 1$, A 不发生的概率为 $(1-p)$, 我们可以这样来理解该个体面临的情形：他拥有一张中签率为 p 的"彩票"，中彩的"奖励"是获得 x，而不能中彩时获得 y——当然，这种说法只是一种比喻，并不意味着个体一定认为 x 优于 y。这样，通过假想个体拥有彩票这样特殊的商品，个体的经济环境中就引入了不确定性。

个体所有可选彩票的集合称为**彩票空间**，记为 Ω；中彩率为 p、中彩时获 x、不中彩时获 y 的彩票记为 $l = [p, 1-p; x, y]$，或更简洁地记为 $l = [p; x, y]$。为进行经济分析，需要假设个体定义在其彩票空间上的偏好满足适当的条件。首先，按彩票的定义，应该满足

公理 1: $[1; x, y] \sim x$
公理 2: $[p; x, y] \sim [1-p; y, x]$
公理 3: $[p; [q; x, y], y] \sim [pq; x, y]$

公理 1 是说，彩票的概念同样适合确定的财富：某人确定地拥有 x，相当于他拥有一张中彩率为 100% 的彩票，而中彩价值是 x。公理 2 则表明同一张彩票的不同表现形式。公理 3 称为**复合彩票原理**，其左端是一张复合彩票：以概率 p 获得一张彩票 $[q; x, y]$，概率 $(1-p)$ 获得定值 y；若个体获得彩票 $[q; x, y]$，他又有概率 q 的机会获得 x，概率 $(1-q)$ 获得 y。复合彩票原理说明，个体只关心获得 x 和 y 的最终概率，不在乎彩票的构成形式，而最终概率的计算依从概率论中加法原理和乘法原理。根据复合彩票原理，我们还可以用只有两种结果的彩票构造含多种结果的彩票。譬如，$[p, q, r; x, y, z]$ 代表以概率 p, q 和 r 分别获得 x, y 和 z 的一张彩票，$p + q + r = 1$。我们这样来重新构造这张彩票：

令 $[Q; [P; x, y], z] \sim [p, q, r; x, y, z]$——这只要

$$PQ = p, \quad (1-P)Q = q, \quad (1-Q) = r$$

即可。解前两个方程可得

$$P = p/(p+q), \quad Q = p+q$$

注意它们同时还满足第三个方程（因为 $p + q + r = 1$）。

9.1.2 期望效用函数

仿照第 4 章建立效用函数的条件，我们假设个体的偏好满足条件：

(a) **完全性:** $\forall l_1, l_2 \in \Omega$，必然有 $l_1 \succeq l_2$ 或 $l_2 \succeq l_1$ 或二者同时成立。
(b) **自反性:** $[p; x, y] \succeq [p; x, y]$。
(c) **传递性:** $\forall l_1, l_2 \in \Omega$，$l_1 \succeq l_2, l_2 \succeq l_3, \Rightarrow l_1 \succeq l_3$。

为分析方便，一般还要求

(d) **连续性:** $\forall l_0 \in \Omega$，$\{l \mid l \succeq l_0\}$ 及 $\{l \mid l_0 \succeq l\}$ 都是闭集。

由第 4 章效用函数存在性定理, 条件 (a)—(d) 满足时, 存在连续、单调函数 $U(\cdot)$, 使得 $l_1 \succeq l_2 \Leftrightarrow U(l_1) \geqslant U(l_2)$。如果效用函数存在, 个体在不确定环境中的选择问题就变为求他的效用函数最大化的问题。

自然, 这个效用函数不是唯一的, 任何 $U(\cdot)$ 的正单调变换得到的函数也是同一偏好的效用函数。不过, 经济学上通常使用的, 是所谓的 **von. Neumann-Mogenstern 效用函数 (v.N-M 效用函数)**, 或称**期望效用函数**, 它满足

$$u([p;x,y]) = pu(x) + (1-p)u(y) \tag{9.1}$$

这是一个非常有用的性质, 但什么情况下会存在满足 (9.1) 式的效用函数呢? 除了以上一般的效用函数存在的条件, 我们还需要假设:

公理 4: (独立性) 若 $x \succeq y$, 则任取 z 以及 $p \in [0, 1]$, 都有

$$[p;x,z] \succeq [p;y,z]$$

这个公理看起来是非常一般的, 但稍后我们将在 9.1.3 节进一步讨论它。

v.N-M 效用函数存在性定理: 如果定义在彩票空间 Ω 上的个体偏好满足公理 1—4 和条件 (a)—(d), 则存在期望效用函数 $u(\cdot)$, 满足 (9.1)。并且, 除了 $u(\cdot)$ 的仿射变换 $v(\cdot) = Au(\cdot) + B(A > 0)$, $u(\cdot)$ 是唯一的。

这里不打算证明期望效用函数的存在性, 我们只是说明, 如果 $u(\cdot)$ 是某人的期望效用函数 (从而它满足 (9.1)), 那么其仿射变换:

$$v(\cdot) = Au(\cdot) + B \qquad A > 0 \tag{9.2}$$

也是该个体的期望效用函数; 并且, 除了这样的仿射变换, 不存在其他形式的效用函数满足 (9.1)。

首先, 如果 $u(\cdot)$ 是与偏好 "$\succeq$" 对应的一个期望效用函数, 任取 $A > 0$ 和 B, (9.2) 定义的 $v(\cdot)$ 显然是刻画同一偏好的效用函数 (因为效用函数的任一正单调变换还是同一偏好的效用函数), 现在我们验证 $v(\cdot)$ 满足 (9.1)

$$\begin{aligned} v([p;x,y]) &= Au([p;x,y]) + B \\ &= A[pu(x) + (1-p)u(y)] + B \\ &= p[Au(x) + B] + (1-p)[Au(y) + B] \\ &= pv(x) + (1-p)v(y) \end{aligned}$$

另一方面, 假设 $f(\cdot)$ 是任一正单调变换, $f(u(\cdot))$ 满足 (9.1)

$$f(u([p;x,y])) = pf(u(x)) + (1-p)f(u(y)) \tag{9.3}$$

由于 $u(\cdot)$ 是满足 (9.1) 的期望效用函数, (9.3) 又可写为

$$f(pu(x) + (1-p)u(y)) = pf(u(x)) + (1-p)f(u(y)) \tag{9.4}$$

等式两端对 p 微分

$$f'(pu(x)+(1-p)u(y))(u(x)-u(y))=f(u(x))-f(u(y))$$

再对 p 微分一次

$$f''(pu(x)+(1-p)u(y))=0 \tag{9.5}$$

由于 p 是任取的, 取 $p=1$, 得到

$$f''(u(x))=0 \tag{9.6}$$

这意味着存在 $A>0, B$, 使得

$$f(u)=Au(x)+B$$

上面我们考虑的是仅包含两种可能结果的不确定性。不过, 在个体面对的不确定性包含两个以上的可能结果时, 期望效用函数的概念很容易推广。譬如, 个体面对 n 种可能的状态, 状态 i 出现的概率为 p_i, 此时个体获得的收益是 $X=x_i$, 则他的期望效用函数可以写为

$$E[u(X)]=\sum_{i=1}^{n}p_iu(x_i) \tag{9.7}$$

更一般地, 个体面对的不确定性收益可能是在某个区间内连续变化的量: $a\leqslant X\leqslant b$, 假设 X 的概率密度函数为 $p(x)$, 则个体的期望效用函数就是

$$E[u(X)]=\int_{a}^{b}u(x)p(x)dx \tag{9.8}$$

或者, 如果 X 的累积概率分布函数是 $F(x), dF(x)=p(x)dx$, 则

$$E[u(X)]=\int_{a}^{b}u(x)dF(x) \tag{9.9}$$

9.1.3 期望效用理论面临的挑战

期望效用理论是分析不确定性的最基本的工具。但是, 关于这个理论长期以来一直存在一些争议。在建立个体期望效用函数的过程中, 我们假设了若干公理。尽管这些公理看起来都符合人类的行为规范, 但还是有一些经济学家对某些公理假设提出批评, 并认为期望效用函数理论是错误的, 需要创建新的理论来分析不确定世界中的个体行为。在前面的若干公理中, 最容易受到经验性研究质疑的也许是独立性公理, 而众多质疑中最著名的是 Allais 悖论。考虑以下两组赌局 (同时参见图 9.1)。

赌局 A: 参与者有 100% 的概率获得 1 万美元。
赌局 B: 参与者有 10% 的概率获得 5 万元, 89% 的概率获得 1 万元, 1% 的概率获得 0。
如果要你在 A 和 B 中选一个, 你的选择是什么? 将它记下来, 再在下面的两个赌局中挑一个。

赌局 C: 参与者以 10% 的概率获得 5 万元, 90% 的概率获得 0。

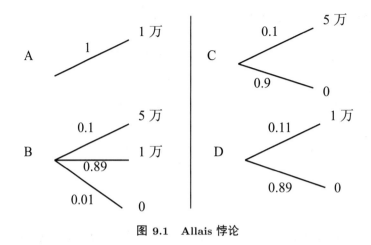

图 9.1 Allais 悖论

赌局 D: 参与者以 11% 的概率获得 1 万元, 89% 的概率获得 0。

绝大多数人在 A、B 中选择 A, 同时在 C、D 中选择 C, 这些人中既有一般的市井百姓, 也有不少训练有素的经济学人。不过就像我们将要证明的, 这种行为背离了期望效用理论中的独立性公理。事实上

$$A = [1; 1, 0] \sim [0.11; 1, 1]$$

由复合彩票原理

$$B = [0.11; [\frac{1}{11}; 0, 5], 1]$$

绝大多数人在 A 和 B 中选 A 意味着他们认为

$$[0.11; 1, 1] \succeq [0.11; [\frac{1}{11}; 0, 5], 1] \tag{9.10}$$

我们由此推断

$$1 \succeq [\frac{1}{11}; 0, 5] \tag{9.11}$$

因若不然, 由独立性公理将有

$$[0.11; [\frac{1}{11}; 0, 5], 1] \succeq [0.11; 1, 1]$$

这与 (9.10) 矛盾。现在利用 (9.11), 由独立性公理

$$[0.11; 1, 0] \succeq [0.11; [\frac{1}{11}; 0, 5], 0]$$

请注意, 这里

$$[0.11; 1, 0] = D$$

$$[0.11; [\frac{1}{11}; 0, 5], 0] \sim C (复合彩票原理)$$

所以 (9.4) 意味着 D ≻ C——这就是说，如果一个人在 A、B 中选了 A，他就不可能再在 C、D 中选 C。这个试验否定了独立性公理。

另一方面，近年来开始流行的行为经济理论也摒弃了期望效用理论，这一理论深受心理学的影响，认为作为"社会人"的经济个体在不确定环境中的行为在很大程度上取决于具体的"**决策框架**"(framing of decision)，而非 v.N-M 公理体系所能准确描述。这一点可通过一个非常流行的例子予以说明：某人携夫人去剧场看戏。考虑下面两种场景：

场景 1：他预先花 100 元买了两张戏票，但当他们到了剧场门口时发现戏票丢了。假如售票处还有同样等级的票，而且仍然是 50 元一张，他是否再掏 100 元买票进场？

场景 2：他之前没有买票，不过当他和夫人到了剧场门口时发现在路上丢了原来准备用来买戏票的 100 元钱。假如他的钱包里还有足够买票的钱，他是否会买票进场？

尽管这两种场景对当事人的财富影响是完全相同的，而且由期望效用理论确实也无法区分二者的差别，但试验表明：大多数人在场景 1 会选择打道回府，拒绝再掏钱买票；相反，多数人在场景 2 却会毫不犹豫地买票看戏。

尽管面临不断的挑战，期望效用理论迄今为止仍然是分析不确定性经济问题的标准工具。因此，以后有关不确定性问题的分析，都将以它为基础进行。

9.2 个体对待风险的态度

9.2.1 风险厌恶与风险升水

不同的个体对待不确定性的态度可能是不同的：热衷冒险的人会在等待不确定性的结果中获得刺激而兴奋不已；有的人却觉得不确定性对他们是一种折磨，从而尽力回避风险；而另一些人可能对风险采取一种两可的态度。既然在不确定性世界期望效用函数刻画了个体的偏好，个体对待风险的态度必然也会反映在他的期望效用函数中。

假设某个体的期望效用函数为 $u(x)$，简单地向他提供不同的"赌局"，并观察他的态度，即可探知个体对待风险的态度。为此，我们首先定义一个"公平赌局"。所谓公平赌局，就是不改变个体当前期望收益的赌局，或者说，期望净盈利为零的赌局。正式地，

定义：如果赌局 $[p^*; x^*, y^*]$ 满足：

$$p^* x^* + (1-p^*) y^* = 0 \tag{9.12}$$

就称它为一个**公平赌局** (fair game)。

比方说，一个掷币游戏规定：参加者掷到硬币正面赢 100 元，掷到硬币反面输 100 元。这个赌局就是一个公平赌局，因为硬币出现正面和反面的概率各为 50%，而硬币出现正面和反面情况下的得、失都是 100 元。

现在我们向一个期望效用函数为 $u(x)$ 的个体提供一个公平赌局 $[p^*;x^*,y^*]$。尽管该赌局不改变个体现在的期望效用，但不同的个体的态度也会有所不同。如果某人总是拒绝公平赌局，称他是 **(严格) 风险厌恶的** (risk aversion)；如果某人总是接受公平赌局，我们称他为 **(严格) 风险爱好的** (risk loving)；如果个体认为接受和不接受公平赌局都无所谓，就称他为 **风险中立的** (risk neutral)。严格地说：

定义： 如果 $[p^*;x^*,y^*]$ 满足 (9.12)，ω 为个体最初的收入 (秉赋)

$$p^*u(\omega+x^*)+(1-p^*)u(\omega+y^*) \leqslant (\geqslant) u(\omega)$$

则称个体是**风险厌恶 (爱好) 的**；如果其中的不等号严格成立，则称个体为**严格风险厌恶 (爱好) 的**；如果有

$$p^*u(\omega+x^*)+(1-p^*)u(\omega+y^*) = u(\omega)$$

称个体为**风险中立的**。

经验表明，经济个体通常表现出典型的风险厌恶特征，所以我们一般也假设个体是风险厌恶者。

个体对风险的态度，必然体现在它的期望效用函数中。具体地，我们有以下定理：

定理： 个体为风险厌恶 (爱好) 的充分必要条件是其期望效用函数为凹 (凸) 函数。

【证明】 只需考虑风险厌恶者的情况，风险爱好者的条件可类似得到。先证明必要性：假设效用函数为 $u(x)$ 的个体是风险厌恶的，我们要验证：$\forall p, x, y, 0 \leqslant p \leqslant 1, x, y \geqslant 0$，总有

$$u(px+(1-p)y) \geqslant p(x)+(1-p)u(y) \tag{9.13}$$

事实上，记 $px+(1-p)y=m$，容易验证 $[p;x-m,y-m]$ 满足 (9.12)。由于个体是风险厌恶的，他在各种收入水平上都将拒绝该公平赌局。特别地，他在收入水平为 m 时拒绝该赌局意味着

$$pu(m+x-m)+(1-p)u(m+y-m) \leqslant u(m)$$

将 $m=px+(1-p)y$ 代入上式就得到 (9.13)。

充分性：若个体的期望效用函数 $u(x)$ 是凹函数，任给一个公平赌局 $[p^*;x^*,y^*]$ 及收入水平 ω，由凹函数的性质

$$\begin{aligned} &p^*u(\omega+x^*)+(1-p^*)u(\omega+y^*) \\ &\leqslant u(p^*(\omega+x^*)+(1-p^*)(\omega+y^*)) \\ &= u(\omega+(p^*x^*+(1-p^*)y^*)) \\ &= u(\omega) \end{aligned}$$

这表示个体不会接受公平赌局 $[p^*;x^*,y^*]$。

证毕。

凹的期望效用函数到底意味着什么呢？注意到期望效用函数的性质，不等式 (9.13) 可以写为

$$u(px + (1-p)y) \geqslant u([p;x,y])$$

其中 $px + (1-p)y$ 是彩票 (赌局)$[p;x,y]$ 的期望收益，它是一个确定的值。即是说，风险厌恶的个体宁愿要彩票 $[p;x,y]$ 的期望收益，而不愿要彩票本身。这一点在图 9.2 中作了良好的揭示。

彩票 $[p;x,y]$ 与其平均收益 $px + (1-p)y$ 的差别仅仅是它含有不确定性。一个风险厌恶者更喜欢彩票 $[p;x,y]$ 带来的期望收益 $px + (1-p)y$ 而不是彩票本身，意味着彩票 $[p;x,y]$ 中的不确定性使他受到损失。如果这个个体向我们报告这个损失的大小，我们就知道了他风险厌恶的程度。当然，我们最好以货币单位来衡量这种损失，因为这样可以对不同个体进行比较：如果个体甲认为彩票 $[p;x,y]$ 与 $px + (1-p)y$ 相差 50 元，而个体乙认为二者间相差 100 元，我们可以认为乙比甲更害怕风险。这种以货币形式度量的不确定性成本称为风险升水：

定义：如果 r 满足

$$u[(px + (1-p)y) - r] = u([p;x,y]) \tag{9.14}$$

r 就称为彩票 $[p;x,y]$ 的**风险升水 (risk premium)**。

图 9.2 中，r 等于线段 BC 的长。显然，风险升水的大小依赖于个体的偏好 (期望效用函数) 和具体的彩票。对于一个风险爱好者来说，任一彩票的风险升水都是负值。

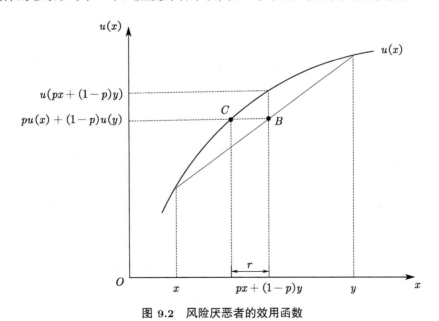

图 9.2 风险厌恶者的效用函数

9.2.2 Arrow-Pratt 风险厌恶系数

如果个体的期望效用函数是二阶可微的，我们还可以推导出一个更常用的风险厌恶测度。假设某个体是风险厌恶的，开始有一个确定的收入 ω；我们向他提供一个小的公平赌局

$[p; x, y]$,满足 (9.12)。这里"小的公平赌局"的意思是 x 和 y 的绝对值都很小。由风险升水的定义,$[p; x, y]$ 的风险升水 r 满足

$$u(\omega - r) = pu(\omega + x) + (1-p)u(\omega + y) \tag{9.15}$$

由于 x 和 y 的绝对值都很小,由泰勒展式

$$u(\omega + x) \approx u(\omega) + u'(\omega)x + \frac{1}{2}u''(\omega)x^2$$
$$u(\omega + y) \approx u(\omega) + u'(\omega)y + \frac{1}{2}u''(\omega)y^2$$

代入上式,注意到公平赌局满足 (9.12),有

$$u(\omega - r) \approx u(\omega) + \frac{1}{2}u''(\omega)[px^2 + (1-p)y^2] \tag{9.16}$$

另一方面,因为期望效用函数是连续的,x 和 y 的绝对值都很小意味着风险升水 r 也很小,从而 $u(\omega - r)$ 也可以写出一阶泰勒展式

$$u(\omega - r) \approx u(\omega) - u'(\omega)r \tag{9.17}$$

比较 (9.16) 和 (9.17),解出风险升水 r

$$r \approx -\frac{1}{2}\frac{u''(\omega)}{u'(\omega)}[px^2 + (1-p)y^2] \tag{9.18}$$

风险升水 r 由两个部分构成:$u''(\omega)/u'(\omega)$ 是体现个体偏好的因素,而 $[px^2 + (1-p)y^2]$ 则是彩票随机收益的方差,体现该彩票的风险。将随具体彩票变动的因素除去,留下仅反映个体主观因素的部分,我们得到一个比风险升水更一般的风险厌恶测度

$$A(\omega) = -\frac{u''(\omega)}{u'(\omega)} \tag{9.19}$$

$A(\omega)$ 称为 **Arrow-Pratt 绝对风险厌恶系数**(以下简称为"A-P 绝对风险厌恶系数")。

从直观上讲,如图 9.2 所示,个体的期望效用函数曲线向左上方凸得越厉害,他的风险厌恶程度越高。我们知道,曲线凸向左上方意味着凹函数,所以风险厌恶者总有 $u'' \leqslant 0$;另一方面,$|u''|$ 的大小对应的是期望效用曲线的弯曲程度,$|u''|$ 越大曲线 u 弯曲得越厉害。因此,$|u''| = -u''$ 刻画了个体的风险厌恶程度。不过,期望效用函数具有在仿射变换下不变的性质,而 $-u''$ 却在仿射变换下相差一个常数:任取 $a, b, a > 0$,由期望效用函数的性质

$$v(x) = au(x) + b$$

是对应同一偏好的期望效用函数,但

$$-v''(\omega) = -au''(\omega)$$

如果将 $-u''$ 作为个体风险厌恶的测度,势必出现同一个体有大小不同的多个风险厌恶测度的问题。注意到 $u' > 0$,并且在仿射变换下也相差一个同样的常数 a,将 u' 去除

$-u''$,不仅恰好将仿射变换中出现的常数消去,同时还保留了 $-u''$ 中含有的个体风险厌恶信息——这就是 A-P 绝对风险厌恶系数。容易看出,在任何仿射变换下,同一个体的 $A(\omega)$ 都是唯一的。

$A(\omega)$ 的构成还可通过直接比较不同个体参与冒险活动的程度来说明。向一个初始秉赋为 ω、期望效用函数为 $u(x)$ 个体提供赌局 $[p;x,y]$;固定 p,不断改变 x, y 的值并观察个体的反应 (接受或拒绝),将个体接受的所有组合 (x, y) 的集合称为他的"**接受集**"

$$F(\omega) = \{(x,y)|pu(\omega+x) + (1-p)u(\omega+y) \geqslant u(\omega)\} \tag{9.20}$$

如果个体是风险厌恶的,$u(x)$ 是凹函数,而 $F(\omega)$ 是凸集,其边界曲线 Γ 满足方程

$$pu(\omega+x) + (1-p)u(\omega+y) = u(\omega) \tag{9.21}$$

显然它经过 $(0,0)$ 点。(9.21) 两端对 x 微分

$$pu'(\omega+x) + (1-p)u'(\omega+y)y'(x) = 0$$

对上式再次微分得

$$pu''(\omega+x) + (1-p)u''(\omega+y)[y'(x)]^2 + (1-p)u'(\omega+y)y''(x) = 0$$

与前面使用泰勒展式时一样,我们考虑个体对小赌局的态度。利用上面两个微分等式,在 $(0,0)$ 点附近,曲线 (9.21) 的斜率为

$$y'(0) = -\frac{p}{1-p} \tag{9.22}$$

曲线 (9.21) 的"弯曲度"为

$$y''(0) = \frac{p}{(1-p)^2}[-\frac{u''(\omega)}{u'(\omega)}] = \frac{p}{(1-p)^2}A(\omega) \tag{9.23}$$

Arrow-Pratt 绝对风险厌恶系数 $A(\omega)$ 越大,曲线 (9.21) 在原点 $(0,0)$ 点附近的弯曲度越大。如图 9.3,这意味着个体的接受集越小。

如果个体 1 和个体 2 的 $A(\omega)$ 满足

$$A_1(\omega) < A_2(\omega)$$

个体 2 的接受集 $F_2(\omega)$ 在 $(0,0)$ 点附近将包含在个体 1 的接受集 $F_1(\omega)$ 之内。换句话说,所有个体 2 能够接受的小赌局个体 1 都能接受,但有一部分个体 1 能接受的小赌局却被个体 2 拒绝了。显然,这表明个体 1 能够承受更多的风险,个体 2 的风险厌恶趋向更为强烈。

Arrow-Pratt 绝对风险厌恶系数 $A(\omega)$ 名称中的"绝对"是什么意思呢?回忆前面的推导过程,$A(\omega)$ 是风险升水表达式中反映个体偏好那一部分。但是,风险升水又是个体对不确定性成本的一种货币测度,这个测度是一个绝对量——50 元或 60 元,而不是一个相对值——10% 或 20%。有时,使用风险的相对测度量可能更为方便,譬如证券投资中"彩票"

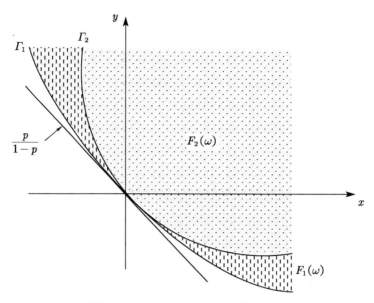

图 9.3 风险态度不同的个体的接受集

的形式不是以多大的概率获得多少绝对收益,而是以多大的概率获得百分之几的收益,这时使用 $A(\omega)$ 就不太合适了。不过,推导相对风险厌恶系数也和前面推导 $A(\omega)$ 的过程相似。事实上,要得到相对意义上的风险升水,只需将风险升水表达式 (9.18) 除以个体的初始秉赋

$$\frac{r}{\omega} \approx -\frac{1}{2}\frac{u''(\omega)\omega}{u'(\omega)}[p(\frac{x}{\omega})^2 + (1-p)(\frac{y}{\omega})^2]$$

这里, $[p(\frac{x}{\omega})^2 + (1-p)(\frac{y}{\omega})^2]$ 是相对收益彩票随机收益的方差,另一部分

$$R(\omega) \equiv -\frac{u''(\omega)\omega}{u'(\omega)} \equiv \omega A(\omega) \tag{9.24}$$

称为个体的 **Arrow-Pratt 相对风险厌恶系数**。

9.3 全域风险厌恶

Arrow-Pratt 绝对风险厌恶系数只是一个局部性的概念,因为上一节我们从风险升水出发推导 $A(\omega)$ 时,是在"小风险"的前提下使用的二阶泰勒展式。另外,我们使用图 9.3 来说明 $A(\omega)$ 的合理性时,分析对象也仅限于较小的风险。不过,Pratt 证明,这概念同样适合比较个体在全域上的风险态度。

以 Arrow-Pratt 绝对风险厌恶系数如何描述个体 1 比个体 2 更厌恶风险呢?这只需在所有收入水平 ω 上,都有

$$A_1(\omega) > A_2(\omega)$$

要证明这个结论,还涉及另一个也许更为直观的风险厌恶比较方法:如果个体 1 和个体 2 都是风险厌恶的,并且个体 1 的效用函数曲线在每一点都比个体 2 的效用函数曲线弯曲得

更厉害,个体 1 就比个体 2 更惧怕风险。

为了解释这一论点,我们先来证明一个著名的引理:

Jensen 不等式引理: $\tilde{X}$ 是一个随机变量,$f(\cdot)$ 是任一严格凹函数,则 $E[f(\tilde{X})] < f(E\tilde{X})$。

【证明】这里只就 $f(\cdot)$ 二阶连续可微的情形作出证明。由泰勒定理,$\forall z_0, \exists z_1$,使得

$$f(z) = f(z_0) + f'(z_0)(z - z_0) + \frac{1}{2}f''(z_1)(z - z_0)^2$$

记 $E\tilde{X} = \bar{X}$,利用上式,$\exists X_1$

$$f(\tilde{X}) = f(\bar{X}) + f'(\bar{X})(\tilde{X} - \bar{X}) + \frac{1}{2}f''(X_1)(\tilde{X} - \bar{X})^2$$

上式两端取数学期望,并注意到 $f''(X_1) < 0$,得到

$$E[f(\tilde{X})] < f(\bar{X}) + f'(\bar{X})(\bar{X} - \bar{X}) = f(\bar{X})$$

证毕。

现在我们先证明,Arrow-Pratt 绝对风险厌恶系数与前面提到的另一个直观的风险厌恶比较方法之间的关联:

Pratt 定理 1: $u_1(x)$ 和 $u_2(x)$ 分别是个体 1 和个体 2 的严格单增和二阶可微的期望效用函数。$\forall x, A_1(x) > A_2(x)$ 的充分必要条件是:存在严格单增和严格凹的函数 $G(\cdot)$,使得

$$u_1(x) = G(u_2(x)) \tag{9.25}$$

【证明】先证明必要性。因为 u_2 是严格单增的,其反函数存在。定义

$$G(z) \equiv u_1(u_2^{-1}(z))$$

其中 u_2^{-1} 表示 u_2 的反函数。这样定义的函数 G 满足等式 (9.25)

$$G(u_2(x)) = u_1(u_2^{-1}(u_2(x))) = u_1(x)$$

现在证明 G 是严格单增和严格凹的函数。(9.25) 对 x 求导

$$u_1'(x) = G'(u_2(x))u_2'(x) \tag{9.26}$$

因为 $u_1'(x) > 0, u_2'(x) > 0$,必然有 $G' > 0$,即是说 G 是严格单增函数。(9.26) 再对 x 求导

$$u_1''(x) = G''(u_2(x))[u_2'(x)]^2 + G'(u_2(x))u_2''(x) \tag{9.27}$$

用 (9.26) 来除 (9.27)

$$A_1(x) = -\frac{G''(u_2(x))}{G'(u_2(x))}u_2'(x) + A_2(x) \tag{9.28}$$

由假设 $A_1(x) > A_2(x)$，必然有

$$-\frac{G''(u_2(x))}{G'(u_2(x))}u_2'(x) > 0$$

而 $u_2'(x) > 0, G' > 0$，故有

$$G'' < 0$$

这就证明了 G 是严格凹函数。

定理充分性的证明事实上是必要性证明的逆过程：假设存在严格单增和严格凹函数 G 使 (9.25) 成立，(9.25) 对 x 求导依次得到 (9.26) 和 (9.27)；将 (9.27) 除以 (9.26) 得到 (9.28)。由 u_1、u_2 和 G 的单调性，以及 G 的凹函数性质，$A_1(x) > A_2(x)$。

加上下面的定理，Arrow-Pratt 绝对风险厌恶系数在全域上的合法性将得到完整的说明。

证毕。

Pratt 定理 2： 如果存在严格单增和严格凹的函数 $G(\cdot)$，使得 $u_1(x) = G(u_2(x))$，则对任意的公平赌局 $l = [p; x, y]$

$$r_1(l) > r_2(l)$$

这里 r_i $(i = 1, 2)$ 是个体 i 对赌局 l 的风险升水。

【证明】公平赌局 l 满足：

$$E[l] = px + (1-p)y = 0$$

由风险升水的定义，并利用 Jensen 不等式

$$\begin{aligned} u_1((px + (1-p)y) - r_1) &= E[u_1(l)] = E(G(u_2(l))) \\ &< G(E(u_2(l))) = G(u_2((px + (1-p)y) - r_2)) \\ &= u_1((px + (1-p)y) - r_2) \end{aligned}$$

又因 u_1 是严格单增函数，所以

$$r_1 > r_2$$

证毕。

9.4 资产间的风险比较

9.4.1 方差作为风险测度的局限性

前面我们讨论了个体对待风险的态度，现在我们转而考虑个体所面临的风险大小。购买一张彩票，或者一项产生不确定性收益的资产，怎样估量这其中的风险？或者，如何比较它们与其他彩票 (风险资产) 的风险？

显然，一个理想的风险测度，至少应该满足以下基本的标准：其他条件不变的情况下，以其为测度根据，增加风险将降低所有风险厌恶者的期望效用，增加风险爱好者的期望效用，同时不改变风险中立者的期望效用。

如果不确定性只包含两种可能的结果，譬如彩票 $[p; x, y]$，一种最简单的方法是以收入的振动幅度 $|x-y|$ 来衡量风险。不过，这种方法虽然揭示了收益可能变动的范围，但它完全无视获得收益 x 或 y 的概率，所以不是一种有效的办法。在包含两个以上可能收益 x_i 的不确定性情形，这种办法就显得更不适用了：此时收益的振动幅度为

$$\max\{x_i\} - \min\{x_i\}$$

它不仅没考虑实现两个极端收益 $\max\{x_i\}$ 或 $\min\{x_i\}$ 的概率，而且也全无 $\max\{x_i\}$ 和 $\min\{x_i\}$ 以外的所有其他可能状态的信息。

另一个常常想到的方法是不确定性收益的方差 σ^2。方差的优点是它凝聚了所有可能收益状态的主要信息：各种状态出现的概率和相应收益的大小。以方差作为风险测度的另一个理由是它自然地出现在我们前面推导的风险升水表达式中。遗憾的是，它并不满足我们上面指出的风险测度应该满足的基本标准。要明了这点，只需看一个简单的例子。两张彩票 L_1 和 L_2 (随机收益分别记为 $\tilde{x}_1$ 和 $\tilde{x}_2$)：

$$L_1 = [0.75; 10, 100] \quad L_2 = [0.99; 22.727, 1\,000]$$
$$E[\tilde{x}_1] = 32.5 \quad E[\tilde{x}_2] = 32.5$$
$$\text{Var}[\tilde{x}_1] = 1\,518.75 \quad \text{Var}[\tilde{x}_2] = 9\,455.11$$

这两张彩票的均值 (期望收益) 是相同的，但 L_2 的方差比 L_1 的方差大得多。如果以方差作为风险测度，L_2 无疑比 L_1 的风险大。考虑一个效用函数为 $u(x) = \sqrt{x}$ 的个体，由于 $x > 0$ 时 $u''(x) = -1/4\sqrt{x^3} < 0$，该个体是风险厌恶的。但是，简单计算后得知

$$E[u(\tilde{x}_1)] = 4.872\,, \ E[u(\tilde{x}_2)] = 5.036$$

即是说，这个风险厌恶者在有较大方差的彩票上获得较高的期望效用！这个例子充分说明，方差在一般情况下并不是一个理想的风险比较方法。

收益方差作为资产风险测度的局限性可以利用泰勒展式作一般性的说明。假设一项风险资产的随机收益是 $\tilde{x}$，期望收益率是 $\bar{x} = E[\tilde{x}]$。记 $\tilde{\varepsilon} = \tilde{x} - \bar{x}$，则 $E[\tilde{\varepsilon}] = 0, \sigma^2 = E[\tilde{\varepsilon}^2]$。若 v.N-M 效用函数为 $u(x)$ 的个体持有这项资产，由泰勒展式

$$u(\tilde{x}) = u(\bar{x} + \tilde{\varepsilon}) = u(\bar{x}) + u'(\bar{x})\tilde{\varepsilon} + \frac{u''(\bar{x})}{2!}\tilde{\varepsilon}^2 + \frac{u'''(\bar{x})}{3!}\tilde{\varepsilon}^3 + \ldots$$

取期望值后得到

$$E[u(\tilde{x})] = u(\bar{x}) + \frac{1}{2}u''(\bar{x})\sigma^2 + \sum_{k=3}^{\infty} \frac{1}{k!} u^{(k)}(\bar{x}) E[\tilde{\varepsilon}^k] \tag{9.29}$$

很明显，个体评价风险资产不仅只考虑它的期望收益 $\bar{x}$ 和方差 σ^2，因为三阶以上的中心矩 $E[\tilde{\varepsilon}^3], E[\tilde{\varepsilon}^4], \ldots$ 也影响他的期望效用。在 σ^2 很小的情况下，$E[\tilde{\varepsilon}^3]$ 等将会更小，可以忽略。但是在 σ^2 较大的情况下又如何呢？显然，这种时候忽略 $\tilde{\varepsilon}$ 的高阶矩将会导致过大的误差。

只有在两种特殊情况下，个体的期望效用才只依赖于期望收益和收益方差，从而后者是恰当的资产风险测度。一种情况是，个体具有二次效用函数：

$$u(x) = x - \frac{b}{2}x^2 \quad b > 0$$

如果个体的偏好呈二次效用函数，由于该函数三阶及更高阶的导数都是零，泰勒展式 (9.29) 中只余下前两项，从而资产的期望收益和方差完全决定了个体持有风险资产所获的期望效用。但需注意，在二次效用函数假设下收入超过一定值后个体的边际效用是负的，这有违基本的经济学常识。

另一个保证期望效用只依赖于资产期望收益和方差的条件是：资产收益服从正态分布。在这种情况下，三阶以上的中心矩 $E[\tilde{\varepsilon}^3], E[\tilde{\varepsilon}^4], \ldots$ 中，奇数阶的全为零，偶数阶的可以写为均值和方差的函数。所以，(9.29) 式也只余下前两项，此时均值和方差刻画了资产收益的全部特征。

9.4.2 二阶随机占优

下面我们介绍一个最常用的风险比较方法。为了表达和推导的简练，我们使用连续分布的随机收益，但这个方法同样适用收益离散分布的情况。不失一般性，假设风险资产 (彩票) 的收益是闭区间 $[0, 1]$ 上的连续分布。记两项风险资产 A 和 B 的随机收益分别为 $\tilde{r}_A$ 和 $\tilde{r}_B$，概率分布函数分别是 $F_A(x)$ 和 $F_B(x)$。

定义： 如果资产 A 和 B 的期望收益相等：

$$E[\tilde{r}_A] = E[\tilde{r}_B] \tag{9.30}$$

且 $\forall y \in [0, 1]$，都有

$$S(y) \equiv \int_0^y [F_A(x) - F_B(x)]dx \leqslant 0 \tag{9.31}$$

则称资产 A **二阶随机优于**资产 B (A Second Degree Stochastic Dominates B)，记为

$$A \underset{\text{SSD}}{\geqslant} B$$

(9.31) 的意思是，与资产 B 比较，资产 A 的收益分布在 0 的附近有较小的权重，而在 1 附近有较大的权重 (如图 9.4)。或者可以这样理解：在维持资产 B 的期望收益不变的前提下，降低其较小收益 (0 附近) 的权重，增加其较大收益 (1 附近) 的权重，就得到一项随机优于 B 的资产。

现在我们要证明，如果 $A \underset{\text{SSD}}{\geqslant} B$，资产 A 带给所有风险厌恶者的期望效用都比资产 B 产生的期望效用大，而两项资产带给风险中立者的期望效用相等。事实上，存在下面的定理：

定理： $A \underset{\text{SSD}}{\geqslant} B$ 的充分必要条件是，任给一个凹函数 $u(x)$

$$\int_0^1 u(x)dF_A(x) \geqslant \int_0^1 u(x)dF_B(x) \tag{9.32}$$

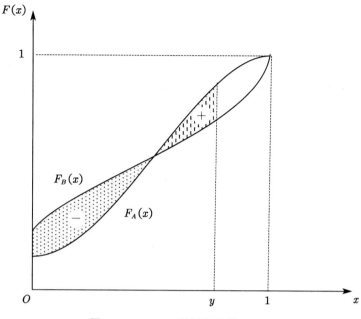

图 9.4 $F_A(x)$ 二阶随机优于 $F_B(x)$

【证明】必要性：假设 $A \underset{\text{SSD}}{\geqslant} B$，$u(x)$ 是任一个凹函数，利用分部积分技巧，

$$\int_0^1 u(x)d[F_A(x) - F_B(x)]$$
$$= u(x)[F_A(x) - F_B(x)]\Big|_0^1 - \int_0^1 u'(x)[F_A(x) - F_B(x)]dx$$
$$= -\int_0^1 u'(x)[F_A(x) - F_B(x)]dx$$

利用 (9.31)，再次分部积分，上式接等于

$$-u'(x)S(x)\Big|_0^1 + \int_0^1 u''(x)S(x)dx = \int_0^1 u''(x)S(x)dx \tag{9.33}$$

这是因为

$$S(0) = \int_0^0 [F_A(x) - F_B(x)]dx = 0$$

$$S(1) = \int_0^1 [F_A(x) - F_B(x)]dx$$
$$= x[F_A(x) - F_B(x)]\Big|_0^1 - \int_0^1 x dF_A(x) + \int_0^1 x dF_B(x)$$
$$= \int_0^1 x dF_B(x) - \int_0^1 x dF_A(x)$$
$$= E[\tilde{r}_B] - E[\tilde{r}_A] = 0$$

由于 $S(x) \leqslant 0$, 且 $u(x)$ 是凹函数: $u''(x) \leqslant 0$, 所以

$$\int_0^1 u(x) d[F_A(x) - F_B(x)] \geqslant 0$$

充分性: 假设对任何的凹函数 $u(x)$, (9.32) 都成立。注意到函数 $u(x) = x$ 和 $v(x) = -x$ 都是凹函数 (尽管它们不是严格凹的), 代入 (9.32) 分别有

$$\int_0^1 x dF_A(x) \geqslant \int_0^1 x dF_B(x) \tag{9.34}$$

$$\int_0^1 -x dF_A(x) \geqslant \int_0^1 -x dF_B(x) \tag{9.35}$$

(9.35) 两端乘以 -1, 颠倒不等号方向

$$\int_0^1 x dF_A(x) \leqslant \int_0^1 x dF_B(x)$$

结合不等式 (9.34) 就有

$$\int_0^1 x dF_A(x) = \int_0^1 x dF_B(x)$$

这就是 (9.30)

$$E[\tilde{r}_A] = E[\tilde{r}_B]$$

接下来, 如果 (9.31) 不成立, 则存在 $b, 0 < b \leqslant 1$ 使得

$$S(b) \equiv \int_0^b [F_A(x) - F_B(x)) dx > 0$$

由函数 $S(y)$ 的连续性 (因为它是可微的), 我们可进一步找到某一常数 $a \in (0, b)$, 使得

$$S(y) > 0 \qquad \forall y \in (a, b] \tag{9.36}$$

我们要构造一个凹函数, 使 (9.32) 不成立, 从而出现矛盾。令

$$u(x) = \begin{cases} -ax + a^2/2 & 0 \leqslant x \leqslant a \\ -x^2/2 & a < x \leqslant b \\ -bx + b^2/2 & b < x \leqslant 1 \end{cases}$$

如此定义的 $u(x)$ 有

$$u''(x) = \begin{cases} 0 & 0 \leqslant x \leqslant a \\ -1 & a < x \leqslant b \\ 0 & b < x \leqslant 1 \end{cases}$$

从而 $u(x)$ 是凹函数, 根据 (9.33) 及 (9.36)

$$\int_0^1 u(x) d[F_A(x) - F_B(x)] = \int_0^1 u''(x) S(x) dx$$
$$= \int_0^b -S(x) dx < 0$$

这与条件 (9.32) 矛盾——所以, (9.31) 成立。

证毕。

根据该定理, 如果 $A \underset{\text{SSD}}{\geqslant} B$, 风险爱好者将发现资产 B 会给他带来更高的期望收益, 而一个风险中立者会认为资产 A 和 B 之间没有差别。这就是说, $A \underset{\text{SSD}}{\geqslant} B$ 就意味着 B 比 A 有更高的风险。

需要注意的是, "$\underset{\text{SSD}}{\geqslant}$" 并不是一个一般性的排序关系: 它不能为所有风险资产排序。如果资产 C 和 D 之间既不存在关系 $C \underset{\text{SSD}}{\geqslant} D$, 也不存在关系 $D \underset{\text{SSD}}{\geqslant} C$, 我们就无法从二阶随机占优的意义上来断言究竟哪一项资产的风险更高。

有时, 直接利用二阶随机占优的定义来比较两项资产的风险并不十分方便。但幸运的是, Rothschild and Stiglitz (1970) 证明了一个方便的等价判定条件。

Rothschild-Stiglitz 定理: 假设风险资产 A 和 B 的随机收益分别为 $\tilde{r}_A$ 和 $\tilde{r}_B$, 则 $A \underset{\text{SSD}}{\geqslant} B$ 的充分必要条件是: $\tilde{r}_B$ 与 $\tilde{r}_A$ 加一个随机扰动项同分布

$$\tilde{r}_B \stackrel{d}{=} \tilde{r}_A + \tilde{\varepsilon}, \qquad E[\tilde{\varepsilon}|\tilde{r}_A] = 0 \tag{9.37}$$

【证明】 充分性: 设 $u(\cdot)$ 为任意凹函数。如果 $\tilde{r}_B$ 与 $\tilde{r}_A + \tilde{\varepsilon}$ 具有相同的分布, 则

$$E[u(\tilde{r}_B)] = E[u(\tilde{r}_A + \tilde{\varepsilon})] \tag{9.38}$$

根据期望迭代法则 (law of iterated expections)

$$E[u(\tilde{r}_A + \tilde{\varepsilon})] = E\{E[u(\tilde{r}_A + \tilde{\varepsilon})|\tilde{r}_A]\} \leqslant E[u(\tilde{r}_A)] \tag{9.39}$$

利用 Jensen 不等式

$$E\{E[u(\tilde{r}_A + \tilde{\varepsilon})|\tilde{r}_A]\} \leqslant E\{u[E((\tilde{r}_A + \tilde{\varepsilon})|\tilde{r}_A)]\} = E[u(\tilde{r}_A)] \tag{9.40}$$

结合 (9.38)—(9.40), 即有

$$E[u(\tilde{r}_B)] \leqslant E[u(\tilde{r}_A)]$$

定理的必要性证明较为困难, 请读者参见原文献。

证毕。

进一步阅读

不确定性理论中的优秀论著很多, 我们推荐读者阅读:
Kreps, D. (1988), *Notes on the Theory of Choice*, Boulder, Colo: Westview Press.
下面的论著则对不确定性和信息经济学都有清晰的论述, 而且还很好地体现了二者的联系:

Hirshleifer, J. and J. G. Riley (1992), *The Analytics of Uncertainty and Information*, Cambridge, Mass: Cambridge University Press.

对期望效用函数公理的讨论和批评感兴趣的读者可参阅:

Dreze, J. H. (1974), "Axiomatic Theories of Choice, Cardinal Utility and Subjective Probability: A Review", in Dreze, J. H. (eds.), *Allocation under Uncertainty: Equilibrium and Optimality*, London: Macmillan.

Machina, M. (1987), "Choice under Uncertainty: Problems Solved and Unsolved", *Journal of Economics Perspective*, 1: 121-154.

关于资产间的风险比较参阅:

Rothschild, M. and J.E.Stiglitz (1970), "Increasing Risk: I. A Definition", *Journal of Economic Theory*, 2: 225-243.

Hadar, J. and W.Russell (1969), "Rules for Ordering Uncertain Prospects", *American Economic Review*, 59: 25-34.

更多的原始文献可以参见:

Diamond, P. and M. Rothschild (1987), *Uncertainty in Economics: Readings and Exercises*, New York: Academic Press.

 练习与思考

9-1 以 x 代表收入 (财富) 水平, 拥有下列效用函数的个体对待风险的态度是怎样的?

$$\begin{aligned}
&\text{i)} u = \ln x \qquad &&\text{ii)} u = ax - bx^2 \quad (a, b > 0) \\
&\text{iii)} u = x^2 \qquad &&\text{iv)} u = x^{1/2} \\
&\text{v)} u = 100 + 6x \qquad &&\text{vi)} u = 1 - e^{-x}
\end{aligned}$$

9-2 在 9.1 节中我们证明, 如果 $u(x)$ 是一个期望效用函数, 那么其仿射变换 $v(x) = Au(x) + B$ 也是期望效用函数。证明: 对任何彩票 $L = [p; x, y]$, 以函数 $u(x)$ 和 $v(x)$ 计算得到的风险升水相等。

9-3 有三个人的效用函数分别是

$u_1 = c$ (c 为正的常数), $u_2 = x^{1/2}$ 和 $u_3 = x^2$

有三种可选的彩票:

$$L_1 = [0.5; 480, 480], \quad L_2 = [0.5; 850, 200], \quad L_3 = [0.5; 1000, 0]$$

如果要三个人分别在上述彩票中挑一种, 他们的选择分别是什么?

9-4 考虑对大街上随地吐痰者进行罚款的制度。记吐痰后被逮获的概率为 P, 逮获后罚款金额为 T, 则一个人在街上吐痰后的"期望被罚金额"是 PT。假设每个人都是一个风险厌恶者。保持期望被罚金额 PT 不变, 有两种惩罚方案: (a) P 较大而 T 较小; (b) P 较小而 T 较大。哪一种惩罚方案更为有效?

9-5 证明: 如果个体的期望效用函数形如

$$u(x) = Ax - Bx^2 \qquad A, B > 0$$

则 A-P 绝对风险厌恶系数 $A(x)$ 在区间 $[0, A/2B)$ 上是财富 x 的单增函数。

9-6 证明:
(1) A-P 绝对风险厌恶系数 $A(x) = c$ 的充要条件是期望效用函数 $u(x) = -Ae^{-cx}$ $(A > 0)$。
(2) A-P 相对风险厌恶系数 $R(x) = c \neq 1$ 的充要条件是 $u(x) = Ax^{1-c} + B$ $(A > 0)$。
(3) A-P 相对风险厌恶系数 $R(x) = 1$ 的充要条件是 $u(x) = A\ln x + B$ $(A > 0)$。

9-7 将 A-P 绝对风险厌恶系数的倒数定义为个体的风险容忍系数 (risk tolerance):

$$\text{RT}(x) = \frac{1}{A(x)} = -\frac{u'(x)}{u''(x)}$$

假设个体具有线性风险容忍系数: $RT(x) = \alpha + \beta x$, 证明:
(1) $\beta = 0 \Rightarrow u = a - be^{-x/\alpha}$。
(2) $\alpha = 0, \beta \neq 1 \Rightarrow u = a + bx^{1-\gamma}/(1-\gamma) \quad \gamma = 1/\beta$。
(3) $\alpha = 0, \beta = 1 \Rightarrow u = a + b\ln x$。
(4) $\alpha > 0, \beta = -1 \Rightarrow u = a - b(\alpha - x)^2$
其中 a 和 b 是任何常数, $b > 0$。

9-8 某人期望效用函数是单增的: $u'(\cdot) > 0$, 并有 1 万元的初始财富; 假设他有机会参股一项净收益为 $\tilde{r}$ 的风险投资。如果他选择参股份额为 α $(0 \leqslant \alpha \leqslant 1)$, 他的随机收益是 $1 + \alpha\tilde{r}$。证明:
(1) 只要 $E[\tilde{r}] > 0$, 这个人的参股份额总是正值: $\alpha > 0$。
(2) 如果 $E[\tilde{r}] \leqslant 0$, 他的最优参股份额为零。
(3) 如果这个人一开始拥有的不是 1 万元确定的财富, 而是另一项期望收益为 1 万元的风险资产, 但这项风险资产与他要参股的项目间的收益是独立的, 问题 (1) 和 (2) 的结论有无变化?

9-9 某风险厌恶的投资者的初始财富是 W, 有两种可供投资的资产: 资产 1 是无风险的, 但也不产生任何利息, 投资 1 元钱到期收回的也是 1 元钱; 资产 2 的随机收益率是 $\tilde{r}$, 同时支付对资产增值课税,税率为 t (如果资产净收益为负值,政府对投资者进行补贴)。所以,如果投资者对风险资产 2 投资 x,余下的财富 $W_0 - x$ 投资于安全资产 1,他的随机收益是

$$W = (W_0 - x) + x[1 + (1-t)\tilde{r}]$$

记投资者在风险资产上的最优投资额为 x^*,假设这是一个内点解,即 $0 < x^* < W_0$。

(1) 证明:如果税率 t 上升,投资者将提高对风险资产 2 的投资 x^*,使得 $(1-t)x^*$ 与税率上升前的水平相等。

(2) 如何解释这一悖论?

9-10 假设"自然"有 5 种可能的状态,$s = 1, 2, \ldots, 5$,每种状态出现的概率相同;两支风险资产在各种状态下的收益如下所示:一个风险厌恶的投资者会挑选哪一种资产?

状态	1	2	3	4	5
$\tilde{r}_A$	0.5	0.5	0.7	0.7	0.7
$\tilde{r}_B$	0.9	0.8	0.4	0.3	0.7

9-11 风险资产 A 和 B 的随机收益分别为 $\tilde{r}_A$ 和 $\tilde{r}_B$,如果每一个具有单增效用函数的个体都觉得资产 A 比 B 强——对任何单增函数 $u(\cdot)$,都有 $Eu(\tilde{r}_A) \geqslant Eu(\tilde{r}_B)$,我们就称资产 A 一阶随机优于 B。记这两项资产的概率分布函数分布是 $F_A(x)$ 和 $F_B(x)$,证明:资产 A 一阶随机优于 B 的充要条件是:

$$F_A(x) \leqslant F_B(x) \quad \forall x$$

9-12 如果两种资产 A 和 B 的随机收益都只取两种可能值:$\tilde{r}_A$ 以概率 p_A 取值 $\alpha > 0$,以概率 $1 - p_A$ 取值 $\beta > \alpha$;$\tilde{r}_B$ 以概率 p_B 取值 α,以概率 $1 - p_B$ 取值 β。

(1) 写出 A 一阶随机优于 B 的条件 (见问题 9-11 中给出的定义)。

(2) 写出 A 二阶随机优于 B 的条件。

第 10 章 不确定性下的交换

在不确定性环境中,由于不确定性对不同个体的影响不同,或者由于不同个体的偏好不同,个体之间通过交换,重新配置他们在不同状态下的收益有可能增加各自的效用。这种个体间风险资产的交换与消费商品交换十分相似,但这里的交换对象是个体在不同状态下的收益 (严格地说是个体在不同状态下的收益索取权),而不是确定世界中不同的商品。保险市场是最典型的风险交换市场,本章将在很大程度上基于保险市场展开对个体在不确定下的交换行为的分析。10.1—10.2 节是投保人行为分析,推导了风险厌恶者的保险需求并进行了标准的比较静态研究; 10.3 节转而考虑保险供给的契约定价,着重分析一个作为多个个体"组合"的保险公司的风险态度,得到了具有一般性的风险"分摊"原理; 10.4 节介绍另外两种降低风险的手段; 最后在 10.5 节推导了不确定性市场中帕累托有效的一般条件。

10.1 保险需求

一个风险厌恶者的效用函数是严格凹的,从而其边际效用是收入的严格单减函数。因此,在有多种可能状态的不确定世界,如果风险厌恶个体在不同的状态下收益不同,他在不同状态下的边际效用也必然不同。这意味着,如果他可以在不同的状态间适当地转移收益,他可以增加自己的期望效用。譬如,他在某个状态的收益较高,他在这个状态的边际效用必然较低,那么他将这种状态下的一部分收益转移至其他状态就是有利可图的。这就是基本的保险需求原理。

不失一般性,假设自然存在两种可能的状态: 状态 1 和状态 2。如果状态 1 发生,个体的收益是 $y_1 = m$,m 为个体的初始收益; 如果状态 2 发生,他的收益是 $y_2 = m - L$——我们称这些依赖于实际状态的收益为个体的初始禀赋,并将其表示为 (y_1, y_2) 平面上一点 A (如图 10.1)。我们可以假想状态 2 是发生了某种灾害,比如火灾、失业等。记灾害发生的概率为 p,假设个体的行为无法改变状态 1 和状态 2 发生的概率,也无法改变状态 2 下收益损失 L 的大小 (放松这个假设将涉及道德风险问题,这个问题将在第 20 章和第 21 章进一步讨论)。记个体的期望效用函数为 u,个体是风险厌恶的: $u'' < 0$。图 10.1 画出了该个体过初始禀赋点 A 的无差异曲线,其方程是

$$(1-p)u(y_1) + pu(y_2) = U_0 \tag{10.1}$$

(10.1) 式微分得

$$(1-p)u'(y_1)dy_1 + pu'(y_2)dy_2 = 0$$

从而在点 (y_1, y_2),无差异曲线的斜率是

$$\frac{dy_2}{dy_1} = -\frac{(1-p)u'(y_1)}{pu'(y_2)} \tag{10.2}$$

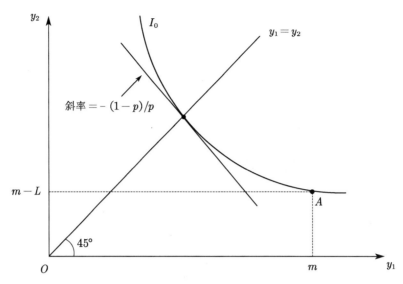

图 10.1　不确定性空间中的禀赋及偏好

由于 u 是严格单增的, (10.2) 总是负值, 并且, 由于个体的效用函数是凹的, 其无差异曲线凸向原点。在与 45° 角平分线 $y_1 = y_2$ 相交的地方, 无差异曲线切线的斜率为 $-(1-p)/p$, 注意这个斜率与效用水平无关。

假设有保险公司愿意承办相关的保险业务。投保人预先交付一笔保费, 在出现状态 2 的情况下 (灾害发生时) 获得保险公司一定的赔偿。记保险公司订立的保费率为 π: 如果投保人预先缴付保费 $\pi \cdot q$, 灾害发生时获得的赔偿额为 q。在状态 1 和状态 2, 个体的收益分别是

$$y_1 = m - \pi q \tag{10.3}$$

$$y_2 = m - L - \pi q + q = m - L + (1-\pi)q \tag{10.4}$$

从这两个式子我们清楚地看到, 如果个体购买保险, 他事实上是在两种可能的状态间转移收益: 降低状态 1 下的收益来换取状态 2 下更高的收益。将 (10.3) 写为 $q = (m - y_1)/\pi$ 并代入 (10.4) 得到

$$y_2 = -\frac{1-\pi}{\pi}(y_1 - m) + m - L \tag{10.5}$$

或将其写为

$$(1-\pi)y_1 + \pi y_2 = (1-\pi)m + \pi(m-L) \tag{10.6}$$

我们可以将 (10.5) 和 (10.6) 解释为个体的预算约束方程。在 (y_1, y_2) 平面上, 它是一条过个体的初始点 $A(m, m-L)$、斜率为 $-(1-\pi)/\pi$ 的直线 (图 10.2 中线段 AE 所在的直线)。$1-\pi$ 和 π 还可以分别假想为"购买"状态 1 和状态 2 下单位收入的价格。

如果保险公司提供的保费率不改变个体初始的期望收益, 我们称其为**公平保费率**。注意到状态 1 和状态 2 发生的概率分别为 $(1-p)$ 和 p, 公平保费率 π^* 满足等式

$$\begin{aligned}&(1-p)m + p(m-L) \\ &= (1-p)(m-\pi^* q) + p(m - \pi^* q - L + q)\end{aligned} \tag{10.7}$$

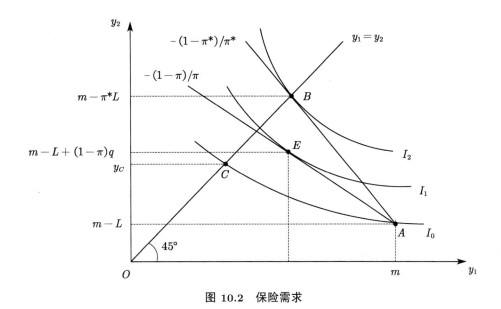

图 10.2 保险需求

解这个方程得 $\pi^* = p$。这就是说,如果保费率与投保的灾害发生概率一致,它就是"公平的"。现实当中,保险公司需要以保费收入弥补管理运营或其他成本,所以它通常会以高于公平保费率的价格提供服务。

给定某个保费率 π,个体选择适当的 q 最大化自己的期望效用

$$\max_q [(1-p)u(m-\pi q) + pu(m-L-\pi q + q)] \tag{10.8}$$

最优投保水平 q 满足一阶必要条件

$$-\pi(1-p)u'(m-\pi q) + (1-\pi)pu'(m-L-\pi q + q) = 0 \tag{10.9}$$

以及二阶必要条件:

$$\pi^2(1-p)u''(m-\pi q) + (1-\pi)^2 pu''(m-L-\pi q + q) < 0 \tag{10.10}$$

由于 u 是凹函数,二阶条件自然满足。

从一阶条件 (10.9) 中解出 $q = Q(m, L, p, \pi)$,这是可能出现的损失中个体投保的部分,不妨称其为个体的保险需求。给定灾难状态出现的概率 p 和损失幅度 L,保险需求可以简写为 $q = Q(m, \pi)$。

将 (10.9) 写为

$$-\frac{(1-p)}{p} \frac{u'(y_1)}{u'(y_2)} = -\frac{1-\pi}{\pi} \tag{10.11}$$

这个等式左端是无差异曲线的斜率 ((10.2)),右端是预算约束线,个体在其预算线和无差异曲线的切点达到最优。如图 10.2,个体一开始处于 A 点,所在的无差异曲线为 I_0;在保险市场上,他支付 πq 换取灾难时刻数额为 q 的赔偿,于 E 点达到最优。如果保险公司提供的保费率为公平保费率 π^*,个体的预算线变为图 10.2 中线段 AB 所在的直线,并在 B 点达到

最优。注意 B 点处于 45° 角平分线上，这是因为在 45° 角平分线与无差异曲线的交点，后者的切线斜率为 $-(1-p)/p$，等于在公平保费率 π^* 下个体的无差异曲线斜率（回忆我们有 $\pi^* = p$）。在 B 点，个体为他可能遭受的全部损失 L 买了保险：他预先支付 π^*L 的保费给保险公司，换取灾难状态下 L 的索赔权。这个保险契约保证他无论在任何状态下都确定地拥有收益 $m - \pi^*L$——以后我们将这种为全部可能损失投保的契约称为**完全保险**契约。不过，我们说过，保险公司提供的保费率一般比公平保费率 π^* 高。在 $\pi > \pi^*$ 的情况下，个体的最优点是 E。图 10.2 已直观地显示，在 E 点个体只为他的一部分可能损失投保，自己承担余下的风险——这也称为**部分保险**。从一阶条件 (10.11) 来看，如果 $\pi > \pi^* = p$，将有 $u'(y_1) < u'(y_2)$。由于 u' 严格单减 ($u'' < 0$)，必然有 $y_1 > y_2$，或写为

$$m - \pi q > m - L - \pi q + q$$
$$q < L$$

即是说个体投保的水平只是其可能损失的一部分。

10.2 比较静态分析

如果给定灾难状态出现的概率 p 和损失幅度 L，个体的保险需求为 $q = Q(m, \pi)$。现在我们考虑个体的初始收入变化或保费率变化对他的保险需求有什么样的影响。

10.2.1 收入效应

其他条件不变，假设个体的初始收入有一个增量 Δm。由于这个增量是确定的，所以个体在灾害发生和不发生的状态下都将有一个收益增量 Δm，这意味着个体的初始点从原来的 A 移到了 A'（如图 10.3）。由于预算线斜率 $-(1-\pi)/\pi$ 并没有变化，新的预算线过 A' 点，并

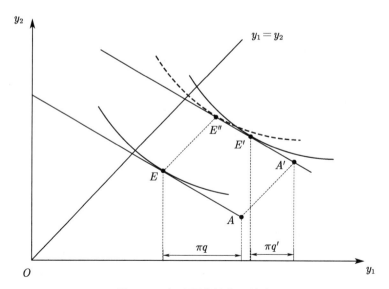

图 10.3　保险需求的收入效应

与原来的预算线平行。那么收入增加如何影响个体的保险需求呢？与原来相比，q 会增加还是减少？这要看新的预算线与无差异曲线如何相切。如果自原来的均衡点 E 开始沿平行于 45° 线方向朝右上方移动时（回忆原始收入增加将等量地增加两种状态下的收益），无差异曲线的斜率没有变化，则新的预算线与无差异曲线在图 10.3 中的 E'' 点相切，其中 EE'' 平行于坐标系的 45° 角平分线 $y_1 = y_2$。从图中容易看出，这种情况下保险需求不会随收入的增长而变化。如果沿路径 EE'' 向右上方移动时无差异曲线变得更陡峭，新的预算线与无差异曲线的切点必然位于图 10.3 中 E'' 点的右侧，所以保险需求将随收入增加而减少。相反，如果无差异曲线变得更平坦，保险需求将增加，因为新的均衡点必然落在 E'' 点的左侧。图 10.3 画出的是前一种情况。

自原来的均衡点 E 开始沿平行于 45° 线方向朝右上方移动的过程中，个体在两种状态下的收益差是保持不变的：$y_1 - y_2 = c$。由 (10.2)，线段 EE'' 上无差异曲线斜率的变动由下式刻画

$$\frac{d}{dy_1}\left(\frac{dy_2}{dy_1}\right)_{y_1-y_2=c}$$

$$= -\frac{p}{(1-p)[u'(y_2)]^2}[u''(y_1)u'(y_2) - u'(y_1)u''(y_2)]$$

$$= \frac{pu'(y_1)}{(1-p)u'(y_2)}\left[-\frac{u''(y_1)}{u'(y_1)} + \frac{u''(y_2)}{u'(y_2)}\right]$$

$$= \frac{pu'(y_1)}{(1-p)u'(y_2)}[A(y_1) - A(y_2)] \tag{10.12}$$

只要保费率不低于公平保费率水平，无灾害状态 1 下的收益至少不会比灾害状态 2 下的收益低：$y_1 \geqslant y_2$。所以，(10.12) 的符号依赖于 Arrow-Pratt 绝对风险厌恶系数是否随收入的增加而增加。如果 $A(y)$ 是 y 的增函数，(10.12) 为正值，即是说无差异曲线沿线段 EE'' 向右上方移动时斜率增加——考虑到无差异曲线是向下倾斜的 $(dy_2/dy_1 < 0)$，这意味着无差异曲线变得更平坦，从而保险需求会增加；如果 $A(y)$ 是 y 的减函数，(10.12) 为负值，无差异曲线沿线段 EE'' 向右上方移动时斜率降低，无差异曲线变得更陡峭，保险需求随收入增加而降低。换句话说，如果收入增加使得个体更厌恶风险，那么收入增加也会使得个体的保险需求增加；如果收入增加会降低个体的风险厌恶程度，那么收入增加也会使得保险需求减少。这个比较静态分析结果与直觉是吻合的。

正式地，记期望效用最大化问题 (10.8) 中个体的目标函数为 U：

$$U(m, \pi, q) \equiv (1-p)u(m - \pi q) + pu(m - L - \pi q + q)$$

一阶必要条件 (10.9) 为 $U_q \equiv \partial U/\partial q = 0$。由隐函数定理，

$$\frac{\partial q}{\partial m} = -\frac{\partial U_q/\partial m}{\partial U_q/\partial q} \equiv \frac{U_{qm}}{-U_{qq}} \tag{10.13}$$

但

$$U_{qq} = \pi^2(1-p)u''(y_1) + (1-\pi)^2 p u''(y_2) < 0 \tag{10.14}$$

$$U_{qm} = -\pi(1-p)u''(y_1) + (1-\pi)pu''(y_2) \tag{10.15}$$

(10.15) 可能为正或负，进而 (10.13) 的符号也不能确定。但如果将一阶必要条件 (10.9) 改写为

$$\pi(1-p) = (1-\pi)pu'(y_2)/u'(y_1)$$

代入 (10.15)

$$\begin{aligned} U_{qm} &= -(1-\pi)pu'(y_2)u''(y_1)/u'(y_1) + (1-\pi)pu''(y_2) \\ &= (1-\pi)pu'(y_2)[-u''(y_1)/u'(y_1) + u''(y_2)/u'(y_2)] \\ &= (1-\pi)pu'(y_2)[A(y_1) - A(y_2)] \end{aligned} \tag{10.16}$$

这与前面 (10.12) 的形式差不多是一样的。同样，注意到 $y_1 > y_2$，结合 (10.13)—(10.16)，我们就有

$$\partial q/\partial m > 0 \ (<0, \ =0) \ \Leftrightarrow \ A'(m) > 0 \ (<0, \ =0) \tag{10.17}$$

10.2.2 价格效应

这里说的价格，当然就是指保费率。考虑保险公司将保费率由原来的 π 提高到 π'：$\pi' > \pi$。如图 10.4 所示，由于预算线斜率为 $-(1-\pi)/\pi$，伴随保费率的提高预算线将以初始点 A 为支点逆时针旋转一个角度，新的预算线较原来的平坦。新的均衡点是 E'。回忆消费者理论中商品需求中的价格效应分析，在那里商品价格变化引致的需求变化可以分解为替代效应和收入效应之和。下面将说明，保险需求的价格效应也存在类似的分解。

图 10.4 中，个体的初始点为 A，在保费率 π 下的预算线为 l，均衡点为 E。如果保险公司提高保费率至 π'，新的预算线为 l'，新的均衡点为 E'。我们可以将自 E 至 E' 的均衡点移动过程分解为两步完成：第一步，保费率提高意味着灾害状态下收益的"价格"提高了，即使个体能维持原来的效用水平，他也会放弃一部分状态 2 的收益，增加持有较为便宜的状态 1 收

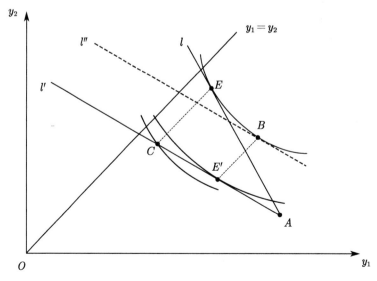

图 10.4　保险需求的价格效应

益，直至两种状态的收益组合适应新的相对价格 $-(1-\pi')/\pi'$。在图中，这对应均衡点 E 沿原来的无差异曲线滑动至 B 点。但是，由于保费率提高，初始财富的实际购买力降低了，所以个体发现他无法维持 B 点的效用水平，他还得进行第二步均衡点移动。由于个体在第一步中已经将 y_1 和 y_2 的组合按新的价格环境作了适当的调整，所以他只需等量地降低 y_1 和 y_2 的持有量，直至完全抵消保费率增加对购买力的影响。在图中，均衡点继续从 B 点以平行于 45° 线的方向朝左下方移动，到新的均衡点 E'。

另一种分解方法是，个体一开始就体会到保费率变动对其实际购买力的影响，所以先等量地减少 y_1 和 y_2 的持有量——均衡点自 E 移动至 C；在 C 点，虽然 y_1 和 y_2 的组合适应了新的购买力，但个体发现适当调整它们的相对比例能提高效用，因为现在状态 1 下的收益 y_1 较为便宜，状态 2 下的收益 y_2 比较昂贵。所以，从 C 点开始，个体减少状态 2 收益的持有量 (少买保险)，并将因此节省的收入 "购买" 状态 1 的收益。将一部分 y_1 替代 y_2，直至两种状态下的收益组合适应了新的相对价格，个体就达到了他新的均衡点——这就是均衡点自 C 沿预算线 l' 移动至 E' 的过程。

用微分方法也可以推导一个类似消费者理论中 Slutsky 方程的等式，反映上述分解。保持个体初始的确定收入 m 不变，利用保险需求所满足的一阶必要条件 $U_q(m,\pi,q)=0$，由隐函数定理，

$$\frac{\partial q}{\partial \pi} = -\frac{\partial U_q/\partial \pi}{\partial U_q/\partial q} \equiv -\frac{U_{q\pi}}{U_{qq}} \tag{10.18}$$

首先在一阶条件等式 (10.9) 中对 π 微分，得到

$$\begin{aligned} U_{q\pi} &= -[(1-p)u'(y_1) + pu'(y_2)] + q[\pi(1-p)u''(y_1) - (1-\pi)pu''(y_2)] \\ &= -E[u'(\tilde{y})] - qU_{qm} \end{aligned}$$

其中第二个等式利用了 (10.15)。将其代入 (10.18)

$$\frac{\partial q}{\partial \pi} = \frac{E[u'(\tilde{y})]}{U_{qq}} - q\left(-\frac{U_{qm}}{U_{qq}}\right)$$

注意到第二项中括号内的分式正好是 $\partial q/\partial m$，置换后我们得到了下面的 "Slutsky 方程"

$$\frac{\partial q}{\partial \pi} = \frac{E[u'(y)]}{U_{qq}} - q\frac{\partial q}{\partial m} \tag{10.19}$$

10.3 风险均摊：Arrow-Lind 定理

前两节讨论了风险厌恶者的保险需求，这一节我们转而讨论保险市场的契约供给。如果供给保险契约中的保险人 (保险公司) 是风险厌恶的，那么他提供的保费率除了反映投保事件发生的概率，还会包含他本身的风险厌恶因素。直观地看，由于风险厌恶者需要一笔正的风险升水弥补自己承担风险的成本，一个风险厌恶的保险人要求的保费率将比一个风险中立的保险人要求的高。不过，这并不意味着我们支付给保险公司的保费中就一定包含相当部分的风险升水用以贴补保险公司风险厌恶的股东。我们将要证明的 **Arrow-Lind 定理**表明，如果有多个风险厌恶者共同供给一个保险契约，那么随着参与人的增加，保费中用以贴补保险

人的风险升水将会越来越低。事实上,如果没有管理成本,由足够多的保险人供给的保险契约中的保费率将等于公平保险费率。这就是说,即使这个世界上所有的人都是风险厌恶的,保险公司要求的保费也可能与一个风险中立者要求的大致相等。

Arrow-Lind 定理的应用范围相当广泛,所以我们考虑一个比保险市场更一般的情形。假设我们组织有 n 个偏好和初始收入相同的个体来共同投资一项风险项目,该项目的随机收益是 $\tilde{h}$。我们规定参与者均摊各种可能状态下的收益或损失,所以,每个参与者的随机收益是 $\tilde{h}/n$。自然,"入股"该项风险投资需要参与人缴纳一定金额的资本。现在的问题是,需要将每人缴纳的资本金 k 定在什么样的水平,才能说服这 n 个人参与投资。

如果一个代表性参与者的效用函数是 $u(\cdot)$,初始收入是 y,他愿意支付的最高资本金 k 满足方程

$$E[u(y-k+\tilde{h}/n)] = u(y) \quad (10.20)$$

我们将代表性投资者从该风险项目中获得的期望收益记为 $E[\tilde{h}/n] \equiv \bar{h}/n$,这一收益水平超过他缴付的资本金 k 的部分

$$l = \bar{h}/n - k$$

称为个体的**风险负担** (risk loading)。将风险项目的随机收益 $\tilde{h}$ 写为期望收益 $\bar{h}$ 与一个随机干扰项 $\tilde{e}$ 之和

$$\tilde{h} = \bar{h} + \tilde{e}$$

这里 $E[\tilde{e}] = 0$。这样 (10.20) 变为:

$$u(y) = E[u(y+\tilde{h}/n-\bar{h}/n+l)] = E[u(y+\tilde{e}/n+l)] \quad (10.21)$$

由 (10.21),风险负担可以理解为个体接受公平赌局 (注意 $E[\tilde{e}/n] = 0$) 所需的补偿。它与风险升水非常相似: 二者都是个体对特定风险的货币度量,只是,风险升水是个体为避免风险而愿意放弃的货币金额,而风险负担是个体在"被迫"承担风险时要求的货币补偿 (事实上,在金融理论或投资学中所定义的"风险升水"恰好是这里的 l)。

为了分析项目参与者人数 n 对风险负担 l 的影响,方程 (10.21) 两端微分一次有

$$-\frac{1}{n^2}E\left[u'\left(y+\frac{\tilde{e}}{n}+l\right)\tilde{e}\right]dn + E\left[u'\left(y+\frac{\tilde{e}}{n}+l\right)\right]dl = 0$$

这就得到

$$\frac{dl}{dn} = \frac{1}{n^2}\frac{E[u'(y+\tilde{e}/n+l)\tilde{e}]}{E[u'(y+\tilde{e}/n+l)]} = \frac{1}{n^2}\frac{E[u']E[\tilde{e}]+\text{Cov}[u',\tilde{e}]}{E[u']}$$

由于 $E[\tilde{e}] = 0$,所以

$$\frac{dl}{dn} = \frac{1}{n^2}\frac{\text{Cov}[u'(y+\tilde{e}/n+l),\tilde{e}]}{E[u'(y+\tilde{e}/n+l)]} \quad (10.22)$$

另一方面,由于 $u'(\cdot)$ 是严格单减函数,$\tilde{e}$ 增加将降低 $u'(y+\tilde{e}/n+l)$ 的值,从而

$$\frac{dl}{dn} < 0$$

这说明 $l(n)$ 是严格单减函数: 共同承担风险的人越多, 每个参与人的风险负担越低。不仅如此, 由 (10.21)
$$\lim_{n\to\infty} l(n) = 0$$

现在我们来看这 n 个人愿意支付的投资总额:
$$K(n) = nk = n[\bar{h}/n - l(n)] = \bar{h} - nl(n)$$

$$\lim_{n\to\infty} nl(n) = \lim_{n\to\infty} \frac{l(n)}{1/n} = \lim_{n\to\infty} \frac{l'(n)}{(1/n)'} = -\lim_{n\to\infty}[n^2 l'(n)]$$
$$= -\lim_{n\to\infty} \frac{\mathrm{Cov}[u'(y+\tilde{e}/n+l(n)),\tilde{e}]}{E[u'(y+\tilde{e}/n+l(n))]} = -\frac{\mathrm{Cov}[u'(y),\tilde{e}]}{E[u'(y)]}$$

因为个体的初始收入 y 是定值, $\mathrm{Cov}[u'(y),\tilde{e}] = 0$, 从而
$$\lim_{n\to\infty} nl(n) = 0 \tag{10.23}$$

这就得到
$$\lim_{n\to\infty} K(n) = \lim_{n\to\infty}[\bar{h} - nl(n)] = \bar{h} \tag{10.24}$$

由 (10.23), 随着分摊风险人数的增加, 风险负担总和 $nl(n)$ 也趋于零。这说明, 这里所谓的风险分摊并不是一种"均分"的概念。通常所说的若干人均分一笔财富 (或其他物质), 参与分配的人越多每人的份额自然越少, 并且当参与者人数趋于无穷大时, 单个参与人所得的份额趋于零。但是, 无论参与人数如何变动, 所有人的分配额的总和——供分配的财富本身始终是不变的。我们所说的风险均摊, 不仅每个个体的风险负担随着参与人的增加而减少, 而且, 参与人数充分大时总的风险负担也"消失了"。这种效应的直接结果就是 (10.24): 只要参与投资的人数充分大, 投资者作为一个整体对一项风险投资的估价, 仅依赖于风险项目本身的期望收益, 与单个投资者的风险厌恶程度无关。

适当解释变量, Arrow-Lind 定理即可应用保险市场。考虑由众多风险厌恶股东平均持股的一个保险公司向投保人提供一份保险合同。这份保险合同就是上述模型中的风险项目; 项目随机收益 $\tilde{h}$ 是保险合同规定的各种情况下公司向投保人赔偿金额的负值; 保险合同所需的"投资"总额也是负值, $-K(n)$ 解释为公司向投保人索取的最低保费。如果不考虑公司的管理成本, 并且保险市场是完全竞争的, 公司不可能赚取超额利润, 那么 Arrow-Lind 定理意味着公司索取的保费与投保事件带来的期望损失基本持平。

Arrow-Lind 定理还有其他应用。比如, 我们有时可以将一个由若干风险厌恶股东持股的厂商视为风险中立的; 在公共物品供给中, 尽管社区内每个市民可能都呈现风险厌恶特征, 但政府作为所有市民的代言人可以以风险中立的态度审查公共工程。

10.4 风险汇合和资产多样化

上一节我们介绍了通过多人分摊风险最终"消除"风险的方法, 这里我们再来考虑另外两个降低风险成本的途径: **风险汇合 (risk pooling)** 和**风险多样化 (risk diversification)**。

风险汇合的意思是,不同的个体开初都拥有一项自己的风险资产,现在他们将各自的风险资产汇合在一起,捆绑成一个风险资产包,大家分享这个资产包带来的收益和损失。风险多样化则是说,一个本来可以大量持有一项风险资产的个体,决定同时持有几项不同的风险资产。用一句通俗的话来说,风险多样化原理劝你"不要将所有鸡蛋放在一个篮子里"。

我们先考虑风险汇合的经济意义,然后说明风险多样化和风险汇合降低风险成本的原理事实上是一样的。

10.4.1 两个体的风险汇合

考虑两个严格风险厌恶者各有一张彩票 $[p; x, y]$。个体 1 有概率 p 的机会获得收益 x,概率 $1-p$ 获得收益 y;个体 2 也有概率 p 的机会获得收益 x,概率 $1-p$ 获得收益 y。但是,尽管两人的彩票形式上完全一致,但两张彩票的收益是相互独立的。这就像两个人同时买了一张同一公司发行的体育彩票,虽然两张彩票中各种奖项的概率完全相同,但因为编码不同,一张彩票中了头奖,另一张彩票却可能什么也不中。由于两人是完全对称的,我们只需考虑个体 1 的期望效用。记个体 1 的期望效用函数为 $u(\cdot)$,彩票 $[p; x, y]$ 为他带来的期望效用是

$$u([p; x, y]) = pu(x) + (1-p)u(y)$$

假设两人决定汇合他们的彩票,日后均分两张彩票的收益。现在这个捆绑起来的风险资产包有 4 种可能的情况:

彩票收益		概率	每人收益
彩票 1	彩票 2		
x	x	p^2	x
x	y	$p(1-p)$	$(x+y)/2$
y	x	$(1-p)p$	$(x+y)/2$
y	y	$(1-p)^2$	y

注意资产捆绑并没有改变个体的期望收益

$$p^2 x + 2p(1-p)\cdot(x+y)/2 + (1-p)^2 y = px + (1-p)y$$

汇合后个体 1 的期望效用是

$$u(([p; x, y] + [p; x, y])/2)$$
$$= p^2 u(x) + 2p(1-p)u((x+y)/2) + (1-p)^2 u(y)$$

将上述两式相减并整理

$$\begin{aligned} &u(([p; x, y] + [p; x, y])/2) - u([p; x, y]) \\ &= 2p(1-p)[u(\tfrac{1}{2}x + \tfrac{1}{2}y) - \tfrac{1}{2}u(x) - \tfrac{1}{2}u(y)] \\ &> 0 \end{aligned} \tag{10.25}$$

其中最后一个不等式利用了效用函数的凹函数定义。

由 (10.25),资产汇合增加了个体的期望效用,但因为此时个体的期望收益并没有改变,所以增加的期望效用只可能来自较低的风险。换句话说,汇合风险资产确实降低了风险。

10.4.2 多人风险汇合

即使每项风险资产都只有两种可能的收益,当捆绑在一起的资产多于两项时,这个资产包可能出现的收益情况就太多了。如果单项资产可能实现的收益不止两种,情况就会更加复杂。即使你不嫌麻烦,许多时候你可能永远也无法分列清楚一个捆绑资产包可能实现的各种收益情形。显然,对于一般性资产汇合问题,我们只有放弃前面两人两收益情形时的分析思路。

一般地,假设有 N 个风险厌恶个体,各自持有一项随机收益为 $\tilde{y}$ 的不确定性资产,这些资产的收益是相互独立的。个体可以将自己的资产与别人的资产汇合,均分汇合资产的收益。如果将个体持有的风险资产本身也视为一种特殊的捆绑资产包——只包含一项资产的汇合,我们可以考虑这样的问题:对于个体来说,他要将其资产与其他人的资产汇合到什么程度才是最优的? 更明确地说,个体参与的捆绑资产包中要含有几项资产才是最优的? 在若干可能的选择中,一个极端是各个体根本不与别人捆绑资产,这是我们刚说的特殊情况;另一个极端是个体与其他所有的人一道捆绑一个含 N 项资产的资产包,不妨称这种情况为**完全汇合**;在两个极端之间,还存在包含 n 项资产 $(1 \leqslant n \leqslant N)$ 的部分汇合。下面我们证明,最优汇合要求捆绑所有 N 个个体的风险资产。

记个体 i 的资产收益为 $\tilde{y}_i$,不同个体持有的资产收益是独立的,但它们的分布完全相同。在一个包含 n 支资产 $(2 \leqslant n \leqslant N)$ 的汇合中,每个个体所得的收益是

$$\tilde{r}(n) = \frac{1}{n}\sum_{i=1}^{n}\tilde{y}_i = \tilde{y}_n + \frac{1}{n}\sum_{i=1}^{n-1}(\tilde{y}_i - \tilde{y}_n) \tag{10.26}$$

考虑在上述资产包中除去个体 n 的资产,余下的 $n-1$ 项资产构成另一个较小的资产包,其收益在个体 $1, \ldots, n-1$ 中均分,这时每个个体所得的收益可以写为:

$$\tilde{r}(n-1) = \frac{1}{n-1}\sum_{i=1}^{n-1}\tilde{y}_i = \frac{1}{n-1}\sum_{i=1}^{n-1}\tilde{y}_i + (1 - \sum_{i=1}^{n-1}\frac{1}{n-1})\tilde{y}_n$$

$$= \tilde{y}_n + \frac{1}{n-1}\sum_{i=1}^{n-1}(\tilde{y}_i - \tilde{y}_n)$$

利用 (10.26)

$$\tilde{r}(n-1) = \tilde{r}(n) + \frac{1}{n(n-1)}\sum_{i=1}^{n-1}(\tilde{y}_i - \tilde{y}_n) \tag{10.27}$$

(10.27) 表明个体参与一个含 $n-1$ 项资产所得的收益,等于他参与一个含 n 项资产所得的收益再加上一个随机收益。如果我们能证明 (10.27) 右端第二项是一个白噪声,由前一章所述的 Rothchield–Stiglitz 定理,$\tilde{r}(n) \underset{SSD}{\geqslant} \tilde{r}(n-1)$,这就意味着资产包中包含的资产数量越多,个体承受的风险越小。为此,$\forall r, y > 0$,考察 $\tilde{r}(n) = r$ 时 $\tilde{y}_i - \tilde{y}_n = y$ 的条件概率

$$\Pr(\tilde{y}_i - \tilde{y}_n = y | \tilde{r}(n) = r)$$

记 $\tilde{S}_{-in} = n\tilde{r}(n) - (\tilde{y}_i + \tilde{y}_n)$，这其实是除资产 i 和资产 n 以外的其他所有资产收益之和。则

$$\Pr(\tilde{y}_i - \tilde{y}_n = y | \tilde{r}(n) = r) = \Pr(\tilde{y}_i - \tilde{y}_n = y | \tilde{y}_i + \tilde{y}_n = nr - \tilde{S}_{-in})$$

$$= \frac{\Pr\{\tilde{y}_i - \tilde{y}_n = y, \tilde{y}_i + \tilde{y}_n = nr - \tilde{S}_{-in}\}}{\Pr(\tilde{y}_i + \tilde{y}_n = nr - \tilde{S}_{-in})}$$

由于 $\tilde{y}_i - \tilde{y}_n = y$，$\tilde{y}_i + \tilde{y}_n = nr - \tilde{S}_{-in}$ 等价于

$$\tilde{y}_i = (nr + y - \tilde{S}_{-in})\big/2 \text{ 和 } \tilde{y}_n = (nr - y - \tilde{S}_{-in})\big/2$$

并注意到 $\tilde{y}_i$ 和 $\tilde{y}_n$ 的相互独立性，我们进一步得到

$$\begin{aligned}&\Pr(\tilde{y}_i - \tilde{y}_n = y | \tilde{r}(n) = r) \\ &= \frac{\Pr[\tilde{y}_i = (nr + y - \tilde{S}_{-in})\big/2] \Pr[\tilde{y}_i = (nr - y - \tilde{S}_{-in})\big/2]}{\Pr(\tilde{y}_i + \tilde{y}_n = nr - \tilde{S}_{-in})}\end{aligned} \tag{10.28}$$

由 (10.28) 可以直接推出

$$\Pr(\tilde{y}_i - \tilde{y}_n = y | \tilde{r}(n) = r) = \Pr(\tilde{y}_i - \tilde{y}_n = -y | \tilde{r}(n) = r) \tag{10.29}$$

而这意味着 $E[\tilde{y}_i - \tilde{y}_n | \tilde{r}(n) = r] = 0$。再由各资产收益的相互独立性，

$$E[\sum_{i=1}^{n-1}(\tilde{y}_i - \tilde{y}_n) | \tilde{r}(n) = r] = 0 \tag{10.30}$$

由于 r 是任取的，Rothchield–Stiglitz 定理成立：

$$\tilde{r}(n) \underset{\text{SSD}}{\geqslant} \tilde{r}(n-1) \tag{10.31}$$

(10.31) 意味着，只要我们增加资产包中的资产数量，并按新的个体人数均分资产包收益，总是可以降低参与者的收益风险。一个直接的推论是，如果有 N 个风险厌恶个体各自拥有期望收益相同但相互独立的资产，那么最优汇合要求捆绑所有 N 个个体的风险资产。

10.4.3 分布不同的风险资产的汇合

在各个体的资产收益有相同分布条件下，我们证明了每人均分汇合资产收益能降低个体承担的风险。其实，即使各个体的资产收益分布不尽一致，只要它们的期望收益相同，资产汇合同样降低个体的风险成本。只是，汇合形式可能不是参与者均分资产包收益，而是按某种稍稍复杂一些的机制分配收益。

考虑一个两资产汇合的情况。假设个体 1 和个体 2 分别拥有收益为 $\tilde{y}_1$ 和 $\tilde{y}_2$ 的资产，$\tilde{y}_1$ 和 $\tilde{y}_2$ 的分布函数分别为 $F_1(y)$ 和 $F_2(y)$，分布密度函数为 $f_1(y)$ 和 $f_2(y)$。我们只假设这两种资产的期望收益相同：$\bar{y}_1 = \bar{y}_2$。不失一般性，适当的规范化处理后可以使个体的收益介于 0 和 1 之间：$0 \leqslant \tilde{y}_1, \tilde{y}_1 \leqslant 1$。考虑这样一种汇合安排：个体 1 在自身的资产收益 $\tilde{y}_1$ 中的分配

份额为 $1-k$ $(0<k<1)$, 在对方资产收益 $\tilde{y}_2$ 中的分配份额为 k; 余下的收益分配给个体 2。个体 1 的收益是

$$\tilde{y}(k) = (1-k)\tilde{y}_1 + k\tilde{y}_2 = \tilde{y}_1 + k(\tilde{y}_2 - \tilde{y}_1) \tag{10.32}$$

$\tilde{y}(k)$ 的分布函数是

$$\begin{aligned} G(y;k) &\equiv \Pr[\tilde{y}(k) \leqslant y] = \Pr[\tilde{y}_1 \leqslant (y-k\tilde{y}_2)/(1-k)] \\ &= \int_0^1 F_1\left(\frac{y-ky_2}{1-k}\right) f_2(y_2) dy_2 \end{aligned} \tag{10.33}$$

显然 $G(y;0) \equiv F_1(y)$, 这对应资产没有汇合的情况。要证明某种资产汇合确实能降低个体的风险, 需要证明对于某个 $0<k<1$, $\tilde{y}(k) \underset{SSD}{\geqslant} \tilde{y}_1$——按定义, 这要求

$$E[\tilde{y}(k)] = E[\tilde{y}_1] = \bar{y}_1 \tag{10.34}$$

以及

$$S(w;k) \equiv \int_0^w [G(y;k) - G(y;0)] dy \leqslant 0 \quad \forall w \in [0,1] \tag{10.35}$$

(10.34) 成立是明显的

$$E[\tilde{y}(k)] = (1-k)E[\tilde{y}_1] + kE[\tilde{y}_2] = \bar{y}_1$$

为证明 (10.35), 我们考虑

$$\begin{aligned} \left.\frac{\partial G(y;k)}{\partial k}\right|_{k=0} &= \int_0^1 f_1(y) f_2(y_2)(y-y_2) dy_2 \\ &= f_1(y)\left[y \int_0^1 f_2(y_2) dy_2 - \int_0^1 y_2 f_2(y_2) dy_2\right] \\ &= f_1(y)(y-\bar{y}_2) = f_1(y)(y-\bar{y}) \end{aligned}$$

由此,

$$\begin{aligned} \frac{\partial}{\partial k}\left[\int_0^w G(y;k) dy\right]_{k=0} &= \int_0^w \frac{\partial G(y;0)}{\partial k} dy = \int_0^w f_1(y)(y-\bar{y}) dy \\ &= \int_0^w f_1(y) y dy - F_1(w)\bar{y} \leqslant 0 \end{aligned}$$

且 $w \neq 0,1$ 时严格不等式成立。这就是说函数 $\int_0^w G(y;k) dy$ 在 $k=0$ 附近是单减的, 所以, (10.35) 成立。

10.4.4 资产多样化

下面我们简单地解释为什么投资多种风险资产比只投资一种资产的风险低。假设一个风险厌恶个体决定将 w 的确定收入投资风险资产。在两种可选的资产中，资产 i 的随机收益率为 $\tilde{h}_i$：1 元投资可获收益 $1 + \tilde{h}_i$ 元；假设所有资产的期望收益率都相等。一般地，假设资产 i 在个体的总投资中占份额 k_i，$k_1 + k_2 = 1$。这种投资组合使个体获收益：

$$\tilde{y} = \sum_{i=1}^{2} k_i w(1 + \tilde{h}_i) = \sum_{i=1}^{2} k_i \tilde{y}_i \tag{10.36}$$

这里 $\tilde{y}_i = w(1 + \tilde{h}_i)$。不难发现 (10.36) 和 (10.32) 形式上是完全相同的，直接利用上面推导的结果，个体同时投资两种资产 (k_1 和 k_2 都大于零) 比他只投资一种资产 (k_1 和 k_2 中至少有一个为零) 的风险小。

10.5 有效风险配置

保险契约是风险厌恶的投保人与风险中立的保险公司间的交换。通过保险公司，投保人得以将其收入在不同的可能状态间重新配置，从而达到更高的无差异曲线。这一节我们将这一原理作一般性的推广，考虑不确定环境中交换双方都是风险厌恶者的情况。我们首先以艾奇沃斯方框解释这种交换的利益，然后推导一个一般的有效风险配置条件。

10.5.1 不确定环境中的交换

即使个体都是风险厌恶的，他们也可以通过适当的交换契约，重新配置各种自然状态下的收入，在一定程度上规避风险。比如，假想 a 和 b 两个人被迫玩一个游戏，规则是：某个第三者抛一枚硬币，如果正面向上，a 向 b 支付 100 万元；如果反面向上，b 向 a 支付 100 万元。如果这两人都是风险厌恶的，他们可能都极不愿意接受这个 100 万元的赌局，但因为某种原因他们不得不接受这个游戏。可以想象，以 50% 的机会输 100 万元巨款对 a 和 b 来说风险实在高得不能接受 (尽管他们也有 50% 的机会赢得这笔巨款)。但是，如果他们之前有机会签订一个交换协议，规定赢家给输家一定的补偿，便能降低两人面对的风险。一种极端的契约是：赢家向输家支付 100 万元——显然，这一契约如果生效，两人玩这个游戏毫无风险可言。下面我们将这一特殊例子显示的原理推广到一般的情形。

不失一般性，假设自然存在两种可能的状态，$s = 1, 2$；有 a 和 b 两个风险厌恶个体，如果状态 1 发生，他们的收入分别是 $\bar{y}_{a1}$ 和 $\bar{y}_{b1}$；如果状态 2 出现，收入分别是 $\bar{y}_{a2}$ 和 $\bar{y}_{b2}$。为了使我们的分析结果尽可能一般化，我们允许不同的个体对自然会实现的状态有不同的估计。如果个体 $i(i = a, b)$ 相信状态 s 出现的概率是 p_{is}，$p_{i1} + p_{i2} = 1$，他的期望效用函数是

$$U_i(y_{i1}, y_{i2}) = p_{i1} u_i(y_{i1}) + p_{i2} u_i(y_{i2}) \tag{10.37}$$

这两个个体可以就两种状态下的收入进行交换。譬如说，个体 a 向 b 承诺，如果状态 1 出现，向对方支付 50 元；为此，如果状态 2 出现，b 需要向 a 支付 100 元。记某一交换契约下

个体 i 在状态 s 出现时的收入 (交换以后) 为 y_{is}。由于这是一个纯交换问题, 任何交换结果下二人在状态 s 下的收入总和始终等于他们在该状态下的初始收入之和

$$y_{as} + y_{bs} = \bar{y}_{as} + \bar{y}_{bs} \equiv \bar{y}_s \quad s = 1, 2 \tag{10.38}$$

我们可以用艾奇沃斯方框来表示二人的交换。图 10.5 中, 方框的横向长为二人状态 1 下的初始收入之和 $\bar{y}_1$, 纵向长 (高) 为二人状态 2 下的初始收入之和 $\bar{y}_2$; 个体 a 的坐标原点是位于方框左下角的 O_a, 个体 b 的坐标原点则是方框右上角的 O_b; 方框中任一点与 O_a 的横向距离表示个体 a 在状态 1 下的收入, 纵向距离则是他在状态 2 下的收入; 相似地, 同一点与 O_b 的横向距离表示个体 b 在状态 1 下的收入, 纵向距离代表他在状态 2 下的收入。这样, 方框内任何一点都对应两种状态下两个个体一定的收入, 而且这些收入满足 (10.38), 从而也对应于一个可行配置。由于个体是风险厌恶的, 他们的无差异曲线都凸向自己的原点, 注意个体 b 的无差异曲线往左下方移动时代表他的期望效用提高。二人一开始位于图中 A 点, 注意到这一点不在两个原点出发的 $45°$ 角平分线上, 这意味着一开始他们都存在**个人风险**——他们的收入依赖于自然出现的状态。

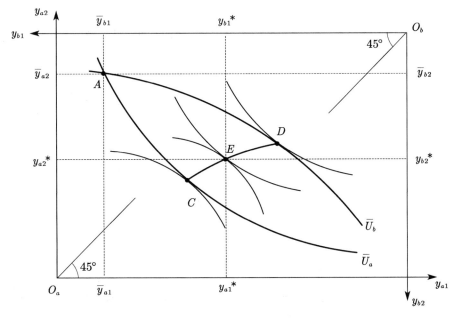

图 10.5　风险的交换

如果这个艾奇沃斯方框的长和宽不等, 则意味着还存在**社会风险**——无论个体间如何交换, 经济中的总收入依赖于自然出现的状态。本小节一开始举的那个抛硬币赌博的例子中并不含社会风险, 因为无论硬币的正面还是反面向上, 两人的总收入不变。图 10.5 显示的则是存在社会风险的情况, 社会总收入在状态 1 下比状态 2 的时候高, 我们可以将状态 2 想象为某种灾难或事故发生的情形。社会风险是无法规避的, 如果存在社会风险, 无论如何至少有一个个体要面对个人风险。

通过交换, 二人可以从初始点 A 达到艾奇沃斯方框中任何一点。如果将不同状态下的收入看成不同的"商品", 这个二人经济与 8.5 节中的商品交换经济没有什么不同。均衡契

约一定处于图中契约线 CD 上某一点,这里契约线 CD 的定义与前面也是一样的:处于两个体初始无差异曲线 $\bar{U}_a$ 和 $\bar{U}_b$ 之间的两个体无差异曲线切点的轨迹。使用第 8 章的术语,我们也将契约线 CD 称为这个二人经济的核。

如果两人于图中 E 点达到均衡,对应的均衡契约是:如果自然呈状态 1,个体 b 向 a 支付

$$\bar{y}_{b1} - y_{b1}^* = y_{a1}^* - \bar{y}_{a1}$$

如果自然出现状态 2,则个体 a 向 b 支付

$$\bar{y}_{a2} - y_{a2}^* = y_{b2}^* - \bar{y}_{b2}$$

要注意上述两种情况中只有一种会实现,所以交换契约的实际执行只是某一个个体向对方的单向支付。这一点与 8.5 节中真正的商品交换不同——在那里,一个个体将某种商品分一点给对方,同时向对方索取一定量的其他商品,交换过程是双向的。

10.5.2 风险有效配置条件

如果个体间状态依赖收入的交换达到了这样一种境地,再也找不到可行的交换契约,使得提高某人的期望效用而不会伤害别人,经济就达到了帕累托有效。从艾奇沃斯方框来看,很明显,帕累托有效点是二人无差异曲线切点的轨迹 (注意核 CD 只是这条轨迹中的一段),而这意味着二人的无差异曲线切线的斜率相等。由个体 i 的期望效用函数 (10.37),无差异曲线方程是

$$p_{i1}u_i(y_{i1}) + p_{i2}u_i(y_{i2}) = U_i^0$$

利用隐函数求导定理 (或者在上述等式两端求全微分,然后除以 dy_{i1}),其切线斜率为

$$\frac{dy_{i2}}{dy_{i1}} = -\frac{p_{i1}u_i'(y_{i1})}{p_{i2}u_i'(y_{i2})}$$

所以帕累托最优要求

$$\frac{p_{a1}u_a'(y_{a1})}{p_{a2}u_a'(y_{a2})} = \frac{p_{b1}u_b'(y_{b1})}{p_{b2}u_b'(y_{b2})} \tag{10.39}$$

这个条件也可以正式地通过考虑下面的条件最大值问题来验证 (不考虑存在某个 y_{is} 为零的特殊配置)

$$\max_{(y_{a1}, y_{a2})} [p_{a1}u_a(y_{a1}) + p_{a2}u_a(y_{a2})]$$
$$\text{s.t.} \quad p_{b1}u_b(y_{b1}) + p_{b2}u_b(y_{b2}) \geqslant U_b^0$$
$$y_{as} + y_{bs} \leqslant \bar{y}_s \quad s = 1, 2$$

由于效用函数是单调的,最大值点处两个约束都必然是束紧的,从而可以将它们都视为等式约束。作拉格朗日函数

$$L = p_{a1}u_a(y_{a1}) + p_{a2}u_a(y_{a2})$$
$$- \lambda[U_b^0 - p_{b1}u_b(y_{b1}) - p_{b2}u_b(y_{b2})] - \sum_{s=1}^{2} \mu_s(y_{as} + y_{bs} - \bar{y}_s)$$

一阶必要条件是
$$p_{as}u'_a(y_{as}) - \mu_s = 0 \qquad s = 1, 2 \qquad (10.40)$$
$$\lambda p_{bs}u'_b(y_{bs}) - \mu_s = 0$$

或者写为
$$p_{as}u'_a(y_{as}) = \lambda p_{bs}u'_b(y_{bs}) \qquad s = 1, 2 \qquad (10.41)$$

将 $s=1$ 和 $s=2$ 对应的等式相除,即可得到 (10.39)。

如果个体对自然将出现的状态有相同的估计,$p_{as} = p_{bs}$,由 (10.41)
$$u'_a(y_{as}) = \lambda u'_b(y_{bs}) \qquad s = 1, 2 \qquad (10.42)$$

我们常常碰到一个风险厌恶个体与一个风险中立个体之间的交换 (譬如投保人与保险公司),此时有效的风险配置应该如何? 假设个体 b 是风险中立的,那么他的边际效用是常数: $u'_b(y_{bs}) = c$,(10.41) 表明此时的帕累托有效条件是
$$p_{as}u'_a(y_{as}) = \lambda c p_{bs} \qquad s = 1, 2 \qquad (10.43)$$

如果 a 和 b 两人的主观概率还是一样的,(10.43) 进一步变为
$$u'_a(y_{as}) = \lambda c \qquad s = 1, 2 \qquad (10.44)$$

注意到等式右端的 λc 与状态 s 无关,在个体 a 是风险厌恶的条件下,这意味着 $y_{a1} = y_{a2}$。换句话说,如果两个人对自然出现的状态有相同的估计,而其中一个人是风险厌恶的,另一个人是风险中立的,则有效的风险配置要求风险中立者承担全部风险,让风险厌恶者在各种自然状态下都有相同的收入。回忆 10.1 节,如果风险中立的保险公司提供公平保费率 $\pi^* = p$,投保人将购买一个完全保险契约,确保自己在任何状态下都拥有确定的收入——此时,投保人与保险公司间的风险配置即达到了帕累托有效。

 进一步阅读

更深入的保险模型可以参见:

Dreze, J. H. and P. Dehaz (1987), "State-dependent Utility, the Demand for Insurance and Value of Safety", in Dreze, J. H. (eds.) *Essays on Economic Decisions under Uncertainty*, Cambridge: Cambridge University Press.

Doherty, N. and H. Schlesinger (1983), "Optimal Insurance in Incomplete Markets", *Journal of Political Economy*, 91: 1045-1054.

Raviv, A. (1979), "The Design of an Optimal Insurance Policy", *American Economic Review*, 69: 84-96.

风险均摊原理出自:

Arrow, K. J. and R. Lind (1970), "Uncertainty and the Evaluation of Public Investment Decisions", *American Economic Review*, 60: 364-368.

练习与思考

10-1 假设个体 1 的效用函数是 $u_1(y) = \lg(y+c)$，个体 2 的效用函数是 $u_2(y) = y - ay^2$，这里 c 和 a 都是正的常数。有人说个体 1 购买保险会比个体 2 更积极，判断这种说法是否正确，陈述理由。

10-2 假设某人是风险厌恶的，有 2 万元的初始财富；假设某种事故发生的概率是 50%，在事故发生的情况下这个人的财富会损失一半。

(1) 如果由一个保险公司向该个体提供事故保险，公平保费率应该是多少？用图解释，在公平保费率下，这个人会购买完全保险。

(2) 如果有 A 和 B 两个保险公司同时以公平保费率提供保险服务，但 A 公司要求客户只能购买完全保险，而 B 公司不允许客户的投保财产超过他所有财产的一半。证明这个人会购买 A 公司的保险。

10-3 有 A 和 B 两个人各自有一套价值为 W 的住房，假设两人都相信地震发生的概率是 p，在那种情况下每套住房的价值将损失 L，$0 < L \leqslant W$。保险公司以保费率 $\pi > p$ 为居民提供住房保险服务。如果 A 的风险厌恶程度高于 B，证明 A 投保的金额也高于 B。

10-4 考虑下面保险需求的比较静态问题：

(1) 证明：如果其他条件不变，则灾害发生的概率越高，或者是灾害损失越大，则个体投保的金额越大。

(2) 如果灾害发生的概率 p 增加时，保险公司按比例提高保费率，$\pi = \pi_0 + \beta(p - p_0)$，讨论灾害发生概率从 p_0 增加到 p 时保险需求的变化。

10-5 假设有一个投资项目，有 50% 的机会产生 2 万元纯收益，50% 的机会产生 1.84 万元净损失；某人的效用函数为 $u(y) = \sqrt{y}$，拥有 2 万元确定的财产。

(1) 证明这个人将拒绝投资。

(2) 如果我们组织若干与上述完全相同的人对该项目进行联合投资，最少需要多少人投资才是可行的？

(3) 上一问题中投资联合体中包含多少人时，联合体的期望效用达到最大？

10-6 假设某人可选择的投资对象为 n 支收益分布相同但相互独立的证券，证明：

(1) 该投资者将其投资总额均分为 n 份分投于这 n 支证券，所得组合收益的标准差 σ_P 最小。

(2) 当 $n \to \infty$ 时，$\sigma_P \to 0$。

10-7 在状态依赖收入交换的艾奇沃斯方框中,契约线是否一定处于两条 45° 角平分线之间?

10-8 证明:在有效风险配置中,任一个体 i 在状态 s 下的最优收入分配 y_{is}^* 只依赖于状态 s 下的总收入 $\bar{y}_s$,与其他状态下的总收入无关。

10-9 一个地主雇用一个农夫耕作他的一块土地,二人在生产前讨论收成分配契约。假设这块土地的收成完全取决于天气的好坏,天气好时产量为 x^h,天气坏时产量为 x^l,$x^h > x^l$;地主和农夫都相信出现好天气的概率是 p,出现坏天气的概率是 $1-p$。地主和农夫都是严格风险厌恶的。

(1) 证明:由农夫或者地主中任何一个获得固定收成的分配契约必然是无效率的。

(2) 如果地主和农夫的期望效用函数有相同的形式,并且他们的 A–P 相对风险系数是常数。证明:有效风险配置要求二人按收成比例分配 (可以使用练习与思考 9-6 的结果)。

(3) 保持上一小问的条件不变,说明在艾奇沃斯方框中有效收成分配点的特征。

第 11 章 资产市场

上一章讨论了个体的风险配置,但主要是限于个体间的直接交换或借助简单的保险服务。在现实的金融市场中,存在股票、债券、基金、期货、期权等种类繁多的风险资产,个体可通过买卖这些资产来进行风险调节。这一章将在非常一般的金融市场环境中,利用 Arrow–Debreu 一般均衡框架分析金融市场的资源配置效率,并在这个框架中考虑资产定价的基本原理。

11.1 节首先引入一种在理论上十分有用的虚拟性风险资产——A–D 证券 (基础证券),随后定义了完备市场,并阐述了完备市场中的 S 基金分解原理;11.2 节严格地证明了完备市场条件下资源配置的有效性,随后引入了实际完备市场的概念;11.3 节和 11.4 节的分析是在一类特殊的个体偏好条件下进行的,在时间可加效用函数和个体对未来的信念一致的假设下,我们导出了帕累托最优分配法则,并以代表性投资者分析方法,发展了一个资产定价模型;11.5 节则指出在不完备市场中引入适当的期权将其完备化的途径。

11.1 Arrow–Debreu 证券和完备市场

在前一章最简单的保险市场模型中,个体在未来面临两种不确定状态,在预先购买了保险的情况下,个体可以在未来出现不利情况时获得赔付,于是个人借助这一金融服务调节自己未来在不同状态下的收益,均衡条件下达到帕累托最优。这个模型非常简单,但原理非常重要。现实中不确定性状态远不止两种,金融服务当然也不止保险一种,现在我们考虑如何将上述资产配置原理推广到更为复杂的情形。

11.1.1 A–D 证券与可保险状态

考虑一个单期经济,该经济期末可能出现 $S \geqslant 2$ 种不确定状态 (为避免使用过多记号,在不引起混乱的场合我们也用 S 表示经济未来所有可能状态的集合)。假定经济中有 n 种风险资产 (证券),资产 i 在期初的价格为 p_i $(i=1,\ldots,n)$,其期末的价格是**状态依存的 (state-contingent)**,在状态 s 出现时为 y_{is},这同时也是资产 i 的单位收益,而它的状态依存收益率为

$$R_{is} = \frac{y_{is}}{p_i} \tag{11.1}$$

以后我们常常要用到资产 i 的收益向量 $\mathbf{y}_i = (y_{i1}, y_{i2}, \ldots, y_{iS})^{\mathrm{T}}$(由于涉及较多矩阵运算,

本章将区分行向量和列向量), 或者所有资产未来的状态依存价格矩阵

$$\mathbf{Y} = (\mathbf{y}_1, \mathbf{y}_2, \ldots, \mathbf{y}_n) = \begin{pmatrix} y_{11} & y_{21} & \cdots & y_{n1} \\ y_{12} & y_{22} & \cdots & y_{n2} \\ \vdots & \vdots & & \vdots \\ y_{1S} & y_{2S} & \cdots & y_{nS} \end{pmatrix} \tag{11.2}$$

与此相应, 资产的收益率矩阵为

$$\mathbf{R} = \begin{pmatrix} R_{11} & R_{21} & \cdots & R_{n1} \\ R_{12} & R_{22} & \cdots & R_{n2} \\ \vdots & \vdots & & \vdots \\ R_{1S} & R_{2S} & \cdots & R_{nS} \end{pmatrix} \tag{11.3}$$

就投资者来说, 收益率矩阵 $\mathbf{R}$ 包含他关心的所有信息。所以, 我们常常以矩阵 $\mathbf{R}$ 来代表一个投资经济。将该矩阵的行向量记为

$$\mathbf{R}_{.s} = (R_{1s}, R_{2s}, \ldots, R_{ns}) \quad s = 1, 2, \ldots, S \tag{11.4}$$

它代表的是未来状态 s 下各风险资产实现的收益率。

若投资者期初在资产 i 上投资 a_i 元, 我们说投资者进行了一个组合投资 $\mathbf{a} = (a_1, a_2, \ldots, a_n)^\mathrm{T}$, 其投资成本为 $W_0 = \sum_{i=1}^n a_i = \mathbf{1}^\mathrm{T}\mathbf{a}$。如果初始投资成本 $W_0 \neq 0$, 更多情况下我们使用规范化的投资权重向量 $\mathbf{w} = (w_1, \ldots, w_n)^\mathrm{T}$ 来表示该组合, 其中 $w_i = a_i/W_0$。很显然, $\mathbf{1}^\mathrm{T}\mathbf{w} = 1$。注意一般情况下我们允许 a_i 或 w_i 为负值, 即是说卖空 (个体借入资产出售, 并承诺到期支付其市场收益) 是允许的。

在开始正式的分析之前, 我们先引入一个非常方便的分析工具: 一种特殊的风险资产。考虑期末的某一特定状态 s。如果能利用经济中现有资产构造一个资产组合 $\mathbf{a}$, 使得该组合在未来出现状态 s 时收益为 1, 在其他状态下收益为 0:

$$\mathbf{R}\mathbf{a} = \mathbf{e}_s \triangleq (0, \ldots 0, \underset{s}{1}, 0, \ldots 0)^\mathrm{T}$$

则称该组合 $\mathbf{a}$ 为对应状态 s 的 **Arrow–Debreu 证券**(也称**基础证券**, **primitive securities**), 简称 **A–D 证券**, 同时称状态 s 为**可保险的**(**insurable state**); 而组合 $\mathbf{a}$ 的投资成本 $q_s = \mathbf{1}^\mathrm{T}\mathbf{a}$ 为状态 s 的**状态价格**。

在上面的定义中, 状态 s 之所以称为可保险的, 是因为简单地投资这样的组合就相当于为未来状态 s 的消费购买了一份保险, 同时又不影响其他状态下的消费。进一步, 如果有多个未来状态都是可保险的, 那么我们便可以方便地在这些状态之间转移财富, 达到风险调控的目的。例如, 如果状态 s 和 s' 可保险, 对应的 A–D 证券分别为组合 $\mathbf{a}_s$ 和 $\mathbf{a}_{s'}$, 对应的状态价格就分别为 $q_s = \mathbf{1}^\mathrm{T}\mathbf{a}_s$ 和 $q'_s = \mathbf{1}^\mathrm{T}\mathbf{a}_{s'}$, 那么个体就可以以相对价格 $q_s/q_{s'}$ 来置换他在这两种状态下的消费。

前面的定义同时也暗示，并不是所有的未来状态都是天然地可保险的，一种状态是否可保险取决于市场中现存风险资产的收益结构。考虑以下简单的例子

$$\mathbf{R} = \begin{pmatrix} 1 & 2 \\ 1 & 1 \\ 1 & 2 \end{pmatrix}$$

该收益率矩阵 $\mathbf{R}$ 代表的经济有 3 种未来状态、2 种风险资产。资产 1 的收益率在各种情况下均为 1，属于**无风险资产**。容易验证，组合 $\mathbf{a} = (2, -1)^{\mathrm{T}}$ 的收益恰为 $(0, 1, 0)^{\mathrm{T}}$，这就是状态 2 对应的 A–D 证券，因此状态 2 是可保险的；由于 $\mathbf{R}$ 中第一行和第三行行向量完全相同，任一组合 $\mathbf{a} = (a_1, a_2)$ 下状态 1 和状态 3 的组合收益都将是同一个数值 $a_1 + 2a_2$，排除了其中一个为 0 而另一个为 1 的可能性。这意味着不可能构造出这两个状态的 A–D 证券，因此状态 1 和状态 3 都是不可保险的。

作为上述实例的一般化，我们有以下定理

定理： 状态 s 可保险的充分必要条件是：状态 s 下的资产收益率向量 $\mathbf{R}_{\cdot s}$ 与其他状态下的收益率向量 $\mathbf{R}_{\cdot 1}, \ldots, \mathbf{R}_{\cdot, s-1}, \mathbf{R}_{\cdot, s+1}, \ldots, \mathbf{R}_{\cdot S}$ 线性无关。

【证明】必要性：用反证法。假设 $\mathbf{a}_s$ 是对应于状态 s 的 A–D 证券，满足 $\mathbf{R}\mathbf{a}_s = \mathbf{e}_s$，这意味着

$$\mathbf{R}_{\cdot s}\mathbf{a}_s = 1$$
$$\mathbf{R}_{\cdot t}\mathbf{a}_s = 0 \quad t \neq s$$

若存在常数 λ_t $(t = 1, \ldots, s-1, s+1, \ldots, S)$，使得

$$\mathbf{R}_{\cdot s} = \sum_{t \neq s} \lambda_t \mathbf{R}_{\cdot t}$$

上式两边同乘以 $\mathbf{a}_s$，得到

$$\mathbf{R}_{\cdot s}\mathbf{a}_s = \sum_{t \neq s} \lambda_t \mathbf{R}_{\cdot t}\mathbf{a}_s$$

但由假设上式左端为 1，右端等于零，矛盾。

充分性：若 $\mathbf{R}_{\cdot s}$ 与 $\mathbf{R}$ 中其他行向量线性无关

$$\mathrm{Rank}[(\mathbf{R}, \mathbf{e}_s)] = \mathrm{Rank}(\mathbf{R})$$

这就是说，$\mathbf{e}_s$ 可以写为 $\mathbf{R}$ 中各列向量的线性组合：存在 $\mathbf{a} = (a_1, \ldots, a_n)^{\mathrm{T}}$，使得

$$\mathbf{e}_s = \mathbf{R}\mathbf{a}$$

很显然，这个向量 $\mathbf{a}$ 所代表的资产组合即为对应于状态 s 的 A–D 证券。

证毕。

11.1.2 完备市场及基金分解

若对应于所有可能的状态都能构造相应的 A–D 证券, 这个资产市场就称为完备的。正式地

定义: 如果对任何未来状态 $s(s=1,\ldots,S)$, 都存在组合 $\mathbf{a}_s$, 使得

$$\mathbf{R}\mathbf{a}_s = \mathbf{e}_s$$

则称经济是一个**完备市场 (complete market)**, 否则称为不完备的。

根据前面的定理, 完备市场意味着: 任意状态 s $(s=1,2,\ldots,S)$ 下的资产收益率向量 $\mathbf{R}_{\cdot s}$ 都与其他状态下的收益率向量线性无关——与此等价但更容易验证的一个条件是: 经济中存在 S 支收益率向量线性无关的资产。事实上, 如果存在 S 支收益率向量线性无关的资产, 该经济的收益率矩阵 $\mathbf{R}$ 秩等于 S, 那么 $\mathbf{R}$ 的行向量也必然是相互线性无关的。由前面的定理, 这表明每个状态都是可保险的, 因而市场是完备的; 反之, 如果经济中收益线性无关的资产数量小于 S, 必然有 $\mathrm{Rank}(\mathbf{R})<S$, 因此必然存在至少一个状态 s_0, 使得该状态下的收益率向量可由其他状态下的收益率向量线性表示, 由前面的定理至少状态 s_0 是不可保险的。

在完备市场中, 如果现存风险资产的数量 n 大于 S 会发生什么呢? 非常简单, 由于收益率矩阵 $\mathbf{R}$ 为 $S\times n$ 矩阵, 其秩最大为 S, 因此至多只可能有 S 支资产满足收益率相互线性无关条件; 余下的 $n-S$ 种资产的收益率向量都可以表示为前 S 种资产收益率的线性组合, 因此这 $n-S$ 种资产实际上是多余的——排除这些资产并不会影响个体的资产配置机会。

现实中的金融市场并不存在现存的 A–D 证券, 金融市场上所交易的普通资产在未来各种可能状态下一般都有异于 0 的收益。但是, 如果市场是完备的, 每一种普通证券的随机收益都可以通过 A–D 证券适当地组合而得到。换句话说, 完备市场中每一只普通证券都是 A–D 证券的复合证券——事实上, 如果一只普通证券在 s 状态下的价格 (收益) 为 y_s, 我们总可以用 A–D 证券来复合这只证券

$$\mathbf{y} = (y_1,\ldots,y_S)^T = \sum_{s=1}^{S} y_s \mathbf{e}_s \tag{11.5}$$

这也称为完备市场的**基金分解 (fund separation)**, 意思是我们可以由 S 只 A–D 证券复制出经济中所有风险资产。根据基金分解 (11.5) 式, A–D 证券相当于经济中的基础性资产模块, 由它们可以像搭积木那样组合出经济中任意的风险资产, 而完备市场中全部 S 只 A–D 证券的收益率矩阵 $(\mathbf{e}_1,\mathbf{e}_2,\ldots,\mathbf{e}_S)$ 显然是单位矩阵。

由普通证券资产与 A–D 证券的关系 (11.5), 一旦得知各状态的状态价格 q_s, 立即可得普通资产的定价公式

$$p_i = \sum_{s=1}^{S} y_{is} q_s \quad i=1,\ldots,n \tag{11.6}$$

该式两端除以 p_i，利用资产收益率定义式 (11.1)，则又可写为

$$1 = \sum_{s=1}^{S} R_{is} q_s \quad i = 1, \ldots, n \tag{11.7}$$

A–D 证券不仅只有理论价值。尽管实际上我们无法观察到它们，但通过金融中介机构，A–D 证券仍然可以实际创造出来，而个人投资者即可直接购买它们。事实上，如果市场上共有 n 种普通证券，其中证券 i 的总发行量为 L_i。共同基金公司可以购买市场上所有的普通证券，同时发行

$$\sum_{i=1}^{n} L_i y_{is} \quad s = 1, \ldots, S$$

股在 s 状态下支付的 A–D 证券，基金公司的两类证券头寸互冲，而个体则可以投资 A–D 证券了。

11.2 完备市场中的帕累托效率

在确定性的消费经济模型中，经济个体的偏好总是定义在**现存的**商品集上，所以福利经济学第一定理断言竞争均衡总是导致帕累托有效。在不确定性经济中，给定未来可能的自然状态数量，竞争均衡的效率还依赖于风险资产的数量和收益性质。其中的原因，在于个体的偏好是定义在未来各种可能状态下的消费之上，个体要将自己未来的不确定消费调整到某一合意水平，只有通过买卖金融市场中的资产来实现。这就产生了一个问题：市场中现存的风险资产可能不足以让个体将其未来收益调整到其最优的水平，此时帕累托有效条件就无法实现。

完备市场为经济中的个体提供了所有可能状态之间的财富交换机会，经济个体完全可以根据其对风险的偏好来重新配置收益的风险属性。凭直觉，如果经济是完全竞争的，即是说每个个体都是市场价格的接受者，这样的经济通过个体的自主交换总能达到某一组资产的均衡价格，而经济同时也达到帕累托有效状态。这一节我们通过考察完备市场中个体的资产组合问题，证明这一直觉是对的。

以下我们将考虑一个单期投资–消费经济[①]。记社会中所有经济个体的集合为 K，其中的个体以 k 表示。经济中的个体需要在当期 ($t=0$) 和未来 ($t=1$) 消费，未来可能有 S 种自然状态发生，而在当前个体不知道未来究竟会发生哪一种状态。个体 k 在时刻 $t=0$ 的消费量记为 x_{k0}，时刻 $t=1$ 能消费的财富为 x_{ks}——这个消费量与此时实现的自然状态 s 有关。为简洁，以下我们将这样的消费记为一个消费 (行) 向量

$$(x_{k0}, \mathbf{x}_k) = (x_{k0}, x_{k1}, \ldots, x_{kS})$$

[①] 从消费角度来看，这是一个两期模型，但投资则是一次性的：当期投资后获取未来的状态依存收益，并以这一收益作为未来的消费。由于这里的重点在于投资而非消费，所以习惯上我们仍称其为单期模型。

11.2.1 帕累托有效条件

首先推导在以上不确定性经济中帕累托有效配置的条件。假设一开始个体 k 的初始禀赋为 $(\bar{x}_{k0}, \bar{\mathbf{x}}_k)$，这表示他在 $t=0$ 可以消费 $\bar{x}_{k0}$，而在 $t=1$ 时，若状态 s 发生，他可获 $\bar{x}_{ks}$ 进行消费。现在考虑社会对最初的经济资源进行重新配置，使得个体 k 的消费向量变为 $(x_{k0}, \mathbf{x}_k)$。在这一小节我们不追究具体的配置机制，它可能是靠 (金融) 市场交易，也可能是靠行政划拨，甚至可能是一部分人对另一部分人的掠夺。而且，即使是由市场机制完成的，也不管这个市场是最简单的物物交换，或是有大量复杂的金融产品、有种类繁多的金融中介的现代市场。我们唯一关心的，只是配置结果究竟有无效率。

无论是依靠什么机制，任何一种可行的配置 $\{(x_{k0}, \mathbf{x}_k), k \in K\}$，必然要满足以下的禀赋约束

$$\begin{aligned}\sum_{k \in K} x_{k0} &\leqslant \sum_{k \in K} \bar{x}_{k0} \\ \sum_{k \in K} x_{ks} &\leqslant \sum_{k \in K} \bar{x}_{ks} \quad s = 1, \ldots, S\end{aligned} \quad (11.8)$$

这就是说，当前的社会总消费不超过社会此时的总禀赋，而未来任意可能状态下的社会总消费也不超过那种状态的社会总禀赋。可能会有读者对此感到困惑：金融市场不是可以将当前的财富 "转化" 为未来的财富吗 (比如靠储蓄)？而且，通过风险资产交易也可以将财富在不同的未来状态间进行转移 (比如购买保险契约)。那么，为何要对资源配置施加这一组禀赋约束？是的，在金融市场存在的情况下，个体可以利用它将财富在当前和未来之间以及未来的不同状态之间按一定的比率进行交换转移，但是某一个体的任何一笔金融交易，都必然需要有其他个体的一笔相反的交易与之对应。比如说个体甲需要将当前的 1 元钱换取未来确定的 1.1 元钱，无论是直接交换还是通过买卖市场上的风险资产，也不管是否经过金融中介，这笔交易成功的前提是经济中有另外一个个体乙 (或一些个体)，将他未来确定的 1.1 元钱来换取甲当前的 1 元钱。在这个例子中，甲的当前消费少了 1 元，但乙的当前消费却多了 1 元，二者刚好抵消；同样，甲在未来每一状态下的消费都多了 1.1 元，但乙的未来消费却较以前少了 1.1 元，所以社会的未来消费都没有改变。正是由于这种正反两方面交易的相互抵消作用，各种状态下的社会总消费并不会因为个体金融交易而改变。那么为什么约束 (11.8) 中又要写为不等式呢？这是因为经济中闲置一部分财富而不进行消费总是可行的。所以，禀赋约束只是限定任何配置在每一状态下的社会总消费不超过最初的禀赋。

如果自然在时刻 $t=1$ 实现的状态是 $s \in S$，记个体获得的消费效用为 $u_k(x_{k0}, x_{ks})$，假设它是关于 (x_{k0}, x_{ks}) 严格单增和严格凹的函数。个体的期望效用函数是

$$U_k(x_{k0}, \mathbf{x}_k) = \sum_{s=1}^{S} \pi_{ks} u(x_{k0}, x_{ks}) \quad (11.9)$$

其中 $\pi_{ks} \in (0, 1)$ 是个体估计未来状态 s 出现的概率，满足 $\sum_{s=1}^{S} \pi_{ks} = 1$，注意我们对 π 添加了下标 k，这是考虑到了不同的个体可能对未来具有不同的信念。

期望效用函数 (11.9) 是非常一般的效用函数形式，它除了允许个体的主观信念可能因人而异，还考虑到了个体依据未来消费量来评判当前消费的可能性。当然，个体未来的消费效

用也依赖于当前的消费量。读者可能对此有些迷惑：为什么当前确定的消费量 x_{k0} 产生的效用还与未来的消费量有关？这就比方说，如果你问一个人当期消费 1 万元的消费品会给他带来多高的效用，这个人回答说不一定，因为这得看他未来能消费多少。如果这个人足够耐心，他可能向你进一步解释说：如果未来我还能消费 1 万元，那么当期的 1 万元带给我的效用是 A；但若未来我只能消费 1 千元，那么当期的 1 万元带来的效用就是 B……以后适当的时候我们会对消费者的效用函数施加额外的条件，考虑时间可加的 (time-addictive) 期望效用函数，在那样的情况下消费者的当前消费所得效用就与未来实现哪种状态无关。不过，现在我们暂时基于 (11.9) 形式的效用函数作一般性的分析。

与第 7 章和第 8 章中帕累托有效条件推导类似，经济中每一种帕累托有效配置结果都是下述问题的解

$$\max_{(x_{k0}, \mathbf{x}_k)_{k \in K}} \sum_{s=1}^{S} \pi_{1s} u_1(x_{10}, x_{1s})$$

$$\text{s.t.} \quad \sum_{s=1}^{S} \pi_{ks} u_k(x_{k0}, x_{ks}) \geqslant \hat{U}_k \quad k \neq 1$$

$$\sum_{k \in K} x_{k0} \leqslant \sum_{k \in K} \bar{x}_{k0}$$

$$\sum_{k \in K} x_{ks} \leqslant \sum_{k \in K} \bar{x}_{ks} \quad s = 1, \ldots, S$$

(11.10)

其中第一行约束不等式是帕累托有效前提条件，不等式右端的 $\hat{U}_k$ ($k \neq 1$) 是我们随意指定的除个体 1 外其他个体的一个期望效用水平，在特定的问题 (11.10) 中它们是固定不变的；指定不同的 $\hat{U}_k$ ($k \neq 1$) 水平，将对应不同的问题 (11.10)，从而得到不同的帕累托有效配置。第二行和第三行约束则是可行配置的禀赋约束 (11.8)。

在个体效用函数严格单增的条件下，(11.10) 中各个不等式约束必然都是束紧的，即是说它们的等号成立。作该问题的拉格朗日函数（在此省略），记对应于第一、二和三行约束等式的拉格朗日系数分别为 λ_k ($k \neq 1$)、ϕ_0 和 ϕ_s ($s = 1, \ldots, S$)。一阶必要条件是

$$\sum_{s=1}^{S} \pi_{1s} \frac{\partial u_1(x_{10}, x_{1s})}{\partial x_{10}} = \phi_0 \tag{11.11}$$

$$\pi_{1s} \frac{\partial u_1(x_{10}, x_{1s})}{\partial x_{1s}} = \phi_s \quad s = 1, \ldots, S \tag{11.12}$$

$$\lambda_k \sum_{s=1}^{S} \pi_{ks} \frac{\partial u_k(x_{k0}, x_{ks})}{\partial x_{k0}} = \phi_0 \quad k \in K, k \neq 1 \tag{11.13}$$

$$\lambda_k \pi_{ks} \frac{\partial u_k(x_{k0}, x_{ks})}{\partial x_{ks}} = \phi_s \quad s = 1, \ldots, S; k \neq 1 \tag{11.14}$$

由于各个体还是风险厌恶的，$u_k(x_{k0}, x_{ks})$ 是凹函数，二阶必要条件自然满足，而且上述必要条件同时还是充分条件。综合各式得

$$\frac{\pi_{ks}[\partial u_k(x_{k0}, x_{ks})/\partial x_{ks}]}{\sum_{s=1}^{S} \pi_{ks}[\partial u_k(x_{k0}, x_{ks})/\partial x_{k0}]} = \frac{\phi_s}{\phi_0} \quad k \in K, s = 1, \ldots, S \tag{11.15}$$

等式 (11.15) 左端分母是消费者当期消费的期望边际效用，而分子则是未来状态 s 下消费的期望边际效用。有了前面关于期望效用函数 (11.9) 的说明，当前确定的消费量 x_{k0} 带来的边际效用前加上"期望"二字就很容易理解了。至于未来状态 s 下消费的边际效用前乘以该状态出现的概率 π_{ks}，则是因为目前个体对未来出现哪一状态尚不清楚，他计划在 s 状态出现时消费 x_{ks}，而这一消费从当前看来所得的期望边际效用必然估计为 $[\partial u_k(x_{k0}, x_{ks})/\partial x_{ks}]$。进一步，等式左端分式可以解释为个体 k 在未来状态 s 下的消费与当前消费之间的 (期望) 边际替代率。可见，帕累托有效要求，无论未来会发生什么样的情况，所有个体未来消费与当前消费之间的边际替代率都是同一个值。根据条件极值问题原理，拉格朗日系数 ϕ_0 和 ϕ_s 可以分别理解为当前财富和状态 s 下财富的相对影子价格。

11.2.2 A–D 证券的交换

现在我们来证明，如果市场是完全竞争的，即是说每个个体都是市场价格的接受者 (投资行为不改变市场价格)，那么完备市场在均衡状况下必然达到帕累托有效。

由 11.1.2 节的基金分解性质，如果在一个完备市场中还存在适当的金融中介，经济个体可以通过它们购买经济中对应于任何一种状态的 A–D 证券。从而，对于个体来说未来状态间的收益交换可以直接地完成。不过，完备市场中的资源配置效率其实并不依赖于经济中是否存在金融中介。这里先考虑存在金融中介的情形，投资者只能买卖普通风险资产的情形将在下一小节进行论证。

考虑前面描述的单期投资–消费模型。假设存在完全竞争的金融市场，而且市场是完备的，其中存在金融中介提供所有 S 种可能状态的 A–D 证券 $\mathbf{e}_s$ ($s = 1, \ldots, S$)，状态价格向量为 $\mathbf{q} = (q_1, \ldots, q_S)^{\mathrm{T}}$。具有一定初始收入的经济个体目前需要决定他的当期消费和投资决策。如果个体 k 目前购买 x_{ks} 份 A–D 证券 $\mathbf{e}_s$，他在未来 s 状态出现的情况下恰好能消费 x_{ks}。因此，个体 k 面临的问题是

$$\max_{x_{k0}, \mathbf{x}_k} \sum_{s=1}^{S} \pi_{ks} u_k(x_{k0}, x_{ks})$$
$$\text{s.t.} \quad x_{k0} + \sum_{s=1}^{S} q_s x_{ks} = W_k \tag{11.16}$$

其中 W_k 为个体的初始收入，约束等式是预算约束。拉格朗日函数为

$$L_k = \sum_{s=1}^{S} \pi_{ks} u_k(x_{k0}, x_{ks}) - \lambda_k (x_{k0} + \sum_{s=1}^{S} q_s x_{ks} - W_k)$$

一阶必要条件是

$$\frac{\partial L}{\partial x_{k0}} = \sum_s \pi_{ks} \frac{\partial u_k(x_{k0}, x_{ks})}{\partial x_{k0}} - \lambda_k = 0 \tag{11.17}$$

$$\frac{\partial L}{\partial x_{ks}} = \pi_{ks} \frac{\partial u_k(x_{k0}, x_{ks})}{\partial x_{ks}} - \lambda_k q_s = 0 \quad s = 1, \ldots, S \tag{11.18}$$

将 (11.17) 和 (11.18) 整理后等式两边相除,这就得到

$$\text{MRS}_{s0}^k = \frac{\pi_{ks}[\partial u_k(x_{k0},x_{ks})/\partial x_{ks}]}{\sum_s \pi_{ks}[\partial u_k(x_{k0},x_{ks})/\partial x_{k0}]} = q_s \quad s=1,\ldots,S \tag{11.19}$$

$$\text{MRS}_{st}^k = \frac{\pi_{ks}[\partial u_k(x_{k0},x_{ks})/\partial x_{ks}]}{\pi_{kt}[\partial u_k(x_{k0},x_{kt})/\partial x_{kt}]} = \frac{q_s}{q_t} \quad \forall s,t \in S \tag{11.20}$$

这里 MRS 为 (期望) 边际替代率。条件 (11.19) 要求,个体的最优投资应当使得他未来任何一种状态下的消费与当前消费之间的边际替代率恰好等于相应的状态价格;等式 (11.20) 则要求,未来任何两种状态间消费的边际替代率等于这两种状态的状态价格之比。如果我们将不同状态的财富视为不同的商品,那么上述最优条件就十分自然。在这种理解下,当前财富的价格为 1,未来状态 s 的财富的当前价格即为其状态价格 q_s。所以,(11.19) 和 (11.20) 即等价于: 个体在任两种状态 (包括当前状态) 间消费的边际替代率等于这两种状态间财富的相对价格,这是标准最优消费条件的自然推广。

上述一阶条件中值得特别关注的一点是,(11.19) 和 (11.20) 两个等式右端都与 k 无关。这意味着,尽管不同个体具有不同的偏好,而且对未来状态的信念也可能不同,但在经济达到均衡时,他们在任何两种状态间消费的边际替代率都等于同一个值——这两种状态间的相对状态价格。

将这里的均衡条件与帕累托有效条件 (11.15) 相比较,二者显然是一致的,可见此时经济确实达到了帕累托有效。另外我们也注意到,状态价格 q_s 恰好就是 (11.15) 中状态 s 消费的影子价格与当前消费的影子价格之比 ϕ_s/ϕ_0,这一点完全符合逻辑。

11.2.3 一般风险资产的交换

如果经济中并不存在提供 A–D 证券交易的中介机构,个体只能买卖一般的风险资产,最优组合条件又是什么呢?

假设经济中不存在直接的 A–D 证券买卖,个体只能投资于 $n=S$ 种收益线性无关的普通证券 (这意味着证券市场是完备的)。记 $\mathbf{a}_k = (a_{k1},\ldots,a_{kn})^{\text{T}}$ 为个体 k 的投资组合,其中 a_{ki} 为他在资产 i 上的投资金额,则该个体在期末获得的状态依存收益为

$$x_{ks} = \sum_{i=1}^n a_{ki} R_{is}$$

从而,个体的组合投资问题是

$$\max_{x_{k0},\mathbf{a}_k} \sum_{s=1}^S \pi_{ks} u_k(x_{k0},\sum_{i=1}^n a_{ki}R_{is})$$
$$\text{s.t.} \quad x_{k0} + \sum_{i=1}^n a_{ki} = W_k \tag{11.21}$$

其拉格朗日函数是

$$L = \sum_{s=1}^S \pi_{ks} u_k(x_{k0},\sum_{i=1}^n a_{ki}R_{is}) - \lambda_k(x_{k0} + \sum_{i=1}^n a_{ki} - W_k)$$

一阶必要条件为

$$\frac{\partial L}{\partial x_{k0}} = \sum_s \pi_{ks} \frac{\partial u_k(x_{k0}, x_{ks})}{\partial x_{k0}} - \lambda_k = 0 \tag{11.22}$$

$$\frac{\partial L}{\partial a_{ki}} = \sum_s \pi_{ks} \frac{\partial u_k(x_{k0}, x_{ks})}{\partial x_{ks}} R_{is} - \lambda_k = 0 \quad i = 1, \ldots, n \tag{11.23}$$

在 (11.23) 中将系数 λ_k 解出，代入 (11.22)，整理后得

$$\frac{\sum_s \pi_{ks}[\partial u_k(x_{k0}, x_{ks})/\partial x_{ks}]R_{is}}{\sum_s \pi_{ks}[\partial u_k(x_{k0}, x_{ks})/\partial x_{k0}]} = 1 \quad i = 1, \ldots, n \tag{11.24}$$

将这 n 个等式写为一个矩阵方程

$$\mathbf{R}^{\mathrm{T}}(\mathbf{MRS}^k) = \mathbf{1} \tag{11.25}$$

其中 $\mathbf{MRS}^k = (\mathrm{MRS}^k_{1,0}, \ldots, \mathrm{MRS}^k_{S,0})^{\mathrm{T}}$ 为个体 k 未来消费与当前消费之间的边际替代率向量，其定义与 (11.19) 的定义相同。在 (11.25) 两边左乘一个 $(\mathbf{R}^{\mathrm{T}})^{-1}$，得到

$$\mathbf{MRS}^k = (\mathbf{R}^{\mathrm{T}})^{-1}\mathbf{1} = (\mathbf{R}^{\mathrm{T}})^{-1}\mathbf{R}^{\mathrm{T}}\mathbf{q} = \mathbf{q} \tag{11.26}$$

其中第二个等式运用了状态价格的性质 (11.7)。

比较 (11.26) 和 (11.15)，二者完全相同，所以此时的帕累托效率也得到了保证。另外 (11.26) 与 (11.19) 等价，而且它显然也可以推出 (11.20)。这说明，无论经济中是否存在提供 A–D 证券交易服务的中介机构，个体的最优组合条件完全相同，因此他们的最优消费也都是一样的。

11.2.4 实际完备市场

以上完备市场帕累托效率的推导关键在于从 (11.25) 到 (11.26) 的过渡：在完备市场中，除去多余资产后剩下的资产数量 n 恰等于未来状态数量 S，而这 S 只资产的收益必然是线性无关的，收益率矩阵 $\mathbf{R}$ 的秩等于 S，所以其逆矩阵 $\mathbf{R}^{-1}$ 存在。因此，如果将 (11.25) 看作是关于变量 MRS^k_{s0} 的联立方程组，这个方程组存在唯一解，而且这个解就是状态价格。正因为这样，在经济达到均衡状态，不同的个体的边际替代率相等 (因为状态价格是不以个体 k 而改变的)，这就保证了经济的资源配置效率。

在不完备市场中，矩阵 $\mathbf{R}$ 的秩小于 S，线性方程组 (11.25) 的解不是唯一的。这意味着，如果经济中收益不相关的证券数量 n 小于可能的自然状态数 S，经济达到均衡时不同个体 k 的边际替代率 MRS^k_{s0} 可能是不相同的，帕累托有效条件不能保证。此时，进一步在经济中引入与原有资产线性无关的新资产通常会改善资源配置效率。

不过，即使是 $\mathrm{Rank}(\mathbf{R}) < S$，也不能断言均衡时一定存在资源配置效率损失。前面我们只是说此时不同个体在均衡中的边际替代率可能存在差异，并不意味着一定就是这样。换言之，此时经济仍然存在达到帕累托有效的可能。

定义： 如果 $\mathrm{Rank}(\mathbf{R}) < S$，但经济均衡达到了帕累托有效，称这样的市场是**实际完备的** (effectively complete)

实际完备市场可能因偶然原因达成，但这不是我们要研究的重点。有的情况下，投资者特殊的偏好和信念也可能使得不完备市场成为实际完备的。举例来说，考虑以下的经济：

未来状态有两种：$s = 1, 2$。但经济中只存在唯一一种证券，其状态依存收益为 $\mathbf{y} = (1, y)^T$, $y > 1$，当前价格为 $p = 1$。为了简洁，我们不考虑期初的消费 (或者假设期初的消费不产生效用)，而且每个个体对未来的信念是一致的：他们都预期未来两种状态的发生概率分别为 50%；个体 k 的期望效用函数是

$$0.5 u_k(x_{k1}) + 0.5 u_k(x_{k2})$$

在这个经济中，个体除了将初始收入 W_k 全部投资于经济中唯一的资产别无选择。这一投资带来的收益必然是 $\mathbf{x} = (W_k, yW_k)^T$，所以

$$\mathrm{MRS}_{12}^k = \frac{0.5 u_k'(W_k)}{0.5 u_k'(yW_k)} = \frac{u_k'(W_k)}{u_k'(yW_k)}$$

显然，只要不同个体的效用函数不同，他们的边际替代率就会有差异；而且，即使所有个体的效用函数是一样的，初始收入的差异也会导致 MRS 的差异。不过，如果 $u_k(x_{ks}) = \ln x_{ks}$，则

$$\mathrm{MRS}_{12}^k = \frac{u_k'(W_k)}{u_k'(yW_k)} = y$$

每一个体的边际替代率都等于常数 y。此时，市场即为实际完备的了。

11.3 时间可加效用函数和一致的信念

到此为止我们对个体效用函数的假设非常弱，仅要求 $u_k(x_{k0}, x_{ks})$ 是增函数，同时个体是风险厌恶的。许多情况下，进一步假设个体效用函数具有**时间可加**(time-additive) 性质是十分自然的：

$$u_k(x_{k0}, x_{ks}) = v_{k0}(x_{k0}) + v_k(x_{ks}) \tag{11.27}$$

这里 $v_{k0}(\cdot)$ 和 $v_k(\cdot)$ 分别是个体从时刻 $t = 0$ 和 $t = 1$ 的消费中所获的效用，假设它们都是严格单增和严格凹的函数。注意时间可加效用函数 (11.27) 隐含地假设了个体在时刻 $t = 1$ 的效用只与此时的消费量有关，而与他是在哪一种状态下消费无关。这样，期望效用就是

$$U_k(x_{k0}, \mathbf{x}_k) = v_{k0}(x_{k0}) + \sum_{k=1}^{S} \pi_{ks} v_k(x_{ks}) \tag{11.28}$$

11.3.1 帕累托最优分配法则

时间可加的效用函数会对帕累托有效条件带来什么样的影响？假定经济中所有个体都有形如 (11.27) 那样的效用函数，此时帕累托有效条件 (11.15) 就变为

$$\frac{\pi_{ks} v_k'(x_{ks})}{v_{k0}'(x_{k0})} = \frac{\phi_s}{\phi_0} \quad \forall k \in K, \, s \in S \tag{11.29}$$

任意选定一个个体 k, 则 (11.29) 式中左右两端的分母都是常数; 如果我们将 $\{\phi_s\}$ 按从小到大的顺序排列, 那么在该状态排序下 $\{\pi_{ks}v'_k(x_{ks})\}$ 也必然呈从小到大排列。注意到 (11.29) 对所有个体都成立, 这就意味着不同个体未来的期望边际效用 $\{\pi_{ks}v'_k(x_{ks})\}$ 在各状态下的大小排列是一致的: 如果某一个体在状态 s 下的期望边际效用小于状态 t 下的期望边际效用, 则所有其他个体亦然。这就是说, 时间可加性效用函数下, 帕累托最优条件要求所有个体的期望边际效用在各状态下按相同的大小顺序排列。

注意该式对每个个体都成立。时间可加效用函数下, 容易证明下面的命题:

定理: 假设经济中所有个体的效用函数如 (11.27), 并且他们对未来不确定世界有相同的信念:
$$\forall k, j \in I, \quad \pi_{ks} = \pi_{js} = \pi_s \quad s = 1, \ldots, S$$
那么在任何一个帕累托有效配置中, 必然存在与未来状态 s 无关的严格单增函数 $f_k(\cdot) k \in K$, 使得
$$x_{ks} = f_k(X_s) \quad s = 1, \ldots, S \tag{11.30}$$
其中 X_s 是所有个体在状态 s 下的消费总量。

【证明】 在时间可加效用函数 (11.27) 及相同信念条件下, 帕累托有效问题 (11.10) 的一阶条件简化为

$$v'_{k0}(x_{k0}) = \phi_0$$
$$\pi_s v'_k(x_{ks}) = \phi_s \quad s = 1, \ldots, S$$
$$\lambda_k v'_{k0}(x_{k0}) = \phi_0 \quad k \neq 1$$
$$\lambda_k \pi_s v'_{ks}(x_{ks}) = \phi_s \quad s = 1, \ldots, S; k \neq 1$$

令 $\lambda_1 = 1$, 这四个式子又可以简写为

$$\lambda_k v'_{k0}(x_{k0}) = \lambda_j v'_{j0}(x_{j0}) \quad \forall k, j \in K \tag{11.31}$$
$$\lambda_k v'_{ks}(x_{ks}) = \lambda_j v'_{js}(x_{js}) \quad \forall k, j \in K; s = 1, \ldots, S \tag{11.32}$$

对任意一个个体 k, 要证明存在严格单增函数 (11.30) 存在, 只需证明: 如果 $X_s > X_t$, 必然有 $x_{ks} > x_{kt}$。事实上, 当 $X_s > X_t$ 时, 至少存在一个个体 $j \in K$, 满足 $x_{js} > x_{jt}$; 因为 $v_j(\cdot)$ 是严格凹函数, 其一阶导数 $v'_j(\cdot)$ 是严格单减函数, 从而 (注意 $\lambda_j > 0$)

$$\lambda_j v'_{js}(x_{js}) < \lambda_j v'_{jt}(x_{jt})$$

由 (11.32), 对任意个体 $k \in K$, 都有

$$\lambda_k v'_{ks}(x_{ks}) < \lambda_k v'_{kt}(x_{kt})$$

而 $v_k(\cdot)$ 是严格凹函数, 其一阶导数 $v'_k(\cdot)$ 是严格单减函数, 故有 $x_{ks} > x_{kt}$ 成立。

证毕。

个体消费量与社会总消费量的严格单增函数关系 (11.30) 称为**帕累托最优分配法则** (Pareto optimal sharing rules)。

11.3.2 宏状态

由帕累托最优分配法则 $f_k(\cdot)$ 的严格单增性, 立即得到下面的推论:

推论: (1) 在帕累托最优分配法则定理成立的条件下, 所有个体在未来各状态下的消费量大小顺序相同, 并且与社会总消费 $\{X_s, s \in S\}$ 的大小顺序一致;

(2) 若存在 $s, t \in S, X_s = X_t$, 则对任何个体 $k \in K$ 都必然有 $x_{ks} = x_{kt}$, 并且

$$\frac{q_s}{\pi_s} = \frac{q_t}{\pi_t} \tag{11.33}$$

【证明】第一个命题都是明显的, 只需证明最后一个推断 (11.33)。根据帕累托有效条件 (11.15)

$$\frac{\pi_s v_k'(x_{ks})}{\pi_t v_k'(x_{kt})} = \frac{\phi_s}{\phi_t} = \frac{q_s}{q_t} \qquad \forall k \in K$$

由条件 $x_{ks} = x_{kt}$, 立即得到

$$\frac{q_s}{\pi_s} = \frac{q_t}{\pi_t}$$

证毕。

根据该推论, 消费者没有必要区分社会总消费相等的那些状态。将原来的状态集合 S 中所有总消费相等的状态一一合并为一个个宏状态 (mega state), 形成一个较为粗略的状态划分

$$\Omega = \{\omega | \omega \subset S, X_{s \in \omega} = X_\omega, X_\omega \neq X_{\omega'}, \omega \neq \omega'\}$$

在这一新的状态划分中, 对应每一宏状态, 定义经济个体的信念及状态价格

$$\pi_\omega = \sum_{s \in \omega} \pi_s, \quad q_\omega = \sum_{s \in \omega} q_s = b_\omega \pi_\omega$$

其中 $b_\omega = q_s/\pi_s$ $(s \in \omega)$ (回忆 (11.33))。

现在, 只要经济中对每一个宏状态都存在对应的 A–D 证券, 经济即可达到帕累托有效。这意味着, 如果社会总消费量 X_s 不同的状态数量是 $S' \leq S$, 那么经济中只要存在 S' 只收益无关的普通证券即成为一个实际完备的市场。

当然, 由于未来的自然状态作了重新分划, 像 (11.6) 那样的定价关系在形式上必须改变

$$\begin{aligned}
p_i &= \sum_{s \in S} q_s y_{si} = \sum_{\omega \in \Omega} \left(\sum_{s \in \omega} q_s y_{si} \right) = \sum_{\omega \in \Omega} \left(b_\omega \sum_{s \in \omega} \pi_s y_{si} \right) \\
&= \sum_{\omega \in \Omega} \left(b_\omega \sum_{s \in \omega} \pi_s \right) \left(\frac{\sum_{s \in \omega} \pi_s y_{si}}{\sum_{s \in \omega} \pi_s} \right) = \sum_{\omega \in \Omega} q_\omega E[\tilde{y}_i | \omega]
\end{aligned} \tag{11.34}$$

其中 $E[\tilde{y}_i|\omega]$ 为宏状态 ω 出现条件下资产 i 的期望收益。这就是说，普通资产的当前价格等于各宏状态的状态价格与相应宏状态内资产的平均收益乘积之和。

如果对社会总消费相等的状态进行了合并，在宏状态分划下经济是实际完备的，今后我们就将其视为完备市场。而且，为了行文方便，我们仍然用 S 代表合并后的宏状态集合。

11.3.3 代表性投资者

如果证券市场是完备的或者是实际完备的，竞争经济将达到帕累托有效。此时，由于总消费量唯一地决定了每个个体的消费-投资决策，我们可以假想经济中存在一个巨大的"代表性个体"，代表所有个体进行消费-投资选择。我们将看到，这种代表性个体的分析方法在资产定价中会十分方便。

定理： 假设个体的效用函数如 (11.27)，并且经济中所有个体对未来不确定世界有相同的信念；证券市场是完备的，均衡状态下各状态的状态价格是 $\{q_s, s \in S\}$。那么，可以构造一个具有信念 $\{\pi_s, s \in S\}$ 的代表性个体，在拥有社会总财富 $W = \sum_k W_k$ 的条件下，由这个代表性个体为市场中唯一一个投资者的经济所达到的均衡状态价格也是 $\{q_s, s \in S\}$。

【证明】在完备市场中，每个个体的消费-投资决策问题已在 11.2 节作了分析，个体 k 达到效用最大化的一阶条件是 (11.17) 和 (11.18)，这两个条件在时间可加效应函数和一致信念下变为

$$v'_{k0}(x_{k0}j) = \lambda_k j = \pi_s \frac{v'_k(x_{ks}j)}{q_s} \quad s = 1, \ldots, S \tag{11.35}$$

取其中拉格朗日系数 $\lambda_k j$ 的倒数为权，定义

$$V_0(X) = \max_{\{x_k, k \in K\}} \sum_{k \in K} \frac{1}{\lambda_k j} v_{k0}(x_k) \\ \text{s.t.} \quad \sum_{k \in K} x_k = X \tag{11.36}$$

$$V(X) = \max_{\{x_k, k \in K\}} \sum_{k \in K} \frac{1}{\lambda_k j} v_k(x_k) \\ \text{s.t.} \quad \sum_{k \in K} x_k = X \tag{11.37}$$

注意在每一个 $v_{k0}(\cdot)$ 和 $v_k(\cdot)$ 都是严格单增和严格凹函数的条件下，这两个新定义的函数也是严格单增和严格凹的。

假设个体 k 的最优消费计划是 $\{x_{k0}j, x_{ks}j, s \in S\}$，满足一阶条件 (11.35)；记

$$X_0 j = \sum_{k \in K} x_{k0}j, \quad X_s j = \sum_{k \in K} x_{ks}j \quad s = 1, \ldots, S$$

利用包络定理

$$V'_0(X_0 j) = \sum_{k \in K} \frac{1}{\lambda_k j} v'_{k0}(x_{k0}j) \frac{dx_{k0}}{dX_0} = \sum_{k \in K} \frac{dx_{k0}}{dX_0} = 1 \tag{11.38}$$

$$V'(X_sj) = \sum_{k \in K} \frac{1}{\lambda_{kj}} v'_k(x_{ks}j) \frac{dx_{ks}}{dX_s} = \frac{q_s}{\pi_s} \sum_{k \in K} \frac{dx_{ks}}{dX_s} = \frac{q_s}{\pi_s} \tag{11.39}$$

现在考虑另一个经济, 这个经济由唯一的一个个体组成, 该个体的期望效用函数是

$$U(X_0, \mathbf{X}) = V_0(X_0) + \sum_s \pi_s V(X_s)$$

其中 $V_0(\cdot)$ 和 $V(\cdot)$ 由 (11.36) 和 (11.37) 定义, X_0 和 X 分别是他在时刻 $t=0$ 和 $t=1$ 状态 s 出现时的消费; 假设该个体在时刻 $t=0$ 拥有初始收入 $W = \sum_k W_k$, 预期未来状态 s 出现的概率是 π_s $(s \in S)$。

记这个经济在均衡时达到的状态价格是 $\{q'_s, s \in S\}$。容易验证, $\{X_0j, X_sj, s \in S\}$ 恰好是这个虚构个体的最优消费计划, 因此必然满足个体的效用最大化一阶条件

$$\frac{\pi_s V'(X_sj)}{V'_0(X_0j)} = q'_s \tag{11.40}$$

但由 (11.38) 和 (11.39), (11.40) 式恰为 q_s。

11.4　资产定价

假定证券市场是完备的, 而且经济中所有个体都具有时间可加型效用函数, 并且他们对未来不确定状态的信念还是一致的。根据 11.3.3 节定理, 可以构造一个代表性的个体, 其效用函数由 (11.36) 和 (11.37) 共同定义, 而且均衡状态下的状态价格满足

$$q_s = \frac{\pi_s V'(X_s)}{V'_0(X_0)} \tag{11.41}$$

但根据普通证券与 A–D 证券的关系式 (11.5), 证券资产 i 的当前价格 p_i 满足 (11.6)。将 (11.41) 代入 (11.6), 得

$$p_i = \sum_{s=1}^{S} \pi_s \frac{V'(X_s)}{V'_0(X_0)} y_{si} = E\left[\frac{V'(\tilde{X})}{V'_0(X_0)} \tilde{y}_i\right] \tag{11.42}$$

注意第二个等号后的 $E[\cdot]$ 表示的是数学期望算子, 而且这里为简便和一般化起见, 在形式上以 $\tilde{y}_i$ 取代了资产 i 的随机支付, $\tilde{X}$ 则是时刻 $t=1$ 的状态依存总消费量。

我们知道, 完备市场中无风险资产总是存在的, 将 (11.42) 运用于无风险资产:

$$1 = E\left[\frac{V'(\tilde{X})}{V'_0(X_0)} R\right]$$

或写为

$$\frac{1}{R} = E\left[\frac{V'(\tilde{X})}{V'_0(X_0)}\right] \tag{11.43}$$

在等式 (11.42) 两端同除以 p_i, 将 $\tilde{y}_i/p_i$ 代换为资产 i 的收益率 $\tilde{R}_i$, 利用协方差定义得

$$1 = E\left[\frac{V'(\tilde{X})}{V'_0(X_0)} \tilde{R}_i\right] = \text{Cov}\left(\frac{V'(\tilde{X})}{V'_0(X_0)}, \tilde{R}_i\right) + E\left[\frac{V'(\tilde{X})}{V'_0(X_0)}\right] E\left[\tilde{R}_i\right]$$

等式两端除以 $E[V'(\tilde{X})\big/V_0'(X_0)]$，利用等式 (11.43)，整理后得到

$$E[\tilde{R}_i - R] = -R\operatorname{Cov}\left[\frac{V'(\tilde{X})}{V_0'(X_0)}, \tilde{R}_i\right] \tag{11.44}$$

由于效用函数 $V(\cdot)$ 是严格凹的，$V'(\cdot)$ 是严格单减函数。所以，资产 i 具有正的风险升水的充分必要条件是它的收益与时刻 $t=1$ 的总消费呈正相关关系。

由于效用函数 $V(\cdot)$ 是严格单增的，在目前的单期模型中，$t=1$ 时的消费 $\tilde{X}$ 必然等于此时社会的财富总量，或者说等于市场组合在 $t=1$ 时的总收益 $\tilde{M}$——利用这一事实，(11.44) 可以改写为

$$E[\tilde{R}_i - R] = -R\operatorname{Cov}\left[\frac{V'(\tilde{M})}{V_0'(X_0)}, \tilde{R}_i\right] \tag{11.45}$$

特别地，对于市场组合这一特殊的风险资产，其收益率 $\tilde{R}_M$ 必然满足 (11.45) 式，即

$$E[\tilde{R}_M - R] = -R\operatorname{Cov}\left[\frac{V'(\tilde{M})}{V_0'(X_0)}, \tilde{R}_M\right] \tag{11.46}$$

(11.45) 式和 (11.46) 式相除，整理后得到

$$E[\tilde{R}_i - R] = \frac{\operatorname{Cov}[V'(\tilde{M}), \tilde{R}_i]}{\operatorname{Cov}[V'(\tilde{M}), \tilde{R}_M]}E[\tilde{R}_M - R] \tag{11.47}$$

这就是均衡状况下的**资产定价公式** (asset pricing equation)。它的意思是：证券资产的风险升水与市场组合的风险升水是成比例的；其比例系数等于 $\operatorname{Cov}[V'(\tilde{M}), \tilde{R}_i]$ 与 $\operatorname{Cov}[V'(\tilde{M}), \tilde{R}_M]$ 的比值。

特别地，如果个体具有二次效用函数，且不同个体效用函数中的二次项系数是相等的，则代表性个体也具有相同二次项系数的二次效用函数。记 $t=1$ 时代表性个体的效用函数为

$$V(X) = X - \frac{b}{2}X^2 \quad b > 0$$

则 $V' = 1 - bX$。将其代入上述资产定价公式，得到

$$\begin{aligned}E[\tilde{R}_i - R] &= \frac{\operatorname{Cov}[1 - b\tilde{M}, \tilde{R}_i]}{\operatorname{Cov}[1 - b\tilde{M}, \tilde{R}_M]}E[\tilde{R}_M - R] \\ &= \frac{\operatorname{Cov}[\tilde{M}, \tilde{R}_i]}{\operatorname{Cov}[\tilde{M}, \tilde{R}_M]}E[\tilde{R}_M - R]\end{aligned}$$

注意到市场总收益 $\tilde{M} = (W - X_0)\tilde{R}_M$，代入上式，得到

$$\begin{aligned}E[\tilde{R}_i - R] &= \frac{\operatorname{Cov}[\tilde{R}_M, \tilde{R}_i]}{\operatorname{Cov}[\tilde{R}_M, \tilde{R}_M]}E[\tilde{R}_M - R] \\ &= \beta_i E[\tilde{R}_M - R]\end{aligned} \tag{11.48}$$

其中 β_i 定义为

$$\beta_i = \frac{\text{Cov}[\tilde{R}_M, \tilde{R}_i]}{\text{Var}[\tilde{R}_M]} \tag{11.49}$$

这就是著名的**资本资产定价公式 (CAPM)**，它表明任何一只证券资产的超额收益率 (相对于无风险资产) 都可以分解为两个部分：一部分是市场组合的超额收益率，另一部分为它与市场组合间收益的协方差。

11.5 以期权扩展完备市场

在实际市场中，由于证券价格的可变空间很大，可能的自然 (宏) 状态往往远远大于市场上发行的公司股票数量，所以我们通常不能靠市场上的公司股票及债券复合出 S 种 A–D 证券。这是不是说真实的证券市场一定是不完备的呢？不一定。这一节我们要证明，在一定条件下，由唯一一种证券组合，加上一些以其为标的物的期权，足以复合出所有必须的 A–D 证券，从而这样的市场仍然是完备的。

这里需要的是一种称为**欧式买权** (European call option) 的期权，它赋予其持有者在未来某一天按照合同规定的**履行价格** (strike price) 购买标的资产的权利。欧式买权的持有者可以在到期日选择购买或不购买标的资产，他没有一定要购买的义务。

考虑由所有资产构成的市场组合，该组合在每一种可能状态下都有正的单位收益：$Y_s^* > 0$ $(s=1,\ldots,S)$。必要的时候，合并那些市场组合收益相同的状态，在重新划分过的宏状态空间 (仍记为 S) 上，不同状态下的市场组合的收益也严格不同：$s \neq s'$ 时一定有 $Y_s^* \neq Y_{s'}^*$。因此，观察到市场组合实现的收益，投资者就能知道自然出现的是哪一种状态。

对自然的可能状态标识作适当的调整，总可以假设市场组合的可能收益是按升序排列的

$$0 < Y_1^* < Y_2^* < \ldots < Y_S^*$$

考虑一份以市场组合为标的物、履约价格为 Y_ℓ^* 的欧式买权。由于买权的持有者在到期日有以履约价购买标的物的权利而非义务，他只有在市场组合的未来价格高于 Y_ℓ^* 时才会履约，其他情况下他会简单地放弃其权利。考虑到市场组合的收益排列情况，这份买权在各种状态下的收益是

$$C_\ell(s) = \begin{cases} 0 & s \leqslant \ell \\ Y_s^* - Y_\ell^* & s > \ell \end{cases} \tag{11.50}$$

创造 $S-1$ 种这样的买权，履行价格分别是 $Y_1^*,\ldots,Y_{S-1}^*$，与市场组合一起，这 S 只风险资产的收益矩阵是

$$\mathbf{Y} = \begin{pmatrix} Y_1^* & 0 & 0 & \cdots & 0 \\ Y_2^* & Y_2^* - Y_1^* & 0 & \cdots & 0 \\ Y_3^* & Y_3^* - Y_1^* & Y_3^* - Y_2^* & \cdots & 0 \\ \vdots & \vdots & \vdots & \ddots & \vdots \\ Y_S^* & Y_S^* - Y_1^* & Y_S^* - Y_2^* & \cdots & Y_S^* - Y_{S-1}^* \end{pmatrix} \tag{11.51}$$

由于 $Y_1^* \neq 0$,这个矩阵必然是满秩的(它的秩等于 S)。根据 11.1 节的分析,由市场组合和若干种以其为标的物的期权,足以复合出所有 A–D 证券,从而这个市场是完备的。

下面提供一种以期权复合 A–D 证券的方法。为了使复合过程尽可能简单,我们使用的期权与上面证明过程中出现的期权形式上稍有差异。这个方法同时将说明,期权在复合各种形态的状态依存收益中非常灵活。

必要时同比例地放大市场组合中所含股票的数量,我们总可以假设

$$Y_1^* > 0, \quad Y_{s+1}^* > Y_s^* + 1 \quad s = 1, \ldots, S-1 \tag{11.52}$$

举例来说,如果在一个有三种可能状态的情形下,某证券组合的收益是 (0.100, 0.105, 0.107),将该组合中所有的股票数量增加到原来的 1 000 倍,其收益变为 (100, 105, 107),满足 (11.52)。

除了 (11.50) 定义的买权 $C_\ell(s)$,再发行一种以市场组合为标的物、履约价格为 $Y_\ell^* + 1$ 的买权,其状态依存收益是

$$C_\ell^+(s) = \begin{cases} 0 & s \leqslant \ell \\ Y_s^* - Y_\ell^* - 1 & s > \ell \end{cases} \tag{11.53}$$

注意条件 (11.52) 保证了 $Y_s^* - Y_\ell^* - 1 > 0$。如果某一个体购买一份 $C_\ell(s)$,同时出售一份 $C_\ell^+(s)$,他所得的收益是

$$C_\ell(s) - C_\ell^+(s) = \begin{cases} 0 & s \leqslant \ell \\ 1 & s > \ell \end{cases} \tag{11.54}$$

如果我们出售一份 $C_\ell^+(s)$ 和一份 $C_{\ell-1}(s)$,同时购买一份 $C_\ell(s)$ 和一份 $C_{\ell-1}^+(s)$,状态依存收益将是

$$[C_\ell(s) - C_\ell^+(s)] - [C_{\ell-1}(s) - C_{\ell-1}^+(s)] = \begin{cases} 1 & s = \ell \\ 0 & s \neq \ell \end{cases} \tag{11.55}$$

这就是对应状态 ℓ 的 A–D 证券 AD_ℓ 的收益。从而,上述资产组合就是 A–D 证券 AD_ℓ,而投资成本即是 AD_ℓ 的价格,或者说是状态 ℓ 的状态价格。

进一步阅读

Arrow–Debreu 一般均衡框架来自下面两篇 (部) 经典:

Arrow, K. (1964), "The Role of Securities in the Optimal Allocation of Risk-bearing", *Review of Economic Studies*, 31: 91-96.

Debreu, G. (1959), *Theory of Value*, New Haven, Conn: Yale University Press.

金融市场提高资源配置效率的作用可参见 Eichberger and Harper (1997) 教科书式的阐释:

Eichberger, J., and I. Harper (1997), *Financial Economics*, Oxford: Oxford University Press.

以期权构造完备市场的经典描述可阅读:

Breeden, D. and R. Litzenberger (1978), "State Contingent Prices Implicit in Option Prices", *Journal of Business*, 51: 621-651.

Ross, S. A. (1976), "Options and Efficiency", *Quarterly Journal of Economics*, 90: 75-89.

Breeden and Litzenberger (1978) 同时阐释了代表性个体的分析方法,关于该方法读者也可参见下文:

Constantinides, G. (1982), "Intertemporal Asset Pricing with Heterogeneous Consumers and without Demand Aggregation", *Journal of Business*, 55: 253-267.

关于帕累托有效分配原则可以参见:

Amershi, A. and J. Stoeckenius (1983), "The Theory of Syndicates and Linear Sharing Rules", *Econometrica*, 51: 1407-1416.

练习与思考

11-1 假定 $S=4, n=3$, 资产收益率矩阵为

$$\mathbf{R} = \begin{pmatrix} 1 & 2 & 1 \\ 2 & 1 & 1 \\ 3 & 3 & 2 \\ 1 & 1 & 2 \end{pmatrix}$$

哪些状态是可保险的?并构造这些状态对应的 A–D 证券组合。

11-2 假定 $S=3, n=4$, 资产收益率矩阵如

$$\mathbf{R} = \begin{pmatrix} 1 & 2 & 3 & 2 \\ 2 & 3 & 1 & 2 \\ 3 & 1 & 2 & 2 \end{pmatrix}$$

(1) 验证有一种资产是多余的。
(2) 验证该经济是完备的。
(3) 构造各状态的 A–D 证券组合。
(4) 计算各状态的状态价格。

11-3 在上一问题考虑的 3×4 经济中,如果三种可能状态的发生概率各为 $1/3$,经济中两个个体 1 和 2 的效用函数分别为

$$u_1(x_0, x_s) = \ln x_0 + \ln x_s \quad \text{和} \quad u_2(x_0, x_s) = \sqrt{x_0 + x_s}$$

试验证:

(1) 均衡中个体 1 满足 (11.26) 式, 即 $\mathbf{MRS}^k = \mathbf{q}$, 其中 $\mathbf{q}$ 为状态价格, $\mathbf{MRS}^k$ 为未来消费与当期消费间的边际替代率向量

$$\mathbf{MRS}^k = (\mathrm{MRS}^k_{1,0}, \ldots, \mathrm{MRS}^k_{S,0})^{\mathrm{T}}$$

(2) 均衡中个体 2 不满足均衡条件 (11.26) 式。请解释该结果。

11-4 本章我们一直假定每个个体对未来状态的概率估计 $\pi_s > 0$。现在考虑在 11.2.2 节讨论的 A–D 证券交换经济中放宽这个假定。

(1) 如果所有人对某一特定状态 s 的概率估计均为零, 会对均衡条件产生什么影响?

(2) 如果只有部分人对某一特定状态 s 的概率估计均为零, 而其他人的估计大于零, 会发生什么情况?

11-5 在 11.2.4 节考虑的两种状态、一种资产的经济中, 资产的收益率矩阵为 $\mathbf{R} = (1, y)^{\mathrm{T}}$, $y > 1$; 假定经济中所有个体可以分为两类, 初始财富都为 1; 他们对未来状态有完全相同的估计, 而效用函数分别为

$$u_k(x_{ks}) = \ln x_{ks} , \quad u_j(x_{js}) = -\exp(-\delta x_{js}), \quad j \neq k$$

其中 $\delta > 0$ 为某一常数。试问当 δ 为何值时经济是一个实际完备市场?

11-6 试利用基金分解原理证明完备市场中风险资产的价格可加性, 亦即: 对任何三种风险资产, 如果它们未来的状态依存收益满足:

$$y_{1s} = y_{2s} + y_{3s} \qquad s = 1, 2, \ldots, S$$

那么资产 1 的当前价格恰好是其他两种资产的价格之和: $p_1 = p_2 + p_3$。

第 12 章 完全信息博弈

微观经济学研究的是各种经济个体的行为,那么,除非模型中只有一个经济个体,否则一个个体的行为就可能影响别的个体的经济利益,进而影响它们的最优行为选择。既然这样,为什么到此为止,我们尚未涉及经济个体间可能出现的这种相互依赖关系呢? 原因在于,在完全竞争假设下,厂商和消费者都是市场价格的接受者,一个厂商生产多少并不影响别的厂商能出售产品的价格,一个消费者消费多少也不影响别的消费者能购买商品的价格,所以每个厂商的利润都只是自己的产量的函数,每个消费者的效用水平也只是自己购买量的函数。完全竞争模型中的市场价格提供了经济个体需要的关于经济环境的所有信息。但是,完全竞争经济只是一种特殊情况。如果市场上只有少数几个厂商,一个厂商生产多少、如何定价将直接影响别的厂商的利润; 同样,如果某个市场只有少数几个消费者 (譬如一个拍卖市场),它们的利益也会相互影响。

经济个体间的利益冲突和行为的相互影响显然不仅只限于上述不完全竞争市场。正是由于这个原因,**非合作博弈论 (Non-cooperative Game Theory)** 本身事实上已经成为微观经济学的一个重要组成部分,它研究的是利益冲突环境中相互独立和理性的个体行为以及这些行为间的交互影响。由于独立性要求,在非合作博弈论中每个个体只对自己负责,相互没有而且也不能缔结具有约束力的合作同盟。

博弈论的另一分支——**合作博弈论 (Cooperative Game Theory)**,允许个体间签订具有约束性的合作契约,本书不予专门讨论。所以,以后我们常常直接将非合作博弈论简称为博弈论。但是,在第 8 章中,关于核与竞争均衡间关系的分析事实上已经用到了合作博弈论的一些思想和结果。

从局中人的行动顺序以及信息是否完全来区分,我们由简到繁依次考虑四种博弈: 完全信息静态博弈, 完全信息动态博弈, 不完全信息静态博弈和不完全信息动态博弈。分析这四种博弈的理论手段——均衡的概念也有所不同,它们分别是纳什均衡、子博弈完美均衡、贝叶斯均衡以及完美贝叶斯均衡。本章和下一章将围绕着这四种均衡概念展开。

12.1 静态博弈

静态博弈描述的是最简单的冲突环境: 每个局中人同时行动, 而且只有一次行动机会。如果某些局中人有多次行动机会, 或者行动有先后顺序, 我们都将其归于动态博弈。

描述一个博弈有两种基本的方法: **战略式 (strategic form)** 和**展开式 (extensive form)**,其中战略式有时也称为**正规式 (normal form)**。我们从战略式开始论述。

12.1.1 博弈的战略式

先解释几个基本术语。

(1) **局中人** (player): 或称**参与人**, 一个博弈的所有参与者。缺了局中人, 任何博弈都不可能存在。在具体的经济模型中, 局中人可以是厂商, 可以是消费者, 也可以是其他任何经济契约中的关系人。博弈论假设局中人是**理性** (rational) 和明智的, 局中人的目标是尽可能使自己所得的支付达到最大。我们常以自然数表示单个的局中人, 并将一个博弈中的所有局中人的集合记为 $I = \{1, 2, \ldots, n\}$。

(2) **战略** (strategies): 每个博弈都有其特定的博弈规则, 局中人 i 的一个战略 s_i 即是一张合乎规则的行动清单, 它告诉该局中人在博弈进行的每一阶段如何行动。这里要注意战略与**步法** (moves) 的区别。举例来说, 在扑克游戏中, 你在某一轮中的一次出牌是一个步法, 而包含从第一张牌到最后一张牌的一个完整的出牌计划才构成一个战略。只有在仅进行一个阶段的博弈中, 战略和步法的内容才是相同的。局中人 i 所有可选的战略集合以 S_i 表示, 称为局中人 i 的**战略空间** (strategy space); 所有局中人的一个战略组合 $\mathbf{s} = (s_1, \ldots, s_n)$ 是向量空间 $S = \prod_i S_i$ 中的一点, 后者称为战略组合空间。

(3) **支付结构** (payoff structure): 博弈论中"支付"一词意味着"收益""所得", 在经济学中常视应用环境被具体化为个人效用或厂商利润等。支付结构确定各种情况 (不同战略组合) 下博弈终了时各局中人的收益。在典型的支付结构中, 一个局中人所得的支付不仅与他自己选择何种战略有关, 而且还是其他局中人所选战略的函数, 任何一个局中人改变自己的战略都将影响所有局中人所获的支付水平。这就是说, 局中人之间的利益是相互牵连和相互制约的。如果局中人 i 选择战略 $s_i \in S_i$, 在战略组合 $\mathbf{s} = (s_1, \ldots, s_n)$ 下他得到的支付记为 $\pi_i(\mathbf{s})$, 一个博弈的支付结构就体现为一个映射 π

$$S = \prod_i S_i \to \mathbf{R}^n$$

$\pi(\mathbf{s}) = (\pi_1(\mathbf{s}), \ldots, \pi_n(\mathbf{s}))$。

(4) **信息**: 除了上述三个要素, 要对一个博弈进行分析, 对博弈定义一个信息结构也是必不可少的。即是说, 研究者要明确每个局中人知道什么和不知道什么。我们通常把各个局中人的战略空间和它们的行动顺序概括为博弈的基本规则。博弈论一般都假设博弈的基本规则是所有局中人的**共同知识** (common knowledge) —— 就是说, 这些信息每个局中人都知道, 每个人都知道每个人知道, 每个人都知道每个人知道每个人知道 ……

除此之外, 我们可以在具体场合对博弈定义特定的信息结构。譬如, 局中人可能会有不同的特征 (一个人是否总爱打架、一个厂商的生产成本是高还是低等), 一个局中人是否了解其他局中人的特征以及相应的支付函数呢? 则这就是信息结构的问题。如果每个局中人的特征和支付函数都是共同知识, 则这个博弈具有**完全信息** (complete information), 否则称为不完全信息博弈。目前我们暂时只考虑完全信息博弈, 不完全信息博弈将在下一章讨论。

有了局中人集合 I、战略组合空间 S 和支付函数 $\pi(\mathbf{s})$, 假设信息是完全的, $[I, S, \pi(\mathbf{s})]$ 就定义了一个 (完全信息) 博弈, 这称为以战略式表示的博弈。

二人博弈的战略式常以**支付矩阵** (payoff matrix) 的直观形式给出, 以下我们举例说明。

例 1 猜币游戏

甲、乙两人各持一硬币，我们称硬币的两面各为"正"和"反"；两人暗自选择自己手中硬币的任何一面向上握于手中，然后同时打开。如果两人同时选了正面或反面，则乙给甲一元钱；如果两人手中的硬币一正一反，则甲给乙一元钱。

在这里，局中人集合 $I = \{甲, 乙\}$，两人可选的战略是相同的：选正面或反面——我们以"正"和"反"来分别代表这两种战略，故 $S_i = \{正, 反\}$，$i = 甲, 乙$。支付结构由表 12.1 中的支付矩阵描述。

表 12.1

		乙	
		正	反
甲	正	1, −1	−1, 1
	反	−1, 1	1, −1

表 12.1 的各栏中逗号前一个数为甲所得的支付，逗号后一个数为乙所得的支付。比如左上格表示甲选"正"、乙也选"正"时，前者获 1，后者获 −1。

例 2 囚徒困境

甲、乙两人涉嫌同谋犯罪，分别在两个房间被提审。提审官预先向两人交代政策：如果他们都承认犯罪事实，各判刑 10 年；如果两人均否认，双方都无罪释放；如果一方认罪而另一方抵赖，认罪方获 500 元奖励，抵赖方判刑 15 年。

这里双方的战略空间都是 {承认, 抵赖}，不妨简单地将某人被判刑 10 年看作他得到支付 −10，而获 500 元奖励记为得到支付 +5，这样，支付矩阵就可以写为表 12.2 的形式。

表 12.2

		乙	
		承认	抵赖
甲	承认	−10, −10	5, −15
	抵赖	−15, 5	0, 0

12.1.2 纳什均衡

博弈论的研究目的是试图预测特定博弈规则下各局中人的战略选择，并进一步指出博弈结果。刻画局中人战略选择的最基本的概念是以下定义的**纳什均衡** (Nash equilibrium)。

定义 (纳什均衡)：如果局中人所选的战略处于这样一种状态，在其他局中人不改变当前战略的前提下，任何一个局中人都无法单方面改变自己的战略而获取更高的支付，则称博弈达到了一个纳什均衡。换言之，战略组合 $\mathbf{s}^* = (s_1^*, \ldots, s_n^*)$ 为纳什均衡的条件是

$$\forall s_i \in S_i, \ \pi_i(\mathbf{s}^*) \geqslant \pi_i(s_i, \mathbf{s}_{-i}^*) \quad i = 1, \ldots, n$$

其中 $(s_i, \mathbf{s}_{-i}^*) = (s_1^*, \ldots, s_{i-1}^*, s_i, s_{i+1}^*, \ldots, s_n^*)$。

需要指出的是,虽然我们将纳什均衡的定义置于"静态完全信息博弈"的标题之下,但它同样适用于所有其他种类的博弈,因为纳什均衡揭示了任何意义上"合理"的博弈结果都要满足的最起码条件——当某一局中人发现他单方面改变战略便可以获取更多时,他会毫不犹豫地改变自己的战略,博弈自然也就没有达到均衡——只要一个战略组合不是纳什均衡,它就必然是非稳定的。以后我们将看到,对动态或者是不完全信息博弈而言,纳什均衡所要求的条件太弱了,要得到合理的博弈结果还需要对其施加更多的条件,定义进一步的均衡概念。但无论如何,纳什均衡是所有其他均衡概念的基础。

利用纳什均衡定义容易验证,前面表 12.2 描述的囚徒博弈唯一的纳什均衡是 (承认,承认)。先从囚徒甲的角度看:给定对方选择"承认",甲"承认"获 -10,"抵赖"获 -15,所以"承认"是他此时的最佳对策;同样,从囚徒乙的角度看:给定甲选择"承认",乙"承认"获 -10,"抵赖"获 -15,所以乙没有改选"抵赖"的动机——这就说明 (承认,承认) 是一个纳什均衡。(抵赖,承认) 不是纳什均衡的理由是:给定乙现行的战略"承认"不变,甲选"抵赖"只获 -15,而选"承认"将获 -10,甲改选"承认"会获得更高的支付。同样的道理,(承认,抵赖) 也不是纳什均衡。至于战略组合 (抵赖,抵赖),注意到任一囚徒在对方"抵赖"时单方面改选"承认"都将为自己带来 5 个单位的好处,它自然也不是纳什均衡。

一般情况下,直接从定义出发来寻找纳什均衡会非常麻烦,标准方法是通过求局中人的最佳应对战略 (或称反应函数) 来求解。以上面的囚徒困境博弈为例,为求其纳什均衡,我们先在支付矩阵中以上划线标示各列中甲所得的最高支付 (如表 12.2′);接下来,再标示各行中乙所得的最高支付。结果,支付向量 $(-10, -10)$ 对应的战略组合 (承认,承认) 就是该博弈唯一的纳什均衡。

表 12.2′

		乙	
		承认	抵赖
甲	承认	$\underline{-10}, \underline{-10}$	$\underline{5}, -15$
	抵赖	$-15, \underline{5}$	$0, 0$

上述方法的原理是:给定对方的战略,标示局中人所得的最高支付就相当于找到了局中人此时的**最佳应对战略 (best responding strategies)**,而最后两个支付数字均由标示的支付向量对应的,一定就是互为最佳应对的战略组合,从而就是纳什均衡。

在支付矩阵表示的博弈中,上述标示最高支付来找最佳应对战略,从而求解纳什均衡的方法非常简便,表 12.3 给出了另一个例子。需要注意的是,当乙选"中"时,甲选"中"和"下"都获得此时的最大支付为 2,所以这两个 2 都需标示,表示甲对对方的"中"有两个最佳应对;同样,在甲选"中"的情况下,乙选"中"和"右"所得的 0 也是此时的最大支付,表中也进行了标示。显然,这个博弈只有唯一一个纳什均衡:(中,中)。

例 3 最佳应对战略和纳什均衡

表 12.3

		左	中	右
甲	上	1, 3	0, 1	2, 0
	中	2, −1	2, 0	0, 0
	下	0, 2	2, −3	1, 1

（表头"乙"横跨左、中、右三列）

一般地，纳什均衡的求解过程可以分为下列两个步骤：

(1) 先求出每个局中人针对其他人各种可能战略的最佳应对战略：给定其他人任何可能的战略组合 $\mathbf{s}_{-i}$，求解个体 i 的支付最大化问题

$$\max_{s_i} \pi(s_i, \mathbf{s}_{-i})$$

由一阶必要条件求得这个问题的解，记为

$$s_i = R_i(\mathbf{s}_{-i}) \qquad i = 1, \ldots, n$$

这就是局中人 i 对 $\mathbf{s}_{-i}$ 的最佳应对战略。有些时候，对某个特定组合 $\mathbf{s}_{-i}$，可能存在两个以上的最佳应对战略，所以上式中的 $R_i(\cdot)$ 一般地应理解为一个多值映射

$$R_i : \prod_{j \neq i} S_j \to S_i$$

(2) 将上一步建立的 n 个最佳应对战略等式联立，所得的解 $\mathbf{s}^*$ 即为纳什均衡，因为其中各局中人的组合 s_i^* 互为最佳应对。当然，这个解可能也不是唯一的。

12.1.3 占优战略纳什均衡

纳什均衡给出了一个"合理"结果的必要条件，但是它未能指出如何实现这种结果。因此，一般条件下我们不能贸然用纳什均衡来预测博弈结果（参看 12.1.5 节的进一步讨论）。现在我们将焦点转向两种特殊的纳什均衡。这两类博弈中局中人的战略空间具有特殊的结构，因而其均衡具备自我实现的内在逻辑。

第一种是"占优战略纳什均衡"。考虑例 2 所举的囚徒博弈（见表 12.2）。上面已经说明，(承认, 承认) 是这个博弈唯一的纳什均衡，让我们为各个局中人盘算一下他们的处境，看看这个纳什均衡是如何实现的。先看囚徒甲：如果对方认罪，甲若认罪将获 −10，抵赖获 −15，所以甲以"承认"应对乙的"承认"是最优的；如果对方抵赖，甲若认罪将获 5，抵赖获 0，所以甲以"承认"应对乙的"抵赖"也是最优的——这就是说，无论对方作何选择，甲选择"承认"总是最优的。毫无疑问，只要甲是理性的，他将毫不犹豫地选择这一战略。由于这是一个对称的博弈，乙的处境与甲完全相同，无论甲选择何种战略，"承认"总是乙的最佳战略。

这种无论其他局中人作何选择，对某局中人总是最优的战略，称为该局中人的**占优战略** (dominant strategy)。

定义：如果 $\forall \mathbf{s}_{-i} \in \prod_{j \neq i} S_j, s_i \in S_i$，始终有

$$\pi_i(s_i^*, \mathbf{s}_{-i}) \geqslant \pi_i(s_i, \mathbf{s}_{-i})$$

就称 s_i^* 为局中人 i 的占优战略。如果战略组合 $(s_1^*, \ldots, s_n^*)$ 中所有战略都是相关局中人的占优战略，该组合就称为博弈的**占优战略均衡** (dominant strategy equilibrium)。

下面的例子可以进一步说明占优战略均衡。

例 4 "利己"或"利他"

这个博弈是囚徒困境问题的翻版。一个慈善家给甲、乙两个穷人每人一张纸片，甲和乙都可以在自己的纸片上写下一个要求："给我 1 000 元"或者"给对方 3 000 元"；纸片交还慈善家后后者满足他们的要求。

为简洁，这里把局中人要求"给我 1 000 元"表示为战略"利己"，把局中人要求"给对方 3 000 元"表示为战略"利他"，这样该博弈的支付矩阵如表 12.4 所示。

表 12.4

		乙	
		利己	利他
甲	利己	1, 1	4, 0
	利他	0, 4	3, 3

对甲来说，如果对方选"利己"，甲选"利己"获 1，选"利他"什么也得不到，所以此时"利己"是甲的最优战略；如果对方选"利他"，甲选"利己"获 4，他选"利他"仅获 3，此时"利己"同样是他的最优战略。所以，"利己"是甲的占优战略。容易看出乙的情况与甲完全一样，"利己"是他的占优战略。这样，(利己, 利己) 就是占优战略均衡。

注意支付 (3,3) 是对两个局中人都有利的结果，或者说它是一种代表"集体理性"的结果，但是充分理性的局中人却拒绝了这一结果，他们共同选择了对双方都较差的支付。个体理性与集体理性不相容，这正是囚徒困境博弈揭示的深刻现实。

占优战略均衡要求每个局中人的战略 (占优战略) 在任何情况下都是最优的，而纳什均衡仅意味着每个局中人的战略在其他局中人的当前战略下是最优的。显然，占优战略均衡必然是纳什均衡，但并不是每个纳什均衡都是占优战略均衡，比如前面例 3 中的均衡 (中, 中) 就不是占优战略均衡。占优战略均衡仅在非常特殊的博弈结构中才存在。

某些条件下，即便占优战略纳什均衡不存在，我们也可以用类似的逻辑发展另外一种稍强于普通纳什均衡的均衡结果。占优战略均衡中，每个局中人可以预测到其他局中人将会选择什么，但反过来，我们也可以设想局中人可以琢磨其他局中人不会选择什么。

定义：假设 s_i 和 s_i' 是局中人 i 的两个战略。如果 $\forall \mathbf{s}_{-i} \in \prod_{j \neq i} S_j$，总有 $\pi_i(s_i', \mathbf{s}_{-i}) > \pi_i(s_i, \mathbf{s}_{-i})$，亦即无论其他局中人作何选择，$s_i'$ 对局中人 i 来说总是严格优于 s_i，就称 s_i' (**严格**) **优于** s_i (s_i' dominating s_i)；同时，称 s_i **劣于** s_i' (s_i dominated by s_i')，或简单地称 s_i 为局中人 i 的一个 (**严格**) **劣战略**。

如果局中人 i 具有一个严格劣战略 s_i，那么他是绝不可能选择 s_i 的，而其他局中人也会认识到这一点。因此，我们可以将 s_i 在战略空间 S_i 中剔除，余下的博弈结构不变。记原来的博弈为 $G = G(0)$，如果其中某一局中人存在劣战略，将其剔除后所得的博弈记为 $G(1)$；相应地，$G(1)$ 中各局中人的战略空间记为 $S_i(1)$。如果博弈 $G(1)$ 中某一局中人存在严格劣战略，将其剔除，得到博弈 $G(2)$。一般地，记重复剔除严格劣战略第 k 步后余下的博弈为 $G(k)$，此时局中人 i 的战略空间记为 $S_i(k)$，战略组合空间为 $\mathbf{S}(k) = S_1(k) \times \ldots \times S_n(k)$。显然，对任何局中人 i，存在关系

$$S_i(0) \supseteq S_i(1) \supseteq \ldots \supseteq S_i(k-1) \supseteq S_i(k) \supseteq \ldots$$

重复剔除劣战略过程能否继续进行，取决于以下条件是否成立：对某个局中人 i，存在 $s_i', s_i'' \in S_i(k)$，使得

$$\pi_i(s_i', \mathbf{s}_{-i}) < \pi_i(s_i'', \mathbf{s}_{-i}) \qquad \forall \mathbf{s}_{-i} \in \mathbf{S}_{-i}(k)$$

其中 $\mathbf{S}_{-i}$ 表示除 i 以外其他局中人在博弈 $G(k)$ 中的战略组合。

定义： 对于博弈 $G = G(0)$，如果存在某个整数 $K > 0$，使得

$$S_i(K) = \{s_i^*\} \quad i = 1, 2, \ldots, n$$

则称 $\mathbf{s}^* = (s_1^*, s_2^*, \ldots, s_n^*)$ 为该博弈的**重复剔除 (严格) 劣战略均衡**。

按照定义，只有在剔除劣战略步骤一直进行到仅剩唯一一个战略组合时，重复剔除劣战略均衡才成立。如果到某一阶段 $G(k)$，博弈中还剩下多个结果，但此时任何局中人都不存在劣战略，那么重复剔除劣战略均衡是不存在的。容易证明，如果一个博弈存在重复剔除劣战略均衡，那么它同时就是该博弈唯一的纳什均衡 (见练习与思考 **12-3**)。

例 5 某二人博弈的支付矩阵如表 12.5 所示，甲乙两人同时行动。

表 12.5

		乙		
		左	中	右
甲	上	7, 7	6, 6	7, 6
	中	5, 7	5, 8	8, 5
	下	6, 6	5, 8	4, 8

这个博弈不存在占优战略均衡，因为每一局中人的最优战略需视对方选择哪一个战略后方能确定。但我们注意到，"下"是局中人甲的一个 (相对于战略"上"的) 劣战略，因为无论乙选"左""中"还是"右"，战略"下"为甲带来的支付始终严格地低于"上"所带来的支付。作为一个理性人，甲自然不会选择劣战略，而乙不仅是理性的，他还知道甲是理性的（"每个局中人充分理性"是共同知识），他清楚地知道甲不会选择"下"——所以，两个局中人都明

白,支付矩阵表 12.5 中的第三行无论如何也不会出现,因此,我们可以将这一行在支付矩阵中划去。在排除了甲的劣战略"下"之后,乙发现"右"此时劣于"左"(注意在一开始并不是这样),理性的乙当然不会选"右"——而甲通过设身处地的推算已清楚了这一点——所以我们又可以将劣战略"右"所在的第三列划去。到此,两个局中人再次发现"中"又成了甲的劣战略,将该行划去后支付矩阵只剩最后一行,明显地"中"又是乙的劣战略,划去这一列后得到唯一的一点,战略组合 (上, 左) 即为重复剔除劣战略均衡。

应该注意,我们剔除的是严格劣战略。如果剔除所谓的**弱劣战略**,则有可能剔除纳什均衡,出现混乱。所谓战略 s_i' **弱优于** s_i 是指

$$\forall \mathbf{s}_{-i} \in \prod_{j \neq i} S_j, \text{ 总有 } \pi_i(s_i', \mathbf{s}_{-i}) \geqslant \pi_i(s_i, \mathbf{s}_{-i}),$$

且对某些 i 严格不等式成立。如果 s_i' 弱优于 s_i,后者就是一个弱劣战略。剔除弱劣战略可能出现的混乱可以从下面的例子看出。

例 6 一个二人博弈的支付矩阵如表 12.6 所示,两人同时行动。

表 12.6

		乙		
		左	中	右
	上	7, 7	6, 5	6, 7
甲	中	5, 7	7, 7	5, 6
	下	5, 7	5, 5	5, 8

如果我们按"中 (乙)"→"中 (甲)"→"左 (乙)"→"下 (甲)"的顺序剔除弱劣战略,得到均衡 (上, 右);但是,如果剔除劣战略的顺序是"中 (乙)"→"下 (甲)"→"右 (乙)"→"中 (甲)",得到的均衡却是 (上, 左)! 按不同的顺序剔除弱劣战略得到不同的均衡,这充分说明了这种做法的不合理性,所以这在博弈论中一般是不允许的。容易验证, (上, 左) 和 (上, 右) 恰是这个博弈的两个纳什均衡。如果允许剔除弱劣战略,则有可能剔除部分纳什均衡,而如果剔除的仅限于严格劣战略,我们已经说明,纳什均衡不可能被剔除。

12.1.4 单纯战略和混合战略

到现在为止,我们还没有交代纳什均衡的存在性。那么,是不是所有的博弈都存在纳什均衡呢?对于经济学所能涉及的绝大部分博弈来说,这个问题已有完满的答案。纳什在 20 世纪 50 年代初就已证明,任何一个有限博弈一定存在至少一个纳什均衡。所谓有限博弈是指,局中人的数目和每个局中人可选的战略数量都是有限的。

不过,纳什的结论还须详加说明。细心的读者可能已经发现,本章一开始所举的猜币游戏例 1 (这显然是一个有限博弈),按前面的定义就不存在纳什均衡,因为任意一个战略组合都有一个局中人会从单方面改变战略获益。纳什关于任何有限博弈都存在纳什均衡这一命题,前提条件是允许局中人选择混合战略。

事实上，前面的分析一直隐含地假设局中人始终选择某一确定的行动。比如，在猜币游戏中，局中人要么确定地选择"正"，要么不考虑"正"而选择"反"——这样的战略称为单纯战略。现在考虑一种情况：局中人根本就不刻意地选择"正"或"反"，而是任其自然地随机选择，这是一种什么样的战略呢？由简单的概率论知识我们知道，这事实上相当于"以50%的概率选正面，以50%的概率选反面"。显然，我们之前并没有涉及这样的战略，现在需要将这种含一定程度任意性的战略纳入我们的分析之中。

定义： $[I, S, \pi(\mathbf{s})]$ 是一个战略式有限博弈，局中人 i 的战略空间 S_i 中任一元素 s_i 称为 i 的一个**单纯战略** (pure strategy)；定义在 S_i 上的一个概率分布函数 $p_i(s_i)$ 代表一个**混合战略** (mixed strategy)——这个战略的内容是：局中人 i 以概率 $p_i(s_i^j)$ 选择单纯战略 s_i^j，而

$$\sum_{s_i^j \in S_i} p_i(s_i^j) = 1 \quad i = 1, \ldots, n$$

当然，这个针对有限博弈定义的混合战略，也可以推广到非有限博弈的情形，限于篇幅，这里不再详述。

单纯战略是混合战略的特例，因为任一单纯战略 s_i 都可以理解为局中人 i "以概率 1 选 s_i，以概率 0 选取其他所有单纯战略"这样一个混合战略。自然，引入混合战略以后，局中人的目标需要修改为"最大化自己的期望支付"。

由定义，局中人 i 的一个混合战略可以用定义在他的 (单纯) 战略空间 S_i 上的概率分布函数 $p_i(s_i)$ 表示。在不至引起混乱的情形下，我们将其简记为 p_i。不同的分布函数 p_i 代表局中人 i 的不同混合战略。将局中人 i 所有可能的混合战略组成的集合记为 P_i，注意它事实上也包含局中人 i 的所有单纯战略，所以有 $S_i \subset P_i$。所有 n 个局中人的一个 (混合) 战略组合可以一般地记为 $\mathbf{p} = (p_1, \ldots, p_n)$；局中人 i 在这个战略组合下的期望支付则为 $\pi_i(\mathbf{p})$。现在我们可以将纳什均衡的概念重新定义为：

定义 (混合战略纳什均衡)： 战略组合 $\mathbf{p}^* = (p_1^*, \ldots, p_n^*)$ 是一个混合战略纳什均衡，如果

$$\forall p_i \in P_i, \ \pi_i(\mathbf{p}^*) \geqslant \pi_i(p_i, \mathbf{p}_{-i}^*) \quad i = 1, \ldots, n$$

其中 $(p_i, \mathbf{p}_{-i}^*) = (p_1^*, \ldots, p_{i-1}^*, p_i, \ldots, p_n^*)$。

一个只包含单纯战略的战略组合如果是纳什均衡，以后称其为**单纯战略均衡**。

根据定义，如果局中人 i 的均衡战略是由单纯战略 $\{s_i^1, \ldots, s_i^k\}$ 组成的混合战略 (他使用这 k 个战略的概率大于零)，那么当其他局中人使用他们的均衡战略时，局中人 i 简单地选择 $\{s_i^1, \ldots, s_i^k\}$ 中任何一个单纯战略所得的支付都是一样的——因若不然，局中人在选择某一单纯战略 s_i^j 能得到更高支付的话，他在其均衡战略基础上增大选 s_i^j 的概率也将得到更高的支付，但这与均衡战略的定义矛盾。进一步，既然局中人 i 简单地选择 $\{s_i^1, \ldots, s_i^k\}$ 中任何一个单纯战略所得的支付都是一样的，那么他任意地选择这 k 个单纯战略的概率所组成的混合战略也将获得完全一样的支付。简言之，局中人 i 之所以在均衡中混合使用 $\{s_i^1, \ldots, s_i^k\}$，

必定是他不在意选其中哪一个单纯战略。但是，我们不能由此推论这些单纯战略或由它们随意搭配的混合战略也构成局中人 i 的均衡战略！因为如果其他局中人预料到局中人 i 不使用均衡战略 p_i^* 的话，他们就没有使用 $\mathbf{p}_{-i}^*$ 的动机了。

上述观察可以帮助我们求解具体的混合战略。现在回头看不存在单纯战略均衡的猜币游戏。假设局中人甲选择正面的概率为 p，选择反面的概率为 $1-p$；局中人乙选择正面的概率为 q，选择反面的概率为 $1-q$。我们先计算不同选择下局中人甲得到的期望支付

选择"正面"，期望支付为：$q \cdot 1 + (1-q) \cdot (-1)$

选择"反面"，期望支付为：$q \cdot (-1) + (1-q) \cdot 1$

根据定义，均衡中这两个期望支付应当相等，这要求 $q^* = 1/2$。接下来计算局中人乙在两种单纯战略下获得的期望支付

选择"正面"，期望支付为：$p \cdot (-1) + (1-p) \cdot 1$

选择"反面"，期望支付为：$p \cdot 1 + (1-p) \cdot (-1)$

令二者相等，解得 $p^* = 1/2$。所以，两个局中人均以 $1/2$ 的概率选"正"，以 $1/2$ 的概率选"反"是一个纳什均衡。

在这个例子中，考虑甲的混合均衡战略对乙的均衡战略做出了限制，反之考虑乙的均衡战略则对甲的均衡战略提出了要求。这正是所有混合战略纳什均衡的内在逻辑：如果均衡中每一种概率为正的单纯战略带给局中人的支付都是一样的，那么其他局中人的战略必定要受到特定限制。

我们还可从另一个角度对该混合战略均衡加以说明。纳什均衡要求，均衡中所有局中人的战略互为最优应对，我们直接分析各种情况下两人的应对战略。不难看出，在双方随机行动前提下，甲对对方的最优应对战略为

$$p = \begin{cases} 0 & q < 1/2 \\ [0,1] & q = 1/2 \\ 1 & q > 1/2 \end{cases}$$

另一方面乙对对方的最优应对战略则为

$$p = \begin{cases} 0 & p < 1/2 \\ [0,1] & p = 1/2 \\ 1 & p > 1/2 \end{cases}$$

在 (p,q) 坐标平面上，双方的应对战略分别显示为图 12.1 中两条折线 R1 和 R2，而二者的交点 $(1/2, 1/2)$ 正是纳什均衡。

例 7 石头、剪刀、布

大家熟知的民间游戏"石头、剪刀、布"，可以表示为支付矩阵表 12.7。

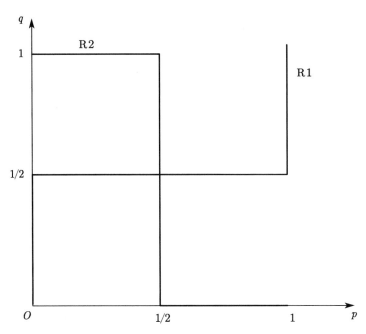

图 12.1 猜币游戏中的最优应对战略和纳什均衡

表 12.7

		乙		
		石头	剪刀	布
	石头	0, 0	1, −1	−1, 1
甲	剪刀	−1, 1	0, 0	1, −1
	布	1, −1	−1, 1	0, 0

容易验证,该博弈不存在单纯战略均衡。混合战略均衡中,也不可能存在某个局中人只使用单纯战略 (另一个人使用混合战略),或者只使用两种单纯战略来组合混合战略的情况 (练习与思考 12-4)。因此,唯一的可能性是两人都对每种单纯战略赋予正的概率。我们假定二人使用如下的混合战略 (括号中变量代表概率)

甲: $(p, q, 1-p-q)$　乙: $(\alpha, \beta, 1-\alpha-\beta)$　$p, q, \alpha, \beta \in (0, 1)$

计算甲在各种情况下获得的期望支付

石头: $1\cdot\beta + (-1)(1-\alpha-\beta)$

剪刀: $(-1)\cdot\alpha + 1\cdot(1-\alpha-\beta)$

布: $1\cdot\alpha + (-1)\beta$

令三者相等,立即得到 $\alpha = \beta = 1/3$。转而计算各种单纯战略下乙所得的期望支付,相似的过程可解得 $p = q = 1/3$。因此,两人各以 $1/3$ 的概率使用三种战略是该博弈唯一的纳什均衡。

12.1.5 用纳什均衡预测博弈结果

在 12.1.3 节介绍的占优战略均衡和重复剔除劣战略均衡中,理性的局中人可以分别预测其他人会使用什么战略或不会使用什么战略,进而找到自己的均衡战略。从这个意义上,我们说这两种纳什均衡存在内在的实现机制,完全可以用它们预测博弈结果。但是在一般的纳什均衡中,理性条件并不能指出均衡的方向,类似的实现机制并不存在,因此其预测能力就较弱了。更糟的是,许多情况下一个博弈中可能同时存在多个纳什均衡,这又出现了均衡的选择问题。下面我们通过几个例子讨论这两个问题。

例 8 让道博弈

假想在尚不存在任何明示或潜在的交通规则的时代,一条道路上两人各驾一辆汽车相向而行,两车相遇时二人须同时决定如何避让对方来车。两人面临的问题可以用表 12.8 所示的博弈表示。

表 12.8

		乙	
		左	右
甲	左	1, 1	−1, −1
	右	−1, −1	1, 1

该博弈存在两个纳什均衡: (左, 左) 和 (右, 右),但是,谁也无法保证两个局中人的选择一定是这两种结果之一,因为"正确"的选择依赖于对方的选择,而两人同时行动时无法预知对方的选择。

尽管如此,对纳什均衡的一种辩护是,人们可以通过学习——通过之前的观察或者亲历过的相似场景,来预测对方的行动,进而达到某一均衡目标。随着时间推移,上述场景反复出现,人们从一次次的成功和失败中吸取了经验教训,将逐渐建立起一种让道的默契,我们今天看到世界上各地的行车规则事实上可以理解为这种默契的一种承认和规范: 永远靠左行或者永远靠右行,这就是上述纳什均衡。

所以,虽然纳什均衡不能预测一次特定的博弈结果,但它对长期结果的预测还是较为可靠的。这种论点事实上来源于一种类似于达尔文生物进化论的思想: 在长期,非纳什均衡结果因不符合个人理性而在时间的长河中被逐渐淘汰,而纳什均衡则因"适者生存"规律保留下来。

从另一个角度看,以非纳什均衡来预测博弈结果将是荒谬的。在上述例子中,我们不否认例 8 中撞车的糟糕结果可能出现,但基本上可以排除这种糟糕的结果会反复出现,因为此时至少有一个局中人犯了错误,并且有改进的动机。只有在纳什均衡中,所有局中人有一致性预期: 如果大家都预测到将发生某一特定的纳什均衡,那么没有人愿意改变它。

另一种并不少见的情况是,局中人有机会在博弈前进行沟通。在让道博弈中,如果两个局中人在相遇时能停下交谈,或者用车灯及喇叭等发出左或右的示意,也能帮助双方达成其中某一均衡。

那么在多重均衡的情况下 (如例 8),最终发生的又是哪一个呢? 一般情况下,离开现实生活的环境因素,我们很难仅凭一个战略式博弈给出的信息给出答案。不过,有的情况下,均衡选择的确存在一定的线索。

例 9 猎物目标: 野兔或雄鹿

考虑 N 个人一同上山打猎,有两种猎物可以选择: 野兔或雄鹿。打野兔容易,可以单干,但打雄鹿需要集体行动才可能成功。假定每个人独立做决策: 他可以选择自己独立去打野兔,此时无论其他人作何选择,他总是获得支付 1; 如果他选择参加集体打雄鹿,那么仅当其他所有人都选择集体打雄鹿时,他获得支付 2,否则获支付 0。

容易验证,存在两个单纯战略均衡: 一个是所有人都选野兔,另一个是所有人都选雄鹿。哪一个均衡出现的可能性更大呢?

答案在很大程度上取决于这群人的总人数 N。读者不妨假想自己是其中一个猎人,考虑你可能采取的行动。如果 $N=2$,面对唯一的博弈对手,你的正确选择是与对方采取同样的行动。特别,如果你预期对方选雄鹿的可能性将超过 50%,你的选择就应该是雄鹿。鉴于"雄鹿均衡"对双方都更有利,你应该相信对方多半会选雄鹿,因此,你的正确选择是雄鹿。另一方面,站在你对手的角度,他也会用同样的逻辑来分析你可能采取的行动,而他将会成功地预测到你将选雄鹿。因此,我们几乎可以肯定最终的结果是"雄鹿均衡"。

随着打猎人数的增加,其他人同时选择雄鹿的可能性也在降低,因此另一种均衡(所有人都选野兔)的可能性也将增大。譬如说,如果 $N=8$,你猜测其他 7 个人每人选雄鹿的概率为 p 的话,只有当 $p^7 > 1/2$ 时你选雄鹿才是正确的,而这要求 $p > 90.6\%$。显然,做这样的假定实在过于冒险了,因此,你很可能觉得选择野兔是一个比较保险的选择。由于其他所有人都与你的想法一样,因此"野兔均衡"很可能是一个更合理的结果。在这里,我们再次看到理性的个体选择偏离了帕累托有效的结果。

刚才这种人数众多时"雄鹿均衡"与"野兔均衡"间的比较,我们有时也称后者相对于前者而言是一个**低风险 (risk-dominating)** 的纳什均衡。当然,能从风险角度来比较不同均衡的场合也不常见。更多时候,均衡选择还是需要更多考虑具体应用场景中的环境因素,包括社会、文化、宗教及相关局中人的个体习性等。

例 10 性别冲突博弈 (battle of sex)

一对兴趣不甚一致的恋人安排业余活动,他们在看足球和听音乐会中作选择。男的喜欢足球,女的则喜欢听音乐会,在两人的各种选择组合下,双方的效用如支付矩阵如表 12.9 所示。

表 12.9

		女	
		足球	音乐会
男	足球	4, 2	1, 1
	音乐会	0, 0	2, 4

不难验证,(足球, 足球)和(音乐会, 音乐会)是该博弈的两个单纯战略均衡; 同时,还存在

一个混合战略均衡：男士以 4/5 的概率选择看足球，以 1/5 的概率选择听音乐会；女士以 1/5 的概率选择看足球，以 4/5 的概率选择听音乐会。

如果是两个完全陌生的人第一次进行这样的博弈，的确很难预测会发生什么结果，我们甚至不能保证出现的结果一定是上述三个纳什均衡之一。不过，既然故事背景是两个恋人，基本上就可排除所有的非纳什均衡结果了。原因在于，首先两人可以事先沟通，而即便没有沟通，二人多半也能通过之前的经验达成特定的纳什均衡结果，这就是所谓的心有灵犀。比方说，之前男士较为谦让，女士很可能据此相信男士会继续展示绅士风度，从而会选音乐会；另一方面男士对女士的这种心理心知肚明，也做同样的选择。这种逻辑可以解释，为什么人们的特性常常会自我强化：你的过往行为常常会被别人固化为某一模式，并进而对你的未来行为产生预期；反过来，即便有时你并不十分情愿 (你可能期待另一种均衡)，但你仍然可能会选择别人预期中的行为，因为在别人目前的预期下，你只有这样才能达成纳什均衡。

另一方面，宗教、文化和习俗等因素有时对均衡选择也有较大影响。不难想象，性别冲突博弈在一个男权社会和一个讲求绅士风度的现代文明中其结果可能完全不同；同样，前面的让道博弈，在不同的文化中选择的均衡也可能不同，这可以解释为什么绝大多数英联邦国家和地区的汽车都是靠左行驶，而其他国家和地区则相反。

12.2 动态博弈

这一节我们分析完全信息下的动态博弈。在动态博弈中，由于局中人的行动有先后，至少有一部分局中人能够观察到别人的行动并做出针对性的战略选择。

12.2.1 博弈树和展开式博弈

博弈的战略式给出了各个局中人他们各自的战略空间以及各种战略组合下他们的支付。战略式博弈不涉及较为复杂的信息描述，它隐含地假设局中人同时行动，任一局中人在自己行动之前无法得知别的局中人将采取何种行动，前面考虑的例子都是这样。如果局中人的行动次序有先后，致使某些局中人在决定自己的行动之前就已观察到对手的至少一部分行动，战略式描述就不十分恰当了。对这类序惯进行的博弈 (sequential game)，用**博弈树**(game tree) 来表示时常是很方便的，博弈树不仅列出了各个局中人可选的战略，而且还直观地显示了各局中人的行动顺序，以及决策时刻局中人具备的信息，这就是博弈的**展开式**(extensive form) 表述方法。下面举例说明。

回忆前面猜币游戏的例子，在那里甲乙两人是同时行动。假如现在改变游戏规则：输赢条件不变，但甲须先伸出手展示自己的硬币，乙再决定自己选正面还是反面。显然，战略式 (如支付矩阵表 12.1) 是无法直接刻画这个博弈的，但用博弈树却能方便地对该博弈作出准确的刻画。

在图 12.2 中，空心圆圈和实心圆点都表示某一局中人采取行动的时点，统称为**节点**(nodes)，但空心圆圈还表示博弈的起点 (也有的书不作这样的区分)；博弈树从左至右的空间顺序自然地表示局中人的行动顺序，譬如这里是甲先行动，乙观察到甲这一行动后再决定自己的选择；图中最右端以有序数对给出了各种情况下各局中人的支付，逗号前的数是甲的支付,逗号后的数是乙的支付。

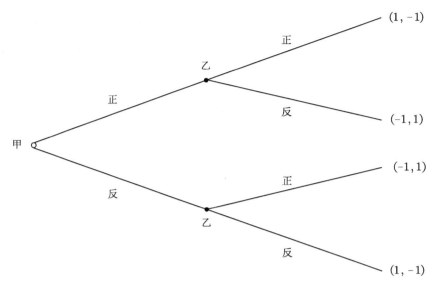

图 12.2 先后行动的猜币游戏

读者需要注意这里局中人的战略描述方式。在图 12.2 显示的展开式博弈中,局中人甲的可选战略与两人同时行动时没有差别,分别是"正"和"反",但乙的战略描述没有这样简单。原因在于,一个完整的战略应该说明在各种可能的情况下局中人选择什么样的行动,而乙选择自己的行动时面临甲选"正"或"反"两种情况,所以他存在一个在两种不同情况下各作什么选择的问题。乙的一种战略是:对方选"正"时我选"反",对方选"反"时我选"正"——我们将这个战略记为"反正"(或者在容易引起歧义时记为 [反, 正]),其中排在前、后的行动分别表示甲选择"正"和"反"时的应对。按这个记号,局中人乙的战略空间就是

$$S_Z = \{正正, 正反, 反正, 反反\}$$

动态博弈与静态博弈的最大不同,在于有的局中人能观察到博弈的前期进程 (也称**历史**) 后再行动。当然,出于某种原因,有时一个后期行动的局中人可能无法观察到前期其他人的行动。对这种局中人行动时掌握的不同信息,博弈展开式利用**信息集**(information sets) 这一概念来描述。所谓信息集,是指局中人若干行动节点的集合,它表示当事人知道自己处于该集合中,但不清楚自己具体处于集合中哪一个节点上。在博弈树中,我们一般用虚线框或虚线连接线来表示信息集,图 12.3 显示了几个信息集的实例 (出于简洁我们未标示最终支付向量及 C 的行动名称)。图 12.3 (a) 是一个三人顺序行动的博弈。假定局中人 A 选择了"上",到达 B 的节点 B_1,无论 B 作何选择,都将进入图中上面那个信息集$\{C_1, C_2\}$,这表示此时局中人 C 知道自己处于 C_1 或 C_2 上,但他不清楚自己具体处于哪一节点——换言之,C 知道 A 之前选择了"上",但他不清楚 B 的选择是什么;如果 A 一开始选择的是"下",在 B 行动之后,将进入下面 C 的一个信息集$\{C_3, C_4\}$,按信息集的定义,这表示 C 看到了 A 选择"下",但他看不到 B 的选择。综合这两种情况,图 12.3 (a) 表示的即为这样一种情形:A、B、C 三人顺序行动,但最后行动的 C 只能观察到 A 的行动,却不能观察到 B 的行动。

类似地, 图 12.3 (b) 中, C 可以看到 B 的选择, 但看不到 A 的选择; 图 12.3 (c) 则表示 C 完全看不到前两人的选择; 图 12.3 (d) 为一个二人博弈, A 虽然先行动, 但 B 看不到对手的选择, 因此这等价于一个二人同时行动的博弈。

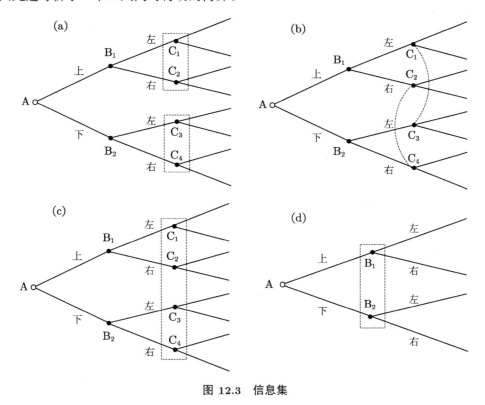

图 12.3　信息集

我们约定, 单独的一个节点也是一个信息集。当然由于只有一个节点, 当局中人处于这样的信息集之中时, 他明白自己就位于这一节点上, 此时并不存在不确定性。譬如, 图 12.2 中的三个节点 (包括甲行动的博弈起始点) 就分别构成了三个信息集, 只是每个信息集中只有一个元素。

如果某一节点处的信息集只包含唯一一个节点, 并且由此后延的博弈树中不包含残缺的信息集, 就称由这一节点后延至博弈结束的博弈树构成一个**子博弈**(subgame)。我们还约定, 任何一个博弈都是它自身的一个子博弈。图 12.2 所示的博弈共有三个子节点 (包括博弈开始的节点), 因此恰好存在三个由这些节点引导的子博弈。图 12.3 (d) 的结构与图 12.2 类似, 但由于节点 B_1 和 B_2 处于一个信息集中而不能割裂, 因此只存在一个子博弈 (该博弈本身)。图 12.3 剩下的三个博弈树都是三人行动的博弈, 但由于不能破坏原有信息集, 因此其中图 (b) 和 (c) 均只有一个子博弈, 而 (a) 表示的博弈则有三个子博弈 (分别是它本身, 以及分别由节点 B_1 和 B_2 引导的两个子博弈)。除了这里简单的例子, 现实中各类棋牌游戏的残局, 实际上也是子博弈。

子博弈概念是为了考察相关局中人在特定节点的局部决策, 以及随后的博弈进程。正因为如此, 子博弈的定义不允许割裂信息集, 因为这样就破坏了博弈原有的信息结构, 而信息结构变化之后, 再考虑局中人局部的行为选择就失去意义了。

12.2.2 子博弈完美均衡

我们知道,纳什均衡是一个合理的博弈结果需要满足的必要条件,但它有时并不是充分条件。纳什均衡要求局中人在给定别人的战略不变的前提下最大化自己的支付,这个条件对于动态博弈实在是太弱了,因为它不考虑局中人战略之间的互动关系。这一小节我们要在纳什均衡的基础上再加上适当条件,定义适合动态博弈的均衡概念——子博弈完美均衡。

考虑图 12.4 所示的博弈: 先行动的局中人甲有两种可选的战略——"上"和"下",局中人乙随后可选"左"或"右"。按前面的记号,局中人乙的战略空间是: $S_乙$ ={左左, 左右, 右左, 右右}。其中排列前和后的行动分别是对局中人甲选"上"和"下"时的应对。容易验证,该博弈存在下面两个纳什均衡: 战略组合 (上, 左左),对应支付向量 (2, 2); 以及 (下, 左右),对应支付向量 (3, 1)。

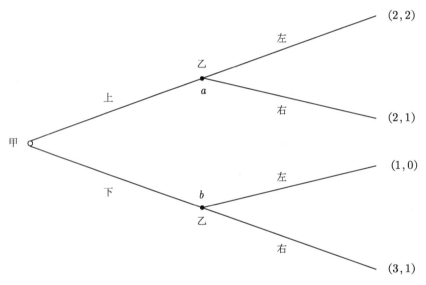

图 12.4 子博弈完美均衡

仔细推敲一下,容易看出纳什均衡 (上, 左左) 是不可能出现的。问题的关键在于,甲有先行动的权利,一旦甲选了"上"或"下",乙只能承认甲的选择,并在此基础上挑选对自己最有利的结果。倘若甲选的是"上",乙最好的选择是"左",这样甲能够得到 2; 倘若甲选的是"下",乙最好的选择是"右",这使得甲获 3。因为甲是理性的,而且他知道对手乙也是理性的,所以他必定会选择"下",随后乙选"右",结果双方的支付向量为 (3, 1)。即是说,只有均衡 (下, 左右) 才是合理的,而另一个纳什均衡 (上, 左左) 却完全没有发生的可能性,应予排除。

纳什均衡 (上, 左左) 中的问题出在哪里呢? 让我们来分析其中局中人乙的战略"左左"——无论甲的选择是什么,乙总选"左"。倘若甲选了"上",乙选"左"毫无问题,因为他选"右"只能获得较小的支付 1, 但甲选"下"时他也坚持"左"是否合理呢? 答案是否定的,因为此时他改选"右"将会有额外的支付 1, 理性人是不会作此选择的。直观地,我们可以将"左左"视为乙在博弈开始前向甲发出的一个威胁: 无论如何我总要选"左"。注意虽然战略"左左"本身是非理性的,但乙做这样一个威胁却不会有什么损失,因为如果甲相信了这一威胁的话,博弈的结果就是纳什均衡 (上, 左左),乙不用担心对方选"下"时自己兑现威胁让自己也受损。

问题的关键是,甲有什么理由相信对方"始终选'左'"这一威胁呢? 当甲选取了"下"以后,乙还有动机兑现自己之前发出的威胁吗? 当然没有,因为兑现这一威胁在损害对方的同时自己也要受损,这不是理性人的行为。看到对方选择了"下"以后,乙会忘记自己的威胁,改选"右"。即是说,局中人之前所发出的威胁是**不可信的** (incredible)——明白了这点,局中人甲将不予理会对手的不可信威胁,径直选择"下",并期待一定会得到的支付 3。从这个角度说,(上, 左左) 是一个包含某些局中人的不可信威胁的纳什均衡。

换一个角度,我们注意到战略"左左"在节点 a 引导的子博弈 (以下简称"子博弈 a") 上是其最优战略,但它在节点 b 引导的子博弈 (以下简称"子博弈 b") 上却不是。纳什均衡仅要求在均衡路径涉及的子博弈 (此处的子博弈 a) 上每个局中人的行为都是最优的,但它容忍在均衡路径实际上不能到达的子博弈 (此处的子博弈 b) 上局中人的非理性行为。虽然子博弈 b 不在均衡路径上,但正是乙在该子博弈上虚张声势才阻止了甲选择"下"。Selten(1965) 首先指出了这种纳什均衡的不合理性,并提出如下定义的子博弈完美均衡概念。

定义 (子博弈完美纳什均衡): 如果一个战略组合 s^* 不仅是纳什均衡,而且其要求的行动在该博弈的所有子博弈上也构成纳什均衡,就称其为该博弈的**子博弈完美纳什均衡**(subgame perfect Nash equilibrium, SPNE)。

容易验证均衡 (下, 左右) 是子博弈完美的: 前面已经证明它是博弈本身的纳什均衡,只需检查它还在另外两个子博弈 a 和 b 上构成纳什均衡即可。在子博弈 a 中,由于这是甲选"上"的情况,乙的应对"左"是他此时的最好选择,因为它选"右"的话会少获支付 1,所以"左右"是子博弈 a 中的均衡战略;同样,在子博弈 b 中,就像实际发生的情况那样,甲选了"下",对此乙的最佳应对确实是"右",这表明"左右"也是子博弈 b 中的均衡战略。这就证明了 (下, 左右) 确实是一个子博弈完美均衡,其均衡路径是 (下, 右) (只叙述均衡"路径"可以避免描述局中人完整的均衡战略,许多时候是一个较为简便的表述方法,后面我们常用这种方法)。

以上分析充分说明了前面所说的动态博弈中的战略互动关系: 先行动的甲知道他的行动将影响乙的战略选择,他没有必要相信乙会死守某一战略不变,他会权衡在自己的不同战略下对方的应对情况,做出自己最合意的战略选择。

对于只有有限阶段的博弈,求子博弈均衡的标准方法是逆向归纳法: 从博弈的最后一个阶段开始往前倒推,每一次确定一个相关局中人的最优步法;先行动的局中人在考虑到跟随者最优应对的前提下作出自己的最优选择。逆向归纳法的思想在前面的分析过程中已有体现,具体的应用还可看下面的例子。

例 11 试求图 12.5 所示三人博弈的子博弈完美均衡。

在这个博弈中,当局中人甲选择"上"时,乙没有选择的权利,或者说,此时乙无论作何

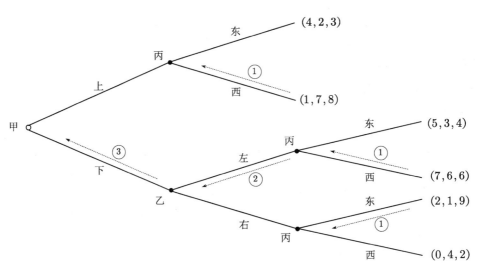

图 12.5 用逆向归纳法求子博弈完美均衡

选择都不影响所有局中人最终的支付。

我们先不管局中人甲和乙会作何选择, 只看博弈的最后阶段——丙将如何应对各种可能的情况: 丙可能处在三个子博弈中的任何一个, 我们将它在每个子博弈中的最优战略用虚线箭头标示, 箭头旁圆圈中的阿拉伯数字表示逆向归纳法的步骤; 接下来, 往前倒推, 考虑乙的选择: 由于乙有意义的选择仅有一个子博弈, 结合前一步的分析, 不难推知他在该子博弈中的最优选择是"左"——如上也进行虚线箭头标示; 再往前倒推, 最后考虑甲的最优选择: 根据前面已标示好的行为路径, 甲的最优选择明白无误: "下"。最后, 将上面各阶段标示好的箭头串起来, 唯一贯穿始终的箭头线便给出了该博弈的子博弈完美均衡路径 (下, 左, 西), 对应的均衡支付是 $(7,6,6)$。

例 12 Rubinstein 讨价还价模型

甲、乙两人协商分配上级下拨的 1 千元钱。在给定的 3 天协商时间内, 第一天甲提出一个分配方案, 乙若同意的话就按此分配, 乙若不同意他可在第二天提出自己的方案, 甲可选择接受或在第三天再提出一个方案, 乙对此可以接受或拒绝; 如果三天内两人不能达成协议, 上级将收回这 1 千元钱; 甲和乙分别按天贴现因子 α 和 β 贴现自己的未来收益, $0 < \alpha, \beta < 1$。另外, 不妨加上一个简化条件: 如果自己不能从拒绝对方提案中获取更多的收益, 局中人都会接受对方提案。

记甲第一天提出的分配方案为 (a_3, b_3) (a_3 和 b_3 分别为甲和乙的分配额, 以后的表示与此类似), 若乙拒绝了 (a_3, b_3), 他第二天的提案是 (a_2, b_2), 若甲拒绝了 (a_2, b_2), 他第三天的提案为 (a_1, b_1)。我们将该博弈的博弈树画于图 12.6 中。

按照常规, 按照逆向归纳法寻找这个博弈的子博弈完美均衡。先看第三天局中人乙的处境: 无论这时甲的提案是什么, 乙拒绝的话只能获 0, 所以只要甲的提案满足 $b_1 \geq 0$, 乙总会接受——这个推理结果直接决定了甲第三天的最佳提案——因为甲的目标是追求收益最大化, 他必将提议分配给对方的金额尽可能小, 而他既然已经预料到对方的处境, 所以他的提案必

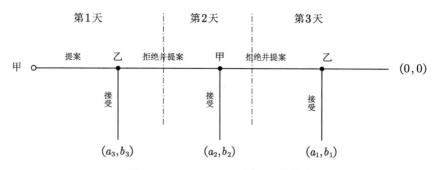

图 12.6 Rubinstein 讨价还价博弈

然是 $(a_1, b_1) = (1, 0)$。

往前推,轮到乙在第二天选择:由于乙已看到甲随后的提案是 $(1, 0)$,而自己到时只得接受,所以应尽可能争取对方接受自己的提案,这意味着提案中分给甲的金额不小于甲随后可分配的 1;当然,乙会细心地注意到甲在明天得到的 1 千元只相当于他今天的 α 千元。所以,乙会提出一个确保能被对方接受但又对自己有利的方案:$(a_2, b_2) = (\alpha, 1 - \alpha)$。

最后分析甲一开始的提案:甲清楚如果自己的提案被否决,对方第二天的提案将是 $(\alpha, 1-\alpha)$,而自己将接受它。所以甲的问题是,如何在保证对方今天的所得不小于 $\beta(1-\alpha)$ 的前提下自己尽可能分得多一些。问题十分清楚,他的最佳选择将是 $(a_3, b_3) = (1-\beta(1-\alpha), \beta(1-\alpha))$。当然,为了确保这个提案被接受时自己的分配额达到最大,甲还会小心地验证一下这个提案中自己的所得是否确实比对方第二天会分给自己的划算 —— 这就是说,是否有

$$1 - \beta(1-\alpha) \geqslant \alpha^2$$

成立? 只要贴现因子 α 和 β 都较小,上式中严格不定式必定成立。所以,子博弈完美均衡就是:甲首先提议 $(1-\beta(1-\alpha), \beta(1-\alpha))$,乙接受此提案,博弈于第一天即告结束。

不难将上述结论作进一步推广。若协议允许进行 $2n+1$ 天,记局中人甲第一天提出的均衡提案为 (a_{2n+1}, b_{2n+1}),由以上逻辑,有以下递推公式成立

$$a_{2n+1} = 1 - \beta(1 - \alpha a_{2n-1})$$

$$b_{2n+1} = \beta[1 - \alpha(1 - b_{2n-1})]$$

如果上级永远不收回这 1 千元钱,双方的协商可以无穷无尽地进行下去的话,这就变为一个无穷次讨价还价模型。对于进行无穷多个阶段的博弈,逆向归纳法显然是不适用的,因为我们无法找到倒推的起点。不过,Rubinstein (1982) 证明,这个无穷博弈中唯一的子博弈完美均衡是:甲在每个阶段提出同样的分配方案 $(a, 1-a)$ —— 自己分 a,对方分 $1-a$;乙在每个阶段提出同样的分配方案 $(1-b, b)$ —— 自己分 b,对方分 $1-b$。其中,

$$a = \frac{1-\beta}{1-\alpha\beta} \qquad b = \frac{\beta(1-\alpha)}{1-\alpha\beta}$$

注意这两个值可在上述递推公式中求极限得到。博弈的结果是甲在第一阶段提出 $(a, 1-a)$ 后即被乙接受,博弈就此结束。

在前面的例子中，每个子博弈中相关局中人的最优战略都是明显的，所以逆向归纳法非常有效。但是，在许多场合情况要稍复杂一些，譬如下面的例子。

例 13 考虑两个局中人如图 12.7 的博弈。注意最后"阶段"乙的两个节点属于一个信息集，乙根本不清楚自己具体处于哪一点，而两个节点要求完全相反的行动，因此我们没法推断乙在这个"阶段"的最优行动是什么。

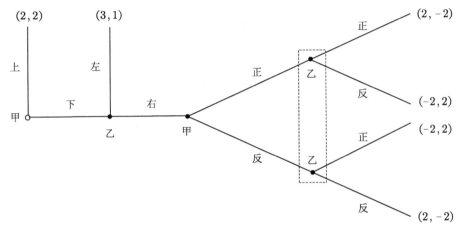

图 12.7 逆向归纳法的困难

其实这个博弈应该这样来理解：如果甲选择"上"，或者乙接下来选"左"，博弈都会提前结束；但当甲选"下"且乙选"右"时，二人还需进行一个猜币游戏（与支付矩阵表 12.1 结构一样，只是输赢金额加倍）。因此，最后一个阶段不是上述乙的信息集，而是双方一个同时行动的子博弈（由甲的单一节点引导）。根据子博弈完美均衡的要求，双方在这个阶段的行动应当构成该子博弈的纳什均衡，即各以 50% 的概率使用"正"和"反"，而双方所获的均衡支付都是 0。因此，我们完全可以将该子博弈置换为其纳什均衡支付，使整个博弈简化为图 12.8 的样子。在这个等价的博弈中，很容易根据逆向归纳法推知子博弈完美均衡为甲一开始选"下"，而乙接下来选"左"并立即结束。

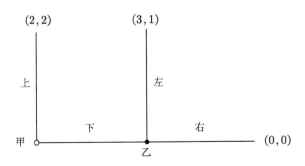

图 12.8 以子博弈的纳什均衡替代子博弈

12.2.3 对子博弈完美均衡和逆向归纳法的批评

尽管在信息完备的动态博弈中，子博弈完美均衡概念引人入胜，而且在有限阶段的情况下逆向归纳法也显得无往不利，但也有人对它们提出质疑。一种观点认为，在博弈阶段较短的情况下，逆向归纳法非常直观，但当博弈阶段很长或人数很多的情况下，尽管其逻辑仍然适用，但前期行动的人需要对后续其他人行动的"正确性"报以极大的信心，只是现实中这种信心常常是脆弱的，尤其是逆向推理过程较长和较复杂时更是如此。此时，类似于前面"野兔或雄鹿"均衡的例子，局中人往往会选择一个较简单但较为安全的行动，尽管这种行动带来的支付可能较低。

在局中人有多轮行动机会的情况下，又会出现更为复杂的问题。试看下述例子。

例 14 如图 12.9 显示的二人博弈，甲前后有三次行动机会，乙有两次，其中 $\{A_i, B_i\}$ 是局中人在第 i 阶段可选的两种步法。利用逆向归纳法，不难推知该博弈唯一的子博弈完美均衡是：在每个节点，相关局中人都选择 A_i；均衡路径是：甲第一次选择"A_1"，然后博弈结束，均衡支付为 (1, 0)。

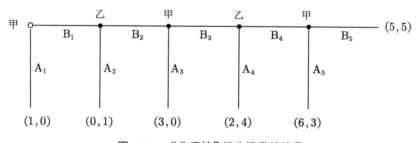

图 12.9 "非理性"行为携带的信号

现在设想一下，假定甲并不甘心只获得 1，一开始便偏离均衡步法，选择行动 B_1，之后会如何发展？

乙看到对方选择非均衡行动 B_1，应该会感到意外——按子博弈完美均衡的逻辑，这是不可能发生的！而如果乙真有选择机会，他应当选择 A_2。这个回答虽然简明无误，但却有可能错过甲传递的好意。试想，B_1 是一个明显非理性的行动，甲作此选择有可能是出于错误，但也有可能是有意为之，以牺牲当前利益来示意对手他们应当合力获取后期的"大奖"。更明确地说，他想借此暗示对手他之后会继续选 B_3。如果考虑到后一种可能性，乙可以尝试选择 B_2——这种选择有可能会损失 1（如果接下来甲选择均衡行动 A_3），但只要甲接下来选择 B_3，之后无论博弈如何发展，乙都能获得较为理想的结果（至少比他选 A_2 多得 2）。

现在我们再回头看甲一开始偏离均衡的行为：如果乙接下来选择 A_2，选择 B_1 可能损失 1，但只要乙选 B_2（上一段分析了这种选择的理由），后面无论博弈结束在哪一个阶段，结果都比一开始的 A_2 强。因此，甲选 B_1 并不完全是糊涂之举。

该博弈实际上会结束在哪个阶段并不是这里的重点，重点在于，乙应该如何阅读甲一开始的非均衡行为？逆向归纳法和子博弈完美均衡对此不提供任何回答，这反映了该理论离一个完备的理论 (complete theory) 标准仍有一定差距。

接下来，我们转而考虑博弈中的某些子博弈存在多重纳什均衡的问题。在这种情况下，选择不同的子博弈均衡将导致不同的子博弈完美均衡。但问题并不这么简单，因为选择子博弈中哪一个均衡可能取决于多个局中人的预期。

例 15 考虑如图 12.10 所示的三人博弈。这个博弈与图 12.7 所示的情况有点类似，但注意当乙选择"右"之后，是由甲和丙二人继续玩一个同时行动的子博弈；更重要的区别在于，该子博弈存在三个纳什均衡：两个单纯均衡 (正, 正) 和 (反, 反)，都产生支付向量 (8, 10, 8)；另一个为混合均衡，即二人各以 50%的概率使用"正"和"反"，产生期望支付 (4, 5, 4)。

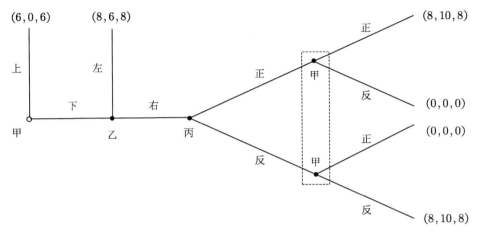

图 12.10　子博弈存在多重均衡

如果甲和乙认为后面将出现单纯均衡，那么乙将会选"右"，甲则会选"下"；但如果他们相信后面的子博弈将会出现混合均衡，则乙的最优选择是"左"，甲的最优选择仍为"下"。这就是子博弈完美均衡给出的答案。

但是，没有理由假定甲和乙一定有相同的预期，而且还知道对方与自己有一样的预期。如果甲相信后面的子博弈多半会出现混合均衡，而他又担心乙会坚信将出现单纯均衡 (此时乙真实的预期其实不重要)，那么甲将如何行动？很显然，在这种信念下，他的理性选择是"上"。请注意甲的这个行动不属于任何一个子博弈完美均衡！

这里的情形就类似于这样一种经验：你认为前面有一个坑 (事实上有没有在这里不重要)，但你觉得队友多半看不见这个坑，这时你往往就预先采取一种保险的自我保护策略，以防盲目的队友将你一起带进坑里去。

12.3　重复博弈

12.3.1　有限重复博弈

所谓**重复博弈** (repeated game)，是指一个简单的博弈 (称为**生成博弈**或**阶段博弈**) 重复进行多次得到的博弈。重复博弈本身也是一个博弈，只是习惯上这样称呼罢了。重复博是**多阶段博弈**中特殊的一种，多阶段博弈中局中人在各阶段的战略变量可以是不同的，而重复博弈仅是一个生成博弈的简单反复，局中人在各阶段的战略变量及其支付结构都完全相同。重复博弈分为两类：一个生成博弈重复有限次，称为**有限重复博弈**；而将一个生成博弈重复无穷多次，就是**无穷重复博弈**。

重复博弈引起博弈论学者广泛注意的原因在于这种博弈在实际生活中的普遍性。回想囚徒困境的例子，局中人明明知道一个帕累托改进途径，但他们却不约而同地拒绝了这种改进。作为一个只进行一期的博弈，这一模型结果具有很强的说服力，现实生活中实例也屡见不鲜。但如果同样的博弈反复进行多次，局中人还会像单期博弈中那样行动吗？经验似乎暗示我们，如果你老是同相同的人往来，你可能会顾及以后长期的利益而暂时牺牲短期的所得。或者说，你虽然会在与某人一次性的交道中赤裸裸地暴露不合作的态度，但你多半会在你们的重复接触中多少表示出一些合作的诚意——正如俗话所说，来日方长。所以，博弈论学者自然期望，像单期博弈中那样互相不合作的囚徒，能在重复博弈中表现出"合作"的行为。

我们先考虑生成博弈只有唯一纳什均衡的简单情况。考虑一个 n 次重复博弈，其生成博弈如本章例 4 所述 (我们说过，这个博弈是囚徒困境博弈的翻版)，不妨将其支付矩阵复制在这里。

		乙 利己	乙 利他
甲	利己	1, 1	4, 0
甲	利他	0, 4	3, 3

让我们先考虑博弈进行到最后一个阶段 (第 n 次重复) 时局中人的选择：从任何一个局中人的角度考虑，由于使用"利他"战略纯粹只是为了诱使对方在博弈的稍后阶段也使用"利他"战略，而现在博弈已进行到最后阶段，以后两个局中人再没有接触的机会，所以二人的处境与单期生成博弈中的完全一样——这样说来，第 n 阶段唯一的均衡是 (利己，利己)。现在我们考虑博弈的第 $n-1$ 阶段：虽然博弈尚未结束，但局中人知道下一阶段两人都必然要选"利己"，第 $n-1$ 阶段的战略选择对局中人以后的行为和支付无任何影响，所以，局中人此时的处境仍然与单期博弈中的一样，于是二人都将选择"利己"……按此逻辑，不难推出一个令人非常吃惊的结果：该重复博弈唯一的子博弈完美均衡是两个局中人在每一阶段中都选择"利己"，而我们所期望的合作结果——局中人至少在前期选择"利他"——并没有出现。事实上，还可以证明这一子博弈完美均衡也是该博弈唯一的纳什均衡。

当初 Selten 用著名的**连锁店悖论** (chain-store paradox) 所揭示的这一结果绝不是偶然的。连锁店悖论说的是，一个连锁店同时在 20 个城市经营，而每个城市有一个潜在的进入者；各潜在进入厂商依次决定是否进入市场与连锁店竞争；若某一潜在竞争者进入市场，连锁店可以在当地采取两种应对措施："斗争"或"容忍"，而在这一局部市场上的博弈如图 12.11 所示。

虽然严格说来这并不是真正的重复博弈 (在博弈的各个阶段连锁店面对的对手并不是同一个潜在厂商)，但其博弈过程与重复博弈十分相似。不难看出，如果连锁店仅仅是在一个城市面临潜在竞争，唯一的纳什均衡是 (进入，容忍)。但是，这里连锁店同时在 20 个城市面临

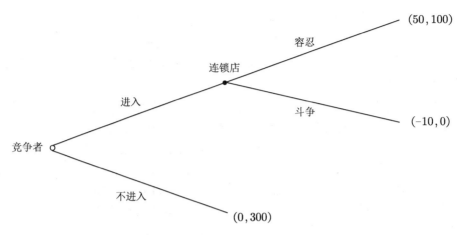

图 12.11 连锁店与竞争者的单期博弈

同样的威胁,经验告诉我们,连锁店将会以"斗争"回击前期的进入者,以警告其他城市的潜在竞争者不要贸然进入当地市场。但是,唯一的子博弈完美均衡却是每一个竞争者都进入当地市场,而连锁店在每一个市场都采取"容忍"战略——只要应用与前面类似的逆向归纳法就很容易看出这点。也就是说,这一博弈模型中连锁店根本没法用"杀一儆百"的手段来防止竞争者的连续进入。这显然是一个与经验相左的悖论。在这一模型中,连锁店试图在前期以"斗争"来吓退后期的进入者是徒劳的,因为这是一个不可信威胁。

通过上述两个例子,我们说明了一个基本的结论:

如果一个完全信息的有限重复博弈其生成博弈只有唯一的纳什均衡,则该重复博弈唯一的子博弈完美均衡是:局中人在每一阶段重复使用生成博弈中的纳什均衡战略。

上述结论中"完全信息"是一个必要的条件,事实证明,如果局中人的博弈环境中存在不完全信息,或者存在不确定性,类似于"连锁店悖论"这样的问题多半会消失。例如,在 Kreps and Wilson(1982) 的模型中,以上连锁店悖论博弈中连锁店的成本有两种可能的类型——"高"或"低",而潜在竞争者对对方的成本究竟属于哪一类不能肯定;各个局中人都明白,就单期博弈来说,高成本连锁店对进入者的最佳反应是"容忍",低成本连锁店的最佳反应是"斗争",那么一个高成本连锁店在博弈的前期阶段选择"斗争"仍是可信的威胁——通过在前期选择"斗争",高成本连锁店佯装成低成本厂商,告诫其他竞争者不要贸然进入市场;但当博弈接近尾声(譬如说在一个 20 次重复博弈进行到第 17 个阶段) 时,低成本连锁店觉察到未来的潜在收益已不多,遂开始对进入者 (如果有的话) 实行"容忍"战略,一次性用完之前建立起来的声誉。

再譬如,如果一个有限重复博弈中的局中人对博弈的确切次数并不清楚,在每一个重复阶段他们都相信博弈还将继续的概率是 P,那么该博弈环境就相当于一个贴现因子为 P 的无穷重复博弈。下一小节我们将说明,无穷重复博弈的情况与有限重复博弈完全不同,此时任何可行的帕累托改进都是可能的。

如果在生成博弈中存在多个纳什均衡,情况会怎么样呢?考虑两个人重复进行支付矩阵表 12.10 表示的博弈,假定两人都使用同一个跨时贴现因子 $\delta \in (0, 1)$ 来贴现第二期所得支付。

表 12.10

		乙	
	左	中	右
上	4, 4	−1, 5	0, 0
甲 中	5, −1	1, 1	0, 0
下	0, 0	0, 0	3, 3

容易验证,该生成博弈本身存在两个单纯战略均衡: (中, 中) 和 (下, 右)——由子博弈完美均衡定义,第二阶段子博弈中的均衡选择只能是这两个结果之一,具体是哪一个依赖于两个局中人的预期。那么第一阶段的均衡选择是什么呢? 当然,两个静态均衡 (中, 中) 和 (下, 右) 显然都是可能的,我们可以预期这两种均衡在两期重复中会出现四种不同的子博弈完美均衡路径。现在的问题是,第一阶段的非纳什均衡 (上, 左) 组合能否成为重复博弈中的子博弈完美均衡选择? 考虑两人如下的战略:

甲: 第一次选"上"; 第二次, 如果第一次出现的结果为 (上, 左), 选"下", 否则选"中"。

乙: 第一次选"左"; 第二次, 如果第一次出现的结果为 (上, 左), 选"右", 否则选"中"。

现在我们来证明该战略组合构成这个二次重复博弈的子博弈完美均衡。首先看第二阶段的两种子博弈: 如果第一次出现的结果是 (上, 左),该战略组合要求双方选 (下, 右),这的确互为最优应对战略; 在另一种子博弈,即第一期出现除 (上, 左) 以外的任何结果时, (中, 中) 也互为最优应对战略。因此,在第二阶段的子博弈中,上述战略组合所要求的选择构成纳什均衡。余下我们要证明,只要贴现因子足够大,该组合构成这个二次重复博弈的纳什均衡。

不妨从甲的角度看: 在对方现有战略下, 遵从以上战略所得的支付现值为 $4+3\delta$; 如果他选择欺骗, 那么最好的战略是第一阶段选"中", 然后第二阶段继续选"中", 而该战略将给他带来 $5+\delta$。因此, 只要 $\delta \geq 1/2$, 甲就没有偏离现有战略的动机。由于该博弈的对称性, 可知在同样条件下乙也没有单方偏离现有战略的动机。这就证明, 当 $\delta \geq 1/2$ 时, 上述战略组合的确构成了该重复博弈的子博弈完美均衡。

这个简单的例子提供了一个有限重复博弈中局中人在前期策略性行为的范例,局中人可以用未来的奖励 (胡萝卜) 加惩罚 (大棒) 组合,策略性地争取前期阶段较为理想的结果——哪怕该结果不是静态生成博弈中的纳什均衡。这里与前面囚徒困境有限重复最大的不同,在于生成博弈存在多个静态的纳什均衡, 而不同的纳什均衡带来的支付不同。于是, 局中人可以以第二阶段较好的纳什均衡结果作为诱惑对方合作的"胡萝卜", 同时以较差的均衡结果作为惩罚对方欺骗行为的"大棒"。当然, 要这种胡萝卜加大棒的战略有效, 还需跨期贴现因子足够大。如果 δ 太小, 局中人不太在乎未来的利益, 那么短期的欺骗行为就容易泛滥了。

12.3.2 无穷重复博弈及 Folk 定理

即便生成博弈只有唯一的纳什均衡, 在无穷重复无穷博弈中的均衡结果将与有限重复博弈的完全不同, 我们从一个例子开始来说明这一点。

考虑将囚徒困境例 4 作为生成博弈作无限次重复, 假设两个局中人有同一跨时贴现因子

$\delta \in (0, 1)$。

首先应当看到，我们先前使用的逆向归纳法在这里已不再适用，因为这里不存在一个最后的博弈阶段，逆向归纳法失去了合适的起始点也就无法进行。以下我们证明，只要贴现因子 δ 充分接近 1，一种"严厉"的惩罚战略是每个局中人的子博弈完美均衡战略。这种战略包括三个内容：

(1) 一开始使用"利他"；
(2) 如果对方之前一直"利他"，我便在当期"利他"；
(3) 如果对方在某期使用了"利己"，我则从下期起一直"利己"。

这个战略也被形象地称为**扳机战略 (trigger strategies)**，意思是一旦哪个局中人选择了"利己"，就触发了惩罚的扳机。

首先证明，两个局中人都遵循上述扳机战略行事构成一个纳什均衡。在对方按扳机战略行事的前提下，任何局中人同时也遵循扳机战略所得的总支付现值将是 (注意此时两人每一期都会选择"利他")

$$\sum_{t=0}^{\infty} 3 \cdot \delta^t = \frac{3}{1-\delta}$$

反之，如果某局中人决定偏离扳机战略，在未出现"利己"历史的情况下在某期使用"利己"，他可以于当期获得 4，但由于对方在观察到他的不友好行为后将在下期起一直使用"利己"，于是该局中人从此以后每期最多获得 1。因此，偏离扳机战略所能获得的最大总支付现值是

$$4 + \sum_{t=1}^{\infty} 1 \cdot \delta^t = 4 + \frac{\delta}{1-\delta}$$

所以，只要

$$\frac{3}{1-\delta} \geq 4 + \frac{\delta}{1-\delta}$$

即 $\delta \geq 1/3$，局中人就没有单方背离扳机战略的动机，这说明上述"严厉"的惩罚战略确实构成一个纳什均衡。接下来我们要进一步证明，当 $\delta \geq 1/3$ 时，这一均衡事实上还是子博弈完美均衡。

我们需要证明扳机战略组合在每一个子博弈中也构成纳什均衡。在无穷重复博弈中，从任何一个时期开始，都引导一个子博弈，因此存在无穷多个子博弈。幸运的是，所有的子博弈都可以划分为两类，我们只要证明扳机战略在这两类子博弈中对局中人来说都是最优的 (在对方也使用扳机战略的前提下) 即可。在博弈的任一阶段，任一局中人可能面临的情况是两种 (两个子博弈)：双方都未曾使用过"利己"，或者已经有某人选择过"利己"。在前一种情况下，局中人一直使用"利他"优于他在某期投机性的"利己"，这在前面已经证明；在后一种情况下，一旦某人在某期使用了"利己"，局中人在这一子博弈中所能获得的最高单期支付是 1，而这对应于他使用"利己"，从而以"利己"惩罚对方的欺骗行为确实是可信的承诺。

上述无穷重复博弈还存在其他的子博弈完美均衡，例如每个局中人在每一期均选"利己"也构成一个子博弈完美均衡。不仅如此，稍后将要叙述的 Folk 定理表明，在跨时贴现因子不是很小的情况下 (即是说局中人足够耐心)，任何一个可行的支付向量 (现值)，只要它给予每个局中人的平均单期支付不小于局中人在生成博弈的纳什均衡中所能获得的支付，这个

支付向量就是某一子博弈完美均衡的支付。换句话说，在合适的贴现因子下，对于生成博弈中纳什均衡的任何可行的帕累托改善结果，都可以通过无穷次重复该生成博弈而达到。

首先需要解释一下这里局中人的**平均单期支付**以及**可行支付向量**是何含义。假如在某一战略组合下某局中人在第 t 期所得的支付是 π_t，而贴现因子为 δ，则平均单期支付 π 由下面的等式定义

$$\sum_{t=1}^{\infty} \delta^{t-1} \pi = \sum_{t=1}^{\infty} \delta^{t-1} \pi_t$$

即是说

$$\pi = (1-\delta) \sum_{t=1}^{\infty} \delta^{t-1} \pi_t$$

一个支付向量 $\mathbf{x} = (x^1, \ldots, x^n)$ 如果是某有限博弈的单纯战略组合下支付向量的一个凸组合，就称它是该博弈的一个可行支付向量。换句话说，如果某博弈有 K 个单纯战略组合的支付向量 $\Pi_1, \ldots, \Pi_K$，则

$$\mathbf{x} = \sum_{j=1}^{K} \lambda_j \Pi_j \quad (\lambda_j \geqslant 0, \sum_{j=1}^{K} \lambda_j = 1)$$

就是一个可行支付向量。在图 12.12 中，四边形 ABCD 内的点都是可行的平均单期支付点。

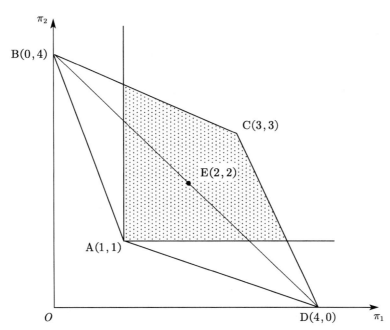

图 12.12　无穷重复博弈中可能的均衡支付

将一个无穷重复博弈的生成博弈简单地记为 G，同时把该无穷重复博弈记为 $G(\infty, \delta)$，其中 δ 是跨时贴现因子。Friedman (1971) 证明了下述定理：

Folk 定理： 假设 G 是一个有 n 个局中人的静态完全信息有限博弈。记 $(e^1,\ldots,e^n)$ 是博弈 G 的一个纳什均衡支付向量，$(x^1,\ldots,x^n)$ 是 G 的某一可行支付向量。如果对任何局中人 i，都有 $x^i \geqslant e^i$，则只要 δ 充分接近于 1，就必然存在一个 $G(\infty,\delta)$ 的子博弈完美均衡，其平均单期支付向量恰为 $(x^1,\ldots,x^n)$。

这里并不给出该定理的严格证明，只是提供一个简单的直观性解释。上述支付向量 $\mathbf{x} = (x^1,\ldots,x^n)$ 是可行的，按定义它是生成博弈中各单纯战略组合下支付向量的一个凸组合，因此当贴现因子 δ 充分接近于 1 时，我们可以在博弈的重复过程中根据其权重来构造相应的战略，使其平均支付达到或无穷接近 $\mathbf{x}$；进一步，由于每个局中人的单期支付 x^i 都不低于他在纳什均衡中的支付 e^i，局中人在某一期偏离该战略（欺骗）所获得的超额支付——无论该超额支付有多大——都将被随后无穷的惩罚吞噬（当然这里也要求局中人足够耐心，即 δ 足够大）。

回到之前以囚徒困境为生成博弈的无穷重复博弈。生成博弈中唯一的纳什均衡是 (利己, 利己)，两个局中人在此均衡下所得的支付都是 1；所以，只要无穷重复博弈中局中人的可行的平均单期支付不小于 1，这样的支付就是一个可能的均衡支付。因此图 12.12 中阴影部分内的所有点即是无穷重复博弈中可能的子博弈完美均衡支付。以图中 BD 连线中点 $(2,2)$ 为例，下面我们来构造以其为平均单期支付的子博弈完美均衡战略。

考虑以下我们称为"轮庄"战略的组合：

甲	乙
(1) 第 1 期选"利己"	(1) 第 1 期选"利他"
(2) 偶数阶段，若之前交替出现 (利己, 利他)、(利他, 利己) …… 则选"利他"；其他任何情况下都选"利己"	(2) 偶数阶段，都选"利己"
(3) 从第 3 期开始的奇数阶段，都选"利己"	(3) 从第 3 期开始的奇数阶段，若之前交替出现 (利己, 利他)、(利他, 利己) …… 则选"利他"；其他任何情况下都选"利己"

首先我们来计算该战略组合所得的平均单期支付

$$\pi_\text{甲} = (1-\delta)\sum_{t=0}^\infty 4\delta^{2t} = 4(1-\delta)\frac{1}{1-\delta^2} = \frac{4}{1+\delta}$$

$$\pi_\text{乙} = (1-\delta)\sum_{t=0}^\infty 4\delta^{2t+1} = 4(1-\delta)\frac{\delta}{1-\delta^2} = \frac{4\delta}{1+\delta}$$

看得出在 $\delta \in (0,1)$ 条件下，上述二者都不等于 2，其中由于甲先"坐庄"占了便宜，其支付比乙的高。不过当 δ 充分接近于 2 时，二者都将趋于 2。接下来我们来证明，上述"轮庄"战略组合构成子博弈完美均衡。由于博弈结构的对称性，我们只需随意取一个局中人，考虑其是否有单方偏离该战略的动机即可。我们注意到，包括该无穷重复博弈本身，有三种类型的子博弈。下面不妨以甲为例，考虑他在各类子博弈上的行为。

(1) "坐庄"子博弈: 即奇数阶段, 且之前轮番出现 (利己, 利他), (利他, 利己) ······。按"轮庄"战略要求, 此时甲应当选"利己"——在对方现有战略下, 这会带给甲平均单期支付 $4/(1+\delta)$; 若他在某奇数期偏离要求而选"利他", 当期他获得 3, 而之后永远都只能获得 1, 因此其平均单期支付将是

$$(1-\delta)(3 + \sum_{t=1}^{\infty} \delta^t) = 3 - 2\delta$$

容易看出在 δ 接近 1 时, $4/(1+\delta) > 3 - 2\delta$, 因此在此条件下甲没有单方违背"轮庄"战略的动机 (虽然 δ 接近 0 时该不等式也成立, 但这样双方的平均单期支付就不是 (2, 2) 了, 而且此时对方没有坚守"轮庄"战略的激励)。

(2) "跟庄"子博弈: 即偶数阶段, 按要求甲应当选"利他", 获平均单期支付 $4/(1+\delta)$; 如果他欺骗, 当期可获 1, 并且以后永远获 1, 这样其平均单期支付就是 1。由于对任何 $\delta \in (0, 1)$, 都有 $4/(1+\delta) > 1$ 成立, 因此他完全没有单方偏离"轮庄"战略的动机。

(3) "惩罚"子博弈: 即奇数阶段, 且之前不是轮番出现 (利己, 利他), (利他, 利己) ······ 此时, 在对方使用"轮庄"战略 (因此会从此一直选"利己") 的前提下, 甲的最好选择显然就是"利己"。

因此, 只要 δ 充分接近于 1, 上述战略组合的确构成子博弈完美均衡, 而双方的均衡支付将充分地接近于 (2, 2)。

进一步阅读

博弈论初级读物可参阅:

Gibbons, R. (1992), *A Primer in Game Theory*, New York: Harvester Wheasheaf.

近期一本较全面的博弈论教科书:

Tadelis, S. (2013), *Game Theory, An Introduction*, Princeton University Press.

对现代博弈论作全面深入论述的著作很多, 下面几部堪称经典:

Binmore, K. (1992), *Fun and Games: A Text on Game Theory*, Lexington, Mass.: D. C. Heath.

Fudenberg D., and J. Tirole (1991), *Game Theory*, Cambridge, Mass.: MIT Press.

Myerson, R. B. (1992), *Game Theory: Analysis of Conflict*, Cambridge, Mass.: Harvard University Press.

Kreps, D. M. (1990), Game *Theory and Economic Modeling*, New York: Oxford University Press.

Osborne, M. J., and A. Rubinstein (1994), *A Course in Game Theory*, Cambridge, Mass.: MIT Press.

对博弈论作简短述评的文献可参见:

Tirole, J. (1988), *The Theory of Industrial Organization*, Chap. 11, Cambridge, Mass.: MIT Press.

Fudenberg, D. and J. Tirole (1989), "Noncooperative Game Theory for Industrial Organization: an Introduction and Overview", in Schmalensee, R. and R. D. Willig (eds.) *Handbook of Industrial Organization, Vol. I*, Chap 5, Amsterdam: North-Holland.

其他：

Kreps, D., Milgrom, P. Roberts, J. and R. Wilson (1982), "Rational Cooperation in the Finitely Repeated Prisoner's Dilemma", *Journal of Economic Theory*, 27: 245-252.

Selten, R. (1977), "The Chain Store Paradox", *Theory and Decision*, 9: 127-159.

Friedman, J. (1971), "A Noncooperative Equilibrium for Supergames", *Review of Economic Studies*, 38: 1-12.

练习与思考

12-1 一个两人同时博弈的支付竞争如下所示，试求纳什均衡。是否存在重复剔除劣战略均衡？

		乙		
		左	中	右
	上	2, 0	1, 1	4, 2
甲	中	3, 4	1, 2	2, 3
	下	1, 3	0, 2	3, 0

12-2 囚犯困境例 2 中的两个嫌疑人是否真的犯罪对博弈结果有没有影响？如果这两个嫌疑人同属于一个犯罪组织，该组织要求其成员被捕时永远否认犯罪事实，如果有成员被发现违背了这项将处以罚款。证明存在合适的罚款额 x，使得 (抵赖, 抵赖) 是纳什均衡。

12-3 证明：如果一个博弈存在重复剔除劣战略均衡，那它必然是该博弈唯一的纳什均衡。

12-4 求以下博弈的所有单纯战略和混合战略纳什均衡。

		乙		
		左	中	右
	上	5, 3	1, 4	1, 0
甲	中	3, 2	0, 0	3, 5
	下	4, 3	4, 4	0, 3

12-5 我们可以将劣战略概念稍做扩展：假定 S_i 是局中人 i 的战略空间，$\hat{s}_i \in S_i$ 为他的某一战略，而 σ_i 是以除 $\hat{s}_i$ 以外的战略构成的某一混合战略（即 $S_i \backslash \{\hat{s}_i\}$ 构成的混合战略）。

如果 $\forall \mathbf{s}_{-i} \in \mathbf{S}_{-i}$, 总有

$$\pi_i(\hat{s}_i, \mathbf{s}_{-i}) < \pi_i(\sigma_i, \mathbf{s}_{-i})$$

则称 $\hat{s}_i$ 为 i 的一个 (严格) 劣战略。利用这个扩展的劣战略概念, 证明下面的博弈存在一个重复剔除劣战略均衡。

		乙		
		左	中	右
甲	上	5, 1	1, 4	1, 0
	中	3, 2	0, 0	3, 5
	下	4, 3	4, 4	0, 6

12-6 试证明本章例 7 的纳什均衡中, 两个局中人的均衡战略都是由所有三种单纯战略混合而成的, 亦即不存在某人只使用一种战略或两种战略的情况。

12-7 假设某地区的选民均匀地分布在 $[0, 1]$ 区间上, 两个议员候选人要同时在 $[0, 1]$ 区间内各选一点设置自己的讲坛; 选民只对离自己最近的候选人投票; 如果两个候选人选定同一点作为自己的讲坛, 他们的得票数一样, 而最终的选举结果由两人抽签决定。这个博弈的纳什均衡是什么? 如果候选人有三个, 竞争一个议席, 纳什均衡有什么变化?

12-8 有两个公司各需要雇用一名新职员。公司 i 提供的工资是 w_i, 满足 $(1/2)w_1 < w_2 < 2w_1$。有两个谋职者同时得到这一消息, 他们清楚每人只有一次申请机会, 而一个人不能同时到两家公司去应聘; 如果两人申请了不同的公司, 他们都会得到那里的工作, 但如果两人同时去一家公司应聘, 人事主管会用掷硬币的办法雇用其中一个, 另一个人则什么工作也得不到。

(1) 写出这两个谋职者间博弈的支付矩阵。
(2) 求纳什均衡。

12-9 考虑一个二人序惯博弈: 局中人甲先行动, 他可以在 "上" 或 "下" 中选其一; 局中人乙看到对方行动之后决定选 "左" 或者 "右"。如果甲选 "上", 乙选 "左" 时双方的支付向量为 $(2, 1)$, 选 "右" 时是 $(0, 0)$; 如果甲选 "下", 乙作何选择都无关紧要, 双方的支付都是 $(1, 2)$。

(1) 画出该博弈的博弈树, 并找出它的纳什均衡。
(2) 求该博弈的子博弈完美均衡, 解释另一个纳什均衡为什么不可能出现。

12-10 甲乙二人进行如下博弈: 甲先行动, 可选 "上" 或 "下"; 如果他选 "上", 博弈结束, 甲和乙分别得 1 和 3; 如果甲选 "下", 他将与乙进行一个同时行动的博弈, 支付矩阵为:

	乙	
甲	a	b
A	4, 0	0, 1
B	3, 3	1, 1

请画出该博弈完整的博弈树,并求该博弈所有的纳什均衡和子博弈完美均衡。

12-11 下面是一个二人同时行动的博弈 G 的支付矩阵。现在假设博弈 G 重复进行两次,但局中人不需贴现第 2 阶段的支付。问支付向量 (4, 4) 是否可能是某个子博弈完美均衡中第 1 阶段的均衡支付? 如果是,给出这个子博弈完美均衡; 如果不是, 说明你的理由。

	乙		
甲	左	中	右
上	3, 1	0, 0	5, 0
中	2, 1	1, 2	3, 1
下	1, 2	0, 1	4, 4

12-12 一个建筑公司每到有工程合同时才雇用临时工人。考虑某项工程中公司与工人的劳动-工资博弈: 工人受雇于该公司的机会成本是 0; 工人可以老实地干活, 为公司创造利润 y, 但这需要付出劳动成本 $l, y > l > 0$; 工人也可以受雇后不干活, 这不需任何劳动成本, 同时创造的利润也是 0。假设公司与工人在工程结束之前没有任何工资合同, 它只是在雇用期满后才决定付给每个工人的工资额 w。

如果该建筑公司在未来的 10 年内每年有 1 项相同的工程, 证明: 无论公司的利润贴现因子 δ 是多少, 唯一的子博弈完美均衡是: 在每一项工程中, 无论工人是否干活, 公司向工人付的工资额 w 都是 0; 工人不干活。

(1) 如果该建筑公司依次有无穷多项工程, 而下一期工人又能看到公司以前的工资政策。证明: 只要 δ 充分接近 1, 每一期工人都努力干活将是一个子博弈完美均衡战略。

(2) 在所有子博弈完美均衡中, 对公司最有利的是什么样的均衡?

第 13 章 不完全信息博弈

13.1 静态博弈

13.1.1 贝叶斯均衡

到此为止,我们的讨论都是在信息完全的前提下展开的,仅此显然不足以准确描述充满不完全信息的现实世界。博弈论区分两种不完全信息:如果每个局中人对其他局中人的特征和支付函数有准确的了解,这称为**完备信息 (complete information)**,否则称为**不完备信息 (incomplete information)**;如果在博弈过程中的任何时点每个局中人都能观察并记忆之前各局中人所选择的行动 (步法),就称为**完美信息 (perfect information)**,否则称为**不完美信息 (imperfect information)**。以连锁店悖论为例,如果潜在厂商不知道其他城市的潜在厂商进入市场后碰到了连锁店会有什么样的反应,这就是一个不完美信息博弈;假如连锁店的生产成本有高和低两种,高成本连锁店总会容忍潜在厂商的进入,低成本连锁店总是对进入者实行"斗争"战略,如果潜在厂商不清楚它们面对的是哪一类连锁店,这就是一个不完备信息博弈。

尽管有这样的区分,我们却可以用一个统一的方法同时处理这两种不完全信息,因为不完备信息博弈在技术上可以转化为不完美信息博弈。在介绍这种转化之前,我们先要说明局中人**类型 (type)** 这一概念。在具体场合,不完备信息的形式是多样的:在一个跑步比赛中运动员可能不知道对手跑得有多快;在产品市场竞争中厂商可能不知道别的厂商的生产成本;参加拍卖竞价的人通常不知道别的人对标的物估价;不一而足。博弈论将所有这些会影响局中人行动的因素归纳为局中人的不同类型 (或特征)。于是,所谓非完备信息环境,指的就是每个局中人知道自己的类型,但至少有某些局中人不清楚别的局中人的类型,他们只是对别人的类型分布有一个先验的估计。

现在考虑一个 n 人同时行动的不完备信息博弈,局中人 i 可能有若干种不同的类型 $\theta_i \in \Theta_i$,其中 Θ_i 是局中人 i 所有可能的类型集合 $(i=1,\ldots,n)$;局中人的类型不同,同样的战略组合对应的支付向量也不一样,所以局中人 i 在战略组合 $\mathbf{s}=(s_1,\ldots,s_n)$ 下得到的支付应写为

$$\pi_i(s_1,\ldots s_n;\theta_1,\ldots,\theta_n)$$

我们以另一种方式来刻画不完备信息:引入一个假想的局中人"自然 N",自然 N 先行动,他选择各个局中人的类型;每个局中人可以观察到自然 N 对自己的类型选择,但不知道他对别人类型的选择。这样一来,局中人不清楚别人的类型就等价于他不能观察到"自然"的行动,从而不完备信息博弈就转化为不完美信息博弈。譬如,一个甲、乙两人同时行动的

博弈,每个局中人有两种可选的行动;如果局中人甲有两种可能的类型 {L, H},甲知道自己属于哪一类,但乙不知道;乙的类型是确定的。我们可以将这个博弈表示为图 13.1 的样子。

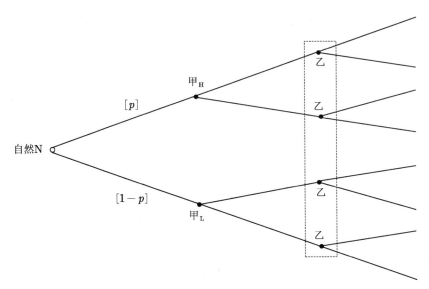

图 13.1　两人同时行动的不完全信息博弈

假设自然 N 按照一个先验的分布函数 $p(\theta_1,\ldots,\theta_n)$ 来选择各个局中人的类型,该分布函数来自局中人对其他人类型的主观猜测,在博弈论中被称为局中人的**信念 (belief)**。我们假设关于局中人类型的先验概率 $p(\theta_1,\ldots,\theta_n)$ 是公共知识。

在静态博弈中,由于局中人同时行动,而且一旦作出选择后博弈就结束了,因此实际的博弈过程不会产生新的信息,一般也不会涉及信念更新。但有的情况下,局中人的类型之间可能有相互关联,因此当自然 N "通知"某局中人他的类型选择结果的时候,这个新到的信息可能会帮助局中人进一步更新他对别人类型的估计,即是说根据自己的具体类型来更新信念。例如,某博弈中包含局中人 1、2 和 3,该博弈的最终支付与局中人的血型有关。假定局中人 1 血型为 A,这是大家都清楚的;局中人 2 和 3 知道自己的血型,但别人不清楚——他们只是估计这两人的血型为 A、B 或 O 的概率各为 1/3。

在这里,$p(\theta_i = A) = p(\theta_i = B) = p(\theta_i = O) = 1/3$ $(i = 2,3)$ 是先验概率,一般假定它是共同知识。如果大家还知道一个线索:2 和 3 的血型不同,那么这两个人对对方血型的估计就会进一步改善。比方说,在局中人 2 事实上是 O 型血的场合,他立即可以排除对方为 O 型血的可能性,而由于之前他认为对方为 A 型或 B 型的概率是相等的,因此,他的信念更新为

$$p_2(\theta_3 = A|\theta_2 = O) = p_2(\theta_3 = B|\theta_2 = O) = 1/2$$

反过来局中人 3 也一样,他会猜测 2 各有一半的概率取除自己血型以外的另两种血型。而局中人 1 由于没有任何有用的新信息,他的信念就只能停留在先验概率上。

一般地,记 $\theta_{-i} = (\theta_1,\ldots,\theta_{i-1},\theta_{i+1},\ldots,\theta_n) \in \Theta_{-i}$ 为其他局中人类型的组合。局中人 i 不知道自然 N 对 θ_{-i} 的选择结果,但由于他知道自己的类型 θ_i,他可以利用贝叶斯法则计算

出以下条件分布函数, 更新对其他局中人类型的估计

$$p_i(\theta_{-i}|\theta_i) = \frac{p_i(\theta_{-i}, \theta_i)}{p_i(\theta_i)} = \frac{p_i(\theta_{-i})p_i(\theta_i|\theta_{-i})}{\sum_{\theta_i \in \Theta_i} p_i(\theta_{-i})p_i(\theta_i|\theta_{-i})}$$

在许多应用的场合, 局中人的类型是相互独立的, 此时 $p_i(\theta_{-i}|\theta_i)$ 自然就简化为 $p_i(\theta_{-i})$。

由于局中人不知道他面对什么样的对手, 而支付结果又与局中人的类型有关, 纳什均衡无法直接套用。下面我们通过一个具体的例子, 引入贝叶斯-纳什均衡概念。

考虑这样一个博弈: 甲、乙二人同时行动; 甲只有一种类型, 但乙有两种可能的类型: $\Theta = \{\theta, \theta'\}$; 甲不了解对方是哪一类, 但他相信对方为 θ 和 θ' 的概率各为 50%。在局中人乙两种可能类型下, 双方的可选行动和支付如表 13.1 所示。

表 13.1

		乙			
		类型 θ		类型 θ'	
		左	右	左	右
甲	上	3, 1	2, 0	3, 0	2, 1
	下	0, 1	4, 0	0, 0	4, 1

在这个特殊的例子中, 类型 θ 的局中人有一个占优战略 "左", 所以如果局中人乙事实上是属于类型 θ 的, 他自然要选 "左"; 同样, 类型 θ' 的局中人乙也有一个占优战略 "右", 如果乙事实上是属于类型 θ' 的, 他将选 "右"。

由于甲不确定对方的类型, 他的最优战略要复杂一些。虽然甲事实上只是与一个对手博弈, 但由于他不知道对手的类型是 θ 还是 θ', 他必须同时考虑对方两种类型出现的可能性, 并以此为基础来构造自己的最佳战略。

在甲选 "上" 的情况下, 如果乙属于 θ, 甲获得 3(因为对方此时会选 "左"), 但如果乙属于 θ', 甲只能得到 2。由于甲相信对方为 θ 和 θ' 的概率各为 50%, 他会计算战略 "上" 带给他的期望支付: $(3+2)/2 = 5/2$。同样可以计算, 选 "下" 得到的期望支付是 $(0+4)/2 = 2$。所以, 甲的最佳选择是 "上"。

如何将上述分析结果表示成 "均衡" 的形式呢? 这里由于甲只有一种确定的种类, 我们可以毫无疑问地将他在考虑到对手各种可能类型后确定的最佳战略 "上" 写入 "均衡" 向量, 记其为 $s_1^* = $ 上。但对于局中人乙, 由于他有多种类型, 我们需要交代不同类型下他的均衡 (最优) 战略是什么。换句话说, 乙的均衡战略依赖于他的类型

$$s_2^*(\theta_2) = 左, \quad s_2^*(\theta_2') = 右$$

以上面的讨论为铺垫, 再结合完备信息下纳什均衡的主旨, 现在我们可以自然地引入下面贝叶斯均衡的定义了。

定义 (贝叶斯-纳什均衡): 如果有一组与局中人类型相关的战略 $\{s_i^*(\theta_i)|\ \theta_i \in \Theta_i\}_{i=1}^n$, 对每个局中人 i 和每种局中人 i 的类型 $\theta_i \in \Theta_i$, $s_i^*(\theta_i)$ 是问题

$$\max_{s_i \in S_i} \sum_{\theta_{-i}} p_i(\theta_{-i}|\theta_i)\pi_i[s_1^*(\theta_1), \ldots, s_i, \ldots, s_n^*(\theta_n); \theta_1, \ldots, \theta_n]$$

的解, 则称 $\{s_i^*(\theta_i)|\ \theta_i \in \Theta_i\}_{i=1}^n$ 是一个**贝叶斯–纳什均衡**。

简言之, 贝叶斯–纳什均衡下每个局中人都在其他局中人 (无论他们属于那种类型) 不改变当前战略的情况下达到了他的最大期望支付; 或者说, 各类局中人都没有单方面改变战略的动机。

例1 最高价密封拍卖

两个人参与某物品的拍卖竞价。拍卖规则要求每个人向拍卖师提交一个隐秘的价格 (对手不知道该价格), 叫价最高者获得拍卖品, 并支付自己所叫的价格。两个人对该拍卖品的价值都有自己的主观判断, 将其称为个体对拍卖品的保留价格。假设两人都不清楚对方的保留价格, 只是知道对方的保留价格为一均匀分布于 [0, 1] 上的随机值。

在这个例子中, 对拍卖品的保留价格不同就构成了局中人不同的类型。尽管具体参与竞价的局中人对物品的保留价格都是确定的, 但求贝叶斯–纳什均衡需要为具有各种可能保留价格的局中人找一个最佳叫价。记具有保留价格 $v \in [0, 1]$ 的局中人的最佳叫价为 $b(v)$。由经验常识, 假设函数 $b(v)$ 严格单增是合适的, 在此假设下它的反函数存在, 记为 $V(b)$。该函数反映的是一个叫价 b 的局中人真实的保留价格, 参见图 13.2。

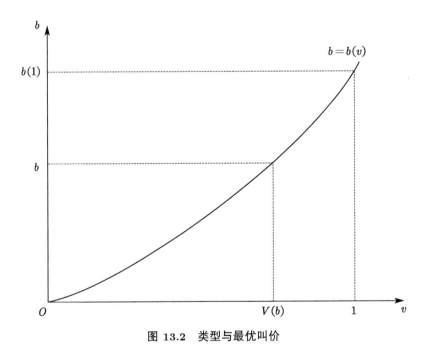

图 13.2 类型与最优叫价

当某人叫价 b 时, 获胜的概率当然是对方叫价低于 b 的概率, 或者等价地说, 是对方的保留价格低于 $V(b)$ 的概率——由于局中人对该物品的保留价格是闭区间 [0, 1] 上的均匀分布, 这一概率就等于 $V(b)$。所以, 一个具有保留价格 v、叫价 b 的竞价者的期望支付是

$$V(b)\cdot(v-b) + [1-V(b)]\cdot 0 \tag{13.1}$$

从而他的目标是
$$\max_b V(b)\cdot(v-b) \tag{13.2}$$
其一阶必要条件为
$$V'(b^*)(v-b^*)-V(b^*)=0 \tag{13.3}$$

由于 $b^*=b(v)$ 是具有保留价格 v 的竞价者的最优叫价，所以其反函数 $v=V(b^*)$ 满足上述一阶条件
$$V'(b^*)[V(b^*)-b^*]-V(b^*)\equiv 0 \tag{13.4}$$
这又等价于
$$\left[\frac{V^2(b^*)}{2}\right]'\equiv [b^*V(b^*)]'$$
恒等式两端对 b 求不定积分得
$$\frac{V^2(b^*)}{2}=b^*V(b^*)+C \tag{13.5}$$
其中 C 是常数。显然，当某人对一个物品的保留价格是 0 时，他最优的叫价也是 0，即 $V(0)=0$——将这一初始条件代入 (13.5) 式可求得 $C=0$。从而，
$$V(b^*)=2b^*$$
或
$$b^*=\frac{V(b^*(v))}{2}=\frac{v}{2} \tag{13.6}$$

贝叶斯均衡就是：每个类型为 v 的竞价人叫价 $v/2$。换句话说，竞价者的均衡战略是以自己保留价格的一半作为叫价。

例 2 双边拍卖 (Double Auction)

局中人 1 手上有一物品准备卖给局中人 2。双方商定，他们各自提出一个价格，分别记为 b_1 和 b_2：如果 $b_1\leqslant b_2$，物品以平均价 $b=(b_1+b_2)/2$ 成交；如果 $b_1>b_2$，中止交易。假设两人对该物品的保留价格分别为 v_1 和 v_2，这是两人各自的私人信息，对方不知道，但他们都估计对方的 v 均匀地分布于区间 $[0,1]$，这是共识。

同样，这里局中人对物品的估价 v_i 构成了他们的类型，记二人的贝叶斯均衡叫价为 $b_i^*=b_i(v_i)$。由于局中人 i 不知道对方 $j\neq i$ 的保留价格，均衡时从他的角度对方叫价 b_j 服从的分布函数记为
$$F_j(b_j)=\Pr\{b_j(v_j)<b_j\} \tag{13.7}$$
对于一个类型为 v_1 的局中人 1，如果他开价 b_1，按模型假设，他所得的期望支付为
$$E[\pi_{v_1}(b_1)]=\int_{b_1}^{b_2(1)}\left(\frac{b_1+b_2}{2}-v_1\right)dF_2(b_2) \tag{13.8}$$
相似地，一个具有保留价格 v_2、叫价 b_2 的局中人 2 所得的期望支付是
$$E[\pi_{v_2}(b_2)]=\int_0^{b_2}\left(v_2-\frac{b_1+b_2}{2}\right)dF_1(b_1) \tag{13.9}$$

一般地，双边拍卖可能存在多个贝叶斯均衡，这里仅考虑线性均衡：假设两个局中人均采取线性叫价战略

$$b_i^* = b_i(v_i) = \alpha_i + \beta_i v_i \quad i = 1, 2 \tag{13.10}$$

在此假设下，$b_i(v_i)$ 是 $[\alpha_i, \alpha_i + \beta_i]$ 上的均匀分布，从而

$$F_j(b_j) = \Pr\{b_j(v_j) < b_j\} = \frac{b_j - \alpha_j}{\beta_j} \tag{13.11}$$

将其代入 (13.8) 和 (13.9)，注意到此时 $b_1(0) = \alpha_1$，$b_2(1) = \alpha_2 + \beta_2$，局中人 1 和 2 分别面临如下的期望支付最大化问题

$$\max_{b_1} \frac{1}{\beta_2} \left[\left(\frac{b_1}{2} - v_1 \right) (\alpha_2 + \beta_2 - b_1) + \frac{1}{4}(\alpha_2 + \beta_2)^2 - \frac{1}{4} b_1^2 \right] \tag{13.12}$$

$$\max_{b_2} \frac{1}{\beta_1} \left[\left(v_2 - \frac{1}{2} b_2 \right) (b_2 - \alpha_1) - \frac{1}{4}(b_2^2 - \alpha_1^2) \right] \tag{13.13}$$

由各自的一阶条件分别得到

$$b_1^* = \frac{2}{3} v_1 + \frac{1}{3}(\alpha_2 + \beta_2)$$
$$b_2^* = \frac{2}{3} v_2 + \frac{1}{3} \alpha_1$$

再结合 (13.10) 式，解得：

$$\beta_1 = \beta_2 = \frac{2}{3}, \quad \alpha_1 = \frac{1}{4}, \quad \alpha_2 = \frac{1}{12}$$

这就得到：

$$b_1^* = \frac{2}{3} v_1 + \frac{1}{4} \tag{13.14}$$

$$b_2^* = \frac{2}{3} v_2 + \frac{1}{12} \tag{13.15}$$

此即线性的贝叶斯纳什均衡。

读者可能会注意到，当 $b_1^*(1) < 1$，$b_2^*(0) > 0$，即使说卖家会低于自己的估价出价，而买家会高于自己的估价出价！事实上，当 $v_1 > 3/4$，就有 $b_1^* < v_1$；当 $v_2 < 1/4$，就有 $b_2^* > v_2$。难道这样的均衡不荒谬吗？对此的解释是，当 $v_1 > 3/4$，局中人 1 的出价 b_1^* 也将高于 3/4，而这是局中人 2 的最高出价，因此，此时交易根本不可能达成！反过来，当 $v_2 < 1/4$，局中人 2 的出价 b_2^* 也将低于 1/4，而这是对方的最低出价，从而也不会有交易发生。因此，虽然上述均衡在某些估值区域内看起来不合情理，但它却能保证资产成交价永远高于卖家的估价，并且永远低于买家的估价。当然，在此均衡下并不是所有能导致双方帕累托改进的交易都会发生，而这正反映了信息不完备带来的损失。

13.1.2 贝叶斯均衡与混合战略

有不少人认为完全信息博弈中的混合战略均衡只是理论上的概念，但在现实生活中却是难以理解的。针对这一观点，Harsanyi (1973) 对混合战略提出了另一种解释。其思想是，只要

在原来的博弈中加入少许不完全信息因素,得到的 (单纯战略) 贝叶斯均衡就与完全信息下的混合战略均衡相似。让我们用一个例子来说明这一点。

例 3 作为混合战略纳什均衡极限的贝叶斯-纳什均衡

回忆上一章例 10 性别冲突博弈,我们已经证明这个博弈中有一个混合战略纳什均衡: 男士以 4/5 的概率选择看足球, 以 1/5 的概率选择听音乐会; 女士以 1/5 的概率选择看足球, 以 4/5 的概率选择听音乐会。现在我们在该博弈中加上一个不完全信息: 当双方都去看足球时男士所得的支付是 $4+\theta_1$, 而双方都去听音乐会时女士所得的支付是 $4+\theta_2$; 其他情况下的支付与以前相同。不妨想象这对恋人互相间还不是十分了解, 虽然男士知道自己的 θ_1 值, 但女士对此不了解; 同样, 女士自己清楚 θ_2 的大小, 但男士不知道。他们两人只是知道对方的 θ 值是均匀地分布在区间 $(0, \varepsilon)$ 上的随机变量。这样, 支付矩阵就变为这里的表 13.2。

表 13.2

		女	
		足球	音乐会
男	足球	$4+\theta_1, 2$	$1, 1$
	音乐会	$0, 0$	$2, 4+\theta_2$

现在我们要为这个不完全信息博弈构造一个对称的贝叶斯均衡: 如果男士的类型 θ_1 不小于某一临界值 a, 他选择"足球", 而如果 $\theta_1 < a$, 他选择"音乐会"; 如果女士的类型 θ_2 不小于某一临界值 b, 她选择"音乐会", 而如果 $\theta_2 < b$, 她选择"足球"。

为了求两个临界值 a 和 b, 假设两人现在按上述战略行事。先从男士的角度看, 由于男士不知道对方的具体类型, 但知道 θ_2 均匀地分布于区间 $(0, \varepsilon)$, 所以他清楚碰到对方选"足球"的概率是 b/ε, 对方选"音乐会"的概率是 $(\varepsilon - b)/\varepsilon$。所以, 男士可以计算他在不同选择下的期望支付

$$足球: \frac{b}{\varepsilon}(4+\theta_1) + \frac{\varepsilon-b}{\varepsilon} \cdot 1 = \frac{b(3+\theta_1)+\varepsilon}{\varepsilon}$$

$$音乐会: \frac{b}{\varepsilon} \cdot 0 + \frac{\varepsilon-b}{\varepsilon} \cdot 2 = \frac{2\varepsilon - 2b}{\varepsilon}$$

比较这两个支付, 整理后得到男士选"足球"的充要条件

$$\theta_1 \geqslant \frac{\varepsilon}{b} - 5 = a \tag{13.16}$$

相似地, 可以得到女士选择"音乐会"的充要条件是

$$\theta_2 \geqslant \frac{\varepsilon}{a} - 5 = b \tag{13.17}$$

联立这两个条件中的等式, 解得

$$a = b = \frac{\sqrt{4\varepsilon + 25} - 5}{2} \tag{13.18}$$

这就完成了这个贝叶斯均衡的构造。

在上述贝叶斯均衡中，两个局中人使用的都是单纯战略，因为 $\theta_1 \geqslant a$ 和 $\theta_1 < a$ 两种情况中只有一种会发生，$\theta_2 \geqslant b$ 和 $\theta_2 < b$ 中也只有一种情况会发生。但是，男女双方都会感到似乎是面对一个使用混合战略的博弈对手。譬如，因为男士不知道对方的具体类型，只知道 θ_2 均匀地分布在区间 $(0, \varepsilon)$ 上，所以他会觉得这与对方采取这样一个混合战略没有区别：以概率 b/ε 选"足球"，以概率 $(\varepsilon - b)/\varepsilon$ 选"音乐会"。

现在令 $\varepsilon \to 0$，不难用洛必达法则验证，男士选"足球"的概率 $(\varepsilon - a)/\varepsilon$ 和女士选"音乐会"的概率 $(\varepsilon - b)/\varepsilon$ 都趋于 $4/5$。即是说，当不完全信息消失时，贝叶斯单纯均衡趋于完全信息下的混合均衡。

13.2 动态博弈

13.2.1 序贯理性条件

在不完全信息动态博弈中，由于决策环境更为复杂，我们需要在之前建立的均衡概念基础上进一步精练，发展适用于这种环境的特定均衡概念：完美贝叶斯均衡。我们的方法是通过构造一些特殊的博弈，逐步揭示现有均衡的局限，并在此基础上提出完美贝叶斯均衡的条件。

在 12.2 节中我们已经看到，动态博弈中的核心问题是威胁的可信性，为此，我们在完全信息博弈中使用子博弈完美均衡。但如果信息是不完全的，我们很快就将说明，子博弈完美均衡条件还不足以剔除包含不可信威胁的纳什均衡。

例 4 一个由局中人 A 和 B 进行的动态博弈 (如图 13.3)

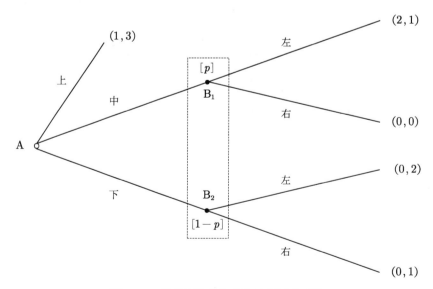

图 13.3 子博弈完美均衡中的不可信威胁

容易验证该博弈有两个单纯战略纳什均衡 (上, 右) 和 (中, 左)。由于 B 作选择时的两个节点处于同一个信息集中，这两个节点都无法开始一个子博弈，所以该博弈唯一的子博弈就是它本身。因此，上述两个纳什均衡必然都是子博弈完美的，因为按定义子博弈完美均衡的条件是在所有子博弈上构成纳什均衡。问题是均衡 (上, 右) 明显地含有不可信威胁：如果局中人 B 有选择的机会 (A 选 "中" 或 "下" 时)，"右" 是他的劣战略，理性人不会做这样的选择。只有在 A 相信 B 的不可信威胁 "右" 的情况下，才会出现子博弈完美均衡 (上, 右)。

为什么子博弈完美均衡无法剔除所有的不可信威胁？问题很清楚：在完全信息博弈中，博弈树的每个节点代表局中人特定的决策环境，子博弈均衡要求局中人的行为在所有子博弈上都构成纳什均衡，这就排除了局中人在某一特定决策环境中的行动不理性的可能性，从而也排除了不可信威胁。但是，在信息不完全的情况下，局中人典型的决策环境不再只是一个个节点，常常是一个包含多个节点的信息集。所以，仅要求局中人的行动在所有子博弈上是理性的不足以排除局中人在特定信息集内的非理性行为。

为了在新的博弈环境中贯彻子博弈完美均衡的思想，首先必须发展一个更为广泛的概念来取代子博弈，并借助它以理性条件来约束局中人在所有决策环境中的行为。

定义：一个完整的信息集 (包括其中局中人的信念) 及其向后延伸出的博弈树，称为原博弈的一个**后续博弈**(continuation game)。

在这个定义中，特别强调了相关局中人在信息集中的信念。理性人在不确定性环境中，总要对各种可能的情况进行估计，这种估计就是这里所称的信念 (belief)。后面我们将用 μ_i 来笼统地表示局中人 i 的信念 (如果有必要，可以用 μ_{it} 来进一步表示时刻 t 处信息集内 i 的信念)，而所有局中人的信念组合一般表示为 $\mu = (\mu_1, \mu_2, \ldots, \mu_n)$ —— 当然，在许多场合，一些局中人并不存在多节点的信息集，此时没有必要考虑这些人的 "信念"。

在展开式博弈中，特定信念为定义在信息集中各节点上的概率分布。在图 13.3 中，如果 A 选了 "中" 或者 "下"，轮到 B 行动，此时 B 看不到对方选的究竟是 "中" 还是 "下"，他可能对此有各种不同的概率估计，而这就构成了他的不同信念。比方说，可能有：

$\mu_B^1 : \{0.2, 0.8\}$，表示他认为 A 选 "中" 的概率是 20%，选 "下" 的概率为 80%；或者：
$\mu_B^2 : \{0.63, 0.37\}$，表示他认为 A 选 "中" 的概率是 63%，选 "下" 的概率为 37%；一般地

$$\mu_B : \{p, 1-p\}, \quad p \in [0, 1]$$

按照定义，在该博弈中，由信息集 $\{B_1, B_2\}$ 开始及以后所有部分，包括局中人 B 在信息集中的信念，构成一个后续博弈。

针对某一特定的均衡，如果在均衡中一个后续博弈的信息集被访问的概率大于零，我们称该后续博弈在**均衡路径上**(on-the-path)，否则称其在**非均衡路径上**(off-the-path)。在例 4(图 13.3) 中，针对均衡 (上, 右)，前面提到的后续博弈就不在均衡路径上；但是，针对均衡 (中, 左)，该后续博弈处于均衡路径上。

由于单个节点也可视为一个特殊的信息集，所以子博弈很显然是后续博弈的特例。借鉴子博弈完美均衡的思想，我们要求均衡满足以下序贯理性条件。

定义 (序贯理性): 局中人一个特定信念组合与战略组合的二元体 $(\mathbf{s}, \mu)$ 称为是序贯理性的 (sequentially rational), 如果在信念 μ 下, $\mathbf{s}$ 在每一后续博弈上构成纳什均衡。换言之, 在每个局中人的信息集中 (即使该信息集不在均衡路径上), 给定这个局中人的信念以及其他局中人的战略, 他在该信息集中的选择以及之后的行动是在这些前提之下最优的。

在该定义中, 信念 μ 是给定的, 序贯理性条件只是规范战略组合 $\mathbf{s}$。通俗地说, 这一条件要求局中人的行为与他的思想 (信念) 合拍; 哪怕局中人所处的信息集不在均衡路径上, 他的行为也应符合这一规范, 否则就可能会出现"不可信威胁"。

对于图 13.3 的博弈来说, 加上序贯理性条件后不合理的子博弈完美均衡 (上, 右) 就被剔除了。事实上, 假设乙在他的信息集中估计对方选"中"的概率是某个 $p \in [0, 1]$, 选"下"的概率为 $1-p$。乙可以根据这个信念计算他在两种战略下的期望支付

$$战略"左": p \cdot 1 + (1-p) \cdot 2 = 2 - p$$

$$战略"右": p \cdot 0 + (1-p) \cdot 1 = 1 - p$$

由于对任何 $p \in [0, 1]$ 均有 $2 - p > 1 - p$, 序惯理性条件下乙不可能选择战略"右", 从而成功地排除了均衡 (上, 右)。

13.2.2 信念约束条件

对战略组合 $\mathbf{s}$ 进行规范之后, 还需约束各个局中人的信念 μ。有时, 局中人的信念可能只是空穴来风, 没有任何理由和依据。在动态博弈中, 随着博弈的展开, 新的信息 (譬如之前其他人的行动) 会不断出现, 而某些信息的确会对真相做出不同程度的揭示, 所谓对信念的约束, 就是要求理性人根据特定时点所出现的任何蛛丝马迹, 对自己的原始信念进行恰当的修正和更新。对于二元体 $(\mathbf{s}, \mu)$, 当博弈进入到局中人 i 的某一信息集 h_i, i 已经知道自己处于 h_i 中, 并已观察到 $\mathbf{s}$ 在此之前的部分 (记为 $\mathbf{s}(h_i)$) —— 我们将这些新的信息记为 H_i: $H_i = \{h_i, \mathbf{s}(h_i)\}$。局中人必须依据这些信息对自己的信念进行恰当的更新。所谓"恰当", 简单地说是要求 μ 与 $\mathbf{s}(h_i)$ 相吻合 —— 具体地, 它要求理性人在所有可能的情况下, 根据条件概率原则, 对未知的事实进行贝叶斯推断

$$p_i(a_{-i}|\ H_i) = \frac{p(a_{-i}, H_i)}{p(H_i)} = \frac{p(a_{-i}, H_i)}{\sum_{a_{-i} \in A_{-i}} p(a_{-i}, H_i)} \tag{13.19}$$

其中 a_{-i} 表示其他人的特定步法, 或者直接理解为信息集 h_i 中的特定节点。

下面通过两个具体例子来加深对上述条件的理解。

例 5 A 和 B 两人的博弈 (博弈树见图 13.4)

容易验证, 组合 (上, 右; $p = 0$) 满足序贯理性条件: 在信念 $p = 0$ 的条件下, 局中人 B 相信自己一定处于 B_2 点, 他选"左"获 0, 选"右"获 1, 所以其战略"右"是理性的。但是, (上, 右) 甚至不是一个纳什均衡! 出现这种荒唐结果的原因, 在于信念 $p = 0$ 是错误的: 在 A 选

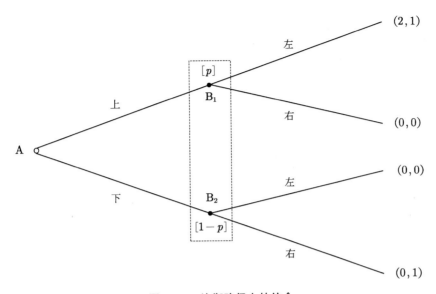

图 13.4　均衡路径上的信念

"上"前提下，B 的信念必须是 $p=1$。事实上，B 应当看出，"上"是 A 的弱占优战略，由这一线索他也应当将信念修正为 $p=1$。

在上面的例子中，信息集处于均衡路径上，此时要求正确的信念是自然的。那么，当信息集不在均衡路径上，正确信念的条件是否还有必要呢？

例 6　考虑图 13.5 所示的三人博弈

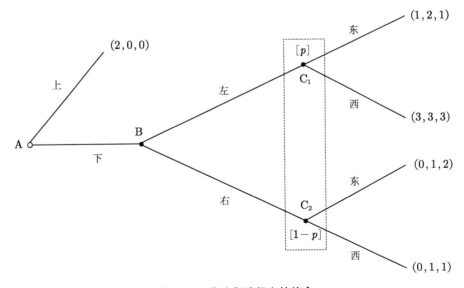

图 13.5　非均衡路径上的信念

先考虑组合 (下, 左, 西; $p=1$)。局中人 C 的信息集处于均衡路径上。首先我们看到，局中人 C 的信念 $p=1$ 与之前 B 选择"左"是相吻合的，属于"正确"信念；其次，在此信念下，C 选择"西"符合序贯理性条件，因为如果他选"东"的话他的支付仅为 1 而不是 3。同时，采用逆向归纳法，也容易推知 A 的"下"和 B 的"左"也符合序贯理性条件。所以，该组合是一个合格的均衡。

再考虑组合 (上, 左, 东; $p = 0$)。给定信念 $p = 0$，C 选择"东"可得 2，选"西"只能获得 1，所以"东"符合序贯理性条件；接下来可以验证 B 的选择"左"是序贯理性的：事实上"左"是他的占优战略 (如果他有行动机会的话)；至于 A，给定其他人的战略和信念，A 预见到了选"下"只能获得 1，所以他选择"上"也是理性的。但很明显，C 的信念 $p = 0$ 是错误的，因为 B 事实上选择的是"左"。

C 的信念虽然是错误的，但不在均衡路径上，所以这里的问题在于，是否允许非均衡路径上的错误信念？为此我们可以从 A 的角度来考虑上述组合是否合理。如果 A 选"上"，他确定地获得 2；如果 A 选"下"，结果依赖于 B 和 C 的选择：对于 B，只要他有机会，他一定会选"左"，因为无论 C 后来如何选择，"左"带给他的支付总高于"右"所得的支付。现在关键是 C 的选择：尽管 C 无法看到 B 的选择，但只要他是理性的，他就应当能够看出，只要博弈有机会进入自己的信息集 (A 没有选"上")，B 必然是选"左"，所以其信念应为 $p = 1$，而接下来 C 的行动必然是"西"——按照这个逻辑，A 会预期他选"下"将获 3，高于选"上"所得的 2，所以 A 必定会选"下"。由此可见，(上, 左, 东) 不是一个合理的结果，应予剔除。这充分说明，即使是在非均衡路径上，局中人的信念也应当是正确的，否则会出现奇怪的结果。

综合上面的分析，我们给出以下均衡定义：

定义 (完美贝叶斯均衡)：战略组合和局中人信念结构 (s^*, μ^*) 如果满足条件：

(1) s^* 是序惯理性的；

(2) 无论是否在均衡路径上，在所有可应用的信息集内，μ^* 都是由 s^* 和贝叶斯法则 (13.19) 共同决定的。

就称它是一个**完美贝叶斯均衡**(perfect Bayesian equilibrium, PBE)。

注意在该定义的条件 (2) 中有"在所有可应用的信息集"字样，这是什么意思呢？其实这隐含地表明，有一些非均衡路径上的信息集，可能无法应用贝叶斯法则，同时均衡战略 s^* 也没有揭示更多的隐藏信息。在这种情况下，该信息集内的均衡信念并不受条件 (2) 的约束。下面我们举例说明。

例 7 考虑图 13.6 所示的三人博弈

这是在例 6 (图 13.5) 的基础上修改过来的，局中人 B 多了一种可能的选择"中"，而一旦 B 选择了"中"，博弈即告结束，三个局中人分获 a、b、c。考虑 (上, 中, 东; $p = 0$) 这一组合，此时局中人 C 的信息集处于非均衡路径上。如果 $a < 2, b > 3$，显然各局中人的均衡战略都满足序贯理性条件。那么，$p = 0$ 是否是恰当的呢？由于按照 B 的均衡战略"中"，节点 C_1 和 C_2 的概率都为零，所以无法应用贝叶斯法则 (因为贝叶斯公式中的分母为零)；而且，B 的均衡战略也没有揭示关于信息集 $\{C_1, C_2\}$ 的丝毫信息，所以 C 在该信息集中的信

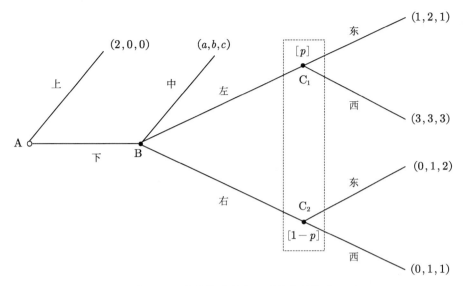

图 13.6 非均衡路径上不受约束的信念

念不受定义中条件 (2) 的约束, 任何信念都可以成为均衡信念, 包括 $p = 0$。

如果 A 的均衡战略为"上", B 的均衡战略是某一混合战略 (当然为满足序贯理性条件这需要适当修改图中的支付函数): 以概率 $q_1 > 0$ 选"左", 概率 $q_2 > 0$ 选"右", 概率 $1 - q_1 - q_2$ 选"中", 那么 C 在其信息集中的信念又受条件 (2) 约束了: 均衡信念必须根据贝叶斯法则计算: $p = q_1/(q_1 + q_2)$。

相形之下, 下一个例子更为直观:

例 8 考虑图 13.7 所示的二人博弈

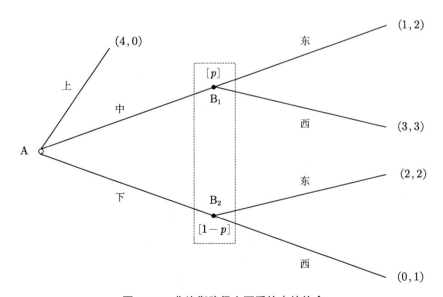

图 13.7 非均衡路径上不受约束的信念

由于 A 的均衡战略只可能是"上",与上例完全相同的道理,任意的 $p \in [0, 1]$ 都符合均衡条件。所以,(上, 西; $p = 1$) 和 (上, 东; $p = 0$) 都是完美贝叶斯均衡。

13.3 信号博弈

经济学研究中常涉及一类特殊的不完全信息: 非对称信息,即是说一部分局中人具有私人信息,而其他人则没有。如果具有私人信息的人还有率先行动的机会,这些行动往往与这些人掌握的私人信息存在某种关联,而其他人观察到这些行动之后,就可能不同程度地逼近事实真相,进而有针对性地选择自己的行动。信号模型反映的就是这种朴素的思想。由于信号模型是一类简化的不完全信息动态博弈,其完美贝叶斯均衡条件也稍弱一些。

13.3.1 信号模型及其完美贝叶斯均衡

信号模型的结构非常简单,它包括两个局中人: 信号发送者 (S) 和信号接收者 (R); 发送者拥有私人信息,这些私人信息可以概括为他的不同类型 $\theta \in \Theta$,其中 $\Theta = \{1, 2, \ldots, n\}$; 接收者不清楚对方的真实类型,但一开初对其分布有一个初始的信念: 他相信对方为某一类型 θ 的概率为 $p(\theta) > 0$。发送者先行动,接收者随后行动。

正式地,信号模型的标准顺序如下:

(1) "自然" N 从类型集合 Θ 中以先验概率 $p(\theta)$ 决定发送者的类型 θ,并将其选择结果告知发送者, $p(\theta)$ 是共同知识,满足

$$\sum_{\theta \in \Theta} p(\theta) = 1 \quad p(\theta) > 0, \forall \theta \in \Theta$$

(2) 发送者 (S) 从可行行动集合 M 中选择行动 m——这同时也就完成了一个信号发送,所以 M 也被称为信号集;

(3) 接收者 (R) 观察到信号 m 后,从可行行动集合 A 中选择行动 a。

由于局中人类型影响支付函数,所以两人的支付函数分别表示为 $\pi_S(m, a; \theta)$ 和 $\pi_R(m, a; \theta)$——这也是共同知识。图 13.8 显示了一个最简单的信号博弈的博弈树,其中发送者只有两种可能的类型,有两种可行的信号,接收者也有两种可选的行动。注意图中的博弈起点没有表示成为以前的左端点,而是位于该博弈树中心。图中的两个信息集刻画了私人信息: 接收者 (R) 不能观察到自然 N 的行动 (不知道发送者的类型)。

根据上一节的分析,完美贝叶斯均衡包含各局中人的"最优"战略和"正确"信念。我们先讨论单纯战略均衡,然后在此基础上发展混合战略均衡定义。记类型 θ_i 的发送者的均衡战略是 $m^*(\theta_i)$,接收者在观察到某一信号 $m_j \in M$ 后对对方类型的信念调整为 $\mu(\theta_i|m_j)$,并相应地采取其最优行动 $a^*(m_j)$,则信号博弈中的完美贝叶斯均衡形如 $[m^*(\theta_i), a^*(m_j), \mu(\theta_i|m_j)]$。下面我们将根据上一节建立的各项均衡条件,具体地应用到这里,分别对均衡中各元素进行规范,最终建立信号模型的完美贝叶斯均衡。

首先,发送者的信号 $m^*(\theta_i)$ 及接收者的行动 $a^*(m_j)$ 应符合序贯理性条件。对于 $m^*(\theta_i)$,这意味着在对方战略 $a^*(m_j)$ 给定的情况下, θ_i 类的发送者在发送信号 m_j 时达到其最高支

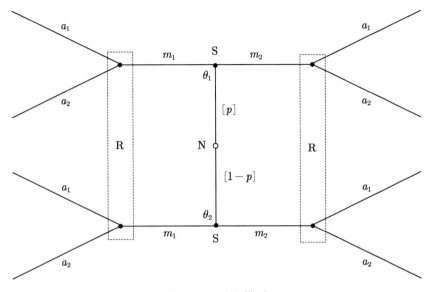

图 13.8 信号模型

付。其逻辑在于, 发送者在选取信号时, 会正确地预测对方观察到各种可能的信号之后的信念及其将采取的行动, 并进而找到对自己最有利的信号发送出去。据此我们定义:

定义 (最优信号): 给定接收者的行动 $a^*(m_j)$, 下列问题的解 $m^*(\theta_i)$ 称为类型 θ_i 的发送者的最优信号

$$\max_{m_j \in M} \pi_S[m_j, a^*(m_j); \theta_i] \tag{13.20}$$

对接收者的行动 $a^*(m_j)$, 首先注意它是在特定信念下支持的, 是否"最优"当然也应建立在一定的信念之上。在决定自己行动时, 接收者已经观察到对方发出的某一信号 m_j, 所以此时的信念已经根据 m_j 进行了调整, 变为 $\mu(\theta_i|m_j)$。理性的接收者将根据这一信念, 选取对自己最为有利的行动。

定义 (最适应对): 对发送者的任意信号 $m_j \in M$ 和信念调整 $\mu(\theta_i|m_j)$, 下列问题的解 $a^*(m_j)$ 称为接收者的最适应对

$$\max_{a_k \in A} \sum_{\theta_i \in \Theta} \mu(\theta_i|m_j) \pi_R(m_j, a_k; \theta_i) \tag{13.21}$$

接下来我们利用上一节的均衡信念条件来规范接收者对信号的解读 $\mu(\theta_i|m_j)$。按照上一节的讨论, 只要有可能, 无论信息集是否在均衡路径上, 其中的信念都应当由均衡战略和贝叶斯法则决定。在信号博弈中, 如果均衡中任何类型的发送者都不可能发送某一信号 $\hat{m}$: $\forall \theta \in \Theta, m^*(\theta) \neq \hat{m}$, 该信号之后的后续博弈便处于非均衡路径上。譬如在图 13.8 所示的信号博弈中, 若两类发送者的均衡战略都是 m_1, 那么图中右边的信息集便处于非均衡路径上。根据前面例 8 和例 9 的讨论, 容易推断这种非均衡路径上的信念是不受均衡条件约束的, 我们只需考虑那些处于均衡路径上的信念的恰当性。如果至少存在一种类型的发送者使用信

号 m_j: $\exists \theta \in \Theta$, 使得 $m^*(\theta) = m_j$, 此时 m_j 之后的后续博弈处于均衡路径上。记所有均衡信号为 m_j 的发送人类型组成的集合为 Θ_j (可能有不止一种类型的发送者共同使用信号 m_j)

$$\Theta_j = \{\theta | m^*(\theta) = m_j\} \subseteq \Theta$$

定义 (均衡路径上一致性信念): 如果 Θ_j 不是空集，则对任何 $\theta_i \in \Theta_j$，由先验 $p(\theta)$ 和发送者最优信号战略 $m^*(\theta)$ 按照贝叶斯法则调整的信念 $\mu(\theta_i|m_j)$ 称为是 (与 $m^*(\theta)$) 一致的:

$$\mu(\theta_i|m_j) = \frac{p(\theta_i)}{\sum_{\theta \in \Theta_j} p(\theta)} \tag{13.22}$$

结合上述三个定义，我们便得到了信号博弈中的完美贝叶斯均衡概念:

定义 (信号博弈的完美贝叶斯均衡): 同时满足下面三个条件的局中人 (单纯) 战略和信念的组合 $(m^*(\theta_i), a^*(m_j), \mu(\theta_i|m_j))$ 称为是完美贝叶斯均衡:

(1) $\forall \theta_i \in \Theta$, 发送者 S 的战略 $m^*(\theta_i)$ 是相对于对方行动 $a^*(m_j)$ 的最优信号;

(2) $\forall m_j \in M$, 在信念 $\mu(\theta_i|m_j)$ 下，$a^*(m_j)$ 是接收者 R 的最适应对;

(3) 给定发送者 S 的战略 $m^*(\theta_i)$ 和任何特定信号 $m_j \in M$, 如果 Θ_j 不是空集，则对任何 $\theta_i \in \Theta_j$, 接收者的信念 $\mu(\theta_i|m_j)$ 是与 $m^*(\theta)$ 一致的。

如果允许局中人行动随机化，上述定义很容易推广到混合战略情形。为此，我们重新定义局中人的战略。

记 $\mathcal{M}$ 为定义在信号集合 M 上的概率分布集合，发送者的一个混合战略定义为自类型空间 Θ 到 $\mathcal{M}$ 间的一个映射: $f: \Theta \to \mathcal{M}$。等价地，$f(\theta)$ 是一个 M 上的概率分布，表示类型 θ 的发送者 S 按照概率 $f(\theta)$ 发送信号。对于任意信号 $m \in M$, 我们将 θ 类发送者发送信号 m 的概率记为 $f(m|\theta)$。如果 $\forall \theta \in \Theta, f(\hat{m}|\theta) = 0$, 则信号 $\hat{m}$ 及其后续博弈便处于非均衡路径上；相反，若存在至少一个 θ_i, 使得 $f(m_j|\theta_i) > 0$, 那么信号 m_j 便在均衡路径上。给定发送者的战略 f, 我们将所有均衡路径上的信号集合记为 $M^+(f)$

$$M^+(f) = \{m | \exists \theta \in \Theta, f(m|\theta) > 0\} \tag{13.23}$$

另一方面，接收者 R 也可能会随机化其行动。记 $\mathcal{A}$ 为接收者行动空间 A 上的概率分布集合，则接收者的混合战略定义为一个映射: $g: M \to \mathcal{A}$; 类似地，我们以 $g(a|m)$ 表示接收者观察到信号 m 之后采取行动 a 的概率。

定义 (信号博弈的完美贝叶斯混合战略均衡): 同时满足下面三个条件的局中人战略和信念的组合 $(f^*(\theta_i), g^*(m_j), \mu(\theta_i|m_j))$ 称为完美贝叶斯 (混合战略) 均衡:

(1) $\forall \theta_i \in \Theta$, 发送者 S 的战略 $f^*(\theta_i)$ 是相对于对方行动 $g^*(m_j)$ 的最优信号: $f^*(\theta_i)$ 是下列问题的解:

$$\max_{f \in \mathcal{M}} \sum_{m_j \in M} \sum_{a_k \in A} f(m_j|\theta_i) g(a_k|m_j) \pi_S(m_j, a_k; \theta_i) \tag{13.24}$$

(2) $\forall\ m_j \in M$, 在信念 $\mu(\theta_i|m_j)$ 下, 接收者的行动 $g^*(m_j)$ 是接收者 R 的最适应对: $g^*(m_j)$ 是下列问题的解:

$$\max_{g \in \mathcal{A}} \sum_{\theta_i \in \Theta} \sum_{a_k \in A} \mu(m_j|\theta_i) g(a_k|m_j) \pi_R(m_j, a_k; \theta_i) \tag{13.25}$$

(3) $\forall m_j \in M^+(f^*)$, 接收者的信念 $\mu(\theta_i|m_j)$ 是与 $f^*(\theta)$ 一致的:

$$\mu(\theta_i|m_j) = \frac{p(\theta_i) f(m_j|\theta_i)}{\sum_{\theta \in \Theta} p(\theta) f(m_j|\theta)} \tag{13.26}$$

现在我们来对信号博弈的完美贝叶斯均衡进行分类, 这种分类常常有助于决定相关的均衡信念, 并进而找到均衡。

在经济学应用中, 有两类单纯战略的完美贝叶斯均衡最受关注: **可分均衡** (separating equilibrium) 和**汇合均衡** (pooling equilibrium), 这在很大程度上缘于它们非常简单。所谓可分均衡, 是指不同类型的发送者以概率 1 发送不同的信号: $\forall \theta_1, \theta_2 \in \Theta, \theta_1 \neq \theta_2$, 必有 $m^*(\theta_1) \neq m^*(\theta_2)$。显然, 在可分均衡中信号完全揭示了发送者的类型, 接收者观察到信号后便能立即推知对方的真实类型。因而, 信念调整只可能是 $\mu(\theta|m) = 1$ 或 $\mu(\theta|m) = 0$ 两种情况之一。

汇合均衡则是另一极端: 所有类型的发送者选择发送同一均衡信号, 即 $\forall \theta \in \Theta, m^*(\theta) \equiv m^*$。由于发送者的信号没有透露任何新的信息, 接收者观察到信号后信念不会有任何更新, 只能维持初始的信念 (自然赋予发送者的概率): $\mu(\theta|m) = p(\theta)$。

另一种较为常见的均衡介于上述二者之间, 称为**半可分均衡**(semi-separating equilibrium)。在这种均衡中, 发送者类型集合 Θ 可细分为若干互不交叉的子集, 每个子集内不同类型的发送者有相同的均衡信号, 但分属不同子集的两类发送者均衡信号不同。在半可分均衡中, 接收者在观察到对方信号后可判别对方属于哪一子集, 但无法进一步推知对方的具体类型。

此外, 还有所谓的**杂合均衡** (hybrid equilibrium), 这是指一些类型的发送者使用单纯战略, 选择特定的信号, 而另一些类型的发送者则选择随机的信号。在这种均衡中常会不同程度地揭示发送者的类型信息, 使得接收者对信念进行修正。有时, 某些信号还会完全揭示发送者的真实类型, 下面是一个简单的例子。

假设 $\Theta = \{\theta_1, \theta_2\}$。在均衡中, θ_1 类发送者使用混合战略: 他分别以概率 $\sigma(m_1|\theta_1)$ 和 $\sigma(m_2|\theta_1)$ 发送信号 m_1 和 m_2, $\sigma(m_1|\theta_1) + \sigma(m_2|\theta_1) = 1$; θ_2 类发送者使用单纯战略, 他以概率 1 选择信号 m_2。接收到对方信号之后, 接收者的信念调整为

$$\mu(\theta_1|m_1) = \frac{\sigma(m_1|\theta_1) p(\theta_1)}{\sigma(m_1|\theta_1) p(\theta_1) + 0 \times p(\theta_2)} = 1$$

$$\mu(\theta_1|m_2) = \frac{\sigma(m_2|\theta_1) p(\theta_1)}{\sigma(m_2|\theta_1) p(\theta_1) + 1 \times p(\theta_2)} < p(\theta_1)$$

$$\mu(\theta_2|m_2) = \frac{1 \times p(\theta_2)}{\sigma(m_2|\theta_1) p(\theta_1) + 1 \times p(\theta_2)} > p(\theta_2)$$

接下来的两个小节, 我们将介绍信号博弈的完美贝叶斯均衡的具体应用。

13.3.2 KMRW 声誉模型

作为信号博弈的应用，这一节介绍简化的 Kreps-Milgrom-Roberts-Wilson (1982) 声誉模型。假设市场上有大小两个厂商，厂商 1 和厂商 2。博弈分两个阶段：第 1 阶段由厂商 1 选择行动，它可以通过降低产品的价格挑起价格战，也可以选择与对方和平相处——我们将这两种可选战略简单记为"战"与"和"；第 2 阶段中厂商 2 看到对方在第 1 阶段所选的战略后行动，它可以选择继续留在市场上，或者是退出市场——分别记为"留下"和"退出"。

假设厂商 1 有两种不同的类型"强"或"弱"，厂商 1 清楚自己是哪一类，但厂商 2 不知道，只知道对方是"强"厂商的概率是 p，图 13.9 为该模型的博弈树 (支付函数将在稍后描述)。博弈一开始自然 N 选取厂商 1 的类型，并将结果通知厂商 1；厂商 1 随后选择信号，决定是"战"还是"和"；厂商 2 虽然看得见对方在上一阶段的选择，但它不知道这个选择是"强"厂商还是"弱"厂商做出的，所以图中有厂商 2 的两个信息集——如果看到对方的战略是"战"，厂商 2 知道自己处于左边的信息集中；如果看到对方使用的是"和"，厂商 2 则明白自己在右边的信息集内。

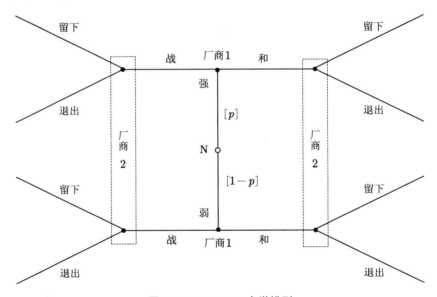

图 13.9 KMRW 声誉模型

为避免累赘，这里不给出"强"厂商 1 的支付函数，而是简单地假设这种厂商的支付函数使它总选择"战"。下面只描述"弱"厂商 1 与厂商 2 在各种战略组合下的支付。

首先，无论厂商 1 是"强"还是"弱"，只要厂商 1 选"战"，厂商 2 在每个阶段可获得利润 F_2(除非它在第 2 阶段退出市场，这样能保证第 2 阶段获利润 0)；如果对方选"和"，厂商 2 每个阶段的利润是 A_2，满足 $F_2 < 0 < A_2$。反观厂商 1，如果它是"弱"厂商，它在选择"战"和"和"时每期的利润分别是 F_1 和 A_1，当然如果对方在第 2 阶段退出市场，它在该期可获得垄断利润 M_1。三者的关系是 $F_1 < A_1 < M_1$。假设跨时贴现因子为 $\delta \in (0, 1]$。

"强"厂商 1 的战略已经假设是总选"战"，模型的着重点是一个"弱"厂商会选择什么样的战略。从单期来看，由于 $F_1 < A_1$，它当然会选"和"。不过，由于有 $A_1 < M_1$，"弱"厂

商自然希望厂商 2 在第 2 阶段退出市场,让自己获得垄断利润。要达到这一目的,在第 1 阶段选"和"显然不行,因为一个"强"厂商按假设从来不会做这样的选择。如果在第 1 阶段佯装成"强"厂商使用"战",对方果然相信而退出市场,并且后期得到的额外利润贴现后还超过前期的损失的话,即使厂商 1 是"弱"的也会有"战"的动机。概括地说,"弱"厂商可能希望通过前期的行动为自己建立一个"强"的形象或声誉,让厂商 2 在后期知难而退。

显然,一个"弱"厂商要建立有利于自己的声誉,只有在汇合均衡中才可能实现。我们先来分析这里声誉模型中存在可分均衡的条件。如果一个"弱"厂商 1 决定"和",对手看到这一战略后调整自己的信念:

$$\mu(弱|和) = 1$$

厂商 2 既然知道了厂商 1 是"弱"厂商,它必然决定留在市场上 (因为 $A_2 > 0$),这样厂商 1 的总利润是 $(1+\delta)A_1$;如果"弱"厂商 1 决定"战",自然它只有在能够确信可以吓退对手的情况下才值得这样做,此时它获得的总利润是 $F_1 + \delta M_1$。所以,存在可分均衡的条件是

$$(1+\delta)A_1 \geqslant F_1 + \delta M_1 \tag{13.27}$$

只要这个不等式成立,显然下述战略和信念构成一个完美贝叶斯均衡:"强"厂商 1 选"战","弱"厂商 1 选"和";厂商 2 观察到对手的战略后修正信念

$$\mu(强|战) = 1, \ \mu(弱|和) = 1$$

并且在两种情况下分别选"退出"和"留下"。

现在转而分析汇合均衡的条件。如果两种厂商 1 都选"战",这没有给厂商 2 任何辨别类型的信息,所以厂商 2 在观察到对方的行动后的信念与博弈开始时的先验概率一样

$$\mu(强|战) = p$$

同前面一样,"弱"厂商 1 只有在能够确信可以吓退对手的情况下才值得选"战",即是说厂商 2 在第 2 阶段的期望支付小于零

$$pF_2 + (1-p)A_2 < 0 \tag{13.28}$$

如果这个不等式成立,并且有

$$(1+\delta)A_1 < F_1 + \delta M_1 \tag{13.29}$$

那么下述战略和信念构成一个完美贝叶斯均衡:两种厂商 1 都选"战",厂商 2 观察到对手的战略后的信念 $\mu(强|战) = p$,在该信念下厂商 2 决定退出市场。

13.3.3 Pecking Order 模型

作为信号博弈完美贝叶斯均衡的另一个应用,这一小节介绍 Myers and Majluf (1984) 模型。现代金融经济学关于公司融资战略有一个著名的理论: 顺序融资假说 (Pecking Order Hypothesis),它断言公司融资战略将遵循"内部融资 — 债务融资 — 股权融资"顺序原则——在可能情况下总是优先选择使用内部资金,其次是债券或银行贷款,只有在这二者都不可行

的情况下才会选择发行股票。顺序融资假说最重要的理论基础就是 Myers–Majluf 模型。这一模型证明, 如果外部投资者和厂商经营者间存在非对称信息, 市场可能会低估厂商的价值; 因此, 如果厂商需要对一个新的投资项目以股权形式进行融资, 新股东获取的利益可能高于投资项目的净现值 (NPV), 厂商原有的股东遭受损失。其结果, 厂商可能放弃一些具有正净现值的投资项目。

假设经济中存在 H 和 L 两类厂商。一开始, H 类厂商初始的资产价值是 V_0^H, L 类厂商的资产价值 V_0^L, $V_0^H > V_0^L$; 只有厂商的经营者了解自己的厂商类型究竟是 H 还是 L, 外部投资者不知道, 但他们知道所有厂商中 H 类厂商所占的比例是 $p(0 < p < 1)$, L 类厂商所占的比例是 $1 - p$。所以, 在有其他新的信息出现之前, 外部投资者会认为一个特定的厂商为 H 类的概率是 p。

假设每一个厂商都有一个新的投资项目, 为简洁假设所有这些投资项目是相同的: 每个项目需要初始投资 K, 期末所得的收益为确定值 Y。如果无风险利率为 r, 则每个投资项目的净现值等于

$$v = \frac{Y}{1+r} - K$$

为了避免无意义的讨论, 我们始终假设 $v > 0$。并且, 每个厂商新项目所需的投资 K 完全需要向外部投资者发行新股票进行融资。如果厂商不发行新股票, 投资机会将很快消失。将厂商选择发行股票并投资的行为记为"I", 放弃投资的行为记为"N", 这样 $M = \{I, N\}$ 便构成信号集。假设外部投资者是风险中立的。

要说明非对称信息环境中市场可能扭曲厂商的价值, 有厂商类别 H 或 L 这一隐藏信息就足够了, 所以我们假设外部投资者了解厂商投资项目的所有资料: 初始投资 K 和期末收益 Y, 从而他们也知道每个公司投资项目的净现值 v。

不妨假设所有厂商一开始的资产 (价值 V_0^H 或 V_0^L) 都是股权资产, 即是说它们完全由股东所有; 厂商的经营目标是尽力使现有股东的财富达到最大。

我们首先来考察汇合均衡的存在条件。如果出现汇合均衡, 所有厂商都将发行股票并进行投资。由于厂商的行为没有向投资者揭示更多的信息, 投资者的信念没有改变:

$$\mu(\text{H}|\text{I}) = p \tag{13.30}$$

在这一信念下, 他们估计每个厂商初始的资产价值是

$$\bar{V}_0 = pV_0^H + (1-p)V_0^L \tag{13.31}$$

由于 $V_0^H > V_0^L$, $0 < p < 1$, 即有

$$V_0^H > \bar{V}_0 > V_0^L \tag{13.32}$$

由于外部投资者无法分辨不同种类的厂商, H 类厂商的价值被低估, 同时 L 类厂商的价值被高估。

在厂商发行新股票后, 由于它的新投资项目能带来净现值 v, 市场估计其资产现值增至

$$\bar{V} = \bar{V}_0 + K + v \tag{13.33}$$

由于厂商的初始价值遭到市场扭曲, 这个市场 "平均" 的估价自然也不能反映任何一类厂商发行股票进行投资后的真实价值。如果记 θ 类 ($\theta = H, L$) 厂商发行股票并进行投资后的实际价值为 V^θ, $V^\theta = V_0^\theta + K + v$, 则存在关系

$$V^H > \bar{V} > V^L \tag{13.34}$$

一个厂商要获得足以进行投资的 K 元资金, 新股发行占事后总股权的比例将为:

$$\bar{\alpha} = K/\bar{V} \tag{13.35}$$

这反映了市场在信念 (13.30) 下对厂商新发行股票的出价。

在这个市场价格下, L 型厂商自然乐意发行股票, 因为它的资产价值被高估了, 它只需向外部投资者出让较小一部分股权 ($K/\bar{V} < K/V^L$), 即可获得所需的资本 K。通过新发行股票, 厂商原有的股东权益增值为

$$(1 - \bar{\alpha}) V^L > \left(1 - \alpha^L\right) V^L = V_0^L + v \tag{13.36}$$

这里 $\alpha^L = K/V^L$。厂商的原有股东除了获得全部新项目投资的净现值, 还从新股票发行中获得额外利益。所以, 所有 L 类厂商在市场价格 (13.35) 下都将发行股票。

相反, 由于 H 类厂商的价值被市场低估, 原有股东不可能获得新投资项目的全部净现值

$$(1 - \bar{\alpha}) V^H < \left(1 - \alpha^H\right) V^H = V_0^H + v \tag{13.37}$$

这里 $\alpha^H = K/V^H$。如果投资者认为一个厂商是 H 类的可能性 p 足够小, 甚至可能会出现

$$(1 - \bar{\alpha}) V^H = V_0^H$$

此时, 新股东获得了厂商投资项目的全部净收益; 而且, 如果严格不等式成立, 新股东还将占有原有股东的一部分既得利益。

在厂商经营目标是原有股东权益最大化的前提下, H 类厂商发行新股票的充分必要条件是

$$(1 - \bar{\alpha}) V^H \geqslant V_0^H$$

或者等价地

$$V^H - V_0^H \geqslant \bar{\alpha} V^H \tag{13.38}$$

即是说, 流向新股东的股权价值不超过厂商资产的净增值。

如果条件 (13.38) 得到满足, 那么两类厂商都发行新股票进行投资、外部投资者以 K 元资金购买每个厂商占事后总资产比例为 $K/\bar{V}$ 的股权 —— 将构成一个汇合均衡。

下面考察可分均衡条件。首先注意到, 不等式 (13.38) 不成立时, H 类厂商发行新股投资只会使原有股东的利益受到损失, 它们将拒绝发行新股票, 从而也就只有放弃投资项目 —— 即使经营者知道这个项目的净现值是正值。在这种场合, 外部投资者通过检验不等式 (13.38) 得知他们的出价不会让 H 类厂商感兴趣, 但调高市场价格 (降低股权比例要求) 必然会导致外部投资者的期望净收益现值低于零。所以, 出现了投资者的信念调整

$$\Pr\{H|I\} = 0 \quad \Pr\{H|N\} = 1 \tag{13.39}$$

均衡状态下，外部投资者将把市场价格降至完全针对 L 类厂商的水平——要求股权比例 K/V^L。在这个市场价格下，H 类厂商放弃新股发行计划和投资项目，原有股东获得的收益即是他们初始拥有的 V_0^H；L 类厂商发行新股并进行投资，原有股东获得的收益为 $(1-K/V^L)V^L = V_0^L + v$——他们获得了全部投资收益的利益。这就得到了可分均衡。

但即使条件 (13.38) 是成立的，汇合均衡也不是该模型中唯一的均衡。我们断言：只要不等式

$$V^H - V_0^H < \alpha^L V^H \tag{13.40}$$

成立，必然还存在这样一个可分均衡：L 类厂商发行新股进行投资，H 类厂商放弃投资机会；外部投资者以 K 元购买占新股发行厂商事后总资产比例为 α^L 的股权。为了说明这确实构成一个均衡，我们要验证：在其他个体不改变他们现有战略的情况下，每一个个体现有的战略都是他的最优战略。

先看外部投资者的行为（我们将众多外部投资者视为一个单一的个体，也可称为"市场"）。如果市场相信 H 类厂商不会发行新股，那么进入新股发行市场的就全是 L 类厂商；既然如此，外部投资者知道他们面对的每一个厂商的初始资产价值都是 V_0^L，这样的厂商通过发行股票进行投资后资产现值将增加到 $V^L = V_0^L + K + v$。因此，外部投资者出资 K 所要求的股权比例将是 K/V^L。

现在，给定外部投资者愿意支付的上述市场价格，H 类厂商不可能进行新股发行融资，因为不等式 (13.40) 意味着外部投资者获得的利益将超过厂商的资产增值，而这必然损害厂商原有股东的既得利益；L 类厂商不会取模仿 H 类厂商的行为，因为它发行新股完成投资后原有股东所得的收益现值是 $V_0^L + v$，比放弃投资项目时净增 v。

总结前面的分析，当 (13.38) 式不成立时，只可能存在可分均衡；如果不等式 (13.38) 成立，则存在汇合均衡；但如果同时还有不等式 (13.40) 成立，则汇合均衡和可分均衡同时存在。

在可分均衡下，厂商发行新股成了其资产价值较低的坏消息——在一个厂商发行新股之前，市场视它的初始资产价值是 $\bar{V}_0$；一旦厂商宣布发行新股，市场立即将其估值降为 $V_0^L < \bar{V}_0$。其结果是，发行新股将使厂商股票价格下跌。

由于这个原因，如果厂商有内部资金，或者可以发行无风险债券等与非对称信息无关的证券，厂商将优先选择这些融资方式。

 进一步阅读

关于不完全信息博弈的经典论著，可以参照上一章末所列文献。其他相关文献还包括：

Milgram, P. and J. Roberts (1982), "Limit Pricing and Entry under Incomplete Information", *Econometrica*, 50: 443-460.

Harsanyi, J. (1973), "Games with Randomly Disturbed Payoffs: a Rationale for Mixed-Strategy Equilibrium Points", *International Journal of Game Theory*, 2: 1-23.

Kreps, D. and R. Wilson (1982), "Reputation and Imperfect Information", *Journal of Economic Theory*, 27: 253-279.

Rubinstein, A. (1982), "Perfect Equilibrium in Bargaining Model", *Econometrica*, 50: 79-110.

Myers, S. C. and N. S. Majluf (1984), "Corporate Financing and Investment Decisions When Firms Have Information That Investors Do Not Have", *Journal of Financial Economics*, 13: 187-221.

练习与思考

13-1 考虑一个信息不完全的二人博弈：甲、乙同时行动；甲只有一种类型，但乙有两种可能的类型：$\Theta_2 = \{\theta_2, \theta_2'\}$；甲不了解对方是哪一类，但他相信对方为 θ_2 和 θ_2' 的概率分别为 p 和 $1-p$。在局中人乙两种可能类型下，双方的可选战略和支付如下表所示。试说明 p 的大小如何影响贝叶斯均衡。

		乙			
		类型 θ_2		类型 θ_2'	
		左	右	左	右
甲	上	1, 1	0, 0	0, 0	0, 0
	下	0, 0	0, 0	0, 0	2, 2

13-2 证明：每一个完美贝叶斯均衡都是子博弈完美均衡。

13-3 假如最高价密封拍卖中参与竞价的局中人有 n 个，每个人都不清楚别人对标的物的保留价格，只是知道它均匀分布在区间 $[0, 1]$ 上。证明：每个具有保留价格 v 的局中人以 $(n-1)v/n$ 竞价构成一个贝叶斯均衡。

13-4 将猜币游戏的支付矩阵改为如下形式：

		局中人 2	
		正	反
局中人 1	正	$1+\theta_1, -1+\theta_2$	$-1+\theta_1, 1$
	反	$-1, 1+\theta_2$	$1, -1$

局中人 i 知道自己的 θ_i 值，但只能猜测对方的 θ_j 均匀分布于 $(-\varepsilon, \varepsilon)$。求该博弈的贝叶斯-纳什均衡，并证明当 $\varepsilon \to 0$ 时，该均衡趋于信息完备时的混合战略纳什均衡。

13-5 两家公司共同建立了一个合资公司，公司 1 在其中所占的股份比例为 $s \in (0, 1)$，公司 2 则拥有另外 $1-s$ 的股份。假设现在两家公司决定中止它们的合作关系，它们确定了这样一个方案：由公司 1 提出它对现有合资公司的资产报价 P，公司 2 接下来可以有两个选择：或者以金额 sP 买断对方在合资公司中的股份 s，或者以价格 $(1-s)P$ 将手中的股份卖给对方。假设双方对该合资公司的估价 v_i 是相互独立的，i 不知道 j 的估价 $v_j(i\neq j)$，仅知道 v_j 均匀地分布于区间 $(0,1)$。求该博弈的贝叶斯纳什均衡，并讨论公司 1 原有股份 s 对其均衡估价的影响。

13-6 求以下信息不完备的**懦夫游戏**(Chicken game) 的贝叶斯-纳什均衡：

两个青少年 1 和 2 分别借来父母的汽车，在一群小伙伴面前进行如下游戏：双方在一条路两头出发，开车相向而行；在临撞车前，双方各面临两个选择：继续笔直地开过去 (记为战略 D)，或者突然闪让 (记为 C)。各种情况下双方所得的支付如下表：

		局中人 2	
		C	D
局中人 1	C	0, 0	0, 2
	D	2, 0	$1-\theta_1, 1-\theta_2$

对上述支付结果的解释是：选择继续开过去 (D) 会被小伙伴视为勇敢而得到尊重，临阵脱逃 (C) 则被视为懦夫；如果两人都不让而继续开，撞车后两人共同分享朋友的尊重，但汽车损坏会受到家长的责罚，惩罚力度 θ_1 和 θ_2 取决于家长是宽厚还是严厉：两种情况下，θ_i 的值将分别为 0 和 4。假定两人清楚自己父母的态度，但不清楚对方父母的性格——他们都相信对方父母宽厚和严厉的概率各为 50%。

13-7 考虑下面的委员投票博弈。某公司管理团队对某一投资项目进行了先期评估，估计其为好项目 (G) 且值得投资的概率为 $q\in(1/2,1)$，为坏项目 (B) 的概率为 $1-q$。现在管理团队将该投资案提交公司投资委员会审议，该委员会由 1 和 2 两个委员构成；审议规则是两人独立投票 (赞成或反对)，而只有两人同时投赞成票才会启动该项目。

现在假定两个委员各自进行了进一步的调查，且独立并随机性地获得了关于该项目的进一步信息 θ_G 或 θ_B；假定在项目确为 G 的情况下，信息 θ_G 出现的可能性更高，项目为 B 时 θ_B 出现的可能性更高：

$$\Pr\{\theta_i=\theta_G|G\}=\Pr\{\theta_i=\theta_B|B\}=p$$
$$\Pr\{\theta_i=\theta_G|B\}=\Pr\{\theta_i=\theta_B|G\}=1-p$$
$i=1,2$

而且有 $p>q>1/2$。委员得到进一步信息后，双方会更新自己对该项目的判断，记委员 i 对该项目的最新评估是 $\Pr_i\{G\}=P_i$，则根据投票规则，各种情况下的二人所得支付如下表所示：

		委员 2	
		赞成	反对
委员 1	赞成	P_1, P_2	$1-P_1, 1-P_2$
	反对	$1-P_1, l-P_2$	$1-P_1, 1-P_2$

试证明:

(1) "收到信息 θ_G 投赞成票, 收到信息 θ_B 投反对票"并不是一个贝叶斯均衡战略。

(2) 两个委员均实行"无论收到何种信息, 均投赞成票"构成一个贝叶斯-纳什均衡。

13-8 求如下图所示博弈所有的单纯战略纳什均衡、子博弈完美均衡和完美贝叶斯均衡。

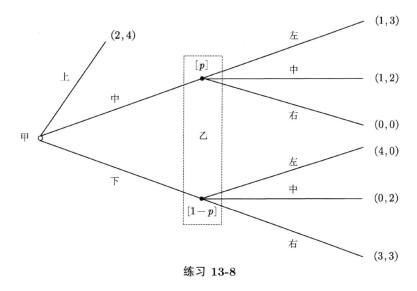

练习 13-8

13-9 求下图所示信号博弈的单纯战略完美贝叶斯均衡。

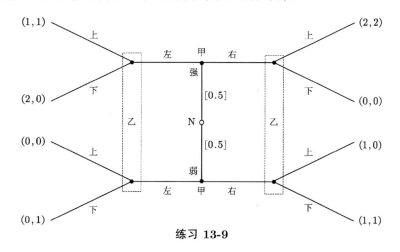

练习 13-9

13-10 考虑著名的"啤酒馅饼"(Beer-Quiche) 博弈。局中人 1 首先选择自己的早餐,可以选"啤酒"(B) 或"鸡蛋馅饼"(Q);局中人有两种可能的类型 S 或 W,局中人 2 对此的判断是 $\Pr\{\theta_1 = S\} = p$;S 类局中人 1 选 B 获支付 1,选 Q 获 0;W 类与此相反,选 B 获支付 0,选 Q 获 1。局中人 2 观察到对方的早餐选择后,决定是否与对方挑战 (F 或 N)。无论哪种类型的局中人 1 都不喜欢被挑战:对方选 F 时他获 0,选 N 时获 2;反之,局中人 2 希望与 W 类对手挑战:他挑战 S 类对手获 0,挑战 W 类对手获 2;若他选择不挑战,无论对手类型如何局中人 2 都获 1。

(1) 试画出该博弈的博弈树。
(2) 试证明,该博弈不存在可分 (单纯战略) 均衡。
(3) 试推导存在汇合均衡的条件,并求汇合均衡。

13-11 如下图所示的博弈被称为**塞尔腾之马** (Selten's Horse),求其单纯战略纳什均衡和完美贝叶斯均衡。

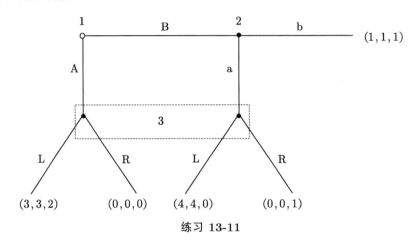

练习 13-11

第 14 章 独占市场

非正式地说，**独占**(monopoly)，或称**垄断**，指的是市场上只有唯一一个厂商，它面对的需求曲线就是整个市场的需求曲线。但需要注意，这只是一个方便的描述。一些市场看起来只有一个厂商，但这个厂商却依然存在竞争对手——比方说，即使经营传统有线电话的公司只有一个，这个公司却仍然受到电报公司、移动电话公司的竞争，所以它的行为也许更多地呈现寡头厂商的特征；另一方面，有的市场上厂商不止一个，但由于产品差异、地理条件等原因，一些厂商在一定范围内却可能享有实在的垄断地位，譬如某个地区的煤厂、某街区的特色餐馆就是这样。

严格地说，如果一个厂商独自面对一条向下倾斜的产品需求曲线 $y = y(p), y'(p) < 0$，就称其为**独占厂商** (需求的连续性和可微性不是必要的，只是为了分析的方便)。采用这个定义，我们首先在 14.1 节推导了一般的独占厂商定价原理，随即在 14.2 节中对其做了社会福利分析，这一节的结果与完全竞争市场的福利最大化和帕累托有效形成鲜明的对比。14.3-14.6 节着重分析了几种不同的价格歧视模型；14.7 节则是价格歧视与统一定价政策的福利比较。

14.1 独占定价

独占厂商与完全竞争厂商根本的不同，在于它面对一条向下倾斜的产品需求曲线，而完全竞争厂商作为市场价格的接受者，面对的产品需求曲线是水平的。所以，独占市场上的产品价格依赖于市场需求和厂商的产量。从这个角度来说，独占厂商是市场价格的制定者。

假设一个独占厂商面对市场需求 $y = y(p)$，其反函数为 $p = p(y)$，满足 $p'(y) < 0$；厂商的成本函数为 $c(y), c'(y) > 0$。厂商的利润最大化问题是

$$\max_y [yp(y) - c(y)] \tag{14.1}$$

在这里，考虑角点解没有多大意义，因为 $y = 0$ 意味着根本没有生产和消费。不考虑这种无意义的情形，内点解 $y^* > 0$ 满足下面一阶必要条件

$$p(y) + yp'(y) = c'(y) \tag{14.2}$$

等式左端是厂商的边际收益 MR，右端是其边际成本 MC，所以一阶条件是 MR = MC 这一利润最大化一般原则的一个特殊形式。

二阶必要条件是

$$2p'(y) + yp''(y) \leqslant c''(y) \tag{14.3}$$

不等式左边是边际收益曲线的斜率，右边是边际成本曲线的斜率——即是说，在厂商最优产量点，边际成本线从左下方向上穿过边际收益曲线。

独占厂商的最优定价原则常以另外一种更为直观的形式表示：由一阶条件，

$$p\left(1 + \frac{dp}{dy}\frac{y}{p}\right) = c'(y)$$

或

$$p\left[1 + \frac{1}{\varepsilon(y)}\right] = c'(y) \tag{14.4}$$

这里，$\varepsilon(y)$ 是需求的价格弹性

$$\varepsilon(y) = \frac{dy}{dp}\frac{p}{y} < 0$$

由 (14.4) 式，可以立即得到两个命题：

(1) 独占厂商的产品定价总是高于它的边际成本。这是因为 $\varepsilon(y) < 0$，而且向下倾斜的需求曲线意味着 $\varepsilon(y) > -\infty$。

(2) 独占厂商的最优产量总是落在 $\varepsilon(y) < -1$ 的区域内。原因是只有在这个区域内才能保证边际收益 MR > 0，而我们知道边际成本 MC 总是大于零的。

由于完全竞争情况下厂商的边际成本等于市场价格，作为一个对照工具，以下的 Lerner 指数常用来衡量其他竞争状况下厂商市场力量的大小

$$\text{LI} = \frac{p - c'(y)}{p} \tag{14.5}$$

对于独占厂商，由等式 (14.4)，有

$$\text{LI} = -\frac{1}{\varepsilon(y)} > 0 \tag{14.6}$$

$\varepsilon(y)$ 的绝对值越小，或者说 (y, p) 坐标系中需求曲线越陡峭，厂商的市场力量越强；如果需求曲线斜率非常小，接近于水平线，独占厂商就与完全竞争厂商的处境相似，因为 $\varepsilon(y) \to -\infty$ 时有 LI $\to 0$。

以几何图来看，图 14.1(a) 中，我们画出了厂商的收益曲线 $yp(y)$ 和成本曲线 $c(y)$，这二者的差是它的利润曲线 $\pi(p)$。尽管前面的模型中对收益函数和成本函数没有做过多的假设，但我们在图中将收益曲线画为凹的，体现新古典经济学中边际收益递减的假设；成本曲线画为凸的，这是边际成本递增的情形。注意在这两个条件下二阶条件 (14.3) 自然满足。一阶必要条件要求，在利润最大化产量水平 y^*，边际收益与边际成本相等，这在图中体现为收益曲线与成本曲线的切线斜率相等。从另一个角度，在图 14.1(b) 中，边际成本线 $c'(y)$ 与边际收益曲线 MR 的交点确定了最优产量 y^*，这个产量在市场上出清所得的价格是均衡价格 p^*。p^* 与平均成本 $c(y^*)/y^*$ 之差乘以产量 y^* 就是厂商获得的超额利润，在图中显示为阴影部分矩形面积。

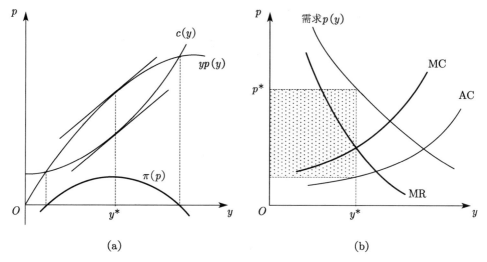

图 14.1 独占厂商的最优产量和定价

14.2 福利分析

14.2.1 产量水平

不妨假设社会由一个代表性的消费者组成,其效用函数是拟线性的: $U(x,q) = u(x) + q$, 由它可导出商品 x 的反需求函数 $p = un(x)$;商品 x 由市场上唯一一个厂商供给。

记 y^* 和 p^* 分别为这个独占厂商的利润最大化产量和定价。由前面的分析,独占厂商的产品定价总是高于它的边际成本 $p^* > c'(y^*)$,这就破坏了 7.4 和 7.5 两节推导出的帕累托有效和社会福利最大化条件 $u'(x^*) = c'(y^*), x^* = y^*$。更进一步,考虑此时的马歇尔剩余

$$S(y) = u(y) - c(y) \tag{14.7}$$

对 y 求导,在 y^* 点取值

$$S'(y^*) = u'(y^*) - c'(y^*)$$

将市场均衡条件 $u'(y^*) = p^* = p(y^*)$ (需求价格等于供给价格) 代入,并利用一阶必要条件 (14.2),有

$$S'(y^*) = p(y^*) - c'(y^*) = -y^* p'(y^*) > 0 \tag{14.8}$$

这意味着在 y^* 的基础上再增加产量会增加社会福利。所以,独占厂商的产量低于社会最优产量的水平。

14.2.2 质量水平

我们也可以引入一个产品质量变量,对独占厂商产品质量决策的福利含义做简单的分析。假设 x 产品的质量有高低之分,以变量 $b(b \geqslant 0)$ 代表产品的质量,b 越大质量越高。这种

情况下消费者的效用函数可写为

$$U(x, q; b) = u(x, b) + q \quad \partial u(x, b)/\partial b > 0 \tag{14.9}$$

即是说,其他条件不变时,b 越大消费者从 x 商品的消费中获得的效用也越高;厂商的成本函数是

$$c = c(y, b) \quad \partial c(y, b)/\partial b > 0 \tag{14.10}$$

这里假设了厂商生产质量较高的产品需要更高的成本。

厂商的目标是

$$\max_{y,b} [p(x, b)y - c(y, b)] \\ \text{s.t.} \quad x = y \tag{14.11}$$

利用等式约束,将目标函数中的 x 置换为 y,一阶必要条件是

$$p + y\frac{\partial p}{\partial y} = \frac{\partial c}{\partial y}, \quad y\frac{\partial p}{\partial b} = \frac{\partial c}{\partial b} \tag{14.12}$$

对马歇尔剩余函数求偏导,在利润最大化点取值,利用一阶条件 (14.12),得到

$$\begin{aligned}\frac{\partial S(y^*, b^*)}{\partial y} &= \frac{\partial u(y^*, b^*)}{\partial y} - \frac{\partial c(y^*, b^*)}{\partial y} \\ &= -y^*\frac{\partial p(y^*, b^*)}{\partial y} > 0\end{aligned} \tag{14.13}$$

$$\begin{aligned}\frac{\partial S(y^*, b^*)}{\partial b} &= \frac{\partial u(y^*, b^*)}{\partial b} - \frac{\partial c(y^*, b^*)}{\partial b} \\ &= \frac{\partial u(y^*, b^*)}{\partial b} - y^*\frac{\partial p(y^*, b^*)}{\partial b}\end{aligned} \tag{14.14}$$

(14.13) 式说明,引进质量变量并不改变独占厂商产量低于社会最优水平这个结论;但是,第二个等式的正负符号不定,说明产品质量 b^* 低于和高于社会最优水平两种可能都存在。

为了进一步了解在什么情况下 b^* "过高"和"过低",我们将马歇尔剩余写成消费者剩余 CS、厂商利润 Π 之和

$$S = [u(x, b) - px] - [px - c(x, b)] = \text{CS} + \Pi \tag{14.15}$$

在利润最大化点 (y^*, b^*),必然有

$$\frac{\partial \Pi}{\partial x} = \frac{\partial \Pi}{\partial b} = 0(\text{一阶必要条件})$$

所以,要估计 $\partial S/\partial b$,只需估计 $\partial \text{CS}/\partial b$。下面采用几何方法进行分析。

假设保持最优产量 y^* 不变,让质量在 b^* 的基础上做一个微小的变化。如图 14.2,初始的市场需求曲线是 D。因为在任一数量水平 y 上消费者都更喜欢质量较高的产品,所以,如果产品质量从 b^* 增加到 b',会推动需求曲线向右上方移动至 D'。这个移动可分解为一次平

移和一次旋转。因为平移过程并不影响消费者剩余，所以质量提高是增加还是降低了消费者剩余就取决于旋转后的需求曲线比原来的需求曲线平坦还是陡峭。如果新需求曲线较平，即

$$\frac{\partial^2 p}{\partial b \partial x} = \frac{\partial}{\partial b}\left(\frac{\partial p}{\partial x}\right) > 0$$

就有 $\partial \mathrm{CS}/\partial b < 0$，说明 y^* 对社会来说已经过高；相反，如果新需求曲线较陡，则说明 y^* 未达到社会最优水平。

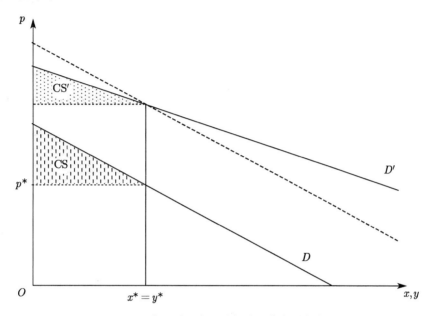

图 14.2　产品质量变化引起的消费者剩余变化

14.3　三级价格歧视

由于面对单减的需求函数，$p'(y) < 0$，所以，独占厂商每多卖一件产品，都会降低市场价格，影响它在其出售的每一单位产品上的收益。在一定条件下，厂商可以对不同的消费者 (消费群) 索取不同的价格以排除这种效应，获得额外的利润。这种定价行为称为**价格歧视**(price discrimination)。

显然，实行价格歧视的前提是消费者无法在厂商提供的不同价格间套利。如果你试图以一个较低的价格出售某种产品给甲，同时以一个较高的价格出售同一种产品给乙，但你又不能制止甲和乙之间交易的话，你的计划显然只是空想。根据这个前提条件，我们可以区分三种不同的场合下对应的三种价格歧视形式。这一节先介绍其中的三级价格歧视，一级和二级价格歧视将在接下来的两节分别讨论。

14.3.1　完全划分市场

如果厂商能够将其产品市场划分成两个以上的子市场，不同的子市场具有不同的需求函

数,而且子市场间不存在套利行为,那么厂商可以在不同的子市场采取不同的价格政策,这称为三级价格歧视。

厂商划分市场的标准是多样性的。其中,地理性市场划分也许最容易想象,高昂的运输费用、国家间关税和非关税壁垒等都为厂商提供了划分市场的便利条件。时段性市场划分是另一种普遍的形式,比如某些零售商在周末等特殊的时间内实行优惠政策,同一个人在优惠期间和平时所付的价格不一样。另外,根据消费者年龄、地位等特征划分市场并从歧视性定价中获利的行为在日常生活中也屡见不鲜。

这一小节先分析消费者之间完全不存在套利可能这种简单的情况,然后在下一小节中放松这个条件。

不失一般性,假设某独占厂商的产品市场可分为两个完全无关的子市场,反需求函数分别为 $p_1 = p_1(x)$ 和 $p_2 = p_2(x)$; 不妨设垄断厂商有常边际成本 $c > 0$,其目标是

$$\max_{x_1,x_2} [p_1(x_1)x_1 + p_2(x_2)x_2 - cx_1 - cx_2] \tag{14.16}$$

一阶条件是

$$\begin{aligned} p_1(x_1) + x_1 p_1'(x_1) &= c \\ p_2(x_2) + x_2 p_2'(x_2) &= c \end{aligned} \tag{14.17}$$

将它们改写成

$$\begin{aligned} p_1(1 + 1/\varepsilon_1) &= c \\ p_2(1 + 1/\varepsilon_2) &= c \end{aligned} \tag{14.18}$$

这里 $\varepsilon_i = p_i/x_i p_i'(x_i)$ 是子市场 $i(i = 1, 2)$ 中需求的价格弹性。将 (14.18) 中两个等式两端相除,得到

$$\frac{p_1}{p_2} = \frac{1 + 1/\varepsilon_2}{1 + 1/\varepsilon_1} \tag{14.19}$$

这个等式概括了三级价格歧视基本原则: 如果 $|\varepsilon_1| < |\varepsilon_2|$,就有 $p_1 > p_2$ ——即是说,如果厂商追求利润最大化,它会在价格弹性较高的市场实行较低的价格,而在价格弹性较低的市场实行较高的价格。

14.3.2 不完全划分的市场

如果市场划分是不完全的,一个市场上的产品供给可能影响另一个市场的价格,从而反需求函数将呈 $p_i = p_i(x_1, x_2)$ $(i = 1, 2)$ 形状。保持前面的其他假设,此时利润最大化的一阶条件变为

$$\begin{aligned} p_1 + \frac{\partial p_1}{\partial x_1}x_1 + \frac{\partial p_2}{\partial x_1}x_2 &= c \\ p_2 + \frac{\partial p_1}{\partial x_2}x_1 + \frac{\partial p_2}{\partial x_2}x_2 &= c \end{aligned} \tag{14.20}$$

或

$$p_1\left(1+\frac{1}{\varepsilon_1}\right) = c - \frac{\partial p_2}{\partial x_1}x_2$$
$$p_2\left(1+\frac{1}{\varepsilon_2}\right) = c - \frac{\partial p_1}{\partial x_2}x_1 \tag{14.21}$$

在拟线性效用假设下，价格的跨市场交叉效应相同，即 $\partial x_1/\partial p_2 = \partial x_2/\partial p_1 > 0$，从而也有 $\partial p_1/\partial x_2 = \partial p_2/\partial x_1$。将 (14.21) 中两个等式相除，不失一般性，设 $x_1 > x_2$，得到

$$\frac{p_1}{p_2} > \frac{1+1/\varepsilon_2}{1+1/\varepsilon_1} \qquad (x_1 > x_2) \tag{14.22}$$

如果还有 $|\varepsilon_1| < |\varepsilon_2|$，必然有 $p_1 > p_2$ 成立。这说明，若较小的市场需求弹性也更大，那么这个市场上的价格也较低。Hamaker and Astle (1984) 所做的研究表明，北美国家图书馆订购英国杂志的平均价格比英国图书馆订购本国杂志的价格高 67%，比世界其他地区订购的价格高 34%，这可视为上述模型的一个良好注脚。

14.4 一级价格歧视

在厂商知道每一个消费者的需求函数，并且消费者之间无法进行套利交易的条件下，厂商向每个消费者索取他愿意支付的最高价格——保留价格，就称为一级价格歧视，有时也称为完全价格歧视。这种极端的价格歧视在生活中的例子并不多见，最接近的例子是偏僻小镇上的医生视患者的贫富程度和诊疗频率而有针对性地索取治疗费。

假设某独占厂商的产品市场上存在 n 个消费者，其中消费者 i 的效用函数为 $U_i = u_i(x_i) + q_i$，满足 $u_i'' < 0$, $u_i(0) = 0$；厂商的成本函数是 $c(x)$。厂商的利润最大化行为可分两步：首先，确定向每个消费者销售一定量商品索取的价格；然后再选择利润最大化产量。我们先看第一步定价决策。

假设厂商试图以价格 P_i 向消费者 i 出售 x_i 单位产品。注意这里不使用产品的单位价格，P_i 是消费者购买 x_i 单位所支付的总金额。假设厂商并不将其产品拆零销售，即是说消费者或者付款 P_i 买走这 x_i 单位商品，或者一单位也不买。记该消费者的初始货币收入为 m_i。显然，这笔交易成功的条件是

$$u_i(0) + m_i \leqslant u_i(x_i) + m_i - P_i \tag{14.23}$$

因为 $u(0) = 0$, 移项后是

$$P_i \leqslant u_i(x_i) \tag{14.24}$$

对厂商来说索取的价格自然是越多越好，所以在最优的价格下不等式 (14.24) 必然是束紧的，这就得到了一级歧视定价公式

$$P_i = u_i(x_i) \tag{14.25}$$

余下来,厂商的产量决策从下列问题中得解

$$\max_{x_1,\ldots,x_n} \sum_i [u_i(x_i) - c(y)]$$
$$\text{s.t.} \quad y = \sum_i x_i \tag{14.26}$$

将对消费者 i 的最优销售量记为 x_i^c,最优产量为 y^c,它们必然满足一阶必要条件

$$u_i'(x_i^c) = c'(y^c) \quad (i=1,\ldots,n) \tag{14.27}$$

在常边际成本 $c'(y) = c$ 的情况下,这个条件容易通过图形作直观的说明。在图 14.3(a) 中,$p = u_i'(x_i)$ 是消费者 i 的需求曲线。给定任何一个交易量 x_i',(14.25) 要求厂商索取的价格是

$$P_i(x_i') = u_i(x') = \int_0^{x_i'} u_i'(x_i) dx_i$$

这等于需求曲线以下,夹在垂直线 $x_i = 0$ 和 $x_i = x_i'$ 间的面积 (图中阴影部分)。同时,厂商的成本是 $C_i = cx_i'$,所以厂商从消费者 i 那里赚取的净利润 Π_i 是其中成本线以上的部分。

记需求曲线与边际成本线的交点为 E,对应的横坐标 (销售量) 为 x_i^c,满足 $u_i'(x_i^c) = c$。从图中可以清楚地看出,只要 $x_i' < x_i^c$,厂商扩大销售量总能增加利润 Π_i;另一方面,只要 $x_i' > x_i^c$,它降低销售量也会增加 Π_i——虽然降低销售量同时也减少了可以向消费者索取的价格 P_i,但生产成本的节约幅度更大。所以,x_i^c 必然是对消费者 i 的最佳销售量。

图 14.3(b) 则是从另一个角度说明同一个道理。在这个 (x_i, q_i) 坐标系中,存在无穷多条消费者 i 的无差异曲线,由于我们假设 $u_i'' < 0$,这些无差异曲线都是凸向原点的。不过,厂商一旦确定了定价原则 (14.25),就将消费者推到了他的 "保留效用" 所对应的那条无差异曲线 U_i^0 上 (保留效用指的是消费者不购买商品 x 所获得的效用),因为无论消费者购买多少,总

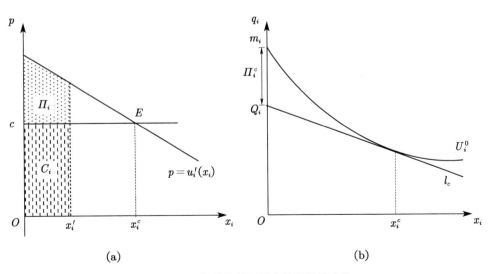

图 14.3 一级价格歧视厂商的利润最大化

有
$$u_i(x_i) + m_i - P_i = u_i(x_i) + m_i - u_i(x_i)$$
$$= m_i = u_i(0) + m_i$$

在无差异曲线 U_i^0 上，虽然消费者无所谓具体在哪一点消费，但让消费者购买多少却关系到厂商的净利润大小。如果我们从 U_i^0 上任一点 $[x_i, m_i - u(x_i)]$ 引一条斜率为 $-c$ 的直线 l_c，在 q_i 轴上的截距 Q_i 可以通过下式计算

$$\frac{m_i - u_i(x_i) - Q_i}{x_i - 0} = -c$$

解得
$$Q_i = m_i - [u_i(x_i) - cx_i] \tag{14.28}$$

注意到曲线 U_i^0 在 q 轴上的截距是 m_i，所以 U_i^0 和 l_c 在 q 轴上的截距之差正好是销售量为 x_i 时厂商的利润

$$\Pi_i = u_i(x_i) - cx_i$$

显然，在 l_c 与 U_i^0 相切时，厂商达到最大利润 Π_i^c。但注意到无差异曲线的斜率是

$$-\frac{\partial U_i/\partial x}{\partial U_i/\partial q} = -u_i'(x_i)$$

在 l_c 与 U_i^0 的切点必然有

$$-u_i'(x_i^c) = -c$$

而这就是条件 (14.27)。

(14.27) 意味着，实行一级价格歧视的厂商与完全竞争厂商的产量水平相同，而且，其资源配置也是帕累托有效的！只是，在完全竞争市场中，厂商利润为零，消费者获得所有的生产利益，全部以消费者剩余的形式归消费者所得；一级价格歧视下的利益分配是另一个极端：消费者剩余为零，厂商获得了全部生产利益 (读者可以从图 14.3(a) 中看出厂商利润 Π_i^c 正好是完全竞争均衡下的消费者剩余)。这样的场合下，资源配置标准不再是有效性，代之以公平性更为恰当。

14.5 二级价格歧视

在一级价格歧视中，厂商能识别消费者的需求特征，所以它可以对不同的消费者提供不同的价格政策 $[P_i, x_i]$。但是，如果厂商仅知道其产品存在不同的需求，但事先无法辨识具体消费者具有哪一种需求，这种情况下，厂商还可以实行二级价格歧视实现利润最大化。在推导这种不完全信息下的最优定价决策之前，我们先在一级价格歧视模型中引入非对称信息，看看它对消费者行为有什么样的影响。

14.5.1 非对称信息下一级价格歧视失效

不妨假设市场上存在两种类型的消费者, 效用函数分别为 $u_1(x) + q$ 和 $u_2(x) + q$, 满足 $u_i'' < 0$ $(i = 1, 2)$; 假设类型 2 的消费者对 x 商品的购买欲较高: $u_1(x) < u_2(x)$, 并且, 他的边际购买欲也较高, 即**单交条件**(single crossing property) 成立: $u_1'(x) < u_2'(x)$; 由于拟线性效用函数下消费者对商品 x 的需求与其收入无关, 不妨假设两类消费者的收入是相同的, 记为 m——假设这些信息厂商都是了解的。但是, 面对一个具体的消费者时, 厂商不知道他是属于类型 1 还是类型 2。为便于图形分析和表述过程简洁, 假设厂商有常边际成本: $c'(y) = c$, $c > 0$; 假设消费者之间的交易费用为无穷大, 这完全排除了套利可能。

这里已经涉及了信息的非对称性: 产品买方知道自己的消费类型, 卖方却不知道。非对称信息对厂商的最优定价有深刻的影响, 我们借助几何图形对此加以说明。

如果信息是对称的, 厂商能够识别每一个消费者的类型的话, 我们就得到了上一节的一级价格歧视模型。类似图 14.3(a), 我们在图 14.4 中画出了两类消费者的需求曲线 $p = u_1'(x)$ 和 $p = u_2'(x)$, 由单交条件后者处于前者的上方。

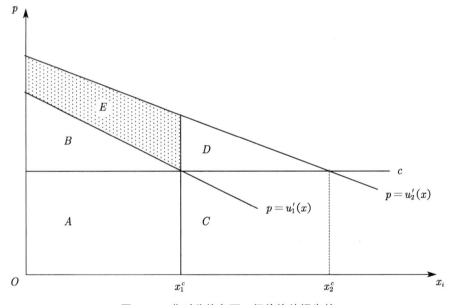

图 14.4 非对称信息下一级价格歧视失效

厂商向第 1 类消费者出售 x_1^c, 价格为 $P_1^c = u_1(x_1^c)$, 这也等于图中面积 $A+B$, 厂商从每一个这样的消费者那里赚取的利润为面积 B; 第二类消费者购买 x_2^c, 所付的价格是 $P_2^c = u_2(x_2^c)$, 或说是面积 $A + B + C + D + E$, 厂商获利润 $B + D + E$。注意在一级价格歧视下两类消费者从商品 x 的消费者获得的净剩余都是零。

但如果厂商不能识别消费者的类型, 面对一个不知是属于消费类型 1 或类型 2 的消费者, 厂商就没有办法要求对方按一定的方案 $[P_i^c, x_i^c]$ 购买了。这种场合, 如果厂商仍试图赚取一级价格歧视下的利润, 它只有向市场宣布一个两可的方案: $[P_1^c, x_1^c]$ 或者 $[P_2^c, x_2^c]$——消费者或者支付 P_1^c 购买 x_1^c 单位产品, 或者支付 P_2^c 购买 x_2^c 单位产品, 或者一单位也不买。与完全信息场合相比，非对称信息给消费者带来了一个在两种购买方案中选择的机会，而不是像一级价格歧视中那样毫无选择余地。但对第 1 类消费者来说，这与完全信息情况没有丝毫不同——他按 $[P_1^c, x_1^c]$ 消费至少保证其净剩余为零，选择另一个方案得到的净剩余却是负的。但是，第 2 类消费者会清楚地看到，如果他购买第一种方案 $[P_1^c, x_1^c]$ 的话，他获得的效用是 $A + B + E$，而所付的价格 $P_1^c = A + B$，可以得到一个正的净剩余 E，这优于他按 $[P_2^c, x_2^c]$ 购买获得的零剩余。所以，市场上所有的消费者都只会按 $[P_1^c, x_1^c]$ 购买。可见，此时一级价格歧视下的利润是不可能到达的。与对称信息时候相比，厂商因信息的不对称遭受了利润损失。

要让第 2 类消费者老老实实地购买专为他准备的 $[P_2^c, x_2^c]$，只有消除他购买 $[P_1^c, x_1^c]$ 所能得到的额外利益，这可以通过提高 P_1^c 或降低 P_2^c 来实现。但是，向购买 x_1^c 的人索取的价格 $P_1^c = A + B$ 已经不能再提高了，否则会完全失去第 1 类消费者。剩下的办法就是降低购买 x_2^c 的价格。一个明显的做法是，将 x_2^c 的价格降至 $P_2^c - E$——在这个价格下，第 2 类消费者购买 x_2^c 也能获得净剩余 E，他就没有必要去买 x_1^c 了。

厂商这种向第 2 类消费者让利的行为对自己也是有利的，因为这样他从每一个这类消费者那里可赚取利润 $B + D$，但若放任他们购买 $[P_1^c, x_1^c]$，这个利润仅是 B。

不过，这对第 2 类消费者过于慷慨了，厂商可以改进它的销售政策。假设厂商稍稍减少为第 1 类消费者准备的购买量，相应地降低其价格，其总利润必然增加。为了说明这一点，在此不妨考虑两类消费者人数相等这样一种最简单的情况。如图 14.5，厂商将低消费者的购买量从 x_1^c 降至 x_1'，这会使得它从这类消费者那里得到的利润减少 B'，不过，厂商向高消费者提供的价格补贴减少了 E'。只要 $E' > B'$，正像图 14.5 中显示的那样，这样做就是值得的。当降低 x_1 的边际所得等于边际收益时，就达到了 x_1 的最优水平。

以上直观的分析说明，在厂商最优定价战略中，第 2 类消费者的购买量与一级价格歧视中相同，但价格低于一级歧视价格；第 1 类消费者的购买量低于一级价格歧视情形下的购买

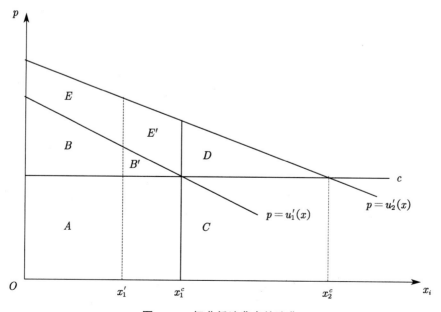

图 14.5 扭曲低消费者的消费

量，其价格正好使这类消费者获得的净剩余为零。下一小节我们将以较为严格的方法证实这个结论。

14.5.2 二级价格歧视

由于不了解消费者属于哪个消费类型，厂商只能对每个消费者都提供一个两可选择：$[P_1, x_1]$ 或者 $[P_2, x_2]$。如果厂商希望类型 1 的消费者购买 $[P_1, x_1]$，类型 2 的消费者购买 $[P_2, x_2]$，需要以下两个条件成立：

第一，每个消费者都愿意购买产品，即是说每个消费者按厂商提供的价格购买是有利可图的

$$\begin{aligned} u_1(x_1) + m - P_1 &\geqslant u_1(0) + m \\ u_2(x_2) + m - P_2 &\geqslant u_2(0) + m \end{aligned} \tag{14.29}$$

这称为**个体理性约束**(individual rationality constraints)，或者叫**参与约束**(participate constraints)。

第二，每个消费者自动地选择厂商为他提供的购买方案——即是说，消费者 1 不会觉得以 P_2 购买 x_2 比以 P_1 购买 x_1 更有吸引力，消费者 2 也不认为自己能从购买 x_1(支付 P_1) 中得到便宜

$$\begin{aligned} u_1(x_1) + m - P_1 &\geqslant u_1(x_2) + m - P_2 \\ u_2(x_2) + m - P_2 &\geqslant u_2(x_1) + m - P_1 \end{aligned} \tag{14.30}$$

这称为**自选择约束**(self-selection constraints)。

利用假设 $u_i(0) = 0$，整理这两组约束并重新排列如下

$$P_1 \leqslant u_1(x_1) \tag{14.31}$$

$$P_1 \leqslant u_1(x_1) - u_1(x_2) + P_2 \tag{14.32}$$

$$P_2 \leqslant u_2(x_2) \tag{14.33}$$

$$P_2 \leqslant u_2(x_2) - u_2(x_1) + P_1 \tag{14.34}$$

因为厂商希望 P_1 和 P_2 越大越好，从而，对于最优歧视价格 $[P_1, x_1; P_2, x_2]$，这两组约束中必然各自有一个是束紧的。先看第二组，若 (14.33) 束紧，$P_2 = u_2(x_2)$，(14.34) 变为

$$u_2(x_1) \leqslant P_1$$

但按模型条件，

$$u_1(x_1) < u_2(x_1) \leqslant P_1$$

与 (14.31) 矛盾。从而，(14.33) 中严格不等式成立，而 (14.34) 是束紧的

$$P_2 = u_2(x_2) - u_2(x_1) + P_1 \tag{14.35}$$

现在转过来看第一组约束。若 (14.32) 束紧，利用 (14.35)，有

$$P_1 = u_1(x_1) - u_1(x_2) + u_2(x_2) - u_2(x_1) + P_1$$

整理后得到
$$u_1(x_2) - u_1(x_1) = u_2(x_2) - u_2(x_1)$$

利用定积分的牛顿–莱布尼茨公式, 这又可写为
$$\int_{x_1}^{x_2} u_1'(x)dx = \int_{x_1}^{x_2} u_2'(x)dx$$

这又与单交条件 $u_1'(x) < u_2'(x)$ 矛盾。从而, (14.31) 是束紧的

$$P_1 = u_1(x_1) \tag{14.36}$$

这表明, 低需求消费者付出的价格恰好是他消费 x_1 单位商品所得的效用, 这是他情愿付出的最大值。将 (14.36) 代入 (14.35), 得

$$P_2 = u_2(x_2) - [u_2(x_1) - u_1(x_1)] \tag{14.37}$$

这是诱使类型 2 消费者购买 x_2(而不是购买 x_1) 的最高价格, 它是由消费者所得的效用 $u_2(x_2)$ 和一个折扣 $[u_2(x_1) - u_1(x_1)]$ 组成的, 折扣的大小正好是 x_1 单位商品带给两种消费者效用的差值, 这也就是图 14.5 中的面积 E。如果没有这个价格折扣, 消费者 2 会转而以 $P_1 = u_1(x_1)$ 购买 x_1, 获得净剩余 $[u_2(x_1) - u_1(x_1)]$。如果购买 x_2 也能通过这种"价格折扣"获得这部分净剩余, 厂商 2 就失去了购买 x_1 的动机。

所以, (14.36) 和 (14.37) 更明确地阐明了图 14.5 分析中得到的二级歧视定价原则: 对低需求者索取他情愿付出的最高价格 (即保留价格); 对高需求者实行恰好让他不转买低需求方案的价格。

确定了定价战略之后, 厂商下一步的工作是确定一个合适的生产计划。假设所有消费者中第 1 类消费者占比重 k $(0 < k < 1)$, 第 2 类消费者的比例是 $1 - k$, 垄断者的目标是

$$\max_{x_1, x_2} \{k[u_1(x_1) - cx_1] + (1-k)[u_2(x_2) - u_2(x_1) + u_1(x_1) - cx_2]\}$$

一阶必要条件是
$$u_1'(x_1^*) = kc + (1-k)u_2'(x_1^*) \tag{14.38}$$
$$u_2'(x_2^*) = c \tag{14.39}$$

(14.39) 与 (14.27) 比较, 立即知道 $x_2^* = x_2^c$, 即是说第 2 类消费者的购买量与一级价格歧视中一样, 都处于社会最优水平。另一方面, 由于 $x_1^* < x_2^*$, 而由假设 $u_2'' < 0$, 知道
$$u_2'(x_1^*) > u_2'(x_2^*) = c$$

从而可以将 (14.38) 写为
$$u_1'(x_1^*) = c + (1-k)\delta \tag{14.40}$$

这里 $\delta = u_2'(x_1^*) - c > 0$。这又说明 $x_1^* < x_1^c$, 低需求者的消费受到扭曲, 其消费低于他的最优水平。

对 (14.38) 还需加一个说明。当第 1 类消费者在人群中的比重 k 降低时，厂商必然会降低对这类消费者的销售量 x_1^*，因为只有这样才能保证 (14.38) 成立 (因为 $u_2'' < 0$)。当 k 充分小时，有一种可能是：无论取多小的 $x_1^* > 0$ 都无法使得等式 (14.38) 成立——如果出现这种角点解，第 1 类消费者因厂商索价过高已经离开市场，市场只剩下需求较高的第 2 类消费者。这样，厂商也不会再按 (14.37) 定价了，因为在市场只有一种消费者的情况下，厂商完全可以按一级歧视价格定价榨干消费者的全部剩余。直观地说，如果市场上低需求者的人数非常少，厂商就可能完全放弃这部分消费者，完全针对高需求者来制定产量和价格。

14.6 二级价格歧视的变形及应用

14.6.1 二部价格

在一级和二级歧视定价模型中，我们都假设厂商不以单位价格定价，而是以购买一定数量商品支付的总金额定价。这种定价方式的目的关键在于它逼迫消费者在购买一定消费量与不购买之间进行选择。显然，在没有其他约束的情况下，一个单纯的单位定价政策无法达到这种效果，因为消费者可以按照厂商提供的单位价格决定其满意的购买量。

但是，我们也可以将上述歧视定价表述为其他形式。譬如，如果厂商能直接识别消费者的类型，我们可以参照图 14.4 将适用于两类消费者的一级歧视价格写为

$$P_1 = B + cx_1, \quad P_2 = (B + D + E) + cx_2 \tag{14.41}$$

从这个角度看，一级价格歧视是先以"入门费"的形式把消费者将获得的消费者剩余剥夺光，再向他们提供完全竞争情况下的价格 $p = c$。类似地，若厂商无法识别消费者的类别，在图 14.5 中，假设 x_1' 已经调整到厂商的最优位置，则

$$P_1 = B + cx_1, \quad P_2 = (B + B' + E' + D) + cx_2 \tag{14.42}$$

如果一个独占厂商对市场上存在的消费类型没有十分把握，要推导一个像 (14.42) 那样精确的定价公式过于困难的话，一个近似的办法是，采用一个适用于整个市场的**二部价格 (two-part tariff)**：消费者预先支付一笔固定费用 T，再按某个单位价格 t 消费。按二部价格，消费者购买 x 单位产品需要支付

$$P(x) = T + tx \tag{14.43}$$

譬如，只要能估计第 1 类消费者从产品消费中获得的消费者剩余 B，将产品定价为 $P = B + cx$ 就是一个不错的战略。当然，这种定价可能会抑制第 2 类消费者的需求，所以厂商还需要权衡它可以从两种消费者身上赚取的利润。就像上一小节末尾显示的那样，如果低需求者为数不多，那么彻底放弃这类消费者可能更为适宜。这样的场合，厂商会提高固定费用，阻止"低层"消费者进入，一心一意赚取"高层"市场利润。

只要固定费用 T 为正，二部价格 (14.43) 就与通常的单位价格有很大的不同。通常，消费支出是消费量 x 的线性函数：$P(x) = px$——这称为**线性定价**；定价方式 (14.43) 需要的支

出却是消费量的仿射函数。由于这个原因，二级价格歧视有时也称为非线性定价。在 (14.43) 中，每单位产品的平均价格根据购买量的不同而不同：消费量越高，平均价格越低，所以，这种定价也相当于一种数量折扣定价。

尽管二部价格不是厂商的最优战略，但它的优点是简单，不需要太多的需求信息和复杂的模型推导。可以想象，当市场中需求种类不止两种时，这种操作的简单性就更具吸引力。也许正是这个原因，二部价格在实际生活中非常普遍。电话初装费、国际互联网入网费、出租车起步价等都可以看作是二部价格中的固定费用 T。

14.6.2 质量歧视

价格歧视是厂商对同质商品索取不同的价格。与此类似，在产品质量存在差异的情形下，厂商还可能通过向不同的消费者提供不同质量的产品，达到与价格歧视相似的效果，这就是所谓的**质量歧视** (quality discrimination)。不同质量的产品定价不同本无可厚非，因为它们的生产成本本身就有差异，但如果不同质量产品的价格差异并不完全反映成本差，甚至与后者严重偏离，这就不是正常的定价了。质量歧视在服务行业最为普遍，比如铁路和航空公司为旅客提供不同等级的座位，证券代理商设立大户室和散户厅，都是质量歧视的实例。

事实上，基于不同的产品质量构成的歧视其原理与基于产品数量构成的歧视是完全相同的，或者说，与二级价格歧视是相同的。理解这一点并不难，只需在二级价格歧视模型中将产品数量变量 x 换为质量变量 b ($b > 0$)，将成本函数 $c(x)$ 换成 $c(b)$ ($c(b) \equiv c(1, q)$ 是每单位质量为 b 的产品的生产成本，$c'(b) > 0$)，数量模型就转化为质量模型，余下的讨论就同标准二级价格歧视模型中一样了。

与二级价格歧视原理相对应，最优质量歧视的操作原理是：把那些对质量不在乎的消费者，将提供给他们的产品质量降至一个低于其最佳质量的水平；对那些把质量看得较为重要的消费者，提供其最优水平的质量。

早在 19 世纪中叶，经济学家就观察到了独占厂商这种人为拉开产品质量的行为，并做了非常精彩的评论：

> 某个 (铁路) 公司之所以要有敞篷的木凳车厢，并不是给三等车厢装上顶篷或者给三等座位装上垫子要花去它几千个法郎……它这样做的目的只是阻止能够支付二等车费的人去坐三等车厢；它伤害了穷人，并不是它想伤害他们，而只是为了吓走富人……出于同样的理由，那些被证明对待三等乘客几乎残酷、对待二等乘客几乎吝啬的公司，在对待一等乘客时却变得慷慨起来。他们拒绝给予穷人他们所必需的东西，同时却给予富人许多多余的东西（转引自泰勒尔 (1997)）。

14.7　价格歧视的福利含义

要讨论价格歧视的福利效果，以三级价格歧视为例就足够了。一个与反托拉斯政策相关联的有趣问题是，如果垄断厂商被迫在所有市场上制定相同的价格，情形会怎样呢？如果从社会福利角度看，价格歧视比统一的垄断价格还糟，政府通过强制手段要求垄断者制定统一的价格就是非常吸引人的，因为这项政策不要求政府了解任何关于垄断者的生产成本和各市场中消费者偏好的信息。

毫无疑问, 任何情形下允许价格歧视都不会降低垄断厂商的利润 (与统一价格比较), 因为垄断者在必要时总可以使用统一定价, 确保利润不低于 "正常" 垄断利润水平。但价格歧视带来的额外利润是否总是以牺牲一部分消费者的利益为代价的呢？如果是, 垄断者所得的超额利润与消费者付出的代价哪一个更大？为回答这些问题, 我们要比较统一定价与价格歧视两种情况下社会净福利的大小。

为此, 我们首先推导一个社会净福利增加的一般条件。不失一般性, 假设 14.3 节中两个完全分隔市场中分别有 n_1 和 n_2 个消费者, 效用函数分别为 $u_1(x_1)+q_1$ 和 $u_2(x_2)+q_2$, 满足 $u_i'' \leqslant 0$。

市场 i 中每个消费者的需求函数由效用最大化一阶必要条件决定

$$p_i = u_i'(x_i) \quad i = 1, 2 \tag{14.44}$$

两个子市场的需求分别为 $X_1 = n_1 x_1$ 和 $X_2 = n_2 x_2$。

对任意需求水平 $x_i^0, x_i > 0$, 记 $\Delta x_i = x_i - x_i^0$, 利用泰勒展式, 注意到 $u_i'' \leqslant 0$, 有

$$u_i(x_i) \leqslant u_i(x_i^0) + u_i'(x_i^0)\Delta x_i$$

记 x_i^0 对应的价格 $u_i'(x_i^0) = p_i^0$, 上式变为

$$\Delta u_i = u_i(x_i) - u_i(x_i^0) \leqslant p_i^0 \Delta x_i \tag{14.45}$$

在泰勒展式中掉换 x_i^0 与 x_i 的位置可得到

$$\Delta u_i = u_i(x_i) - u_i(x_i^0) \geqslant p_i \Delta x_i \tag{14.46}$$

这里 p_i 是需求量 x_i 对应的价格。

假设厂商的边际成本为常数 c。考虑马歇尔剩余的变化

$$\Delta S = \sum_{i=1}^{2} n_i (\Delta u_i - c\Delta x_i)$$

记子市场 i 的需求变化分别为 ΔX_1 和 ΔX_2

$$\Delta X_i = n_i(x_i - x_i^0)$$

由 (14.45) 和 (14.46),

$$\sum_{i=1}^{2}(p_i - c)\Delta X_i \leqslant \Delta S \leqslant \sum_{i=1}^{2}(p_i^0 - c)\Delta X_i \tag{14.47}$$

不等式 (14.47) 确定了马歇尔剩余变化的上界和下界。如果以统一的垄断价格 p^m 作为比较基准: $p_1^0 = p_2^0 = p^m$, 那么价格歧视 (对消费者 1 和消费者 2 分别索取价格 p_1 与 p_2) 引起的马歇尔剩余变化满足

$$\sum_{i=1}^{2}(p_i - c)\Delta X_i \leqslant \Delta S \leqslant (p^m - c)(\Delta X_1 + \Delta X_2) \tag{14.48}$$

由于垄断价格必然高于厂商边际成本, (14.48) 中后一个不等式表明: 如果价格歧视未能在一般垄断的基础上增加总需求 ($\Delta X_1 + \Delta X_2 < 0$), 那么它必然导致社会福利下降。——换句话说, 总需求增加是价格歧视增进社会福利的必要条件。我们可以这样来直观地理解这一结论的内在逻辑: 价格歧视人为地制造了消费者之间边际替代率的差异, 而在相同的总需求下, 不同的边际替代率导致的分配必然比单一边际替代率 (统一价格) 下的分配效率低。因此, 如果价格歧视不以更多的产品作为补偿, 它必然会降低社会福利。

另一方面, (14.48) 中第一个不等式表明, 在一定条件下, 价格歧视确实能增进社会福利。一种最明显的例子是: 市场 1 的需求特别小, 在垄断价格 p^m 下这个市场的需求为零, 对该市场实现较低的价格可以保证它有一个正的需求, 而这同时又不妨碍厂商在需求较高的市场赚取独占利润。容易看出这种情况下价格歧视增进了社会福利, 并且它事实上导致帕累托改进——垄断者获得了更多的利润, 市场 1 的消费者因价格歧视得以消费一定量产品, 获得正的消费者剩余, 同时市场 2 的消费者并没有因此受到丝毫损害。

进一步阅读

对独占市场以及几乎所有相关主题的深入论述, 可以参看:

Tirole, J. (1988), *The Theory of Industrial Organization*, Cambridge, Mass: The MIT Press. (中译本: 泰勒尔《产业组织理论》马捷等译, 中国人民大学出版社, 1997 年)

价格歧视是厂商市场力量研究中的一个很大的课题, 我们列出一部这方面的专著:

Philips, L. (1983), *The Economics of Discrimination*, Cambridge: Cambridge University Press.

一个包括更新文献的综述可参见:

Varian, H. (1989), "Price Discrimination", in R. Schmalensee and R. D. Willig (eds.), *Handbook of Industrial Organization*, Amsterdam: North-Holland.

价格歧视的案例研究:

Hamaker, C. and Astle, D. (1984), "Recent Pricing Patterns in British Journal Publishing", *Library Acquisitions: Practice and Theory*, 225-232.

练习与思考

14-1 如果一个独占厂商面对的反需求函数是 $p = 10 - y$, 其边际成本是常数 $1/2$, 求厂商的利润最大化产量。

14-2 市场反需求函数是 $p = 100/y$, 某独占厂商以两个工厂的生产来供给这个市场, 成本函数分别是 $c_1 = y_1^2 + 2y_1$ 和 $c_2 = 2y_2^2$。求厂商在两个工厂的最佳产量。

14-3 假设市场需求函数是 $p = 10y^{-a}\ (a > 0)$，独占厂商的成本函数为 $c(y) = y^2$。在什么条件下厂商的产量为正？

14-4 下述因素对独占厂商的产量和价格有什么影响？
(1) 需求增加。
(2) 政府开征从价销售税。
(3) 政府对超额利润以一定的比例征收一种所得税。

14-5 某市场由一个代表性的消费者构成，他有效用函数
$$U(x, b; q) = 4b\sqrt{x} + q$$
这里 b 是商品 x 的质量变量。
(1) 推导市场的反需求函数 $p = p(x, b)$。
(2) 如果生产 x 商品的独占厂商成本函数是
$$c(x, b) = \frac{1}{2}(x^2 + b^2)$$
求它的最优产量和产品质量。
(3) 从社会角度来看，独占厂商的产品质量是过高还是过低？

14-6 某厂商在两个相互独立的市场上面对的需求函数分别是
$$y_1 = 50 - p_1, \quad y_2 = 60 - 2p_2$$
成本函数为 $C(y) = 2y + 10$。求它在这两个市场上的最优定价和供给。

14-7 在二级价格歧视模型中，如果独占厂商提供分别适用于两种消费者的二部价格
$$P_1(x_1) = T_1 + cx_1, \quad P_2(x_2) = T_2 + cx_2$$
求 T_1 和 T_2 的表达式。

14-8 如果一个边际成本为 c 的独占厂商在两个子市场都有线性需求
$$x_i = a_i - b_i p \quad i = 1, 2$$
$a_i, b_i > 0$，且 $a_i > cb_i$。试讨论厂商在两个市场统一定价和歧视定价的社会福利。

14-9 一个边际成本为常数 c 的独占厂商面对的需求函数是 $x = x(p)$。假设现在成本 c 变化，垄断价格无疑也要随之变化。证明：
(1) 如果 $x(p) = A - p$，$A > 0$，厂商通过价格只能将一部分成本变化转嫁到消费者头上（即 $dp/dc < 1$）。

(2) 如果 $x(p) = p^{-\alpha}$, $\alpha > 1$, 价格变化幅度将大于成本变化的幅度 (即 $dp/dc > 1$)。

(3) 在什么样的需求函数下, 价格变化幅度恰好等于成本变化的幅度 (即 $dp/dc = 1$)?

14-10 某公司修建了一个游乐园, 内有电动木马供人玩乐。每个潜在游客对电动木马的需求曲线如下图所示, 图中大写字母代表所在区域的面积。每人每乘一次电动木马, 公司的成本是 $c+d$, 其中 c 是电费及设施磨损成本, d 是乘坐券印刷及出售、回收成本。公司考虑下面两种收费办法:

办法 1: 同时收入场费和每次乘坐木马的乘坐费;

办法 2: 只收入场费 (这样也就节约了成本 d)。

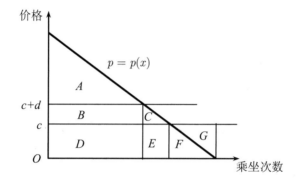

(1) 利用图中提供的信息, 求两种收费办法下的最优入场费以及办法 1 中每次乘坐的票价。

(2) 什么情况下办法 2 的利润会超过办法 1 的利润?

(3) 收费办法 2 有什么潜在的缺陷?

第 15 章 静态寡占模型

得益于非合作博弈论的应用,寡占理论是现代微观经济学中发展最快的领域之一。我们将分两章介绍最近的主要发展。这一章介绍几个重要的静态寡占模型。这些模型虽然出现的年代已经久远,但它们在现代寡占理论中仍然是不可或缺的部分,不过其模型机理已经在博弈论框架中作了全新的解释。所以,我们的论述将基于博弈论原理展开。

寡占厂商严格的定义是:如果一个厂商市场行为的结果还依赖于其他厂商的市场行为,就称其为一个寡占厂商。当然,这个定义显得抽象了一些,所以通常在不引起混乱的情况下,我们仍采用传统的说法,将一个只有少数几个厂商竞争的市场称为寡占市场,而其中的厂商就叫寡占厂商或寡头。这个说法虽然有时显得模棱两可,但它理解起来较为方便。

静态模型的意思是,各寡头同时行动,并且只有一次行动机会。"行动"的具体内容,在这里也就是战略变量,可以是厂商的产量或者价格。对任何一个具体的寡占市场建模,我们需要明确地假设厂商的战略变量究竟是产量还是价格,因为不同战略变量假设下的模型结果将完全不同。自然,模型中选择什么样的战略变量依赖于具体的应用环境。15.1 节和 15.2 节分别介绍了产量竞争中的**古诺模型 (Cournot model)** 与价格竞争中的**贝特朗模型 (Bertrand model)**;15.3 节的**艾奇沃斯 (Edgeworth)** 模型则是贝特朗模型的一个变化形式;15.4 节对古诺模型和贝特朗模型作了简要的评价,目的是从理论角度对模型选择问题作一初步的提示;15.5 节介绍的序惯行动寡占模型事实上并不是前面定义的静态模型,因为厂商行动的时间有先有后。在序惯行动下,在后面行动的厂商将根据竞争对手的行动作出适当的反应,这在静态模型中是不可能的。这一节的内容虽然与本章标题多少有些冲突,但它便于我们比较静态模型和动态模型的差别,而这又有助于我们加深对静态模型中"反应曲线"等概念的理解。

15.1 古诺模型

15.1.1 古诺–纳什均衡

考虑一个有 n 个厂商竞争的某同质产品市场,市场反需求函数为 $p(X)$;假设每个厂商同时选择其产量 x_i,行业产量为 $X = \sum_{i=1}^{n} x_i$;厂商 i 的成本函数为 $c_i(x_i)$。

在这个博弈中,厂商的战略变量是产品产量;在战略组合 $\mathbf{x} = (x_1, \ldots, x_n)$ 下,厂商 i 所得的支付就是它的利润

$$\pi_i(\mathbf{x}) = x_i p(X) - c_i(x_i) \tag{15.1}$$

战略组合 $\mathbf{x}^*$ 为纳什均衡,意味着:对每个厂商 i, $i = 1, \ldots, n$

$$\pi_i(\mathbf{x}^*) \geqslant \pi_i(x_i, \mathbf{x}_{-i}^*) \quad \forall x_i \geqslant 0 \tag{15.2}$$

这就是说，给定其他厂商的产量选择 $\mathbf{x}^*_{-i}$，每个厂商都在 x_i^* 实现了自己的利润最大化。或者说，x_i^* 是以下问题的解

$$\max_{x_i} [x_i p(X) - c_i(x_i)] \tag{15.3}$$

从而纳什均衡 $\mathbf{x}^*$ 满足以下必要条件：$\forall i = 1, \ldots, n$

$$\frac{\partial \pi_i(\mathbf{x})}{\partial x_i} = p(X) + x_i p'(X) - c_i'(x_i) = 0 \tag{15.4}$$

$$\frac{\partial^2 \pi_i(\mathbf{x})}{\partial x_i^2} = 2p'(X) + x_i p''(X) - c_i''(x_i) \leqslant 0 \tag{15.5}$$

由 (15.4)，在均衡点有下面的古诺寡占定价公式成立

$$\frac{p - c_i'}{p} = \frac{s_i}{|\varepsilon|} \quad i = 1, \ldots, n \tag{15.6}$$

其中 $s_i = x_i/X$ 是厂商 i 的市场均衡份额，p 为均衡价格，ε 为均衡点处需求的价格弹性：$\varepsilon = p(X)/[X p'(X)]$。(15.6) 左端正是厂商 i 的勒纳指数 L_i，它在一定程度上衡量一个厂商市场力量的大小。

一阶条件 (15.4) 确定了一个 $\sum_{j \neq i} x_j = X - x_i$ 与 x_i 间的隐函数，将其显函数形式解出，记为

$$x_i = R_i(X - x_i) \tag{15.7}$$

在其他厂商任何一个产量 $X - x_i$ 下，厂商 i 都可以根据等式 (15.7) 解出自己的利润最大化产量，所以，它被称为厂商 i 的**反应函数 (reaction function)**，在坐标系 $(X - x_i, x_i)$ 中就是反应曲线。

为了考察反应曲线 (15.7) 的形状，我们需要首先考虑一个寡头的行为对其他寡头的利润有什么影响。假设其他条件不变，某个寡占厂商 j 提高了它的产量 x_j。由于市场需求曲线是向下倾斜的，而 x_j 的增加又提高了行业供给，从而市场价格必然下降，这会降低其他寡头的边际收益。所以，作假设

$$\frac{\partial^2 \pi_i}{\partial x_i \partial x_j} \equiv \frac{\partial}{\partial x_j} \left(\frac{\partial \pi_i}{\partial x_i} \right) < 0 \quad i \neq j \tag{15.8}$$

是适宜的。由 (15.8) 及二阶条件 (15.5)，容易推知厂商的反应曲线 (15.7) 是向下倾斜的。事实上，在一阶条件 (15.4) 中对 $X - x_i$ 微分可得

$$\begin{aligned} R_i'(X - x_i) &= -\frac{\partial^2 \pi_i / \partial x_i \partial (X - x_i)}{\partial^2 \pi_i / \partial x_i^2} \\ &= -\frac{\partial^2 \pi_i / \partial x_i \partial x_j}{\partial^2 \pi_i / \partial x_i^2} < 0 \end{aligned} \tag{15.9}$$

以现代术语来说，古诺寡占厂商向下倾斜的反应曲线意味着厂商间存在**战略替代 (strategic substitutes)** 关系。下一节中我们将看到，如果厂商的战略变量是产品价格，一个寡头提高自己的产品定价会提高其他厂商的边际收益，从而厂商的反应曲线向上倾斜，那样的情形称为**战略互补 (strategic complements)**。图 15.1 所画的是双头寡占的情形，两个厂商反应曲线的交点就是古诺-纳什均衡点。

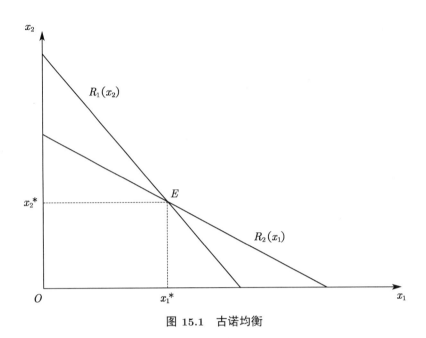

图 15.1 古诺均衡

15.1.2 古诺竞争的性质

由古诺寡占定价公式 (15.6), 立即可以推知古诺竞争模型的基本特征。

首先, 无论厂商效率高低 (边际成本 $c'_i(x_i)$ 大或小), 它总能参与市场竞争并获得一席之地。当然, 市场份额的大小直接与厂商的经营效率相联系, 边际成本越小, 占领的市场份额也越大, 市场力量也越强。其次, 需求弹性 ε 越大, 会使 $p - c'_i$ 越小, 厂商越难以获得垄断租。最后, 只要比较勒纳系数 L_i, 就容易验证, 寡占行业的竞争强度介于完全垄断 (独占) 和完全竞争之间。这些特征与寡占竞争行业的实际表现是基本相符的。

如果各个寡头的边际成本相等, 且都是常数 c, 每个寡头的市场份额都将是 $1/n$, 古诺寡占定价公式 (15.6) 变为

$$\frac{p-c}{p} = \frac{1}{n|\varepsilon|} \tag{15.10}$$

显然, $n \to \infty$ 时有 $p \to c$。即是说, 在对称常边际成本的特殊情形下, 市场中厂商数目很大时古诺模型的结果与完全竞争市场近似。

效率方面, 由于 $\partial^2 \pi_i / \partial x_i \partial x_j < 0$, 一个厂商增加其产量会降低其他厂商的边际获利能力, 这种负外部性的存在使得产业不可能达到帕累托最优。如果各个厂商共谋追求行业利润最大, 并适当分配行业利润, 每个厂商的利润都会改善 (见 16.1 节串谋模型)。

福利方面, Berstrom and Varian (1985) 证明, 与完全竞争均衡最大化社会福利、独占均衡最大化行业利润相对, 古诺均衡的最大化目标事实上是社会福利与行业利润的一个混合值。在此仅考虑对称厂商和常边际成本的简单情形。

如果每个古诺竞争厂商的边际成本都是常数 c, 行业总产量为 X, 市场需求 (反) 函数为 $p(X)$, 社会净福利为

$$W(X) = \int_0^X p(z)dz - cX \tag{15.11}$$

行业总利润是
$$\Pi(X) = p(X)X - cX \tag{15.12}$$

定义函数 $F(X)$ 为社会福利与行业利润的加权和
$$F(X) = (n-1)W(X) + \Pi(X) \tag{15.13}$$

在 $F(X)$ 的最大值点，必然有以下一阶必要条件成立
$$F'(X) = np(X) + p'(X)X - nc = 0 \tag{15.14}$$

不难看出，只要将古诺均衡条件 (15.4) 加总，就得到 (15.14)。所以，古诺均衡使得社会福利 $W(X)$ 与行业利润 $\Pi(X)$ 的加权和 $F(X)$ 最大化了。厂商的数目越多，社会福利的权重越大，情形也就和完全竞争越相似；厂商数目越少，行业利润的权重相对越大，与一家厂商独占市场的区别也就越小。

15.1.3 差异产品的古诺模型

很容易将前面同质产品的古诺模型推广到寡头间以差异产品竞争的情形。不失一般性，我们考虑只有两个寡头厂商的双头寡占市场。假设厂商 1 和厂商 2 的产品间存在区别，但相互替代，它们面对的产品反需求函数分别为
$$\begin{aligned} p_1(x_1, x_2) &= \alpha_1 - \beta_1 x_1 - \gamma x_2 \\ p_2(x_1, x_2) &= \alpha_2 - \beta_2 x_2 - \gamma x_1 \end{aligned} \tag{15.15}$$

其中 $\alpha_i, \beta_i, \gamma > 0$。两个厂商需求函数中共同的 γ 表示，交叉价格效应对两个厂商都是一样的。如果
$$\alpha_1 = \alpha_2, \quad \beta_1 = \beta_2 = \gamma$$
就是同质产品的特殊情形。

为简洁起见，假设两个厂商的成本分别为常数 c_1 和 c_2，厂商的利润是
$$\pi_i(x_1, x_2) = x_i p_i(x_1, x_2) - c_i x_i \quad i = 1, 2$$

古诺-纳什均衡可以通过求解一阶必要条件得到
$$\frac{\partial \pi_i}{\partial x_i} = p_i + x_i \frac{\partial p_i}{\partial x_i} - c_i = 0 \tag{15.16}$$

代入需求函数 (15.15)，求出反应函数：
$$x_i = A_i - B_i x_j \quad i = 1, 2; \ j \neq i \tag{15.17}$$

其中
$$A_i = \frac{\alpha_i - c_i}{2\beta_i} > 0, \ B_i = \frac{\gamma}{2\beta_i} > 0$$

这两条向下倾斜的反应曲线的交点就决定了两厂商的均衡产量
$$x_i^C = \frac{A_i - A_j B_i}{1 - B_i B_j} \quad i = 1, 2; \ j \neq i \tag{15.18}$$

15.2 贝特朗模型

15.2.1 贝特朗–纳什均衡

与产量竞争行为相对的假设是价格竞争,或称贝特朗竞争行为,厂商选取产品定价作为竞争手段。在有 n 个厂商,总需求函数为 $X = X(p)$ 的同质产品市场上,将各个厂商的定价写为一个价格向量 $\mathbf{p} = (p_1, \ldots, p_n)$,贝特朗竞争行为意味着每个厂商 i 都面对一个不连续的需求函数

$$x_i(\mathbf{p}) = \begin{cases} X(p_i) & p_i < q_i \\ X(p_i)/k & p_i = q_i \\ 0 & p_i > q_i \end{cases} \tag{15.19}$$

其中 $q_i = \min\{p_j | j \neq i\}$,$k$ 是定价为 q_i 的厂商个数。若厂商的定价比其他所有对手的价格都低,它将获得全部市场;若它与一些对手共同定了市场最低价,它将与这些对手共同享有市场;只要有一个以上的对手定价比它低,它将一件产品也卖不出去。

假设各厂商的边际成本为常值,让我们来看看纳什均衡是什么样子。我们先考虑各个厂商具有相同的边际成本 c 的情形。显然,任一高于边际成本 c 的价格 p' 都不可能是均衡价格,因为任何一个厂商在其他厂商定价 p' 时都可以以一个稍低于 p' 的价格获得整个市场;另一方面,任一低于 c 的价格 p'' 也不可能是均衡价格,因为价格 p'' 使每个厂商都亏损,而任何一个厂商在其他厂商定价 p'' 时都可以以一个高于 p'' 的定价将亏损降至零(产量为零)。所以,如果均衡存在,必然是各厂商都以边际成本定价。容易验证,如果现在 $p_i = c$ ($i = 1, \ldots, n$),没有哪个厂商会从改变产品定价中获利,所以唯一的纳什均衡是 $p_i^* = c$ ($i = 1, \ldots, n$)。

再来考虑各厂商成本有差别的情形,不妨假设

$$c_1 < c_2 \leqslant \ldots \leqslant c_n$$

记厂商 1 的垄断价格为 p_1^m(厂商 1 在没有其他竞争对手的情况下将制定的独占价格),在 $p_1^m \geqslant c_2$ 和 $p_1^m < c_2$ 两种可能的情况下,纳什均衡点会有所不同。

首先假设 $p_1^m \geqslant c_2$,则纳什均衡是:厂商 1 以厂商 2 的边际成本定价:$p_1^* = c_2$,以产量 $X(c_2)$ 占据整个市场;其他厂商的定价 $p_j^* \geqslant c_2$ ($j \neq i$),产量为零。事实上,如果厂商 1 的定价低于 c_2,厂商 $i(i = 2, \ldots, n)$ 在低于自己边际成本的价格上无法再参与竞争,产量必然都是零,从而厂商 1 提高价格至 c_2 会增加利润;如果厂商 1 定价高于 c_2,市场上至少有厂商 1 和厂商 2 有正的供给,厂商 1 和厂商 2 都有降价夺取整个市场的动机,这个动机会将价格一直推至 c_2 的水平。当 $p_1 = c_2$ 时,没有其他厂商还有兴趣参与竞争,因为它们无论如何不能获得正利润。所以,市场均衡价格恰好等于 c_2,在这个价格上,厂商 1 供给所有的市场需求,其他厂商的均衡产量为零。

如果 $p_1^m < c_2$,其他厂商根本无法与厂商 1 竞争,后者会完全无视前者的存在,制定一个使其利润最大化的价格:p_1^m。

如果各寡头的边际成本不是常数,贝特朗模型中单纯战略均衡常常是不存在的。比方说,在厂商边际收益递增的情形下,价格战的结果是各厂商以边际成本定价,但只要存在哪

怕很小一点固定成本,边际成本定价就不可能是纳什均衡,因为这不足以抵补平均成本。不过, Dasgupta and Maskin(1986) 证明,混合战略均衡的存在性一般没有问题。只是,对厂商的定价决策而言,混合战略均衡的含义似乎难于解释。

单纯战略均衡的存在性问题不能不说是贝特朗模型的一个缺陷。即使单纯均衡确实存在,市场均衡价格也与参与竞争的厂商数目无关。尤其在各厂商的边际成本为一相同的常数情况下,即使市场上只有两个厂商,我们也会得到与完全竞争市场同样的结果,这显然是不合理的。

事实上,贝特朗模型一开始关于特定厂商产品需求函数的假设可能就不太现实,因为这个假设意味着厂商利润是其产品价格的间断函数,而这与大多数观察结果不符。放宽模型假设,可以在一定程度上避免上述矛盾的结果。在这里,一条明显的途径是引入产品差异,这使得厂商利润是其产品定价的连续函数——我们在下一小节就简单考察产品差异对均衡定价的影响;另一个方法是对寡头厂商的生产能力加以限制,这是所谓的艾奇沃斯模型,关于这个模型将在 15.3 节介绍。

15.2.2 差异产品的贝特朗均衡

考虑只有两个寡头厂商的双头寡占市场。假设厂商 1 和厂商 2 在某差异产品市场上面对的产品需求函数如 (15.15),容易将其反函数写为

$$\begin{aligned} x_1 &= a_1 - b_1 p_1 + \phi p_2 \\ x_2 &= a_2 - b_2 p_2 + \phi p_1 \end{aligned} \tag{15.20}$$

其中 $a_i, b_i, \phi > 0$。假设两个厂商的成本分别为常数 c_1 和 c_2,厂商 i $(i=1,2)$ 的利润是

$$\pi_i(p_1, p_2) = (p_i - c_i) x_i(p_1, p_2)$$

利润最大化一阶必要条件为

$$\frac{\partial \pi_i}{\partial p_i} = x_i(p_1, p_2) + (p_i - c_i) \frac{\partial x_i}{\partial p_i} = 0 \tag{15.21}$$

代入需求函数 (15.20),求出反应函数

$$p_i = F_i + G_i p_j \quad i=1,2; \; j \neq i \tag{15.22}$$

其中

$$F_i = \frac{\alpha_i + \beta_i c_i}{2\beta_i} > 0, \quad G_i = \frac{\gamma}{2\beta_i} > 0$$

可见,反应曲线是向上倾斜的。换句话说,贝特朗竞争厂商间是战略互补的关系,注意这正好与古诺竞争模型中的战略替代关系形成对照。

(15.22) 中两个等式联立,求解得到贝特朗均衡定价

$$p_i^B = \frac{F_i + F_j G_i}{1 - G_i G_j} \quad i=1,2; \; j \neq i \tag{15.23}$$

可以证明,在贝特朗–纳什均衡 (p_1^B, p_2^B) 下,两个寡占厂商都获得正利润,但它们获得的利润都比古诺均衡中的利润低 (我们将这个结论的证明留给读者作练习),所以,贝特朗寡占比古诺寡占的竞争更为激烈。

15.3 艾奇沃斯模型

贝特朗模型 (同质产品市场) 出现极端结果的一个原因是厂商的生产能力没有限制: 只要有需求, 厂商总能生产足够的产品来满足它。但在不少情况下, 至少在一定时期内厂商的生产能力是有限的。譬如, 一个小镇上的两家旅馆, 客人再多, 超过了固定的客房数也没有用, 它们没有必要一味地降价吸引游客。在贝特朗模型中加上一个外生的生产能力限制, 就是艾奇沃斯 (Edgeworth) 寡占模型。

由于我们的目的只是考察生产能力限制对贝特朗竞争者定价战略的影响, 这里没有必要分析一般的艾奇沃斯模型。我们仅考虑一种比较简单的情况: 一个有两个寡头竞争的同质产品市场, 市场需求函数为 $X(p)$; 寡头厂商 1 和厂商 2 是对称的, 它们都有一个最大产量限制 $\bar{x}$: 在产量限制以内, 它们的边际成本都是常值 c; 超过了产量 $\bar{x}$, 边际成本为无穷大。

如果 $\bar{x} > X(c)$, 这意味着必要时厂商可以将价格降至边际成本水平, 并且自己的生产能力也足以满足该价格下的整个市场需求。显然, 这种情况下产量限制根本无法真正地限制厂商的降价竞争, 其结果与贝特朗模型完全一致。所以有意义的情形只是 $\bar{x} < X(c)$, 即是说如果厂商按自己的边际成本定价, 没有哪个厂商能满足全部市场需求。

由于单个厂商的生产能力无法满足全部市场需求, 有必要对消费需求在厂商间的分配原则作出明确的假设。我们的假设包含两个内容:

(1) 如果 $p_i = p_j$, 则 $x_i(p_i) = X(p_i)/2$。这个假设与贝特朗模型假设一样: 如果两个厂商定价相等, 则两个厂商平分市场需求。

(2) 如果 $p_i < p_j$, 则定价较低的厂商 i 可以在市场上出售其最高限度的产量 $\bar{x}$ (只要这个产量不超过市场总需求), 定价较高的厂商 j 获得市场的剩余需求。换句话说, 厂商 j 面临的需求函数是

$$x_j(p_j) = \begin{cases} X(p_j) - \bar{x} & X(p_j) > \bar{x} \\ & \qquad\qquad j \neq i \\ 0 & X(p_j) \leqslant \bar{x} \end{cases} \qquad (15.24)$$

这个假设也称为**有效配属原则** (efficient rationing rule), "有效"的意思是它使得消费者剩余达到最大, 而在其他配属规则下消费者剩余都比这里低。图 15.2 显示了有效配属原则下厂商 j 面临的需求曲线, 它是由市场需求曲线向左平移距离 $\bar{x}$ 得到的, 所以有时也称有效配属原则为平行配属原则。

假设 $\bar{x} < X(c)$, 我们来验证纳什均衡中没有一个厂商会以边际成本定价。不妨从厂商 1 的角度来看: 如果对方定价 $p_2 = c$, 而自己高于 c 定价: $p_1 > c = p_2$, 由有效配属原则, 厂商 1 面对的需求函数是

$$x_1(p_1) = X(p_1) - \bar{x}$$

从而其利润是

$$\pi_1(p_1) = (p_1 - c)[X(p_1) - \bar{x}]$$

只要需求函数 $X(p)$ 是连续的, 且 $p_1 - c$ 足够小, 则上式右端为正, 高于厂商以边际成本 c 定价所获得的利润 0。所以, 如果厂商 2 定价 $p_2 = c$, 厂商 1 的定价必然高于 c; 但是, 如果厂

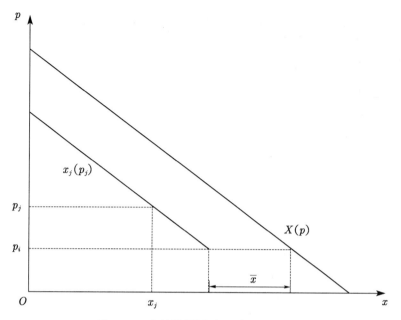

图 15.2 有效配属原则 (平行配属原则)

商 1 的定价高于 c, 厂商 2 稍稍提高价格, 只要还有 $p_2 < p_1$ 成立, 就可以在较高价格下卖出同样多的产品 (它的最高产量 $\bar{x}$), 所以厂商 2 也不会以 c 定价。

另外, 均衡中显然也不会有哪个厂商低于边际成本定价, 所以均衡价格必然高于边际成本, 厂商的均衡利润必然大于零。不用再进一步讨论, 我们已经看到艾奇沃斯–纳什均衡与贝特朗–纳什均衡的根本不同, 生产能力限制对价格竞争厂商的行为影响是明显的。

具体的纳什均衡在哪里呢? 下面以线性需求为例作简单的说明。假设市场需求函数是

$$X = 1 - p$$

或者写出反需求函数的形式

$$p = 1 - (x_1 + x_2)$$

不失一般性, 假设两厂商的边际成本 $c = 0$, 这样厂商的收益即是它的利润; 假设两厂商共同的产量限制 $\bar{x} < X(0) = 1$。如果两厂商都生产它们的最高产量 $\bar{x}$, 那么市场出清价格是

$$p_0 = 1 - 2\bar{x} \tag{15.25}$$

由于在 $x_i = \bar{x}$ 厂商已经达到了它的最高产量, 并且可以以价格 p_0 将产品全部卖光。很显然, 一个理性厂商定价决不会低于 p_0。

另外, 如果某一厂商定价高于 p_0, 另一厂商必然以比它低的水平定价。譬如说 $p_1 > p_0$, 厂商 2 定价 $p_2 = p_1$ 的话得到的产品需求是 (回忆我们对市场分配的第 1 个假设)

$$\tilde{x}_2 = \frac{(1-p_1)}{2} < \frac{(1-p_0)}{2} = \bar{x}$$

如果厂商 2 在对方价位基础上稍稍降价, 即可出售其最高产量 $\bar{x}$, 这必然会提高它的利润, 图 15.3 对此作了更为直观的说明。假设厂商 1 和厂商 2 一开始定价为图中 p_1, 它们平分市

场，每个厂商获得的需求等于 $\tilde{x}_2$，利润等于图中矩形 $O\tilde{x}_2Tp_1$ 的面积。现在考虑厂商 2 稍稍降价：$p_2 = p_1 - \varepsilon$。这个降价的结果是：厂商 2 的利润一方面降低了面积 f，另一方面却增加了面积 g。从图中可以清楚地看出，只要降价幅度 ε 不是很大，总能保证 $g > f$。

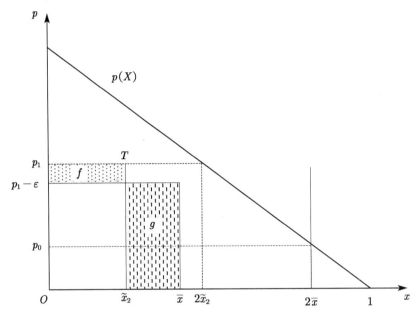

图 15.3　高于价格 p_0 水平上的降价动机

结合上面的分析，一个清晰的结果是：如果存在纳什均衡，必然是双方以 p_0 定价。但是，(p_0, p_0) 是否真的是纳什均衡还有待于进一步的分析。

如果 (p_0, p_0) 是纳什均衡，给定对方定价 p_0，应该没有哪一个厂商会有改变价格的动机。不妨从厂商 2 的角度看：如果厂商 1 定价 p_0，由有效配属原则，厂商 2 定价 $p_2 \geqslant p_0$ 时面临的剩余需求是

$$x_2(p_2) = 1 - p_2 - \bar{x}$$

其利润是

$$\pi_2(p_2) = p_2(1 - p_2 - \bar{x})$$

对价格微分并在 $p_2 = p_0$ 取值

$$\left. \frac{d\pi_2}{dp_2} \right|_{p_2 = p_0} = (1 - 2p_2 - \bar{x})_{p_2 = p_0} \\ = 1 - 2p_0 - \bar{x} = 3\bar{x} - 1 \tag{15.26}$$

最后一个等号用到了 p_0 的定义式 (15.25)。

根据产量限制的大小不同，存在两种情况：

(1) 如果 $1/3 < \bar{x} < 1$，(15.26) 为正值，这意味着厂商 2 在 p_0 的基础上提高价格会增加利润，从而 (p_0, p_0) 不是纳什均衡。但我们前面得到的结论是任何除 (p_0, p_0) 以外的价格组合

都不可能是纳什均衡,所以,这种情况下不存在纳什 (单纯) 均衡 (可以证明混合均衡是存在的,参看本章末的参考文献)。

(2) 如果 $0 < \bar{x} \leqslant 1/3$, (15.26) 非正, 所以厂商 2 在 p_0 的基础上提高价格只会降低其利润; 另一方面, 虽然在 $0 < \bar{x} < 1/3$ 时 (15.26) 的负号表明通过进一步提高产量来压低价格会获得更高的利润, 但此时厂商 2 已达到它的最高生产限额, 提高产量已无可能。即是说, $p_2 = p_0$ 实际上构成了一个角点解。所以, 只要厂商 1 定价 p_0, 厂商 2 的最优定价也是 p_0。由于两厂商是对称的, 在厂商 2 定价 p_0 的情况下厂商 1 的最优定价也必然是 p_0 ——这就证明, (p_0, p_0) 是此时唯一的纳什均衡。换言之, 当厂商的生产规模相对较小时, 它们将尽其所能生产最大产量, 并选择恰能出清全部产量的价位进行定价。

15.4 模型选择

古诺模型和贝特朗模型是最基本的两种静态寡占模型, 而艾奇沃斯模型可以视为贝特朗模型的延伸。由于对战略变量的假设不同, 不同的模型得到了完全不同的结果: 产量竞争者的反应曲线向下倾斜, 寡头间是战略替代的; 价格竞争者的反应曲线向上倾斜, 寡头间呈战略互补的关系。一个自然的问题是, 哪一个模型更接近现实? 如果事先没有任何有关模型具体应用场合的说明, 这个问题是根本无法回答的。现代寡占理论的一个特点是, 它不提供一个 "正确" "统一" 的寡占竞争模型, 相反, 它试图以多个不同的模型对现实中各种可能的寡占模式都提供恰当的解释; 这些模型之间看似毫无关联, 但都统一在非合作博弈论的分析框架之下。

尽管如此, 我们还是希望对静态模型中的战略选择问题作一个初步的理论探讨。

古诺均衡和贝特朗均衡都是静态均衡, 这是因为每个厂商仅有一次行动机会。严格说来, 这样的模型不应该存在厂商间的互动和战略调整。但是, 经济学家往往利用它们来刻画延续若干时间的竞争现实。为回避这动、静态不符的矛盾, 一般要求模型选择的战略变量不能是厂商可以瞬时改变的竞争工具。按照这个标准, 一方面, 贝特朗模型在大多数场合并不十分适合, 因为现实中的厂商常常能够随时较为方便地修改自己的产品价格; 另一方面, 厂商调整其产量的过程相对较慢, 所以古诺均衡似乎更适合大多数的应用场合。特别地, 我们经常将古诺模型中的战略变量 (产量) 解释为厂商的生产能力, 或是厂商的生产规模。对于厂商间生产规模的竞争, 古诺均衡是其良好的刻画。

一个更符合现实的假设是, 厂商间的竞争同时包含生产规模和价格两个战略变量: 厂商一开始决定自己的生产规模并进行投资, 在它们的工厂建立之后 (确定了各自的生产规模之后), 再进行价格竞争——很明显, 这相当于在艾奇沃斯模型之前加入一个额外的博弈阶段, 内生化厂商的生产规模; 厂商前一阶段选择的生产规模自然地成为它后一阶段价格竞争的产量限制。下面利用 15.3 节的结果对这一模型作部分讨论。

假设有两个同质产品生产厂商, 在第一阶段同时决定各自的生产规模 $\bar{x}_i$ ($i = 1, 2$), 每单位生产规模的投资成本为常数 c (这对两个厂商都是一样的); 在博弈第二阶段, 双方同时确定自己的产品价格 p_i。在第二阶段, 同 15.3 节一样, 假设生产规模 $\bar{x}_i$ 以内的边际生产成本为零, 但产量超过 $\bar{x}_i$ 时边际成本为无穷大; 市场需求函数是 $X = 1 - p$。

为避免第二阶段价格竞争博弈出现混合均衡,我们假设单位规模投资成本 $c \in [3/4, 1]$。在这个假设下,可以证明,两个厂商在第一阶段的生产规模都不会超过 $1/3$。事实上,即使在第二阶段能够独占市场,厂商投资 $\bar{x}_i$ 最终能够实现的最大利润也只是

$$\pi_i^m(\bar{x}_i) = \max_p \left[p(1-p) - c\bar{x}_i\right] = \frac{1}{4} - c\bar{x}_i$$

如果 $\bar{x}_i > 1/3$, 将有 $\pi_i^m(\bar{x}_i) < 0$。寡占厂商存在竞争对手,自然不敢指望能获得 $\pi_i^m(\bar{x}_i)$,所以投资的生产规模至少要处于 $\pi_i^m(\bar{x}_i) \geq 0$ 的区间内,这意味着必然有 $\bar{x}_i \leq 1/3$。

由于竞争包含前后两个子博弈,恰当的均衡概念是子博弈完美均衡,我们利用通常的倒推法来寻找均衡。假设两厂商在前一阶段已经决定并投资了生产规模 $\bar{x}_1$ 和 $\bar{x}_2, \bar{x}_i \leq 1/3$,现在它们开始价格竞争。虽然这里 $\bar{x}_1$ 与 $\bar{x}_2$ 可能并不相等,但利用 15.3 节完全相同的分析步骤可以推知,第二阶段唯一的纳什均衡是:两厂商都以刚好能出清它们最高 (总) 产量的价格定价

$$p_1^* = p_2^* = 1 - (\bar{x}_1 + \bar{x}_2) \tag{15.27}$$

现在来看第一阶段的生产规模博弈。由于各个厂商预料到下一阶段的竞争均衡是 (15.27),它们的问题就是

$$\max_{\bar{x}_i} \left[\bar{x}_i(1 - \bar{x}_1 - \bar{x}_2) - c\bar{x}_i\right] \tag{15.28}$$

利用一阶必要条件不难验证这个问题的解是

$$\bar{x}_1^* = \bar{x}_2^* = \frac{1-c}{3}$$

代入 (15.27) 求出第二阶段的均衡定价,这个生产规模–价格竞争模型的子博弈完美均衡就是:两个厂商都在第一阶段投资生产规模 $(1-c)/3$,在第二阶段定价 $(1+2c)/3$。

我们注意到,如果两厂商进行的是一个简单的产量竞争,古诺-纳什均衡中两厂商的产量和市场出清价格是

$$x_1^c = x_2^c = \frac{1-c}{3}; \quad p^c = \frac{1+2c}{3}$$

与这里得到的结果相同! 其实,这并不是巧合,因为厂商在预见到后一阶段价格博弈的均衡定价 (15.27) 后,它们的处境就与面对市场需求函数 $p = 1 - (x_1 + x_2)$ 的古诺竞争者完全一样。

上述分析是在对模型作了若干特殊假设后的特殊情形中进行的,但其结果事实上在相当一般的条件下也是成立的。Kreps and Scheinkman(1983) 证明, 只要市场需求是连续函数, 在有效配属规则下, 生产规模–价格模型的结果就与古诺竞争结果一致。所以, 单阶段的古诺寡占有时可以视为一个二阶段生产规模–价格竞争的简化模型。由此,我们也可以理解为什么学者们更偏爱古诺模型。

15.5 序惯行动寡占

除了可以选择不同的战略变量来构造寡占竞争模型, 我们还可以对厂商行动顺序作不同的假定。前面的模型中我们都是假设所有寡头同时行动,如果厂商的行动有先后顺序,厂商

的均衡战略自然会有所不同。严格地说,对厂商行动顺序的不同假定实质上是对博弈信息的不同假定:同时行动的厂商在选择自己的战略时无法观察其他厂商的行动,如果厂商行动的先后顺序不同,后行动的厂商在选择自己的战略时就已经知道领先者的选择。

这一节介绍两个著名的序惯行动双头寡占模型:一个是 Stackelberg 模型,它假设产量为战略变量;另一个是价格领先模型,假设厂商以价格作为竞争手段。

15.5.1 Stackelberg 模型

Stackelberg 模型假设,市场中某个寡头率先宣布自己的产量,另一个厂商再确定自己生产多少,市场价格由供需状况确定于市场出清水平。Stackelberg 模型与 (双头) 古诺模型的战略变量都是产量,所不同的仅仅是厂商行动的时间顺序,古诺竞争者同时行动,而 Stackelberg 模型在行动上有领先者和跟随者之分。

把一个同质产品市场上的两个厂商分别记为 1 和 2,假设厂商 1 先决定其产量 x_1,厂商 2 看到对方的决定后再作出自己的产量决策 x_2;市场反需求函数是 $p = p(X)$,$p(X)$ 连续可微,且 $p'(X) < 0$。

这里涉及的事实上是一个二阶段博弈:第一阶段厂商 1 选择自己的产量 x_1,第二阶段厂商 2 看到对方的选择后再决定其产量 x_2。对这样的博弈,基本的均衡概念是子博弈完美均衡。

求解子博弈完美均衡的标准方法是倒推法,所以我们先考虑第二阶段厂商 2 的最优战略。如果对手已在第一阶段确定了一个产量 x_1,厂商 2 的目标是

$$\max_{x_2} [x_2 p(x_1 + x_2) - c_2(x_2)] \tag{15.29}$$

一阶必要条件是

$$p(X) + p'(X)x_2 - c_2'(x_2) = 0 \tag{15.30}$$

其中 $X = x_1 + x_2$。将其显函数形式解出 $x_2 = \varphi(x_1)$,这个反应函数揭示了厂商 2 在对手的任一产量 x_1 下的最佳应对战略。

回头来考虑厂商 1 在博弈第一阶段的战略。如果厂商 1 是理性的,它会预见到自己的产量决策 x_1 将引致对方生产 $x_2 = \varphi(x_1)$,所以,它的问题是求解最大化问题

$$\max_{x_1} [x_1 p(x_1 + \varphi(x_1)) - c_1(x_1)] \tag{15.31}$$

在最大值点满足一阶必要条件

$$p(X) + x_1 p'(X)[1 + \varphi'(x_1)] - c_1'(x_1) = 0 \tag{15.32}$$

(15.32) 和 (15.30) 联立即可得到 Stackelberg 均衡 (x_1^S, x_2^S)。

我们将 Stackelberg 均衡以几何形式表示于图 15.4 中。厂商 1 作出自己的产量决策时,已经正确地预见了厂商 2 的反应曲线 R_2,厂商 1 会意识到最终的均衡点只可能落在这条反应曲线上。于是,厂商 1 的问题就只是在 R_2 上选取一个对自己最有利的点 (产量组合)。换句话说,厂商 1 需要确定 R_2 上哪一点位于自己最高的等利润曲线上 (注意图中的等产量线

越往下,代表的利润水平越高)。这一点即是图中的 $E^S(x_1^S, x_2^S)$ —— R_2 与厂商 1 某条等利润曲线的切点。一旦厂商 1 选定了 x_1^S,正像事先预料的那样,厂商 2 随后决定生产 $x_2^S = \varphi(x_1^S)$,市场达到均衡。

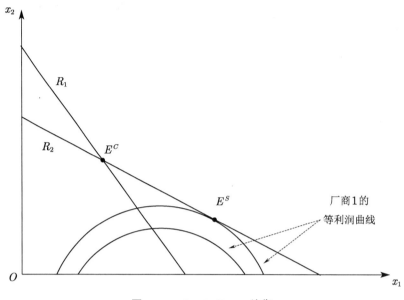

图 15.4 Stackelberg 均衡

很容易将 Stackelberg 均衡与古诺均衡作一个比较:因为对厂商 2 来说 (15.30) 与 (15.4) 完全相同,所以 Stackelberg 跟随者的反应曲线与古诺竞争者的反应曲线一致,都是图中的 R_2。Stackelberg 均衡 E^S 是 R_2 上对厂商 1 最有利的点,古诺均衡 E^C 是 R_2 与厂商 1 的反应曲线 R_1 的交点。因为 Stackelberg 领先者有机会选择 E^C,但它事实上却选择了 E^S,由显示偏好弱公理,E^C 必然位于一条较低的等利润线上。也就是说,领先行动的权利使得厂商 1 获得了更多的利润——这就是所谓的**先行者优势 (first-mover's advantage)**。

15.5.2 领先定价模型

与 Stackelberg 产量领先模型相对应的是领先定价模型。它假设:市场上两寡头之一率先定价,然后另一厂商再确定自己的产品价格;如果两寡头生产的产品是相互完全替代的同质产品,跟随者接受领先者的定价为市场价格 (即领先者有绝对的定价权)。

让我们先考虑两厂商生产异质产品这种一般情况。设厂商 $i(i=1, 2)$ 面对的市场需求函数为 $x_i = x_i(p_1, p_2)$,厂商 1 具有先期定价权。同上一节一样,先看跟随者厂商 2 的战略。在对方定价 p_1 的条件下,厂商 2 的问题是

$$\max_{p_2} [p_2 x_2(p_1, p_2) - c_2(x_2(p_1, p_2))] \tag{15.33}$$

其一阶必要条件是

$$x_2(p_1, p_2) + [p_2 - c_2'(x_2(p_1, p_2))]\frac{\partial x_2}{\partial p_2} = 0 \tag{15.34}$$

由此解出厂商 2 的反应函数 $p_2 = \psi(p_1)$。

从厂商 1 的角度看,由于对方对自己的定价 p_1 的反应是定价 $\psi(p_1)$,所以它需要解决的问题是

$$\max_{p_1} [p_1 x_1(p_1, \psi(p_1)) - c_1(x_1(p_1, \psi(p_1)))] \tag{15.35}$$

列出这个问题的一阶必要条件,与 (15.34) 联立,即可求解双方的均衡价格。

现在考虑两个厂商生产完全同质产品的情况。在第二阶段,由于厂商 1 的定价 p_1 已经是公开信息,只要这一定价水平不低于厂商 2 的边际成本,厂商 2 总可以略低于 p_1 定价,生产它愿意出售的产量。为避免表达式过于烦琐,不妨假设厂商 2 定价就等于对方价格: $p_2 = p_1$,按模型假设厂商 2 的反应函数即为 $p_2 = p_1$,它此时事实上与一个面对市场价格 p_1 的完全竞争厂商的处境相同。在给定的价格 p_1 下,厂商 2 会选择一个相应的最优产量 x_2,实现利润最大化目标

$$\max_{x_2} [p_1 x_2 - c_2(x_2)] \tag{15.36}$$

一阶必要条件是我们熟悉的

$$p_1 = c_2'(x_2) \tag{15.37}$$

解出其反函数 $x_2 = x_2(p_1)$,这也可以看作是厂商 2 的反应函数,只不过它揭示的是在对方任一定价 p_1 下厂商 2 的最优应对产量。所以,如果行业面对的总需求函数是 $X(p)$,厂商 1 在考虑了对手的最佳应对战略后,意识到自己面对的需求事实上是

$$r(p) = X(p) - x_2(p) \tag{15.38}$$

$r(p)$ 也称为厂商 1 面对的**剩余需求 (residual demand)**。厂商 1 只需像一个面对需求函数 $r(p)$ 的独占厂商一样行事即可。

进一步阅读

关于古诺–纳什均衡存在的条件,可参见:
Novshek, W. (1985), "Cournot Equilibrium with Free Entry", *Review of Economic Studies*, 47: 473-486.

本章介绍的古诺均衡的福利分析方法出自:
Berstrom, T. and H. Varian (1985), "Two Remarks on Cournot Equilibria", *Economics Letters*, 19: 5-8.

贝特朗混合战略均衡存在性的一般条件可参见:
Dasgupta, P. and E. Maskin (1986), "The Existence of Equilibria in Discontinuous Economic Games II: Applications", *Review of Economic Studies*, 53: 27-41.

艾奇沃斯模型中混合均衡的讨论可参见:
Levitan, R. and M. Shubik (1972), "Price Duopoly and Capacity Constraints", *International Economic Review*, 13: 111-122.

Davidson, C. and R.Deneckere (1986), "Long-term Competition in Capacity, Short-run Competition in Price, and the Cournot Model", *Rand Journal of Economics*, 17: 404-415.

生产规模内生化的产量–价格模型出现在:

Kreps, D. and J. Scheimkman (1983), "Quantitive Precommitment and Bertrand Competition Yield Cournot Outcomes", *Bell Journal of Economics*, 14: 326-337.

对现代寡占理论作通盘论述的名著有:

Tirole, J. (1988), *The Theory of Industrial Organization,* Cambridge, Mass.: MIT Press.

Martin, S. (1992), *Advanced Industrial Economics,* Oxford: Blackwell.

Friedman, J. (1977), *Oligopoly and the Game Theory,* Amsterdam: North-Holland.

练习与思考

15-1 证明: 古诺–纳什均衡下的行业产量低于社会福利最优水平。

15-2 如果两个边际成本为 c 的厂商进行贝特朗价格竞争, 证明: 即使考虑到混合战略的可能, 两厂商以边际成本定价也是唯一的纳什均衡。

15-3 一个双头寡占市场的反需求函数是 $p = a - bX$, $a, b > 0$; 寡头 1 和寡头 2 的边际成本分别是 c_1 和 c_2。
(1) 求古诺均衡。
(2) 若 $c_1 > c_2$, 求贝特朗均衡。
(3) 如果厂商 1 是价格领先者, 求 Stackelberg 均衡。
(4) 如果厂商 1 是产量领先者, 求两厂商的均衡产量。

15-4 考虑一个同质产品市场, 具有严格凹的市场反需求函数 $p(X)$; 市场上有 n 个古诺竞争者, 它们的生产技术都是规模收益不变的: $c_i(x_i) = c_i x_i$, $i = 1, \ldots, n$。假设政府向厂商 i 征收从量税 t_i。证明: 行业产量 $X = \sum_i x_i$ 只依赖于行业总赋税水平 $T = \sum_i t_i$, 而与个别厂商的赋税水平 t_i 无关。

15-5 两个生产差异产品的寡头厂商面对的产品反需求函数是 (15.15)
$$p_i(x_1, x_2) = \alpha_i - \beta_i x_i - \gamma x_j \quad i = 1, 2; j \neq i$$
其中各项系数为正, 且满足 $\alpha_i \beta_j > \alpha_j \gamma$ 及 $\beta_1 \beta_2 > \gamma^2$。这个需求也可以写为 (15.20)
$$x_i = a_i - b_i p_i + \phi p_j$$
(1) 验证上述两种需求形式的系数存在下列关系
$$a_i \equiv \frac{\alpha_i \beta_j - \alpha_j \gamma}{\beta_1 \beta_2 - \gamma^2}; \quad b_i \equiv \frac{\beta_j}{\beta_1 \beta_2 - \gamma^2}; \quad \phi \equiv \frac{\gamma}{\beta_1 \beta_2 - \gamma^2}$$

(2) 如果 (x_1^C, x_2^C) 是古诺均衡，(x_1^B, x_2^B) 是贝特朗均衡下两厂商的产量。证明：$x_i^C < x_i^B$, $i = 1, 2$。

(3) 在贝特朗–纳什均衡 (p_1^B, p_2^B) 下，两个寡占厂商都获得正利润，但它们获得的利润都比古诺均衡中的利润低。

15-6 假如某个城市可以想象成如下图所示一条长为 1 的直线段，我们进一步将它表示为闭区间 $[0, 1]$；在 0 和 1 处各有一个冰箱生产厂商，成本函数都是 $c(x) = cx$，两厂商进行价格竞争；有总数为 N 的消费者均匀地分布在 $[0, 1]$ 上，可以以 $z \in [0, 1]$ 代表处于这一位置的那个消费者。每个消费者对冰箱的需求量最大为 1，且如果消费者购买冰箱，他获得的间接效用是 v(以货币单位计量)；如果消费者向一个与他相距 d 的厂商购买商品，他需要负担的交通运输费用是 $td(t > 0)$。

(1) 求两个厂商的反应函数，并画出它们的反应曲线。
(2) 求该模型的纳什均衡。
(3) 证明：如果 $v > c + \dfrac{3}{2}t$，这个城市中每个消费者都会购买冰箱。

15-7 试将 15.3 节中线性需求下的模型结果推广到非对称产量限制的情形：如果厂商 1 和厂商 2 的最高产量限制分别是 $\bar{x}_1$ 与 $\bar{x}_2$，则 $\bar{x}_1, \bar{x}_2 \in (1/3, 1)$ 时不存在单纯均衡；$\bar{x}_1, \bar{x}_2 \in (0, 1/3]$ 时两厂商的定价都是 $p = 1 - (\bar{x}_1 + \bar{x}_2)$。

第 16 章 多阶段寡占竞争

既然寡占厂商的利润是与竞争对手的行动相关联的,那么一个厂商的不同行动会引起对手不同的反应。不同厂商行动间的这种联动关系在上一章已经阐述得十分清楚,但静态模型还不能真正体现厂商间的行为反应关系以及这种关系对竞争结果的影响。

在寡占竞争环境中,厂商适当选择当前的行动,有可能会从对方对此的反应中获利,这是完全竞争或者独占市场所没有的特征。为分析寡占竞争这一具有动态内涵的重要特征,现代寡占理论采用了多阶段博弈分析方法。大量的文献集中在两个主要的研究领域。一个领域是厂商如何摆脱因犯困境,在非合作环境中达到一定程度的合作结果——这就是 16.1 节要讨论的串谋问题,模型中体现为厂商互相以特定的产量(价格)"劝诱"竞争对手作出较为"合作"的选择。另一个领域更为一般,它分析厂商如何通过合适的实物资产投资、新技术研究开发 (R&D) 投资等行为,逼迫竞争对手作出有利于自己的反应——16.2 节通过 Dixit 进入壁垒模型引入这一思想,16.3 节则将其作了一般化的推广。

16.1 Folk 定理与串谋

16.1.1 串谋的不稳定性

寡占竞争的一个主要特征,就是厂商的行动存在外部性:任一寡头为追求自身利润最大化而采取的产量增加或价格削减会降低其他厂商的利润。由于这种负的外部性,行业的总产量过高,市场价格过低,竞争厂商陷入典型的因犯两难困境。譬如在寡头间的产量竞争中,15.1 节已经看到唯一的纳什均衡是古诺均衡; 但如果各厂商放弃自身利润最大化目标,共同追求行业利润最大化,则每个厂商都有机会获得更多的利润,实现帕累托改进 (对行业内厂商而言)。

如果行业内所有的 n 个厂商都同意按协议安排生产,制定一个行业利润最大化的价格,那么它们的问题就是

$$\max_{\mathbf{x}} \left[p(X)X - \sum_{i=1}^{n} c_i(x_i) \right] \tag{16.1}$$

这里 $\mathbf{x} = (x_1, \ldots, x_n)$, $X = \sum_i x_i$。一阶必要条件是

$$p(X^m) + p'(X^m)X^m = c_i'(x_i^m) \quad i = 1, \ldots, n \tag{16.2}$$

整个行业就像一个有 n 个分厂的独占厂商一样行动,它将按照各"分厂"边际成本相等的原则安排生产。

当然，由条件 (16.2) 得到的产量安排 $(x_1^m, \ldots, x_n^m)$ 是否真的实现帕累托改进还取决于行业的成本结构和其他一些因素。(16.2) 只是保证行业利润达到最大，却并不意味着每个厂商的利润也比其他配置情况下高。比方说，如果各厂商的边际成本都是常数，但互相间有差异，那么行业利润最大化要求边际成本最低的厂商生产全部产量，其他厂商的产量都为零——如果允许厂商间利润划拨，一切都没有问题，适当的利润再分配总可以使每个厂商的最终所得高于 (或至少不低于) 古诺–纳什均衡下的利润。但在一些实行严厉的反托拉斯政策的国家，任何形式的独立厂商间利润划拨都是禁止的——这种情况下，一些厂商参与串谋后利润反而会降低。

无论如何，串谋终究向厂商提供了一个实现帕累托改进的机会。经济学真正关心的，并不是各厂商如何瓜分串谋下较大的行业利润，而是相互竞争的厂商能否克制各自的利己动机，实现串谋利润。这里最关键的问题是，因为串谋解不是纳什均衡，所以它是极不稳定的：记 $\mathbf{x}^m$ 为一个串谋解，满足 (16.2)，π_i 为厂商 i 的利润，则

$$\frac{\partial \pi_i(\mathbf{x}^m)}{\partial x_i} = \frac{\partial}{\partial x_i}[x_i p(X) - c_i(x_i)]|_{\mathbf{x}=\mathbf{x}^m}$$
$$= p(X^m) + x_i^* p'(X^m) - c_i'(x_i^m)$$

由一阶条件 (16.2) 得

$$\frac{\partial \pi_i(\mathbf{x}^m)}{\partial x_i} = -p'(X^m) \sum_{j \neq i} x_j^m > 0 \tag{16.3}$$

就是说在其他厂商遵守串谋协议时，任一厂商都可以增加自己的产量而获得更多的利润。这就是因犯困境的特征：如果所有人都节制自己扩充产量的动机而少生产一点，行业利润会增加；但如果其他人都控制产量，一个厂商提高产量必然会增加自己的利润——由于每个厂商都会这样想，结果就是所有厂商都会增加产量。

像上述例子那样各厂商联合追求行业利润最大化的情况称为**完全串谋** (perfect collusion)。除了这种极端的情况，还可能存在无穷多种**部分串谋** (partial collusion)——行业利润高于纳什均衡利润，但小于完全串谋下的行业最高利润。在某些经济环境中厂商不可能达成完全串谋时 (譬如存在前面所说的利润划拨问题时)，某种程度的部分串谋是行业最好的选择。当然，同前面的道理一样，在静态博弈中，即使是部分串谋解也是不可能出现的。

16.1.2 扳机战略与 Folk 定理

尽管串谋在静态博弈中不是纳什均衡，但利用 12.3.2 节介绍的无穷重复博弈 Folk 定理可以推知，在一个无穷重复博弈中，串谋解确实可能构成一个子博弈完美均衡。这就是我们常说的"非合作博弈的合作结果"。下面我们要具体地构造寡占竞争中的扳机战略，并将其结果进一步推广。我们的分析将在产量竞争的假设下进行，价格竞争的情况与此类似。

不失一般性，考虑两个厂商 (厂商 1 和厂商 2) 进行一个无穷阶段的同质产品竞争，在每一阶段中各厂商同时决定自己的产量，当期的价格将定在行业总产量出清的水平；跨时贴现因子为 $\delta \in (0, 1]$。孤立地看每一阶段的竞争 (生成博弈)，唯一的纳什均衡是古诺均衡。记 $\pi_i(x_1, x_2)$ 为厂商 i 在产量组合 (x_1, x_2) 下的单期利润；在古诺–纳什均衡中厂商 i 的均衡产

量为 x_i^c，均衡利润就是 $\pi_i^c = \pi_i(x_1^c, x_2^c)$，$i = 1, 2$；记 (x_1^*, x_2^*) 为某种程度的串谋产量组合，厂商 i 在该串谋下每一阶段所得的利润是

$$\pi_i^* = (x_1^*, x_2^*), \quad \pi_i^* > \pi_i^c \ (i = 1, 2)$$

仿照 12.3.2 节，我们可以构造这里的扳机战略：如果在前 $t-1$ 个阶段中每个局中人的产量都是 $x_i = x_i^* (i = 1, 2)$，局中人在第 t 阶段就继续选择 $x_i = x_i^*$；一旦发现厂商 j 在某一阶段 t 的产量不是 x_j^*，厂商 i $(i \neq j)$ 就在下一期 $(t+1)$ 开始一直生产古诺均衡产量 $x_i = x_i^c$。这个古诺均衡产量 x_i^c 其实就是对厂商 j 违背串谋产量的惩罚。

在厂商 1 使用上述扳机战略的前提下，我们来计算厂商 2 在遵守和违背串谋"协议"时所得的利润。如果厂商 2 一直生产 x_2^*，它每期获得利润 π_2^*，其总利润现值是

$$\pi_2^* \sum_{t=0}^{\infty} \delta^t = \frac{\pi_2^*}{1 - \delta} \tag{16.4}$$

如果它决定违背协议，针对厂商 1 生产 $x_1 = x_1^*$，它会生产此时的最优应对产量 x_2^R，满足

$$\left. \frac{\partial \pi_2(x_1^*, x_2)}{\partial x_2} \right|_{x_2 = x_2^R} = 0$$

当期获得利润 $\pi_2^R = \pi_2(x_1^*, x_2^R)$。但从下一期开始，厂商 1 将实行惩罚措施，生产 x_1^c，对此厂商 2 最好的应对是 x_2^c，即是说以后每一阶段中厂商 2 的利润都是 π_2^c。因此，厂商 2 背离串谋所得的总利润是

$$\pi_2^R + \pi_2^c \sum_{t=1}^{\infty} \delta^t = \pi_2^R + \frac{\delta \pi_2^c}{1 - \delta} \tag{16.5}$$

(16.4) 与 (16.5) 比较，厂商 2 遵守串谋承诺的条件是

$$\frac{\pi_2^R - \pi_2^*}{\pi_2^R - \pi_2^c} \leqslant \delta$$

上述分析显然也适用于厂商 1，所以我们得到两厂商都不背离串谋的条件

$$\frac{\pi_i^R - \pi_i^*}{\pi_i^R - \pi_i^c} \leqslant \delta \quad i = 1, 2 \tag{16.6}$$

由于对每个厂商 i 都有 $\pi_i^R \geqslant \pi_i^* \geqslant \pi_i^c$ 成立，所以只要 δ 充分接近于 1，不等式 (16.6) 总是成立的。给定贴现因子 δ，(16.6) 也显示了有利于厂商维持串谋的条件：背离串谋获得的短期利润 π_i^R 较低，或者串谋解对厂商承诺的每一期利润 π_i^* 较高，以及遭受惩罚时所获得的利润 π_i^c 较低——这些都是与直觉相符的。

由 Folk 定理，当 (16.6) 成立时，上述扳机战略还是子博弈完美均衡。从这个意义上讲，扳机战略中不存在不可信威胁。不过，读者也许仍然会觉得，这个战略所要求的处罚冷酷得不近情理——只要背离串谋产量一次，接下来的惩罚就会没完没了地持续下去；再说，惩罚者与被惩罚者一样受伤害。如果厂商 j 在某一期背离了串谋产量，厂商 i $(i \neq j)$ 以产量 x_i^c 惩罚对方若干阶段后，答应原谅对方，再回到串谋产量上——这是不是更符合双方的利益呢？这个想法存在的问题是，一旦厂商指望违背串谋的行为会得到对方的谅解，惩罚威胁就不再是可信的，从而串谋解也就难以维持。

16.1.3 胡萝卜加大棒战略

Abreu (1986) 发展了一种含有谅解行为的简单惩罚机制, 它包含在 Abreu 称之为**胡萝卜加大棒 (carrot-and-stick)** 的战略中。这个战略要求: ① 如果在前 $t-1$ 个阶段中每个局中人都生产其串谋产量 $x_i = x_i^*(i=1,2)$, 局中人在第 t 阶段就继续选择 $x_i = x_i^*$; ② 一旦发现某一厂商 i 在某一阶段 t 的产量不是 x_i^*, 双方需要在 $t+1$ 期生产某一惩罚产量 (x_1^P, x_2^P), 但从 $t+2$ 期开始后又返回串谋产量 (x_1^*, x_2^*); ③ 如果在惩罚阶段 $t+1$ 期中有厂商背离其惩罚产量 x_i^P, 则双方需要在 $t+2$ 期继续选择 (x_1^P, x_2^P)。

与前面的扳机战略无穷期惩罚不同的是, 这里对背离厂商的惩罚是在紧接着背离行动发生那个阶段中一次性地完成的, 一旦完成了这一期的惩罚, 背离行动就得到原谅。惩罚产量 x_i^P 即所谓的 "大棒", 而随即恢复到串谋产量则是该战略中的 "胡萝卜"。"大棒"的作用是威吓厂商不要背离串谋产量, 而"胡萝卜"的功能则是诱使厂商在必要时甘愿挥舞这根"大棒"。

先假设必要时惩罚期的产量 (x_1^P, x_2^P) 总是如期执行, 我们来比较厂商遵守和违背串谋产量的所得。记厂商 i 在惩罚期的利润为 π_i^P, 如果它决定在第 t 期违背串谋, 给定对方生产 x_j^*, 它会选择自己的最佳应对产量 x_i^R, 当期获得额外的利润 $\pi_i^R - \pi_i^*$, 这里 $\pi_i^R = \pi_i(x_i^R, x_j^*)$; 由于我们假设两个厂商接下来生产的确实是惩罚产量 (x_1^P, x_2^P), 这样厂商 i 将在 $t+1$ 期获利润 π_i^P; 到了 $t+2$ 期, 按串谋协定双方应该回到 (x_1^*, x_2^*), 所以此时厂商 i 的处境与其在 t 期时完全相同——这意味着, 如果厂商 i 觉得它在 t 期违背串谋生产 x_i^R 是有利可图的话, 它必然会觉得在 $t+2$ 期生产 x_i^R 也是有利可图的。因此, 一个串谋背离者选择的路径必然是: 在 $t=0$ 生产 x_i^R, 在 $t=1$ 受罚; 在 $t=2$ 生产 x_i^R, 在 $t=3$ 受罚; …… 对应的各期利润依次是 $\{\pi_i^R, \pi_i^P, \pi_i^R, \pi_i^P, \ldots\}$。这就得到厂商 i 忠于串谋的条件

$$\pi_i^R - \pi_i^* \leqslant (\pi_i^* - \pi_i^P)\sum_{k=0}^{\infty}\delta^{2k+1} + (\pi_i^* - \pi_i^R)\sum_{k=1}^{\infty}\delta^{2k} \quad i = 1, 2$$

将其简化得

$$\frac{\pi_i^R - \pi_i^*}{\pi_i^* - \pi_i^P} \leqslant \delta \quad i = 1, 2. \tag{16.7}$$

这个条件只是厂商 i 不背离串谋的必要条件, 但还不是充分条件, 因为我们之前假设两个厂商在必要时都老老实实地选择惩罚产量。假设某个厂商在 $t-1$ 期偏离了串谋产量, 现在考虑厂商 i 从 t 期开始的选择。假如它在 t 期拒绝生产惩罚产量 x_i^P, 它会选择在对方产量 x_j^P $(j \neq i)$ 下对自己最有利的产量 x_i^{RP}, 当期获利润 $\pi_i^{RP} = \pi_i(x_i^{RP}, x_j^P)$; 到了 $t+1$ 期, 厂商 i 将发现其处境与上一期没有什么不同, 所以既然它上一期就拒绝惩罚产量, 它在 $t+1$ 期将会作同样的选择——推而广之, 如果厂商 i 一开始在 t 期偏离惩罚产量而生产 x_i^{RP}, 它会从此一直生产 x_i^{RP}——由此, 偏离惩罚产量的厂商 i 可以计算出它最终获得的利润现值 $\pi_i^{RP}/(1-\delta)$。

如果两个厂商都在 t 期服从惩罚, 厂商 i 当期获利润 π_i^P, 从 $t+1$ 开始回到串谋产量后每一期的利润是 π_i^*, 它的总利润是 $\pi_i^P + \delta\pi_i^*/(1-\delta)$。这就得到厂商 i 总是服从惩罚产量的

条件

$$\frac{\pi_i^{RP} - \pi_i^P}{\pi_i^* - \pi_i^P} \leqslant \delta \qquad i = 1, 2 \tag{16.8}$$

给定某种程度的一个串谋产量组合 (x_1^*, x_2^*), 只要选择合适的惩罚产量 (x_1^P, x_2^P), 同时满足条件 (16.7) 和 (16.8), 上述胡萝卜加大棒战略就保证 (x_1^*, x_2^*) 可以长期维持。这个战略的子博弈完美均衡性质可以如下验证:

考虑到无穷重复博弈中从不同阶段开始的子博弈都是一样的, 只存在两种子博弈:

(1) 以 t 为起点的合作子博弈, 前一期 ($t-1$ 期) 双方的产量为 (x_1^*, x_2^*) 或者 (x_1^P, x_2^P): 如果厂商 i 相信厂商 j 从此一直都生产 x_j^*, 由不等式 (16.7), 它自己的最佳应对产量必然是 x_i^*, 所以每一期的产量都将是 (x_1^*, x_2^*), 这说明上述胡萝卜加大棒战略是这一子博弈的纳什均衡。

(2) 以 t 为起点的惩罚子博弈, 前一期 ($t-1$ 期) 双方的产量既不是 (x_1^*, x_2^*), 也不是 (x_1^P, x_2^P): 由不等式 (16.8), 厂商 i 宁愿在 t 期选择惩罚利润 π_i^P, 并在以后每一期获得 π_i^*, 也不愿在 t 期投机得到一个较大的 π_i^{RP}, 但在以后失去获得 π_i^* 的机会。可见, 胡萝卜加大棒战略确是这一子博弈的纳什均衡。

胡萝卜加大棒战略的重要性在于, 它包含比上一小节中扳机战略更严厉和更一般的可信威胁, 而惩罚威胁越是严厉, 串谋解越稳定。由于这种更为严厉的威胁, 某些在扳机战略下无法维持的串谋解在胡萝卜加大棒战略下是能够维持的, 胡萝卜加大棒战略扩大了串谋可能集合。

由于严厉的惩罚威胁能较好地支持串谋解, 因此我们所讨论的产量竞争 (古诺竞争) 模型比贝特朗价格竞争模型更具一般性。如果生成博弈是价格竞争博弈, 贝特朗均衡结果比古诺均衡结果的竞争性强得多。因而, 当存在背离串谋价格行为时, 简单地回复到贝特朗均衡价格就是一个比回复到古诺均衡产量更为严厉的惩罚。这就是说, 任给一个贴现因子 δ, 寻找可信的贝特朗均衡威胁来支持某一串谋解, 会比寻求可信的古诺均衡威胁来得容易。

16.2 战略性的生产规模与市场进入壁垒

如果竞争对手降低竞争强度, 譬如说减少产量或者提高产品价格, 寡占厂商的利润会随之增加, 这是寡占竞争的一般法则。只是, 既然是利润最大化追求者, 任何厂商都不会毫无缘故地自愿降低竞争强度, 让竞争对手白白地获得市场利益。但是, 如果某个厂商有机会预先作出某种行动, 就有可能间接地诱使竞争模式向自己希望的方向发展, 这称为厂商的**战略性行为** (strategic behaviors)。我们已经在 15.5 节 Stackelberg 模型中看到了这种领先者优势, 但这里和下一节要讨论的, 是更为一般的战略性行为。

作为厂商战略性行为的一个特例, 这一节分析针对潜在厂商设置的人为性进入障碍问题; 一般性的战略性行为模型将在下一节介绍。

16.2.1 传统的限制定价模型与威胁的可信性

设想某市场内现在只有一个厂商, 称其为厂商 1。如果生产独占产量, 它将获得最大利润。但是，巨额利润会吸引潜在厂商进入市场。假设现在有一个潜在厂商 (厂商 2) 准备进入市场与厂商 1 竞争，厂商 1 有什么办法阻止对方进入呢？一个自然的想法是，厂商 1 生产一个表面看起来过高的产量，潜在厂商据此计算自己进入后的市场总供给——如果这个总供给会将市场价格压至潜在厂商的长期平均成本线以下，新厂商的进入就被阻止了。下面传统的限制定价模型反映了这一思想。

假设：① 厂商 1 和厂商 2 间的博弈分为 $t=0$ 和 $t=1$ 两个阶段，在 $t=0$ 阶段市场上只有厂商 1，它决定其产量 x_1，在 $t=1$ 阶段厂商 2 决定是否进入市场；② 如果厂商 2 在 $t=1$ 阶段进入市场，生产与对方同质的产品；③ 需求函数保持不变，在两个阶段都是 $p(X)$；④ 无论厂商 2 在后一阶段是否进入市场，厂商 1 沿袭它之前的产量 x_1；⑤ 至少在某一产量范围内，两厂商都存在一定程度的规模经济。

规模经济假设意味着厂商 2 需要一个最低销售量才能保证收支平衡。在厂商 1 产量 x_1 保持不变的前提下，厂商 2 进入市场后面临的市场需求将是总需求减去 x_1 后的剩余需求。所以，如果它在 $t=1$ 进入市场生产 x_2，市场价格将为 $p(x_1+x_2)$，它可望获得利润

$$\pi_2(x_1, x_2) = p(x_1+x_2)x_2 - C_2(x_2) \tag{16.9}$$

$C_2(\cdot)$ 是厂商 2 的成本函数。记 $x_2^*(x_1)$ 是以 (16.9) 为目标函数的最大值问题的解，厂商 2 的决策非常简单：

如果 $\pi_2(x_1, x_2^*(x_1)) > 0$，进入市场；

如果 $\pi_2(x_1, x_2^*(x_1)) \leqslant 0$，不进入市场。

我们不去纠缠阻止潜在厂商进入市场对现在的独占者是否值得的问题，假设现在的需求和成本结构下厂商 1 希望阻止对方进入，它只要在 $t=0$ 阶段选择产量

$$Y = \min\{x_1 |\ \pi_2(x_1, x_2^*(x_1)) \leqslant 0\} \tag{16.10}$$

就能维持其独占市场的格局。Y 称为限制产量，其市场出清价格 $p(Y)$ 称为**限制定价 (limit pricing)**。

图 16.1 复述了上面的分析：D 是市场需求曲线；如果厂商 1 的产量是 x_1，厂商 2 面对的需求就是将 D 向左平移一段长为 x_1 的距离。给定厂商 1 需要阻止对方进入这一假设，它的最佳选择是图中所示的 Y，这刚好使得对方面对的剩余需求曲线 D' 与其长期成本线 AC_2 相切。面临图中的剩余需求 D'，厂商 2 以任何产量进入市场都无法获得正利润。

限制定价原理相当直观，而且不乏实际案例支持。但上述模型结果得以成立的关键条件 ④ 却值得怀疑。新厂商进入行业后，如果原有厂商不改变其产量，行业总产量增加，市场价格必然下降，而我们不能期待一个理性厂商会在市场价格下降时拒绝调整产量。更正式地，厂商 1 与厂商 2 在博弈后一阶段进行的是一个产量博弈，而我们知道产量竞争厂商的反应曲线是向下倾斜的。当厂商 2 的产量由 0(不进入) 变为某个 $x_2 > 0$(进入) 时，厂商 1 的最佳应对是降低自己的产量。所以，上述模型中的条件本身含有不可信威胁，而战略组合 $(x_1^*, 0)$ 不是子博弈完美均衡 (读者可以验证它是纳什均衡)。

取消不合理的模型条件 ④ 之后，进入障碍根本不存在。潜在厂商 2 只会关心它进入后双方的竞争，而不必考虑厂商 1 在 $t=0$ 阶段生产多少和如何定价；厂商 1 当然也明白其前期的行为根本无法改变对方是否进入市场的决定，它会将产量定在当期利润最大化水平。

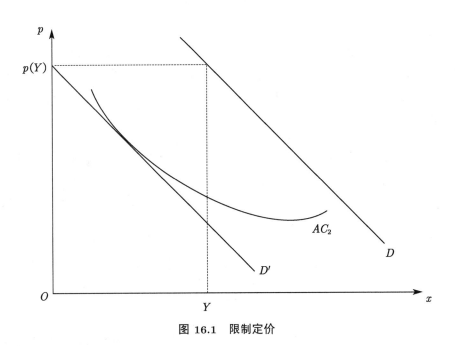

图 16.1 限制定价

是不是说这种以规模经济为基础的进入壁垒就不存在呢？不是。这一小节的分析只是说明，单纯的规模经济因素无法构成市场进入障碍。下一小节将引入一个对厂商的战略性行为起决定意义的概念，并说明它如何改变厂商的竞争行为。

16.2.2 沉没成本的竞争价值

Dixit (1980) 提供的模型显示，如果市场内厂商现有的生产规模投资具有**沉没成本 (sunk costs)** 性质，在预先选定一个战略性的投资水平之后，厂商 1 在潜在厂商进入市场时拒绝降低产量就可能是可信的。

如果个体一旦作出了某一行动，要撤销或改变该行动无法收回全部行动成本，我们就说个体的这个行动具有**沉没成本性质**。譬如说，一个厂商可能会宣称它明年要将其所有营业收入用于广告宣传，但明年它完全可以根本不投资任何广告，这种可以无成本地改变的行动就没有沉没成本。

一种明显具有沉没成本性质的行动是厂商在厂房和机器设备等耐用资产上的投资。一旦厂商购置了这些耐用资产，再想撤资一般不可能收回全部投资成本，原因是这些资产都有一定的资产专用性，而且撤资往往被市场认为是行业利润下降的信号，撤资厂商在讨价还价中处于不利的地位。

现在考虑市场内现有厂商 1 与潜在厂商 2 间的一个两阶段博弈：厂商 1 在 $t=0$ 阶段决定投资其最大生产规模 W_1，单位投资成本是 $\sigma > 0$；在 $t=1$ 阶段，厂商 2 决定是否进入市场，如果进入市场，两厂商进行产量竞争。

在 $t=1$ 阶段，由于厂商规模具有沉没成本性质，厂商 1 不能改变它之前投资的市场规模 W_1，它只能选择其产量 x_1。如果 $x_1 \leqslant W_1$，边际生产成本 (不妨想象为劳动投入成本) 是常数 $c, c > 0$；但如果厂商 1 的产量超出其最大生产规模，超出量需要增添相应水平的机器

设备，所以厂商 1 的成本函数是

$$C_1(x_1, W_1) = \begin{cases} cx_1 + \sigma W_1 & x_1 \leqslant W_1 \\ (c+\sigma)x_1 & x_1 > W \end{cases} \quad (16.11)$$

潜在厂商 2 之前没有投资，它若决定在 $t=1$ 阶段进入市场生产 x_2，则需要临时购置相应的固定资产，这项成本是 σx_2。假设厂商 2 的边际成本也是 c，其成本函数是

$$C_2(x_2) = (c+\sigma)x_2 \quad (16.12)$$

不妨假设市场需求函数是 $p(X) = a - bX$，我们先考察 $t=1$ 阶段的纳什均衡。如果厂商 2 的产量是 x_2（$x_2 > 0$ 表示它进入了市场，$x_2 = 0$ 表示它未进入市场），厂商 2 的反应函数 $x_2(x_1)$ 与通常古诺竞争厂商的反应函数没有差别。但因为厂商 1 的边际成本在 $x_1 = W_1$ 点是不连续的，其反应曲线将十分特别。

纳什均衡中厂商 1 的一阶必要条件是

$$a - b(2x_1 + x_2) = C_1'(x_1)$$

所以，

$$x_1 = -\frac{1}{2}x_2 + \frac{a-c}{2b} \qquad x_1 \leqslant W_1 \quad (16.13)$$

$$x_1 = -\frac{1}{2}x_2 + \frac{a-c}{2b} - \frac{\sigma}{2b} \qquad x_1 > W_1 \quad (16.14)$$

当 $x_1 \leqslant W_1$，厂商 1 的边际成本为 c，其反应函数如 (16.13)，这对应于图 16.2 中的反应曲线 $R_1(x_2|c)$；当 $x_1 > W_1$，厂商 1 的边际成本升至 $c+\sigma$，其反应函数如 (16.14)，这对

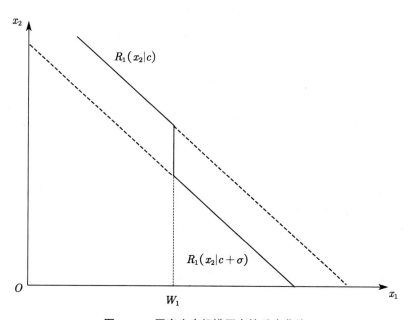

图 16.2　固定生产规模厂商的反应曲线

应于图中 $R_1(x_2|\ c+\sigma)$。这意味着，在整个实半轴 $x_1 \geq 0$ 上，厂商 1 的反应曲线是一条折线。其特征是，在 $x_1 = W_1$，反应曲线是一条上接 $R_1(x_2|\ c)$、下接 $R_1(x_2|\ c+\sigma)$ 的垂直线段。

图 16.3 同时画出了两厂商的反应曲线。在这个 (x_1, x_2) 坐标系中厂商 2 的反应曲线 $R_2(x_1)$ 的斜率是 -2，比对方的反应曲线陡峭，所以 $R_2(x_1)$ 与 $R_1(x_2|\ c)$ 和 $R_1(x_2|\ c+\sigma)$ 线分别交于 T 点和 V 点。由厂商 1 的反应曲线特点，不难看出 $R_2(x_1)$ 上 T 和 V 间的所有点都是可能的均衡点——给定线段 TV 上的一点 $E(x_1^0, x_2^0)$，只要厂商 1 选取 $W_1 = x_1^0$，其反应曲线中垂直的一段就与 $R_2(x_1)$ 交于 E 点。

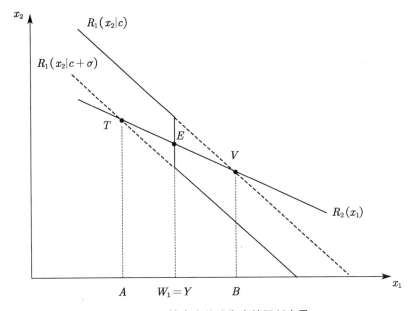

图 16.3　子博弈完美均衡中的限制产量

如果 (16.10) 定义的限制产量 Y 处于图中 A 和 B 之间，厂商 1 只要在 $t = 0$ 阶段将生产规模 W 定为 Y，就可以成功地阻止厂商 2 进入市场——厂商 2 知道，即使它进入市场，对方的产量 Y 也不会变化，因为在均衡点附近厂商 1 的反应曲线是垂直的。就是说，厂商 1 在 $t = 0$ 阶段选择 $W_1 = Y$，在 $t = 1$ 阶段生产 $x_1 = W_1 = Y$ 是一个子博弈完美均衡战略。

在这个模型中，沉没成本的意义不在于潜在厂商 2 必须承担购置生产设备的成本——虽然厂商 1 在产品竞争阶段 $(t = 1)$ 不必支付这笔成本，但它在前一阶段却必须承担——从这个意义上说沉没成本对二者是公平的。沉没成本的战略意义在于，厂商 1 预先的投资使得它在后期保持一种竞争姿态：同样的需求条件下生产更多，而且不会轻易改变现有产量。

Shapiro (1989) 对沉没成本在厂商战略性行为中的作用作了明确的概括："由于实物资本投资可以改变将来的行为，所以它具有战略意义……可以无成本地更改的行为不可能包含可信的承诺，从而也不具有战略性价值。"

16.3 战略竞争的一般模型及其应用

16.3.1 战略竞争的一般模型

Bulow et al. (1985) 提供了一个简单的二阶段博弈, 对厂商的战略性行为作了一般性的揭示。考虑一个两厂商间的二阶段博弈: 第一阶段中只有厂商 1 有行动的机会, 这可以是某一水平的新技术开发研究 (R&D) 投资, 或者是引入一套新的市场营销方法, 或者是增添生产设备等, 关键的是这种行动必须具备沉没成本性质。为表述方便, 不妨假设厂商 1 的行动是某项投资 $K \geqslant 0$。假设 K 影响厂商 1 在第二阶段的成本或产品需求, 但对厂商 2 的成本和需求都没有影响。当厂商 1 的投资 K 完成后, 第二阶段两厂商进行古诺或贝特朗静态竞争, 这里我们统一地将第二阶段厂商 i ($i=1,2$) 的行动记为 $s_i \geqslant 0$。厂商 1 在第二阶段的利润可以写为 $\pi_1(s_1, s_2, K)$, 除去上一阶段的投资成本 K, 其总利润是 $\pi_1(s_1, s_2, K) - K$(假设没有跨时贴现)。注意这里投资 K 的沉没成本性质意味着厂商 1 在第二阶段不能改变 K 的值。厂商 2 所获的支付即是它在第二阶段的利润 $\pi_2(s_1, s_2)$。

为了求子博弈完美均衡, 先看博弈的第二阶段。给定厂商 1 在上一阶段的选择 K, 按纳什均衡的定义, 厂商 i 的均衡战略 $s_i^*(K)$ 满足下面的一阶必要条件

$$\frac{\partial \pi_i}{\partial s_i} = 0 \quad i = 1, 2 \tag{16.15}$$

厂商 1 和厂商 2 在这一阶段所获的利润分别是

$$\pi_1^*(K) = \pi_1(s_1^*(K), s_2^*(K), K)$$
$$\pi_2^*(K) = \pi_2(s_1^*(K), s_2^*(K))$$

现在看第一阶段中厂商 1 的选择。正确地预见到自己的利润最终是 $\pi_1^*(K) - K$, 厂商 1 选择的最优投资水平 K^* 将满足一阶必要条件

$$\frac{\partial \pi_1(s_1^*, s_2^*, K)}{\partial s_1} \frac{ds_1^*}{dK} + \frac{\partial \pi_1(s_1^*, s_2^*, K)}{\partial s_2} \frac{ds_2^*}{dK} + \frac{\partial \pi_1(s_1^*, s_2^*, K)}{\partial K} - 1 = 0$$

由 (16.15) 知, 上式第一项为零, 从而

$$\frac{\partial \pi_1(s_1^*, s_2^*, K)}{\partial s_2} \frac{ds_2^*}{dK} + \frac{\partial \pi_1(s_1^*, s_2^*, K)}{\partial K} = 1 \tag{16.16}$$

(16.16) 式左端第二项是厂商 1 的投资对其利润的直接影响, 与投资的战略性价值没有关系。我们感兴趣的是第一项: 厂商 1 的投资会改变对方在第二阶段的竞争行为, 而这种改变可能会对厂商 1 有利。

由假设, 在这个简单的模型中, K 对厂商 2 的成本和产品需求都没有影响。所以 K 必定是通过改变厂商 1 自己在第二阶段的行为 s_1^*, 间接地影响 s_2^*。于是我们将 (16.16) 中第一项改写为

$$\frac{\partial \pi_1}{\partial s_2} \frac{ds_2^*}{ds_1^*} \frac{ds_1^*}{dK} \tag{16.17}$$

其中 ds_1^*/dK 是投资 K 对厂商 1 自己的竞争行为的影响; ds_2^*/ds_1 是厂商 2 对厂商 1 改变竞争行为的应对, 它其实就是厂商 2 的反应曲线在均衡点处的斜率; $\partial\pi_1/\partial s_2$ 描述厂商 2 的行为变化对厂商 1 利润的影响。

(16.17) 的正负直接决定了厂商 1 的战略性投资选择。如果不考虑互动战略因素, 厂商 1 的最优投资 $\hat{K}$ 应当满足

$$\frac{\partial \pi_1(s_1^*, s_2^*, \hat{K})}{\partial K} = 1$$

即是说投资的边际收益等于边际成本。但在这里, 在考虑到当前投资对竞争对手未来竞争行为的影响之后, 最优的投资水平 K^* 满足的条件变为 (16.16), 或者, 将其写为等价的形式

$$\left.\frac{\partial \pi_1}{\partial K}\right|_{K=K^*} = 1 - \frac{\partial \pi_1}{\partial s_2}\frac{ds_2^*}{ds_1}\frac{ds_1^*}{dK} \tag{16.18}$$

若 (16.17) 为正, (16.18) 式右端小于 1, 由边际收益递减规律, $K^* > \hat{K}$; 反之, 若 (16.17) 为负, (16.18) 右端大于 1, $K^* < \hat{K}$。

第二阶段的竞争模式不同, 厂商在第一阶段的战略性选择会有根本的不同。假如第二阶段厂商进行的是产量竞争, 将上述变量 s_i 重新解释为厂商的产量 x_i, 古诺模型厂商的反应函数向下倾斜, 所以 $dx_2^*/dx_1 < 0$; 古诺竞争厂商的利润随对手产量的增加而减少, 所以有 $\partial\pi_1/\partial x_2 < 0$; 另一方面, 如果我们假设厂商 1 的投资 K 会降低它的生产成本 (或者提高其产品需求), 在较低的成本下厂商 1 将提高产量 x_1^*, 故又有 $dx_1^*/dK > 0$。所以, 古诺竞争意味着投资的战略效应 (16.17) 是正的。与单纯考虑投资的直接效应 $\partial\pi_1/\partial K$ 时相比, 厂商 1 会增加更多的投资。

厂商 1 这种"过度"投资的动机在图 16.4 中显示得十分清楚: 厂商 1 将其投资水平由 K 提高至 K', 推动其反应曲线 R_1 向右移动; 厂商 1 投资水平的变化虽然不影响厂商 2 的

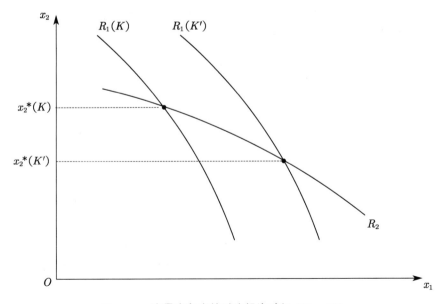

图 16.4 产量竞争中的过度投资动机 $(K > K')$

反应曲线 R_2, 但由于它提高了厂商 1 的产量, 厂商 2 将降低产量来对此作出反应——这正是厂商 1 希望看到的。上一节中的 Dixit 模型就是这种情况: 市场内原有厂商刻意选择一个过大的生产规模 Y, 达到了阻止潜在厂商进入的目的。

现在假设第二阶段的竞争是产品价格, 将 (16.17) 中 s_i 换为厂商的产品定价 p_i。在较低的成本下厂商 1 的定价将更具攻击性, 所以它的定价将随投资的增加而降低, $dp_1^*/dK < 0$; 另一方面, 对手提高价格时自己的利润会增加, $\partial \pi_1 / \partial p_2 > 0$。注意到价格竞争中厂商的反应曲线是向上倾斜的, (16.17) 式为负。所以, 与单纯考虑投资的直接效应 $\partial \pi_1 / \partial K$ 时相比, 厂商 1 降低其投资规模 K。

图 16.5 直观地显示了贝特朗竞争厂商克制其投资欲望的原理。厂商 1 将其投资水平由 K 降至 K', 引致其反应曲线 R 向右下方移动; 面对厂商 1 更友善的竞争 (更高的定价), 厂商 2 的最佳反应也是提高自己的定价——厂商 1 因此而获得了较为缓和的竞争环境。

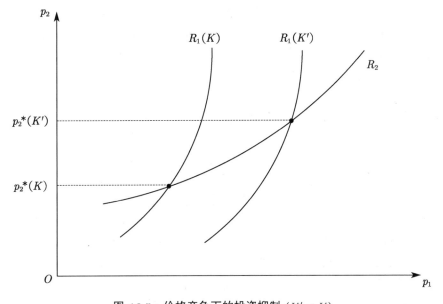

图 16.5 价格竞争下的投资抑制 ($K' < K$)

厂商在产量和价格竞争中不同的战略立场, 关键在于这两种模型中厂商反应曲线的方向恰好相反。用 15.4 节介绍的术语, 厂商在第一阶段中是过度投资还是抑制投资, 将取决于第二阶段的竞争是战略替代的还是战略互补的。

Fudenberg and Tirole (1984) 提供了一个相似的分析, 并且对各种情况下厂商 1 的战略作了直观的刻画。在不同的应用场合适当地构造第二阶段的战略 s_i, 统一地将较大的 s_i 解释为厂商 i 较为激烈的竞争。譬如, 在产量竞争中我们简单地令 $s_i = x_i$, 而价格竞争中可以将 s_i 解释为 $-p_i$——这样解释的 s_i 总可以保证 $\partial \pi_i / \partial s_j < 0$。在 $ds_1^*/dK > 0$ 的场合, Fudenberg 和 Tirole 称投资"**强化**"了厂商 1; 相反, 如果 $ds_1^*/dK < 0$, 称厂商 1 被投资"**弱化**"了。由于有两种不同的反应曲线, 有以下四种可能的情况和对应的厂商 1 战略:

(1) 投资会强化厂商, 且反应曲线向下倾斜 ($\partial^2 \pi_2 / \partial s_1 \partial s_2 < 0$): 这就是我们上面得到的产量竞争中过度投资的情况。Fudenberg and Tirole 称此为"**恶狗**"(**top dog**) **战略**。

(2) 投资会强化厂商，且反应曲线向上倾斜 ($\partial^2 \pi_2/\partial s_1 \partial s_2 > 0$)：我们前面讲的价格竞争正是这种情形 (注意 $s_i = -p_i$)。由于投资会招来对方更激烈的竞争，厂商 1 需要使用抑制投资的 **"乖狗"** (puppy dog) **战略**。

(3) 投资会弱化厂商，且反应曲线向下倾斜 ($\partial^2 \pi_2/\partial s_1 \partial s_2 < 0$)：投资使得厂商 1 降低竞争强度，而对方会趁势追击，提高 s_2。此时厂商 1 不宜多投资，尽量使自己看起来凶恶一些。这叫作 **"饿猫"** (lean and hungry) **战略**。

(4) 投资会弱化厂商，且反应曲线向上倾斜 ($\partial^2 \pi_2/\partial s_1 \partial s_2 > 0$)：厂商采用过度投资的 **"肥猫"** (fat cat) **战略**。

16.3.2 一般原理的应用

现在我们举几个二阶段博弈的例子，说明 16.3.1 节中一般原理的应用。

(1) 低姿态进入。实际生活中一种常见的情况是，市场内原有厂商集经营经验、资金、技术于一身，具有雄厚的竞争实力；新进入市场的厂商则一切都需从头开始，此时较为缓和的竞争环境尤为重要。Gelman and Salop (1983) 考虑这样一个博弈：第一阶段中一个潜在厂商决定以何种生产规模进入市场，在第二阶段与原有的市场独占者进行价格竞争。不用说，模型结果证实了前面的一般原理——由于较大的进入规模会"强化"新厂商，而价格竞争中双方的反应曲线都向上倾斜，潜在厂商最优的战略是以一个较低的规模进入市场，希望以这种低姿态安抚对方，换回对自己有利的竞争环境。这显然是前面说的"乖狗"战略。

(2) 产品选择。在差异产品寡占竞争中，选择什么样的产品参与竞争是一个重要的问题。在技术允许的范围内，一个厂商要决定其产品与其他厂商的产品的相似程度有多大。一个极端做法是，选择与对手完全一样的产品；另一个极端情况则是，尽可能使自己的产品显得与别人不同。

产品选择问题的竞争战略性意义在于，产品间的差异越大，厂商削价竞争的动机就越弱，因为降价带来的额外利润会随着厂商间产品差异性的增加而降低。战略性因素在一定程度上帮助我们理解，为什么一般厂商总是尽可能选择生产有自己特征的产品。这种产品选择上的"乖狗"战略，可以在 Brander and Eaton (1984) 等模型中看到。

(3) 干中学。我们常说老公司经验足，"干中学"模型刻画的正是这一经验之谈。如果厂商从经营过程中能积累有利于进一步发展的经验，模型中可以作这样的刻画：厂商前一阶段的产量 (经营历史) 影响它后一阶段的生产成本，前期的产量越高，后期的成本越低。如果第二阶段是产量竞争，这里的情况与 Dixit 进入壁垒模型相似。通过在前期"过多"生产，厂商向竞争对手发出一个明显的信号：将来我的产量会更高，因为我现在的高产量能使我在将来处在较低的成本曲线上。除了这一产量竞争中的简单结论，Fudenberg and Tirole (1983) 还对较为复杂的价格竞争情况作了清晰的分析。

(4) R&D 竞争。厂商的 R&D 竞争是现代战略性竞争文献的热门题目。举其一例，Brand and Spencer (1983) 模型中，厂商前期的 R&D 投资规模影响它未来的生产成本。基本的结论是：如果厂商在产品市场进行产量竞争，战略性因素会增强厂商的 R&D 投资动机；如果产品市场是价格竞争，情况恰好相反。Spence (1984) 进一步在模型中考虑了 R&D 投资存在"溢出效应" (spillover effects) 的情况 (新技术可能泄漏、竞争对手可能以低成本模仿自己开发成功的新技术等),得到类似的结果。

(5) 广告投资。在 Schmalensee (1983) 模型中,厂商在第一阶段选择一定水平的广告投资,这种投资能够在某种程度上培养忠实于自己的消费群;第二阶段厂商进行产量竞争。如果广告的战略效应足够强,那么厂商可能会从降低其前期的广告水平中获利,原因是一个厂商的忠实消费者越少,它在产品市场上会更积极地寻找新的顾客。这对应前面说的"饿猫"战略。

(6) 战略性出口补贴和进口关税。传统的经济理论强调国际贸易自由化的重要性,认为任何干预自由贸易的经济政策都会使贸易国双方同时受损。Brander and Spencer(1985) 却证明,如果考虑到政策的战略性因素,政府对本国出口厂商的出口补贴有可能增加国内总福利。考虑一个国内厂商与一个外国厂商在某第三国市场上的产品竞争。如果双方进行的是产量竞争,向下倾斜的反应曲线意味着竞争较为激烈的厂商占有较多的竞争利益。因此,这两个厂商都会试图显示一个更激烈的竞争姿态,问题是要发出一个"更激烈地竞争"的可信威胁信号并不容易——如果厂商不能引进更新的生产技术或使用其他措施降低其生产成本,对方不会轻易相信这种威胁。但是,政府可以帮助本国厂商在国外市场表现得更凶猛一些。譬如说,某国政府可以对本国出口厂商实行从量出口补贴 t,这相当于本国厂商的边际出口成本降低了 t,这足以保证本国厂商在国外市场上更激烈地竞争的可信性。如果本国出口厂商因竞争地位变化而获得的额外利润超过它从政府那里领取的补贴,本国的总福利就增加了。相似地,进口关税提高了外国进口厂商的边际成本,同样使得国内厂商在国内市场获得竞争战略上的利益,但此时政策的福利效果不如出口补贴那样简单,因为国内消费者在关税政策下会受到损失。

在将上述模型结果用于保护主义贸易政策的理论根据之前,必须指出下面两个相反的论点:第一,本国政府施行出口补贴政策极有可能迫使外国政府也实施相似的政策,触发国际"补贴战"。如果真是这样,真正从中受益的只有第三国市场上的消费者,而两个出口国都会因自己的出口政策受损,演变成为一个国际版本的囚犯困境问题;第二,即使外国政府不作任何反应,出口补贴也只是在产量竞争假设下是有利的。上一小节的一般模型显示,如果厂商进行的是价格竞争,出口税才是适宜的政策。Eaton and Grossman(1986) 对"补贴"和"征税"两种出口政策的最优性条件作了详细的说明。

除了上面几例,寡占厂商的战略性行为还包括:技术专利转让、兼并、产品的系统兼容性选择,以及与顾客订立长期合约等。Shapiro (1989) 较为全面地列举了各种经济形势下的可行战略以及相关的文献。

进一步阅读

无穷重复博弈中的 Folk 定理及其发展参见:

Friedman, J. (1971), "A Noncooperative Equilibrium for Supergames", *Review of Economic Studies*, 38: 1-12.

Abreu, D. (1986), "Exremal Equilibria of Oligopolistic Supergames", *Journal of Economic*

Theory, 39: 191-235.

Abreu, D. (1988), "On the Theory of Infinitely Repeated Games with Discounting", *Econometrica*, 56: 383-396.

Fudenberg, D. and E. Maskin (1986), "The Folk Theorem in Repeated Games with Discounting or with Incomplete Information", *Econometrica*, 54: 533-556.

厂商战略性行为的二阶段博弈一般框架:

Bulow, J., Geanakoplos, J. and P. Klemperer (1985), "Multimarket and Oligopoly: Strategic Substitutes and Complements", *Journal of Political Economy*, 93: 488-511.

Fudenberg , D. and J. Tirole (1984), "The Fat-cat Effect, the Puppy-dog Ploy and the Lean and Hungry Look", *American Economic Review Papers and Proceedings*, 74: 361-366.

本章出现的厂商战略性行为分析文献:

Dixit, A. (1980), "The Role of Investment in Entry Deterrence", *Economic Journal*, 90: 95-106.

Gelman, J. and S. Salop (1983), "Capacity Limitation and Coupon Competition", *Bell Journal of Economics*, 14: 316-325.

Fudenberg, D. and J. Tirole (1983), "Learning by Doing and Market Performance", *Bell Journal of Economics*, 14: 522-530.

Spence, A . M. (1977), "Entry, Capacity, Investment and Oligopolistic Pricing", *Bell Journal of Economics*, 8: 534-544.

Spence, A. M. (1984), "Cost-reduction, Competition, and Industry Performance", *Econometrica*, 52: 101-122.

Brander, J. and B, Spencer (1985), "Export Subsidies and International Market Share Rivalry", *Journal of International Economics*, 18: 83-100.

Brander, J.A. and J.Eaten (1984), "Product Line Rivalry", *American Economic Review*, 74: 323-334.

Eaton, J. and G. Grossman (1986), "Optimal Trade and Industrial Policy Under Oligopoly", *Quarterly Journal of Economics*, 101: 383-406.

下面的文献则对这些分析作了很好的综述:

Shapiro, C. (1989), "Theories of Oligopoly Behavior", in Schmalensee, R. and R. D. Willig (eds.) *Handbook of Industrial Organization*, Vol. I, Chap 6, Amsterdam: North-Holland.

Tirole, J. (1988), *The Theory of Industrial Organization,* Cambridge, Mass.: MIT Press.

 练习与思考

16-1 在寡占厂商的无穷重复博弈中,为什么说价格竞争寡头厂商比产量竞争厂商更容易维持串谋解?

16-2 两个相同的厂商在同质产品市场上进行无穷重复竞争,市场需求函数是 $p = 100 - X$,两个厂商的边际成本 $c = 1$。在下列各种情况下,贴现因子 δ 在什么区间内能保证到达完全串谋均衡 (行业利润达到最大)?

(1) 厂商进行产量竞争,使用扳机战略:有厂商背离串谋产量时永远回到古诺均衡。

(2) 厂商进行产量竞争,使用胡萝卜加大棒战略 (在惩罚期两厂商的利润都是零)。

(3) 厂商进行价格竞争,使用扳机战略:厂商背离串谋价格时永远回到贝特朗均衡。

16-3 两个生产同质产品、边际成本为 1 的厂商进行无穷期价格博弈。市场需求在每一期都是不确定的: 有 50% 的概率为 $D_1(p) = 10 - p$,50% 的概率为 $D_2(p) = 5 - p$;厂商在作当期的定价决策时知道当期的市场需求,但不知道未来的需求是 $D_1(p)$ 还是 $D_2(p)$。如果使用扳机战略 (违背串谋定价后永远回到 Bertrand 均衡),要实现两厂商在每一期都以完全串谋定价,跨时贴现因子 δ 需要满足什么条件?

16-4 两个对称厂商进行无穷期寡头竞争,跨时贴现因子为 δ。在每一期,它们分别可以生产 "高" "中" 和 "低" 三种产量,其中 "低" 产量代表二者串谋的情形。在各种情况下,二人各期所得的利润可用支付矩阵显示如下:

	高	中	低
高	−8, −8	−6, −2	−3, −1
中	−2, −6	6, 6	15, 3
低	−1, −3	3, 15	10, 10

(1) δ 满足什么条件时,回到单期纳什均衡的扳机战略威胁足以维持串谋产量 (低, 低)?

(2) 考虑这样一个战略: (a) 在第 1 期双方都选 "低"; (b) 在 $t > 1$ 期,如果 $t - 1$ 期中有一个厂商选 "低" 而另一个的产量不是 "低",或者,$t - 1$ 期中有一个厂商选 "中" 而另一个的产量不是 "中",则双方选 "高";其他情况下,双方都继续选 "低"。是否存在适当的贴现因子 δ,使得上述战略组合是子博弈完美均衡?

16-5 有这样一个解释串谋解可行性的寡占模型: 两对称厂商生产同质产品,产品需求是 $X = D(p)$,两厂商的边际成本都是 c。假设现在两厂商都以完全串谋价格 p^m 定价,而它们都有这样一个信念: 如果自己涨价,对方不会理会,而是继续定价 p^m;如果自己降价,对方则会紧跟自己定同样的低价。

(1) 画出上述信念下厂商的反应曲线。

(2) 画出单个厂商面对的需求曲线。

(3) 证明: 双方都以 p^m 定价是可以维持下去的均衡。

(4) 这个模型有什么缺陷?

16-6 如果 16.2.1 节限制定价模型中跨时贴现因子为 δ,两阶段的需求都是 $p = A - X$, $A > 0$,两个厂商的边际成本都是 c。

(1) 求厂商 1 的限制产量 Y 及限制价格 $p(Y)$。

(2) 求厂商 1 选择限制定价战略的条件。

16-7 假设厂商 1 和厂商 2 生产有差异但相互替代的产品,进行价格竞争。如果厂商 1 是国有企业,而厂商 2 是私有企业,政府明文规定厂商 1 不许低于某一水平定价,但对厂商 2 的定价行为没有任何限制。说明为什么厂商 1 可能会因这一不公平的政策而获利。

16-8 有两个石油公司 1 和 2 要在城内各建一个加油站,你是否可以给出一个它们不会建在同一地点的理由 (考虑消费者来加油站加油的交通成本,套用差异产品竞争中的产品选择模型)?

16-9 某公司董事长与其总经理签有协议:后者需不惜代价将公司产品的市场占有率保持在 70% 以上,否则撤职;另一方面,如果董事长在该总经理保证市场占有率的情况下干涉后者的工作,后者有权无偿获得公司 1/2 的股份。在什么情况下这个董事长签订的这一"疯狂"协议对他来说是有利的。

第 17 章 拍卖

拍卖 (或招标) 是一种古老的价值发现交易机制, 最早出现在公元前五世纪古巴比伦奴隶交易中。在现代经济中, 除了古董和艺术品等收藏品这些传统的拍卖交易, 拍卖机制应用越来越广泛。许多政府发行国库券, 出售采矿权、电力和移动电话频段等运营权时往往都采用拍卖来进行, 而政府采购一般也采取招标进行, 而招标也是一种特殊的拍卖形式。在商业领域, 拍卖的例子也比比皆是, 多家企业争购一家公司, 事实上也是在运用拍卖机制。随着国际互联网的普及, 网上拍卖 (如 eBay) 也越来越被人熟知。

由于规则清晰, 拍卖被视为经济学 (尤其是博弈论) 最为优秀的应用领域之一。尤其是近年来, 拍卖理论及其检验的研究日趋活跃, 取得了许多富有启发性的成果。

本章分四节介绍了拍卖理论的基本模型和重要命题。17.1 节阐述了几种标准的拍卖形式和相关概念; 17.2 节分析竞标者具有独立的私人估价情形下几种标准拍卖下的均衡战略, 并比较了它们产生的拍卖收益; 17.3 节首先建立拍卖理论中最为著名的收益等值定理, 之后讨论了该定理在风险厌恶条件下的变化; 17.4 节引入了以价值联动概念为核心的 Milgrom-Webber 模型, 这个模型为拍卖理论建立了一个统一的研究框架。本节在定义了价值联动概念之后, 简单讨论了赢家诅咒效应, 然后分析了不同拍卖下竞标者的均衡战略, 最后是价值联动条件下的拍卖收益排序定理。

17.1 概述

由于规则的差异, 现实生活中有多种拍卖形式, 但基本的拍卖方式可归纳为四种: **英式拍卖**(亦称增价拍卖, ascending-bid auction), **荷式拍卖**(亦称减价拍卖, descending-bid auction), 最高价密封拍卖 (first price sealed auction), 次高价密封拍卖(second price sealed auction, 也称维克瑞拍卖, Vickrey auction)。这四种机制在文献中常常也被称为"标准拍卖"。

英式拍卖: 竞标者 (bidder) 从一个较低价格起叫, 价格逐次增高, 直至某一竞标者出了最高价, 赢得标的物, 并付他所叫的价格。英式拍卖可以由竞标者来叫价, 也可以由**拍卖者 (seller)** 逐轮公布价格 (竞标者表示是否接受), 关键是价格由低至高, 愿意出最高价的竞价人获得标的, 并付这个最高价。在模型中, 通常都是假设价格连续地上升, 低价位竞标者不断退出, 直至价格升到某一水平, 场内只剩下唯一一名竞标者。英式拍卖属于**公开价格拍卖 (open auction)**, 特征是竞标者在叫价时知道别人的叫价 (或至少知道别人是否愿意接受某一价格)。

荷式拍卖: 也是公开拍卖, 但价格运行方向与英式拍卖恰好相反: 从某一较高水平递减, 直到达到某一价格水平, 出现第一个愿意付此价格的竞标者——该竞标者获得标的, 并付此时的价格。

最高价密封拍卖：每个竞标者将自己的叫价写下来 (标书)，密封后交给拍卖者，后者待收齐所有标书后开标，叫价最高者获得标的，并付他所叫的价格。密封拍卖的特征是每一个竞标者在叫价时完全不知别人会如何叫价。

次高价密封拍卖：过程与最高价密封拍卖完全一致，而且也是叫价最高者获得标的，但他只需付所有竞标者中第二高的叫价。这一机制由经济学家威廉姆·维克瑞 (William Vickrey) 于 1961 年提出，所以也称为维克瑞拍卖。

经济学一般只考虑出售一种商品或权利的拍卖，而购买某一商品的招标很少出现在理论模型中，这是因为二者在本质上是一样的，只不过拍卖机制是发现一个最高价，而招标则意在找到一个最低价。

拍卖之所以能吸引竞标者，是因为标的品对竞标者具有价值。根据竞标者价值间的相关性不同，可将拍卖归于两类基本模型进行分析。一种极端的情况是，竞标者参加拍卖是为了将拍卖品购进自用，而同一件物品对不同的竞标者可能有不同的价值，这个价值只有竞标者本人知道，不同竞标者的价值之间相互独立——此时我们可按 "**独立私人价值**" (independent private value, IPV) 框架来建模。譬如，张三和李四共同竞拍一件红木书架，张三认为这书架与家里已有的红木家具从色纹、年代和风格都非常合拍，自己又有足够的经济实力，所以认为出价 1 万元不为过；另一方面，李四只是一时觉得这书架气派堂皇，觉得若能在 5 000 元以下买到的话定能为家里增色。在这个例子中，张三的 1 万元和李四的 5 000 元分别只有他们自己知道 (私人价值)，而且，即使张三得知李四只愿出 5 000 元，他自己的 (最高) 估价 1 万元也不受影响 (独立性)，反过来也一样。

另一种极端的模型框架是，标的物对所有竞标者的实际价值都是一样的，但是，不同的竞标者根据阅历和专业程度等差异，对其实际价值有不同的估计——这称为 "**共同价值**" (common value) 模型。例如，古董、字画等拍卖品因极易在市场上转让，存在一个潜在的 "真实" 价值，人们自会根据市场行情对其估价，但任何人的估价可能都不会完全准确。再比如油田勘探权拍卖中，油田的石油储量是一定的，但不同的买家可能因资料准备不同而对同一油田给出不同的估价。在公开的共同价值标的拍卖中，竞标者的叫价会在某种程度上泄漏自己的估价信息，而别人则可能会根据这些信息来重新评估拍卖品的价值；当然，他也会根据别人的叫价信息来修正自己的估价。

在各类拍卖中，有一种较为特殊的情况：不止一个竞标者同时叫了最高价。此时，往往是由拍卖人在叫价最高的竞标者中随机地挑选一个胜者。在模型分析中，由于每个竞标者都将其他竞标者的估价视为随机变量，从而别人的叫价与自己的叫价相同的概率很小，在连续分布的情况下更是为零。所以，为了简洁，模型中经常忽略这种情况，不考虑若干人同时叫价最高时的随机分配。

虽然标准拍卖方式有四种，只需进行简单的逻辑推理即可将它们进一步归类于两种。我们先来看荷式拍卖：在这种拍卖中，虽然叫价规则赋予了这种拍卖动态的形式，但竞标者的战略却只是一个静态问题——每个竞标者面临的问题只是选择一个 "参与价格" b——当价格从某一高点下降，如果价格达到 b 时别人都没有介入，就叫停价格过程，并按此价格成交。选定最高 "参与价格" 的竞标者获得标的，并付这个最高价格。所以，荷式拍卖是与最高价密封拍卖等价的。

另一方面,在竞标者对标的估价之间相互独立的情况下,容易发现英式拍卖是与次高价密封拍卖等价的。在英式拍卖中,每个竞标者只需留意当前叫价是否超过了自己对标的物的估价:如果价格还低于你的估价 v,那么继续留在场内是明智的,因为你保留了获得正剩余的机会;而一旦价格超过了自己的估价 v,立即离场是正确的,因为你不希望以高价去购买你认为不值的物品。这意味着,参与英式拍卖的竞标者的最优战略是叫价 v(自己的估价)。如果你有幸成为场内最后一人,你将获得标的物,并付在你之前最后一个离场的人的价格,这与次高价密封拍卖完全吻合。而且我们稍后还会看到,次高价密封拍卖中,竞标者的均衡战略也是按自己的估价叫价。当然,如果竞标者间估价存在某种关联 (如在完全共同价值的极端情形),由于英式拍卖中竞标者的退出行为会揭示其对标的物的估价信息,而仍留在场内的其他竞标者会利用这些信息来修正自己的估价,所以此时英式拍卖与次高价密封拍卖中的叫价战略会有所不同。

17.2 独立私人价值标的拍卖

在这一节中,我们将考虑 n 个竞标者参与的一次单一标的物的拍卖。假设每个竞标者对标的物有一个自己的估价 (保留价格),而且这个估价与其他人的估价无关 (独立性);竞标者的估价是其私人信息,即是说每个竞标者清楚自己的估价,但不知道别人的估价:对于竞标者 i,其他竞标者 j 的估价 v_j 是区间 $[\underline{v}, \bar{v}]$ 上的随机变量,服从分布 $F(v)$——注意这里每一个竞标者对其他人估价的分布估计 (信念) 都是一样的,所以这是一个对称性模型。假设每个竞标者都是风险中立的,拍卖者的保留价格为 0。

以上信息为共同知识。这一节余下的部分我们都将保留这里的假设。

17.2.1 次高价密封拍卖

次高价密封拍卖 (维克瑞拍卖) 要求每个竞标者独立而秘密地递交自己的叫价,叫价最高者获胜,但只付第二高的价格。记竞标者 i 的叫价为 b_i,我们立即可以证明以下命题:

命题: 在次高价密封拍卖中,以自己的真实估价作为叫价是竞标者的弱占优战略: $b_i(v_i) = v_i$。

【证明】记除 i 以外其他竞标者的最高叫价为 $\bar{b}_{-i}$。根据规则,竞标者 i 叫价 b_i 时获得的净支付为 (不考虑 $\bar{b}_{-i} = b_i$ 这种概率为零的情况)

$$\pi_i(\mathbf{b}) = \begin{cases} v_i - \bar{b}_{-i} & b_i > \bar{b}_{-i} \\ 0 & b_i < \bar{b}_{-i} \end{cases} \tag{17.1}$$

考虑战略 $b_i > v_i$: 如果 $\bar{b}_{-i} > b_i > v_i$,叫价 $b_i > v_i$ 和 $b_i = v_i$ 都是一样的,竞标者获得净支付 0; 如果 $b_i > v_i > \bar{b}_{-i}$,叫价 $b_i > v_i$ 仍然与 $b_i = v_i$ 一样,都会获胜,获得净支付 $v_i - \bar{b}_{-i} > 0$; 如果 $b_i > \bar{b}_{-i} > v_i$,此时战略 $b_i > v_i$ 使竞标者获得标的,但净支付 $v_i - \bar{b}_{-i} < 0$,

若选择战略 $b_i = v_i$, 竞标者本可避免这一损失。概括地说，与真实地以 v_i 叫价相比，高于自己的估价叫价不会有更多好处，反而可能买回与价值不符的物品。

再考虑战略 $b_i < v_i$: 如果 $b_i < v_i < \bar{b}_{-i}$, 叫价 $b_i < v_i$ 和 $b_i = v_i$ 都是一样的，竞标者获得净支付 0；如果 $\bar{b}_{-i} < b_i < v_i$, 叫价 $b_i < v_i$ 仍然与 $b_i = v_i$ 一样，都会获胜，获得净支付 $v_i - \bar{b}_{-i} > 0$；如果 $b_i < \bar{b}_{-i} < v_i$, 此时说真话的战略 $b_i = v_i$ 能使竞标者获得标的，获得净支付 $v_i - \bar{b}_{-i} > 0$, 但战略 $b_i < v_i$ 会使竞标者失去这一获利机会。概括地说，与真实地以 v_i 叫价相比，低于自己的估价叫价不会有更多好处，反而可能失去某些有利可图的交易机会。

证毕。

从另一角度，上述命题也许更为明显：无论出现什么情况，支付函数 (17.1) 都表明，竞标者 i 的叫价 b_i 并没有出现在他所获的支付水平中，它仅仅决定了竞标者最终是获得 $v_i - \bar{b}_{-i}$ 还是 0。所以，竞标者只需考虑他希望得到其中哪一个。若 $v_i - \bar{b}_{-i} > 0$(注意拍卖中竞标者并不知道这是否成立，因为他不能观察到别人的叫价)，需尽力在拍卖中获胜，任何一个满足 $b_i \geqslant v_i$ 的叫价都可达成此目标；相反，若 $v_i - \bar{b}_{-i} < 0$, 竞拍失败是一个更好的结果，为此竞标者 i 应选择 $b_i \leqslant v_i$。兼顾两种可能性，战略 $b_i = v_i$ 不会使竞标者失去什么，同时又避免了获胜但不获利的尴尬结果。

17.2.2 最高价密封拍卖

根据最高价密封拍卖规则，在叫价 b_i 下，竞标者 i 所得的支付为

$$\pi_i(\mathbf{b}) = \begin{cases} v_i - b_i & b_i > \bar{b}_{-i} \\ 0 & b_i < \bar{b}_{-i} \end{cases} \tag{17.2}$$

前面我们看到，在次高价密封拍卖中，竞标者将会如实揭示他的估价，因为其叫价只是决定标的物的归属，而不是最终的成本。与此不同，在最高价密封拍卖中，由于获胜者的叫价就是他要付出的价格，所以最优叫价显然不是自己真实的估价，否则竞标者的支付永远不会超过零。在 13.1.1 节例 1 的条件下，我们已经看到，二人拍卖中对称的贝叶斯均衡叫价是 $v/2$。

这里只考虑每个竞标者按相同战略行事的对称均衡。假设所有竞标者的均衡战略都为 $b_i^* = b(v_i)$, $i = 1, \ldots, n$, $b(v)$ 是一个严格单增函数。这样，如果观察到某人叫价 b, 则其真实估价可由 $b(\cdot)$ 的反函数 $V(b)$ 推断出来，函数 $V(\cdot)$ 满足：$V(b(v)) \equiv v$。假设个体 i 取某一叫价 b_i, 将面临两种可能性：① $b_i > \bar{b}_{-i}$, 即是说其他 $n-1$ 个竞标者的叫价都低于 b_i, 或者等价地，其他人的估价都低于 $V(b_i)$。由于每个竞标者的估价分布是独立同分布的，所以这种情况发生的概率为 $F^{n-1}(V(b_i))$。② $b_i < \bar{b}_{-i}$, 概率为 $1 - F^{n-1}(V(b_i))$。因此，竞标者的最适应对战略是求解下列极值问题

$$\max_{b_i} F^{n-1}(V(b_i))(v_i - b_i) \tag{17.3}$$

在最优点 $b_i = b(v_i)$, 下面的一阶必要条件成立

$$(n-1)F^{n-2}(V(b_i))F'(V(b_i))V'(b_i)(v_i - b_i) - F^{n-1}(V(b_i)) = 0 \tag{17.4}$$

记竞标者估价的概率密度函数为 $f(v) = F'(v)$，并注意到 $V'(b_i) = 1/b'(v_i)$，(17.4) 就变为

$$b'(v_i)F(v_i) = (n-1)[v_i - b(v_i)]f(v_i) \tag{17.5}$$

这是一个常微分方程。如果假设 $b(\underline{v}) = \underline{v}$，将其作为边界条件，则可得解

$$b(v_i) = v_i - \frac{\int_{\underline{v}}^{v_i} F^{n-1}(s)ds}{F^{n-1}(v_i)} \tag{17.6}$$

上面的分析是直接从叫价规则出发，以竞标者叫价为着眼点，利用最适战略 $b(v)$ 的反函数 $V(b)$，将一个叫价 b 的竞标者映射到他的类型 (估价) 区间，并在此基础上计算他获胜的概率。除了这种所谓的 "直接分析" 思路，还存在另一种与此等价但较为简捷的求解思路，称为 "间接分析"，它以竞标者 "选择揭示" 的估价为着眼点，来考虑均衡战略。首先假设存在一个对称均衡：$b^* = b(v)$。现在考虑一个真实估价为 v 的竞标者，假想他模仿估价 $\hat{v}$ 那样的人行事 (叫价 $b(\hat{v})$) 会有什么样的结果。由于大家的战略是对称的，模仿估价 $\hat{v}$ 行事获胜的机会在于其他 $n-1$ 个竞标者的估价都低于 $\hat{v}$，而其他人的估价都独立地服从分布 $F(v)$，所以该竞标者最终获得标的的概率将为 $F^{n-1}(\hat{v})$。因此，此时他的期望支付为

$$E[\pi(v, \hat{v})] = F^{n-1}(\hat{v})[v - b(\hat{v})] \tag{17.7}$$

在均衡中，竞标者一定在其真实估价 v 处实现其最大期望利润，从而满足以下一阶必要条件

$$\left.\frac{\partial}{\partial \hat{v}}E[\pi(v, \hat{v})]\right|_{\hat{v}=v} = 0 \tag{17.8}$$

这就是

$$(n-1)F^{n-2}(v)f(v)[v - b(v)] - F^{n-1}(v)b'(v) = 0 \tag{17.9}$$

这显然与 (17.5) 式是等价的。

拍卖理论中这两种不同分析思路给了分析者更多的灵活性，本章余下部分这两种方法都会用到。

如果竞标者的估价是 $[0,1]$ 上的均匀分布，则 $F(v) = v$，代入 (17.6) 式，立即得到

$$b(v_i) = \frac{n-1}{n}v_i \tag{17.10}$$

进一步，若参加拍卖的竞标者为两人，则 $b(v_i) = v_i/2$，这就是 13.1.1 节例 1 的结论。

17.2.3 拍卖收益

现在我们转而讨论上面两种密封拍卖均衡中拍卖者所得的期望收益。在正式分析开始前我们先做必要的记号准备。

对于 $[\underline{v}, \bar{v}]$ 上服从概率分布 $F(v)$ 的随机变量，假设进行 n 次重复取值，第 i 次取值记为 v_i，将所有取值中的最大值记为 $\tilde{v}_{(1:n)} = \max\{v_1, \ldots, v_n\}$；一般地，将 n 次重复取值由大到小排序的第 k 个值 ($k \leqslant n$) 记为 $\tilde{v}_{(k:n)}$，而且，在取样次数为 n 的情况下，为简洁方便，我们常将 n 省去不写：$\tilde{v}_{(k)} = \tilde{v}_{(k:n)}$。注意 $\tilde{v}_{(k)}$ 也是随机变量 (稍后我们会讨论其分布函数)。

关于拍卖收益问题，次高价密封拍卖最为简单，因为在这样的拍卖中竞标者总是以自己的估价叫价，所以我们只需计算所有拍卖者中第二高估价的期望值即可。根据次高价密封拍卖的规则和上面定义的记号，拍卖者所获的期望收益就是 $E[\tilde{v}_{(2)}]$。

现在考虑最高价密封拍卖。显然，均衡中拍卖者的期望收益是 $E[b(\tilde{v}_{(1)})]$，其中 $b(\cdot)$ 是竞标者均衡战略。记 $G(v) = F^{n-1}(v)$，则 $G(v)$ 表示 $\tilde{v}$ 在 $n-1$ 次重复取值中最大值不超过 v 的概率，即是说

$$G(v) = F^{n-1}(v) = \Pr\{\tilde{v}_{(1:n-1)} < v\} \tag{17.11}$$

将这一记号代入均衡条件 (17.6)，并利用分部积分公式，就有（注意用到了 $G(\underline{v}) = 0$）：

$$b(v) = \frac{vG(v) - \int_{\underline{v}}^{v} G(s)ds}{G(v)} = \frac{\int_{\underline{v}}^{v} sdG(s)}{G(v)} = E[\tilde{v}_{(1:n-1)}|\tilde{v}_{(1:n-1)} < v] \tag{17.12}$$

这一式子的经济学含意是：对任何一个竞标者，在其他 $n-1$ 个竞标者的估价都低于自己估价 v 的条件下，其他人最高估价的期望值就是该竞标者的最优叫价。利用 (17.12)，最高价密封拍卖中拍卖者的期望收益就是

$$E[b(\tilde{v}_{(1)})] = \{E[\tilde{v}_{(1:n-1)}|\tilde{v}_{(1:n-1)} < \tilde{v}_{(1)}]\} = E[\tilde{v}_{(2)}] \tag{17.13}$$

这与次高价密封拍卖的结果完全相同！这样我们便得到了以下命题

命题： 最高价和次高价密封拍卖产生的期望拍卖收益是一样的。

作为该命题的一个特例，我们来计算均匀分布情况下两种拍卖方式的拍卖收益，这主要涉及 $\tilde{v}_{(k)}$ 期望值的计算，为此我们首先推导其分布函数。记 $\tilde{v}_{(k)}$ 的分布密度函数为 $f_{(k)}(v)$。根据密度函数的定义，$f_{(k)}(v)dv$ 是以下事件的概率：

n 次重复取值试验中，有一个 $v_i \in [v, v+dv]$，其余的 $v_j (j \neq i)$ 中，有 $k-1$ 个大于 $v+dv$，$n+k$ 个小于 v。所以，

$$f_{(k)}(v)dv = nC_{n-1}^{n-k} f(v) F^{n-k}(v)[1-F(v)]^{k-1} dv \tag{17.14}$$

其中，

$$C_n^k = \frac{n!}{k!(n-k)!}$$

这是从 n 个元素中任取 k 个元素的组合数。若 F 为单位区间 $[0,1]$ 上的均匀分布，则

$$f_{(k)}(v) = \begin{cases} nC_{n-1}^{n-k} v^{n-k}(1-v)^{k-1} & v \in [0,1] \\ 0 & \text{其他} \end{cases} \tag{17.15}$$

这是 $\beta-$ 分布 $\beta(n-k+1, k)$ 的密度函数。根据 $\beta-$ 分布性质，立即得到

$$E(\tilde{v}_{(k)}) = \frac{n-k+1}{n+1} \tag{17.16}$$

据此，如果竞标者的估价是 $[0,1]$ 上的均匀分布，则两种拍卖所产生的期望拍卖收益就是 $(n-1)/(n+1)$。

17.3 收益等值定理

17.3.1 收益等值定理

上一节我们看到,拍卖者在最高价和次高价密封拍卖中获得的期望收益是相同的。这不是一个巧合,它事实上是更一般的**收益等值定理** (revenue equivalent theorem, RET) 的一个特例。

这一节我们考虑一个一般的拍卖机制下的拍卖收益问题。与通常定义特定的拍卖规则不同,我们从竞标者获胜概率及叫价成本来刻画这个一般的拍卖机制。考虑由 n 个竞标者参加的某种拍卖,记 B_i 为竞标者 i 的叫价空间,$b_i \in B_i$ 为他的一个叫价。我们为每个竞标者定义一个获胜概率函数

$$x_i : B_1 \times B_2 \times \ldots \times B_n \to [0, 1]$$

即是说,$x_i(\mathbf{b})$ 代表竞标者 i 在叫价组合 $\mathbf{b} = (b_1, \ldots, b_n)$ 下的获胜概率。比如,对于前面我们所讨论的最高价和次高价密封拍卖,如果 b_i 是所有叫价中最高者,则 $x_i(\mathbf{b}) = 1$,否则 $x_i(\mathbf{b}) = 0$。

再定义一组竞标者的竞价支出函数

$$t_i : B_1 \times B_2 \times \ldots \times B_n \to \mathbf{R}$$

$t_i(\mathbf{b})$ 为竞标者 i 在叫价组合 $\mathbf{b} = (b_1, \ldots, b_n)$ 下应向拍卖者支付的金额。在最高价拍卖中,如果 b_i 是所有叫价中最高者,则 $x_i(\mathbf{b}) = b_i$,否则 $x_i(\mathbf{b}) = 0$;在次高价拍卖中,如果 b_i 是所有叫价中最高者,则 $x_i(\mathbf{b}) = \max\{b_j | j \neq i\}$,否则 $x_i(\mathbf{b}) = 0$。

现在,由叫价组合空间 B、$\{x_i(\mathbf{b})\}$ 和 $\{t_i(\mathbf{b})\}$ 便完全决定了一个拍卖机制。我们要证明,在适当条件下,任何拍卖机制所产生的期望拍卖收益都是一样的。在给出严格的定理及证明前,我们首先介绍一种启发式的推导。

假设所有竞标者都是风险中立的,这样他们的目标就是最大化自己所获的期望支付。假设某竞标者 i 对标的物的估价为 v (为记号简洁这里省写了下标 i),记他在均衡中获胜的概率为 $X_i(v)$,均衡情况下所得的期望支付为 $\Pi_i(v)$。假想这个竞标者不是以其最优战略行事,而是模仿一个估价为 $\hat{v}$ 的人叫价,那么他将获得被模仿者的期望均衡支付 $\pi_i(\hat{v})$,外加获胜情况下他的真实估价 v 与 $\hat{v}$ 之间的差值。这就是说,他的模仿行为将为他带来期望支付

$$\Pi_i(\hat{v}) + (v - \hat{v})X_i(\hat{v})$$

但由于 $\Pi_i(v)$ 为该竞标者在均衡中的期望支付,它不可能低于上述模仿行为带来的期望支付

$$\Pi_i(v) \geqslant \Pi_i(\hat{v}) + (v - \hat{v})X_i(\hat{v}) \tag{17.17}$$

取 $\hat{v} = v + \Delta v$,(17.17) 式变为

$$\Pi_i(v) \geqslant \Pi_i(v + \Delta v) - X_i(v + \Delta v)\Delta v \tag{17.18}$$

反之，根据同样的理由，一个真实估价为 $v + \Delta v$ 的竞标者在均衡中也不会去模仿估价为 v 的人的叫价。套用 (17.17)，我们又得到

$$\Pi_i(v + \Delta v) \geqslant \Pi_i(v) + X_i(v)\Delta v \tag{17.19}$$

现在 (17.18) 和 (17.19) 两式意味着

$$X_i(v) \leqslant \frac{\Pi_i(v + \Delta v) - \Pi_i(v)}{\Delta v} \leqslant X_i(v + \Delta v) \tag{17.20}$$

令 $\Delta v \to 0$，(17.20) 式取极限得到

$$\frac{d}{dv}\Pi_i(v) = X_i(v) \tag{17.21}$$

或者等价地

$$\Pi_i(v) = X_i(\underline{v}) + \int_{\underline{v}}^{v} X_i(s)ds \tag{17.22}$$

现在考虑两种拍卖机制，假设均衡情况下，这两种拍卖对于所有的竞标者 i 及其估价 v 有相同的获胜概率 $X_i(v)$；尤其，对于最低可能估价 $\underline{v}$ 的竞标者，两种拍卖机制下的获胜概率 $X_i(\underline{v})$ 也一致，那么由 (17.22)，立即得知所有竞标者在两种拍卖中获得的期望支付是相同的（参见图 17.1）。由此，又可以推知拍卖者在两种拍卖中所获的期望收益也必然相同，不然会产生两种拍卖机制交易所产生的总期望收益（拍卖者期望收益加所有竞标者期望支付）不等的悖论。

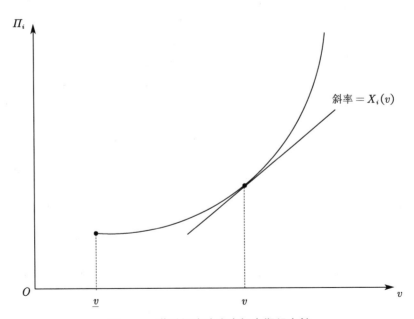

图 17.1 获胜概率决定竞标者期望支付

正式地，我们有以下定理：

收益等值定理： 假定 n 个风险中立竞标者的估价 $v_1, \ldots, v_n$ 独立同分布，分布函数为 $F(v)$。那么，任意满足下面两个条件的拍卖机制总是产生相同的期望收益：

(1) 均衡中总是由估价最高的竞标者获得标的；

(2) 如果某人的估价恰为最低可能水平 $\underline{v}$，其均衡支付为零。

【证明】对于竞标者 i，其他人的估价和叫价事前无法观察到，所以都是随机值，为突出这一点我们将它们分别记为 $\tilde{\mathbf{v}}_{-i}$ 和 $\tilde{\mathbf{b}}_{-i}$。当叫价 $b_i \in B_i$ 时，竞标者 i 所获的期望支付为

$$\Pi_i(v_i, b_i) = v_i E[x_i(b_i, \tilde{\mathbf{b}}_{-i})] - E[t_i(b_i, \tilde{\mathbf{b}}_{-i})] \tag{17.23}$$

记各竞标者的均衡叫价为 $b_1(v_1), \ldots, b_n(v_n)$，则在均衡中竞标者 i 所获的期望支付为

$$\Pi_i(v_i) \equiv \Pi_i(v_i, b_i(v_i)) = v_i E[x_i(b_i(v_i), \mathbf{b}_{-i}(\tilde{\mathbf{v}}_{-i}))] - E[t_i(b_i(v_i), \mathbf{b}_{-i}(\tilde{\mathbf{v}}_{-i}))] \tag{17.24}$$

其中 $\mathbf{b}_{-i}(\tilde{\mathbf{v}}_{-i}) = [b_1(\tilde{v}_1), \ldots, b_{i-1}(\tilde{v}_{i-1}), b_{i+1}(\tilde{v}_{i+1}), \ldots, b_n(\tilde{v}_n)]$。

由于 $b_i(v_i)$ 是 i 的均衡战略，所以在给定对手均衡战略 $\mathbf{b}_{-i}(\tilde{\mathbf{v}}_{-i})$ 的前提下，$b_i(v_i)$ 使得 i 的期望支付最大化。运用包络定理，以及条件 (1)，

$$\frac{d}{dv_i}\Pi_i(v_i) = \left.\frac{\partial}{\partial v_i}\Pi_i(v_i, b_i)\right|_{\substack{b_i = b_i(v_i) \\ \tilde{\mathbf{b}}_{-i} = \mathbf{b}_{-i}(\tilde{\mathbf{v}}_{-i})}} = E[x_i(b_i(v_i), \mathbf{b}_{-i}(\tilde{\mathbf{v}}_{-i}))] = F^{n-1}(v_i) \tag{17.25}$$

这一等式显然与 (17.21) 等价，注意它并不能由 $\Pi_i(v_i)$ 的表达式 (17.24) 直接微分得到，因为其他竞标者的均衡战略 $\mathbf{b}_{-i}(\tilde{\mathbf{v}}_{-i})$ 可能会依赖于 v_i。利用条件 (2)，我们有

$$\Pi_i(v_i) = \int_{\underline{v}}^{v_i} F^{n-1}(s)ds \tag{17.26}$$

现在，可将 (17.24) 改写为

$$\begin{aligned} E[t_i(b_i(v_i), \mathbf{b}_{-i}(\tilde{\mathbf{v}}_{-i}))] &= v_i E[x_i(b_i(v_i), \mathbf{b}_{-i}(\tilde{\mathbf{v}}_{-i}))] + \Pi_i(v_i) \\ &= v_i F^{n-1}(v_i) + \int_{\underline{v}}^{v_i} F^{n-1}(s)ds \\ &= \int_{\underline{v}}^{v_i} s\, dF^{n-1}(s) \end{aligned} \tag{17.27}$$

其中最后一个等式成立是利用分部积分原理。

根据 (17.27)，在任何满足条件 (1) 和 (2) 的拍卖机制中，任何一个竞标者向拍卖者支付的期望支出完全由他自己的估价 v_i 决定，与具体拍卖规则无关。事实上，均衡中竞标者 i 付出的期望支出为

$$E[t_i(v_i)] = E[\tilde{v}_{(1)} | \tilde{v}_{(1:n-1)} < v_i] = E[\tilde{v}_{(2)} | \tilde{v}_{(1)} = v_i] \tag{17.28}$$

而拍卖者获取的期望收益为

$$nE\{E[t_i(\tilde{v}_i)] | \tilde{v}_i\} = E[\tilde{v}_{(2)}] \tag{17.29}$$

这显然是一个常数。

证毕。

收益等值定理是拍卖理论中最为基本的定理,它的重要性不仅在于断言一类非常广泛的拍卖机制的收益等价性,而且还有许多有意义的应用。其应用之一,是提供了一种竞标者均衡叫价推导方法。下面我们举例说明。

在 17.2.2 节中,我们得到了最高价密封拍卖的均衡竞价战略 (17.6),这里我们运用收益等值定理进行另一种推导。很显然,最高价密封拍卖符合定理条件 (1) 和 (2)。根据最高价密封拍卖的规则,竞标者 i (估价为 v_i) 在叫价 b_i 时所获的期望支付是

$$\Pi_i^{1\text{st}}(v_i, b_i) = (v_i - b_i) F^{n-1}(v_i) \tag{17.30}$$

运用收益等值定理,在均衡情况下 (17.30) 式应等于 (17.26),这就是

$$\Pi_i^{1\text{st}}[v_i, b_i(v_i)] = (v_i - b_i) F^{n-1}(v_i) = \int_{\underline{v}}^{v_i} F^{n-1}(s) ds \tag{17.31}$$

移项后整理得到

$$b_i^* = b_i(v_i) = v_i - \frac{\int_{\underline{v}}^{v_i} F^{n-1}(s) ds}{F^{n-1}(v_i)} \tag{17.32}$$

这与 (17.6) 是完全一致的。

第二个例子是非常有意思的"**通吃拍卖**"(**all-pay auction**),这种拍卖与一般密封拍卖一样,要求每个竞标者呈交自己的叫价,由叫价最高者获得标的,但所有竞标者都需向拍卖者交付自己的叫价 (即使输者一无所获)。这种拍卖机制自然十分霸道,在现实中似乎无法找到实例。不过,西方国家某些利益集团通过向国会等政府机构游说,试图通过某种特殊法案或政策的行为,事实上与"通吃拍卖"非常接近,因为无论院外集团所寻求的特殊政策 (标的) 是否通过,游说过程中的政治捐款 (献金) 都是无法收回的。

为了运用收益等值定理,我们假设一种通吃拍卖中所有竞标者的估价 $v_1, \ldots, v_n$ 是 $[0, \bar{v}]$ 上的独立同分布变量。假定存在一个对称的均衡 $b^A(v_i)$,其中 $b(\cdot)$ 为严格单增函数,且 $b^A(0) = 0$ (估值为零者均衡叫价也为零)。在均衡中,估值为 v_i 的竞标者获得期望支付

$$\Pi_i^A[v_i, b_i^A(v_i)] = v_i F^{n-1}(v_i) - b_i^A(v_i) = \int_0^{v_i} F^{n-1}(s) ds \tag{17.33}$$

注意最后一个等式运用了 (17.26)。移项整理后就得到这种机制下的均衡叫价

$$b_i^A(v_i) = v_i F^{n-1}(v_i) - \int_0^{v_i} F^{n-1}(s) ds \tag{17.34}$$

17.3.2 风险厌恶的竞标者

竞标者风险中立是收益等值定理的一个关键假设,现在我们放松这个假设,讨论风险厌恶因素会如何影响拍卖收益。

假定竞标者 i 的 v-N-M 效用函数为 $u_i(y)$,满足 $u_i(0) = 0$, $u_i'(y) > 0$, $u_i''(y) < 0$。一个估值为 v_i 的竞标者叫价 b_i 所获的期望效用为

$$U_i(v_i, b_i) = E[u_i(v_i x_i(b_i, \tilde{\mathbf{b}}_{-i}) - t_i(b_i, \tilde{\mathbf{b}}_{-i}))] \tag{17.35}$$

在均衡点, 应用包络定理, 得到

$$\frac{d}{dv_i}U_i(v_i) = \left.\frac{\partial}{\partial v_i}U_i(v_i, b_i)\right|_{b_i=b_i(v_i)} = E[u_i'(v_i x_i - t_i)x_i] \tag{17.36}$$

与风险中立情形的对应等式 (17.25) 比较, 等式右边不仅与 v_i 有关, 还与拍卖中的具体支付规则 t_i 有关。所以, 收益等值定理不再成立。下面我们集中精力来考虑最高价和次高价这两种标准的密封拍卖。

首先容易看出, 风险厌恶因素并不影响竞标者在次高价密封拍卖中的最优战略: 与 17.2.1 节的分析一样, 叫价高于自己的估价只会在自己不愿赢得标的的情况下提高获胜概率, 而叫价低于自己的估价只会在自己需要赢得标的情况下降低获胜概率。所以, 即使竞标者是风险厌恶的, 在次高价密封拍卖中, 竞标者以自己的估价为叫价仍然是弱占优战略。

在最高价密封拍卖中, 风险厌恶竞标者的行为与风险中立者完全不同。为了区别于风险中立者, 我们改用 $\beta_1(v_1), \ldots, \beta_n(v_n)$ 表示最高价密封拍卖中风险厌恶竞标者的均衡叫价, 均衡中竞标者 i 的期望效用为

$$U_i(v_i) = F^{n-1}(v_i)u_i(v_i - \beta_i(v_i)) \tag{17.37}$$

遵从所谓的"间接分析"思路, 考虑该竞标者 i 模仿一个估价为 $\hat{v}$ 的人的均衡战略行事。显然, 在其他人按均衡战略叫价时, 竞标者 i 会发现 $\hat{v} = v_i$ 是最优的。即是说, $\hat{v} = v_i$ 是下面极值问题的解

$$\max_{\hat{v}} F^{n-1}(\hat{v})u_i(v_i - \beta_i(\hat{v})) \tag{17.38}$$

从而在 $\hat{v} = v_i$ 有一阶必要条件成立

$$(n-1)F^{n-2}(v_i)u_i(v_i - \beta_i(v_i)) - \beta_i'(v_i)F^{n-1}(v_i)u_i'(v_i - \beta_i(v_i)) = 0 \tag{17.39}$$

变形后成为

$$\beta_i'(v_i) = \frac{(n-1)F^{n-2}(v_i)u_i(v_i - b_i(v_i))}{F^{n-1}(v_i)u_i'(v_i - b_i(v_i))} \tag{17.40}$$

如果竞标者是风险中立的, (17.40) 变为

$$b_i'(v_i) = \frac{(n-1)F^{n-2}(v_i)(v_i - b_i(v_i))}{F^{n-1}(v_i)} \tag{17.41}$$

除了相同的项, 两式的区别仅在于: (17.41) 中出现的是 $y_i = v_i - b_i(v_i)$, 而 (17.40) 中则是 $u_i(y_i)/u_i'(y_i)$。为了比较二者, 考虑将 $u_i(0)$ 在 y_i 处按泰勒公式展开

$$0 = u_i(0) = u_i(y_i) + u_i'(y_i)(0 - y_i) + \frac{1}{2}u_i''(\hat{y})(0 - y_i)^2$$

其中 $\hat{y}$ 为 0 和 y_i 之间的某一实数。由于 $u_i''(\cdot) < 0$, $u_i'(\cdot) > 0$, 由上式可推知

$$\frac{u_i(y_i)}{u_i'(y_i)} > y_i$$

由该不等式, 比较 (17.40) 和 (17.41) 便得

$$\beta_i'(v_i) > b_i'(v_i) \tag{17.42}$$

进一步, 我们有

$$\begin{aligned} \beta_i(v_i) &= \beta_i(\underline{v}) + \int_{\underline{v}}^{v_i} \beta_i'(s)ds \\ &= \underline{v} + \int_{\underline{v}}^{v_i} \beta_i'(s)ds \\ &> \underline{v} + \int_{\underline{v}}^{v_i} b_i'(s)ds \\ &= b_i(s) \end{aligned} \tag{17.43}$$

这意味着, 在最高价密封拍卖中, 风险厌恶者会比风险中立者叫价更高。由于次高价密封拍卖中竞标者的风险态度并不影响他们的叫价战略, 而风险中立时最高价和次高价拍卖的期望收益是相等的 (收益等值定理), 所以我们立即得到以下推论: 如果竞标者是风险厌恶的, 那么最高价密封拍卖将比次高价密封拍卖产生更高的期望收益。

17.4 价值联动

17.4.1 联动价值的一般模型

收益等值定理的另一个基本条件是竞标者估价间的独立性, 但这个条件在现实中常常不成立。本章余下的章节将放松这一假设, 考虑竞标者估价相互关联对竞价战略和拍卖收益的影响。为避免分析过于复杂, 我们将恢复竞标者风险中立的假设。

17.1 节已举例说明, 由于某种原因, 不同竞标者对拍卖标的物的估价之间可能存在关联。在现实的拍卖中, 典型的价值关联关系是某种程度的趋同性: 虽然我不清楚别人的真实估价, 但如果我的估价较高, 那么别人估价也较高的可能性相对较大, 因为我能捕捉到的蛛丝马迹别人也可能会有所觉察, 而且别人的智力水平和逻辑推理能力也不会与我相差太远。

更为一般地, 现实中竞标者自己可能对标的物的价值估计并无完全把握, 他们事前只是不同程度地掌握了一些关于标的物价值的部分信息, 而这些信息是竞标者本人的私人信息。所以, 如果拍卖过程中某一竞标者获知了别人所掌握的信息, 他会利用新信息来调整自己的估价。在 Milgrom and Webber(1982) 模型中, 特定竞标者拥有的私人信息被模型化为只有他能够观察到的某种"信号"。

在一个有 n 个竞标者参与的拍卖中, 记竞标者 i 观察到的信号为 s_i, 它是 i 的私人信息, 其他人无法获知; 假设 $\mathbf{s} = (s_1, \ldots, s_n)$ 的联合分布函数为 $F(\mathbf{s})$, 密度函数为 $f(\mathbf{s})$。假设竞标者 i 对标的物的估价为 $\mathbf{s}$ 的连续、单调递增函数

$$v_i = u_i(\mathbf{s}) = u_i(s_i, \tilde{\mathbf{s}}_{-i}) \quad i = 1, \ldots, n \tag{17.44}$$

满足

$$\frac{\partial u_i}{\partial s_j} \geqslant 0 \quad \forall i, j = 1, \ldots, n.$$

这一估价函数具有一般性，包容了拍卖标的属性为私人价值和共同价值两种情形。如果 $u_i(s_i, \mathbf{s}_{-i}) \equiv s_i$，它就退化为私人价值模型；如果 s_i 间还是相互独立的，我们就又回到了前几节所讨论的独立私人价值 (IPV) 模型。如果将 s_i 解释为竞标者对某一固定价值 v_C 的估计，只有拍卖者能观察到 v_C，但 $E[\tilde{s}_i] = v_C$，(17.44) 便变为**纯粹共同价值** (pure common value) 模型。文献中更常见的做法是，直接将 s 指定为与竞标者的偏好相关的"私人价值信号"，此外再引入额外的"共同价值信号" $\mathbf{x}$，定义更为一般的估价函数 $v_i = u_i(\mathbf{x}, \mathbf{s})$。为避免累赘，本章将采用 (17.44) 这一更为简洁的形式。

单纯的估价函数 (17.44) 还无法捕捉竞标者间估价的趋同特征，我们需要用"联动" (affiliation) 概念来刻画这种正向的关联关系。在给出正式定义之前，先看一个简单的例子。考虑一场拍卖会有两个竞标者参加，竞标者 1 对标的物的事前估价 v_1 只可能是 500 或 800 两种情况之一，竞标者 2 的估价 v_2 可能为 550 或 700 两种情况之一 (当然两个竞标者都清楚自己的真实估价)。v_1 和 v_2 存在联动关系的大体意思是，作为随机向量 (v_1, v_2) 的实现值，(500, 550) 和 (800, 700) 出现的概率高于 (500, 700) 和 (800, 550) 出现的概率。

正式地，假设 $\mathbf{s}' = (s_1', \ldots, s_n')$ 和 $\mathbf{s}'' = (s_1'', \ldots, s_n'')$ 是随机信号的两组可能值。引入记号

$$M_i = \max\{s_i', s_i''\}, \quad m_i = \min\{s_i', s_i''\}$$

$$\mathbf{s}' \vee \mathbf{s}'' = (M_1, \ldots, M_n), \quad \mathbf{s}' \wedge \mathbf{s}'' = (m_1, \ldots, m_n)$$

定义 (联动价值): 如果对任何两组可能的 $\mathbf{s}'$ 和 $\mathbf{s}''$，都有不等式

$$f(\mathbf{s}' \vee \mathbf{s}'') f(\mathbf{s}' \wedge \mathbf{s}'') \geqslant f(\mathbf{s}') f(\mathbf{s}'') \tag{17.45}$$

成立，就称 s 是**联动的** (affiliated)，或称各 s_i 之间存在联动关系。

根据该定义，独立价值显然是联动价值的一种特例，因为在 s_i 相互独立的情况下 (17.45) 式等号成立。为了分析有意义，以下我们在指称联动价值时总是默认 (17.45) 式中严格不等号成立。Topkis(1978) 证明，在 $f(\cdot)$ 二阶可微条件下，(17.45) 成立的充分必要条件是

$$\frac{\partial^2 \ln f(\mathbf{s})}{\partial s_i \partial s_j} \geqslant 0 \quad \forall i, j = 1, \ldots, n \tag{17.46}$$

或等价地

$$\frac{\partial}{\partial s_i} \left[\frac{f_j'(\mathbf{s})}{f(\mathbf{s})} \right] \geqslant 0 \quad \forall i, j = 1, \ldots, n \tag{17.47}$$

这又称为**单调似然率条件** (monotone likelihood ratio condition)。

17.4.2 赢家诅咒

价值联动情况的拍卖有一个众所周知的陷阱：**赢家诅咒** (the winner's curse)。如果某竞标者最终在拍卖中获胜，那一定是他对标的物的估价最高。所以，赢得拍卖本身就明确无误地揭示一个事实：在所有竞标者中，赢家的价值高估最为严重，从而之前的叫价可能过高了。事情非常简单：在得知你获胜的消息后，你知道别人的估价都比你的低，所以你会怀疑到手的拍卖品是不是真如一开始想象的那样值钱。

我们来看一个简单的例子。考虑一场由两个竞标者参加的次高价密封拍卖,标的物的价值为

$$v_i = s_1 + s_2$$

其中 s_1 和 s_2 都服从 $[0,1]$ 上的均匀分布。假定你是竞标者 1,你是风险中立的,而且你的信号 $s_1 = 1/3$,你该如何叫价?

初看起来,答案似乎是叫价 5/6:在看不到对手信号的情况下,你对他的估计是 $E[\tilde{s}_2] = 1/2$,从而你的估值是 $E[\tilde{v}_1] = 1/2 + 1/3 = 5/6$。按 17.2.1 的讨论,次高价密封拍卖中应以真实估价叫价,所以你决定叫价 5/6。

但如果你真的这样做,那么你已经掉入陷阱了。事实上,如果你赢了,对手的信号必然较低:$\tilde{s}_2 \leqslant 1/3$ —— 在这一前提下,对方信号的条件均值只是 1/6,所以标的物的期望价值仅为 $1/3 + 1/6 = 1/2$。如果竞标者 2 也按照上面的战略行事,那么他叫价的均值是 $1/6 + 1/2 = 2/3$,这同时也是你需要付出的价格 (因为是次高价拍卖)。所以,叫价 5/6 带给你的期望利润是 $1/2 - 2/3 = -1/6$。

即使在训练有素的人群中,赢家诅咒陷阱也很难回避。比如,Bazerman and Samuelson (1983) 报告了他们在波士顿大学 MBA 学生中的一个拍卖试验:他们将总计 8 美元的硬币装入一个密封罐中,让学生们出价竞买,拍卖采用标准的最高价密封出价形式。学生出价前都得到了关于罐中金额的某种模糊的暗示。这种拍卖在不同班级的学生中进行了多次,结果是:全部学生的平均出价为 5.13 美元,但平均获胜价格是 10.01 美元,比真实价值高 2.01 美元。

赢家诅咒效应在现实中也非常普遍,而且不只限于标准的拍卖形式中。如许多学者以该效应来解释为什么许多公司在成功并购其他公司之后很快陷入亏损的泥潭,而 Rock (1986) 等则认为 "IPO 抑价之谜" (指企业初次上市股票的发行价往往会显著低于之后的二级市场价格) 主要也是由于赢家诅咒效应在作祟。

赢家诅咒结果自然不是均衡,理性的竞标者在预见到这一效应后,应当在出价时就对自己的估价予以适当调整。显然,为规避这一效应,竞标者应当一开始就将自己置于赢家的位置,并以此为前提来重新估计竞争对手的信号。以前面那个两人参与的最高价密封拍卖为例:竞标者 1 应当清楚只有在赢得拍卖的情况下估价才是最重要的 (若标的被别人买走你如何估价都没有意义),所以他一开始就应当以 $\tilde{s}_2 \leqslant s_1 = 1/3$ 为出发点;另一方面,只要这一条件成立,获胜总能带给自己非负利润 (注意获胜者只需付两人中较低的叫价) —— 为保留所有对自己有利的机会,可以选择最为保守的策略,尽可能将对方的信号值猜高一些。所以,最好的选择是假定 $\tilde{s}_2 = s_1 = 1/3$。事实上可以验证,这一简单拍卖中下列战略构成一个对称的贝叶斯均衡

$$b_i^* = s_i + s_i = 2s_i$$

这一结果与下一节严格推导的均衡战略 (17.51) 是一致的。

17.4.3 不同拍卖规则下的均衡战略

在价值联动情形下,拍卖过程中竞标者会利用其他人所透露的信息修正自己的估价。但是,不同的拍卖规则下竞标者所能获知的新信息可能完全不同,这就产生了不同拍卖中竞价

战略的差别。为简洁，我们以后都假设所有竞标者的信号 $s_i \in [\underline{s}, \bar{s}]$ 都服从相同的分布 (但存在价值联动)，而且我们也只考虑每个竞标者采取相同战略的对称均衡。对特定竞标者 i 而言，其他竞标者的信号是随机变量。我们将除竞标者 i 以外的其他竞标者的最高信号值记为 σ_1

$$\sigma_1 = \max\{s_1, \ldots, s_{i-1}, s_{i+1}, \ldots, s_n\}$$

(1) 次高价密封拍卖

在这种拍卖中，竞标者并不知道别人的叫价，但如果竞标者 i 最终获胜，他会获知第二高价的水平，因为他需要按这一价格进行交割。在对称均衡中，竞标者不难反推出第二高价竞价者的信息 σ_1，因此他对标的物的估价将调整为

$$v(s_i, \sigma_1) = E[v_i | \tilde{s}_i = s_i, \tilde{\sigma}_1 = \sigma_1] \tag{17.48}$$

假定对称均衡战略为 $b_i^* = b(s_i)$，$b(\cdot)$ 为严格单增函数，其反函数为 $s_i = b^{-1}(b_i)$。在其他人采用均衡战略的前提下，如果竞标者 i 叫价 b_i，他获胜的条件是其他人的最高叫价低于 b_i：$b(\sigma_1) < b_i$，而这等价于其他人的最高信号 $\sigma_1 < b^{-1}(b_i)$。因此，竞标者的问题是

$$\max_{b_i} \int_{\underline{s}}^{b^{-1}(b_i)} [v(s_i, \sigma_1) - b(\sigma_1)] f(\sigma_1 | s_i) d\sigma_1 \tag{17.49}$$

其中 $f(\sigma_1 | s_i)$ 为已知 $\tilde{s}_i = s_i$ 条件下其他人的最高信号 $\tilde{\sigma}_1$ 的条件密度函数。该问题的一阶必要条件为

$$[b^{-1}(b_i^*)]' \{v[s_i, b^{-1}(b_i^*)] - b[b^{-1}(b_i^*)]\} f[b^{-1}(b_i^*) | s_i] = 0 \tag{17.50}$$

注意到 $b^{-1}(b_i^*) = s_i$，这就得

$$b_i^* = b(s_i) = v(s_i, s_i) \tag{17.51}$$

这就是说，竞标者的均衡战略是：按其他人的最高信号等于自己的信号来调整自己的估价，并以调整后的估价为叫价。这种叫价战略的直观理由我们已经在上一小节末那个简单的例子中讨论过了。

(2) 英式拍卖

虽然英式拍卖同样是以次高价交割，但随着价格上升，竞标者会不断观察到有人依次在不同价位退出竞争，在价值联动情况下，其他人的退出行为给那些仍留在场内的竞标者提供了额外的信息。由于这种动态的信息交流过程，英式拍卖的均衡竞价战略也与密封拍卖中有很大不同。

如果清楚自己的估价，在每一特定价位上，容易看出竞标者的选择其实与 17.1 节中讨论的没有什么不同：如果当前价格低于自己的估价，继续留在场内；一旦价格升至自己的估价之上，立即离场。问题是，竞标者该如何根据不断观察到的新信息来调整自己的估价？

模仿前面的记号，我们将除 i 以外其他 $n-1$ 个竞标者的信号由大到小分别记为 $\sigma_1, \ldots, \sigma_{n-1}$，注意这些信号一开始对竞标者 i 来说都是随机变量；记 l 为在价格 p_l 时已离场的人数，$p_0 \leqslant p_1 \leqslant \ldots \leqslant p_l$，以 b_{il} 表示竞标者 i 在观察到第 l 个人离场时的叫价 (严格地说应理解为此时调整的估价，之所以仍称为"叫价"是因为它已成为拍卖模型中竞标者行为选择的标准

描述)。由于英式拍卖属动态博弈,均衡战略由一个依次进行的叫价序列 $(b_{i0}^*, b_{i1}^*, \ldots, b_{in-2}^*)$ 构成 (当然这也可理解为动态博弈中的信念调整),其中

$$b_{i0}^* = b_0(s_i)$$
$$b_{il}^* = b_l(s_i|p_1, \ldots, p_l) \qquad l = 1, \ldots, n-2$$

仍只考虑对称均衡。在拍卖一开始,还没有任何人离场的瞬间,考虑竞标者 i 的以下战略

$$b_{i0}^* = b_0(s_i) = E[v_i|\tilde{s}_i = s_i, \tilde{\sigma}_1 = \tilde{\sigma}_2 = \ldots = \tilde{\sigma}_{n-1} = s_i] \tag{17.52}$$

如果竞标者 i 最终获胜,这初看起来极有可能是一个高估的价值,因为 i 将别人事实上较低的信号抬高无疑会夸大自己的估价 (因为价值联动)。但是,这一估值却保留了竞标者的所有潜在盈利机会,同时未受任何伤害。要明白其中缘由,我们只需考虑最坏的一种可能性:所有其他人的信号都相同,并且低于 s_i (此时竞标者 i 的价值高估最为严重) —— 在这种情况下,当价格升至某一水平时其他 $n-1$ 个人会选择同时退出,局中人 i 在 (17.52) 的估值下选择留在场内,并以该较低的价格获得标的物。竞标者的价值高估没有任何代价。相反,若竞标者持有一个低于 (17.52) 的估值,一旦出现式中条件同时满足的情况,竞标者必会因过早离场而牺牲本可获得的利益。

如果在战略 (17.52) 下竞标者 i 最终输掉了拍卖,他也没有损失什么,因为他输掉的必然是一个对自己不利的交易。

在价格 p_l, 竞标者已经观察到有 l 个人退出竞争 —— 如果这些人是按均衡战略行事,这些人的退出行为给竞标者 i 透露了以下信息

$$\begin{aligned} b_0(\sigma_{n-1}) &= p_1 \\ &\vdots \\ b_{l-1}(\sigma_{n-l}|p_1, \ldots, p_{l-1}) &= p_l \end{aligned} \tag{17.53}$$

而对仍在场内的其他 $n-l-1$ 个竞争对手,与前面完全相同的道理,竞标者 i 最明智的选择就是将他们当作与自己完全相同的竞标者:

$$\tilde{\sigma}_1 = \ldots = \tilde{\sigma}_{n-l-1} = s_i \tag{17.54}$$

所以,均衡战略就是在 (17.53) 和 (17.54) 条件下调整自己的估价

$$b_l(s_i|p_1, \ldots, p_l) = E\left[v_i \middle| \begin{array}{l} \tilde{s}_i = s_i, \tilde{\sigma}_1 = \ldots = \tilde{\sigma}_{n-l-1} = s_i \\ b_{l-1}(\tilde{\sigma}_{n-l}|p_1, \ldots, p_{l-1}) = p_l, \ldots, b_0(\tilde{\sigma}_{n-1}) = p_1 \end{array} \right] \tag{17.55}$$

(3) 最高价密封拍卖和荷式拍卖

在荷式拍卖中,价格由高到低变化时,能承受某一最高价的竞标者会叫停价格并获胜,所以获胜者不会从竞价过程中获知任何新的信息。因此,即使存在竞标者间的价格联动,荷式拍卖也与最高价密封拍卖没有什么差别。由于要付出自己所叫的价格,同时也由于忌惮赢家诅咒效应,可以预见竞标者会采用较为保守的战略,叫价会低于自己的估价。

在其他人按照对称均衡战略 $b(s_j)$ 行事的前提下，竞标者 i 叫价 b_i 获得的期望利润为

$$\pi_i(b_i, s_i) = E\{[v(s_i, \tilde{\sigma}_1) - b_i]I_{\{b(\tilde{\sigma}_1) < b_i\}}\}$$
$$= \int_{\underline{s}}^{b^{-1}(b_i)} [v(s_i, \sigma_1) - b_i]f(\sigma_1|s_i)d\sigma_1 \quad (17.56)$$

一阶必要条件是

$$b'(s_i) = [v(s_i, s_i) - b(s_i)]\frac{f(s_i|s_i)}{F(s_i|s_i)} \quad (17.57)$$

加上以下边界条件

$$v(\underline{s}, \underline{s}) - b(\underline{s}) = 0 \quad (17.58)$$

得解

$$b(s_i) = \int_{\underline{s}}^{s_i} v(\sigma_1, \sigma_1)dG(\sigma_1|s_i) \quad (17.59)$$

其中

$$G(\sigma_1|s_i) = \exp\left[-\int_{\sigma_1}^{s_i}\frac{f(z|z)}{F(z|z)}dz\right] \quad (17.60)$$

17.4.4 拍卖收益

在竞标者估价间存在严格联动关系的情况下，收益等值定理不再成立。事实上，我们有以下的收益排序定理：

定理： 假设竞标者是风险中立的，估价信号间存在联动关系。那么，就期望收益而言存在以下排序关系：

$$\text{英式拍卖} \geqslant \text{次高价密封拍卖} > \text{最高价密封拍卖}$$

但在只有两个竞标者的情形下，英式拍卖与次高价密封拍卖的期望收益相等。

我们先对该命题进行非正式的推导，然后给出两个竞标者时的严格证明。

先比较英式拍卖与次高价密封拍卖。假想一个由三人参加的拍卖，三人的信号排序为 $s_1 > s_2 > s_3$（当然竞标者并不知道这一事实），所以最终是由竞标者 1 获胜。由于两种拍卖都是赢家支付次高价，我们只需比较竞标者 2 的均衡出价即可。为简单，我们假定竞标者 2 知道 $\tilde{s}_3$ 是最小的。

在英式拍卖中，竞标者 3 会在某一较低的价格退出，竞标者 2 观察到这一事件之后，会根据其退出价位和均衡战略（函数）推断出真实的 s_3。按照 (17.55)，他此时会利用这一信息，并将尚在场内的另一对手（竞标者 1）当成与自己一样的竞标者来调整估价

$$b_2^{\text{EA}} = E[v_2|\tilde{s}_2 = s_2, \tilde{s}_1 = s_2, \tilde{s}_3 = s_3] \quad (17.61)$$

这同时也是英式拍卖的拍卖者所获的期望收益。

在次高价密封拍卖中，竞标者 2 都无法获知关于 s_3 的准确信息，所以他只能对其进行猜测。按照次高价拍卖的均衡战略 (17.51)，有

$$b_2^{\text{SPA}} = E[v_2|\,\tilde{s}_2=s_2,\tilde{s}_1=s_2,\tilde{s}_3=\tilde{s}_3] \tag{17.62}$$

这两个战略相比较，唯一的差别是对 s_3 的信念。在 (17.61) 中，s_3 是其真实的实现值而不是竞标者 2 的猜测，其均值为 $E[\tilde{s}_3|\tilde{s}_1>\tilde{s}_2>\tilde{s}_3]$；在 (17.62) 中，竞标者 2 在假定 $\tilde{s}_1=\tilde{s}_2=s_2$ 的基础上对 $\tilde{s}_3$ 进行猜测，其均值为 $E[\tilde{s}_3|\tilde{s}_1=\tilde{s}_2>\tilde{s}_3]$。由于价值联动关系，有

$$E[\tilde{s}_3|\tilde{s}_1>\tilde{s}_2>\tilde{s}_3] > E[\tilde{s}_3|\tilde{s}_1=\tilde{s}_2>\tilde{s}_3] \tag{17.63}$$

再次利用价值联动条件，推知 $E[b_2^{\text{EA}}] > E[b_2^{\text{SPA}}]$，就是说表明英式拍卖的期望收益高于次高价拍卖的期望收益。

现在转而比较次高价与最高价密封拍卖。与收益等值定理的证明类似，我们比较两种拍卖中竞标者期望利润线的斜率 $d\Pi_i/ds_i$。假想一开始竞标者 i 的信号为 s_i，其均衡战略为 $b(s_i)$。现在考虑他的信号变为 $s_i + ds_i$，如果竞标者仍 $b(s_i)$ 行事，其期望利润的变化来自三个效应：① 获胜时的剩余会提高 ds_i；② 由于价值联动效应，获胜概率有所降低；③ 同样由于价值联动效应，次高价拍卖中获胜时付给拍卖者的期望价格会有所提高。需要注意的是，前两个效应对最高价和次高价拍卖都是一样的，但最后一个负的效应只出现在次高价拍卖中。根据这一分析，可以推知次高价拍卖中竞标者期望利润曲线的斜率较低。在 $\Pi_i(\underline{s}) = 0$ 的边界条件下，可进一步推知次高价拍卖中竞标者的期望利润较小。所以，就拍卖者所得的期望收益而言，次高价密封拍卖优于最高价密封拍卖。

在完成这一节之前，我们在只有两个竞标者的情形对收益排序定理给出严格的证明。由于对称性，我们可以将竞标者 1 作为代表进行分析。以 $F(s_2|s_1)$ 表示给定 s_1 条件下 $\tilde{s}_2$ 的分布函数，并将该函数对 s_1 和 s_2 的偏导数分别记为 F_1 和 F_2：

$$F_1(s_2|s_1) = \frac{\partial}{\partial s_1}F(s_2|s_1), \quad F_2(s_2|s_1) = \frac{\partial}{\partial s_2}F(s_2|s_1) = f(s_2|s_1) \tag{17.64}$$

次高价密封拍卖中竞标者 1 的期望支出为

$$E[t_1^{\text{SPA}}(s_1)] = \int_{\underline{s}}^{s_1} s_2 f(s_2|s_1)ds_2 = \int_{\underline{s}}^{s_1} s_2 dF(s_2|s_1) \tag{17.65}$$

对 s_1 微分：

$$\frac{d}{ds_1}E[t_1^{\text{SPA}}(s_1)] = s_1 f(s_1|s_1) + \int_{\underline{s}}^{s_1} s_2 dF_1(s_2|s_1) \tag{17.66}$$

在最高价分密封拍卖中，记 $b(s)$ 为均衡叫价函数，在均衡中竞标者 1 的期望支出为

$$E[t_1^{\text{FPA}}(s_1)] = b(s_1)F(s_1|s_1) \tag{17.67}$$

对 s_1 微分得到

$$\frac{d}{ds_1}E[t_1^{\text{FPA}}(s_1)] = b'(s_1)F(s_1|s_1) + b(s_1)[F_1(s_1|s_1) + F_2(s_1|s_1)] \tag{17.68}$$

竞标者 1 在最高价密封拍卖中的目标是

$$\max_{\hat{s}}[s_1 - b(\hat{s})]F(\hat{s}|s_1)$$

其一阶必要条件为

$$b'(s_1) = \frac{[s_1 - b(s_1)]F_2(s_1|s_1)}{F(s_1|s_1)} \tag{17.69}$$

将其代入 (17.68) 式, 得到

$$\begin{aligned}\frac{d}{dv_1}E[t_1^{\text{FPA}}(s_1)] &= [s_1 - b(s_1)]F_2(s_1|s_1) + b(s_1)[F_1(s_1|s_1) + F_2(s_1|s_1)] \\ &= s_1 F_2(s_1|s_1) + b(s_1)F_1(s_1|s_1)\end{aligned} \tag{17.70}$$

欲证明定理结论, 只需证明: 只要 $E[t_1^{\text{SPA}}(s_1)] = E[t_1^{\text{FPA}}(s_1)]$, 必定有

$$\frac{d}{ds_1}E[t_1^{\text{SPA}}(s_1)] > \frac{d}{ds_1}E[t_1^{\text{FPA}}(s_1)] \tag{17.71}$$

而由 (17.65) 和 (17.67), 条件 $E[t_1^{\text{SPA}}(s_1)] = E[t_1^{\text{FPA}}(s_1)]$ 等价于

$$b(s_1) = \frac{\int_{\underline{s}}^{s_1} s_2 f(s_2|s_1)ds_2}{F(s_1|s_1)} \tag{17.72}$$

利用等式 (17.66)、(17.70) 和 (17.72), 不等式 (17.71) 就变为

$$s_1 f(s_1|s_1) + \int_{\underline{s}}^{s_1} s_2 dF_1(s_2|s_1) > s_1 F_2(s_1|s_1) + \frac{\int_{\underline{s}}^{s_1} s_2 f(s_2|s_1)ds_2}{F(s_1|s_1)} F_1(s_1|s_1)$$

或简单地

$$F(s_1|s_1)\int_{\underline{s}}^{s_1} s_2 dF_1(s_2|s_1) > F_1(s_1|s_1)\int_{\underline{s}}^{s_1} s_2 dF(s_2|s_1) \tag{17.73}$$

在等式两端同时利用分部积分技巧, 这等价于

$$-F(s_1|s_1)\int_{\underline{s}}^{s_1} F_1(s_2|s_1)ds_2 > -F_1(s_1|s_1)\int_{\underline{s}}^{s_1} F(s_2|s_1)ds_2 \tag{17.74}$$

但由价值联动条件 (17.45), 易知 (我们将这一结论留给读者)

$$\frac{F_1(s_2|s_1)}{F(s_2|s_1)} < \frac{F_1(s_1|s_1)}{F(s_1|s_1)} \quad \forall s_2 < s_1 \tag{17.75}$$

这一条件足以保证不等式 (17.74) 成立。

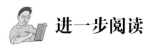

进一步阅读

目前关于拍卖理论的文献不少, 但系统介绍拍卖基础理论的教科书还不多见, 下面是近年流行的专门教材:

Krishna, V. (2002), *Auction Theory*, San Diego: Academic Press.

Klemperer 写了一系列综述拍卖理论发展和文献导读的文章，对我们理解该领域的思想和发展动向提供了极大的帮助，下面两篇文章是每一个对拍卖理论感兴趣学生都应当阅读的（其中后者提供了非常优秀的拍卖理论应用材料）：

Klemperer, P. (1999), "Auction Theory: A Guide to the Literature", *Journal of Economic Surveys*, 13: 227-286.

Klemperer, P. (2000), "Why Every Economist Should Learn Some Auction Theory", in Dewatripont M. et al. (eds.) *Advances in Economics and Econometrics: Theory and Applications*, Eighth World Congress of the Econometric Society.

其他经典文献：

Vickrey, W. (1961), "Counterspeculation, Auctions, and Competitive Sealed Tenders", *Journal of Finance*, 16: 8-37.

Milgrom, P. R. and R. J. Weber (1982), "A Theory of Auctions and Competitive Bidding", *Econometrica*, 50: 1089-1122.

Myerson, R. B. (1981), "Optimal Auction Design", *Mathematics of Operations Research*, 6: 58-73.

Wilson, R. (1977), "A Bidding Model of Perfect Competition", *Review of Economic Studies*, 44: 511-518.

Topkis, D. M. (1978), "Minimizing a Submodular Function on a Lattice", *Mathematics of Operations Research*, 26: 305-321.

练习与思考

17-1 考虑由 n 个竞标者参加的最高价密封拍卖。$v_1, \ldots, v_n$ 独立同分布，分布函数为 $F(v) = v^\alpha$，$v \in [0, 1]$，其中 $\alpha > 0$。计算这个拍卖的对称均衡叫价。

17-2 验证：在独立价值情形下，最高价密封拍卖的对称均衡叫价 $b(v)$ 是 v 的严格单增函数。

17-3 有两个竞标者参加一次拍卖，他们对标的物的私人估价相互独立，且都是 $[0,1]$ 上的均匀分布。

(1) 在英式拍卖下，计算竞标者在获胜时的条件期望成本。

(2) 假定拍卖开始前拍卖者宣布了一个价格水平 $\hat{P} \geq 0.5$，竞标者可以在英式拍卖过程中随时叫停拍卖过程并以价格 $\hat{P}$ 买走标的物。考虑这样一个均衡：估价 $v \geq \hat{P}$ 的竞标者在价格升至 $p(v)$ 时叫停拍卖并接受价格 $\hat{P}$，其中 $p'(v) < 0$。计算获胜时竞标者的条件期望成本。

(3) 在竞标者风险中立的条件下,单纯的英式拍卖与 (2) 中描述的拍卖所产生的期望收益是否一致?

(4) 如果竞标者是风险厌恶的,比较两种拍卖的期望收益大小。

17-4 假定参与拍卖的 n 个竞标者估价相互独立,而且同为 $[0, \bar{v}]$ 上的均匀分布。

(1) 在英式拍卖下,计算竞标者在获胜时的条件期望成本。

(2) 利用上一小题的结果,推导通吃拍卖 (all-pay auction) 中竞标者的均衡叫价。

17-5 两个竞标者的估价 v_i 以相同的概率取 0 或 1,但相互独立。拍卖规则是:先由拍卖者公布一个价格 P,然后这两个竞标者同时决定自己是否接受该价格。若有一个竞标者接受,他以价格 P 获得标的;若两人同时接受,抛币决定获胜者,获胜者付 P;若双方同时不接受,拍卖者无偿放弃标的物,由两个竞标者抛币决定其归谁。

(1) 证明:只要 $P \in [0, 2/3]$,便存在一个均衡,估价为 1 的竞标者总是选择"接受"。

(2) 在不同价格 P 下,拍卖产生的期望收益不相等。为什么收益等值定理在这里不成立?

17-6 比较次高价密封拍卖与通吃拍卖中竞标者的均衡叫价,并由此解释为什么在这两种拍卖中拍卖者获得的期望收益是相同的。

17-7 考虑有两个竞标者参加的这样一种"次高价通吃拍卖":每个竞标者密封地呈交自己的叫价,叫价最高者获得标的,但只需付次高价格;同时,输家也需付自己的叫价。假定两个竞标者具有私人估价,并相互独立,v_i $(i = 1, 2)$ 的分布函数为 $F(v)$。

(1) 试推导对称均衡叫价。

(2) 与标准的最高价通吃拍卖相比,拍卖者获得的期望收益是否有变化?为什么?

17-8 公司 A 正在考虑收购公司 B。公司 B 目前的所有者清楚 B 的具体价值,但 A 并不清楚,但它知道 V_B 是 $[0, 100]$ 上的均匀分布。A 公司相信自己的管理才能更胜一筹,收购成功后可以将其价值提高 50% (从而达到 $1.5V_B$)。双方同意按照由 A 首先提出一个收购价,若 B 同意则成交,若 B 不同意则放弃收购谈判。

(1) 对 A 而言是否存在赢家诅咒陷阱?

(2) A 的最优收购价应是多少?

17-9 请解释:在只有两个价值联动的竞标者场合,英式拍卖与次高价密封拍卖的期望收益相等。

17-10 如果两个竞标者间的信号是联动的,证明:

$$\frac{\partial^2 \ln F(s_2|s_1)}{\partial s_1 \partial s_2} = \frac{\partial}{\partial s_1}\left[\frac{f(s_2|s_1)}{F(s_2|s_1)}\right] > 0$$

17-11 有些企业不喜欢密封拍卖，因为这很容易使自己的叫价大大高于别的公司的叫价，而这会让经理人员事后非常难堪。现在假定有 n 个企业参加一次最高价密封拍卖，企业 i 对标的物的估价为 v_i，各企业的估价相互独立，而且都是区间 $[0,1]$ 上的均匀分布。各企业的经理负责叫价，这些经理的效用函数为

$$u_i = \begin{cases} v_i - b_i - k(b_i - \bar{b}_{-i}) & b_i > \bar{b}_{-i} \\ 0 & b_i < \bar{b}_{-i} \end{cases}$$

其中 $k > 0$，而 $\bar{b}_{-i}$ 是除企业 i 以外其他企业的最高叫价。

(1) 推导均衡叫价 $b(v)$ 的一阶必要条件，并由此证明存在线性均衡 ($b(v)$ 为线性函数)。

(2) 系数 k 的大小会如何影响经理的期望效用？

(3) 系数 k 的大小会如何影响拍卖者所得的期望收益？

第 18 章　社会选择问题

在公共政策制定和公共物品供给等场合，人们不可避免地要涉及社会选择，为整个社会(或某一范围内的群体)而不是个体进行决策。而要进行合理的社会决策，前提条件是确定恰当的社会偏好。因此，社会选择问题的核心是如何将个体的偏好"加总"成为一个社会的偏好。在现实生活中，这种个体偏好的"加总"具体表现为某种特定的程序或机制，而阿罗(Arrow) 将其称为**社会福利泛函** (social welfare functional, SWF)。在现实生活中，实际发生的各种社会转换机制不可避免地涉及各种社会价值观，而经济学的任务是在遵从尽可能广泛的社会共识的基础上，探讨"恰当"的个体偏好加总机制存在的可能性，以及如何去寻找和设计这样的机制。

本章我们首先引入社会福利泛函的概念，并对现实社会中最为重要的一种社会福利泛函——多数票制的性质进行详细的探讨；接下来介绍阿罗的公理性方法，讨论一个合格的社会福利泛函所需满足的基本规范，进而证明阿罗不可能性定理；最后考虑放宽规范条件下"恰当"的社会福利泛函的存在性。

18.1　社会福利泛函

这一节先引入一些基本的概念和必要的记号；接下来，鉴于多数票制在理论和现实中极端重要的地位，我们对多数票制的性质进行全面的讨论。

18.1.1　基本概念和记号

记社会上所有个体的集合为 $I = \{1, 2, \ldots, n\}$, $n \geqslant 2$。根据应用的场合它可能包含全社会所有成员，更多时候是某一特定群体，如某社区的居民户，或某事业或企业单位的所有职员等。但无论是哪种场合，我们都称 I 为一个"社会"。与之前通常定义在商品组合上的偏好不同，本章主要考虑定义在**社会备选项**(social alternatives) 上的偏好。社会备选项可以是若干议员候选人，或一些直接的利益分配方案，也可以是某些会引起社会分配变化的事件。比方说，在一个由两个人构成的社会中，社会总财富为 10, 个体 1 获得 a, 个体 2 获得 b, 那么任何满足 $a + b = 10$ 的非负分配向量 (a, b) 都可以视为是一种社会备选项。

我们以 X 表示备选集合，它包含所有可能的备选项。假定社会中每个个体在备选集合 X 上有自己明确的偏好，即对 X 中各备选项有他自己的主观排序。一般地，用"$\succeq_i$"来代表个体 i 在备选项集合 X 上的偏好。同时，沿用以下我们熟悉的偏好符号：假定 $x, y \in X$。

$x \succeq_i y$: 表示个体 i 认为备选项 x "不次于" y;

$x \sim_i y$: 表示个体 i 认为两个备选项 "无差异"，等价于 "$x \succeq_i y$ 且 $y \succeq_i x$";

$x \succ_i y$: 表示个体 i 认为备选项 x "优于" y, 等价于 "$x \succeq_i y$ 但没有 $y \succeq_i x$"。

我们默认定义良好的个体偏好需要满足基本的偏好公理，在这里包括**完全性**、**自反性**和**传递性**。与第 4 章消费者关于商品组合的偏好一样，完全性指的是任何两个不同的备选项 $x, y \in X$ 都是可排序的，不是 $x \succeq_i y$ 便是 $y \succeq_i x$ (或者二者同时成立)；自反性是指对任何备选项 $x \in X$ 均有 $x \succeq_i x$；传递性则要求

$$x \succeq_i y, \quad y \succeq_i z \quad \Rightarrow \quad x \succeq_i z \tag{18.1}$$

注意条件 (18.1) 意味着 "$\succ_i$" 和 "$\sim_i$" 两个关系同时满足传递性

$$x \succ_i y, \quad y \succ_i z \quad \Rightarrow \quad x \succ_i z \tag{18.2}$$

$$x \sim_i y, \quad y \sim_i z \quad \Rightarrow \quad x \sim_i z \tag{18.3}$$

假设每个个体都在备选项集合 X 上有定义良好的偏好，所谓**社会福利泛函 (social welfare functional)** 就是从个体的联合偏好空间到社会偏好空间的一个映射 F，形式上可记为 $\succeq^F = F(\succeq_1, \succeq_2, \ldots, \succeq_n)$。注意这里的社会偏好符号有一个上标 F，表示的是该社会偏好是经由社会福利泛函 $F(\cdot)$ "加总"得到的，这个上标让我们得以在必要时区分不同社会福利泛函得到的不同社会偏好结果。不过许多分析场合并不涉及多种社会福利泛函的比较，此时为了简洁起见我们常常将该上标省略。在不引起歧义的场合，我们也用无任何上标和下标的偏好符号"$\succeq, \succ, \sim$"来表示社会偏好中的二元偏好关系，例如 $x \succ y$ 表示整个社会认为备选项 x 优于备选项 y。自然，我们也要求一个定义良好的社会偏好应当满足完全性和传递性。

值得注意的是，映射 F 之所以称为泛函 (functional) 而不是函数 (function)，是因为它的定义域和值域都不是实数集，而分别是个体偏好组合的集合和社会偏好的集合。对于 F 的定义域，一般要求它包含所有技术上可行的个体偏好组合，每个可能的个体偏好组合 $(\succeq_1, \succeq_2, \ldots, \succeq_n)$ 都应该被赋值——这个要求被称为定义域的**无限制条件 (unrestricted domain condition)**，下一节会进一步说明。此外，虽然这里的名称中有"社会福利"字样，但 F 与本书 7.5 节内讨论的"社会福利函数"$W(U_1, U_2, \ldots, U_n)$ 也完全不同，后者是一个实数值的函数，其函数值可以理解为社会群体对某一备选项的"效用"，而 F 的"值"是社会群体对备选项的优劣排序。一句话，F 是从个体偏好到社会偏好的加总规则或转换机制。

我们可以想象出若干社会福利泛函的例子。第一个例子是一种非常极端的情况：$\forall x, y \in X$，无论个体的偏好如何，社会偏好都是 $x \sim y$。这种社会福利泛函是一种完全"无为"的加总机制，社会完全无视个体的偏好，而将所有备选项都视为无差异的，这当然也是一种完全没用的"机制"。

第二个例子是**独裁性 (dictatorship)** 社会福利泛函，这种加总机制赋予某人无上的威权，使其喜好和憎恶凌驾于整个社会之上，并迫使社会服从其选择。如果社会中存在某一个个体 $h \in I$，而一种社会福利泛函总是取 h 的偏好为社会偏好：任取 $x, y \in X$，

$$x \succ_h y \quad \Rightarrow \quad x \succ y \tag{18.4}$$

我们便称其为独裁的社会福利泛函，而个体 h 就是**独裁者**。

第三个例子是多数票制，这可能是现实社会中最为常见的一种偏好加总机制，它同时也是最为重要的社会福利泛函，在社会选择理论中占据非常重要的地位。因此，我们为其专辟一个小节加以讨论。

18.1.2 多数票制

与独裁机制不同,民主制度力求体现社会中尽可能多的个体诉求,而**多数票制**便成了民主制度中的重要机制,它赋予每个个体一张选票,而社会选择以多数人的选择为准。记 $N(x \succ_i y)$ 为社会 I 中认为 x 优于 y 的个体数量,我们要讨论的多数票制主要是指以下定义的简单多数制:

定义:对于任意的个体偏好组合 $(\succeq_1, \succeq_2, \ldots, \succeq_n)$ 以及任何两种备选项 $x, y \in X$,(简单) **多数票制**是按以下规则行事的一种偏好加总机制

$$
\begin{aligned}
N(x \succ_i y) > N(y \succ_i x) &\Rightarrow x \succ y \\
N(x \succ_i y) = N(y \succ_i x) &\Rightarrow x \sim y
\end{aligned}
\tag{18.5}
$$

即是说,简单多数制要求赞成票超过反对票;在赞成票与反对派相等的情况下,社会偏好视两种备选项是无差异的 (二者打平)。在实际操作过程中,还有其他形式的多数票制,比如在应用中也很广泛的**绝对多数票制**,它要求赞成票超过投票人数的一半,这种机制往往在决定较为重要的议案时比较常用;有些特别重要的议案,则可能要求赞成票达到 2/3 或更多。简单多数制与绝对多数制在许多情况下结果是一样的,二者的差异主要出现在有人投弃权票时。如果排除不同备选项无差异的情况,或者不允许投弃权票,则赞成票超过反对票与赞成票超过投票人数一半是等价的。在后面的分析中,除非特别说明,我们提到多数票制的时候总是指简单多数制。

除了操作简便,多数票制的优势是它在若干方面体现了民主自由原则。比方说,民主投票的一个基本属性是它的匿名性质:它允许投票人在不披露自己身份的情况下反映自己的诉求。正式地,假设 $(\succeq_1, \succeq_2, \ldots, \succeq_n)$ 是一种个体的偏好组合,而另一种组合 $(\succeq'_1, \succeq'_2, \ldots, \succeq'_n)$ 是 $(\succeq_1, \succeq_2, \ldots, \succeq_n)$ 的任意置换:即是说任取 $i \in I$,都存在一个 $j \in I$,使得 $\succeq'_j$ 与 $\succeq_i$ 完全相同。如果 $F(\succeq'_1, \succeq'_2, \ldots, \succeq'_n) = F(\succeq_1, \succeq_2, \ldots, \succeq_n)$,我们就称社会 F 为一个具有**匿名性** (anonymity) 的社会福利泛函。

根据该定义,匿名的社会福利泛函只在乎持特定偏好的个体人数,而不管具体哪些人持有这种偏好。由于匿名性质,投票人得以在不受任何人身威胁和道德谴责中真实披露自己的偏好,个人自由得到最好的尊重。显然,多数票制满足这一性质。

多数票制的另一个性质是它的**中立性** (neutrality),亦即对各个备选项一视同仁,不预先设定哪个备选项更为重要或需要区别对待。形式上,这要求加总规则不受备选项标签的影响:如果我们将备选项 x 和 y 的标签改为 z 和 w,那么社会偏好对 $\{x, y\}$ 的排序将复制到 $\{z, w\}$ 上。正式地,对于任意的 $x, y, z, w \in X$,如果对所有个体 $i \in I$,以及任何两种偏好组合 $(\succeq_1, \succeq_2, \ldots, \succeq_n)$ 和 $(\succeq'_1, \succeq'_2, \ldots, \succeq'_n)$,满足

$$
\begin{aligned}
x \succeq_i y &\Leftrightarrow z \succeq'_i w \quad \forall i \\
y \succeq_i x &\Leftrightarrow w \succeq'_i z \quad \forall i
\end{aligned}
\tag{18.6}
$$

那么在社会偏好层面上也有

$$
\begin{aligned}
x \succeq y &\Leftrightarrow z \succeq' w \\
y \succeq x &\Leftrightarrow w \succeq' z
\end{aligned}
\tag{18.7}
$$

成立，其中 $\succeq$ 和 $\succeq'$ 分别是两种个体偏好组合下的社会偏好。

我们可以这样来理解中立性条件：假想一个社会有要在两个候选人 x 和 y 之间的进行选择，那么这两个候选人分别改名为 z 和 w 不应该影响选举结果。一种有趣的情况是，如果我们不改变个体偏好，而将备选项 x 和 y 的标签对调——原来的 x 改称 y，而原来的 y 改称 x——情况会怎样？这其实等价于不改变备选项标签但所有人的偏好发生反转

$$x \succeq_i y \quad \Leftrightarrow \quad y \succeq'_i x \quad \forall i$$
$$y \succeq_i x \quad \Leftrightarrow \quad x \succeq'_i y \quad \forall i$$

根据 (18.7)，社会偏好恰好与原来相反。因此，中立性条件也可简单地表述为：$\forall x, y \in X$，如果所有个体在 $\{x, y\}$ 上的偏好都发生反转，那么社会关于 $\{x, y\}$ 的偏好也随之反转。

在这个简单表述下，多数票制满足中立性条件是非常明显的。

多数票制具有的另一个重要性质是**正响应性** (positive responsiveness)，这是指当某些个体的偏好发生一定方向上的改变时，社会偏好应当随之朝同一个方向变化。具体地，如果在个体偏好 ($\succeq_1, \succeq_2, \ldots, \succeq_n$) 下社会对 $\{x, y\}$ 的偏好是 $x \succeq y$，现在将个体偏好变为 ($\succeq'_1, \succeq'_2, \ldots, \succeq'_n$)，使得

$$x \succ'_i y \quad \Leftrightarrow \quad x \succ_i y \quad \forall i$$
$$x \succeq'_i y \quad \Leftrightarrow \quad x \sim_i y \quad \forall i$$

且存在至少一个个体 j，使得 $x \sim_j y$ 但 $x \succ'_j y$。那么社会偏好将变为 $x \succ y$。

例如，考虑一个包含 6 个个体的社会，有两种备选项 $\{x, y\}$。个体的初始偏好呈以下格局

$$x \succ_i y \quad i = 1, 2, 3; \qquad y \succ_i x \quad i = 4, 5, 6$$

如果采用多数票制，社会偏好将是 $y \sim x$。现在假定其他人的偏好不变，但个体 4 的偏好变为 $x \succ_4 y$，多数票制的结果变为 $x \succ y$——社会偏好的变化方向与个体偏好的变化方向一致，都是偏向于备选项 x 的变化，这就是正响应性所要求的。当然，有时社会偏好并不随个体的偏好变化而变化，比如在上述例子中如果继个体 4 之后，个体 5 的偏好也发生反转变为 $x \succ_5 y$，同时保持其他人的偏好不变，多数票制的结果仍然是 $x \succ y$——这种情况并不违反正响应性，因为之前的社会偏好已经完全偏向于 x 了。

前面我们说明，多数票制满足匿名性、中立性和正响应性。实际上接下来的定理进一步表明，多数票制是唯一一个同时满足这三个条件的社会福利泛函。

梅伊定理 (May's Theorem)：一个社会福利泛函是 (简单) 多数票制的充分必要条件是它同时满足匿名性、中立性和正响应性。

【证明】前面的分析过程已经表明多数票制满足匿名性、中立性和正响应性，所以必要性实际上已经完成，下面我们证明充分性。假定一个社会福利泛函 $F(\cdot)$ 同时满足上述三个条件，我们要证明它必然是多数票制。

任取 $x, y \in X$，个体对这两种备选项的偏好可能出现三种情况：$x \succ_i y$，或 $y \succ_i x$，或 $x \sim_i y$。根据 $F(\cdot)$ 的匿名性，具体哪个个体的偏好如何并不重要，社会偏好只取决于这三种

偏好的个体数量。但是持无差异偏好者的数量等于:

$$N(x \sim_i y) = |I| - N(x \succ_i y) - N(y \succ_i x)$$

而社会中个体总数 $|I|$ 是确定的,因此社会偏好仅依赖于 $N(x \succ_i y)$ 和 $N(y \succ_i x)$。下面我们要证明 $F(\cdot)$ 满足多数票制规则 (18.5)。

(1) 如果 $N(x \succ_i y) = N(y \succ_i x)$,按多数票制此时的社会偏好应当为 $x \sim y$——假定不是这样,不妨设 $x \succ y$。考虑让备选项 x 和 y 的标签对调,此时 $N(x \succ_i y) = N(y \succ_i x)$ 仍然成立,但备选项标签对调后社会偏好将变为 $y \succ x$,这与假定矛盾,意味着社会偏好不可能为 $x \succ y$。同样的逻辑可以推知社会偏好不可能为 $y \succ x$。因此,此时必然有 $x \sim y$。

(2) 如果 $N(x \succ_i y) > N(y \succ_i x)$,设 $N(x \succ_i y) = N(y \succ_i x) + m$。我们在集合 $\{i|x \succ_i y\}$ 中任取 m 个个体,并在原有偏好组合 $(\succeq_1, \succeq_2, \ldots, \succeq_n)$ 的基础上构造这样一种偏好组合 $(\succeq'_1, \succeq'_2, \ldots, \succeq'_n)$: 所有其他人的偏好都不变,但刚选取出来的 m 个个体偏好由 $x \succ_i y$ 变为 $x \sim'_i y$。根据构造,可知 $N(x \succ'_i y) = N(y \succ'_i x)$,由前面的证明,新的偏好组合下社会偏好将是 $x \sim' y$。注意到 $(\succeq_1, \succeq_2, \ldots, \succeq_n)$ 与 $(\succeq'_1, \succeq'_2, \ldots, \succeq'_n)$ 相比,有 m 个个体的偏好向偏向于备选项 x 的方向发生了偏离,根据正响应性,其对应的社会偏好也将向同一方向偏离。因此,必然有 $x \succ_i y$。

证毕。

虽然多数票制具备一些非常良好的性质,但它同时也存在一个严重的缺陷: 某些情况下它得到的社会偏好可能有违传递性这一基本的偏好公理,这就是下面描述的**孔多塞悖论 (Condorcet paradox)**。

考虑一个三人社会,面临三种可能的备选项 $\{x, y, z\}$ 选择。三人的偏好分别是: $x \succ_1 y \succ_1 z, y \succ_2 z \succ_2 x$ 和 $z \succ_3 x \succ_3 y$。将这三种备选项两两取出由个体表决,并按多数法则决定社会偏好。那么多数票法则在这里会得到什么样的结果呢?

先考虑备选项 x 和 y 的表决: 由于个体 1 和个体 3 都认为 x 优于 y,二人的两票将击败个体 2 的一票,产生 x 优于 y 的社会偏好,亦即

$$x \succeq_1 y, \quad x \succeq_3 y \quad \Rightarrow \quad x \succ y$$

再考虑 y 和 z 间的表决,不难看出

$$y \succeq_1 z, \quad y \succeq_2 z \quad \Rightarrow \quad y \succ z$$

最后,考虑 z 和 x 间表决

$$z \succ_2 x, \quad z \succ_3 x \quad \Rightarrow \quad z \succ x$$

结合上述三个表决结果,就形成了一个社会偏好的循环套! 显然不符合传递性条件。

18.2 社会福利泛函公理条件

上一节我们讨论了多数票制满足的若干性质,但显然我们没有理由要求其他所有社会福利泛函都满足这些性质。同时,我们也看到多数票制在某些情况下会产生无穷循环的悖论,

说明它可能缺乏一个合理的社会福利泛函应有的某些基本规范。这一节我们讨论一个"恰当的"社会福利泛函需要满足的基本规范，即阿罗的公理化条件。

由于每一个社会福利泛函都反映了一种个体偏好的加总机制，它不可避免地需要涉及一定的社会规范和社会价值观。另一方面，经济学作为一种实证科学，却又需要尽力避免特定的价值判断，因此不宜对社会福利泛函施加过多的限制，尤其是含有特定价值观的条件限制。从这个角度出发，阿罗提出了一组"恰当"的社会福利泛函需要满足的最低标准，包括四个条件：无限制性 (unrestricted domain)、帕累托原则 (paretian principle)、非独裁性 (non-dictatorship) 和独立性 (independence of irrelevant alternatives)。

无限制性条件 (条件 U) 中的"无限制"是针对社会福利泛函所定义的个体偏好空间而言的，具体意思是社会福利泛函应该对所有可能的个体偏好组合 $(\succ_1, \succ_2, \ldots, \succ_n)$，都能加总成为一个定义良好的社会偏好 (社会偏好至少需要满足完全性和传递性)。无限制性条件保证，我们的社会福利泛函总能解决问题，不能是在某些个体偏好组合情况下可以加总出一个社会偏好结果，而在某些个体偏好组合情况下无法得到对应的社会偏好。

以一个三人社会 $I = \{1,2,3\}$、三种备选项 $\{x,y,z\}$ 的情况为例，每一个个体可能的偏好有 $3 \times 2 \times 1 = 6$ 种，因此三个人可能的偏好组合将为 $6^3 = 216$ 种。无限制性条件要求，一个社会福利泛函需要对所有的 216 种偏好组合都分别找到一个社会偏好与其对应。上一节讨论过的多数票制，在有些情况下是能解决问题的，但孔多塞悖论表明在某些个体偏好组合上它不能得到定义良好的社会偏好，因此多数票制不满足无限制性条件。

非独裁性条件（条件 D） 的意思非常清楚。前面我们已经定义了独裁的社会福利泛函，它根本不顾其他个体的偏好，完全遵从某一个体 (独裁者) 的意愿。非独裁性条件就是要排除这样的情况。注意上一节讨论过的匿名性显然是一个比非独裁更强的条件，因为在匿名性条件下每个个体的身份都失去了意义，所以也不可能存在独裁者。

帕累托原则 (条件 P)：所谓帕累托原则，要求在社会全体个体关于两个备选项 x 和 y 的偏好都一致的情况下，社会偏好应该服从全体个体的这一偏好排序。正式地：如果对于所有社会个体 $i \in I$，均有 $x \succ_i y$，则必然有 $x \succ y$。

该条件虽然是针对两个备选项 x 和 y 上的偏好来定义的，但也很容易推广到备选项空间的任意子集上：若所有个体在任意备选子集 $X_1 \subseteq X$ 上的偏好是一致的，那么社会在该子集 X_1 上的偏好将完全沿袭个体的偏好。

帕累托原则非常简单，看起来也应当成为一个合格的社会福利泛函所必须满足的基本条件之一。容易验证，帕累托原则是一个比正响应性弱的要求：如果社会福利泛函满足正响应性，它必然满足帕累托原则，但反之不然。

上一节介绍的多数票制和独裁制都满足帕累托条件，除此之外，下面的**博达计数机制** (Borda count) 也符合该条件。

假定备选项集合 X 是有限的。不妨假设每个个体将 X 中的所有备选项根据自己的偏好按优劣顺序排序，最优的排在最前面，最差的排在最后面。如果备选项 x 在个体 i 的排序中位列第 k_i 位，我们记 $c_i(x) = k_i$。这里构造的计数函数 $c_i(\cdot)$ 可以理解为个体的"厌恶函数"，即效用函数的反面 (也可以将 $-c_i(\cdot)$ 定义为个体的"效用函数")。现在将所有社会个

体的计数函数相加

$$c(x) = \sum_{i=1}^{n} c_i(x)$$

博达计数机制就是以如此定义的 $c(x)$ 函数值大小来确定社会偏好中 x 的排序位置: $c(x)$ 值越小则 x 的排序越靠前

$$c(x) < c(y) \quad \Leftrightarrow \quad x \succ y$$

在博达计数原则下, 如果所有个体都认为 x 优于 y: $\forall i \in I$ 都有 $x \succ_i y$ 成立, 则根据上面的计数原则便有

$$c_i(x) < c_i(y) \quad \forall i \in I$$

因此,

$$\sum_i c_i(x) < \sum_i c_i(y)$$

这就得到 $x \succ y$。

最后来讨论独立性条件。**独立性条件 (条件 I)** 要求, 社会在任一备选项子集 $X_1 \subset X$ 上的偏好, 只取决于各个体在同一子集 X_1 内的偏好, 而与个体在 X_1 以外的偏好无关。正式地: $\forall x, y \in X$, 如果社会偏好 $x \succ y$ 成立, 则任意改变个体 $i \in I$ 在 $X \backslash \{x, y\}$ 上的偏好, 都不会影响 $x \succ y$。

在上述定义中, $X \backslash \{x, y\}$ 表示的是 $\{x, y\}$ 的补集, 即除了 x 和 y 的所有备选项集合。独立性条件在很大意义上仅是一种技术上简洁性要求 —— 如果确定社会在 $X_1 \subset X$ 上的偏好还需考虑 $X \backslash X_1$ 上的信息, 那么社会选择问题将变得非常繁琐和复杂。从直观意义上而言, 在确定 X_1 上的社会偏好时仅考虑个体在 X_1 内的偏好也显得非常自然。容易验证, 独立性条件比上一节讨论的中立性条件弱 (这个结论的证明留给读者)。

不过, 尽管独立性条件看起来不算苛刻, 但仍有一些违反该条件的反例, 例如博达计数机制。考虑一个包含两个人、三种备选项的例子。两个个体的偏好形如

$$x \succ_1 z \succ_1 y, \quad y \succ_2 x \succ_2 z$$

现在我们考虑社会对 $\{x, y\}$ 的偏好排序。首先由个体的偏好我们知道 $x \succ_1 y, y \succ_2 x$, 利用博达计数规则有

$$c_1(x) = 1, c_2(x) = 2 \quad \Rightarrow \quad c(x) = c_1(x) + c_2(x) = 3$$
$$c_1(y) = 3, c_2(y) = 1 \quad \Rightarrow \quad c(y) = c_1(y) + c_2(y) = 4$$

因此, 我们得到 $x \succ y$。

现在维持 x 和 y 在个体偏好中的相对位置不动, 假定个体对 z 的偏好位置发生了如下变动

$$x \succ_1 y \succ_1 z, \quad y \succ_2 z \succ_2 x$$

注意此时仍然维持了原有的 $x \succ_1 y, y \succ_2 x$ 关系,但是,

$$c_1(x) = 1, c_2(x) = 3 \quad \Rightarrow \quad c(x) = c_1(x) + c_2(x) = 4$$
$$c_1(y) = 2, c_2(y) = 1 \quad \Rightarrow \quad c(y) = c_1(y) + c_2(y) = 3$$

由此得到 $y \succ x$,与之前的结果完全相反!

18.3 阿罗不可能性定理

为什么现实中常用的多数票制会遭遇无限循环的悖论? 是否存在"更好"的机制,既充分反映大多数个体的诉求 (自由民主原则),又能符合上一节建立的其他规范条件呢? 非常遗憾,阿罗证明只要备选项数量不低于三种,这样的希望注定是要落空的。

下面除非特别说明,我们的讨论均假定备选项集合 X 的元素不小于三种。在引入并证明阿罗不可能性定理之前,我们先分析讨论一种重要而有趣的现象: 决定性。现实生活中,常常有某些个人或集团对部分公众决策有很强的话语权,极端情况下还会完全左右相关的公共政策。下面的定义就是试图刻画这种个体对社会偏好影响的非对称性。

定义 (决定性):

(1) 假定 $K \subseteq I$ 为某一社会集团,$\{x,y\} \subset X$ 为两种备选项。如果在某种社会福利泛函下满足以下条件

$$\forall i \in K, \ x \succ_i y; \quad \forall j \in I \backslash K, \ y \succ_j x \quad \Rightarrow \quad x \succ y \tag{18.8}$$

就称这种社会福利泛函下集团 K 对 $\{x,y\}$ 是**决定性的** (decisive),记为 $D_K(x,y)$。

(2) 如果 K 满足条件

$$\forall i \in K, \ x \succ_i y \quad \Rightarrow \quad x \succ y \tag{18.9}$$

则称 K 对 $\{x,y\}$ 是**完全决定性的** (completely decisive),记为 $C_K(x,y)$。

决定性是说,如果集团 K 在 $\{x,y\}$ 上的偏好一致,并与所有其他人的偏好相反,但社会偏好选择了集团 K 的偏好; 完全决定性则要求,无论其他人的偏好如何,社会总是遵从集团 K 的偏好。显然,如果集团 K 对 $\{x,y\}$ 是完全决定性的,必然也是对 $\{x,y\}$ 决定性的,反之则未必。完全决定性是一个更强的条件。

必须注意,上述定义的重点是,一旦个体偏好出现特定格局,社会偏好如何取舍,但它并没有对个体偏好做出限制! 社会福利泛函的 U 条件要求,在所有可能的个体偏好格局下,均能产生相应的社会偏好。在所有这些可能的偏好格局中,有些情况下集团 K 成员会一致认为 x 优于 y,其他情况则不会。$D_K(x,y)$ 只是要求,一旦集团 K 的成员一致同意 x 优于 y,并且集团外的个体都认为 y 优于 x,那么社会福利泛函给出的社会偏好总是与集团 K 的偏好一致: $x \succ y$。对完全决定性定义的解读也与此类似。

在上述定义基础上,我们进一步引入决定性集团的概念:

决定性集团: 假定 $K \subseteq I$ 为某一社会集团。如果任取 $\{x,y\} \subset X$, K 都对其有决定性: $D_K(x,y)$, 则称 K 是该社会福利泛函下的一个决定性集团。

决定性集团就像社会的主宰者, 它总是能在所有其他社会成员都持不同意见的情况下, 将自己的偏好"确定为"社会偏好。注意由帕累托原则, 社会 I 本身是一个决定性集团。

下面我们建立几个关于决定性集团的性质, 作为证明阿罗不可能性定理的准备。首先是集团在备选集合内局部和全局的决定性之间的关系。

引理 1: 假定社会福利泛函满足无限制条件 U、帕累托原则 P 和独立性 I。如果存在两个备选项 $\{x,y\} \subset X$, 使得集团 $K \subseteq I$ 对 $\{x,y\}$ 是决定性的, 那么 K 对任意两个不同备选项 $\{u,v\} \subset X$ 也是决定性的, 即是说 K 是决定性集团。

【证明】我们分两步来证明该引理。第一步, 我们将证明

$$D_K(x,y) \quad \Rightarrow \quad \forall u \neq x,y, \; D_K(x,u), \; D_K(u,y) \tag{18.10}$$

如果个体偏好呈以下格局 (注意条件 U 允许我们考虑任何可能的偏好格局)

$$x \succ_i y \succ_i u \quad \forall i \in K; \quad y \succ_i u \succ_i x \quad \forall i \in I \backslash K \tag{18.11}$$

由条件 $D_K(x,y)$, 得知 $x \succ y$。另一方面, 注意到所有社会个体都同意 y 优于 u, 利用帕累托原则得知 $y \succ u$。结合这两个社会偏好关系, 根据传递性立即推知 $x \succ u$。注意到条件 (18.11) 意味着

$$x \succ_i u \quad \forall i \in K; \quad u \succ_i x \quad \forall i \in I \backslash K \tag{18.12}$$

这说明在 $\{x,u\}$ 上 K 的偏好与集团外个体的偏好恰好相反, 但社会选择了集团 K 的偏好——不过我们尚不能就此断言 K 对 $\{x,u\}$ 是决定性的, 因为前面的结果来源于特殊偏好假定 (18.11)。但是, 独立性条件 I 表明, 关于 $\{x,u\}$ 的社会偏好关系只取决于这两个备选项的个体排序, 亦即条件 (18.12)! 只要条件 (18.12) 成立, 个体随意更改他们对其他备选项的偏好排序都不会影响社会偏好 $x \succ u$。至此, 我们证明了 $D_K(x,u)$。用同样的方法可以证明另一个决定性 $D_K(u,y)$。

第二步, 现在引入另一个备选项 $v \in X$, $v \neq u$。有两种可能情况:

如果 v 等于 $\{x,y\}$ 中任何一个, 不妨设 $v = y$, 那么由前一步的证明结果立即有 $D_K(u,v)$; 又因为 $D_K(x,u)$, $v \neq u$, 再次利用前一步已证明的结论得到 $D_K(v,u)$。

如果 $v \neq x,y$。仍然利用前一步证明的结果, 有

$$D_K(x,u) \quad \Rightarrow \quad D_K(v,u);$$

$$D_K(u,y) \quad \Rightarrow \quad D_K(u,v)$$

证毕。

引理 1 表明，只要一个集团对任何两个备选项 $\{x,y\}$ 是决定性的，它就是一个决定性集团。

引理 2： 假定社会福利泛函满足无限制条件 U、帕累托原则 P 和独立性 I，则有以下命题成立：

(a) 如果 $K \subseteq I$ 和 $J \subseteq I$ 都是决定性集团，则 $K \cap J$ 也是决定性的；

(b) 任取 $K \subset I$，K 和 $I \backslash K$ 二者中必有一个是决定性的；

(c) 如果 $K \subset I$ 是决定性的，而 $J \subseteq I$ 是任何一个包含 K 的集团：$K \subseteq J$，那么 J 也是决定性的；

(d) 如果 $K \subseteq I$ 是决定性的，且其中成员的数量大于 1，则必然存在一个真子集 $J \subset K$，使得 J 是决定性的。

【证明】

(a) 假定 $K \subseteq I$ 和 $J \subseteq I$ 都是决定性集团。任取三种不同的备选项，$x, y, z \in X$，考虑以下的个体偏好结构

$$\begin{aligned} z \succ_i y \succ_i x & \quad \forall i \in K \backslash (K \cap J) \\ x \succ_i z \succ_i y & \quad \forall i \in K \cap J \\ y \succ_i x \succ_i z & \quad \forall i \in J \backslash (K \cap J) \\ y \succ_i z \succ_i x & \quad \forall i \in I \backslash (K \cup J) \end{aligned} \qquad (18.13)$$

注意这个特殊的偏好格局下有

$$z \succ_i y \quad \forall i \in K; \qquad y \succ_i z \quad \forall i \in I \backslash K \qquad (18.14)$$

而 K 是决定性的，因此其偏好将成为社会偏好：$z \succ y$。同样，注意到

$$x \succ_i z \quad \forall i \in J; \qquad z \succ_i x \quad \forall i \in I \backslash J \qquad (18.15)$$

而 J 是决定性的，因此我们得到 $x \succ z$。结合前一个社会偏好关系，利用传递性，我们进一步得知 $x \succ y$。

现在我们来看个体在 $\{x,y\}$ 上的偏好情况。再次审视个体的偏好条件 (18.13)，不难发现

$$x \succ_i y \quad \forall i \in K \cap J; \qquad y \succ_i x \quad \forall i \in I \backslash (K \cap J) \qquad (18.16)$$

这就是说，$K \cap J$ 中的成员都同意 x 优于 y，而 I 中其他所有个体对这两个备选项的偏好排序恰好相反，但社会偏好选取了 $K \cap J$ 的偏好（因为 $x \succ y$）。

与前一个引理的证明一样，我们尚不能由上面的结果就断言 $K \cap J$ 对 $\{x,y\}$ 是决定性的，因为 $x \succ y$ 是在我们假定的特殊偏好格局下得到的。不过，利用独立性条件 I，只要保持 (18.16) 中对 $\{x,y\}$ 的偏好顺序不变，任意更改 z 及其他备选项的偏好位置，社会偏好 $x \succ y$ 不会受到影响。至此，推知 $K \cap J$ 对 $\{x,y\}$ 是决定性的。再根据引理 1，这就证明了 $K \cap J$ 为一个决定性集团。

(b) 任取三种不同的备选项, $x, y, z \in X$, 考虑以下的个体偏好结构

$$x \succ_i z \succ_i y \quad \forall i \in K; \qquad y \succ_i x \succ_i z \quad \forall i \in I \backslash K \tag{18.17}$$

社会对 $\{x, y\}$ 的偏好排序只有两种可能: $x \succ y$ 或者 $y \succeq x$。如果出现的是 $x \succ y$, 结合个体偏好条件 (18.17), 根据独立性条件立即得到 $D_K(x, y)$, 再由引理 1 得知 K 是决定性集团。

现在假定出现的是 $y \succeq x$。注意到偏好结构 (18.17) 下所有人都认为 $x \succ_i z \ (\forall i)$, 根据帕累托原则这意味着社会偏好亦然: $x \succ z$; 由传递性我们立即得知 $y \succ z$。对照 (18.17) 中个体关于 $\{y, z\}$ 的偏好, 并根据独立性条件, 这意味着 $D_{I\backslash K}(y, z)$。再根据引理 1, $I\backslash K$ 是决定性集团。

(c) 如若不然, 根据上一个结论, J 的补集 $I\backslash J$ 必然是决定性的, 因此对于以下的个体偏好结构

$$x \succ_i y \quad \forall i \in I\backslash J; \qquad y \succ_i x \quad \forall i \in J \tag{18.18}$$

得到的社会偏好将是 $x \succ y$, 这与 $K \subset J$ 是决定性集团矛盾。

(d) 任取 K 中一个成员 h, 考虑集团 $K\backslash\{h\} \subset K$, 如果这个集团是决定性的, 命题得证。如果 $K\backslash\{h\}$ 不是决定性集团, 其补集 $(I\backslash K) \cup \{h\}$ 必然是决定性的; 根据引理 2(a), 两个决定性集团的交集也是决定性的, 因此

$$\{h\} = [(I\backslash K) \cup \{h\}] \cap K \subset K$$

是决定性集团。

证毕。

直观来看, 引理 2(a) 表明, 如果有两个决定性集团 K 和 J, 那么所有那些同时属于这两个集团的成员也构成一个决定性集团——直观的理解是, 同属于两个决定性集团的成员才是其中真正掌握话语权的人物, 是主导 K 和 J 的核心。引理 2(b) 不外乎阐明了这样一个客观道理: 如果将社会分为两个群体, 那么双方的对决"不是东风压倒西风, 就是西风压倒东风"。引理 2(c) 更为简单: 对一个有话语权的群体进一步补充人员力量, 那么它的话语权将更为强势。引理 2(d) 揭示了一个非常重要的特性: 除非决定性集团中只有一个人, 那么我们总可以不断剥离该集团的"边缘人物", 跟踪其话语权的真正核心。从这个意义上, 如果社会福利泛函满足定理中要求的条件, 那么权力阶层中的权力分配不可能是平均分配和相互制约的, 一个集团之所以有话语权, 一定是极少数核心成员有足够的权力。至此, 我们已经离阿罗不可能性定理非常接近了。

阿罗不可能性定理 (Arrow's impossibility theorem): 如果备选项数量不低于 3 种, 那么不存在同时满足条件 U、P、D、I 的社会福利泛函。

【证明】考虑任何一个满足条件 U、P、I 的社会福利泛函, 我们要证明它必然是独裁的。注意到社会整体 I 必然是决定性集团, 利用引理 2(d), 只要 I 内个体的数量大于 1, 便存在 I 的一个真子集 $K \subset I$, 使得 K 是决定性的; 如果 K 由两个以上的个体组成, 再次利用引理

2(d)，又得到 K 的一个决定性的真子集 $J \subset K$。因为 I 中的个体数量是有限的，反复利用引理 2(d)，我们最终总可以得到一个最小的决定性集团 $\{h\}$，它只包含唯一一个个体 h。

接下来我们要证明 h 就是一个独裁者，即是说对任何两个备选项 $x,y \in X$，只要 $x \succ_h y$，便有 $x \succ y$。假定 $x \succ_h y$，I 中其他个体 i 在 $\{x,y\}$ 上的偏好只能是两种情况：或者 $x \succ_i y$，或者 $y \succ_i x$——我们将持有前一偏好的个体构成的集合记为 K，而持有后一偏好的个体构成的集合记为 J

$$K = \{i | x \succ_i y, i \in I \setminus \{h\}\}, \quad J = \{i | y \succ_i x, i \in I \setminus \{h\}\}$$

注意到目前的偏好结构为

$$\begin{aligned} x \succ_i y, & \quad \forall i \in K \cup \{h\}; \\ y \succ_i x, & \quad \forall i \in J = I \setminus (K \cup \{h\}) \end{aligned} \quad (18.19)$$

由于 $\{h\}$ 是决定性集团，利用引理 2(b)，$\{h\} \cup K$ 也是决定性的，因此偏好结构 (18.19) 意味着社会偏好为 $x \succ y$。这就证明，对任何两个备选项 $x,y \in X$，只要 $x \succ_h y$，无论其他个体对这两个备选项的偏好如何（其他个体的偏好变化只会改变 (18.19) 中 K 和 J 的构成），总有 $x \succ y$ 成立。这就证明 h 正是一个独裁者。

证毕。

值得指出，我们证明的具体形式是"任何一个满足条件 U、P、I 的社会福利泛函都必然是独裁的"，这是该定理的一种等价表述，但要注意避免由此产生歧义。阿罗不可能性定理的本意是 U、P、D、I 四个条件不兼容，不能简单理解为独裁机制不可避免。

根据阿罗不可能性定理，多数票制出现循环悖论并不是偶然的，而集体行为也很难用个体行动的逻辑去解释。

18.4 单峰偏好

根据阿罗不可能性定理，我们无法找到同时满足 U、P、D、I 四个条件的社会福利泛函。那么如何解决社会选择理论中这一深刻的矛盾？这个问题其实也需要从不可能性定理去寻找：唯一的出路就是适当放宽阿罗定理的条件。在上述四个条件中，帕累托原则和无独裁条件没有松动的余地，而独立性也是保证社会福利泛函逻辑自洽性的一个基本要求，因此，无限制条件 (U) 就成为我们关注的焦点。这一节我们将证明，对个体偏好作适当限制，那么找到同时满足 P、D、I 的社会福利泛函是可能的，而在民主社会中扮演重要角色的多数票制就是一个这样的社会福利泛函。

要说明单峰偏好，让我们考虑这样一种常见的情形：许多时候个体尤其热衷于某一特定的备选项。比方说一群学生需要在若干地点中挑选一个他们共同居住的住所，其中有的学生希望住所离学校越近越好，有的则希望尽可能靠近公园，还有的希望尽可能靠近超市，等等。另外一个例子是政治选举，选民面对若干候选人，而这些候选人中的政治倾向互有差异：有的较为左倾，有的则较为右倾，而且程度可能也各不相同。对于某一选民而言，他可能更喜欢左倾的候选人，而且思想越"左"越受其喜欢；有的人则完全相反，他们的选择是越"右"越好；还有的人则认为候选人的政治倾向恰好中立是最为理想的。

在上述两个例子中，个体偏好都存在一个**最优备选项** (maximal alternative)，不妨记为 w，个体对各备选项的偏好排序视其与 w 的"距离"远近而定，离 w 越近的排序越靠前，越远则越靠后。但如果要准确地描述这样的偏好，如何刻画偏好备选项之间的远近呢？为此，我们需要首先对备选集合 X 做一个辅助性的排序，通过具体备选项在排序中具体位置来确定它与其他备选项间的"距离"。例如前面学生挑选住所的例子，如果备选的住所有三个，都分布在某条大街上，那么将大街视为坐标横轴，住所在大街上的相对位置就对应于坐标轴上的不同坐标，这些坐标从左到右便构成了住所的一种排序。我们在图 18.1 中用高低不同的点来表示个体对不同住所的偏好，例如个体 1 的偏好是 $x \succ_1 y \succ_1 z$。注意点间连线没有实际意义，只是为了形象地显示偏好的"单峰"特征。再如第二个政治倾向的例子，我们可以将极左的政治倾向对应于坐标轴上的原点，而将极右的政治倾向置于坐标轴上 1 的位置，这样，区间 $[0,1]$ 便构成了一个完整的政治谱系，而每一个候选人都可以根据其政治倾向排列在 $[0,1]$ 内的某一点，从而达成所有候选人的排序。

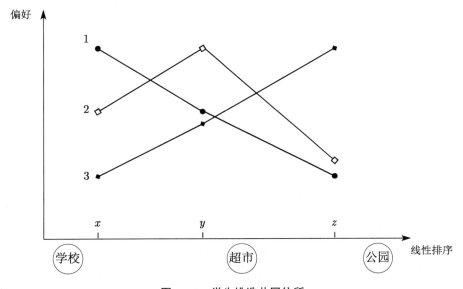

图 18.1 学生挑选共同住所

备选项的这种排序不一定非要对应到坐标轴上，只需它是一种单向的线性排序即可，但我们常常借用坐标轴的大小概念来刻画备选项间的位置关系。譬如，如果备选项 x 排在 y 之后，就可表示为 $x > y$；x 不在 y 之前则可表示为 $x \geqslant y$。注意在这里这种符号仅表示特定排序的前后位置关系，不要理解为大小比较，因为 x 和 y 是备选项，一般情况下并不是数值，可能根本无法比较大小。但是，这里的关系符号 ">" 和 "$\geqslant$" 都应当满足传递性条件。

现在我们假定备选项集合 X 上已经定义了一种线性排序，记为 S。如果某一个 $w \in X$ 是个体的最优备选项，而且在其前面 (除非 w 排在最前面) 个体的偏好是单调递增的，而在其后面 (除非 w 排在最前面) 个体的偏好是单调递减的，我们就称线性排序 S 下个体的偏好具有**单峰** (single peaked) 特征，而 w 称为个体的**峰值备选项** (peak)。正式地，单峰偏好满足以下条件：$\exists w \in X$，对任何 $x, y \in X$，

如果 $w \geqslant x > y$，则 $x \succ y$ (w 的前面单增)；

如果 $x > y \geqslant w$,则 $y \succ x$ (w 的后面单减)。

一种重要的特殊情况是备选项集合 X 为数轴上的某一闭区间：$X = [a,b]$，备选项排序取标准的大小关系为依据。此时容易证明以下重要命题：

命题： $[a,b]$ 上一个连续的偏好满足单峰条件的充分必要条件是它为严格凸偏好，亦即：如果 $x \neq y$，而 $x \succeq z, y \succeq z$，那么对任何 $t \in (0,1)$，都有 $v = tx + (1-t)y \succ z$。

【证明】 先证明必要性。假定一个偏好满足单峰条件，记其峰值备选项为 $w \in [a,b]$。不妨假定 $x < y$，则 $x < v < y$。如果 $v \leqslant w$，根据单峰条件有 $v \succ x$，再由初始条件 $x \succeq z$，利用传递性立即得到 $v \succ z$；如果 $v > w$，根据单峰条件有 $v \succ y$，由初始条件 $y \succeq z$ 和传递性也得到 $v \succ z$。

现在反过来证明充分性。假定 $[a,b]$ 上一个连续的偏好是严格凸的。由于 $[a,b]$ 为紧集 (有界闭集)，定义在它上面的连续偏好一定存在最优点 (道理与紧集上的连续函数必定存在最大值点一样)，记为 w。首先考虑 w 处于区间端点的情况，譬如 $w = a$，我们要证明 $\forall x,y \in [a,b]$，当 $x < y$ 时有 $x \succ y$ 成立。由于 x 处于 a 和 y 之间，必然存在某一常数 $t \in (0,1)$，使得 $x = ta + (1-t)y$；注意到 $w \succ y, y \succeq y$，而偏好是严格凸的，这就有 $x \succ y$。利用类似的方法容易证明当 $w = b$ 时，偏好在 $[a,b]$ 上是单调递增的。接下来假定 w 处于区间的内点：$w \in (a,b)$。如果 $x < y \leqslant w$，必然存在 $t \in [0,1)$，使得 $y = tx + (1-t)w$；注意到 $w \succ x, x \succeq x$，而偏好是严格凸的，这就有 $y \succ x$，即是说在 w 的左边偏好是单调递增的。类似地可以证明在 w 的右边偏好是单调递减的。

证毕。

回忆第 4 章关于商品组合偏好的分析，如果个体偏好是严格凸的，就意味着相应的效用函数 (如果效用函数存在的话) 是严格拟凹的，反之亦然。严格拟凹效用函数在经济理论中应用非常广泛，从这个意义上说，单峰偏好条件其实也比较自然。

单峰偏好的重要性还在于，这一条件可以帮助我们摆脱阿罗不可能性定理，达到"可能性"的结果，而且这种"可能性"直接来自反映自由和民主的多数票制。18.2 节显示，多数票制虽然有若干优点，但它可能产生与传递性冲突的社会偏好，出现无限循环的孔多塞悖论。但我们很快就会看到，施加了单峰偏好条件之后，多数票制的无限循环不再出现。

由于多数票制中弃权票不影响结果，为简化表述我们在个体层面直接排除不同备选项间无差异的情况：$\forall x,y \in X, x \neq y$，或者 $x \succ_i y$，或者 $y \succ_i x$，不会出现 $x \sim_i y$。同时，为了避免多数制导出的社会偏好出现两种不同备选项无差异 (平局) 的情况，进一步假定社会个体的总数 $|I|$ 是奇数。这样一来，对任何两种不同的备选项 x 和 y，多数票制总能得到确定的社会优劣排序，不会出现 $x \sim y$。假定 S 为 X 中一种线性排序，所有个体的偏好都在该排序下呈单峰特征，并且记 $w_i \in X$ 为个体 i 的峰值备选项。

将所有个体的峰值备选项 $\{w_i, i \in I\}$ 按 S 的排序规则排列，将排在最中间的那个备选项记为 w_h，对应的个体我们称其为**中位数个体** (median agent) ——考虑到不同个体的峰值备选项可能相同的情况，中位数个体 h 定义为同时满足下面两个不等式的个体

$$N\{w_i \leqslant w_h\} \geqslant \frac{|I|}{2} \quad \text{且} \quad N\{w_i \geqslant w_h\} \geqslant \frac{|I|}{2} \tag{18.20}$$

其中 $|I|$ 表示社会个体的总数；$N\{w_i < w_h\}$ 和 $N\{w_i > w_h\}$ 分别表示峰值备选项按 S 排序排在 w_h 之前和之后的个体数量。

按定义 (18.20)，中位数个体总是存在的。若 $|I|$ 为奇数，且各个体的峰值选项不同，则中位数个体是唯一的：按峰值备选项排序，恰好有 $(|I|-1)/2$ 个个体排在中位数个体之前，同时有另外 $(|I|-1)/2$ 个个体排在中位数个体之后；若 $|I|$ 为偶数，且各个体的峰值选项不同，那么中位数个体有两个，排在这两个个体之前和之后的个体数量各为 $(|I|/2-1)$ 个。

中位数个体对群体具有重要的代表意义，下面的引理揭示了这种代表性：

引理 3： 假定社会中个体总数 $|I|$ 为奇数，且所有个体偏好对于 X 中同一线性排序 S 都呈单峰性质，w_h 为中位数个体的峰值备选项，那么在多数票制下，$\forall x \in X$，只要 $x \neq w_h$，就有 $w_h \succ x$。

【证明】 如果 $x < w_h$，由于个体具有单峰偏好，从个体 h 开始，包括所有那些峰值备选项排在 h 之后的个体都会认为 w_h 优于 x：

$$\forall i \in \{i | w_i \geqslant w_h\}, \quad w_h \succ_i x \tag{18.21}$$

因此，

$$N(w_h \succ_i x) \geqslant N(w_i \geqslant w_h) \geqslant \frac{|I|}{2} \tag{18.22}$$

这已经超过了社会个体的半数，必然大于 $N(x \succ_i w_h)$，因此按多数票制得到 $w_h \succ x$。

如果 $x > w_h$，证明过程与上面类似，此时排在中位数个体前面的个体都会投 w_h 的赞成票，加上个体 h，w_h 的赞成票也超过半数。

证毕。

根据这个引理，如果一群人用多数票制投票表决某个议案，如是否上马一项公共工程，那么投票结果往往只取决于中位数个体的偏好。利用这个引理，下面的"可能性定理"就非常容易了：

定理 (单峰偏好条件的可能性定理)： 假定社会中个体总数 $|I|$ 为奇数，且所有个体偏好对于 X 中同一线性排序 S 都呈单峰性质，则多数票制下的社会偏好满足传递性。

【证明】 假定 $x \succ y$，$y \succ z$，我们要证明 $x \succ z$。考虑一个包含这三个备选项的备选项子集 $X' = \{x, y, z\}$，假想社会以多数票制来确定这三个备选项的社会偏好。针对备选项子集 X'，一定存在中位数个体 h，其峰值备选项 w_h 优于 X' 中其他两种备选项（引理 3）。根据条件 $x \succ y$，$y \succ z$，中位数个体的峰值备选项 w_h 不可能是 y 或者 z，而除此之外唯一的可能就是 $w_h = x$。因此，必然有 $x \succ z$。

证毕。

对照阿罗不可能性定理，多数票制具备匿名性、中立性和正响应性，这些性质都分别比阿罗定理要求的非独裁性 D、独立性 I 和帕累托原则 P 更强。问题是它不满足无限制条件

U,因此导致孔多塞悖论。通过施加单峰偏好条件,限制了定义域,多数票制成功"突破"不可能性定理,得以成为一个"恰当"的社会福利泛函。

进一步阅读

Arrow, K. J. (1963), *Social Choice and Individual Values* (2nd eds), Chapters 5 and 7, New York: John Wiley.

Campbell D. E. and J S. Kelly (2002), "Impossibility Theorems in the Arrovian Framework", in Arrow, K. J., A K. Sen and K. Suzumura (eds), *Handbook of Social Choice and Welfare Vol 1*, Amsterdam: Elsevier.

May, K. O. (1952), "A Set of Independent Necessary and Sufficient Conditions for Simple Majority Decision", *Econometrica*, 20: 680-684.

单峰偏好下中位数个体的代表性及多数票制满足传递性:

Black, D. (1948), "On the Rationale of Group Decision Making", *The Journal of Political Economy*, 56: 23-34.

本章仅仅是社会选择理论最基本的内容,涵盖范围非常有限。更多社会选择理论中重要的基础性分析可参见:

Gaertner, W. (2009), *A Primer in Social Choice Theory*, Revised Edition, New York: Oxford University Press.

对社会选择理论更深入的探讨,见:

Gaertner, W. (2001), *Domain Conditions in Social Choice Theory*, Chapters 3 and 5, Cambridge: Cambridge University Press.

练习与思考

18-1 如果某一偏好在有限的备选项集合 X 中任意子集 X' 内都存在一个局部的最优备选项 $x \in X'$: $\forall y \in X', x \succeq y$,则称该偏好是**非循环的** (acyclic)。试证明:如果一个偏好是**拟传递的** (quasi-transitive),即是说它满足 (18.2),它就必然是非循环的,但反之不然。

18-2 考虑下面的**寡头加总机制** (oligarchy aggregation): $K \subseteq I$ 为社会中一个集团。对任何两个备选项 $x, y \in X$,社会偏好由下面两条规则决定:

(1) $\exists h \in K, \quad x \succeq_h y \quad \Rightarrow \quad x \succeq y$

(2) $\forall i \in K, \quad x \succ_i y \quad \Rightarrow \quad x \succ y$

验证该机制满足拟传递性,但不满足传递性(只满足 (18.2),但不满足 (18.3))。

18-3 任取 X 内两个备选项 x 和 y,我们可以用一个分别取值 $+1$, 0, -1 的变量 α_i 来表示个体 i 在 $\{x,y\}$ 上的偏好: $\alpha_i = +1$, 0, -1 分别代表 $x \succ_i y$, $x \sim_i y$, $y \succ_i x$; 同时, 我们也用函数
$$F(\alpha_1, \alpha_2, \ldots, \alpha_n) = +1,\ 0,\ -1$$
来表示社会福利泛函 F 加总得到的社会偏好排序。在这种表示下, 证明:

(1) F 满足匿名性的充分必要条件是: 对任何个体偏好组合 $(\alpha_1, \alpha_2, \ldots, \alpha_n)$, 任意重排其中各个 α_i 的位置, 变为另外一个偏好组合 $(\beta_1, \beta_2, \ldots, \beta_n)$, 则
$$F(\alpha_1, \alpha_2, \ldots, \alpha_n) = F(\beta_1, \beta_2, \ldots, \beta_n)$$

(2) F 满足中立性的充分必要条件是: 对任何个体偏好组合 $(\alpha_1, \alpha_2, \ldots, \alpha_n)$,
$$F(\alpha_1, \alpha_2, \ldots, \alpha_n) = -F(-\alpha_1, -\alpha_2, \ldots, -\alpha_n)$$

(3) F 满足正响应性的充分必要条件是: 如果任意两个不同的偏好组合满足 $(\beta_1, \beta_2, \ldots, \beta_n) \geqslant (\alpha_1, \alpha_2, \ldots, \alpha_n)$, 且至少存在一个 i, 使得 $\beta_i > \alpha_i$; 而 $F(\alpha_1, \alpha_2, \ldots, \alpha_n) \geqslant 0$, 则一定有 $F(\beta_1, \beta_2, \ldots, \beta_n) = +1$。

18-4 试证明: 如果社会福利泛函 F 满足中立性条件,它必然也满足独立性,但反之不然。

18-5 试举一个反例证明,绝对多数制不满足正响应性。

18-6 设 $X = \{x, y, z, w\}$,个体的偏好形如
$$w \succ_1 y \succ_1 z \succ_1 x$$
$$z \succ_2 x \succ_2 y \succ_2 w$$
$$y \succ_3 z \succ_3 x \succ_3 w$$
试定义一种线性排序 S, 使得在此排序下三个个体的偏好都是单峰的。

18-7 在孔多塞悖论中,我们假定三人的偏好分别是: $x \succ_1 y \succ_1 z$, $y \succ_2 z \succ_2 x$ 和 $z \succ_3 x \succ_3 y$。试证明,无论如何定义 $\{x, y, z\}$ 的排序 S(共有 6 种可能的线性排序),都无法使得在排序 S 下三个个体的偏好全为单峰的。

18-8 维持引理 3 中其他条件不变,但社会个体总数 $|I|$ 为偶数,求证: 在多数票制下, $\forall x \in X$, 都有 $w_h \succeq x$。

18-9 如果 $|I|$ 为偶数,试构造一个反例,说明单峰偏好条件不能保证多数票制得到的社会偏好一定满足传递性。

18-10 与单峰偏好相对，我们还可以定义一种**单谷偏好** (single caved preference)：在某一排序 S 下，$\exists w \in X$，对任何 $x, y \in X$，如果 $w \geqslant x > y$，则 $y \succ x$；如果 $x > y \geqslant w$，则 $x \succ y$。满足该条件的 w 称为个体的**谷底备选项**。求证：如果个体总数 $|I|$ 为奇数，且所有个体偏好对于 X 中同一线性排序 S 都呈单谷性质，则多数票制下的社会偏好满足传递性。

第 19 章 市场失效

第 7 章和第 8 章两章已经证明,完全竞争均衡下经济必然达到帕累托有效边界。这一章我们分析福利经济学第一定理中某些条件不满足时的情况。无论什么原因,只要市场机制未能使得资源配置达到帕累托有效,就统一地称为**市场失效** (market failure)。除了我们已经讨论过的独占和寡占等不完全竞争,市场失效的主要论题还有两个——外部性和公共物品,这也是本章前半部分重点分析的内容。

市场失效状态下自然涉及政府干涉的问题,于是我们在 19.4 节以一个简单的模型介绍了次优理论的基本思想。

19.1 外部性

19.1.1 外部性导致市场失效

在新古典微观经济一般均衡分析中,消费者和厂商都是市场价格的接受者,每个个体的行为只改变自己的经济利益,而对社会其他个体的经济利益不产生任何影响。如果个体的经济行为直接地影响其他个体的经济利益,就存在经济的**外部性** (externality)。日常生活中,产品的生产和消费过程都会产生外部性,前者如江河上游造纸厂排放废水影响下游酿酒厂的产品质量,后者如吸烟者吸烟影响别人的健康。虽然也存在正的外部性 (个体的行为使得别人获益),如航空公司降低客票价格可能会促使旅行社生意火爆,但一般情况下,我们只关注负的外部性,以后提到外部性,总是指负的外部性。福利经济学第一和第二定理的条件都明确排除外部性的存在,那么在存在外部性时,市场机制下的资源配置情况将怎样呢?

考虑两个厂商 1 和 2,厂商 1 的产品市场是完全竞争的,价格为 p;假设厂商 1 的生产对厂商 2 产生负的外部性:厂商 1 的产量为 x 时,不仅自己将承担生产成本 $c(x)$,还会导致厂商 2 损失 $e(x)$;假设这里 $c(x)$ 和 $e(x)$ 具有典型的成本函数性质:它们都是严格单增的凸函数。除厂商 2 以外,假设厂商 1 的生产对社会其他个体的利益没有影响。

厂商 1 的利润为
$$\pi_1(x) = px - c(x)$$

其利润最大化问题是
$$\max_x [px - c(x)]$$

均衡产量 x_m 满足一阶必要条件
$$\pi_1'(x_m) = p - c'(x_m) = 0 \tag{19.1}$$

图 19.1 显示，厂商 1 的利润最大化产量 x_m 不可能是帕累托最优：厂商 2 遭受的损失 $e(x_m)$ 是图中边际外部性成本线 $e'(x)$ 以下、夹在 $x=0$ 和 $x=x_m$ 之间的区域面积。使两个厂商都获利的一个可能的方案是：厂商 1 将产量降至图中 x'，厂商 2 将因此增加的利润 (图中四边形 $x'x_mAB$ 的面积) 分一半给厂商 1，作为后者利润降低的补偿。

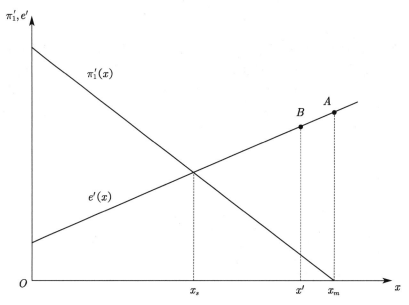

图 19.1　外部性环境中的市场失效

从整个社会角度，厂商 1 的产量要降到什么程度才是最优的呢？社会最优的产量 x_s 应该是以下最大化问题的解

$$\max_x [px - c(x) - e(x)]$$

从而应有

$$\pi_1'(x_s) = p - c'(x_s) = e'(x_s) \tag{19.2}$$

x_s 于曲线 $\pi_1'(x)$ 和 $e'(x)$ 的交点处取得。由于 $e'(x_s) > 0$，比较 (19.1) 和 (19.2) 得

$$c'(x_s) < c'(x_m) \tag{19.3}$$

又由于 $c(x)$ 是凸函数，进一步得到 $x_s < x_m$，这证实外部性存在时，市场机制导致过多的产品生产。

19.1.2　庇古税

对外部性问题传统的经济分析源自庇古 (Pigou)。他认为，外部性存在导致市场价格扭曲，政府应该纠正这种扭曲，而这可以通过向产生外部性的厂商征税来实现。

假设政府向上述厂商 1 征收一种从量税，税率为 t，厂商 1 面临的问题变为

$$\max_x [(p-t)x - c(x)]$$

均衡产量满足一阶条件

$$\pi_1'(x) - t \equiv p - c'(x) - t = 0 \tag{19.4}$$

现在只需设计税率 $t = e'(x_s)$, 厂商的生产自然就达到有效水平 x_s。

庞古的分析虽然简练, 但不少经济学家对如何确认 $e'(x_s)$ 的值提出疑问, 因为这是外部性当事人的私人信息。为追求利润最大化 (或效用最大化), 受害者总是倾向于夸大其词, 而加害者则会反其道而行之。如果不能预先确认 $e(x_s)$ 和 $e'(x_s)$, 庞古税自然也就只是虚谈。

但是, 如果双方都明了所涉及的外部性大小, 可以设计一个税收–补贴方案, 让它们自愿地向政府申报这种信息。由于这个方案是将从厂商 1 缴纳的税款作为厂商 2 的受害补偿, 所以被称为庞古补偿机制。

考虑这样一个二阶段博弈: 第一阶段, 让厂商 1 和厂商 2 分别随意地定一个庞古税水平, 记两个厂商的报告值分别为 t_1 和 t_2; 第二阶段, 厂商 1 决定其产量 x, 并按对方申报的税率 t_2 交税 $t_2 x$, 厂商 2 则获补贴 $t_1 x$——另外, 若双方申报的税率不等, 双方都要另付一笔罚金, 罚金金额依赖于它们申报值之间的差额 $|t_1 - t_2|$, 这个值越大, 罚金越多。

不妨假设罚金定为 $(t_1 - t_2)^2/2$。先看第二阶段: 在 t_1 和 t_2 已经选定的情况下, 厂商 1 的目标是

$$\max_x [px - c(x) - t_2 x - \frac{1}{2}(t_1 - t_2)^2]$$

一阶必要条件是

$$\pi_1'(x) - t_2 = p - c'(x) - t_2 = 0 \tag{19.5}$$

记该方程确定的显函数形式为 $x(t_2)$, 由于 $c(x)$ 是严格凸函数, $c''(x) \geqslant 0$, 忽略等号成立时的特殊情况, 在上述一阶条件中对 t_2 微分可知

$$x'(t_2) < 0 \tag{19.6}$$

在第一阶段, 两厂商的问题分别是

$$\max_{t_1} [px(t_2) - c(x(t_2)) - t_2 x(t_2) - \frac{1}{2}(t_1 - t_2)^2]$$

$$\max_{t_2} [t_1 x(t_2) - e(x(t_2)) - \frac{1}{2}(t_1 - t_2)^2]$$

一阶条件分别是

$$t_1 - t_2 = 0 \tag{19.7}$$

$$[t_1 - e'(x)]x'(t_2) + (t_1 - t_2) = 0 \tag{19.8}$$

两方程联立的结果得: $t_1 = t_2 = e'(x)$, 由 (19.5), 有

$$p = c'(x) + e'(x)$$

这说明我们的博弈规则不仅使得双方都真实地报告了有关外部性损害的真实信息, 而且还使得产品生产恰好为社会最优水平。

为增进理解，我们再从双方的角度大概讨论一下该补偿机制的运行原理。厂商 1 面临的问题是，自己如何申报税率 t_1 并不影响其收益、生产成本和缴纳的庇古税，t_1 仅仅是与对方申报的 t_2 相比后影响自己的最终利润，二者相差越大须缴纳的罚金越高，所以厂商 1 总要千方百计地与对方保持一致——条件 (19.7) 就说明这个意思；另一方面，厂商 2 知道自己的申报值 t_2 的大小控制或者鼓励对方生产 ((19.6) 式)：如果 t_1 很大，超过自己的边际损失 $e'(x)$，受补偿 $t_1 x$ 的诱惑，厂商 2 必然希望对方尽量多生产，此时应该尽量低报税率 t_2 鼓励对方尽量多生产，但降低 t_2 的同时会带动对方也降低 t_1；如果 t_1 小于 $e'(x)$，所得补偿 $t_1 x$ 与自己的损失相比过小，厂商 2 须尽量高报税率 t_2 抑制对方的生产动机，但提高 t_2 的同时会带动对方也提高 t_1——这充分说明 $[e'(x), e'(x)]$ 是第一阶段的纳什均衡。

19.1.3 科斯定理

科斯 (Coase, 1960) 从根本上对庇古的理论提出挑战。科斯认为，庇古等传统的外部性分析者的错误在于假设：若甲的行为伤害了乙，则制止这种伤害是正当的。科斯的观点是，制止甲伤害乙的同时导致乙伤害了甲，为什么允许乙伤害甲而不是相反呢？所以，正确思路的起点应该是：究竟是允许甲伤害乙，还是允许乙伤害甲？所以，外部性问题必然涉及私有产权的界定。

不妨将前一小节中厂商 1 想象为位于江河上游的一家造纸厂，厂商 2 是位于这条河下游的酿酒厂，$e(x)$ 是造纸厂的生产污水对酿酒厂利润的伤害。图 19.2 中，x_s 是造纸厂的社会最优产量。有两种截然相反的产权界定：

(1) 造纸厂有权往河里任意排放生产污水。在这种情况下，它将生产 x_m——由于没有考虑到全部社会成本，造纸厂的产量过高：$x_m > x_s$。

(2) 造纸厂无权往河里任意排放生产污水，相反，酿酒厂有权要求对方保持河水清洁。由

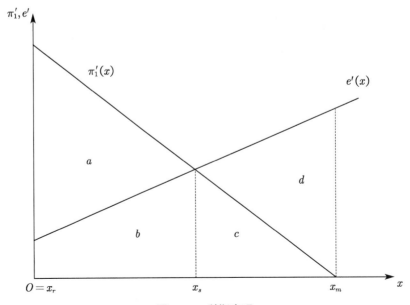

图 19.2 科斯定理

于拥有控制权，酿酒厂的最优控制自然是要求对方生产 $x_r = 0$，因为这对自己的伤害降到了最低——由于酿酒厂只考虑自己的利益而忽略社会的整体利益，x_r 显然也不是社会最优的：$x_r < x_s$。

由于 x_m 和 x_r 都不是帕累托最优产量，必然存在潜在的交易利益。假如法定的产权采取第一种形式，造纸厂有权排放污水，于是其产量将为 x_m。酿酒厂对此当然也不敢有什么异议，因为法律规定对方有权这样做。不过，如果造纸厂将产量由 x_m 降至 x_s，它自己的利润降低了图中面积 c，酿酒厂所遭受的污水危害却降低了 $c+d$。一个使得双方都获利的契约是：造纸厂生产 x_s，酿酒厂向它支付 $c+\theta d$ $(0 < \theta < 1)$ 作为补偿。这个契约不仅使得造纸厂的污水排放量控制在社会最优水平，而且双方的利益分配也到达了帕累托最优边界。

反过来，如果产权定义为第二种形式，造纸厂无权排放污水，它将不得不按对方要求将产量降至 $x_r = 0$。不过，它可以向对方提议，允许自己生产 x_s，并向对方支付 $b+\theta a$ 作为补偿。显然，这个交易使得双方都获利，而造纸厂的产量也达到了社会最优水平。

这个例子说明了以下的一般定理：

科斯定理： 如果不存在交易成本，则无论分离产权如何界定，个体间的讨价还价总可以导致资源配置的帕累托有效，产权的界定形式只影响个体间的收入分配。

科斯定理与其说是提供一个解决外部性问题的方法，毋宁说是强调交易成本在市场失效问题中的重要性。无论产权是如何界定的，只要它定义清楚，那么资源配置有效与否就只取决于当事人讨价还价过程中交易成本的高低。在上述两种产权形式下，可行的交易契约都有若干个。根据再分配参数 θ 的不同，双方在契约中的利益也不一样。问题是，每个厂商都不仅希望自己在契约中"有所改善"，而是希望"尽可能地改善"。这种多均衡情况下的契约选择困难是"小数目"交易环境中常见的障碍。换句话说，如果当事人数目较少，就像我们例子中只有两个厂商的情形，当事人可能会为利益分配方式争论不休，最终也无法达成共识。在"大数目"交易环境中，主要的交易障碍则是**免费搭乘** (free rider) 问题。在前面河水污染的例子中，如果处于造纸厂下游的有多家酿酒厂。造纸厂无法专为某一特定的酿酒厂少排放污水，因为一旦污水排放量减少，所有酿酒厂都获利。这种情况下，可能没有哪个酿酒厂有足够的动机去与造纸厂交易，所有酿酒厂都等着别人交易后自己无偿享受清洁河水的利益。免费搭乘问题将在下一节详细讨论。

在高交易成本阻止了当事人交易的情形下，有关个体有可能产生另一种动机：通过兼并或联合组成联合产权。这样做不仅可以获得高于分离产权下各方利润总和的利益，而且还能有效地避免市场交易成本，如果联合体中的管理成本较低的话，这种联合必然能实现帕累托改进。联合产权将外部性内部化，在某些场合下是高交易成本环境下的有效手段。

如果外部性当事人之间的交易成本较高，而且它们也不可能组成联合产权的话，也许我们只有依赖庇古税来矫正外部性造成的扭曲。但当科斯交易是可行的时候，庇古税下的资源配置必然是低效率的。见图 19.3，庇古税将厂商 1 的边际利润曲线 $\pi_1'(x)$ 向下平移了一段距离 t；$t = e'(x_s)$ 时，厂商 1 选择的产量正好是社会最优产量 x_s。但是，如果厂商 1 和厂商 2 可以进行交易，它们会协议将前者的产量定于图中 x^0，这会使政府所得的税收减少 $t(x_s - x^0)$，

这等于图中矩形 $x^0 x_s EF$ 的面积; 同时, 两厂商从协议中所得的利益总和为三角形 $x_s EG$ 的面积, 所以阴影部分的面积是相对于社会最优配置的净损失, 它反映了庇古税带来的新的扭曲。

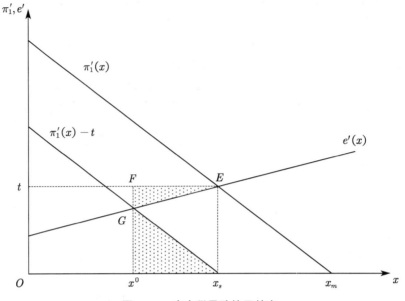

图 19.3　庇古税导致的无效率

如果采用庇古补偿机制, 情况又会有所变化。由于厂商 2 总能从政府那里得到它的全部补偿, 它不会有什么积极性去与厂商 1 商谈后者应该生产多少。于是, 庇古税配合一个受害者补贴可以保证厂商 1 的产量处于有效水平。

很多时候, 外部性受害者可以通过一定的努力降低它所受的危害。比方说, 不能忍受邻居音响噪声的人可以搬家, 下游酿酒厂可以购置污水净化器, 等等。这时, 最优配置要求加害者和受害者双方都采取合适的行动。如果没有交易成本, 可以证明科斯交易总能达到帕累托最优, 而庇古税及庇古补偿机制下的配置总是无效率的。我们将这个证明留给读者作练习。

19.2　离散型公共物品的供给

19.2.1　基本概念

私人物品有两个特征: 消费的**排他性** (excludable) 和消费的**竞争性** (rival)。所谓消费的排他性, 是指特定物品不能供两个以上的消费者同时消费, 譬如某人吃了一个苹果后其他人无法再吃同一个苹果; 所谓消费的竞争性, 指的是特定物品的消费过程必定减少该物品的社会总量, 或者说某人消费了一定量物品后其他人能消费的量必然减少。

经济生活中除了私人物品还存在不具备这两个特征的其他物品类。像所有公民都享受的国防 (安全)、环保 (带来的洁净空气) 以及公共电视网上的电视节目等, 就不具备消费的排他性和竞争性, 这些物品称为**公共物品** (public goods)。另外一些物品本身并不具备竞争性,但人为地限制在某些消费者范围内消费,超过这个范围则具有排他性,如有线电视节目等,称为**俱乐部物品 (club goods)**;还有一些物品具有非排他性,并在一定程度上也是非竞争的,但随着消费者数量的增加,会逐渐体现竞争性特征,如拥挤的街道,虽然人人都可以行走,但每一个行人都多少给别的行人带来不便——这样的物品称为**拟公共物品 (quasi-public goods)**。俱乐部物品和拟公共物品都多少具备公共物品性质,可以仿照后者讨论,我们主要以公共物品作为分析对象。

很多公共物品的供给问题仅是在是否供给之间选择,即是说,供给量要么为 0,要么为 1,这样的公共物品称为离散型的。某个地方是否建一个公共游泳池,某交叉路口是否建一个街心花园等即是这方面的例子。有的公共物品还涉及供给多少的问题,譬如一条街上装多少路灯,我们往往以连续函数 (近似) 刻画这类公共物品的供给,所以也将它们称为连续型公共物品。这一节我们先分析离散型公共物品的供给问题。

19.2.2 离散型公共物品的供给

假设社会上存在一种离散型公共物品,公共物品的供给成本为 c;记社会上所有消费者的集合为 I,消费者 i 愿意为其支付的最大货币量 (保留价格) 记为 r_i,显然,只要

$$\sum_{i \in I} r_i > c \tag{19.9}$$

供给这种公共物品就可能实现帕累托改进。当然,满足 (19.9) 的公共物品并不一定带来帕累托改进,因为这还依赖于各个体间的福利分配情况。但无论怎样,这样的公共物品至少带来了资源配置效率改进的机会,所以我们在后文中就将满足 (19.9) 的公共物品简称为帕累托改进的。

现在来看市场机制下公共物品的供给按照帕累托标准是否是有效的。考虑这样一个例子:一栋楼的顶层有两个人,分别决定他们是否出资在本楼层过道装上路灯。假设装一盏路灯的成本为 30, 路灯对每人的保留价格都是 20。显然,装上路灯将实现帕累托改进。不过,这两人面对的博弈其支付矩阵如表所示,(不出资, 不出资) 是唯一的纳什均衡。这一简单的例子说明,市场机制无法保证公共物品的有效供给。

		个体 2	
		出资	不出资
个体 1	出资	(−10, −10)	(−10, 20)
	不出资	(20, −10)	(0, 0)

为了有效地供给能带来帕累托改进的公共物品,另一个常用的办法是投票表决。在现实生活中投票制因操作简便应用十分广泛,但事实上它常常也不是解决问题的有效办法。考虑这样一个例子:三个人投票表决是否建一个成本为 99 的公共设施,采用多数票制;若投票结果赞成建,三个人分摊成本,各出资 33;保留价格分别是: $r_1 = 90$, $r_2 = r_3 = 30$。由于该设施开建时每人须支付 33,而个体 2 和个体 3 的保留价格仅为 30,这两人显然会投反对票。所以,投票结果将是反对建。尽管这个公共设施能导致帕累托改进 ($r_1 + r_2 + r_3 = 150 > 99$),

但投票制却否决了提案。这里的问题是，投票制赋予每个个体的权益是相同的，但个体对公共项目的需求却不一致。一人一票制无法照顾到个体的特殊需求。

为解决一人一票制中的问题，人们建议由个体根据自愿出资，希望由此反映不同个体对公共物品的不同态度。仍考虑上面三人决策的例子。假如采取个人自愿出资的办法，三人的出资总额超过工程成本就开工，若不足则退还每人的出资款。这种办法有时确能使帕累托有效的公共项目顺利开工，但它不能保证情况总是这样。事实上，若将个体 i 的出资额记为 g_i，一方面容易验证，任何满足条件

$$g_1 < 90,\ g_2, g_3 < 30,\ \text{且}\ g_1 + g_2 + g_3 = 99$$

的组合 (g_1, g_2, g_3) 都是纳什均衡；另一方面，$g_1 = g_2 = g_3 = 0$ 显然也是一个纳什均衡。这说明个体自愿出资方式也不是有效供给公共物品的办法。

19.2.3 Groves-Clarke 需求显示机制

要保证公共物品的有效供给，关键的问题是要知道每个个体对有关公共物品的偏好，或者更直接地，需要知道每个个体真实的保留价格。困难的是，每人的保留价格是他自己的私人信息，如果吐露实情意味着多出钱，没有人有说真话的动机。但下面的 **Groves-Clarke 需求显示机制**，能让个体自愿显示其真实保留价格。这一机制由以下规则构成：

(1) 为决定一个成本为 c 的公共项目是否上马，先随意向个体 i 指派出资份额 s_i，并令其报告公共项目建成后他的净盈余 $v_i = r_i - s_i c$。——自然，个体可以谎报，记个体 i 的报告为 b_i，每个个体不知道别人的报告；

(2) 如果 $\sum_{i \in I} b_i \geqslant 0$，项目上马，如果 $\sum_{i \in I} b_i < 0$，取消项目；

(3) 如果项目开工，个体 i 须先交纳其份额内的款项 $s_i c$，然后再接受补贴 $\sum_{j \neq i} b_j$（若 $\sum_{j \neq i} b_j \geqslant 0$，个体 i 得到补贴，若 $\sum_{j \neq i} b_j \leqslant 0$，他事实上须缴税 $\left|\sum_{j \neq i} b_j\right|$）。

如果 G-C 机制确实让每个个体都说真话，由规则 (2)，显然它同时保证了帕累托改进的公共项目开工，也否决了帕累托无效的公共项目。现在的问题是，这个机制是否真的让每个人都说真话？

在 G-C 机制下，个体 i 所得的支付 (净收益) 为

$$\pi_i(\mathbf{b}) = \begin{cases} v_i + \sum_{j \neq i} b_j & b_i + \sum_{j \neq i} b_j \geqslant 0 \\ 0 & b_i + \sum_{j \neq i} b_j < 0 \end{cases} \tag{19.10}$$

由这一支付函数的形式立即看出，无论公共项目是否开工，个体的申报值 b_i 都不影响他所得的支付，b_i 的大小仅仅起到控制项目是否开工的作用。既然如此，个体 i 在决定其战略时，问题就变得非常简单：视 (19.10) 中两种情况的支付—— $v_i + \sum_{j \neq i} b_j$ 和 0 哪一个较大，就选择适当的 b_i 来控制项目开工或不开工。

若 $v_i + \sum_{j \neq i} b_j \geqslant 0$，他应该确保项目开工，获非负的支付 $v_i + \sum_{j \neq i} b_j$。为此，只需取取申报值 $b_i \geqslant v_i$ 即可。注意这里低报 b_i 不仅没有任何的好处 (只要项目开工，个体的所得与

其申报值无关), 而且, 由于不知他人的申报值 $\sum_{j\neq i} b_j$, 任何低于 v_i 的报告都有使项目流产的危险, 这样他只能得到一个较低的支付 0。

若 $v_i + \sum_{j\neq i} b_j < 0$, 个体 i 会极力否决该公共项目。要达到这一目的, 只需取 $b_i \leqslant v_i$ 即可。同样, 高于 v_i 的报告对他没有任何好处, 因为个体 i 不知道其他人的申报值 $\sum_{j\neq i} b_j$, 任何高于 v_i 的申报值都有可能通过这一使他受损的项目。

兼顾上述两种可能情况, $b_i = v_i$ 是个体 i 的最优选择 (或者说, 它是个体的占优战略)。G–C 机制让每个人都说了真话。

尽管 G–C 机制成功地显示了个体的真实偏好, 但其成本却可能太高。考虑前一节工程成本为 99 的公共设施的例子, 仍假设 $r_1 = 90, r_2 = r_3 = 30$, 如果一个三人社会采用 G–C 机制, 在两种不同的预先指派出资份额下, 各个体的交款情况及净支付如下表所示。

在两种不同的预先指派下, 政府的补贴开支都比工程成本还高。所以, G–C 机制是一个以高昂的社会成本促使个体说真话的机制。

	指派 $s_1 = s_2 = s_3 = 1/3$; $v_1 = 57, v_2 = v_3 = -3$			
	指派款	补贴	实际出资	净支付
个体 1	33	−6	39	51
个体 2	33	54	−21	51
个体 3	33	54	−21	51
总 计	99	102	−3	153
	指派 $s_1 c = 69, s_2 c = s_3 c = 15$; $v_1 = 21, v_2 = v_3 = 15$			
	指派款	补贴	实际出资	净支付
个体 1	69	30	39	51
个体 2	15	36	−21	51
个体 3	15	36	−21	51
总 计	99	102	−3	153

从上表中我们还注意到, 在不同的指派下, 补贴总额是相同的, 并且不同的个体最终所得的净支付也完全一致, 这其实并不是偶然的。事实上, 由于 G–C 机制总是使得每个个体真实地报告他补贴前的支付, $b_i = v_i$, 所以社会所承担的补贴总额是

$$\sum_{i=1}^{n} \sum_{j\neq i} b_j = \sum_{i=1}^{n} \sum_{j\neq i} v_j = \sum_{i=1}^{n} \left(\sum_{j=1}^{n} v_j - v_i \right)$$
$$= (n-1) \sum_{j=1}^{n} (r_j - s_j c) = (n-1)(\sum_{j=1}^{n} r_j - c)$$

在公共工程开工的情况下, 个体 i 最终所得的净支付是

$$\pi_i = v_i + \sum_{j\neq i} b_j = \sum_{j=1}^{n} v_j = \sum_{j=1}^{n} (r_j - s_j c) = \sum_{j=1}^{n} r_j - c$$

显然这两个式子都与预先的指派 s_i 无关。而且，π_i 与 i 无关，这意味着所有个体的最终支付都是一样的，所以可以说 G–C 机制同时还很好地体现了公平原则。

19.2.4 Clarke 税

G–C 机制诱使每个个体都说真话，但其成本往往过高，那么如何避免过多的补贴同时又保持个体诚实的激励呢？下面我们将看到，通过在 G–C 机制中加入 **Clarke 税**，可以达到这一目的。

首先我们观察到，在任何博弈中，在局中人的支付函数中加入一个任何情况下都恒定不变的常数不会影响他的战略选择。即是说，局中人 i 的最优战略在支付函数 $\pi_i(\mathbf{b})$ 和 $\pi_i(\mathbf{b})+C$ 下是相同的。进一步，将这里的常数 C 换成一个与局中人本人的行为无关，而仅与其他局中人的战略相关的函数 $\alpha_i(\mathbf{b}_{-i})$，局中人 i 的战略选择仍然不受影响。利用这一原理，在不影响 G–C 机制个体诚实激励的前提下，我们来设计一个函数 $\alpha_i(\mathbf{b}_{-i})$，让其加上 $\pi_i(\mathbf{b})$ 后恰好抵消政府向局中人 i 支付的正补贴

$$\alpha_i(\mathbf{b}_{-i}) = \begin{cases} -\sum_{j \neq i} b_j & \sum_{j \neq i} b_j \geqslant 0 \\ 0 & \sum_{j \neq i} b_j < 0 \end{cases} \tag{19.11}$$

额外加上函数 $\alpha_i(\mathbf{b}_{-i})$ 后，局中人 i 的支付函数变为

$$\Pi_i(\mathbf{b}) = \pi_i(\mathbf{b}) + \alpha_i(\mathbf{b}_{-i}) = \begin{cases} v_i & \sum_{i=1}^{n} b_i \geqslant 0, \sum_{j \neq i} b_j \geqslant 0 \\ v_i + \sum_{j \neq i} b_j & \sum_{i=1}^{n} b_i \geqslant 0, \sum_{j \neq i} b_j < 0 \\ -\sum_{j \neq i} b_j & \sum_{i=1}^{n} b_i < 0, \sum_{j \neq i} b_j \geqslant 0 \\ 0 & \sum_{i=1}^{n} b_i < 0, \sum_{j \neq i} b_j < 0 \end{cases} \tag{19.12}$$

即是说，如果某个体之前得到了社会的一笔 (正) 补贴，社会随后还将以税收形式收回，这就是所谓 Clarke 税机制。注意这样修正后 G–C 机制保证了每个局中人最终所得的补贴永远不可能是正值，同时局中人说真话的激励却没有受到影响。

在结束这一节之前，再讨论一下什么样的个体需要缴税是十分有趣的。由 (19.12) 可以很清楚地看到，只有在 $\sum_{i=1}^{n} b_i$ 和 $-\sum_{j \neq i} b_j$ 的符号相反时，个体 i 的 Clarke 税净值才大于零。换句话说，在群体中"无足轻重"的个体无须缴税，只有当你的战略改变了其他所有人的选择时，你才需为此缴税。从这个角度说，Clarke 税制是十分公平的：当 $\sum_{i=1}^{n} b_i \geqslant 0$，$-\sum_{j \neq i} b_j < 0$，因为个体 i 的存在公共工程才得以通过，说明这个工程对个体 i 十分重要，他需为此缴税，税金 $-\sum_{j \neq i} b_j$ 等于社会其他人容忍该工程所承受的损失；当 $\sum_{i=1}^{n} b_i < 0$，$\sum_{j \neq i} b_j \geqslant 0$，个体 i 一人即否决了社会其他个体兴建该工程的提议，他同样需为此缴税，税额等于社会其他人因工程流产所承受的损失。

19.3 连续型公共物品的供给

19.3.1 有效供给条件和私人供给

对于连续型公共物品,我们需要确定有效的供给水平是多少。公共物品的非竞争性意味着,如果一项公共物品的供给是 q,那么每个社会个体的消费量都是 q。假设社会有 n 个成员,每人的效用函数都具有拟线性形式

$$U_i(q, x_i) = u_i(q) + x_i \quad i = 1, \ldots, n \tag{19.13}$$

满足 $u_i' > 0$, $u_i'' < 0$。其中,x_i 是个体 i 在其他所有商品上的支出。拟线性效用函数假设意味着公共物品的边际效用与个体在别的商品上的消费量无关,这允许我们不考虑个体在其他物品上的消费,大大简化了分析过程。

为简洁,假设公共物品生产的边际成本为常数 $c, c > 0$。帕累托最优要求社会在公共物品的生产和消费中得到的总剩余达到最大

$$\max_{q \geqslant 0} \left[\sum_{i=1}^{n} u_i(q) - cq \right]$$

如果最优点 $q^* > 0$,必然满足一阶必要条件

$$\sum_{i=1}^{n} u_i'(q^*) = c \tag{19.14}$$

而且,由于我们假设了 $u_i'' < 0$,它同时也是最优解的充分条件。就是说,公共物品的帕累托有效供给要求其边际效用的社会总和等于边际成本。由于 $u_i'(q)$ 代表公共物品对个体 i 的边际价值,这个条件是十分自然的。当然,如果 $q^* = 0$,条件 (19.14) 应改为

$$\sum_{i=1}^{n} u_i'(0) \leqslant c \tag{19.15}$$

如果无论公共物品的供给量如何小,个体的边际效用之和都无法弥补边际成本,那么最优的供给量就是零 (供给量加大时各个体的边际效用都会降低)。

为了使我们的分析有意义,假设 $\sum_{i=1}^{n} u_i'(0) > c$,这样公共物品的有效供给量总是正的,满足条件 (19.14)。

现在考虑靠私人出资供给公共物品,看市场能否达到帕累托有效边界。假设我们以边际成本 c 为公共物品标价,让每个个体决定他购买多少。个体 i 如果决定购买 q_i,他在公共物品上的支出是 cq_i;由于公共物品没有排他性,个体 i 知道他同时也可以消费别人购买的公共物品,所以,他的问题是

$$\max_{q_i} [u_i(q_i + \sum_{j \neq i} q_j) + \bar{x}_i - cq_i]$$
$$\text{s.t.} \quad q_i \geqslant 0$$

其中 $\bar{x}_i$ 是个体 i 在其他商品上的初始禀赋。一阶条件是

$$u_i'(q) \leqslant c \quad \text{且} \quad q_i > 0 \text{ 时等号成立} \tag{19.16}$$

这里 $q = \sum_i q_i$。在均衡状态下,记每个个体的购买量为 q_i^0,社会总购买量是 $q^0 = \sum_i q_i^0$。只要有两个以上个体的购买量是正值,由条件 (19.16),

$$\sum_{i=1}^n u_i'(q^0) \geqslant 2c \tag{19.17}$$

与帕累托有效条件 (19.14) 比较,注意到 $u_i' < 0$,必然有 $q^0 < q^*$,即是说公共物品的私人供给过少。

注意到公共物品的非竞争性质,这个结论并不偶然——如果别人买的东西我也可以使用,我为什么还要自己掏钱购买?充其量,如果我觉得目前它的存量过少,而我又知道别人最多只会买这样多,我会出钱再买一些满足自己的需要。在这里,个体 i 对公共物品的真实需求是 $q^0 = q_i^0 + \sum_{j \neq i} q_j^0$,但他知道别人会"为他购买" $\sum_{j \neq i} q_j^0$,而他自己只需买 q_i^0。由于每个人都有"免费搭乘"动机,市场失效的结果是很难避免的。

19.3.2　Lindahl 均衡

对于公共物品供给中的免费搭乘问题,一个可能的解决办法是强制性地向个体征税,以税收弥补最优水平的公共物品供给成本。我们以一个只含两个个体的社会为例讨论这种情况下的均衡。

假设社会上只有两个人:个体 1 和个体 2,他们都具有 (19.13) 形式的拟线性效用函数。假设在由私人供给公共物品的情况下两人的购买量都是正值: $q_i^0 > 0\ (i = 1, 2)$,从而一阶条件 (19.16) 中等号成立

$$u_i'(q^0) = c \quad i = 1, 2 \tag{19.18}$$

这里 $q^0 = q_1^0 + q_2^0$。上一小节的分析说明,这种情况下,该公共物品的私人供给必定是无效率的。如果政府要求个体每单位公共物品纳税 $t_i (i = 1, 2)$,则公共物品供给量为 q 时个体的效用是

$$u_i(q) + \bar{x}_i - t_i q \quad i = 1, 2$$

其中 $\bar{x}_i$ 是个体 i 在其他商品上的初始禀赋。

考虑下面的 **Lindahl 税率**决定过程:政府先随意向个体宣布适用于他的 t_i,满足

$$t_1 + t_2 = c \tag{19.19}$$

个体申报他此时的公共物品需求量 q_i;如果两人的申报值不相等,政府重新宣布税率——在维持 (19.19) 成立的前提下,提高高需求者的税率,降低低需求者的税率。如果新税率下两人的需求仍然不等,继续按此原则调整税率。当两人申报的需求最终在某一组税率 (t_1^*, t_2^*) 下相等时,税收付诸实行,而我们称此时达到了 **Lindahl 均衡**。

在税率 t_i 下, 个体 i 对公共物品的需求 q_i 满足一阶条件

$$\frac{\partial U_i(q_i, x_i)}{\partial q} = u_i'(q_i) - t_i = 0 \tag{19.20}$$

如果每个个体都如实申报他的需求, 在 Lindahl 均衡下, $q_1^* = q_2^* = q^*$,

$$u_1'(q^*) + u_2'(q^*) = t_1 + t_2 = c$$

这就是帕累托有效条件 (19.14)。即是说, 在个体不说假话的条件下, Lindahl 均衡下的资源配置是有效的。

问题在于, Lindahl 过程是否包含个体说真话的激励机制? 回答是否定的。要证明这一点, 只要证明税率 (t_1^*, t_2^*) 下双方都申报 q^* 不是纳什均衡即可, 因为这表明任何一个个体在对方说真话时 $(q_j = q^*)$ 都有说假话 $(q_i \neq q^*)$ 的动机。

不妨假设个体 2 总说真话。这意味着税率 t_2 下他申报的需求 $q_2 = q$ 满足 (19.20): $t_2 = u_2'(q)$, 由 (19.19),

$$t_1 = c - t_2 = c - u_2'(q) \tag{19.21}$$

如果与对方申报同样的需求 q, 个体 1 的效用是

$$U_1(q, \bar{x}_1) = u_1(q) - [c - u_2'(q)]q + \bar{x}_1 \tag{19.22}$$

对 q 求导

$$\frac{\partial U_1(q, \bar{x}_1)}{\partial q} = u_1'(q) - [c - u_2'(q)] + u_2''(q)q \tag{19.23}$$

该式在 Lindahl 均衡点 q^* 取值, 利用 (19.20), 以及假设 $u_2'' < 0$, 有

$$\left.\frac{\partial U_1(q, \bar{x}_1)}{\partial q}\right|_{q=q^*} = u_1'(q^*) - t_1^* + u_2''(q^*)q^* < 0 \tag{19.24}$$

这就是说, 如果对方申报 q^*, 个体 1 的申报值将低于 q^*。这证明 Lindahl 不是纳什均衡。

19.3.3 需求显示机制

回到有 n 个个体的一般情形。模仿 19.2.3, 我们可以构造连续型公共物品的 Clark-Groves 机制, 让个体自愿地显示他对公共物品的偏好。这个机制的施行规则是:

(1) 政府预先随意地指定个体 i 需要为每单位公共物品缴纳的税率 t_i, 使得

$$\sum_{i=1}^{n} t_i = c \tag{19.25}$$

政府先向社会公布 $(t_1, \ldots, t_n)$。

(2) 在公共物品任一供给水平 q 上, 让社会中所有个体同时申报他们的边际效用, 这事实上是要求个体报告它们的边际效用函数。由于没有谁能阻止个体说谎, 我们记个体 i 的报告是 $b_i(q)$, 这不一定就是他真实的边际效用 $u_i'(q)$。特别地, 个体 i 可以宣称他的边际效用是一个常值, 而且就等于政府指定的 t_i。

(3) 在个体报告 $b_i(q)$ 的基础上，政府确定公共物品的供给水平 q 使其满足

$$\sum_{i=1}^{n} b_i(q) = c \tag{19.26}$$

(4) 将某个个体 i 申报一个常边际效用 t_i 时社会将供给的公共物品数量记为 q_{-i}，这个 q_{-i} 满足

$$\sum_{j \neq i} b_j(q_{-i}) + t_i = c \tag{19.27}$$

个体首先需要以政府预先指定的单位税率为基础缴纳 $t_i q$，但他随后会得到政府依照 q_{-i} 和 q 计算的一次性补贴

$$S_i(q) = \sum_{j \neq i} \int_{q_{-i}}^{q} b_j(z) dz - \sum_{j \neq i} t_j (q - q_{-i}) \tag{19.28}$$

在上述 G–C 机制下，个体 i 将选择申报值 $b_i(q)$ 使得下列目标函数达到最大

$$u_i(q) + \bar{x}_i - t_i q + S_i(q)$$

其一阶条件是

$$\begin{aligned} 0 &= u_i'(q) - t_i + \sum_{j \neq i} b_j(q) - \sum_{j \neq i} t_j \\ &= u_i'(q) + \sum_{j \neq i} b_j(q) - \sum_{j=1}^{n} t_j \\ &= u_i'(q) + \sum_{j \neq i} b_j(q) - c \end{aligned} \tag{19.29}$$

其中最后一个等式是利用条件 (19.25)。与政府决定供给量的原则 (19.26) 比较，(19.29) 意味着个体 i 在申报

$$b_i(q) \equiv u_i'(q) \tag{19.30}$$

的情况下效用达到最大。这证明 G–C 机制确实是激励个体说真话的机制。而且，(19.29) 在任意 $b_j(q)$ ($j \neq i$) 下都成立，这意味着无论别人怎样申报他的边际效用，个体 i 真实披露自己的偏好都是最优的。换句话说，说真话是每一个人的占优战略，G–C 机制事实上达成一个每人都说真话的占优战略均衡。

我们可以对上述机制的"公平"意义作一个与离散情形相似的解释：谁想多消费，谁就多付钱。不过为了避免重复，下面提供一个与此等价但角度不同的解释：如果个体 i 认可政府对他的指派而申报 $b_i(q) = u_i'(q) \equiv t_i$，他的申报不改变别人选定的公共物品供给水平，$q = q_{-i}$，由 (19.28) 知道个体 i 所得的补贴是 0——这是公平的，因为之前个体 i 缴纳的公共物品税不多不少正好反映了他从公共物品消费中得到的效用；假如个体 i 的申报有异于政府的指派值 t_i，他的申报必然引起公共物品供给量从 q_{-i} 变化到 q。无论这两个供给量孰大孰小，公平原则要求个体 i 为他引起的变化负责：如果 $q > q_{-i}$，个体 i 使大家都能多消费一些公共物品，而社会应该感谢这种贡献，所以政府将 (19.28) 等号右端第一项给他作为奖励；不过，个

体 i 提高公共物品供给量后别人的纳税额也被迫提高了，所以他获得的奖励款中应将这一部分扣除，这就是 (19.28) 等号右端第二项；在 $q < q_{-i}$ 的情形，解释与此相似，只是将前一情形中的"奖励"改为"处罚"即可。

19.4 次优理论

在出现市场失效的情况下，如果政府了解所有相关个体的偏好或生产技术信息，并且政策手段不受任何限制，适当的政策总可以将经济拉回帕累托有效边界上。譬如，政府可以补贴独占厂商，让他以边际成本定价，或者干脆将它国有化，之后以行政手段保证边际成本定价；政府也可以将某公共物品的供给确定在其有效水平，然后向各社会个体征收恰当的税额；政府可以施行庇古税，将外部性生产控制在有效的水平，等等。

当缺乏相关的信息，或者可选的政策工具有一定限制时，"最好"的干预结果可能也无法达到帕累托有效边界。寻找这种场合下最好的干预结果，就是**次优理论** (second best theory) 的中心问题。这一节通过一个完全信息但存在政策工具限制的例子，说明次优理论中的一个重要原理：如果存在信息或者政策工具方面的限制，次优政策往往要求一定程度的生产扭曲。

假设一条大河穿过某市市区，为解决河两岸间的交通问题，市政府决定兴修一条河底公路隧道。假设政府估计每天通行隧道的汽车数量与通行费的关系如图 19.4 中曲线 $x = x(p)$，它满足一般的需求原则：收费越高，通行量越少。假设隧道的管理和维修等费用与通行的汽车数量成比例地增长，所以图中的长期边际成本线是一条水平直线。按照边际成本等于边际收益原则，政府的最优方案非常简单：建造一个日通行量为 x^* 的隧道，对每次通行收费 $p^* = \mathrm{LMC}$。

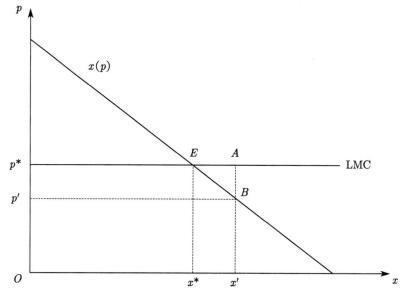

图 19.4 边际成本定价下的帕累托最优

上述边际成本定价方案是孤立地考虑隧道时的最优解，但现在考虑一种市场失效：假设那条河上已经有一座大桥，只是时时都发生严重的交通阻塞，政府修建河底隧道正是希望缓解大桥的交通。由于在大桥上设立收费站会有碍市容，市民强烈反对，这构成政府政策工具上的一个限制：它不能对大桥上行驶的汽车收费。

由于大桥可以免费通行，它事实上成为 19.2.1 节所说的拟公共物品。虽然我过桥并不排除你过桥的权利，但大量的汽车涌向大桥，每一辆汽车都为别人过桥带来不便。不妨假设大桥的维修养护费用可以忽略不计。如果大桥的日通行汽车数量为 y，一天内所有开车通过大桥的市民承担的总成本 (包括汽油、等待通行的时间等) 记为 $C(y)$。图 19.5(a) 画出了这条总成本曲线，它往上翘的形状 (凸函数) 反映这样一个事实：随着交通拥挤程度加剧，通行者汽油消耗和等待时间的增加将越来越快。这在图 19.5(b) 中则体现为边际成本线完全处于平均成本线的上方，并且二者都向上倾斜。

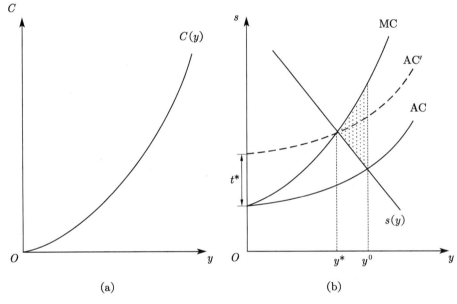

图 19.5　大桥通行的市场失效

将大桥每一天的反需求函数记为 $s = s(y)$，这里 s 是每辆汽车通行一次的 (隐性) 价格；需求曲线是向下倾斜的，表明价格越高通行量越少。由于市民过桥时只在意此时的平均成本，所以平均成本也就是市民面对的过桥价格 s。市场均衡是图中需求曲线 $s(y)$ 与平均成本线 AC 的交点：大桥每日的通行辆次是 y^0。

均衡通行量 y^0 对社会来说显然是过多了——图中显示，大桥的社会最优通行量是曲线 $s(y)$ 与 MC 相交得到的 y^*。造成大桥通行量过多的原因是，市民只计算自己通行一次要付出的成本，但却不考虑他在通过大桥的同时给别人带来的额外成本。这个额外成本的高低视当时大桥的拥挤程度而定：交通越拥挤 (y 越大)，一辆车通过大桥带给别人的额外成本越高。只要日通行量超过 y^*，多增加的社会成本总是超过多通行带给市民的利益。在均衡点，大桥因交通拥挤带来的福利损失是图中阴影部分面积。

如果政府在桥上修建一个收费站，适当收取过桥费 t^* 就可以将市民的平均成本线推至图中 AC′ 的位置，而 AC′ 与 $s(y)$ 相交得到的正是社会最优水平 y^*。但我们已经假设政府不能这样做，它只有通过增加隧道的通行量来为大桥的交通分流。

假设新隧道通行费为 p^* 时大桥的通行需求是图 19.6 中的 $s(y)$，大桥的均衡通行量是 y^0。显然，降低隧道通行费 p，可以吸引更多一些不堪忍受大桥交通的人，所以 p 下降将使得需求 $s(y)$ 也下降。考虑隧道通行费由 p^* 降至 p' 时隧道的通行量由 x^* 上升至 x'（如图 19.4），社会为此增加的福利是图 19.4 中的梯形 x^*x'BE 面积，可是多增加的管理成本是矩形 x^*x'AE 面积，所以偏离最优价格 p^* 带来的社会福利损失是三角形 ABE 面积，边际福利损失是 AB。但另一方面，降低隧道收费将大桥的通行需求由 $s(y)$ 降至图 19.6 中的 $s(y)'$，这使大桥因过于拥挤导致的福利损失降低了面积 $abgf$。只要在大桥上挽回的损失足以弥补隧道中额外的成本，降低隧道收费就能改善资源配置效率。如果将隧道通行费降到某一水平 p^{**}（图中未标示），使得隧道的边际损失 AB 恰好等于大桥增加的边际福利 fg，这一水平就是隧道的次优收费，而对应的日通行量就是隧道的次优规模。

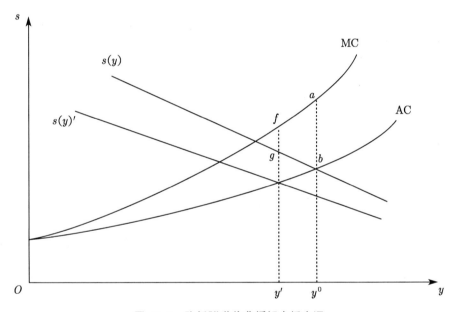

图 19.6　降低隧道收费缓解大桥交通

在这个模型中，政府能够兴建最优的隧道规模并收取最优通行费，但由于它无法直接控制大桥的市场失效，它最好的办法却是刻意扭曲隧道的规模和价格；这种扭曲将通过缓解大桥的无效率利用状况得到补偿。由此得到的一个更为一般的推论是：在若干相互关联的部门中，如果至少有一个部门的资源配置是无效率的，而政府又无法在该部门内直接修正存在的失效，那么其他部门即使能够达到帕累托最优，往往也不是整个社会最好的配置。

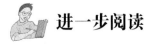进一步阅读

对外部性和公共物品问题更深入和更全面的分析可参见：

Baumol and Oates (1988), *The Theory of Environmental Policy*, 2nd edition, New York: Cambridge University Press.

Laffont, J. J. (1988), *Fundamentals of Public Economics*, Cambridge, Mass.: MIT Press.

外部性现代理论出自:

Coase, R. (1960), "The Problem of Social Cost", *Journal of Law and Economics*, 3: 1-44.

Arrow, K. J. (1970), "The Organisation of Economic Activity: Issues Pertinent to the Choice of Market Versus Non-market Allocation", in R.H.Haverman and J.Margolis (eds), *Public Expenditures and Policy Analysis*, Chicago: Markham.

关于次优理论和政府规制可参见:

Mueller, D.C. (1989), *Public Choice II*, Cambridge: Cambridge University Press.

Rees, R. (1993), *The Economics of Regulation and Public Enterprises*, Oxford: Harvester Wheatsheaf.

练习与思考

19-1 在 19.1 节考虑的外部性问题中, 如果受害的厂商 2 可以通过自己的某种行动降低外部性对它的危害: 厂商 1 的产量为 x 时给厂商 2 造成的损失是 $e(x,z)$, 其中 z 是厂商 2 为减少外部性危害所花费的成本, $\partial e/\partial z < 0$。证明:

(1) 如果厂商 1 和厂商 2 之间不存在交易成本, 则无论产权如何定义, 科斯交易总导致帕累托最优。

(2) 庇古补偿机制的结果是无效率的。

19-2 考虑有一个任何人都可以捕鱼的湖泊。如果捕鱼的渔夫数量是 n, 则总共可以捕到 $f(n)$ 千克鱼 (每个渔夫可捕 $f(n)/n$ 千克), $f'(n) > 0$, $f''(n) < 0$。假设鱼的市场价格 p 不受这个湖泊鱼产量的影响, 每个渔夫参与捕鱼的成本是 $c > 0$。

(1) 求参与捕鱼的渔夫的均衡人数。

(2) 求参与捕鱼的渔夫的最优人数, 将其与 (1) 的结果比较, 解释为什么二者不同。

(3) 如果这个湖泊是某人的私人财产, 他会派多少渔夫去湖上捕鱼?

19-3 考虑这样一个外部性问题: 某工厂的产品市场是完全竞争的, 价格为 p; 它生产过程的噪声会影响附近一个住户, 但它可以采取措施控制其生产过程中的噪声。假设厂商的成本函数是 $c(x,e)$, 其中 x 是产量, e 是噪声水平。假设 $c(x,e)$ 是严格凸函数, 满足

$$\partial c/\partial x > 0, \quad \partial c/\partial e < 0$$

住户的效用函数是 $u(e) = v(e) + w$, $v'(e) < 0$。除这个住户以外, 假设厂商的生产对社会其他个体的利益没有影响。

(1) 推导利润最大化厂商的产出和噪声水平满足的一阶必要条件。

(2) 推导社会最优产量和噪声水平满足的一阶必要条件。

(3) 假设政府对厂商的产出水平征税,证明:即使厂商与住户间不存在交易,这种税收也必然是无效率的。

(4) 假设政府能够测量厂商产生的分贝水平 e,并直接对噪声征收从量税,并且厂商与住户间不存在交易。证明:适量的税收可以导致帕累托有效配置。

(5) 如果厂商与住户可以进行科斯式的交易,上一小问的结果是否会受影响?

19-4 一项公共工程将耗资 C,社会成员 i ($1 \leqslant i \leqslant n$) 对该工程的保留价格是 r_i,假设 $\sum_i r_i > C$。如果采用自愿出资的办法,出资总额超过 C 就开工。记个体 i 的出资为 b_i,指出所有可能的单纯战略纳什均衡 $(b_1^*, \ldots, b_n^*)$。

19-5 一对财务账分家的夫妇计划在院内修一个游泳池,工程成本为 C;游泳池对丈夫的价值是 v,对妻子的价值是 $v/2$;假设 $v < C < 3v/2$。记丈夫和妻子的出资额分别为 x 和 y,二人的效用函数分别是

$$u_1(x,y) = \begin{cases} v - x & x + y \geqslant C \\ -x & x + y < C \end{cases}$$

和

$$u_2(x,y) = \begin{cases} v/2 - y & x + y \geqslant C \\ -y & x + y < C \end{cases}$$

(1) 丈夫是否愿意单独出资修建游泳池?为什么?

(2) 如果二人同时决定自己的出资额,指出所有的单纯战略均衡。

(3) 如果丈夫先表态,宣布他的出资额 x,妻子再考虑自己出多少,子博弈完美均衡是什么?

19-6 考虑一个三人社会中一项成本为 99 的公共工程。假设这三个人对该工程的保留价格分别是 $r_1 = 90, r_2 = r_3 = 30$,但这是个体的私人信息。

(1) 试利用 19.2.4 节的原理,设计一个 G–C 机制加 Clarke 税的集资方案,确认你的方案使每个人都如实报告他的保留价格。

(2) 这个方案的实施结果,哪些人需要缴纳 Clarke 税?

19-7 在一个二人经济中,个体对某种连续型公共物品的需求函数分别是

$$q_1 = 25 - p/2, \quad q_2 = 25 - p$$

(1) 求该公共物品的有效供给量。

(2) Lindahl 均衡税率 (t_1^*, t_2^*) 是什么?解释为什么这不是一个纳什均衡结果。

(3) 构造一个需求显示机制,并说明两个个体在这一机制下都有说真话的动机。

19-8 一个收入为 m 的个体有下面形式的效用函数

$$u(x_1,x_2,q)=x_1+(x_2q)^2$$

其中 x_1 和 x_2 是私人物品, 市场价格分别是 p_1 和 p_2, q 是公共物品。

(1) 求间接效用函数 $v(x_1,x_2,q)$。

(2) 计算 $\dfrac{\partial v/\partial q}{\partial v/\partial m}$ 并解释它的含义。

(3) 求支出函数 $e(p_1,p_2,u,q)$。

(4) 计算 $-\partial e/\partial q$ 并解释它的含义。

(5) 比较 (2) 和 (4) 的计算结果。如果它们不等, 为什么? 如果它们相等, 这是否为一个一般结论? 或只是这个特殊效用函数下的偶然结果?

19-9 假设厂商 1 和厂商 2 的产品是相互替代的, 它们面对的需求函数分别是

$$x_1=a_1-b_1p_1+\phi p_2$$
$$x_2=a_2-b_2p_2+\phi p_1$$

其中 $a_i,b_i,\phi>0$。假设厂商 1 是国有厂商, 而厂商 2 是私有厂商, 双方进行价格竞争; 政府可以安排前者的定价, 但无法直接左右后者的定价决策。社会福利函数定义为消费者剩余与两厂商利润之和, 政府的目标是尽可能使社会福利最大。证明: 次优解中厂商 1 的定价高于其边际成本。

第 20 章　委托–代理理论

在不确定性理论第 9 章和第 10 章中，虽然也涉及信息的不完备性，但那里的不完备信息对契约双方来说是对称的：谁也不比对方知道更多的信息。在很多市场交易中，信息却是不对称的，即是说某个 (些) 契约人拥有一些别人不知道的信息。比如，关于某商品的好坏，卖者比买者可能有更多的信息；一个新雇员对自己的工作能力十分了解，但雇主对此却可能知之甚少；购买人寿保险的人对自己的健康状况较为清楚，保险公司仅只能靠散乱的线索来猜测，等等。非对称信息经济学将这种只有某人了解而其他人不知道的信息称为**私人信息** (private information)，契约参与人中拥有私人信息的人称为**代理人** (agent)，而没有私人信息的人称为**委托人** (principal)。

非对称信息的内容可进一步区分。在某些场合，代理人拥有的私人信息是某种他本人无法控制的外生的信息，譬如零售商知道他货架上商品的好坏，但决定这些商品质量的是生产厂商的生产行为，而不是这个零售商的行为所能影响的——这种情况我们简称为**隐藏信息** (hidden information)。在另一些场合，私人信息是代理人的一些不被对方观察到的行为。譬如某人对他的汽车可以善加保管，也可以随随便便，他这些行为直接影响这台汽车被盗的可能性，但与其打交道的保险公司却无法知道顾客对投保财产的爱护程度——这种情况我们简称为**隐藏行为** (hidden action)。

在非对称信息环境中，双方都能意识到信息不对称性，这必然在他们的交易行为中反映出来。非对称信息的内容不同，反映当然也不一样。隐藏信息环境中，最主要的问题是双方在契约安排过程中，代理人的契约选项可能与委托人预先希望的相左——这通常称为**逆向选择** (adverse selection)。在隐藏行为情况下，代理人可能从自己的利益出发，作出一些伤害对方利益的行为——这被称为**道德风险** (moral hazard)。

无论是逆向选择或者是道德风险问题，经济学上都可以在所谓**委托–代理模型**这一相当一般化的框架中加以分析。这一章介绍标准的委托–代理理论；下一章接下来分析保险市场中具体的逆向选择问题和道德风险问题，以及逆向选择问题的"解"——**信号模型** (signalling model)。

20.1　代理理论：隐藏信息

20.1.1　记号和假设

假设一个委任人和代理人签订一个契约，前者委托后者生产某产品。不妨将该产品的市场价格规范为 1，这样委托人有利润函数

$$v = 1 \cdot x - y$$

其中 x 是产量,y 是委托人对代理人的支付。如果代理人不接受契约条件,他可以从别的委托人那里获得收益 $\bar{u}$,这是他签订契约的机会成本,也称为他的保留收益。如果代理人接受契约,他可以选择行动 $a \geqslant 0$,a 可以看作他工作的努力程度。为简洁,我们将 a 作为货币测度,这样代理人从契约中获得的收益为

$$u(y, a) = y - a$$

代理人生产多少取决于他选择的行动和他的生产效率 θ: $x = x(a, \theta)$,满足

$$x_a > 0,\ x_{aa} < 0,\ x_\theta > 0,\ x_{a\theta} > 0;\ x(0, \theta) = 0$$

前两个条件是说行动 a 的边际生产率是正的,但随 a 的增大而递减;最后一个不等式相当于假设生产率高的人边际生产率也高。一般地,也用 θ 值代表代理人的"**种类**"(**types**),签订契约时委托人不知道代理人是属于哪一种类,但代理人自己清楚。我们只考虑有两种代理人的情形:$\theta \in \{\theta_1, \theta_2\}$,$\theta_1 < \theta_2$,$\theta_1$ 类的代理人工作效率不如 θ_2 类代理人。假设两类代理人的保留收益是相同的,都是 $\bar{u}$(假设两类代理人有不同的保留收益也不会使以下的分析有什么变化,但考虑到别的委托人也存在辨认委托人类别的困难,我们假设代理人的保留收益是相同的)。

由于 $x_a > 0$,我们可以写出生产函数 $x = x(a, \theta)$ 的反函数

$$a = \varphi(x, \theta)$$

它反映为生产 x 单位产品一个 θ 种类的代理人需要采取的行动,或者说是这种代理人的成本函数。由 $x(a, \theta)$ 的性质,$\varphi(x, \theta)$ 满足

$$\varphi_x > 0,\ \varphi_\theta < 0,\ \varphi_{xx} > 0,\ \varphi_{x\theta} < 0$$

其中 $\varphi_{x\theta} < 0$ 在我们两种代理人的模型中也可写为

$$\varphi_x(x, \theta_1) > \varphi_x(x, \theta_2)$$

这称为**单交条件**(single crossing condition),意思是任何两条代理人的无差异曲线只能相交一次。

现在的问题是,在无法分辨对代理人真实种类和观察对方行动的情况下,委托人如何订立一个最优的代理契约?

20.1.2 对称信息均衡

作为分析的起点,我们先来考虑对称信息的情形。假设委托人能够分辨对方属于哪一类人,问题简化为根据不同的代理人求解最大化问题

$$\begin{aligned}
&\max_{x_i, y_i}(x_i - y_i) \\
&\text{s.t.}\quad y_i - a \geqslant \bar{u} \\
&\qquad\ \ \, a = \varphi(x_i, \theta_i)
\end{aligned} \tag{20.1}$$

其中的不等式约束条件称为**参与约束** (participate constraint), 因为它保证代理人接受契约条款, 否则一切都无从说起。θ_i 类代理人的无差异曲线方程为

$$y_i - \varphi(x_i, \theta_i) = u_i^0$$

它是单增的并且是凸函数 (因为 $\varphi_x > 0$, $\varphi_{xx} > 0$): 要代理人多生产, 就需要给他更多的支付作为补偿; 而且, 随着产量水平的提高, 增加单位产品所需的补偿支付会更高, 因为代理人的边际生产率递减。图 20.1 中, 在对应保留支付水平的无差异曲线 $\bar{U}(\theta_i)$ 左上侧的点 (包括 $\bar{U}(\theta_i)$), 都是满足参与约束的。另一方面, 委托人的等利润线的形式为

$$x_i - y_i = v_0$$

其斜率为 1。对应收支平衡的等利润线就是 45° 角平分线。等利润线越往右下方移动, 委托人的利润越高。结合委托人的等利润线和代理人的无差异曲线性质, 委托人的可选契约范围介于 45° 角平分线和 $\bar{U}(\theta_i)$ 之间。

因为委托人的利润是 y_i 的减函数, 参与约束显然是束紧的

$$y_i = \bar{u} + \varphi(x_i, \theta_i) \tag{20.2}$$

由于委托人向代理人的支付就是前者的成本, 所以 (20.2) 也成了委托人的成本函数。

假设 (20.1) 有内点解, 在最优点有一阶必要条件成立

$$\varphi_x(x_i^*, \theta_i) = 1 \qquad \theta_i = \theta_1, \theta_2 \tag{20.3}$$

这是经典的利润最大化条件: 边际成本等于边际收益 (产品的市场价格为 1)。图 20.1 中, 委托人首先将契约定位在对方保留收益所在的无差异曲线 $\bar{U}(\theta_i)$ 上 (参与约束束紧), 然后选择 $\bar{U}(\theta_i)$ 与一条自己的等利润线 V_i 的切点作为契约点。

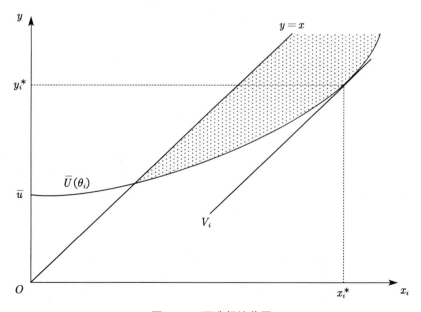

图 20.1 可选契约范围

由条件 $\varphi_{x\theta} < 0$, $\theta_1 < \theta_2$, 有

$$\varphi_x(x, \theta_1) > \varphi_x(x, \theta_2) \tag{20.4}$$

从而由 (20.3) 必定有 $x_1^* < x_2^*$。由于委托人能够识别对方的种类, 他可以针对不同种类的代理人签订不同的契约。譬如, 对 θ_i 类代理人, 宣布支付政策

$$y_i = \begin{cases} \bar{u} + \varphi(x_i^*, \theta_i) & x_i = x_i^* \\ 0 & x_i \neq x_i^* \end{cases} \tag{20.5}$$

就能实现利润最大化。在支付政策 (20.5) 下, θ_i 类代理人除了选择适当的行动生产 x_i^* 没有更有利于自己的选择。图 20.2 显示了这种可分均衡。

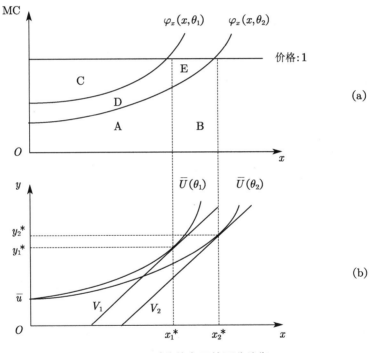

图 20.2 对称信息下的可分均衡

图 20.2(b) 与图 20.1 一样, 只是这里分别显示了两种代理人的均衡点; 图 20.2(a) 画出了两种代理人的边际成本曲线 $\varphi_x(x, \theta_1)$ 和 $\varphi_x(x, \theta_2)$, 前面说过它们同时也是委托人面对不同代理人时候的边际成本线。(a) 和 (b) 两个图说的是同一回事: 在最优契约点一阶必要条件 (20.3) 成立。不过, 图 (a) 同时还较为直观地显示了契约双方的利益分配情况。θ_1 类代理人生产 x_1^*, 实现产品价值 $1 \cdot x_1^*$, 这在图中对应面积 A+D+C, 其中代理人获 A+D+$\bar{u}$ (注意面积 $A = \int_0^{x_1^*} \varphi_x(x, \theta_1)dx = \varphi(x, \theta_1)$), 委托人获 C-$\bar{u}$; θ_2 类代理人生产 x_2^*, 实现产品价值 $1 \cdot x_2^*$, 这对应面积 A+B+C+D+E, 其中代理人获 A+B+$\bar{u}$, 委托人获 C+D+E-$\bar{u}$。如果减去委托人的工作成本, 两种代理人从契约中获得的净收益都是 $\bar{u}$。

20.1.3 显示原理

现在我们转而考虑非对称信息带来的问题。现在委托人没法采用像 (20.5) 那样的契约政策了,因为委托人不清楚与他签订契约的究竟是哪一类代理人。由于委托人能观察的只有产量,他唯一能做的就是根据产量来决定对代理人的支付。一个比较自然的想法是,将 (20.5) 修改成一个供代理人选择的契约

$$y(x) = \begin{cases} \bar{u} + \varphi(x_1^*, \theta_1) & x = x_1^* \\ \bar{u} + \varphi(x_2^*, \theta_2) & x = x_2^* \\ 0 & x \neq x_1^*, x_2^* \end{cases} \quad (20.6)$$

即是说,如果有人生产了 x_1^*,就付给他 $\bar{u} + \varphi(x_1^*, \theta_1)$;而如果看到某人生产了 x_2^*,就付给他 $\bar{u} + \varphi(x_2^*, \theta_2)$;其他情况下,对代理人的支付都是零。

尽管这是一个看起来不错的方案,但它的问题是委托人永远看不到有产量为 x_2^* 的人。这倒不是说他没有高效率 (θ_2 类) 的工人,而是在支付政策 (20.6) 下,高效率的人发现偷懒只生产 x_1^* 更划得来。再看图 20.2(a),假如你是 θ_2 类代理人,你的委托人宣布了如 (20.6) 那样的支付政策,你会怎么做?如果你努力工作,达到你力所能及的产量 x_2^*,除去劳动成本,你的净收益是 $\bar{u}$;相反,如果你伪装成一个低效率 (θ_1 类) 的人,只生产 x_1^*,为此你付出劳动成本 A,获得支付 A+D+$\bar{u}$,净收益是 D+$\bar{u}$。两相比较,生产 x_1^* 比生产 x_2^* 多得面积 D 的收益。θ_2 类代理人的处境在图 20.2(b) 中也十分清楚:点 (x_1^*, y_1^*) 处于 (x_2^*, y_2^*) 所在的无差异曲线 $\bar{U}(\theta_2)$ 的左上方,表明在那里可以达到更高的效用。所以,(20.6) 是一个鼓励 θ_2 类代理人撒谎 (声称自己是 θ_1 类人) 的机制。显然,与对称信息时相比,由于 θ_2 类代理人撒谎,委托人从这类代理人身上赚取的利润损失了 D+C。

究竟什么样的契约对委托人来说是最优的呢?直觉上,他应该设计一种能避免对方撒谎的契约政策。不过,是否为最优契约就一定不会是一种导致代理人撒谎的契约呢?让我们看两个浅显易懂的例子。

第一个例子是一个希腊古老的传说。两个妇女都声称自己是一个婴儿的母亲,争执不下,请所罗门王决断。所罗门王说自己也无法分辨真伪,但既然她们两人都声称自己是那个婴儿真正的母亲,他只有用宝剑将婴儿劈为两半,每人分一半。听了所罗门的话,其中一个妇女立即说自己其实不是婴儿的母亲,婴儿应归对方;另一个妇女称颂大王英明,应该将婴儿分为两半。所罗门随即辨明了真伪。

这里,所罗门作为"委托人"提供了一种"契约"机制,将婴儿在两个妇女之间"分配"。他的机制导致两个代理人都说谎,但这不妨碍它是一个最优机制。

另一个例子可能更能说明问题。假想一个盲人管理一个道路车辆收费站。这个收费站有两个通道:左边是一个矮小狭窄的小门,只有轿车能够通过;右边是一道高大宽敞的大门,可供大卡车通行。假设一辆卡车通过该收费站可获 100 元的"效用",一辆轿车通过后可获 30 元的效用。不妨假设物价局规定对卡车和轿车征收的通行费分别不得超过 50 元和 15 元,管理人准备按高限执行。由于看不见来的是什么车辆,盲人拟定了如下通行程序和收费标准:

(1) 车辆驾驶员自己申报类别;

(2) 卡车交 15 元, 交费后由盲人开左边小门放行;

(3) 轿车交 50 元, 交费后由盲人开右边大门放行。

不管你认为这个管理方案如何可笑, 它是最优的! 当然, 每个卡车驾驶员都会声称他开的是轿车, 因为交 15 元后根本过不了左边的小门, 而撒谎通过后他达到的净效用是 50 元; 每个轿车驾驶员都说自己开的是卡车, 因为说实话要多交 35 元, 通过后净效用是 -20 元。不过, 尽管他们都在撒谎, 他们所交的通行费与盲人希望的一样, 而这是盲人所能收取的最高金额。

这两个例子说明, 如果预料到代理人撒谎的可能性并据此作适当的安排, 一个导致代理人撒谎的契约也可能是委托人的最优契约。这样一来, 我们的分析就复杂了。一件事真实只有一个, 虚假却有无穷多种——如果真要将所有导致代理人各种撒谎可能的契约都考虑在内, 我们何时才找得到一个最佳契约?

幸运的是, 根据**显示原理**, 我们可以不考虑那些引致代理人撒谎的契约, 而将分析范围只局限于导致代理人披露自己真实类别的契约。这个原理是这样的:

显示原理 (revelation principle): 对每个导致至少一个代理人撒谎的契约 F, 都有一个诱使所有代理人都说真话的契约 T 与之对应, 使得 F 和 T 下契约各方所得的支付完全一致。

尽管这个原理的证明不难, 但我们不想涉及其中的抽象推导过程, 我们仍然通过例子来帮助理解它。

再考虑前面盲人收费站的例子。显然, 盲人解决问题的方案与下述方案的结果是完全相同的:

(1) 车辆驾驶员自己申报类别;

(2) 卡车交 50 元, 交费后由盲人开右边大门放行;

(3) 轿车交 15 元, 交费后由盲人开左边小门放行。

显而易见, 这就是与前面那个契约对应的引致所有驾驶员都说真话的契约: 除了一个使驾驶员撒谎, 另一个使驾驶员说实话, 两个契约带给盲人和两种驾驶员的收益没有什么不同。

回到契约 (20.6), 早先已经说明它会使 θ_2 类代理人撒谎, 声称自己是 θ_1 类人。现在考虑委托人宣布这样一种契约: 代理人先申报自己的类别, 然后两类代理人都生产 x_1^*, 并获同样的支付 $\bar{u} + \varphi(x_1^*, \theta_1)$。显然, 这个契约下没有哪一类代理人有撒谎动机, 因为那样做不会有任何额外的好处。但是, 它分派给各类代理人的产量水平和付给他们的支付都与契约 (20.6) 一样。

由显示原理, 我们只需考虑诱使每个代理人都说真话的契约, 这样我们可以在委托人的最大化问题中直接加上一个各代理人都说真话的约束。考虑到唯一能诱使代理人说真话的力量是他们的效用 (收益), 所以如果一个委托人面临 n 种代理人 $(\theta_1, \ldots, \theta_n)$, 最优契约 $(s_1, \ldots, s_n)$ 要满足**自选择约束**

$$u(s_i, \theta_i) \geqslant u(s_j, \theta_i) \quad 1 \leqslant i, j \leqslant n, i \neq j$$

对于我们所考虑的模型, 自选择约束是

$$y_1 - \varphi(x_1, \theta_1) \geqslant y_2 - \varphi(x_2, \theta_1) \tag{20.7}$$

$$y_2 - \varphi(x_2, \theta_2) \geqslant y_1 - \varphi(x_1, \theta_2) \tag{20.8}$$

20.1.4 最优激励契约

假设委托人相信属于种类 θ_1 的代理人在人群中所占的比例为 γ $(0 < \gamma < 1)$, 那么他的期望利润是

$$E[v] = \gamma(x_1 - y_1) + (1 - \gamma)(x_2 - y_2) \tag{20.9}$$

要代理人接受契约, 首先需要参与约束成立

$$y_1 - \varphi(x_1, \theta_1) \geqslant \bar{u} \tag{20.10}$$

$$y_2 - \varphi(x_2, \theta_2) \geqslant \bar{u} \tag{20.11}$$

现在, 非对称信息下委托人的最优激励契约问题简化为: 在参与约束 (20.10) 和 (20.11) 以及自选择约束 (20.7) 和 (20.8) 下求 (20.9) 的最大值解。

将这四个约束不等式整理后重新组合得到

$$y_1 \geqslant \varphi(x_1, \theta_1) + y_2 - \varphi(x_2, \theta_1) \tag{20.7'}$$

$$y_1 \geqslant \varphi(x_1, \theta_1) + \bar{u} \tag{20.10'}$$

和

$$y_2 \geqslant \varphi(x_2, \theta_2) + y_1 - \varphi(x_1, \theta_2) \tag{20.8'}$$

$$y_2 \geqslant \varphi(x_2, \theta_2) + \bar{u} \tag{20.11'}$$

由于 (20.9) 是 y_1 和 y_2 的减函数, 就是说委托人希望 y_i 越小越好, 所以在最大值点上列两组约束中都至少有一个不等式是束紧的 (等号成立)。显然, 两组约束中也分别至多有一个不等式束紧。现在我们考虑哪两个不等式是束紧的。

从委托人的角度看, 他不会担心低效率的 θ_1 类代理人会假装成高效率的代理人, 所以对这样的代理人自选择约束不应该是束紧的。即是说 (20.7') 中严格不等号成立, 这样的话就只有 (20.10') 是束紧的; 另一方面, 高效率代理人具有伪装成低效率者的动机, 除非有额外的激励, 因此直觉上约束 (20.8') 是束紧的, 而 (20.11') 应为严格不等式。下面我们严格地证明这两个结果。

先考虑后一组约束式。利用反证法, 假设 (20.11') 束紧, (20.8') 严格不等号成立, 则

$$y_2 = \varphi(x_2, \theta_2) + \bar{u} > \varphi(x_2, \theta_2) + y_1 - \varphi(x_1, \theta_2)$$

因此 $y_1 - \varphi(x_1, \theta_2) < \bar{u}$; 由条件 $\varphi_\theta(x, \theta) < 0$, $\theta_1 < \theta_2$, 有 $\varphi(x, \theta_1) > \varphi(x, \theta_2)$, 这就意味着

$$y_1 - \varphi(x_1, \theta_1) < y_1 - \varphi(x_1, \theta_2) < \bar{u}$$

这与 (20.10′) 矛盾。故而 (20.8′) 束紧:

$$y_2 = \varphi(x_2, \theta_2) + y_1 - \varphi(x_1, \theta_2) \tag{20.12}$$

现在再来考虑前一组约束式。如果 (20.7′) 束紧, 而 (20.10′) 严格不等号成立, 则

$$y_1 = \varphi(x_1, \theta_1) + y_2 - \varphi(x_2, \theta_1)$$

将其代入 (20.12) 式, 化简后得

$$\varphi(x_2, \theta_2) - \varphi(x_2, \theta_1) - [\varphi(x_1, \theta_2) - \varphi(x_1, \theta_1)] = 0$$

利用牛顿–莱布尼兹公式, 将上述方程改写为

$$\int_{\theta_1}^{\theta_2} \varphi_\theta(x_2, \theta) d\theta = \int_{\theta_1}^{\theta_2} \varphi_\theta(x_1, \theta) d\theta$$

这与 $\varphi_\theta(x_2, \theta) < \varphi_\theta(x_1, \theta)$ 矛盾。因此, 证明 (20.10′) 必然是束紧的:

$$y_1 = \varphi_1(x_1, \theta_1) + \bar{u} \tag{20.13}$$

将等式约束 (20.12) 和 (20.13) 代入目标函数 (20.9), 委托人的问题简化为

$$\max_{x_1, x_2} \{\gamma[x_1 - \varphi(x_1, \theta_1) - \bar{u}] + \\ (1-\gamma)[x_2 - \varphi(x_2, \theta_2) + \varphi(x_1, \theta_2) - \varphi(x_1, \theta_1) - \bar{u}]\}$$

一阶必要条件是

$$\gamma[1 - \varphi_x(x_1^a, \theta_1)] + (1-\gamma)[\varphi_x(x_1^a, \theta_2) - \varphi_x(x_1^a, \theta_1)] = 0$$
$$(1-\gamma)[1 - \varphi_x(x_2^a, \theta_2)] = 0$$

或者写为

$$\varphi_x(x_1^a, \theta_1) = 1 + \frac{(1-\gamma)}{\gamma}[\varphi_x(x_1^a, \theta_2) - \varphi_x(x_1^a, \theta_1)] \tag{20.14}$$

$$\varphi_x(x_2^a, \theta_2) = 1 \tag{20.15}$$

由单交条件 (20.14) 右端的方括号为负值, 所以有

$$\varphi_x(x_1^a, \theta_1) < 1 \tag{20.16}$$

由 (20.15) 和 (20.16), 我们得到非对称信息下最优契约的一个最主要的特征: 与对称信息的均衡契约相比, 高效率的 θ_2 类代理人的生产量不变, 低效率的 θ_1 类代理人的生产量则降低了。这个特征有时候也被归纳为"不扭曲顶端"原理, 意思是要使得处于效率"顶端"的代理人的生产点处于帕累托最优点, 而其他代理人的生产量不同程度地低于帕累托有效的水平。非对称信息下最优契约的另一个重要性质是, 低效率的 θ_1 类代理人仅获得一个与其保留收益持平的净收益 (他的参与约束束紧), 高效率的 θ_2 类代理人所得的支付却高于其保留收益, 之间的差额作为他说真话 (不伪装成 θ_1 类代理人) 的补偿。

下面我们对照几何图形对上述分析进一步作较为直观的说明。我们以不满足自选择约束的契约政策 (20.6) 为起点来解释最优激励契约的设计原理。从图 20.2(a) 看，这个契约的问题是 θ_2 类代理人伪装成低效率者时能够多得面积 D 的收益。那么直接在对这类人的支付中多加一个补偿 D，他不就没有撒谎的动机了吗？这当然是可行的，因为它符合说真话原则。不过，如果你满足于这样一个方案，你就过分慷慨了些。有没有什么办法降低给 θ_2 类代理人的补偿呢？如果 θ_1 类代理人的产量不变，对 θ_2 类代理人的补偿额 D 也不会变。但我们可以降低对 θ_1 类代理人要求的产量，以此节约那个补偿。图 20.3 显示，如果故意扭曲 θ_1 类代理人的生产，降低他的契约生产量，对 θ_2 类代理人的补偿额可以节约 ΔD。当然，这样做委托人需要付出一定的代价：他从 θ_1 类代理人那里赚取的利润降低了 ΔC。不过，如果对 θ_1 类代理人生产的扭曲不致太大，委托人总是可以从中获利，因为图中显示此时 $\Delta C < \Delta D$：他的成本节约足以抵补其利润损失。委托人可以将对 θ_1 类代理人的生产扭曲一直进行到 $\Delta C = \Delta D$ 那点，而那点的 θ_1 类代理人生产量就是 x_1^a(图中未显示)。

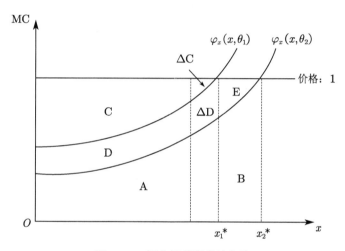

图 20.3　扭曲低效率者的生产

同样的结果还可以用委托人的等利润线和代理人的无差异曲线表示出来。在图 20.4 中，提供给 θ_1 类代理人的契约点 F_1^a 仍然处于他保留收益水平的无差异曲线上，但已经不是对称信息下的帕累托有效点 F_1^*：与 F_1^* 比较，F_1^a 要求的产量较小，支付当然也较小。事实上沿图中阴影区域中任一点都会对契约双方更有利，但委托人不愿提供那样的契约，因为那样会使得这个契约太吸引 θ_2 类代理人。提供给 θ_2 类代理人的契约点 F_2^a 使他处于一条高于保留收益水平的无差异曲线 $U(\theta_2)$ 上，注意 $U(\theta_2)$ 同时还过 θ_1 类代理人的契约点 F_1^a(θ_2 类代理人的自选择约束是束紧的)——正是因为 $U(\theta_2)$ 必须过 F_1^a 点，委托人才尽可能地压低 θ_1 类代理人的产量。θ_2 类代理人的产量与对称信息情况下一样，但得到的支付较高。这个较高的支付中除了保证 θ_2 类代理人达到保留收益这一基本的部分，余下的部分是为了劝诱这类代理人留在 F_2^a 点——显然，任何在垂直水平上低于 F_2^a 的点都会使 θ_2 类代理人觉得选 F_1^a 更好。

上述一般模型原理在实际中有广泛的应用。举例来说，在第 14 章歧视定价的场合，我们可以将独占厂商视为委托人，具有不同偏好的消费者为代理人；x 是独占厂商的产品销量，

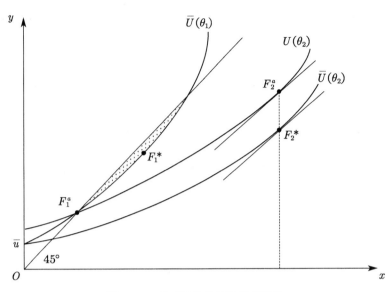

图 20.4 非对称信息下的最优契约

y 为消费者对厂商的支付。这样, 边际效用较大的消费者对应这里效率较高的代理人。那么, "顶端不扭曲" 原理要求, 对这类消费者, 厂商应该保证他们的消费者剩余与只有一类消费者时一致; 对于边际效用较小的消费者, 厂商有必要适当降低对他们的销售量, 目的是避免让另一类消费者模仿这类消费者的消费。

20.2 委托-代理模型: 隐藏行为

前面分析的隐藏信息下委托-代理问题中, 委托人的问题是他可能同时与不同种类的代理人打交道。现在开始考虑的隐藏行为模型中, 委托人只与一个代理人签订契约, 但委托人的收益同时依赖于委托人选择的行动和契约双方都无法控制的自然状态; 代理人选择不同的行动会导致他不同的成本, 而委托人不能观察代理人的行动。譬如, 共同基金投资者的收益不仅与基金经理是否尽心管理组合资产有关, 同时还受资本市场上的随机因素影响; 地主的一块耕地上的收成高低固然与佃农是否努力耕田有关, 但同时还受天气情况的影响。这些情况下委托人如何设计他的最优契约呢?

隐藏行为下委托人的困难可以由一种最简单的情况加以说明。10.5 节已经证明, 不确定环境中的帕累托有效配置要求每个经济个体在不同自然状态收益间的边际替代率相等。特别地, 如果委托人是风险中立的而代理人是风险厌恶的, 帕累托有效配置要求由委托人承担全部风险, 代理人获得一个确定的支付。但是, 在隐藏行为情况下, 这样的配置显然是不适当的, 因为既然代理人在任何情况下都得到一个不变的支付, 他将挑选其最低成本的行动, 而这往往会伤害委托人的利益——这就是道德风险问题。但是, 将代理人的支付与最终实现的结果相联系又不符合帕累托效率标准。

假设某委托人与一个代理人签订一个契约, 前者委托后者生产某种产品; 与前面一样, 将产品的市场价格规范为 1。代理人可以选择行动 $a \in [a_0, a_1]$, y 为他从委托人那里获得的支

付, 代理人的效用函数是可分的

$$U(y,a) = u(y) - a \qquad u' > 0, u'' \leqslant 0$$

注意这个形式比前面隐藏信息模型中代理人的效用函数稍复杂些, 因为我们需要假设代理人是风险厌恶的。代理人的保留效用记为 $\bar{U}$。

委托人看不到代理人选择的行动 a, 并且在固定行动下他得到的产量也是不确定的。将随机的产量记为 $\tilde{x}$, 其分布函数为 $F(x,a)$, 分布密度函数为 $f(x,a)$, 假设分布函数的基 $[\alpha,\beta]$ 与代理人的行动 a 无关 (关于这一假设后面还会有说明)。委托人的期望效用函数为

$$V(x-y) \qquad V' > 0, V'' \leqslant 0$$

20.2.1 对称信息下的最优契约

先考虑对称信息下的契约。假设委托人能够观察到对方的行动 a, 他的问题就是在参与约束下最大化自己的期望效用

$$\max_{a,y} E[V(\tilde{x} - y(\tilde{x}))]$$
$$\text{s.t.} \quad E[u(y(\tilde{x})) - a] \geqslant \bar{U}$$

拉格朗日函数是

$$L = \int_\alpha^\beta V(x - y(x))f(x,a)dx + \lambda[\int_\alpha^\beta u(y(x))f(x,a)dx - a - \bar{U}] \tag{20.17}$$

一阶必要条件是

$$\frac{V'(x - y^*(x))}{u'(y^*(x))} = \lambda^* \quad \forall x \in [\alpha,\beta] \tag{20.18}$$

$$\int_\alpha^\beta [V(x - y^*(x)) + \lambda^* u(y^*(x))]f(x,a)dx = \lambda^* \tag{20.19}$$

$$\int_\alpha^\beta u(y(x))f(x,a)dx - a - \bar{U} = 0 \tag{20.20}$$

由于 $V' > 0$, 参与约束是束紧的, 这就是 (20.20), 从而 $\lambda^* > 0$。由 (20.18), 对于任何两个产量水平 $x, x' \in [\alpha, \beta]$, 有

$$\frac{V'(x - y^*(x))}{V'(x' - y^*(x'))} = \frac{u'(y^*(x))}{u'(y^*(x'))} \tag{20.21}$$

这就是我们熟悉的帕累托风险配置法则: 委托人和代理人在不同状态下收益间的边际替代率相等。特别是, 如果委托人是风险中立的, V' 是常数, 由 (20.21) 推知

$$u'(y^*(x)) = u'(y^*(x'))$$

但 $u' > 0$, 这就有 $y^*(x) = y^*(x')$, 它意味着代理人在各种状态下获得一个不变的支付, 委托人独自承担全部风险。

如果契约双方都是风险厌恶的，(20.18) 对 x 微分，整理后得

$$-\frac{V''}{V'} = -\left[\frac{V''}{V'} + \frac{u''}{u'}\right]\frac{dy^*}{dx}$$

以 A_P 和 A_A 分别记委托人和代理人的 Arrow-Pratt 绝对风险厌恶系数，上式又可以写为

$$\frac{dy^*}{dx} = \frac{A_P}{A_P + A_A} \tag{20.22}$$

给定代理人的行动，对称信息下的最优支付依赖于契约双方风险厌恶程度的相对变化。

(20.19) 的左边是代理人行动 a 带给契约双方的加权边际效用，右边是代理人的期望边际成本 1 乘以系数 λ^*。注意到左边代理人的权重也是 λ^*，(20.19) 可以理解为边际收益等于边际成本这一经典的最优条件的变形。

20.2.2 非对称信息：一阶条件方法

在讨论非对称信息下的最优激励机制之前，先对代理人行动 a 影响产量分布的方式作一说明。回忆我们曾假设随机产量 $\tilde{x}$ 分布的基 $[\alpha,\beta]$ 与 a 无关，作这样的假设是为了避免让委托人的问题变得过于简单而失去分析意义。如果不是这样，考虑图 20.5 中显示的两个分布密度函数：行动 a^* 对应的基为 $[\alpha(a^*),\beta(a^*)]$，另一个行动 a' 对应的基为 $[\alpha(a'),\beta(a')]$。假设委托人希望代理人选择行动 a^*，那么只要代理人选择的是 a'，契约双方都清楚产量落在 $[\alpha(a'),\alpha(a^*)]$ 内的概率 $F[\alpha(a^*),a']$ (图中阴影部分面积) 为正。这样，只要委托人对生产 $x \in [\alpha(a'),\alpha(a^*)]$ 的代理人处予足够大的惩罚，就能保证代理人选择 a^*，因为后者冒险的代价太大。在保持 $\tilde{x}$ 的基不变的前提下，我们假设增加 a 将在**一阶随机占优**的意义上增加产量——就是说，$F_a(x,a) \leqslant 0$，且在某些 x 点严格不等式成立。在这个假设上，如果 $a > a'$，就有 $F(x,a) \leqslant F(x,a')$，且在某些 x 点严格不等式成立。给定 y，

$$\int_\alpha^\beta V(x-y)dF(x,a) - \int_\alpha^\beta V(x-y)dF(x,a')$$
$$= V(x-y)[F(x,a) - F(x,a')]\Big|_\alpha^\beta - \int_\alpha^\beta V'(x-y)[F(x,a) - F(x,a')]dx$$
$$= -\int_\alpha^\beta V'(x-y)[F(x,a) - F(x,a')]dx > 0$$

a 增加时委托人的期望效用也增加。所以我们时常将 a 解释为代理人的努力程度。

现在假设委托人不能观察到代理人的行动 a，委托人只有根据最终观察到的产量来决定对代理人的支付。当然，委托人知道对任何一个支付方案 $y(x)$，代理人将选择最适合他自己的行动 a。所以，委托人的问题是

$$\max_{a,y(x)} E[V]$$
$$\text{s.t.} \quad E[U] \geqslant \bar{U} \quad \text{(P.C.)}$$
$$a \text{ 最大化 } E[U] \quad \text{(I.C.)} \tag{20.23}$$

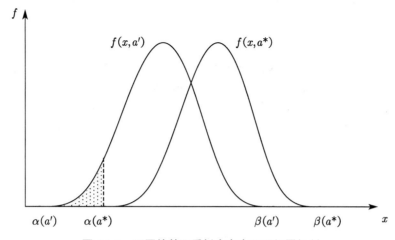

图 20.5 不同的基下委托人存在严厉惩罚机制

这里条件 (P.C.) 是参与约束, (I.C.) 常称为**激励相容约束** (incentive compatibility constraint), 也称为**自选择约束**。

要直接分析问题 (20.23) 是困难的, 因为激励相容约束又涉及另一个最大值问题。不过, 许多场合, 我们可以用这个最大化问题的一阶必要条件来代替条件 (I.C.), 前提是这个一阶必要条件同时还是充分条件——这就是所谓的**一阶条件方法**。

将激励相容约束 (I.C.) 置换成它的一阶必要条件, 问题 (20.23) 就变为

$$\max_{a,y(x)} \int_\alpha^\beta V(x-y(x))f(x,a)dx$$
$$\text{s.t.} \int_\alpha^\beta u(y(x))f(x,a)dx - a \geqslant \bar{U} \tag{20.24}$$
$$\int_\alpha^\beta u(y(x))f_a(x,a)dx - 1 = 0$$

将其拉格朗日函数写为以下简单形式

$$L = E[V] + \lambda(E[U] - \bar{U}) + \mu \frac{\partial E[U]}{\partial a}$$

由 Kuhn–Tucker 定理, 存在常数 λ^* 及 $\mu^* \geqslant 0$, 使得一阶条件成立

$$\frac{V'(x-y^*(x))}{u'(y^*(x))} = \lambda^* + \mu^* \frac{f_a(x,a)}{f(x,a)} \quad \forall x \in [\alpha, \beta] \tag{20.25}$$

$$\frac{\partial E[V]}{\partial a} + \lambda^* \frac{\partial E[U]}{\partial a} + \mu^* \frac{\partial^2 E[U]}{\partial a^2} = 0 \tag{20.26}$$

比较 (20.25) 和 (20.18) 容易看到, 如果 $\mu^* > 0$, 就证明非对称信息下的最优契约不可能导致帕累托有效的风险配置, 并且此时委托人会诱使代理人作出比帕累托有效水平更高的努力 (更大的 a)。事实上, 可以证明, 有以下定理成立:

定理: 如果代理人是风险厌恶的, 那么在本节的条件下, 必然有 $\mu^* > 0$。

这个定理的证明可以参阅 Holmstrom(1979) 或 Shavell(1979)。

可以从委托人风险中立这种特殊的情况下来增进对上述定理经济含义的理解。如果委托人是风险中立的,帕累托最优风险配置要求他承担全部风险,代理人获得一个不变的收益。但是,如果对代理人的支付不依赖于最终产量,他将选择努力程度最小的行动 a。所以,为了避免道德风险问题,隐藏行为下的最优激励机制必然将代理人的收益与他的产量相连。

如果代理人是风险中立的,委托人可以简单地在契约中预先确定一个自己的收益水平 $\hat{x}$,而让代理人获得剩余索取权:代理人获得产量中除去 $\hat{x}$ 后的全部:$\tilde{x} - \hat{x}$。由于代理人的收益完全取决于他的努力水平 a,激励相容约束显然是满足的。

从直觉上,我们希望由一阶条件 (20.25) 和 (20.26) 决定的支付函数 $y^*(x)$ 是单增的。由于 V' 和 u' 都是单减函数,$y^*(x)$ 单增的充分必要条件是 $V'(x - y^*(x))/u'(y^*(x))$ 单增,而由 (20.25),这等价于函数 $f_a(x,a)/f(x,a)$ 是 x 的单增函数。所以,为了确保 $y^*(x)$ 的单增性质,还需要假设函数 f_a/f 对变量 x 是单增的,这就是我们在 17.4.1 节见过的**单调似然率条件 (monotone likelihood ratio condition)**。事实上,(20.25) 对 x 求导,整理后得

$$\frac{dy^*}{dx} = \frac{A_P}{A_P + A_A} + \gamma \frac{\partial}{\partial x}\left(\frac{f_a}{f}\right) \tag{20.27}$$

这里 A_P 和 A_A 分别是委托人和代理人的 Arrow-Pratt 绝对风险厌恶系数,$\gamma = \mu^* u'/(A_P + A_A)V' > 0$。

在单调似然率条件

$$\frac{\partial}{\partial x}\left(\frac{f_a}{f}\right) > 0 \tag{20.28}$$

满足的情况下,即使委托人是中立的 $(A_P = 0)$,也能保证 $dy^*/dx > 0$:最优激励机制满足最基本的"多劳多得"原则。

在这里,单调似然率条件的直观解释是:在一个含内生变量 x、估计变量为 a 的统计推断模型中,(对数) 似然函数是 $\ln f(x,a)$。给定观察值 y 和估计值 a^0,$\ln f$ 的值越大,表明 a 的确等于 a^0 的概率越大。所以,似然率 $\partial \ln f/\partial a = f_a/f$ 的大小反映人们可以有多大把握推断观察到的 y 值是来自另一个参数为 $a \neq a^0$ 的模型。(20.25) 首先意味着委托人在隐藏信息情况下有必要偏离帕累托有效配置,至于需要偏离到何种程度,就要看似然率 f_a/f 的大小:f_a/f 越大,这种偏离就越大。

如果 f_a/f 较大,虽然产量 $\tilde{x}$ 是随机的,但对于代理人生产的某个产量水平 x,委托人能够有较大的把握推断 x 与预期产量水平的偏离究竟来自代理人的投机行为,还是来自这个随机变量的自然波动。所以,支付水平将更大地依赖于产出水平。反之,如果 f_a/f 很小,委托人知道他很难在代理人的投机行为和自然的随机波动两种因素中分出个究竟。这样的情况下,干脆给代理人一个保留收益,完全放弃对他的激励也许是最佳的选择——这本是一种无奈之策,却在形式上与帕累托风险最优配置的支付形式相同。

20.2.3 一阶条件方法的有效性

在一阶条件方法中, 我们将激励相容约束

$$E[U(y(\tilde{x}),a)] \geqslant E[U(y(\tilde{x}),a')] \quad \forall a' \in [a_0,a_1) \tag{20.29}$$

置换成了它的一阶必要条件

$$\frac{\partial E[U]}{\partial a} = 0 \tag{20.30}$$

问题是, 后者并不是前者的充分条件: 首先, 满足 (20.29) 的 a 也许是边界点, 而 a_0 可能根本不满足 (20.30); 其次, 即使最大值问题 (20.29) 在内点得解, 满足 (20.30) 的点可能还包括局部极大值点和极小值点。由于条件 (20.30) 可能并没有完全剔除干净那些不满足激励相容约束的点, 一阶条件方法导出的激励机制也可能是错误的。

当然, 我们可以适当地加一些条件, 保证 (20.30) 同时还是 (20.29) 的充分条件。首先假设 (20.29) 的解是内点, 这样它必然满足条件 (20.30); 如果 $E[U]$ 还是 a 的凹函数, (20.30) 就同时是一个充分条件。这就是说, 我们需要

$$\int_\alpha^\beta [u(y(x))-a]f_{aa}(x,a)dx \leqslant 0$$

利用分部积分技巧, 上式等价于

$$\int_\alpha^\beta F_{aa}(x,a)u'(y(x))y'(x)dx \geqslant 0 \tag{20.31}$$

又因为 $u' > 0$, 且在单调似然率条件下 $y'(x) > 0$, 所以这又等价于

$$F_{aa}(x,a) \geqslant 0 \tag{20.32}$$

所以, 假设分布函数 $F(x,a)$ 是 a 的凸函数, 并且单调似然率条件满足, 就可以保证一阶条件的合理性。

20.2.4 离散型产量分布

为了回避一阶条件方法较强的模型条件, 我们转而考虑离散分布下的最优激励机制问题。记 A 为代理人有限多种可选行动的集合, $A = \{a\}$; 假设在代理人任一行动下都可能有 N 种产量: $x_1,\dots,x_N$, 适当安排其顺序我们可以假设 $x_1 < x_2 < \dots < x_N$; 记行动 a 下实现产量 x_n 的概率为 $p_n(a) > 0$, $\sum_{n=1}^N p_n(a) = 1$。委托人是风险中立的, 但代理人是风险厌恶的, 代理人的效用函数是

$$U(x,a) = u(x) - a \quad u' > 0,\ u'' \leqslant 0$$

委托人观察不到对方选择的行动 a。

我们将委托人的问题分解为两个步骤逐步解决。第一步, 给定任一行动 $a \in A$, 最少需要支付多少才能诱使代理人选择行动 a 而不选其他? 第二步, 利用上一步的结果, 并考虑到各种行动为委托人带来的期望产量, 确定哪一个行动对委托人来说是最优的。

一旦完成了第一步，选择其中对委托人最优的行动就只是一个简单的求最大值问题。如果通过第一步的分析，我们得到了诱使代理人选择行动 a 的最小期望支付是 $C(a)$，而行动 a 带给委托人的期望收益是 $B(a)$，则解如下最大值问题就解决了全部问题

$$\max_{a \in A}[B(a) - C(a)] \tag{20.33}$$

所以，问题的关键是第一步：如何确定能诱使代理人选择某一行动 a 的最小支付。

当然，由于委托人观察不到对方的行动，他只有根据观察到的产量来决定支付，记产量为 x_n 时的支付为 $y_n = y(x_n)$。由假设，在行动 a 下，委托人观察到产量 x_n 的概率是 $p_n(a)$，那么委托人的第一步目标就是

$$\min_{y_1,\ldots,y_N} \sum_{n=1}^{N} p_n(a) y_n$$
$$\text{s.t.} \quad \sum_{n=1}^{N} p_n(a)[u(y_n) - a] \geqslant \bar{U}$$
$$\sum_{n=1}^{N} p_n(a)[u(y_n) - a] \geqslant \sum_{n=1}^{N} p_n(a')[u(y_n) - a'] \quad \forall a' \in A$$

这里前一个不等式约束是参与约束，后一个是激励相容约束。注意激励相容约束有若干个：对应一个行动 a'，就有一个这样的约束。

由于 $u'(y) > 0$，函数 $u(y)$ 的反函数 $u^{-1}(\cdot)$ 存在，并且是严格单增和凸的 (因为 $u'' < 0$)。记 $u_n = u(y_n)$，则 $y_n = u^{-1}(u_n)$，上述问题变为

$$\min_{u_1,\ldots,u_N} \sum_{n=1}^{N} p_n(a) u^{-1}(u_n)$$
$$\text{s.t.} \quad \sum_{n=1}^{N} p_n(a)(u_n - a) \geqslant \bar{U} \tag{20.34}$$
$$\sum_{n=1}^{N} p_n(a)(u_n - a) \geqslant \sum_{n=1}^{N} p_n(a')(u_n - a') \quad \forall a' \in A$$

如果信息是对称的，委托人能够无成本地跟踪代理人的行动，那么我们并不需要激励相容约束。在这种情况下，在问题 (20.34) 中除去激励相容约束，并且注意到参与约束必然是束紧的，不难得知代理人选择行动 a 需要的最小成本为

$$C^0(a) = u^{-1}(\bar{U} + a) \tag{20.35}$$

假设委托人看不到对方的行动。以 λ 作为参与约束的拉格朗日系数，$\mu(a')$ 为对应行动 a' 的激励相容约束的拉格朗日系数，问题 (20.34) 的一阶必要条件 (同时也是充分条件) 是：存在 $\lambda^*, \mu^*(a') > 0$

$$p_n(a)[u^{-1}(u_n)]' = \lambda^* p_n(a) + \sum_{a' \in K(a)} \mu^*(a')[p_n(a) - p_n(a')]$$

$n = 1,\ldots,N$。$K(a)$ 是激励相容约束束紧的行动集——即是说,它是所有满足以下等式的行动 a' 的集合

$$\sum_{n=1}^{N} p_n(a)(u_n - a) = \sum_{n=1}^{N} p_n(a')(u_n - a')$$

注意到 $(u^{-1})' = 1/u'$,上式又可写为

$$\frac{1}{u'(y_n)} = \lambda^* + \sum_{a' \in K(a)} \mu^*(a')\left[1 - \frac{p_n(a')}{p_n(a)}\right] \tag{20.36}$$

这个形式与 (20.25) 相似。如果 $K(a)$ 为空集,即是说没有一个束紧的激励相容约束,那么代理人获得一个由方程 $1/u'(y) = \lambda^*$ 决定的确定支付 y,这相当于委托人可以观察代理人行动的情形。如果至少有一个激励相容约束是束紧的,对代理人的支付就不可能是确定值。但是,没有进一步的条件,我们甚至不能肯定生产一个较高的产量 x_n 的代理人是否就一定会获得较高的支付。

仿照前一节对产量的分布函数的假设条件,我们也假设较大的努力水平 a 在一阶随机占优的意义上增加产量。换句话说,如果 $a < a'$,就有

$$\sum_{i=n}^{N} p_i(a) \leqslant \sum_{i=n}^{N} p_i(a') \quad \forall\, n = 1,\ldots,N \tag{20.37}$$

这意味着增加努力 a 会增加高产量出现的概率 (回忆我们有假设 $x_1 < x_2 < \ldots < x_N$)。

但是,条件 (20.37) 并不能保证我们得到一个至少看起来合理的支付机制 (指支付随产量的增加而增加)。为说明这点,考虑一个具体的简单例子:假设代理人有两种可选的努力水平:$a_1 = 1, a_2 = 2$;委托人可能实现三种收益:\$1, \$2, \$10 000;如果代理人选择行动 a_1,三种利润出现的概率分别是 0.5, 0.3 和 0.2;在行动 a_2 下,三种利润出现的概率分别是 0.4、0.1 和 0.5。容易验证条件 (20.37) 在这里是成立的:增加努力 (由 a_1 到 a_2) 会增加较高利润出现的概率。

在行动 a_1 下,委托人的期望收益是

$$0.5 \times 1 + 0.3 \times 2 + 0.2 \times 10\,000 = 2\,001.5$$

行动 a_2 下委托人的期望收益是

$$0.4 \times 1 + 0.1 \times 2 + 0.5 \times 10\,000 = 5\,000.6$$

委托人显然十分希望对方选择行动 a_2。

这里可选的行动只有两种,激励相容约束就只有一个:代理人选择行动 a_2 所得的期望效用不低于他选择行动 a_1 所得的期望效用。显然,这个约束是束紧的,从而 (20.36) 中 $\mu^*(a_1) > 0$——如果不是这样,(20.36) 意味着代理人获得一个确定的支付,而确定支付下代理人必然选择努力程度较小的 a_1。所以我们有

$$1/u'(y_1) = \lambda^* + \mu^*(a_1)(1 - 0.5/0.4) = \lambda^* - 0.25\mu^*$$
$$1/u'(y_2) = \lambda^* - 2\mu^*$$
$$1/u'(y_3) = \lambda^* + 0.6\mu^*$$

由于函数 $u(\cdot)$ 是严格单增的, $\mu^* > 0$, $y_1 > y_2$。这就是说, 如果代理人甲创造利润 1, 乙创造利润 2, 委托人对甲的支付竟然比他对乙的支付高! 这个奇怪的激励机制说明, 条件 (20.37) 对一个有意义的激励模型来说通常是不够的。

仿照连续分布的情形, 我们可以试着对分布函数施加一个比 (20.37) 更强的条件:

单调似然率条件 (离散行动): 对任何两个行动 a 和 a', $a < a'$, 以及两种产量水平 $x_i, x_j, x_i < x_j$,

$$\frac{p_i(a')}{p_i(a)} \leqslant \frac{p_j(a')}{p_j(a)} \tag{20.38}$$

这个条件的意思是, 如果你观察到一个较大的产量 x_j, 那么你的代理人的行动是 a' 的可能性更大些。

为了看出这一条件与连续型单调似然率条件的联系, 不妨在这里假设各变量可以连续取值, 将 (20.38) 换一种说法: 如果 $a < a'$, 那么 $p_i(a')/p_i(a)$ 是产量 x_i 的增函数, 但这等价于

$$\frac{[p_i(a')/p_i(a)] - 1}{a' - a} = \frac{[p_i(a') - p_i(a)]/(a' - a)}{p_i(a)}$$

是 x_i 的增函数。

为了更清楚地看到单调似然率条件的效果, 对任何产量水平 $x_i, x_j, x_i < x_j$, 利用一阶条件 (20.36), 有

$$\frac{1}{u'(y_i)} - \frac{1}{u'(y_j)} = \sum_{a' \in K(a)} \mu^*(a') \left[\frac{p_j(a')}{p_j(a)} - \frac{p_i(a')}{p_i(a)} \right] \tag{20.39}$$

如果 $K(a)$ 里面的 a' 都满足 $a < a'$, 由单调似然率条件, (20.39) 右端非正, 再由函数 u 的严格单增性质, $y_i \leqslant y_j$, 这正是我们需要的。但是, 一旦集合 $K(a)$ 中存在 $a' > a$, 单调似然率条件意味着 (20.39) 右端至少有一正项, 我们仍然无法保证 $y_i \leqslant y_j$。

Grossman and Hart (1983) 证明, 在单调似然率基础上, 再加上以下**凸分布函数条件**, 那么由 (20.36) 导出的支付函数一定是单增的。

凸分布条件: 任取可选行动 $a, a', a'' \in A$, 满足

$$a'' = \delta a + (1 - \delta)a' \quad \delta \in [0, 1]$$

记 $P_n(a) = \sum_{i=n}^{N} p_i(a)$, 则对任何的 $n = 1, \ldots, N$

$$P_n(a'') \geqslant \delta P_n(a) + (1 - \delta) P_n(a')$$

这里 $P_n(a)$ 事实上是行动 a 下产量至少为 x_n 的概率。凸分布条件的意思是, 随着努力程度的增加, 高产量出现的概率的增加量递减。

这一节一开始我们有意回避上一节一阶条件方法较强的模型条件。但是, 虽然激励问题的分解过程似乎真的建立在一个较弱的条件之上, 要得到满足最基本的直观性质的激励支

付，我们最终不得不加上单调似然率条件和凸分布函数条件，而这也正是保证一阶条件方法合理性的条件。

由这两节模型导出的最优激励支付函数可能是十分复杂的，但在经济生活中，激励支付往往十分简单。在许多场合，线性支付可以取得非常好的效果。譬如，对公司经理支付一份基本的薪水和公司利润的一个固定比例，让推销员按订单金额固定提成，等等。这种理论和现实的反差说明隐藏行为下的委托-代理模型尚不成熟。

进一步阅读

委托-代理问题的经典文献：

Mirrlees, J. A. (1974), "Note on Welfare Economics, Information and Uncertainty", in M. Balch, D. McFadden and S. Wu (eds), *Eassy in Economic Behaviour under uncertainty*, North Holland, Amsterdam.

Mirrlees, J. A. (1975), "The Theory of Moral Hazard and Unobservable Behaviour–Part I", Nuffield Colledge, Oxford, mimeo.

以下是 Mirrlees 分析的扩展：

Holmstrom, B. (1979), "Moral Hazard and Observability", *Bell Journal of Economics*, 10: 74-91.

Shavell, S. (1979), "Risk Sharing and Incentives in the Principle-agent Relationship", *Bell Journal of Economics*, 10: 55-73.

Rogerson, W. P. (1985), "The First Order Approach to Principle-agent Problems", *Econometrica*, 53: 1357-1368.

Jewitt, I (1988), "Justifying the First-order Approach to Principle-agent Problems", *Econometrica*, 56: 1177-1190.

Holmstrom, B. and P. Milgrom (1987), "Aggression and Linearity in the Provision of Intertemporal Incentives", *Econometrica*, 55: 303-328.

离散分布的模型讨论有：

Grossman, S. and O. Hart (1983), "An Analysis of the Principle-agent Problem", *Econometrica*, 51: 7-45.

委托-代理理论的文献库：

Hart, O. D. and B. Holmstrom (1987), "The Theory of Contracts", in Bewley, T. (ed) *Advances in Economic Theory, Fifth World Congress*, New York: Cambridge University Press.

另外，Kreps 在他著名的微观经济学教科书中，对委托-代理理论最近的研究文献也作了权威性的分类整理：

Kreps, D. M. (1990), *A Course in Microeconomic Theory*, New York: Harvester Wheatsheaf, 608-616.

练习与思考

20-1 $\varphi(x, \theta)$ 是 θ 类的代理人的成本函数。在 20.1.1 节中我们说,如果 $\varphi(x, \theta_1) > \varphi(x, \theta_2)$,且 $\varphi_x(x, \theta_1) > \varphi_x(x, \theta_2)$ 成立,则这两类代理人的无差异曲线只相交一次,请证明这一点。

20-2 参看图 20.5 中显示的两个分布密度函数:如果代理人的行动是 a^*,可能的产量将落在区间 $[\alpha(a^*), \beta(a^*)]$ 内;另一个行动 a' 对应的产量区间是 $[\alpha(a'), \beta(a')]$。

(1) 证明:只要委托人对生产 $x \in [\alpha(a'), \alpha(a^*)]$ 的代理人处予足够大的惩罚,就能保证代理人选择 a^*。

(2) 是否也存在适当的惩罚机制,保证代理人选择行动 a'?

20-3 如果 θ_1 和 θ_2 两类代理人所占的比例分别是 γ 和 $1 - \gamma$,γ 值的变化会如何影响委托人的最优契约?

20-4 如果 20.1 节模型中包含 3 种不同的代理人,利用微分方法或者几何方法说明,最优激励契约中效率较低的两类代理人的产量低于帕累托有效水平,但最有效率的一类代理人生产帕累托有效产量。

20-5 考虑一个以边际成本 c 生产 x 商品的独占厂商,市场上有两种可能的消费者。两类消费者的效用函数分别是

$$U_1(x, q) = v(x) + q, \quad U_2(x, q) = 2v(x) + q$$

其中 q 是消费者在其他所有商品上的消费,$v' > 0, v'' < 0$。假设厂商是风险中立的,它无法识别具体消费者的特定类型。利用 20.1 节的模型,推导厂商的最优定价策略,确认"顶端不扭曲"原理。

20-6 政府决定干涉一个独占市场。假设这个市场上唯一的一个厂商的成本函数可能是 $\theta_1 x$ 或者 $\theta_2 x$,$\theta_1 < \theta_2$;独占厂商清楚自己的确切成本,但政府不知道,它猜测厂商成本是 $\theta_1 x$ 的概率是 γ ($0 < \gamma < 1$);社会从该厂商的消费中获得的总效用是 $U(x)$,从而市场需求(反)函数是 $p = U'(x)$。假设政府可以强制市场价格定在某一特定水平,从而控制厂商的产量;同时,作为对厂商的补偿,政府向厂商发放补贴 $T \geq 0$。在这种政策下,厂商的利润是 $U'(x)x - \theta_i x + T$。如果这个利润小于零,厂商将停产。政府的目标是使下列函数最大化

$$U(x) - \theta_i x - T$$

推导政府的最优干涉政策。

20-7 在隐藏行为模型中假设代理人是风险中立的。证明：无论委托人能否观察到代理人的行动，帕累托最优契约总是可以实现的。

20-8 假设你拥有一个杂货铺，并雇用一个人替你照看它。这个雇员的效用水平依赖于他能得到的工资 y 和他付出的努力水平 a

$$U(y,a) = \sqrt{y} - a$$

他可选的努力水平有两种：$a = 3$ 或者 $a = 0$；假设这个雇员的保留效用是 0。你是一个风险中立者，目标是尽力使商铺营业额 x 达到最大。考虑以下情况下你的工资支付政策。

(1) 雇员的努力 $a = 3$ 时，商铺营业额 $x = 270$；$a = 0$ 时，$x = 70$，你可以毫不费力地监视雇员的工作。

(2) 商铺的营业结果与 (1) 的假设相同，但你无法知道是雇员怎样工作的。

(3) 除了雇员的努力水平，商铺的营业结果还受某些外在因素的影响。假设有三种可能的营业额：0、100 和 400，而你和雇员都发现一定努力投入下实现各种营业结果的概率存在以下规律：

	0	100	400
$a=3$	0.2	0.4	0.4
$a=0$	0.4	0.4	0.2

如果你看不到雇员的努力水平，你的最优激励契约是什么？

(4) 保持 (3) 的假设，如果你是一个风险厌恶者，讨论最优契约会有什么不同。

20-9 假设委托人的效用函数是 $V = x - y(x)$，代理人的效用函数是 $U = 2[y(x)]^{1/2} - a$，其中 $y(x)$ 是对代理人的支付，a 是代理人的努力成本；代理人的努力水平为 a 时随机产量的分布密度函数 $f(x,a) = e^{-x/a}/a$ $(x \geqslant 0)$。

(1) 如果委托人能无成本地观察到 a 值，求委托人的最优契约。

(2) a 增加时是否在一阶随机占优的意义上增加产量？

(3) 分布密度函数 $f(x,a)$ 是否满足凸分布函数条件和单调似然率条件？

(4) 如果委托人不能观察到 a 值，他只有依照产量 x 来决定对对方的支付，最优激励支付函数是什么？

第 21 章 逆向选择、道德风险和信号

这一章我们要在上一章相当一般化的委托–代理分析框架中,具体地分析发生在保险市场内的逆向选择问题和道德风险问题,以及委托人在不同情况下的最优激励契约制定方法。针对逆向选择问题中一部分代理人全部承担非对称信息导致的外部性这一问题,一种可能的解决办法是,"受害"的代理人主动向委托人发出某一间接的信号,帮助后者澄清事实,这就是 21.3 节讨论的信号原理。

21.1 保险市场上的非对称信息: 逆向选择

在第 10 章对保险契约的讨论中,我们假设契约双方的信息是对称的,其中包括双方都知道投保人遭遇灾难的概率 p。现在我们放松这一假设,考虑一种更贴近现实的情况: 不同的投保人遭遇灾难的概率不尽相同,而订立契约时保险人 (保险公司) 又难以确定具体的投保人相关的事故概率。譬如,参加人寿保险的人当中健康状况大不一样,投保人对自己身体状况的了解多于保险公司; 喜欢飞车行乐的人与一贯谨慎驾驶的人相比,前者发生交通事故的概率高于后者,但他们为自己的汽车购买财产保险时保险公司可能难以分辨他们的驾车习惯。在这样的非对称信息环境中,订立最优保险契约将涉及什么样的问题呢?

不失一般性,假设存在两类投保人: 一类人遭遇灾难或事故的概率 p_h 较高,另一类人的事故概率 p_l 较低: $p_h > p_l$——为简便,将前者称为"高风险"投保人,后者称为"低风险"投保人; 除此以外,所有投保人是完全一样的: 他们有相同的效用函数 $u(\cdot)$,相同的初始收入 m,遭遇事故时的损失 L 也相同。投保人清楚自己的类型,而保险人不清楚 (虽然他明白存在两种事故率分别为 p_h 和 p_l 的投保人)。

定义任意保费率 π 和投保资产水平 q 的组合 (π, q) 为一个保险契约。为尽可能地简化分析过程并突出非对称信息的影响,我们假设保险市场是完全竞争的,保险公司的利润为零; 保险公司的管理成本为零; 保险公司是风险中立的。

21.1.1 对称信息均衡

在信息对称的场合,针对类型 p_i 的投保人 $(i = h, l)$,保险公司的期望利润为

$$(1 - p_i)\pi_i q_i + p_i(\pi_i q_i - q_i)$$

在零期望利润假设下,

$$\pi_i = p_i \quad i = h, l$$

保险公司向每一种投保人索取的保费率都是公平保费率。由于保险公司可以无成本地辨明

投保人的具体类型，它订立保费率政策毫无困难：它只需宣布

$$\pi_i = \begin{cases} p_h & p_i = p_h \\ p_l & p_i = p_l \end{cases} \tag{21.1}$$

第 10 章已经证明，在公平保费率下，追求期望效用最大的个体将为其全部可能的损失 L 投保。高风险和低风险的投保人分别购买契约 (p_h, L) 和 (p_l, L) 是一个纳什均衡，我们将其称为**可分均衡** (separating equilibrium)，意思是保险人提供了区别性契约，不同的投保人在其中选取为他设计的契约。图 21.1 直观地显示了此时的可分均衡：回忆在公平保费率下投保人在 45° 角平分线上达到最优点，所以高风险和低风险投保人分别在各自的预算线 T_h 和 T_l(分别对应保费率 π_h 和 π_l) 与 45° 角平分线的交点 K 和 J 达到均衡。

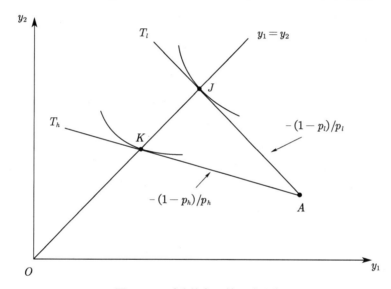

图 21.1 对称信息下的可分均衡

21.1.2 非对称信息汇合均衡的存在性

但是，之所以达到这种可分均衡是因为保险公司能够辨明投保人的类型，而没有任何私人信息的投保人只有接受保险公司为他设计的保费率条款。

如果关于投保人类型的信息是非对称的，很显然，保费政策 (21.1) 对保险公司来说肯定是不可行的。因为没有人愿意承认自己是高风险者，每个投保人都声称自己的事故概率较低，适合保费率 π_l。其结果，保险公司必然亏损。非对称信息环境中，投保人因拥有不为保险公司所知的私人信息而背离后者的意图选择契约条款，这种行为称为**逆向选择**(adverse selection)。要解决逆向选择问题，需要保险公司为特定投保人预先设计的契约，从这个投保人的角度来看也正好是他的最优契约。正式地，如果保险公司分别为高风险和低风险投保人提供契约 (π_h, q_h) 和 (π_l, q_l)，要求

$$U_i(\pi_i, q_i) \geqslant U_i(\pi_j, q_j) \qquad i,j = h,l \,; \, i \neq j \tag{21.2}$$

这里 $U_i(\pi_i, q_i)$ 是类型 i 的投保人在契约 (π_i, q_i) 下的期望效用:

$$U_i(\pi_i, q_i) = (1-p_i)u(m - \pi_i q_i) + p_i u(m - L - \pi_i q_i + q_i)$$

(21.2) 就是**自选择约束** (self-selection constraint), 或称**激励相容约束** (incentive compatible constraint)。

在考虑符合自选择约束的可分均衡契约政策之前, 我们先考虑是否存在另一种所谓的**汇合均衡** (pooling equilibrium), 即是说, 保险公司提供单一的保费率 π, 高风险和低风险的投保人都按这一保费率购买自己的保险。假设存在一个汇合均衡保费率, 如果投保人中低风险者所占的比例为 $\gamma(0 < \gamma < 1)$, 那么这个均衡的保费率只可能是

$$\bar{\pi} = \gamma p_l + (1-\gamma) p_h \tag{21.3}$$

因为这是投保人群中的加权平均事故率, 而公司期望利润为零的约束条件要求保费率订立在所有客户中的平均事故率水平。由于

$$p_l < \bar{\pi} < p_h \tag{21.4}$$

汇合保费率 $\bar{\pi}$ 下投保人的预算线 $\bar{T}$ 过初始点 A 但介于 T_h 和 T_l 之间 (如图 21.2)。由于高风险投保人在 $\pi_h = p_h$ 时均衡点在 45° 角平分线上, 对于一个更吸引人的保费率 $\bar{\pi} < p_h$, 他必然在 45° 角平分线左侧的 b 点达到最大期望效用。同理, 低风险投保人在 45° 角平分线右侧的 a 点达到最优。不过我们断言两种投保人分别购买保险契约 a 和 b 不可能是贝叶斯均衡。理由是, 在契约 a 和 b 同时可选的情况下, 一份契约 b 的申购单等于告诉保险公司投保人是高风险的, 因为低风险投保人在预算线 $\bar{T}$ 上总是选 a——一旦识破某一投保人事实上是一个高风险者, 追求利润最大化的保险公司不会卖契约 b 给他, 而是提供专为高风险者准备的 K。高风险的投保人预见到这点, 他会佯装成低风险者去选 a, 至少这还比契约 K 带给他的期望效用高。

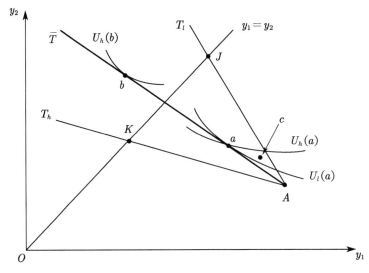

图 21.2 汇合均衡不存在

但是，a 也不可能是均衡点。第 10 章我们推导过，一个事故率为 p 的投保人的无差异曲线在任何一点 (y_1, y_2) 的切线斜率是

$$\frac{dy_2}{dy_1} = -\frac{1-p}{p}\frac{u'(y_1)}{u'(y_2)}$$

由两种投保人的效用函数相同这一假设立即可以看出，在任一点低风险者的无差异曲线都比高风险者的无差异曲线陡峭，所以在 a 点前者从上而下穿过后者（见图 21.2）。这样一来，a 点处二者的无差异曲线 $U_h(a)$ 和 $U_l(a)$ 以及低风险者的预算线 T_l 围出了一个三角地带。在这个三角地带中任一点，譬如图中 c 点所代表的契约，对低风险投保人来说都比契约 a 更具诱惑力，因为 c 点处于 $U_l(a)$ 的右上方；同时，契约 c 对高风险的人来说并不如契约 a，因为它处于 $U_h(a)$ 的左下侧。我们还可以看出，保险公司向低风险投保人提供契约 c 是有利可图的，因为 c 点还处在低风险者预算线的左侧，而这意味着契约 c 的保费率还低于公司收支相抵（对低风险类型契约）的保费率。所以，如果哪家保险公司提供一个单一的汇合契约 a，必然会有其他竞争者设计出一个像 c 那样意在只吸引低风险者的契约，把高风险者留给那家墨守契约 a 的公司。经济学家给契约 c 取了一个风趣的名字——**揩油契约** (cream skimming contract)，它专门吸引"有价值"的低风险投保人，把令人不快的高风险投保人留给别的公司。当然，不会有保险公司愿意看到自己的客户都是高风险的，它自己也会为低风险者提供诸如 c 那样的契约。对契约 a 的这种分析同样适合其他任何一个单一保费率契约，因为在任何一点 (y_1, y_2) 低风险投保人的无差异曲线总是比高风险投保人的无差异曲线陡峭，从而也就存在揩油契约。这说明，非对称信息下不存在汇合均衡。或者说，如果非对称信息下保险市场存在完全竞争均衡，它必然是可分均衡。

21.1.3 非对称信息可分均衡

假设保险公司向高风险和低风险投保人提供的保费率分别为 π_h 和 π_l。完全竞争条件的一个直接结果是，如果 π_h 和 π_l 构成一个可分均衡，它们不可能高于各类投保人的公平保费率：$\pi_h \leqslant \pi_h^* = p_h$，$\pi_l \leqslant \pi_l^* = p_l$——因为竞争将使得任何高于公平保费率定价的保险公司失去所有的客户；反过来，均衡的 π_h 和 π_l 也不可能低于各类投保人的公平保费率，否则保险公司将入不敷出。所以，如果存在竞争的可分均衡，在均衡点提供给两类投保人的保费率必然分别等于他们的公平保费率

$$\pi_i = p_i \qquad i = h, l \tag{21.5}$$

但是，我们前面已经说过，保费率政策 (21.1) 是不可行的，因为存在逆向选择问题。可见，公司不仅要订立针对每一类投保人的保费率，还需限定他们的投保资产水平 q。换句话说，保险公司不是让顾客决定投保水平，而是同时规定了保费率以及这个保费率适用的投保数量，这就是说它明确地提供可供选择的具体契约：(π_h, q_h) 和 (π_l, q_l)。图 21.3 显示了一种可能的可分均衡，它由契约 K 和 D 组成。契约 K 是为高风险投保人准备的，这与对称信息下可分均衡中的契约没有区别；对于低风险投保人，保险公司允许他按其公平保费率购买保险，但对投保水平作了限制，相应的契约对应于图中 D 点。D 点是低风险公平保费率预算线 T_l 与高风险者的无差异曲线 $U_h(K)$ 相交而得的。将低风险投保人的契约限制在点 D 的原

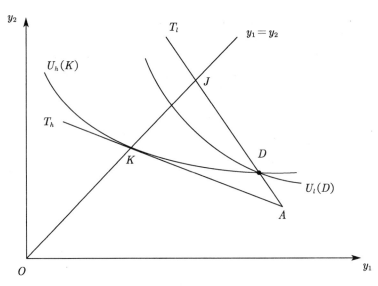

图 21.3 非对称信息下的可分均衡

因在于,高于 D 点的契约对高风险者来说比契约 K 的吸引力大,低于 D 点的契约又未能使低风险者效用达到最大。正式地,D 点是问题

$$\max_q U_l(\pi_l, q_l)$$
$$\text{s.t.} \quad U_i(\pi_i, q_i) \geqslant U_i(\pi_j, q_j) \quad i = l, h;\ i \neq j$$
$$\pi_l = p_l$$

的解。由于可分契约 K 和 D 分别在高风险和低风险投保人的公平保费率预算线上,所以保险公司的期望利润为零,满足完全竞争假设。

与对称信息的场合相比,高风险者的期望效用没有变化,但低风险者却遭受了效用损失,因为他本来是希望按公平保费率 p_l 为其可能遭遇的财产损失 L 全部购买保险的 (对应图中 J 点)。日常生活中我们常常觉得,"坏人"的利益时时受到保护,"好人"却经常受损——这里的模型也许揭示了其中的部分道理。由于高、低风险的投保人共存,而保险公司又无法区分投保人的种类,保险市场无可避免地存在外部性,这种负的外部性全部落到了低风险投保人的头上。

21.1.4 保险市场竞争均衡的存在性

图 21.3 中的契约组 (K,D) 是否就是贝叶斯竞争均衡呢?未必。考虑图 21.4,它在图 21.3 的基础上多画了一条对应汇合保费率 $\bar{\pi}$ 的预算线 $\bar{T}$。在图 21.4 中 $\bar{T}$ 与低风险者过 D 点的无差异曲线有两个交点,从而围成一个月牙形区域。

预算线 $\bar{T}$ 是所有投保人购买一种契约 (汇合契约) 时保险公司的零利润线,在 $\bar{T}$ 的左侧提供汇合契约的公司将获得正利润,在 $\bar{T}$ 的右侧提供汇合契约的公司期望利润为负。图 21.4 中 $\bar{T}$ 与 $U_l(D)$ 围成的月牙形区域中任何一点,比如说点 G,都位于无差异曲线 $U_l(D)$ 和 $U_h(K)$ 的上方。这意味着如果保险公司提供一个像 G 那样单一的契约的话,两种投保人

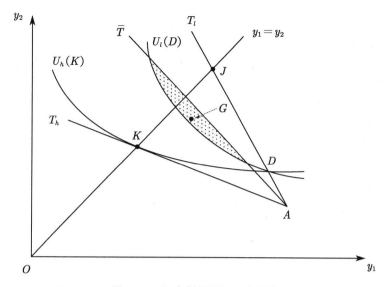

图 21.4　汇合契约驱逐可分契约

都会放弃可分契约 (K,D) 而购买 G, 但提供契约 G 又能使保险公司获取正的利润。不难想象, 保险公司有强烈的动机提供汇合契约 G, 那些提供分离契约 (K,D) 的公司将被逐出市场。但是, 我们在早些时候已经证明竞争的保险市场不存在汇合均衡, 这就说明此时不存在贝叶斯竞争均衡。不过, 均衡不存在的结论依赖于预算线 $\bar{T}$ 与低风险投保人无差异曲线相交这一条件。如果直线 $\bar{T}$ 充分平坦, 或者低风险投保人的无差异线充分陡峭, 二者就无法围出图 21.4 中那样的月牙形区域。这种情况下, 如果有保险公司提供可分契约 (K,D), 其他公司就无法以其他契约拉走客户, 因为任何企图吸引公司低风险客户的契约同时也会吸引高风险客户, 而位于 $\bar{T}$ 右侧的汇合契约只会让保险公司赔钱。所以, 此时可分契约 (K,D) 构成贝叶斯均衡。

几何上陡峭的无差异曲线对应的经济含义是风险厌恶程度低或者事故率低。所以, 如果低风险投保人的风险厌恶系数或者他的事故率充分低, 保险市场就易于出现可分均衡 (K,D); 另一方面, 投保人中高、低风险者的相对比例将影响预算线 $\bar{T}$ 的斜率。如果低风险者在人群中的比例 γ 较低, $\bar{T}$ 的斜率绝对值也较小 ($\bar{T}$ 更偏向 T_h 一边), 可分均衡也容易出现; 如果低风险者占的比例 γ 较大, 均衡就可能不存在。

21.2　保险市场上的非对称信息: 道德风险

在上一节讨论的逆向选择模型中, 保险公司的问题是无法判断客户的风险类型, 但两类客户的事故概率都是外生的, 客户本身的行为不能影响他的事故概率。但是, 很多场合下投保人的事故概率可能是内生的, 投保人的行为将影响他遭遇事故的可能性大小。譬如, 车主离开汽车时总是锁好车门、时常使用有人管理的停车场等措施都会在很大程度上避免汽车被盗; 小心用火用电能有效地降低火灾概率。另一方面, 保险契约可能会改变投保人的行为, 因为它降低了事故对投保人造成的损失。而对投保资产进行看管和爱护, 通常需要投保人一定的成本。一个本来不忘锁好汽车门再离开的人，一旦为汽车上了盗抢保险，可能会觉得总锁车门和找停车场太麻烦，开始对他的车随便起来；为家庭财产买了保险的人可能为了尽情享受阳光而撤去防盗窗条，为省电卸掉安装好的报警装置。

由于保险公司（委托人）无法跟踪投保人（代理人）订立契约后的行动而出现的这类行为称为道德风险。下面我们考虑道德风险场合保险市场的均衡。

假设某风险厌恶的人要为他价值 L 的汽车购买盗抢保险。对其汽车他可以有两种不同的态度：善加看管或任其自然。将"善加看管"记为行动 a，"任其自然"记为行动 b，两种行动下汽车被盗概率分别为 $p(a)$ 和 $p(b)$，善加看管能降低汽车被盗概率：$p(a) < p(b)$；保险公司无法观察投保人采取哪一种行动。假设对汽车善加看管导致投保人一笔不大但正的额外成本，而这会降低他的效用水平，记

$$e = u(y,b) - u(y,a) > 0$$

其中 y 是投保人的财富量。由于投保人的行为影响汽车被盗的概率，所以，根据投保人行为的不同，保险公司需要不同的保费率政策才能保证收支平衡。如图 21.5，投保人的初始点在 A，状态 1 下他的财富量为 $y_0 + L$，状态 2 下价值 L 的汽车被盗，剩下 y_0。T_a 和 T_b 分别是对应保费率 $\pi = p(a)$ 和 $\pi = p(b)$ 的投保人预算线，同时也是投保人采取行动 a 和行动 b 时保险公司的收支平衡线。

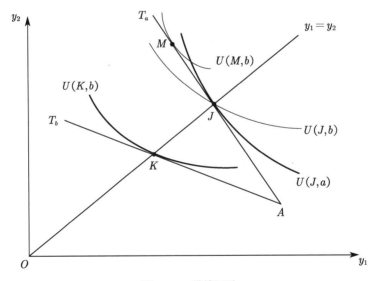

图 21.5 道德风险

值得注意的是，过状态空间中任何一点，投保人都有两条无差异曲线，这取决于他采取哪一种行动。这是因为，在行为 a 和 b 下，投保人的期望效用分别是

$$U(y_1, y_2; a) = [1 - p(a)]u(y_1, a) + p(a)u(y_2, a) \tag{21.6}$$

$$U(y_1, y_2; b) = [1 - p(b)]u(y_1, b) + p(b)u(y_2, b) \tag{21.7}$$

由于 $p(a) < p(b)$，因此在任何一点行为 a 下的无差异曲线都比行为 b 下的无差异曲线陡峭（回忆无差异曲线的斜率公式）。

在初始点 A, 投保人肯定是按行为 a 行事的, 因为我们假设他对汽车善加看管的成本很小, 与高概率丢失汽车相比, 他情愿付出这一较小的成本尽量避免汽车被盗。现在我们先来看 J 点是不是一个贝叶斯均衡。假如保险公司提供一个对应投保人行为 a 的公平保费率 $\pi = p(a)$, 到现在还在按 a 行事的投保人的最优点在 J, 图中显示在这点无差异曲线 $U(J,a)$ 与 T_a 相切, 所以, 投保人将购买契约 J。一旦与保险公司签订了契约, 投保人发现他在 J 点按 b 行事效用更高, 因为即使汽车被盗也会得到全部赔偿。由于 $U(J,b)$ 与 T_a 相交, 所以一个准备按 b 行事的投保人沿预算线 T_a 继续向 J 点的左上方移动会有利可图, 事实上他将在 M 点达到最优。也就是说, 如果一个投保人准备采取行动 b, 那么在保费率 $\pi = p(a)$ 下他会觉得比汽车的实际价值多买一些保险更舒服, 因为现行的保费率对他来说太便宜了。注意, 如果能买到契约 M 的话, 投保人事实上希望被盗——也许这就是有人故意"丢失"投保财物或纵火烧家骗取保险金的道理。但是, 索取契约 M 不能不使人生疑, 因为按 a 行事的人会满足于停留在 J。申请更换到契约 M 等于宣布自己将按 b 行事, 那样的话保险公司只会卖契约 K 给他。所以, 即使有购买契约 M 的冲动, 投保人也会满足于契约 J, 在这里他可以安全地按 b 行事。只是这一来, 保险公司就无法维持收支平衡了。所以, J 不可能是均衡点。

既然保费率 $\pi = p(a)$ 下客户总是按 b 行事, 保险公司自然会想到试试对应行为 b 的公平保费率 $\pi = p(b)$。在对应的预算线 T_b 上, 如果投保人准备按 b 行事, 他会选择完全投保, 在 K 点达到最优。不过, 由于对投保人来说保费率 $\pi = p(b)$ 较高, 他不会选择完全投保。他只会部分投保, 并对汽车善加看管, 尽量避免被盗。这一点图 21.6 作了更为清楚的解释。在 K 点, 由于投保人的两条无差异曲线中 $U(K,a)$ 较 $U(K,b)$ 陡峭, 而后者与预算线 T_b 相切, 所以 $U(K,a)$ 必然与 T_b 线相交, 而且 T_b 线上 K 点右边的点 (只要它距 K 点不是太远) 必然处于 $U(K,a)$ 线的上方。这意味着, 如果投保人按 a 行事, 他自 K 点开始沿 T_b 线向右下方移动必然会达到更高的无差异曲线。在按 a 行事的前提下, 投保人会一直移动到图中 Q 点, 这里的无差异曲线 $U(Q,a)$ 与预算线 T_b 相切。不难发现, 投保人在 Q 点以 a 行事比他

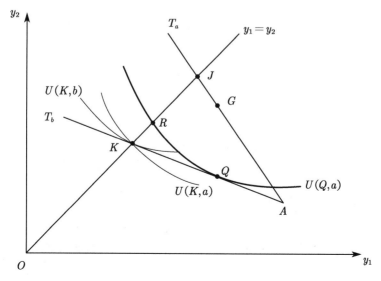

图 21.6　不公平保费率下的部分保险契约

在 K 点以 b 行事期望效用高,这只要注意到 $U(Q, a)$ 与 45° 线的交点 R 处于 K 点的右上方就很清楚了。所以,在保费率 $\pi = p(b)$ 下,投保人将选择契约 Q——既然保费提高了,少买一些保险,自己对汽车善加看管就行了。

但 Q 点也不是竞争均衡,因为在这点投保人按 a 行事,可是却被索取较高的保费率 $\pi = p(b)$。由于保险市场是完全竞争的,如果某保险公司提供契约 Q 赚取超额利润,其他公司只要稍稍降低保费率,就会把客户全部吸引过去。只要市场保费率还高于对应于行为 a 的公平保费率 $\pi = p(a)$,这种竞争就不会停息。

我们断言,竞争均衡是 T_a 线上介于初始点 A 和完全保险点 J 之间的某一点 G。为了说明这点,记

$$\mu(y_1, y_2) \equiv U(y_1, y_2, a) - U(y_1, y_2, b) \tag{21.8}$$

$\mu(y_1, y_2)$ 的正负显示投保人在 (y_1, y_2) 点选择行为 a 还是行为 b: $\mu(y_1, y_2) > 0 \ (< 0)$ 时投保人必然选择行为 $a(b)$。如果 $\mu(y_1, y_2) = 0$,投保人对选哪一种行为无所谓,我们假设他选择对保险公司有利的那种行为。

早些时候我们已经说明,由于选择行为 a 的额外成本 e 较小,投保人在初始点 A 按 a 行事,所以有 $\mu(A) > 0$;另一方面,前面已证明,在 J 点投保人会按行为 b 行事,$\mu(J) < 0$。只要投保人的效用函数是连续的,函数 $\mu(y_1, y_2)$ 也是连续的。所以,自 A 点起沿预算线 T_a 向 J 点移动,必然存在一点,记为 G,使得 $\mu(G) = 0$。这说明,在 G 点投保人无所谓选择行为 a 还是 b。所以,当保险公司以保费率 $\pi = p(a)$ 提供一个部分保险契约 G 时,投保人至少没有选 b 而不选 a 的动机。按假设,此时投保人按对保险公司有利的行为 a 行事,保险公司也实现了收支平衡。

最后,要证明 G 就是均衡点,只需说明在预算线 T_a 上其他点对应的契约都无法将契约 G 驱除出市场即可 (T_a 左侧的契约已证明不可能在竞争环境中存在,T_a 右侧的契约在任何情况下都会让保险公司亏损)。在 G 点右下方的点,投保人都未达到他可能达到的最高期望效用,任何提供这种契约的公司都面临被竞争对手抢走所有客户的危险;在 G 点左上方的点,投保人总是有选择行为 b 的动机,而这会使实行保费率 $p(a)$ 的公司无法维持收支平衡。

正式地,G 点可以通过解一个投保人的约束下最大化问题而得

$$\begin{aligned} &\max_q U(y_0 + L - \pi q, y_0 - \pi q + q, a) \\ &\text{s.t.} \quad p(a) \leqslant \pi \leqslant p(b) \\ &\quad \mu(y_0 + L - \pi q, y_0 - \pi q + q) \geqslant 0 \end{aligned} \tag{21.9}$$

第二个不等式约束是自选择约束,由上面的分析知它是束紧的;第一个不等式中的前一个子不等式也是束紧的,所以这其实可以转化为一个等式约束下的最大值问题。

显然,道德风险存在时的均衡与对称信息情况相比,投保人的期望效用降低了: 投保人本来愿意按现行保费率购买完全保险契约 J,但保险公司只提供一个部分保险契约 G。保险公司本来无所谓提供契约 G 还是 J,因为二者都使它恰好维持收支平衡,但在完全契约 J 下投保人不会太在意自己的车是否被盗。所以,均衡的契约一定需要投保人自己也承担部分风险。根据这一道理,我们容易明白为什么保险公司除了拒绝向客户提供完全保险,还限定其客户不能对同一资产再去其他公司重复投保。如果一个人在甲公司为他价值 50 万元的汽车

买了 30 万元的保险，同时还能去乙公司为同一辆汽车再买 30 万元保险，不难想象这个人在心里是多么盼望他的汽车被盗。如果包袱都让别人背着，那么包袱究竟有多重都不关自己的事，结果背包袱的人必定会累垮；但如果自己也要承受一部分包袱的重量，你对包袱会有多重就不可能漠不关心了，这样一来每一个人都不用担心自己的负担会过重。

21.3 信号模型

21.3.1 旧车市场和信号原理

在 21.1 节的可分均衡中，事故率较低的投保人承担了全部由隐藏信息导致的外部性。在某些场合，这样的投保人有机会间接地向保险公司发出某种信号，示意他的事故率较低，而后者凭此可以区分不同种类的投保人。通过示意自己的真实类别，代理人不仅替委托人解决了逆向选择问题，还有效地保护了自己的利益。

作为分析的起点，我们先考虑另一个著名的逆向选择问题并通过它说明信号模型的基本原理。考虑一个旧车市场 (market of lemons)：不妨假设该市场上的汽车质量 θ 均匀地分布于 0 和 T 之间 ($T > 0$)；对于一辆质量为 θ 的旧车，市场上的买主最高愿意出 $3\theta/2$ 的价格购买，卖主最低愿意以价格 θ 出售。我们假设市场上有很多潜在的卖主和买主，这样市场呈完全竞争特征。

如果双方都知道旧车的质量，那么一辆质量为 θ 的车会以一个介于 θ 和 $3\theta/2$ 间的价格成交。但问题是这里信息是非对称的：旧车车主通常清楚他的车质量是高还是低，买主却无法只凭看看车的外观就明白对方车的好坏。假如你是一个潜在的旧车买主，在对卖主提供的车的质量一无所知的情况下，你会怎样出价？由于市场上的旧车质量均匀地分布于 0 和 T 之间，这意味着市场上所有旧车的平均质量应该是 $T/2$。所以，如果从市场中随机地挑一辆旧车给你，你自然愿意出价 $(3/2) \times (T/2) = 3T/4$。但在你掏出 $3T/4$ 元钱买走一辆旧车之前，你可能会再想一想这个价钱会买到一辆什么质量的车。显然，那些质量高于 $3T/4$ 的车主不会对你的出价感兴趣，那么你买的车的质量必定不高于 $3T/4$；另一方面，只要你一宣布你的出价 $3T/4$，那些质量低于这个水平的车主会一哄而上，争着要把自己的车卖给你。所以你的出价只能买到平均质量为 $3T/8$ 的车。既然这样，你当然不会眼睁睁地吃这个亏，你会把出价调整到 $(3/2)(3T/8) = 9T/16$。与前面同样的道理，你会计算出这个新的出价只能买到平均质量为 $9T/32$ 的旧车，于是你不得不再次调整出价。这种价格调整过程会一直进行下去，你的第 n 轮出价将是 $(3/4)^n T$，当 n 趋于无穷大时它趋于零。结果是你最终的出价是零，当然也不会有哪个卖主以这个价格卖车给你。

这是一个典型的逆向选择问题导致市场消失的例子。不过在现实中，尽管旧车的价格往往非常低，但旧车市场仍然在正常地运行。这其中当然存在不少上述模型没有考虑到的因素，其中一个因素就是现实中卖主找到了向买主示意其汽车质量的手段。想象你有一辆性能相当不错的旧车要出手，你当然明白无论如何向买主说明它的高性能也不会有用，因为所有的卖主——无论他的车的质量怎样——都会向买主来这一套。不过，你也许不会在意在售货合同中附加一个一年的保修条款：如果你出售的车在一年内出了故障，由你来支付修理费用。如果你的车质量较高,作了这样的保修承诺后你实际上往往不必支付保修费,因为好车不大可能在出售后第一年内就出故障。但是,如果一个卖主知道他的车存在某种问题,他可能就不敢作这样的承诺,因为那样做成本可能太高了。所以,如果卖主愿意提供一定时间的使用保证,买主就不会再按所有旧车的平均质量来出价;相反,如果卖主不愿提供这样的保证,那他等于告诉卖主他的车质量够呛,即使买主愿意买辆老爷车,他也只愿意付一个较低的价格。

我们不难在保险市场上找到类似这里"保修条款"这样揭示代理人真实类型的信号。许多人寿保险合同都规定,合同生效的某一段时间内,比如说头一两年内,如果投保人死亡,保险公司只偿付相当有限的金额。接受这种条款的投保人一定程度上向保险公司承诺了他的健康状况,因为如果某人知道他得了什么不治之症,那么死亡多半会在近期发生。

21.3.2 Spence 信号模型

Spence(1973,1974) 以劳动市场为例首先提出并研究了上述信号原理。严格说来,信号机制出现在动态模型中,所以合适的均衡概念是 13.2 节介绍的完美贝叶斯均衡。不过,为避免模型中过多的技术性问题,我们采用一种松散的方法,对 Spence 信号模型作简化的直观说明。练习与思考 21-7 提供了一种正式的建模方法,读者可以思考模型中较为严格的均衡性质。

考虑一个厂商同新雇用的工人签订工资合同。工人的工作效率可能为 θ_1 或 θ_2, $\theta_1 < \theta_2$;厂商不知道对方的工作效率,但知道低效率工人在人群中的比例是 p。假设厂商是风险中立的,而且劳动雇佣市场是完全竞争的,它不可能从工人的雇佣契约中获得剩余。所以,如果它能探知对方的工作效率,它将向 θ_i 类工人支付 $y_i = \theta_i$ (不妨假设我们使用的是货币化效率指标);在不知道对方工作效率的情况下,厂商只好向所有的工人支付一个平均工资

$$\bar{y} = p\theta_1 + (1-p)\theta_2 \tag{21.10}$$

尽管厂商不知道对方的工作效率,它可以很容易地从履历表上查到工人的学历。由于我们只是分析学历作为一种信号的作用,不妨假设工人的学历年限与他的工作效率无关,但是,取得一定的学历却需要付出相应的成本。根据聪明人上学较轻松的道理,我们假设高效率工人接受一定时间教育需要付出的成本较低。进一步假设学历成本 c 是教育年限 e 的线性函数: $c_i(e) = c_i e$, 则 $c_1 > c_2 > 0$ (这就是我们熟悉的单交条件)。假设工人的效用函数是 $u_i(e,y) = y - c_i e$, 在 (e,y) 平面上,其无差异曲线是斜率为 c_i 的直线,沿左上方移动无差异曲线代表工人的效用水平增加。单交条件意味着低效率工人的无差异曲线比高效率工人的无差异曲线陡峭 (见图 21.7)。

显然,平均工资制度 $\bar{y}$ 便宜了低效率工人,同时委屈了高效率工人。所以,尽管厂商知道一个工人的学历与他的工作效率没有直接联系,但它根据学历来决定工资并不像看起来那样傻,因为这可以吸引高效率工人为它干活。譬如,它可以简单地宣布一个"门槛工资制度":学历低于某一临界年限 $\hat{e} > 0$ 的工人工资为 $y_1 = \theta_1$, 学历高于 $\hat{e}$ 的工人工资为 $y_2 = \theta_2$。如果工人在学童时代就正确地预见到这一工资政策,他会选择取得一个合适的学历,最大化自己的效用。

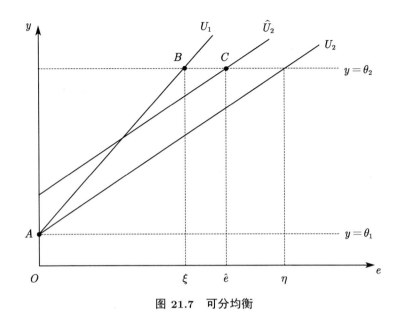

图 21.7 可分均衡

实行门槛工资制度自然是要区分不同效率的工人。如果一个低效率工人如期选择一个低于 $\hat{e}$ 的学历，他的选择必然是 $e_1 = 0$——如果你上了学得到的工资与不上学得到的工资一样，而上学又让你痛苦，你当然不会去上学。所以，$\hat{e}$ 要满足低效率工人的自选择约束

$$\theta_1 - c_1 \times 0 \geqslant \theta_2 - c_1 \hat{e}$$

或者写为

$$\hat{e} \geqslant \frac{\theta_2 - \theta_1}{c_1} \equiv \xi \tag{21.11}$$

同样的道理，要高效率的工人选高学历，他选的必然是 $e_2 = \hat{e}$，所以 $\hat{e}$ 还要满足高效率工人的自选择约束

$$\theta_2 - c_2 \hat{e} \geqslant \theta_1 - c_2 \times 0$$

或写为

$$\hat{e} \leqslant \frac{\theta_2 - \theta_1}{c_2} \equiv \eta \tag{21.12}$$

厂商只要定一个 $\hat{e} \in [\xi, \eta]$，高效率工人就会选择学历水平 $\hat{e}$，获得工资 θ_2；低效率工人选择学历水平 0，甘于获得较低的工资 θ_1。图 21.7 显示了这种可能的可分均衡。

在图 21.7 中，低效率工人位于 A 点，高效率工人位于 C 点。不过，如果厂商将临界学历 $\hat{e}$ 定低一些，高效率工人的效用会增加，而这不会损失厂商什么。只要 C 点不位于 B 点的左侧，厂商降低 $\hat{e}$ 也不会让低效率工人改变主意。由于劳动雇佣市场是完全竞争的，如果厂商所定的 $\hat{e}$ 大于 ξ，就存在其他厂商以较低的临界学历抢走高效率工人的可能性。所以如果可分均衡存在，一定是厂商选择门槛学历

$$e^* = \xi = \frac{\theta_2 - \theta_1}{c_1}$$

低效率工人选择 A 点，高效率工人选择 B 点。

但是我们还不能肯定这就一定是竞争均衡，其原理与21.1节相似。记高效率工人过 B 点的无差异曲线 U_2^* 在纵轴上的截距为 θ^*。如果人群中低效率工人的比例足够小，使得社会的平均劳动效率 $\bar{\theta}$ 充分大，满足 $\bar{\theta} > \theta^*$，那么如果有其他厂商采用平均工资 $\bar{\theta}$，两种工人都会被吸引过去 (见图 21.8)。

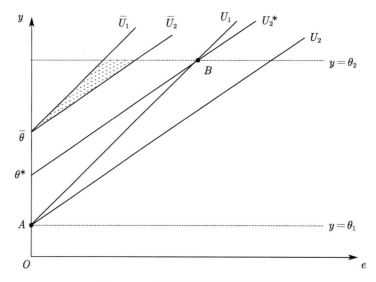

图 21.8 平均工资制的帕累托改进

平均工资制下两种工人都选择学历 0，获取工资 $\bar{\theta}$，这使得低效率和高效率工人分别处于图中无差异曲线 $\bar{U}_1$ 和 $\bar{U}_2$ 上，它们显然都高于门槛工资制下的 A 点和 B 点。

平均工资制是否导致了一个汇合均衡呢？不会。理由是由于 $\bar{U}_1$ 比 $\bar{U}_2$ 陡峭，二者之间位于直线 $y = \theta_2$ 以下的点 (图中阴影部分区域) 都对高效率工人有吸引力，但不会让低效率工人感兴趣，同时厂商也能维持正利润。这意味着，如果你是一个实行平均工资制的厂商，那么总会有其他的厂商设计适当的工资制度将高效率工人拉走。由于你的平均工资只能留住低效率工人，所以不可能维持零利润。对平均工资制的这种分析适用于任何其他的单一 (汇合) 工资制度，所以我们的模型不存在汇合均衡。

这就是说，如果低效率工人在人群中的比例很低，使得 $\bar{\theta} > \theta^*$，均衡不存在。一旦 $\bar{\theta} \leqslant \theta^*$，出现的即是以学历为信号的可分均衡。

信号可分均衡是否存在，一方面依赖于两种工人相对比例的大小 ($\bar{\theta}$ 的大小)，另一方面又依赖于 θ^* 的位置。其实我们可以轻易地将 θ^* 求出来：按定义，高效率工人以学历 0 领取工资 θ^* 与他以学历 e^* 领取工资 θ_2 具有相同的效用，亦即

$$\theta^* = \theta_2 - c_2 e^* \equiv \frac{c_2}{c_1}\theta_1 + (1 - \frac{c_2}{c_1})\theta_2 \tag{21.13}$$

由 $\bar{\theta}$ 的定义，注意到 $\theta_1 < \theta_2$，条件 $\bar{\theta} \leqslant \theta^*$ 就等价于

$$p \geqslant c_2/c_1 \tag{21.14}$$

这就是可分均衡存在的条件。给定人群中两种工人的相对比例，高效率工人的相对信号成本越低，越有可能出现可分均衡。

最后我们简单地看看这个模型中教育的福利意义。在一个由 N 个工人及若干工厂组成的社会中，如果没有教育带来的学历信号，在平均工资制度下，社会的总效用是 $N\bar{\theta}$（注意每个工厂的利润都是零）；如果可分均衡存在，均衡中社会总效用是

$$N[p\theta_1 + (1-p)(\theta_2 - c_2 e^*)] = N[\bar{\theta} - (1-p)c_2 e^*] < N\bar{\theta}$$

这就是说，教育降低了社会总效用！其实这个结果并不奇怪，因为我们假设教育并不提高工作效率，它的唯一作用，就是在工人和厂商间作为一个信号载体。在这个假设下，教育只提供了一条在总产值不变前提下利益再分配的途径，但教育本身是有成本的。在可分均衡中，低效率工人的效用受到损失（与平均工资情况相比），这个损失一部分重新分配到高效率工人的净效用中，另一部分则充作高效率工人的信号成本。

进一步阅读

对本章内容论题作更深入、更全面的讨论可参见著作：

Laffont, J. J. (1989), *The Economics of Uncertainty and Information*, Cambridge, Mass: MIT Press.

下面的两本书则提供了丰富的相关文献：

Diamond, P. and M. Rothschild (1989), *Uncertainty in Economics: Readings and Exercises*, SanDiego: Academic Process.

Dionne, G. and S. E. Harrinton (1992), *Foundations of Insurance Economics: Readings in Economics and Finance*, Boston, Mass: Kluwer Academic Publishers.

保险市场逆向选择问题的研究源自：

Rothschild, M. and J.E. Stiglitz (1976), "Equilibrium in Competitive Insurance Markets: an Essay on the Economics of Imperfect Information", *Quarterly Journal of Economics*, 90: 629-649.

旧车市场模型：

Akerlof, G. (1970), "The Market for Lemons: Qualitative Uncertainty and the Market Mechanism", *Quarterly Journal of Economics*, 84: 488-500.

Spence 的雇佣市场模型是信号理论研究的发端：

Spence, A. M. (1973), "Job Market Signaling", *Quarterly Journal of Economics*, 87: 355-374.

Spence, A. M. (1974), *Market Signaling: Information Transfer in Hiring and Related Economic Processes*, Cambridge, Mass: Harvard University Process.

有关信号模型的应用及相关论题的文献，参见：

Kreps, D. M. (1990), *A Course in Microeconomic Theory*, New York: Harvester Wheatsheaf, 650-654.

练习与思考

21-1 Jensen and Meckling (1976) 指出,公司经理因为只持有任职公司的部分股份而倾向于偷懒和过度地在职消费;同时,在有银行债务的情况下,公司股东即使是风险厌恶的,也会投资于一些风险较高的项目,损害银行的利益。试用非对称信息理论解释这两种效应。

21-2 假设一个边际生产率为 θ 的人在不受雇佣时靠个体劳动的收入是 $\bar{y} = (1-d)\theta$;人们的边际生产率是区间 $[\alpha, 1+\alpha]$ 上的均匀分布。假设厂商无法识别工人的劳动生产率,实行平均工资制度: $y = 1/2 + \alpha$。

(1) 给定 d 和 α,哪些人会选择个体劳动,哪些人选择受雇为厂商工作?求这两种人在人群中的比例。

(2) 当 d 很小时,将出现什么样的情况?

21-3 在 21.1 节的模型中,如果投保人的风险厌恶程度增加,出现图 21.4 中汇合契约 G 驱逐可分契约 (K, D) 的机会是否会增加?

21-4 某人要出售一块金矿石。按市价,如果这块矿石的含金量为 $\theta\%$,它能卖 100θ 元;这人拥有一份某技术检验权威机构的检验证书,表明他的矿石含金量在 2% 和 20% 之间。假设潜在的买主都是风险中立的。

(1) 这块矿石能卖多少钱?如果它的含金量事实上是 15%(但买主和卖主都不知道这点),它的卖价又是多少?

(2) 如果这人本身是一个金矿石专家,他甚至有一个毫无成本的办法探测到矿石精确的含金量;假设法律规定在黄金买卖中任何说谎的人都将遭终身监禁,但这个专家可以选择告诉或者不告诉买主真实的含金量——假设所有人都知道这些事实。分析这个人的战略和矿石的最终卖价。

(3) 如果卖家对矿石含金量保持沉默,而别人并不清楚他是否知道矿石的精确含金量,只是猜测他知道和不知道实情的概率各是 50%(知情的情况下他不能谎报),均衡售价应为多少?

21-5 在 21.2 节保险市场道德风险的基本模型中,假设投保人对汽车的看护程度 $a > 0$ 是连续变化的,a 同时也是看护成本;汽车被盗的概率 p 是 a 的连续函数: $p = \gamma(a)$,假设该函数满足 $\gamma'(a) < 0$, $\gamma''(a) > 0$。仍然记 (π, q) 为一个保费率 π、投保量 q 的保险契约。

(1) 推导任一保险契约 (π, q) 下投保人对汽车的最优看管程度条件。

(2) 投保人对汽车的看管程度如何随他的初始财富 m、汽车的价值 L、保费率 π 以及投保量 q 变化?

(3) 在现实中,当人们的投保量增加时,他们对投保财产的爱护和看管程度会降低。为了体现这一点,这个模型中应该对投保人的偏好或者函数 $\gamma(a)$ 作什么样的假设?解释这些假设的合理性。

21-6 假设你正在考虑是否投资某风险资产,该风险资产有高、低两种可能的收益率 r; 根据你自己的判断,最终获得高收益率的可能性是 70%。你认识一个资产评估专家,他在对这项资产相关的信息做详细的调查研究后,能得到一个关于资产质量的评估报告。如果他的报告结果是"好",那么这项资产出现高收益的概率是 90%; 如果其报告结果是"坏",高收益的概率则是 50%。这个专家告诉你,如果他来评估这项资产,评估结果是好和坏的概率各占 50%,你可以雇用他为你做进一步的调查研究。

问题在于,你雇用他后无法确认他是否真的进行了评估工作,而即使他老老实实地做了工作,你也不知道他得到的真正结果是什么 (你不知道他是否会对你撒谎)。如果你决定雇用他,你只有认为他确实做了认真的评估并且真实地报告评估结果。假设这个专家的效用函数是

$$v = \sqrt{y} - c(a)$$

这里 y 是你付给他的工作报酬, $c(a)$ 是他的评估工作成本——如果他认真做了评估, $c(a) > 0$; 如果他只是敷衍你, $c(a) = 0$。你的效用函数是

$$u = G(1+r) - y$$

其中 G 是你的投资规模, r 是投资收益率。

(1) 如果你可以根据对方的报告结果及投资资产最终的收益率来确定向对方支付的报酬,你是否会雇用这个专家?

(2) 如果你雇用他,你将怎样安排对他的支付? (说明报酬结构即可,不需要具体的表达式)

21-7 在 21.3.2 小节中,我们考虑的实际上是下面这样一个动态不完全信息博弈:
(a) 自然 N 选择工人的生产效率 θ: $\theta = \theta_1$ 和 $\theta = \theta_2$ 的概率分别是 p 和 $1-p$, $\theta_1 < \theta_2$;
(b) 工人得知自己的生产效率,并选择学历 e;
(c) 观察到工人的学历 e 后,两个对称的完全竞争厂商同时向工人提供工资;
(d) 工人接受高工资厂商的雇佣 (如果两个厂商提供的工资相等,工人随意挑选一家)。

模型中包含两个完全竞争厂商是为了保证厂商的利润为零,并提供工人选择高工资率的权利。假设低效率工人在人群中的比例是 p。

(1) 如果存在一个汇合均衡,两种工人都选择教育水平 $\bar{e}$。证明:一种支持这一均衡的厂商信念是

$$\mu(\theta_1 \mid e) = \begin{cases} p & e = \bar{e} \\ 0 & e \neq \bar{e} \end{cases}$$

(2) 是否还存在支持 (1) 中汇合均衡的其他厂商信念?

(3) 试构造一种支持 21.3.2 节中可分均衡的厂商信念。

21-8 一个公司新生产一种洗发水,质量非常好,遗憾的是消费者在使用前认为这种洗发水的质量好的概率仅是 50%。假设市场上有 1 000 个消费者,每人都愿意为 1 瓶好洗发水出价 30 元,但不肯出一分钱买质量不好的洗发水。公司生产洗发水的单位成本是 18 元。假设有两个时期,每个时期每个消费者愿意购买一瓶洗发水,且一旦使用后,消费者便知道了洗发水的质量。公司可以用电视广告宣传自己的产品,但消费者都认为电视上的宣传与产品的实际质量毫无关系,并且公司也明白这一点。在下列问题中,忽略跨时贴现问题。

(1) 如果允许作电视广告,解释为什么公司可能仍会花钱作这种丝毫不影响产品形象和提升需求的广告。

(2) 如果公司决定作电视广告,它愿意出的广告费用将在什么样的范围内?

(3) 如果市场的消费期增加至 3 期以上,广告费的范围将如何变化?

附录 I 数学基础知识

A 线性代数

A.1 向量及其几何表示

n 个有序实数组成的数组称为一个 **n 维向量**，我们常常以黑体字母来表示

$$\mathbf{x} = (x_1, \ldots, x_n)$$

这里 x_i 是实数，并称为这个向量的第 i 个分量。一个实数当然也被视为一个 1 维向量。以后，我们以 $\mathbf{R}^1$ 代表所有实数组成的集合，以 $\mathbf{R}^n$ 代表所有 n 维向量组成的集合；另外，经济学中常常使用每个分量都是非负实数的向量，所有这样的 n 维向量组成的集合记为 $\mathbf{R}^n_+$。

$\mathbf{R}^n$ 内定义了若干运算规则。如果 k 是任意一个实数，定义

数乘: $k\mathbf{x} = (kx_1, \ldots, kx_n)$

加法: $\mathbf{x} + \mathbf{y} = (x_1 + y_1, \ldots, x_n + y_n)$

内积: $\mathbf{xy} = \sum_{i=1}^{n} x_i y_i$

模: $|\mathbf{x}| = \sqrt{\mathbf{xx}} = (\sum_{i=1}^{n} x_i^2)^{1/2}$

如果两个向量的各个分量都分别相等，就称这两个向量相等。

$$\mathbf{x} = \mathbf{y} \quad \Leftrightarrow \quad x_i = y_i \quad i = 1, \ldots, n$$

尽管数学上向量间不能比较大小，但为方便起见，我们还是使用记号

$$\mathbf{x} \geqslant \mathbf{y} \quad \Leftrightarrow \quad x_i \geqslant y_i \quad i = 1, \ldots, n$$

$$\mathbf{x} > \mathbf{y} \quad \Leftrightarrow \quad \mathbf{x} \geqslant \mathbf{y} \text{ 但 } \mathbf{x} \neq \mathbf{y}$$

有时我们还使用向量的几何表示，在向量为三维以下时这样做常常会使问题变得更为直观。向量的几何表示有两种方法：有向线段表示和点表示。以二维向量为例，$\mathbf{x} = (x_1, x_2)$ 在图 M–1 中表示为一条自坐标原点 O 出发的有向线段 OA，这条线段的长等于 $\mathbf{x}$ 的模，其方向根据 $\mathbf{x}$ 两个分量的相对大小而定：如果记 OA 与横坐标轴（x_1 轴）的夹角为 θ，则

$$\tan\theta = x_2/x_1$$

向量的第二种几何表示方法可以从前一种方法中直接演变而来。参看图 M–1，事实上，OA 线的终点 A 刻画了向量 $\mathbf{x}$ 的所有性质，而且它还具有一个重要的性质：A 在横坐标轴上

的投影点与原点 O 的距离恰好是 $\mathbf{x}$ 的第一个分量 x_1, 在纵坐标轴上的投影点与原点 O 的距离恰好是 $\mathbf{x}$ 的第二个分量 x_2。这个性质使我们能够快速地在坐标平面上找到向量的位置。由于任何一个 2 维向量都对应着坐标平面上唯一一点 (譬如图 M-1 中 A 点), 我们可以直接以这一点来代表这个向量——这就是向量的点表示, 它在微观经济分析中有极其广泛的应用。图 M-1 中, 即使不画有向线段 OA, A 点也表示向量 $\mathbf{x}$。我们在图 M-2 中给出了几个具体数值的例子, 读者可以验证有向线段表示和点表示的等价性。

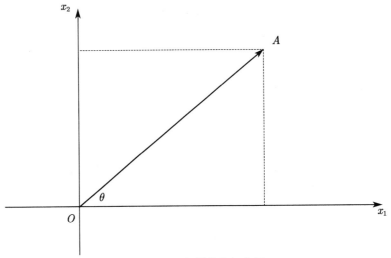

图 M-1　向量的几何表示

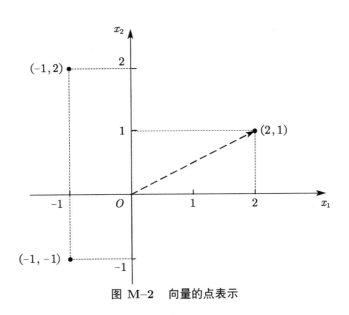

图 M-2　向量的点表示

考虑前面定义的向量运算, 还可以进一步验证这两种表示方法的等价性。以有向线段表示法来说, 对任何一个不为零的正实数 k, $k\mathbf{x}$ 与 $\mathbf{x}$ 的方向相同 (k 为负值时方向相反), 但前

者的长度是后者的 k 倍, 这是因为

$$kx_2/kx_1 = x_2/x_1$$

$$|k\mathbf{x}| = [(kx_1)^2 + (kx_2)^2]^{1/2} = k(x_1^2 + x_2^2)^{1/2}$$

如果以 $\mathbf{x}$ 和 $\mathbf{y}$ 构造一个平行四边形, $\mathbf{x} + \mathbf{y}$ 就是这个平行四边形主对角线代表的方向线。参看图 M-3, 读者应该看出用点表示方法不会得到与此不太不同的结果 (为了不至于让图显得过于缭乱, 我们只标示了横坐标)。

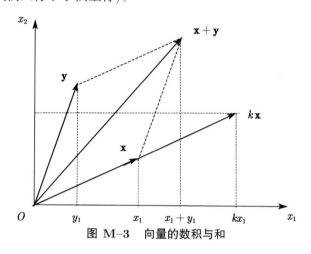

图 M-3 向量的数积与和

向量的另一个几何性质却不太容易用点表示来刻画: 如果向量 $\mathbf{x}$ 和 $\mathbf{y}$ 之间的夹角为 α, 二者的内积又可写为

$$\mathbf{x}\mathbf{y} = |\mathbf{x}||\mathbf{y}|\cos\alpha$$

特别, 当二者相互平行时, $\mathbf{xy} = |\mathbf{x}||\mathbf{y}|$; 二者相互垂直时, $\mathbf{xy} = 0$。

A.2 矩阵和行列式

如下排列的一个由 mn 个实数组成的有序数组称为一个 $m \times n$ **矩阵**:

$$\begin{pmatrix} a_{11} & a_{12} & \cdots & a_{1n} \\ a_{21} & a_{22} & \cdots & a_{2n} \\ \vdots & \vdots & & \vdots \\ a_{m1} & a_{m2} & \cdots & a_{mn} \end{pmatrix}$$

在不会引起混淆的场合, 这个矩阵也可以简写为 $(a_{ij})_{m \times n}$, 有时甚至将 $m \times n$ 也省去。上面这个矩阵是由 m 行和 n 列组成的, 第 i 行、第 j 列的**元素**是 a_{ij}。一个向量当然也可视为一个特殊的矩阵, 只是, 此时我们需要区分行向量和列向量: 当我们将向量 $\mathbf{x}$ 表示为 $(x_1, \ldots, x_n)$, 它就是一个行向量, 或说是一个 $1 \times n$ 矩阵; 如果将向量 $\mathbf{x}$ 表示为

$$\begin{pmatrix} x_1 \\ \vdots \\ x_n \end{pmatrix}$$

则是一个列向量, 或者说是一个 $n \times 1$ 矩阵。如果一个矩阵行和列的数目相等 $(m = n)$, 就称它是一个 **n 阶方阵**; 在方阵 $(a_{ij})_{n \times n}$ 中, a_{ii} $(i = 1, \ldots, n)$ 称为**主对角线**上的元素。

记 $A = (a_{ij})_{m \times n}$, 将 A 的行改为列, 列改为行, 得到的新矩阵称为 A 的**转置矩阵**, 记为 A^{T}: $A^{\mathrm{T}} = (a_{ji})_{n \times m}$; 显然, 对任何矩阵 A 都有

$$(A^{\mathrm{T}})^{\mathrm{T}} = A$$

如果 A 是一个方阵, 其中的元素以主对角线对称

$$a_{ij} = a_{ji} \quad i, j = 1, \ldots n$$

A 就构成一个**对称矩阵**。显然, 矩阵 A 是对称矩阵的充分必要条件是 $A = A^{\mathrm{T}}$。**单位矩阵**是一种特殊的对称阵, 它主对角线上的元素全为 1, 其余的元素全为 0

$$I = \begin{pmatrix} 1 & 0 & \ldots & 0 \\ 0 & 1 & \ldots & 0 \\ \vdots & \vdots & \ddots & \vdots \\ 0 & 0 & \ldots & 1 \end{pmatrix}$$

对任何一个实数 k 和一个矩阵 $A = (a_{ij})$, kA 定义为矩阵 A 中每个元素乘以 k 得到的矩阵: $kA = (ka_{ij})$; 如果另一个矩阵 B 与 A 的行数和列数相等, 则二者的和是它们对应元素相加所得的矩阵: $A + B = (a_{ij} + b_{ij})$。

两个矩阵的乘法只有在前一个矩阵的列数等于后一个矩阵的行数时才有定义。设 $A = (a_{ij})_{m \times l}$, $B = (b_{ij})_{l \times n}$, 则

$$AB = (c_{ij})_{m \times n}$$

其中,

$$c_{ij} = \sum_{k=1}^{l} a_{ik} b_{kj}$$

由于这个定义的特殊性, 对矩阵乘法需要特别小心, 不能把各个矩阵的位置随便颠倒。比如, 一般不能将上面的乘法 AB 写为 BA, 因为当 $m \neq n$ 时后者根本没有定义, 而且即使 $m = n$, 二者一般也不相等。

如果 A 是一个方阵, 可以定义与之对应的行列式。方阵 A 的行列式 $\det A$ 是一个实数, 其定义可以通过一阶、二阶行列式的计算公式和一个递推公式得到:

(1) 对于一阶矩阵 $A = (a)$, $\det(a) = a$;

(2) 对于二阶矩阵

$$A = \begin{pmatrix} a_{11} & a_{12} \\ a_{21} & a_{22} \end{pmatrix}, \det A = a_{11} a_{22} - a_{12} a_{21}$$

或者, 利用一阶行列式的定义, 也可以写为:

$$\det A = a_{11} \det(a_{22}) - a_{12} \det(a_{21})$$

(3) 对于方阵 $A = (a_{ij})_{n \times n}$, 将其中第 i 行的所有元素消去, 再将第 j 列的所有元素也消去, 得到一个新的矩阵 A_{ij}。将 A_{ij} 对应的行列式 $\det A_{ij}$ 称为矩阵 A 中元素 a_{ij} 的余子式,

$$C_{ij} = (-1)^{i+j} \det A_{ij}$$

则称为元素 a_{ij} 的**代数余子式**。

行列式 $\det A$ 就定义为它的第一行元素与其代数余子式之积的和:

$$\det A = a_{11}C_{11} + a_{12}C_{12} + \ldots + a_{1n}C_{1n}$$

由于有一阶和二阶行列式的定义, 由上面第 (3) 个步骤中的递推公式, 总可以求任何一个 n 阶行列式的值。例如一个 3 阶行列式的计算公式是:

$$\det \begin{pmatrix} a_{11} & a_{12} & a_{13} \\ a_{21} & a_{22} & a_{23} \\ a_{31} & a_{32} & a_{33} \end{pmatrix} = a_{11} \det \begin{pmatrix} a_{22} & a_{23} \\ a_{32} & a_{33} \end{pmatrix} - a_{12} \det \begin{pmatrix} a_{21} & a_{23} \\ a_{31} & a_{33} \end{pmatrix} + a_{13} \det \begin{pmatrix} a_{21} & a_{22} \\ a_{31} & a_{32} \end{pmatrix}$$

$$= a_{11}(a_{22}a_{33} - a_{23}a_{32}) - a_{12}(a_{21}a_{33} - a_{23}a_{31})$$
$$+ a_{11}(a_{21}a_{32} - a_{22}a_{31})$$

如果 A 是一个 n 阶方阵, 且 $\det A \neq 0$, 则 A 称为**非退化**的。对于任何一个非退化矩阵 A, 必定存在另一个非退化矩阵 B, 使得 $AB = BA = I$——B 称为 A 的**逆矩阵**, 记为 A^{-1}。

如果 A 是一个 n 阶对称方阵, 对 A 左乘一个 n 维行向量

$$\mathbf{x}^T = (x_1, \ldots, x_n)$$

再右乘这个向量的转置, 其结果称为一个**二次型**:

$$\mathbf{x}^T A \mathbf{x} = \sum_{i=1}^{n} \sum_{j=1}^{n} a_{ij} x_i x_j$$

现在我们有下列关于矩阵定性的定义: 如果对任意的 n 维向量 $\mathbf{x}, \mathbf{x} \neq \mathbf{0}$, 都有 $\mathbf{x}^T A \mathbf{x} > 0 (< 0)$, 就称 A 是**正(负) 定矩阵**; 如果对任意的 n 维向量 $\mathbf{x}$, 都有 $\mathbf{x}^T A \mathbf{x} \geqslant 0 (\leqslant 0)$, 就称 A 是**半正(负)定矩阵**。

有时我们会在上述定义中对向量 $\mathbf{x}$ 施加一定的条件, 最常用的是要求 $\mathbf{x}$ 满足 $\mathbf{b}\mathbf{x} = 0$, 这里 $\mathbf{b}$ 是某个 n 维向量——这时只需在上述各个术语前加一修饰语 "在约束 $\mathbf{b}\mathbf{x} = 0$ 下" 即可。

在介绍矩阵定性判别定理之前, 有必要先引入矩阵的 (顺序) **主子阵**等概念。

方阵 $A = (a_{ij})_{n \times n}$, 在 A 中留下前 l 行和前 l 列的元素 $(1 \leqslant l \leqslant n)$, 其余元素划去, 得到一个新的方阵 A_l

$$A_l = \begin{pmatrix} a_{11} & \ldots & a_{1l} \\ \vdots & \ddots & \vdots \\ a_{l1} & \ldots & a_{ll} \end{pmatrix}$$

A_l 称为矩阵 A 的 l 阶顺序主子阵,或简称为 l 阶主子阵;其相应的行列式 $\det A_l$ 称为行列式 $\det A$ 的**顺序主子式**。

如果 $\mathbf{b}$ 是一个 n 维行向量,所谓 $\mathbf{b}$ 对矩阵 A 的**加边矩阵**是指

$$\begin{pmatrix} 0 & \mathbf{b} \\ \mathbf{b}^T & A \end{pmatrix} = \begin{pmatrix} 0 & b_1 & \ldots & b_n \\ b_1 & a_{11} & \ldots & a_{1n} \\ \vdots & \vdots & \ddots & \vdots \\ b_n & a_{n1} & \ldots & a_{nn} \end{pmatrix}$$

在上述定义下,存在下面的**矩阵定性判别定理**:

(1) 矩阵 A 正定的充要条件是 $\det A_l > 0\ (l=1,\ldots,n)$。

(2) 矩阵 A 负定的充要条件是 $(-1)^l \det A_l > 0\ (l=1,\ldots,n)$。

(3) 矩阵 A 在约束 $\mathbf{bx}=0$ 下正定的充要条件是

$$\det \begin{pmatrix} 0 & \mathbf{b}_l \\ \mathbf{b}_l^T & A_l \end{pmatrix} < 0 \quad (l=1,\ldots,n)$$

这里 $\mathbf{b}_l = (b_1,\ldots,b_l)$。

(4) 矩阵 A 在约束 $\mathbf{bx}=0$ 下负定的充要条件是

$$(-1)^l \det \begin{pmatrix} 0 & \mathbf{b}_l \\ \mathbf{b}_l^T & A_l \end{pmatrix} > 0 \quad (l=1,\ldots,n)$$

A.3 Cramer 法则

许多时候,我们需要求解下列形式的 n 元线性方程组:

$$\begin{cases} a_{11}x_1 + \ldots + a_{1n}x_n = b_1 \\ \quad\quad\quad \vdots \\ a_{n1}x_1 + \ldots + a_{nn}x_n = b_n \end{cases}$$

利用矩阵,它又可简洁地表示为 $A\mathbf{x} = \mathbf{b}$,这里 $A = (a_{ij})_{n\times n}$。将矩阵 A 的第 i 列元素换成 $\mathbf{b}$,所得的新矩阵记为 A^i。如果 A 是非退化矩阵,则上述线性方阵组的 (唯一) 解可由 **Cramer 法则**解得:

$$x_i = \frac{\det A^i}{\det A} \quad i = 1,\ldots,n$$

B 集合论

B.1 基本概念

在 A.1 小节中,我们曾经将一个 2 维向量表示为坐标平面上的一个点。这种向量与点之间的关系其实可以推广到一般的情形。用集合论的术语,我们在上一节中接触过的 n 维向量

空间 $\mathbf{R}^n$ 又称为 **n维实空间**,其中的向量在这里被视为该空间内的**点**; $\mathbf{R}^n$ 中一部分点组成的集合 D 称为 $\mathbf{R}^n$ 的一个**子集**,记为 $D \subseteq \mathbf{R}^n$;如果 $D \subseteq \mathbf{R}^n$,但 $\mathbf{R}^n \not\subseteq D$ ($\mathbf{R}^n$ 中有不属于 D 的点),就说 D 是 $\mathbf{R}^n$ 的一个**真子集**,记为 $D \subset \mathbf{R}^n$。经济学中常用的点集 $\mathbf{R}^n_+$ 就是 $\mathbf{R}^n$ 的一个真子集,它是由所有各分量都非负的 n 维向量组成的

$$\mathbf{R}^n_+ = \{\mathbf{x} \in \mathbf{R}^n \mid x_i \geqslant 0,\ i = 1, \ldots, n\}$$

记号 "$\mathbf{x} \in \mathbf{R}^n$" 的意思是 "$\mathbf{x}$ 是 $\mathbf{R}^n$ 中的点",通常读作 "$\mathbf{x}$ 属于 $\mathbf{R}^n$"。

所有属于 $\mathbf{R}^n$ 但不属于 D 的点组成的集合称为 D 的**补集**,记为 D^c

$$D^c = \{\mathbf{x} \mid \mathbf{x} \in \mathbf{R}^n, \mathbf{x} \notin D\}$$

任取 $\mathbf{R}^n$ 中两点 $\mathbf{x}$ 和 $\mathbf{y}$(有时这也被表示为 "$\forall \mathbf{x}, \mathbf{y} \in \mathbf{R}^n$"),定义 $\mathbf{x}$ 与 $\mathbf{y}$ 间的**距离**为:

$$d(\mathbf{x}, \mathbf{y}) = |\mathbf{x} - \mathbf{y}| = \left[\sum_{i=1}^{n}(x_i - y_i)^2\right]^{1/2}$$

注意这个定义与向量 $\mathbf{x}$–$\mathbf{y}$ 模的定义是一致的。

设 $D \subseteq \mathbf{R}^n, \forall \varepsilon > 0$,$\mathbf{x} \in D$,定义 $\mathbf{x}$ 的 ε- **邻域**(有时也简称为 $\mathbf{x}$ 的邻域) 为:

$$B_\varepsilon = \{\mathbf{z} \in \mathbf{R}^n \mid d(\mathbf{z}, \mathbf{x}) < \varepsilon\}$$

如果 $\mathbf{x} \in D$,且存在一个 ε- 邻域 B,使得 $B \subset D$,则称 $\mathbf{x}$ 为集合 D 的一个**内点**;如果 $\mathbf{x} \in D$,且 $\mathbf{x}$ 的任何一个 ε-邻域 B 中都同时包含 D 内和 D 外的元素,则称 $\mathbf{x}$ 为集合 D 的一个**边界点**。如果集合 D 中的所有元素都是其内点,则称 D 为**开集**;如果集合 D 的补集是开集,则称 D 为**闭集**。

如果存在原点 $\mathbf{0} = (0, \ldots, 0)$ 的一个充分大的邻域

$$B_N = \{\mathbf{z} \in \mathbf{R}^n \mid d(\mathbf{z}, \mathbf{0}) < N\}$$

使得集合 $D \subset B_N$,则称 D 是一个**有界集合**。我们称一个有界的闭集为**紧集**。

在 3 维以下的空间中,点和集合可以直观地以几何表示。以 2 维为例,图 M–4 显示了邻域及内点、边界点的概念,其中集合 A 是一个开集,而 B 则是一个闭集。显然它们都是有界集,所以 B 还是一个紧集。无界集合的例子有 $\mathbf{R}^n$ 和 $\mathbf{R}^n_+$ 等,其中前者是开集,后者既不是开集,也不是闭集。

如果一个集合中任何两点之间的连线也在这个集合中,我们就称该集合是一个**凸集 (convex set)**。换句话说,D 是凸集意味着

$$\forall \mathbf{x}, \mathbf{y} \in D,\ \forall t \in [0, 1],\ 必然有 t\mathbf{x} + (1-t)\mathbf{y} \in D$$

图 M–5 中集合 C 是一个凸集,而集合 D 则不是。另外,图 M–4(b) 中集合 A 和 B 都不是凸集。

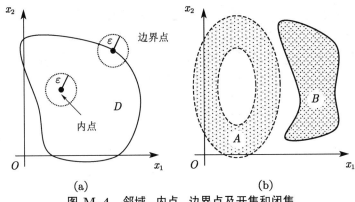

(a)   (b)

图 M-4   邻域、内点、边界点及开集和闭集

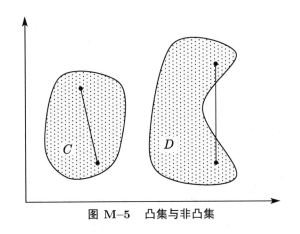

图 M-5   凸集与非凸集

B.2 点列极限

假设 $\{\mathbf{x}_n, n = 1, 2, \ldots\}$ 是集合 D 中的一个点列。如果存在某一点 $\mathbf{x}^*$, 使得 $\forall \varepsilon > 0$, 存在自然数 N(这可以简记为 $\exists N$), 对所有的 $n > N$, 都有:

$$|\mathbf{x}_n - \mathbf{x}^*| < \varepsilon$$

则称 $\mathbf{x}^*$ 是点列 $\{\mathbf{x}_n\}$ 的**极限**, 表示为

$$\lim_{n \to \infty} \mathbf{x}_n = \mathbf{x}^*$$

或者 $\mathbf{x}_n \to \mathbf{x}^*$。

并不是所有的点列都存在极限。一方面一个闭集 D 中的点列如果存在极限, 那么该极限必然也在集合 D 中; 另一方面, 紧集中的任何一个点列必然存在极限, 并且这个极限必然在该紧集中。

C 微分

C.1 连续函数

设 $f(\mathbf{x})$ 是定义在集合 D 上的一个函数。粗略地说,如果自变量 $\mathbf{x}$ 的任何微小变动都只是引起因变量 (函数值)$f(\mathbf{x})$ 的微小变动,就称函数 $f(\mathbf{x})$ 是**连续**的。正式地,

如果 $\forall \varepsilon > 0$, 都 $\exists \delta > 0$, 只要 $|\mathbf{x} - \mathbf{x}_0| < \delta$, 就有

$$|f(\mathbf{x}) - f(\mathbf{x}_0)| < \varepsilon$$

就称 $f(\mathbf{x})$ 在点 $\mathbf{x}_0$ 连续。如果 $f(\mathbf{x})$ 在集合 D 上每一点都连续, 称 $f(\mathbf{x})$ 在集合 D 上是连续的。

C.2 函数的微分

在经济分析中,尤其是在比较静态分析中,常需要探究某一变量变化时另一变量的变化情况,函数的微分此时为我们提供了良好的分析工具。

先来看一元函数的情况。假设函数 $y = f(x)$ 的自变量自 x_0 变化至 $x_0 + \Delta x$, 相应地, 因变量会从 $f(x_0)$ 变化到 $f(x_0 + \Delta x)$, 记 $\Delta y = f(x_0 + \Delta x) - f(x_0)$。自然,

$$\frac{\Delta y}{\Delta x} = \frac{f(x_0 + \Delta x) - f(x_0)}{\Delta x}$$

刻画了因变量 y 的相对变化量, 或者说, 它刻画了自变量以一定速度变化时因变量的相对变化速度。以这个量来刻画因变量变化情况的好处是直观、简便, 但缺点是它随 Δx 的大小变化而变化, 随意性太强。为避免这一不足, 我们在上式中取极限

$$\lim_{\Delta x \to 0} \frac{\Delta y}{\Delta x} = \lim_{\Delta x \to 0} \frac{f(x_0 + \Delta x) - f(x_0)}{\Delta x}$$

如果这个极限存在,就称它是函数 $f(x)$ 在 x_0 点的 (一阶)**微分**, 或称为一阶**导数**, 可以记为下面任何一种形式

$$f'(x_0) \text{ 或 } \frac{df(x_0)}{dx} \text{ 或 } \left.\frac{dy}{dx}\right|_{x=x_0}$$

如果函数 $f(x)$ 在某一区间上每一点的微分都存在, 就称它在此区间上**可微**。由定义可见, 函数微分刻画的, 是自变量作微小变动时引起的因变量变化量; 在经济学中, 一阶微分常对应 "边际" 这一概念。

多元函数一阶微分的原理与一元函数微分的原理相同。对一个 n 元函数 $f(\mathbf{x}) = f(x_1, \ldots, x_n)$, 假定除了第 i 个变量 x_i, 其他变量 $\mathbf{x}_{-i} = (x_1, \ldots, x_{i-1}, x_{i+1}, \ldots, x_n)$ 都保持不变, 此时该函数可视为变量 x_i 的一个一元函数, 考虑 x_i 有一个微小的变化量 Δx_i, 如果极限

$$\lim_{\Delta x_i \to 0} \frac{f(x_i^0 + \Delta x_i, \mathbf{x}_{-i}^0) - f(x_i^0, \mathbf{x}_{-i}^0)}{\Delta x_i}$$

存在, 就称其为函数在 $\mathbf{x}^0 = (x_1^0, \ldots, x_n^0)$ 对变量 x_i 的 (一阶)**偏微分 (偏导数)**, 记为 $\partial f(\mathbf{x}^0)/\partial x_i$, 有时也简记为 $f_i(\mathbf{x}^0)$。如果函数 $f(\mathbf{x})$ 在某一区域上的每一点对每一分量 x_i ($i = 1, \ldots, n$) 的偏导数都存在, 就说它在此区域上是可微的。

一元函数的高阶微分是在其一阶微分的基础上定义的

$$f''(x_0) = \lim_{\Delta x \to 0} \frac{f'(x_0 + \Delta x) - f'(x_0)}{\Delta x}$$

显然,我们有 $f''(x) = [f'(x)]'$。相似地

$$f'''(x) = [f''(x)]', \quad f^{(n)}(x) = [f^{(n-1)}(x)]'$$

同样,对多元函数,可以定义其二阶偏微分为

$$f_{ij}(\mathbf{x}) \equiv \frac{\partial^2 f(\mathbf{x})}{\partial x_i \partial x_j} = \frac{\partial}{\partial x_j}\left[\frac{\partial f(\mathbf{x})}{\partial x_i}\right]$$

二阶偏微分的一个重要性质是

$$\frac{\partial^2 f(\mathbf{x})}{\partial x_i \partial x_j} = \frac{\partial^2 f(\mathbf{x})}{\partial x_j \partial x_i}$$

更高阶的偏微分可仿照二阶的情形定义。在本书中,我们有时还使用以下记号

$$\mathbf{D}f = \left(\frac{\partial f}{\partial x_1}, \ldots, \frac{\partial f}{\partial x_n}\right) \equiv (f_1, \ldots, f_n)$$

$$\mathbf{D}^2 f = \begin{pmatrix} \frac{\partial^2 f}{\partial x_1 \partial x_2} & \cdots & \frac{\partial^2 f}{\partial x_1 \partial x_n} \\ \vdots & \ddots & \vdots \\ \frac{\partial^2 f}{\partial x_n \partial x_1} & \cdots & \frac{\partial^2 f}{\partial x_n \partial x_1} \end{pmatrix} \equiv \begin{pmatrix} f_{11} & \cdots & f_{1n} \\ \vdots & \ddots & \vdots \\ f_{n1} & \cdots & f_{nn} \end{pmatrix}$$

$\mathbf{D}^2 f$ 称为函数 $f(\mathbf{x})$ 的**海赛矩阵 (Hessian matrix)**,注意由于 $f_{ij} = f_{ji}$,所以这个矩阵是对称的。

C.3 复合函数求导法则、全微分和隐函数求导法

如果 $y = f(x)$,而 $x = g(t)$,则 $y = f(g(t))$ 就定义了一个自变量 t、因变量 y 的**复合函数**。一般地,如果

$$y = f(\mathbf{x}) = f(x_1, \ldots, x_n), \text{ 而 } x_i = x_i(t)$$

则 $y = f(x_1(t), \ldots, x_n(t))$ 也是一个 t 到 y 的复合函数。

如果函数 $f(\mathbf{x})$ 是连续的,$\mathbf{x}(t)$ 也是连续的,则它们的复合函数 $y = f(\mathbf{x}(t))$ 也是连续的;如果 $f(\mathbf{x})$ 和 $\mathbf{x}(t)$ 都是可微函数,那么 $y = f(\mathbf{x}(t))$ 也可微,并且存在如下复合函数求导法则:

$$\frac{dy}{dt} = \sum_{i=1}^{n} \frac{\partial f}{\partial x_i} \frac{dx_i}{dt} = \sum_{i=1}^{n} f_i(\mathbf{x}(t)) x_i'(t)$$

对于一个 n 元函数 $f(\mathbf{x})$,偏微分是在某一分量 x_i 变动、其他分量 $\mathbf{x}_{-i}$ 保持不动的前提下定义的。如果要考虑所有 n 个分量都同时变化的情况,则可以用**全微分**来描述。考虑每一个分量 x_i 都有一个变化量 $\Delta x_i, i = 1, \ldots, n$,那么我们有

$$\Delta y = \frac{\partial f}{\partial x_1}\Delta x_1 + \ldots + \frac{\partial f}{\partial x_n}\Delta x_n = \sum_{i=1}^{n} \frac{\partial f}{\partial x_i}\Delta x_i$$

如果令 $\Delta x_i \to 0$ $(i = 1, \ldots, n)$, Δx_i 可以写为 dx_i, Δy 写为 dy, 我们就得到如下全微分公式

$$dy = \sum_{i=1}^{n} \frac{\partial f}{\partial x_i} dx_i$$

利用全微分公式和复合函数求导法则, 可以方便地求隐函数的导数。举例来说, 由隐函数

$$F(x, y) = 0$$

定义了一个从自变量 x 到因变量 y 的函数 $y = y(x)$。欲求 $y'(x)$, 可以先对上述隐函数等式两边求全微分

$$dF = \frac{\partial F}{\partial x} dx + \frac{\partial F}{\partial y} dy = F_x dx + F_y dy = 0$$

移项后整理可得

$$\frac{dy}{dx} = -\frac{F_x}{F_y}$$

C.4 泰勒展式和微分中值定理

如果一元函数 $f(x)$ 直到 $n+1$ 阶导数都存在, 则对任何 x, y, 可以证明有以下**泰勒展式**成立

$$f(y) = f(x) + \sum_{k=1}^{n} \frac{f^{(k)}(x)}{k!}(y-x)^k + \frac{f^{(n+1)}(z)}{(n+1)!}(y-x)^{n+1}$$

其中 z 是介于 x 和 y 之间的某个实数。

在泰勒展式中取 $n = 1$, 就得到著名的**微分中值定理**:

微分中值定理: 如果函数 f 在区间 (a, b) 上可微, 则一定存在某一个 $z \in (a, b)$, 使得

$$f(y) - f(x) = f'(z)(y - x)$$

成立。

在多元函数中, 我们常用到下面两个泰勒展式:

$f(\mathbf{x})$ 是 $\mathbf{R}^n$ 上的可微函数, 则 $\forall \mathbf{x}, \mathbf{y} \in \mathbf{R}^n$, 必然存在某一 $\alpha \in (0, 1)$, $\mathbf{z} = \alpha \mathbf{x} + (1-\alpha)\mathbf{y}$, 使得

$$f(\mathbf{y}) = f(\mathbf{x}) + \mathbf{D}f(\mathbf{z})(\mathbf{y} - \mathbf{x})$$

若 $f(\mathbf{x})$ 还是二阶可微的, 则必然存在 $\beta \in (0, 1)$, $\mathbf{s} = \beta \mathbf{x} + (1-\beta)\mathbf{y}$, 使得

$$f(\mathbf{y}) = f(\mathbf{x}) + \mathbf{D}f(\mathbf{x})(\mathbf{y} - \mathbf{x}) + \frac{1}{2}(\mathbf{y} - \mathbf{x})^{\mathrm{T}} \mathbf{D}^2 f(\mathbf{s})(\mathbf{y} - \mathbf{x})$$

如果 $\mathbf{x}$ 和 $\mathbf{y}$ 的距离非常近 ($|\mathbf{y} - \mathbf{x}|$ 充分小), 则有

$$f(\mathbf{y}) \approx f(\mathbf{x}) + \mathbf{D}f(\mathbf{x})(\mathbf{y} - \mathbf{x})$$

$$f(\mathbf{y}) \approx f(\mathbf{x}) + \mathbf{D}f(\mathbf{x})(\mathbf{y} - \mathbf{x}) + \frac{1}{2}(\mathbf{y} - \mathbf{x})^{\mathrm{T}} \mathbf{D}^2 f(\mathbf{x})(\mathbf{y} - \mathbf{x})$$

D 函数的性态和微分的关系

经济学上常用的函数大多被假设满足一定的性质, 诸如单调性、齐次性和凹性等, 而具有这些性质的函数如果是可微的, 其微分也具有某些方便实用的特征。这一小节我们简单地定义一些经济学上常用的函数性质, 并指出这些特殊函数的微分具有哪些特征。

D.1 函数的单调性

记 I 为 $\mathbf{R}^1$ 上某一区间。$\forall x, y \in I$, 如果

$$x < y \Rightarrow f(x) \leqslant (\geqslant) f(y)$$

就称 $f(x)$ 是该区间上的**单增 (减) 函数**; 如果

$$x < y \Rightarrow f(x) < (>) f(y)$$

则称 $f(x)$ 是该区间上的**严格单增 (减) 函数**。

函数的单调性是与函数的一阶微分联系在一起的 (只要函数可微)。如果可微函数 $f(x)$ 在区间 I 上是单增的, 则由微分的定义不难推知, 在区间 I 上每一点都有 $f'(x) \geqslant 0$; 反过来, 如果在区间 I 上有 $f'(x) \geqslant 0$, 利用微分中值定理容易知道函数在区间 I 上一定是单增的。相同的道理, 单减函数对应的是 $f'(x) \leqslant 0$。

如果函数 $f(x)$ 在区间 I 上每一点均有 $f'(x) > (<)0$, 可由微分中值定理推知函数 $f(x)$ 在区间 I 上是严格单增 (减) 的。但该命题的反命题却不成立——这只要看一个例子即可明白: 函数 $f(x) = x^3$ 在 $\mathbf{R}^1$ 上是严格单增的, 但却有 $f'(0) = 0$——可见, 如果函数 f 是严格单增 (减) 的, 我们能判定的也仅是 $f'(x) \geqslant (\leqslant) 0$。

对多元函数来说, 函数的单调性是针对某一分量定义的。如果其他分量都保持不动, 而某一特定分量增大时函数值也增大, 就叫作函数对这一分量是单增的; 如果其他分量都保持不动, 而某一特定分量增大时函数值反而减小, 则称函数对这一分量是单减的。严格单调性的定义方法也与一元函数相同。进一步, 我们还有与前面相似的命题:

$f(\mathbf{x})$ 对 x_i 单增 (单减) $\Leftrightarrow f_i(\mathbf{x}) \geqslant (\leqslant) 0$;

$f(\mathbf{x})$ 对 x_i 严格单增 (单减) $\Rightarrow f_i(\mathbf{x}) \geqslant (\leqslant) 0$;

$f_i(\mathbf{x}) > (<) 0 \Rightarrow f(\mathbf{x})$ 对 x_i 严格单增 (单减)。

D.2 齐次函数和位似函数

如果 $\forall t \geqslant 0$, $\mathbf{x} \in D$, 总有

$$f(t\mathbf{x}) = t^k f(\mathbf{x})$$

k 是一个非负整数, 就称 $f(\mathbf{x})$ 是一个 k 次齐次函数。特别地, 零次齐次函数满足性质 $f(t\mathbf{x}) = f(\mathbf{x})$。

如果 $f(\mathbf{x})$ 是一个 k 次齐次函数, $k \geqslant 1$, 上式等号左端对 x_i 求导 (利用复合函数求导法则) 得

$$\frac{\partial f(t\mathbf{x})}{\partial x_i} = \frac{\partial f(t\mathbf{x})}{\partial (tx_i)} \frac{d(tx_i)}{dx_i} = t f_i(t\mathbf{x})$$

它必然等于上式右端对 x_i 求导的结果 $t^k f_i(\mathbf{x})$

$$t f_i(t\mathbf{x}) = t^k f_i(\mathbf{x})$$

亦即

$$f_i(t\mathbf{x}) = t^{k-1} f_i(\mathbf{x})$$

这就是说, k 次齐次函数 $(k \geqslant 1)$ 的一阶导函数必然是 $k-1$ 次齐次函数。

如果 $f(\mathbf{x})$ 是空间 $\mathbf{R}^n$ 上一个 k 次齐次函数, 由齐次函数的定义, $\forall t > 0$,

$$f(t\mathbf{x}) = t^k f(\mathbf{x})$$

等式两边同时对 t 求导, 利用复合函数求导法则得到

$$\sum_{i=1}^{n} f_i(t\mathbf{x}) x_i = k t^{k-1} f(\mathbf{x})$$

取 $t = 1$, 我们就得到下面的**欧拉定理**

$$\sum_{i=1}^{n} f_i(\mathbf{x}) x_i = k f(\mathbf{x})$$

将一次齐次函数 $f(\mathbf{x})$ 经过一个**正单调变换**得到的复合函数记为 $F(\mathbf{x})$, 换句话说, 有一个严格单增函数 $g(\cdot)$, 使得

$$F(\mathbf{x}) = g(f(\mathbf{x}))$$

就称 $F(\mathbf{x})$ 为一个**位似函数 (homothetic function)**。

譬如, 经济学中常使用的 Cobb-Douglas 生产函数

$$f(x_1, x_2) = A x_1^\alpha x_2^{1-\alpha} \quad A > 0, \ x_1, x_2 > 0$$

是一个一次齐次函数, 它经过一个正单调变换 $y = \ln f - \ln A$, 得到的函数

$$y = \alpha \ln x_1 + (1-\alpha) \ln x_2$$

就是一个位似函数。

D.3 函数的凸性和拟凸性

经济学中常用的另一种函数性态是凸 (凹) 性。如果 $\forall \mathbf{x}_1, \mathbf{x}_2 \in D, t \in [0, 1]$, 总有

$$f[t\mathbf{x}_1 + (1-t)\mathbf{x}_2] \geqslant t f(\mathbf{x}_1) + (1-t) f(\mathbf{x}_2)$$

就称 $f(\mathbf{x})$ 为 D 上的**凹函数**; 如果 $\forall \mathbf{x}_1, \mathbf{x}_2 \in D, t \in [0, 1]$, 总有

$$f[t\mathbf{x}_1 + (1-t)\mathbf{x}_2] \leqslant t f(\mathbf{x}_1) + (1-t) f(\mathbf{x}_2)$$

就称 $f(\mathbf{x})$ 为 D 上的**凸函数**; 图 M–6(a) 和 M–6(b) 分别显示了 (一元) 凸函数和凹函数的图像。

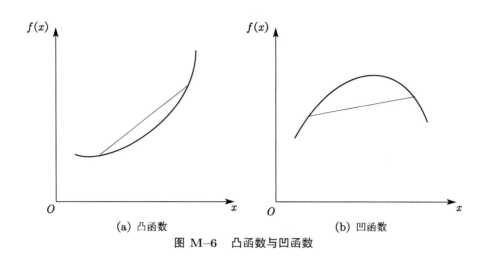

图 M–6　凸函数与凹函数

由于凸函数前面加一个负号就是凹函数，因此下面我们只针对凹函数叙述它们的微分性质。首先，通过图 M-6 不难理解下面的命题：

(1) 如果一元函数 $f(x)$ 在 $\mathbf{R}^1$ 中某一区间 I 上是连续可微的，则它在 I 上是凹函数的充分必要条件是：$\forall x, y \in I$，
$$f(y) - f(x) \leqslant f'(y-x)$$

(2) 如果多元函数 $f(\mathbf{x})$ 在 $\mathbf{R}^n$ 中某一凸集 D 上是连续可微的，则它是 D 中凹函数的充分必要条件是：$\forall \mathbf{x}, \mathbf{y} \in D$，
$$f(\mathbf{y}) - f(\mathbf{x}) \leqslant \mathbf{D}f(\mathbf{x})(\mathbf{y} - \mathbf{x})$$

即是说
$$f(\mathbf{y}) - f(\mathbf{x}) \leqslant \sum_{i=1}^{n} f_i(\mathbf{x})(y_i - x_i)$$

对于凸函数，上述命题中的不等号反过来即可。如果我们考虑的函数是二阶可微的，则有下面的命题：

(1) 如果一元函数 $f(x)$ 在 $\mathbf{R}^1$ 中某一区间 I 上是二阶可微的，则它在 I 上是凹函数的充分必要条件是 $f''(x) \leqslant 0$。

(2) 如果 $\forall x \in I$，总有 $f''(x) < 0$，则 $f(x)$ 是严格凹函数，但反之不成立。

(3) 如果多元函数 $f(\mathbf{x})$ 在 $\mathbf{R}^n$ 中某一凸集 D 上是二阶可微的，则它是 D 中凹函数的充分必要条件是：函数 $f(\mathbf{x})$ 的海赛矩阵 $\mathbf{D}^2 f(\mathbf{x})$ 是半负定的。

(4) 如果 $\forall \mathbf{x} \in D$，$\mathbf{D}^2 f(\mathbf{x})$ 都是负定的，则 $f(\mathbf{x})$ 是严格凹函数，但反之不然。

与凸性相关的另一个概念是拟凸性。设函数 $f : \mathbf{R}^n \to \mathbf{R}$，定义集合 $\{\mathbf{x} \in \mathbf{R}^n | f(\mathbf{x}) \geqslant a\}$ 为函数的一个**上轮廓集** (upper contour sets)，集合 $\{\mathbf{x} \in \mathbf{R}^n | f(\mathbf{x}) = a\}$ 为函数 f 的**水平集** (level set)。如果对所有的实数 a，函数 $f(\mathbf{x})$ 的上轮廓集都是凸集，则称函数 f 为**拟凹函数** (quasiconcave function)；如果 $-f(\mathbf{x})$ 是拟凹函数，则称 $f(\mathbf{x})$ 为拟凸函数。拟凹函数的另一种定义是
$$\forall \mathbf{x}, \mathbf{y} \in \mathbf{R}^n, t \in [0, 1], \ f(t\mathbf{x} + (1-t)\mathbf{y}) \geqslant \min\{f(\mathbf{x}), f(\mathbf{y})\}$$

相应地, 拟凸函数也可定义为

$$\forall \mathbf{x}, \mathbf{y} \in \mathbf{R}^n, t \in [0, 1], \ f(t\mathbf{x} + (1-t)\mathbf{y}) \leqslant \max\{f(\mathbf{x}), f(\mathbf{y})\}$$

凹函数必然是拟凹的, 凸函数必然是拟凸的, 但反之不尽然。

与凹 (凸) 函数相似, 拟凹 (拟凸) 函数也有一定的微分性质。事实上, 可以证明下面的命题成立。

若函数 $f(\mathbf{x})$ 是凸集 $D \subseteq \mathbf{R}^n$ 上的连续可微函数, 则 $f(\mathbf{x})$ 是拟凹函数的充分必要条件是: $\forall \mathbf{x}, \mathbf{y} \in D$

$$f(\mathbf{y}) \geqslant f(\mathbf{x}) \ \Rightarrow \ \mathbf{D}f(\mathbf{x})(\mathbf{y} - \mathbf{x}) \geqslant 0$$

$f(\mathbf{x})$ 是拟凸函数的充分必要条件是

$$f(\mathbf{y}) \leqslant f(\mathbf{x}) \ \Rightarrow \ \mathbf{D}f(\mathbf{x})(\mathbf{y} - \mathbf{x}) \leqslant 0$$

如果函数还是二阶可微的, 我们还有:

若函数 $f(\mathbf{x})$ 是凸集 $D \subseteq \mathbf{R}^n$ 上的连续可微函数, 则 $f(\mathbf{x})$ 是拟凹函数的充分必要条件是: 对任何满足 $\mathbf{D}f(\mathbf{x})\mathbf{h} = 0$ 的向量 $\mathbf{h}$, 都有 $\mathbf{h}^T\mathbf{D}^2 f(\mathbf{x})\mathbf{h} \leqslant 0$; 若对任何满足 $\mathbf{D}f(\mathbf{x})\mathbf{h} = 0$ 的向量 $\mathbf{h}$, 都有 $\mathbf{h}^T\mathbf{D}^2 f(\mathbf{x})\mathbf{h} < 0$, 则函数 $f(\mathbf{x})$ 是严格拟凹的。

拟凸函数的二阶微分条件与此类似, 只不过将不等式的符号颠倒过来, 在此就不再叙述了。

E 积分

E.1 不定积分

不定积分是微分的逆运算。如果有 $F'(x) = f(x)$, 就称函数 $F(x)$ 是 $f(x)$ 的**不定积分**, 记为

$$F(x) = \int f(x) dx$$

由于任何常数的导数都是零, 所以如果 $F'(x) = f(x)$, 则必然同时有 $[F(x) + C]' = f(x)$ (这里 C 是任一常数)。从而, 函数 $f(x)$ 的不定积分严格说来应表示为

$$F(x) = \int f(x) dx + C$$

E.2 定积分及 N–L 公式

为简略起见, 我们在此不准备严格地定义定积分, 而是从实用性出发, 直接由著名的**牛顿–莱布尼茨公式**(N–L 公式), 借助以上定义的不定积分来直接导出定积分的概念。

假定函数 $f(x)$ 在闭区间 $[a, b]$ 上连续, 且

$$F(x) = \int f(x) dx + C$$

则称实数 $F(b) - F(a)$ 为函数 $f(x)$ 在区间 $[a, b]$ 上的**定积分**, 记为

$$\int_a^b f(x) = F(b) - F(a)$$

定积分有重要的几何意义。如图 M-7, 函数 $f(x)$ 在区间 $[a, b]$ 上的定积分恰是由曲线 $y = f(x)$、垂线 $x = a$、$x = b$ 和 x-轴所围成的曲边梯形的面积。注意, 如果曲线 $y = f(x)$ 位于 x-轴之下, 则 x-轴以下部分的面积应该算为负值。

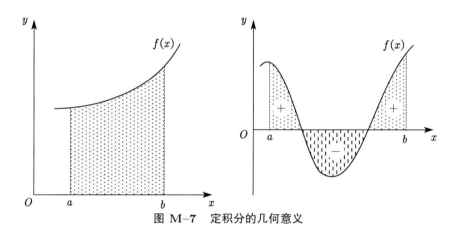

图 M-7　定积分的几何意义

由 N-L 公式, 我们又可以推知下面常用的一个性质: 若

$$F(t) = \int_a^t f(x)dx$$

则
$$F'(t) = f(t)$$

如果上述积分中被积函数和积分上下限同时还是变量 t 的可微函数

$$F(t) = \int_{a(t)}^{b(t)} f(x, t)dx$$

则

$$F'(t) = f(b, t)b'(t) - f(a, t)a'(t) + \int_{a(t)}^{b(t)} \frac{\partial f(x, t)}{\partial t}dx$$

F　最值问题

最值问题是经济分析中涉及最多的问题。大多数时候, 我们并不要求得到最值点的确切位置, 而仅只是对这一点的函数性态感兴趣。这一节介绍最值问题的有关概念, 并一般性地对最值存在、唯一、连续等条件作了简要说明。具体最值问题的必要条件以及比较静态分析相关的一些定理将在稍后论述。

F.1 极值和最值

设凸集 $D \subseteq \mathbf{R}^n$, $f: D \to \mathbf{R}$ 是一个定义在 D 上的函数,$\mathbf{x}^*$ 是 D 中某一点。如果在 $\mathbf{x}^*$ 的某一邻域 B 内函数 f 在 $\mathbf{x}^*$ 点取值最大,就说 $\mathbf{x}^*$ 是函数 f 的一个 (局部)**极大值**点。换句话说,如果存在 $B \subseteq D$, $\mathbf{x}^* \in B$,使得

$$f(\mathbf{x}^*) \geqslant f(\mathbf{x}) \qquad \forall \mathbf{x} \in B$$

就称 f 在 $\mathbf{x}^*$ 处取得了极大值。

如果 $\mathbf{x}^* \in D$, $\forall \mathbf{x} \in D$ 都有 $f(\mathbf{x}^*) \geqslant f(\mathbf{x})$,则称 $\mathbf{x}^*$ 是函数 f 在 D 上的一个**最大值**点,记为

$$f(\mathbf{x}^*) = \max_{\mathbf{x} \in D} f(\mathbf{x})$$

以上定义中不等式符号倒过来,就成为**极小值**和**最小值**的定义。在以后的最大化问题中,我们将 $\mathbf{x}$ 的取值区域 D 称为**可行集** (feasible set),$f(\mathbf{x})$ 称为**目标函数** (objective function)。

极大值和极小值常常统称为极值,而最大值和最小值则统称为最值。最值是一个全局性的概念,而极值是局部性的概念。显然,如果 $\mathbf{x}^*$ 是函数 f 的一个最值点,它必然也是一个极值点,但反之却不一定。图 M–8 中,x_1、x_3 和 x_5 都是极大值点,但只有 x_5 是区间 $[x_1, x_6]$ 上的最大值点;x_2、x_4 和 x_6 都是极小值点,但只有 x_6 是最小值点。由于最值和极值的这种关系,我们考察这种点的必要条件时,就可以转而考察极值点的必要条件。

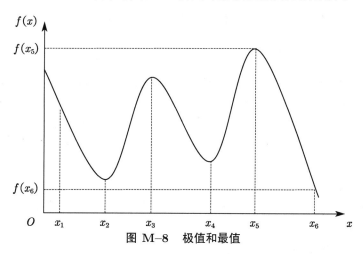

图 M–8 极值和最值

因为求函数 $f(x)$ 的最小值可以转化为求 $-f(x)$ 的最大值,所以以下的叙述仅以最大值问题为主。

由于微观分析中常常以极值的必要条件来取代最值的必要条件,所以知道什么时候一个极值点是最值点就十分重要。我们有以下定理:

极值与最值定理:如果可行集 D 是凸集,且目标函数 $f(\mathbf{x})$ 是拟凹的,则 $f(\mathbf{x})$ 的极大值必然是最大值。

【证明】 用反证法。假设 x^* 是一个极大值点，但不是最大值点：存在 x^* 的一个邻域 $B \subset D$，使得

$$f(\mathbf{x}^*) \geqslant f(\mathbf{x}) \quad \forall \mathbf{x} \in B$$

但又有某一 $\mathbf{x}' \in D$，使得 $f(\mathbf{x}') > f(\mathbf{x}^*)$。

由于 D 是凸的，对任何 $t \in [0, 1]$，

$$\bar{\mathbf{x}} = t\mathbf{x}^* + (1-t)\mathbf{x}' \in D$$

因为 f 是拟凹函数，且 $f(\mathbf{x}') > f(\mathbf{x}^*)$，故

$$f(\bar{\mathbf{x}}) \geqslant tf(\mathbf{x}^*) + (1-t)f(\mathbf{x}') > f(\mathbf{x}^*)$$

选取 t 充分接近 1，$\bar{\mathbf{x}}$ 将落在 x^* 的一个邻域 B 内——这与 $\mathbf{x}^*$ 是一个极大值点矛盾。

证毕。

在经济学中，我们经常假设厂商的生产函数、消费者的效用函数等是拟凹的，在可行集是凸集的场合，这就能保证找到的极大值就是最大值。

F.2 最值的存在性和唯一性

当然，最值问题中首要的是最值要存在，那么什么条件下可以保证最值存在呢？

Weierstrass 定理： 如果目标函数是连续的，且可行集是非空紧集，则最大值和最小值点总是存在的。

回忆紧集是有界闭集这个定义，上述定理中这两个条件的意义只要看两个例子就会明白。一个例子是，$f(x) = x$ 在无界集合 $D = (-\infty, +\infty)$ 不存在最大值和最小值；另一个例子是，$f(x) = x$ 在开集 $(0, 1)$ 也不存在最大值和最小值。关于目标函数的连续性，$f(x) = 1/x$ 在紧集 $[-1, 1]$ 内不存在最值这一例子足以说明问题（$1/x$ 在 $x = 0$ 不连续）。

最大值解的唯一性由以下定理保证：

最大值的唯一性定理： 如果可行集是凸集，且目标函数是拟凹的，那么在以下任一条件下，最大值如果存在，就必然是唯一的：

(1) 可行集是严格凸集；
(2) 目标函数是严格拟凹的；
(3) (1) 和 (2) 同时成立。

我们来简单地说明这个唯一性定理。直观上看，最大值问题 $\max\limits_{\mathbf{x} \in D} f(\mathbf{x})$ 可以理解为：可行集 D 最高能触及目标函数 f 的哪一个的水平集 $\{\mathbf{x} \in D | f(\mathbf{x}) = y^0\}$。图 M-9 显示了两个自变量的情形。显然，最大值如果存在，它必然是 D 的边界线与函数 f 的某一水平线的切点。图 M-9(a) 中 D 是严格凸的，图 M-9(b) 中 f 是严格拟凹的（注意其上轮廓集（画线阴影

部分)是凸的)——在这两种情况下，D 的边界线与函数 f 水平线的切点最多只有一个；图 M–9(c) 违背了定理的条件，出现了多个最大值点。

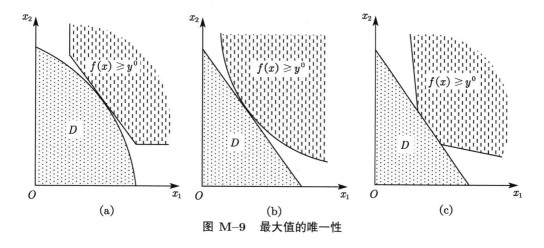

图 M–9　最大值的唯一性

G　最值的微分条件

G.1　无约束问题

函数 $f(\mathbf{x})$ 在 $D \subseteq \mathbf{R}^n$ 中求解无约束最大值的问题一般写为

$$\max_{\mathbf{x} \in D} f(\mathbf{x}) \tag{M–1}$$

当然，这个问题事实上也是有约束的，因为它要求 $\mathbf{x} \in D$，只不过，在这个约束是松弛的时候，或者说我们肯定最大值是在 D 的内点而非边界点得到时，可以将其视为无约束问题。经济学中经常假设经济个体的最大值问题是在内点取得的，忽略边界点获解（这又简称为"角点解"）的特殊情况，此时我们就可以考虑是面对一个无约束最值问题。我们有以下的必要条件定理。

无约束最大值必要性定理：

(1) 如果函数 $f(\mathbf{x})$ 是可微的，问题 (M–1) 在集合 D 的内点 $\mathbf{x}^*$ 得解，则以下一阶必要条件成立

$$\frac{\partial f(\mathbf{x}^*)}{\partial x_i} = 0 \quad i = 1, \ldots, n$$

利用 C.2 节约定的记号，也可以写为

$$\mathbf{D} f(\mathbf{x}^*) = \mathbf{0}$$

这里 $\mathbf{0} = (0, \ldots, 0)$。

(2) 如果目标函数 $f(\mathbf{x})$ 在 $\mathbf{R}^n$ 上二阶可微, 则 $\mathbf{x}^*$ 还满足二阶必要条件: $f(\mathbf{x})$ 在 $\mathbf{x}^*$ 点的海赛矩阵

$$\mathbf{D}^2 f(\mathbf{x}^*) = \begin{pmatrix} f_{11}(\mathbf{x}^*) & \cdots & f_{1n}(\mathbf{x}^*) \\ \vdots & \ddots & \vdots \\ f_{n1}(\mathbf{x}^*) & \cdots & f_{nn}(\mathbf{x}^*) \end{pmatrix}$$

是半负定的。

最小值问题

$$\min f(\mathbf{x})$$

的一阶必要条件与上面最大值问题的一阶必要条件完全相同, 二阶条件则是: 海赛矩阵 $\mathbf{D}^2 f(\mathbf{x}^*)$ 半正定。

需要注意的是, 上述一阶和二阶条件成立的前提是最值点是集合 D 的内点, 如果函数在 D 的边界点上取得最值, 这些条件可能不满足。比如, 在经济学常涉及的集合

$$\mathbf{R}_+^n = \{\mathbf{x} \in \mathbf{R}^n | x_i \geqslant 0, i = 1, \ldots, n\}$$

上, 如果 $f(\mathbf{x})$ 在某一边界点

$$\mathbf{x}^0 = (x_1^0, \ldots, x_{s-1}^0, 0, x_{s+1}^0, \ldots, x_n^0)$$

取得最大值, $x_i^0 > 0$ $(i \neq s)$, 那么 $\mathbf{x}^0$ 未必满足上面的条件。此时, 一阶必要条件应当修正为

$$\frac{\partial f(\mathbf{x}^0)}{\partial x_s} \leqslant 0, \quad \frac{\partial f(\mathbf{x}^0)}{\partial x_i} = 0 \quad i \neq s$$

直观地看, 如果 $\partial f(\mathbf{x}^0)/\partial x_s > 0$, $f(\mathbf{x})$ 在 $\mathbf{x}^0$ 附近是分量 x_s 的严格单增函数, 当 x_s 自 0 开始增大时, 函数值也随之增大, 所以 $f(\mathbf{x})$ 不可能在 $\mathbf{x}^0$ 取得最大值。关于函数取边界最值的必要条件, 我们将在 G.3 节更清楚地表述。

什么时候我们可以肯定一个极值点就是最值点呢, 下面的充分性定理回答了这个问题。

无约束最值问题充分性定理: 如果 $f(\mathbf{x})$ 是凹函数, 则每一个满足 $\mathbf{D}f(\mathbf{x}) = \mathbf{0}$ 的点都是最大值点。

G.2 等式约束

一般的等式约束下的最值问题可以写为:

$$\begin{aligned} \max\ & f(\mathbf{x}) \\ \text{s.t.}\ & g_1(\mathbf{x}) = 0 \\ & \vdots \\ & g_m(\mathbf{x}) = 0 \end{aligned} \quad \text{(M–2)}$$

因为 $m > n$ 时满足所有约束的集合通常只是一个空集,所以我们假设 $m \leqslant n$。记 $\mathbf{x}^*$ 是这个问题的解。假设目标函数 $f(\mathbf{x})$ 以及每一个约束函数 $g_i(\mathbf{x})$ 都是连续可微的,后者满足**约束规范条件**(constraint qualification): m 个向量 $\mathbf{D}g_i(\mathbf{x})$ 是线性无关的,亦即: 不存在不全为零的常数 b_j,使得

$$\sum_{j=1}^{m} b_j \mathbf{D}g_j(\mathbf{x}) = \mathbf{0}$$

先构造**拉格朗日函数**

$$L(\mathbf{x}, \lambda) = f(\mathbf{x}) - \sum_{j=1}^{m} \lambda_j g_j(\mathbf{x})$$

其中 λ_j 称为拉格朗日系数。我们有

必要性定理:如果 $\mathbf{x}^*$ 是问题 (M–2) 的解,并且 $\mathbf{x}$ 满足约束规范条件,那么必然存在 $\lambda^* = (\lambda_1^*, \ldots, \lambda_m^*)$,满足一阶必要条件

$$\frac{\partial L(\mathbf{x}^*, \lambda^*)}{\partial x_i} = \frac{\partial f(\mathbf{x}^*)}{\partial x_i} - \sum_{j=1}^{m} \lambda_j^* \frac{\partial g_j(\mathbf{x}^*)}{\partial x_j} = 0 \quad i = 1, \ldots, n$$

$$\frac{\partial L(\mathbf{x}^*, \lambda^*)}{\partial \lambda_{ji}} = -g_j(\mathbf{x}^*) = 0 \quad j = 1, \ldots, m$$

在经济学应用中差不多总是隐含地假设约束规范条件是成立的,所以通常也就省略对这一条件的检查。

二阶必要条件比较复杂,这里仅就单个约束方程的常见情况作简单的叙述。对一个约束为 $g(\mathbf{x}) = 0$、目标函数是 $f(\mathbf{x})$ 的最大化问题,如果 $f(\mathbf{x})$ 还是二阶可微的,那么在最大值点 $\mathbf{x}^*$ 还满足下面的二阶必要条件:

对任何满足 $\mathbf{D}g(\mathbf{x}^*)\mathbf{h} = 0$ 的向量 $\mathbf{h}$,都有

$$\mathbf{h}^{\mathrm{T}} \mathbf{D}^2 L(\mathbf{x}^*, \lambda^*) \mathbf{h} \leqslant 0$$

这个二阶条件也可以写为另一种形式。拉格朗日函数 $L(\mathbf{x}, \lambda)$ 对变量 $\mathbf{x}$ 的海赛矩阵的加边矩阵是

$$\begin{pmatrix} 0 & \mathbf{D}g(\mathbf{x}^*) \\ [\mathbf{D}g(\mathbf{x}^*)]^{\mathrm{T}} & \mathbf{D}_{\mathbf{x}}^2 L(\mathbf{x}^*, \lambda^*) \end{pmatrix} = \begin{pmatrix} 0 & \mathbf{D}f(\mathbf{x}^*) \\ [\mathbf{D}f(\mathbf{x}^*)]^{\mathrm{T}} & \mathbf{D}_{\mathbf{x}}^2 L(\mathbf{x}^*, \lambda^*) \end{pmatrix}$$

利用 A.2 节的矩阵定性判别定理,并利用一阶必要条件

$$\frac{\partial f(\mathbf{x}^*)}{\partial x_i} = \lambda_i^* \frac{\partial g(\mathbf{x}^*)}{\partial x_i}$$

二阶条件要求上述加边矩阵的主子行列式的符号交替变化。

G.3 不等式约束

一般的不等式约束下的最值问题可以写为:

$$\begin{aligned}&\max f(\mathbf{x})\\&\text{s.t.}\quad h_1(\mathbf{x})\leqslant 0\\&\qquad\vdots\\&\qquad h_m(\mathbf{x})\leqslant 0\end{aligned}\qquad\text{(M-3)}$$

同样,我们假设 $m\leqslant n$。在约束集 (可行集)

$$C=\{\mathbf{x}|h_j\leqslant 0,\ j=1,\ldots,m\}$$

中的一点 $\mathbf{x}$,如果有某个 j $(1\leqslant j\leqslant m)$,使得 $h_j(\mathbf{x})=0$,则称点 $\mathbf{x}$ 处第 j 个约束是**束紧的 (binding)**;若 $h_j(\mathbf{x})<0$,则称点 $\mathbf{x}$ 处第 j 个条件是**松弛的 (slack)**。记 $\mathbf{x}$ 处束紧的约束序号集合为

$$J(\mathbf{x})=\{j|h_j(\mathbf{x})=0\}$$

再记

$$G(\mathbf{x})=\{\mathbf{D}h_j(\mathbf{x})|j\in J(\mathbf{x})\}$$

如果集合 $G(\mathbf{x})$ 中的向量线性无关,就称 $\mathbf{x}$ 点满足**约束规范条件**。

构造如下形式的拉格朗日函数:

$$L(\mathbf{x},\mu)=f(\mathbf{x})-\sum_{j=1}^{m}\mu_j h_j(\mathbf{x})$$

这里 $\mu=(\mu_1,\ldots,\mu_m)$。

Kuhn-Tucker 定理: 如果 $\mathbf{x}^*$ 是问题 (M-3) 的解,并且 $\mathbf{x}$ 满足约束规范条件,则存在系数 $\mu_j^*\geqslant 0$ $(j=1,\ldots m)$,使得

$$\frac{\partial L(\mathbf{x}^*,\mu^*)}{\partial x_i}=0\quad i=1,\ldots,n$$

$$\forall j\notin J(\mathbf{x}^*),\ \mu_j^*=0$$

上面的第 (2) 个条件称为**互补松弛条件 (complementary slackness conditions)**,它又写为:

$$\mu_j^* h_j(\mathbf{x}^*)=0\quad j=1,\ldots,m$$

即是说, μ_j^* 及其相应的 $h_j(\mathbf{x}^*)$ 中至少有一个是零。

对于一个不等式约束下的极小值问题,也存在类似的定理。具体地,如果考虑一个如下的问题 (注意其中不等式约束被规范化为 $h_i(\mathbf{x})\geqslant 0$,这与问题 (M-3) 中约束的不等号符号

恰好相反):

$$\min f(\mathbf{x})$$
$$\text{s.t.} \quad h_1(\mathbf{x}) \geqslant 0$$
$$\vdots$$
$$h_m(\mathbf{x}) \geqslant 0 \tag{M-3a}$$

则可直接套用上述 Kuhn-Tucker 定理。

回忆我们在 G.1 节中提到过的问题，假若函数 $f(\mathbf{x})$ 在 $\mathbf{R}_+^n$ 的一个边界点 $\mathbf{x}^0 = (x_1^0, \ldots, x_{s-1}^0, 0, x_{s+1}^0, \ldots, x_n^0)$ 取得最大值，$x_i^0 > 0$ $(i \neq s)$，必要条件将取特殊的形式。事实上，这个问题严格说来是一个不等式约束下的最大值问题：

$$\max f(\mathbf{x})$$
$$\text{s.t.} \quad x_i \geqslant 0 \quad i = 1, \ldots, n$$

注意到 $h_j(\mathbf{x}) = -x_j$，套用本节的记号，这里 $J(\mathbf{x}^0) = \{s\}$, $G(\mathbf{x}^0) = \{-1\}$——约束规范条件显然满足。拉格朗日函数是

$$L(\mathbf{x}, \mu) = f(\mathbf{x}) + \sum_{j=1}^n \mu_j x_j$$

由 Kuhn-Tucker 定理，存在 $\mu_i^* \geqslant 0$, $i = 1, \ldots, n$，使得

$$\frac{\partial L(\mathbf{x}^*, \mu^*)}{\partial x_i} = \frac{\partial f(\mathbf{x}^*)}{\partial x_i} + \mu_i^* = 0$$

并且，对所有的 $i \neq s$, $\mu_i^* = 0$。所以，

$$\frac{\partial f(\mathbf{x}^0)}{\partial x_i} = 0 \quad i \neq s$$
$$\frac{\partial f(\mathbf{x}^0)}{\partial x_s} = -\mu_s^* \leqslant 0$$

二阶条件通常比较复杂，在此不予叙述。但我们给出一个最大值点的充分条件，此时二阶条件自然成立：

充分条件： 假设问题 (M–3) 中目标函数 $f(\mathbf{x})$ 是凹函数，每一个 $h_j(\mathbf{x})$ 都是凸函数，则 Kuhn-Tucker 必要性定理中的条件 (1) 和 (2) 同时还是充分条件。

G.4 混合约束

将前两节作一个综合，我们可以考虑一个一般的约束条件下最大值问题：

$$\max f(\mathbf{x})$$
$$\text{s.t.} \quad g_k(\mathbf{x}) = 0 \quad k = 1, \ldots, m \tag{M-4}$$
$$h_j(\mathbf{x}) \leqslant 0 \quad j = 1, \ldots, l$$

仍然记不等式约束中于 $\mathbf{x}$ 点束紧的序号集合为

$$J(\mathbf{x}) = \{j|h_j(\mathbf{x}) = 0\}$$

如果集合

$$Z(\mathbf{x}) = \{\mathbf{D}g_k(\mathbf{x})|k=1,\ldots,m\} \cup \{\mathbf{D}h_j(\mathbf{x})|j \in J(\mathbf{x})\}$$

中所有向量是线性无关的，我们就称问题 (M-4) 满足约束规范。构造如下形式的拉格朗日函数：

$$L(\mathbf{x},\lambda,\mu) = f(\mathbf{x}) - \sum_{k=1}^{m}\lambda_k g_k(\mathbf{x}) - \sum_{j=1}^{l}\mu_j h_k$$

我们有下面的一阶必要条件定理：

定理： 如果 $\mathbf{x}^*$ 是问题 (M-4) 的解，并且 $\mathbf{x}$ 满足约束规范条件，则存在系数 $\lambda^* = (\lambda_1^*,\ldots,\lambda_m^*)$ 和 $\mu^* = (\mu_1^*,\ldots,\mu_l^*)$，使得

(1) $\dfrac{\partial L(\mathbf{x}^*,\lambda^*,\mu^*)}{\partial x_i} = 0 \quad i=1,\ldots,n$

(2) $\mu_j^* \geqslant 0 \ (j=1,\ldots,l)$

(3) $\forall j \notin J(\mathbf{x}^*)$，$\mu_j^* = 0$（或 $\mu_j^* h_j(\mathbf{x}^*) = 0 \quad j=1,\ldots,l$）

(4) $g_k(\mathbf{x}^*) = 0 \quad k=1,\ldots,m$

(5) $h_j(\mathbf{x}^*) \leqslant 0 \quad j=1,\ldots,l$

H 包络定理和拉格朗日系数的解释

H.1 包络定理

经济分析中常常涉及比较静态研究，其内容是考察外生变量的变化对均衡的内生变量有何影响。比如，在投入要素价格和产品价格给定的前提下，利润最大化厂商决定它的投入水平和产量，并实现一定的利润。在这里，要素价格和产品价格都是外生变量，而投入水平、产量和利润则是内生变量。一个非常自然的问题是，诸价格变化时厂商会怎样调整要素投入和产量，它的利润又受什么样的影响。对这样的问题，利用包络定理常使问题变得十分简单。

首先考虑无约束最大值问题

$$M(a) = \max_{\mathbf{x} \in D} f(\mathbf{x},a)$$

其中 a 是外生参数。记对应于参数值 a 的最大值点为 $\mathbf{x}(a)$，假设它也是对 a 可微的，则 $M(a) \equiv f(\mathbf{x}(a),a)$ 是 a 的可微函数。利用复合函数求导法则，有

$$\frac{dM(a)}{da} = \left[\sum_{i=1}^{n}\frac{\partial f(\mathbf{x},a)}{\partial x_i}\frac{dx_i(a)}{da} + \frac{\partial f(\mathbf{x},a)}{\partial a}\right]\bigg|_{\mathbf{x}=\mathbf{x}(a)}$$

但按假设 $\mathbf{x}(a)$ 是上述最大值问题的解, 所以一阶必要条件成立

$$\left.\frac{\partial f(\mathbf{x},a)}{\partial x_i}\right|_{\mathbf{x}=\mathbf{x}(a)} = 0 \quad i=1,\ldots,n$$

由此, 我们得到**包络定理** (envelope theorem):

$$\frac{dM(a)}{da} = \left.\frac{\partial f(\mathbf{x},a)}{\partial a}\right|_{\mathbf{x}=\mathbf{x}(a)}$$

即是说, 欲求最大值对参数 a 的导数, 只需将目标函数对 a 求导, 然后代入最大值解 $\mathbf{x}(a)$ 即可。这个结果很容易推广到等式约束问题中。同前面类似, 记

$$M(a) = \max f(\mathbf{x},a)$$
$$\text{s.t.} \quad g_j(\mathbf{x},a) = 0 \quad j=1,\ldots,m$$

拉格朗日函数是

$$L(\mathbf{x},\lambda,a) = f(\mathbf{x},a) - \sum_{j=1}^{m} \lambda_j g_j(\mathbf{x},a)$$

记与参数 a 对应的最值点为 $\mathbf{x}^*(a)$, 拉格朗日系数为 $\lambda^*(a)$, 如果它们都是 a 的可微函数, 且约束规范成立, 则包络定理表明

$$\frac{dM(a)}{da} = \frac{\partial L(\mathbf{x}^*(a),\lambda^*(a),a)}{\partial a}$$

H.2 拉格朗日系数的解释

利用上述包络定理, 我们可以推导拉格朗日系数的意义, 这在经济学上有广泛的应用。考虑下面最大化问题

$$M(\mathbf{a}) = \max f(\mathbf{x})$$
$$\text{s.t.} \quad g_j(\mathbf{x}) = a_j \quad j=1,\ldots,m$$

其中 $\mathbf{a} = (a_1,\ldots,a_m)$ 是一组外生参数, 我们将与之对应的解记为 $\mathbf{x}^*(\mathbf{a})$。首先将约束条件写为规范的形式

$$g_j(\mathbf{x}) - a_j = 0$$

拉格朗日函数是

$$L(\mathbf{x},\lambda,\mathbf{a}) = f(\mathbf{x}) - \sum_{j=1}^{m} \lambda_j [g_j(\mathbf{x}) - a_j]$$

利用包络定理,

$$\frac{\partial M(\mathbf{a})}{\partial a_j} = \left.\frac{\partial L(\mathbf{x},\lambda,\mathbf{a})}{\partial a_j}\right|_{(\mathbf{x},\lambda)=[\mathbf{x}(\mathbf{a}),\lambda^*(\mathbf{a})]} = \lambda_j^*(\mathbf{a})$$

即是说, 拉格朗日系数 λ_j^*, 是与之对应的约束参数变化时目标函数最大值的边际变化量。

同样, 在不等式约束问题中, 拉格朗日系数刻画的也是约束参数变化对目标函数最大值的边际影响。将 $\mathbf{a} = (a_1,\ldots,a_m)$ 视为一组外生参数, 考虑问题

$$M(\mathbf{a}) = \max f(\mathbf{x})$$
$$\text{s.t.} \quad h_j(\mathbf{x}) \leqslant a_j \quad j=1,\ldots,m$$

将约束条件写为规范的形式

$$h_j(\mathbf{x}) - a_j \leqslant 0$$

记参数 $\mathbf{a}$ 对应的最大值点为 $\mathbf{x}^*(\mathbf{a})$。如果 $j \in J(\mathbf{x}^*)$，即是说第 j 个约束是束紧的，那么它相当于一个等式约束，我们可以利用上面等式约束下的结果。现在假设 $j \notin J(\mathbf{x}^*)$，第 j 个约束是非束紧的，则存在某个 a_j'，使得

$$h_j(\mathbf{x}^*(\mathbf{a})) < a_j' < a_j$$

如果将 $\mathbf{a}$ 换为 $\mathbf{a}' = (a_1, \ldots, a_{j-1}, a_j', a_{j+1}, \ldots, a_m)$，第 j 个约束相应地被换为

$$h_j(\mathbf{x}) \leqslant a_j'$$

约束集由原来的 $C(\mathbf{a})$ 缩小至 $C(\mathbf{a}')$。由于 $\mathbf{x}^*(\mathbf{a}) \in C(\mathbf{a}')$，而 $C(\mathbf{a}') \subset C(\mathbf{a})$，$\mathbf{x}^*(\mathbf{a})$ 仍然是 $C(\mathbf{a}')$ 上函数 $f(\mathbf{x})$ 的最大值点，而这意味着 $M(\mathbf{a}) = M(\mathbf{a}')$——稍稍变动 a_j 不影响函数 M 的值，所以必定有

$$\frac{\partial M(\mathbf{a})}{\partial a_j} = 0$$

但由互补松弛条件，非束紧约束的拉格朗日系数是零，从而 $\lambda_j^* = 0$，于是我们得到

$$\frac{\partial M(\mathbf{a})}{\partial a_j} = \lambda_j^*$$

我们举一个例子说明上述结果在经济学中的应用。考虑一个生产 n 种产品的厂商，以 x_i 记其中产品 i 的产量，如果生产产出组合 $\mathbf{x}$ 所需要素 j 的投入量是 $g_j(\mathbf{x})$，则当厂商拥有的要素是 $\mathbf{a} = (a_1, \ldots, a_m)$ 时，其要素约束是

$$g_j(\mathbf{x}) \leqslant a_j \quad j = 1, \ldots, m$$

记产出 $\mathbf{x}$ 下厂商的（最大）利润为 $f(\mathbf{x})$，要素约束 $\mathbf{a}$ 下厂商的最优产出是 $\mathbf{x}^*(\mathbf{a})$，则

$$\frac{\partial f(\mathbf{x}^*(\mathbf{a}))}{\partial a_j} = \lambda_j^*(\mathbf{a})$$

表示厂商再多拥有一单位要素 j 能增加的利润。这就是说，一单位要素 j 对厂商的边际价值恰是 $\lambda_j^*(\mathbf{a})$。由于这个原因，拉格朗日系数在这里称为相应要素的**影子价格**，它也许对要素的市场价格关系不大，但却对厂商的要素投入抉择至关重要。

I 概率和随机变量

I.1 事件的概率

假想我们做一个结果不确定的实验，将所有可能出现的结果组成的集合 S 称为该实验的**样本空间**。比方说，掷一枚硬币，样本空间是 $S=$ {正面, 反面}。样本空间中的一个子集称为一个**事件**，记为 $E \subseteq S$。掷币实验中硬币出现"正面"是一个事件，出现"反面"是另一个

事件, 而同时出现 "正面" 和 "反面" (集合 S 本身) 也是一个事件, 只不过这个事件不会出现。如果事件 $E_1,\ldots,E_m \subseteq S$, 其中任何两个事件间没有共同的元素, 或者, 以集合术语说, 任何两个集合 E_i 和 E_j 的交集是空集:

$$E_i \cap E_j = \phi \quad \forall i,j, i \neq j$$

就称这 m 个事件是**相互排斥**的。譬如掷币游戏中事件 "正面" 与 "反面" 就相互排斥。我们还将某个事件 E 在样本空间 S 中的补集——所有那些不属于 E 的元素组成的集合——称为事件 E 的互补事件, 记为 E^c。

用不十分精确的表述, 我们将一个事件 E 出现的频率称为它的概率, 记为 $P(E)$。概率函数 $P(\cdot)$ 满足下面的规则:

(1) $\forall E \subseteq S$, $0 \leqslant P(E) \leqslant 1$
(2) $P(S) = 1$
(3) 如果 $E_1,\ldots,E_m \subseteq S$ 相互排斥, 则

$$P(E_1 \cup \ldots \cup E_m) = \sum_{i=1}^m P(E_i)$$

(4) $P(E^c) = 1 - P(E)$

不同事件之间可能会有一定的联系。比方说相互排斥的事件间的联系是: 如果有其中一个事件发生, 其他事件就不可能再发生。另外的例子是, 甲股票涨了, 与之处于同一行业的乙股票很可能也跟着上涨。如果我们已经观察到某一事件 E_1 已经发生, E_2 发生的概率是什么呢? 这就是**条件概率**的概念, 将它记为 $P(E_2|E_1)$, 计算公式是

$$P(E_2|E_1) = \frac{P(E_1 \cap E_2)}{P(E_1)}$$

如果事件 E_1 是否发生对事件 E_2 发生的概率没有影响, 即是说 $P(E_2|E_1) = P(E_2)$, 我们就称它们是**相互独立**的。由条件概率计算公式, 事件 E_1 和 E_2 相互独立的充要条件是

$$P(E_2 \cap E_1) = P(E_1)P(E_2)$$

由条件概率公式, 对任何两个事件 E 和 F,

$$P(E \cap F) = P(E|F)P(F) = P(F|E)P(E)$$

注意到 $E \cap F$ 与 $E \cap F^c$ 是相互独立的,

$$P(E) = P(E \cap F) + P(E \cap F^c)$$
$$= P(E|F)P(F) + P(E|F^c)P(F^c)$$

结合这两个等式, 我们得到下面的贝叶斯公式

$$P(E|F) = \frac{P(E \cap F)}{P(F)} = \frac{P(F|E)P(E)}{P(F|E)P(E) + P(F|E^c)P(E^c)}$$

I.2 期望和方差

如果一个变量 x 在只含有限个元素的样本空间 $S = \{x_1, \ldots, x_n\}$ 上取值,则称 x 为离散**随机变量**,其**数学期望**,或称**均值**,定义为

$$E(x) = \sum_{i=1}^{n} P(x_i) x_i$$

随机变量的**方差**,或称均方差定义为

$$\mathrm{Var}(x) = \sum_{i=1}^{n} P(x_i)[x_i - E(x)]^2$$

它刻画的是 x_i 与数学期望的偏离程度。另一个相似的统计量是**标准差**,定义为方差的平方根

$$\sigma(x) = \left[\sum_{i=1}^{n} P(x_i)(x_i - E(x))^2\right]^{1/2}$$

如果有两个随机变量 $X = \{x_1, \ldots, x_m\}$ 和 $Y = \{y_1, \ldots, y_n\}$,则可以定义它们的**协方差**

$$\mathrm{Cov}(X, Y) = \sum_{i=1}^{m} \sum_{j=1}^{n} P(X = x_i, Y = y_j)[x_i - E(x)][y_j - E(Y)]$$

特别地,如果 X 和 Y 是相互独立的,则 $\mathrm{Cov}(X, Y) = 0$。

现在我们将离散型随机变量推广到连续型的情形。假设样本空间 S 是一个实区间 (a, b),随机变量 x 可能取 (a, b) 内的所有值。由于 S 内含有无穷多个点,x 取 S 内的任何一个特定值的概率都是零。对应于离散情形中的概率,这时我们使用**分布函数** $F(\cdot)$ 的概念,$F(t)$ 定义为随机变量 x 的取值居于 a 和 t 之间的概率。正式地,定义 $F : (a, b) \to [0, 1]$

$$F(t) = P(a < x < t)$$

如果存在函数定义在区间 (a, b) 上的函数 $f(x)$,使得

$$F(t) = \int_a^t f(x) dx$$

$f(x)$ 就称为随机变量 x 的**分布密度函数**。利用定积分的几何意义,图 M–10 显示了分布密度函数和分布函数间的关系。

x 的数学期望和方差分别定义为

$$E(x) = \int_a^b x f(x) dx$$

$$\mathrm{Var}(x) = \int_a^b [x - E(x)]^2 f(x) dx$$

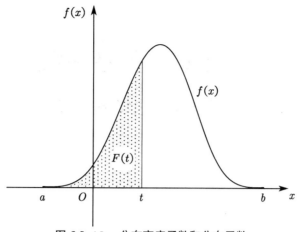

图 M–10　分布密度函数和分布函数

 进一步阅读

阅读本书正文, 具备这里概括的数学知识就足够了。但是, 在短短的几十页篇幅中我们无法详细讨论所出现的这么多概念和命题, 更无法将它们展开并包容更多的关联知识; 命题的叙述方式绝大多数都是非正式的, 而且也没有提供证明。我们通过推荐以下的书目来弥补这里的种种缺陷。

一部包含几乎所有经济学相关数学知识、容易阅读和查询, 并有较多经济学应用的最新论著是:

Simon, C. P. and L. Blume (1994), *Mathematics for Economists*, New York: Norton & Company.

关于经济学中的最值 (极值) 问题, 一本通俗易懂但不失深度的著作是:

Dixit, A. (1990), *Optimization in Economic Theory*, 2nd edn, Oxford: Oxford University Press.

下面的著作则较为高深, 对数学的处理也十分严格:

Takayama, A. (1985), *Mathematical Economics*, 2nd edn, Cambridge, Mass: Cambridge University Press.

附录 II　参考答案

§第 1 章　生产技术§

1-1 解　(1) 生产可能集为
$$Z = \{(x, y, -L) | 8x + y \leqslant L \leqslant 48\}$$

(2) 生产函数为 $8x + y = L$。

(3) 如图练习 1-1(3)。

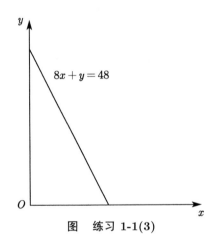

图　练习 1-1(3)

1-2 解

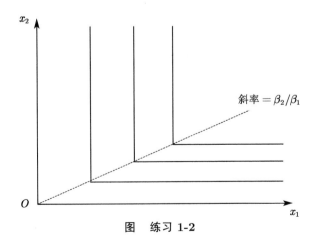

图　练习 1-2

1-3 解　(1) $MP_1 = f_1'(x_1, x_2) = \alpha A x_1^{\alpha-1} x_2^{\beta} = \alpha y / x_1$　$MP_2 = f_2'(x_1, x_2) = \beta A x_1^{\alpha} x_2^{\beta-1} = \beta y / x_2$

(2) $\text{TRS}_{12} = -\dfrac{\text{MP}_1}{\text{MP}_2} = -\dfrac{x_2}{x_1}$

(3) y 变化时, 技术替代率保持不变; x_2/x_1 变化时, TRS_{12} 随之等比例地变化。

(4) 图略。

1-4 解 (1)
$$\begin{aligned}\text{MP}_i &= \frac{1}{\alpha}A(\delta_1 x_1^\alpha + \delta_2 x_2^\alpha)^{\frac{1}{\alpha}-1}(\alpha \delta_i x_i^{\alpha-1}) \\ &= A^\alpha \delta_i \left[A(\delta_1 x_1^\alpha + \delta_2 x_2^\alpha)^{1/\alpha}\right]^{1-\alpha}(1/x_i)^{1-\alpha} \\ &= A^\alpha \delta_i (y/x_i)^{1-\alpha}\end{aligned}$$

(2) $\text{TRS}_{12} = -\dfrac{\delta_1}{\delta_2}\left(\dfrac{x_2}{x_1}\right)^{1-\alpha}$

(3) y 变化时, 技术替代率保持不变; x_2/x_1 变化时, TRS_{12} 随之等比例地变化。

(4) 为简洁起见, 记 $z = x_2/x_1$. 按定义

$$\begin{aligned}\sigma_{12} &= \frac{dz}{d(\text{TRS}_{12})}\frac{\text{TRS}_{12}}{z} = \left[\frac{d(\text{TRS}_{12})}{dz}\right]^{-1}\frac{\text{TRS}_{12}}{z} \\ &= \left[(1-\alpha)z^{-\alpha}\right]^{-1}z^{-\alpha} = 1/(1-\alpha)\end{aligned}$$

1-5 证明 (1) 将 $\alpha = 1$ 代入 CES 函数, 立即得到 $y = A\delta_1 x_1 + A\delta_2 x_2$, 这是线性函数。

(2) 当 $\alpha \to 0$ 时, CES 函数成为不定式, 为求其极限, 对 CES 函数取对数

$$\ln\frac{y}{A} = \frac{\ln(\delta_1 x_1^\alpha + \delta_2 x_2^\alpha)}{\alpha}$$

利用洛必达法则,

$$\begin{aligned}\lim_{\alpha \to 0}\ln\frac{y}{A} &= \lim_{\alpha \to 0}\frac{\ln(\delta_1 x_1^\alpha + \delta_2 x_2^\alpha)}{\alpha} \\ &= \lim_{\alpha \to 0}\frac{\delta_1 x_1^\alpha \ln x_1 + \delta_2 x_2^\alpha \ln x_2}{\delta_1 x_1^\alpha + \delta_2 x_2^\alpha} \\ &= \frac{\delta_1 \ln x_1 + \delta_2 \ln x_2}{\delta_1 + \delta_2} \\ &= \ln x_1^a x_2^b\end{aligned}$$

其中 $a = \dfrac{\delta_1}{\delta_1+\delta_2}$, $b = \dfrac{\delta_2}{\delta_1+\delta_2}$,

故 $y = A x_1^a x_2^b$。

(3) 对 CES 函数取对数, 求极限, 利用洛必达法则

$$\lim_{\alpha \to -\infty}\ln\frac{y}{A} = \lim_{\alpha \to -\infty}\frac{\ln(\delta_1 x_1^\alpha + \delta_2 x_2^\alpha)}{\alpha} = \lim_{\alpha \to -\infty}\frac{\delta_1 x_1^\alpha \ln x_1 + \delta_2 x_2^\alpha \ln x_2}{\delta_1 x_1^\alpha + \delta_2 x_2^\alpha}$$

若 $x_1 = x_2$, 约分后上式等于 $\ln x_1$, 从而

$$y = Ax_1 = Ax_2$$

若 $x_1 \neq x_2$，不妨设 $x_1 > x_2$，此时 $(x_1/x_2)^\alpha > 1$，

$$\lim_{\alpha \to -\infty} \frac{\delta_1 x_1^\alpha \ln x_1 + \delta_2 x_2^\alpha \ln x_2}{\delta_1 x_1^\alpha + \delta_2 x_2^\alpha} = \lim_{\alpha \to -\infty} \frac{\delta_1 (x_1/x_2)^\alpha \ln x_1 + \delta_2 \ln x_2}{\delta_1 (x_1/x_2)^\alpha + \delta_2} = \ln x_2$$

从而 $y = Ax_2$。

同理可证当 $x_1 < x_2$ 时有 $y = Ax_1$。综合各种不同情况，当 $\alpha \to -\infty$ 时，CES 生产函数变为 Leontief 函数形式：

$$y = \min\{Ax_1, Ax_2\}$$

1-6 证明 (1) 对于 k 次齐次生产函数，$\forall t \geqslant 0$，$f(t\mathbf{x}) \equiv t^k f(\mathbf{x})$。恒等式两端对 t 微分

$$kt^{k-1} f(\mathbf{x}) \equiv \sum_i \frac{\partial f(t\mathbf{x})}{\partial (tx_i)} x_i$$

取 $t=1$ 即得到欧拉公式。

(2) 生产函数 $f(x_1, x_2) = Ax_1^\alpha x_2^\beta$ 显然是 $\alpha + \beta$ 次齐次函数。

$$\frac{\partial}{\partial x_1} f(x_1, x_2) = A\alpha x_1^{\alpha-1} x_2^\beta, \quad \frac{\partial}{\partial x_2} f(x_1, x_2) = A\beta x_1^\alpha x_2^{\beta-1}$$

所以

$$\frac{\partial f(x_1, x_2)}{\partial x_1} x_1 + \frac{\partial f(x_1, x_2)}{\partial x_2} x_2 = (\alpha+\beta) Ax_1^\alpha x_2^\beta = (\alpha+\beta) f(x_1, x_2)$$

1-7 解 线性生产函数、Leontief 生产函数以及 CES 生产函数都是规模收益不变的；当 $\alpha + \beta = 1 (>1, <1)$ 时，Cobb-Douglas 生产函数 $y = x_1^\alpha x_2^\beta$ 是规模收益不变 (递增、递减) 的。

1-8 证明 (1) 由定义，

$$\sigma_{12} = \frac{d(x_2/x_1)}{d(\text{TRS}_{12})} \frac{\text{TRS}_{12}}{(x_2/x_1)} \equiv \frac{\text{TRS}_{12}}{z} \left[\frac{d(\text{TRS}_{12})}{dz}\right]^{-1}$$

其中 $z = x_2/x_1$。将 $x_2 = zx_1$ 代入生产函数中，等产量线方程可以写为

$$f(x_1, zx_1) - y^0 = 0$$

由这个隐函数方程解出 x_1，记为 $x_1 = g(z)$。在上面的方程中对 z 求导

$$f_1(\cdot) g'(z) + f_2(\cdot)[g(z) + zg'(z)] = 0$$

得到

$$\frac{dx_1}{dz} = g'(z) = -\frac{x_1 f_2}{f_1 + zf_2}$$

由于 $\text{TRS}_{12} = -\dfrac{f_1[g(z), zg(z)]}{f_2[g(z), zg(z)]}$

$$\begin{aligned}
\frac{d(\text{TRS}_{12})}{dz} &= \frac{f_1[f_{21}g' + f_{22}(g+zg')] - f_2[f_{11}g' + f_{12}(g+zg')]}{f_2^2} \\
&= \frac{(f_1 f_{22} - f_2 f_{12})g + (f_1 f_{21} + zf_1 f_{22} - f_2 f_{11} - zf_2 f_{12})g'}{f_2^2} \\
&= \frac{x_1(f_1^2 f_{22} + f_2^2 f_{11} - 2f_1 f_2 f_{12})}{f_2^2(f_1 + zf_2)}
\end{aligned}$$

在上式中代入 $z = x_2/x_1$, 得到

$$\frac{d(\text{TRS}_{12})}{dz} = \frac{x_1 x_2 (f_1^2 f_{22} + f_2^2 f_{11} - 2 f_1 f_2 f_{12})}{f_2^2 f}$$

从而

$$\sigma_{12} = \frac{f_1 f_2 f}{x_1 x_2 (2 f_1 f_2 f_{12} - f_1^2 f_{22} - f_2^2 f_{11})}$$

(2) 由于 $f(\mathbf{x})$ 是一次齐次的, 所以 f_1 和 f_2 都是零次齐次函数, 应用欧拉定理有: $x_1 f_{i1} + x_2 f_{i2} = 0$, 从而

$$f_{11} = -\frac{x_2}{x_1} f_{12}, \quad f_{22} = -\frac{x_1}{x_2} f_{12}$$

代入上述 σ 的表达式, 得

$$\sigma_{12} = \frac{f_1 f_2 f}{f_{12}(2 x_1 x_2 f_1 f_2 + x_1^2 f_1^2 + x_2^2 f_2^2)} = \frac{f_1 f_2}{f_{12} f}$$

§第 2 章 利润最大化§

2-1 证明 (1) 利润最大化的二阶条件是: 以下生产函数的 Hessian 矩阵是半负定的

$$\mathbf{D}^2 f = \begin{pmatrix} \dfrac{\alpha(\alpha - 1)}{x_1^2} y & \dfrac{\alpha \beta}{x_1 x_2} y \\ \dfrac{\alpha \beta}{x_1 x_2} y & \dfrac{\beta(\beta - 1)}{x_2^2} y \end{pmatrix}$$

这要求主对角线上的元素非正, 即

$$\frac{\alpha(\alpha - 1)}{x_1^2} y \leqslant 0, \quad \frac{\beta(\beta - 1)}{x_2^2} y \leqslant 0$$

同时矩阵的行列式非负

$$|\mathbf{D}^2 f| = \frac{y^2}{x_1^2 x_2^2}[\alpha\beta(\alpha - 1)(\beta - 1) - \alpha^2 \beta^2] = \frac{y^2}{x_1^2 x_2^2} \alpha\beta(1 - \alpha - \beta) \geqslant 0$$

由于 $\alpha, \beta > 0$, 显然只有当 $\alpha + \beta \leqslant 1$ 时, 这两个条件才成立。

(2) 利润最大化问题的一阶必要条件是

$$w_1 = \alpha p A x_1^{\alpha - 1} x_2^\beta = \frac{\alpha p y}{x_1}$$
$$w_2 = \beta p A x_1^\alpha x_2^{\beta - 1} = \frac{\beta p y}{x_2}$$

由此立即得要素需求

$$x_1(p, \mathbf{w}) = \frac{\alpha p y}{w_1} \quad x_2(p, \mathbf{w}) = \frac{\beta p y}{w_2}$$

将上述要素需求代入生产函数

$$y = A \left(\frac{\alpha p y}{w_1}\right)^\alpha \left(\frac{\beta p y}{w_2}\right)^\beta = A y^{\alpha + \beta} \left(\frac{\alpha p}{w_1}\right)^\alpha \left(\frac{\beta p}{w_2}\right)^\beta$$

解出 y 即为产品供给

$$y(p,\mathbf{w}) = A^{\frac{1}{1-\alpha-\beta}} \left(\frac{\alpha p}{w_1}\right)^{\frac{\alpha}{1-\alpha-\beta}} \left(\frac{\beta p}{w_2}\right)^{\frac{\beta}{1-\alpha-\beta}}$$

(3) 根据定义, 利润函数是

$$\begin{aligned}\pi(p,w_1,w_2) &= py(p,\mathbf{w}) - w_1 x_1(p,\mathbf{w}) - w_2 x_2(p,\mathbf{w}) \\ &= py(p,\mathbf{w}) - \alpha py(p,\mathbf{w}) - \beta py(p,\mathbf{w}) \\ &= (1-\alpha-\beta)pA^{\frac{1}{1-\alpha-\beta}}\left(\frac{\alpha p}{w_1}\right)^{\frac{\alpha}{1-\alpha-\beta}}\left(\frac{\beta p}{w_2}\right)^{\frac{\beta}{1-\alpha-\beta}}\end{aligned}$$

(4) 根据上面求出的利润函数表达式, 显然有 $\pi(tp,tw_1,tw_2) = t\pi(p,w_1,w_2)$。

(5) 首先, 注意到 $\pi(p,w_1,w_2)$ 中 p 的幂次为

$$1 + \frac{\alpha}{1-\alpha-\beta} + \frac{\beta}{1-\alpha-\beta} = \frac{1}{1-\alpha-\beta}$$

很容易看出 $\dfrac{\partial \pi}{\partial p} = y(p,\mathbf{w})$;

为证明 $\partial \pi/\partial w_1 = -x_1(p,\mathbf{w})$, 注意到 $\pi(p,w_1,w_2)$ 中与 w_1 有关的部分仅为

$$(\alpha p/w_1)^{\frac{\alpha}{1-\alpha-\beta}}$$

而

$$\frac{\partial}{\partial w_1}\left(\frac{\alpha p}{w_1}\right)^{\frac{\alpha}{1-\alpha-\beta}} = -\frac{\alpha}{1-\alpha-\beta}\left(\frac{\alpha p}{w_1}\right)^{\frac{\alpha}{1-\alpha-\beta}}\frac{1}{w_1}$$

从而

$$\begin{aligned}\frac{\partial \pi}{\partial w_1} &= -\frac{\alpha}{w_1}pA^{\frac{1}{1-\alpha-\beta}}\left(\frac{\alpha p}{w_1}\right)^{\frac{\alpha}{1-\alpha-\beta}}\left(\frac{\beta p}{w_2}\right)^{\frac{\beta}{1-\alpha-\beta}} \\ &= -\frac{\alpha py}{w_1} = -x_1\end{aligned}$$

类似地可验证 $\partial \pi/\partial w_2 = -x_2(p,\mathbf{w})$。

2-2 证明 这里的证明方法其实是对正文图 2.4 中思想的正式表述。

对任何的价格参数 $(p^*,\mathbf{w}^*)$, $p^* > 0, \mathbf{w}^* \gg \mathbf{0}$, 记相应的产品供给和要素需求分别为 y^* 和 $\mathbf{x}^*$。现在如果价格变为 $(p,\mathbf{w})$, 而厂商没有相应地调整生产计划, 仍然使用要素投入 $\mathbf{x}^*$, 它将得到利润

$$\Pi(p,\mathbf{w}) = py^* - \mathbf{w}\mathbf{x}^*$$

这当然不是厂商此时能获得的最大利润 $\pi(p,\mathbf{w})$, 因为后者是根据价格 $(p,\mathbf{w})$ 对生产计划进行了最适调整后得到的。我们将这两个利润水平的差定义为一个新的函数

$$\delta(p,\mathbf{w}) = \pi(p,\mathbf{w}) - \Pi(p,\mathbf{w})$$

根据前面对上式右边两项的讨论，$\delta(p, \mathbf{w}) \geqslant 0$。但由假设 $\mathbf{x}^*$ 是价格 $(p^*, \mathbf{w}^*)$ 下的最优要素投入，从而 $\Pi(p^*, \mathbf{w}^*) = \pi(p^*, \mathbf{w}^*)$。所以，函数 $\delta(p, \mathbf{w})$ 在 $(p^*, \mathbf{w}^*)$ 取得最小值，进而它必将满足下面的一阶必要条件

$$\left.\frac{\partial \delta(p, \mathbf{w})}{\partial p}\right|_{(p^*, \mathbf{w}^*)} = 0, \quad \left.\frac{\partial \delta(p, \mathbf{w})}{\partial w_i}\right|_{(p^*, \mathbf{w}^*)} = 0$$

这就是

$$\left.\frac{\partial \pi(p, \mathbf{w})}{\partial p}\right|_{(p^*, \mathbf{w}^*)} = \left.\frac{\partial \Pi(p, \mathbf{w})}{\partial p}\right|_{(p^*, \mathbf{w}^*)} = y^*$$

$$\left.\frac{\partial \pi(p, \mathbf{w})}{\partial w_i}\right|_{(p^*, \mathbf{w}^*)} = \left.\frac{\partial \Pi(p, \mathbf{w})}{\partial w_i}\right|_{(p^*, \mathbf{w}^*)} = -x_i^*$$

由于 $(p^*, \mathbf{w}^*)$ 是任取的，这就证明了 Hotelling 引理。

2-3 解 (1) 厂商的短期利润最大化问题是

$$\max_{x_1} \left[p x_1^{1/3} \bar{x}_2^{2/3} - (w_1 x_1 + w_2 \bar{x}_2)\right]$$

一阶必要条件是：$\frac{1}{3} p x_1^{-2/3} \bar{x}_2^{2/3} - w_1 = 0$，从而得到短期可变要素需求 x_1 为

$$x_1 = \left(\frac{p}{3w_1}\right)^{3/2} \bar{x}_2$$

(2) 短期利润函数为

$$\pi(\bar{x}_2) = p(\frac{p}{3w_1})^{1/2} \bar{x}_2^{1/3} \bar{x}_2^{2/3} - w_1 (\frac{p}{3w_1})^{3/2} \bar{x}_2 - w_2 \bar{x}_2$$
$$= \left[\frac{2}{3} p (\frac{p}{3w_1})^{1/2} - w_2\right] \bar{x}_2$$

(3) 从前面所求的短期利润 $\pi(\bar{x}_2)$ 的形式看，根据价格参数 (p, w_1, w_2) 的不同可分三种情况：

① 若 $\frac{2}{3} p (\frac{p}{3w_1})^{1/2} - w_2 < 0$，则取 $\bar{x}_2 = 0$ 可使 $\pi(\bar{x}_2)$ 达到长期利润最大化水平 0。

② 若 $\frac{2}{3} p (\frac{p}{3w_1})^{1/2} - w_2 = 0$，任何 $\bar{x}_2$ 下均有 $\pi(\bar{x}_2) \equiv 0$，这同时也是长期利润最大化水平。

③ 若 $\frac{2}{3} p (\frac{p}{3w_1})^{1/2} - w_2 > 0$，长期利润最大化问题无有限解，所以任何一个有界的 $\bar{x}_2 < \infty$ 都不能达到长期利润最大化目标。或者说，只有取 $\bar{x}_2 = \infty$ 才会使短期和长期利润相等。

2-4 解 厂商面对的问题是

$$\max_{y_1, y_2, x} (p_1 y_1 + p_2 y_2 - wx)$$
$$\text{s.t.} \quad y_1^2 + y_2^2 - x = 0$$

将技术约束方程改为 $x = y_1^2 + y_2^2$ 并代入目标函数，将其变为一个无约束的最大值问题，其一阶必要条件为

$$p_i - 2w y_i = 0 \quad i = 1, 2$$

由此立即得产品供给 $y_i = \dfrac{p_i}{2w}$ $i = 1, 2$

要素需求是
$$x = \frac{p_1^2 + p_2^2}{4w^2}$$

2-5 解 (1) 如果需要考虑角点解, 应该求解下面的问题
$$\max_{\mathbf{x},\mathbf{y}}(\mathbf{py} - \mathbf{wx})$$
$$\text{s.t.} \quad g(\mathbf{y}, \mathbf{x}) = 0$$
$$\mathbf{x} \geqslant \mathbf{0}$$

拉格朗日函数是
$$L = \mathbf{py} - \mathbf{wx} - \lambda g(\mathbf{y}, \mathbf{x}) + \sum_{i=1}^{n} \mu_i x_i$$

一阶必要条件: 在最优点 $(\mathbf{y}^*, \mathbf{x}^*)$, 存在 λ^* 及 $\mu_i^* \geqslant 0$ $(i = 1, \ldots, n)$, 使得

$$\frac{\partial L}{\partial x_i} = -w_i - \lambda^* \frac{\partial g(\mathbf{y}^*, \mathbf{x}^*)}{\partial x_i} + \mu_i^* = 0 \quad i = 1, \ldots, n$$

$$\frac{\partial L}{\partial y_j} = p_j - \lambda^* \frac{\partial g(\mathbf{y}^*, \mathbf{x}^*)}{\partial y_j} = 0 \quad j = 1, \ldots, k$$

$$\frac{\partial L}{\partial \lambda} = -g(\mathbf{y}^*, \mathbf{x}^*) = 0$$

并且满足互补松弛条件:
$$\mu_i^* x_i^* = 0 \quad i = 1, \ldots, n$$

(2) 不考虑角点解, 作拉格朗日函数
$$L(\mathbf{x}, \mathbf{y}, \lambda) = \mathbf{py} - \mathbf{wx} - \lambda g(\mathbf{y}, \mathbf{x})$$

内点解的二阶必要条件是: 对任何满足 $\mathbf{D}g(\mathbf{y}^*, \mathbf{x}^*)\mathbf{h} = 0$ 的向量 $\mathbf{h}$,
$$\mathbf{h}^{\mathrm{T}} \mathbf{D}^2 L(\mathbf{x}^*, \mathbf{y}^*, \lambda^*) \mathbf{h} \leqslant 0$$

2-6 证明 如果生产技术是规模收益递增的, 按定义, 对于任何不为零的要素组合 $\mathbf{x} > \mathbf{0}$ 和 $t > 1$, 都有 $f(t\mathbf{x}) > tf(\mathbf{x})$, 从而
$$\pi(t\mathbf{x}) = pf(t\mathbf{x}) - \mathbf{w}(t\mathbf{x})$$
$$> tf(\mathbf{x}) - t\mathbf{wx}$$
$$= t[f(\mathbf{x}) - \mathbf{wx}]$$
$$= t\pi(\mathbf{x})$$

所以, 只要存在 $\mathbf{x} > \mathbf{0}$ 使得 $\pi(\mathbf{x}) > 0$, 厂商在投入组合 $\mathbf{x}$ 基础上扩大生产规模总可以提高利润, 而且这种过程可以无休无止地延续下去, 最终厂商获得的利润将是无穷大。例外情况是, 厂商在任何投入水平 $\mathbf{x}$ 上的利润都是非正值 (角点解), 此时厂商只有接受 0 利润。

2-7 解 (1) 厂商面对的问题是

$$\max_{x_1,x_2} pf(x_1,x_2) - (w_1x_1 + w_2x_2)$$
$$\text{s.t.} \quad w_1x_1 + w_2x_2 - B \leqslant 0$$

如果约束是不束紧的, 资金 B 足够厂商购买它达到利润最大化所需的要素量, 问题变为一个无约束的标准利润最大化问题, 分析过程与正文中没有半点不同。现假设约束是束紧的, 这样上述问题就演化为一个等式约束问题。作拉格朗日函数

$$L = pf(x_1,x_2) - (w_1x_1 + w_2x_2) - \lambda(w_1x_1 + w_2x_2 - B)$$

一阶必要条件是

$$\frac{\partial L}{\partial x_i} = p\frac{\partial f(x_1,x_2)}{\partial x_i} - (1+\lambda)w_i = 0$$
$$\frac{\partial L}{\partial \lambda} = -(w_1x_1 + w_2x_2 - B) = 0$$

将第一个等式改写为

$$\frac{pf_i}{1+\lambda} = w_i$$

代入第二个条件等式

$$\frac{p(f_1x_1 + f_2x_2)}{1+\lambda} - B = 0$$

解出 $\lambda = \frac{p(f_1x_1 + f_2x_2)}{B} - 1$, 代回第一个条件, 得到

$$f_i = \frac{f_1x_1 + f_2x_2}{B}w_i \quad i=1,2$$

(2) 在可用资金约束不束紧的情况下, 厂商必然不会使用要素 3。以下不妨假设该约束是束紧的。由于要素 3 与要素 2 是完全替代的, 生产函数可以写为

$$g(x_1,x_2,x_3) \equiv f(x_1, x_2 + x_3)$$

厂商此时面对的问题变为

$$\max_{x_1,x_2}[pf(x_1, x_2+x_3) - (w_1x_1 + w_2x_2 + w_3x_3)]$$
$$\text{s.t.} \quad w_1x_1 + w_2x_2 - B \leqslant 0$$

拉格朗日函数

$$L = pf(x_1, x_2+x_3) - (w_1x_1 + w_2x_2 + w_3x_3) - \lambda(w_1x_1 + w_2x_2 - B)$$

一阶必要条件是

$$\frac{\partial L}{\partial x_i} = pf_i - (1+\lambda)w_i = 0 \quad i=1,2$$
$$\frac{\partial L}{\partial x_3} = pf_2 - w_3 = 0$$
$$\frac{\partial L}{\partial \lambda} = -(w_1x_1 + w_2x_2 - B) = 0$$

容易看出, $w_3 = (1+\lambda)w_2 = \dfrac{f_1 x_1 + f_2 x_2}{B} w_2$

从而, 三种要素的最优投入条件可归纳为

$$pf_1 = \frac{w_3}{w_2} w_1, \quad pf_2 = w_3, \quad \frac{f_1 x_1 + f_2 x_2}{B} = \frac{w_3}{w_2}$$

§第 3 章 成本最小化§

3-1 解 (1) 在 Leontief 生产函数中, 产量仅是 x_1/β_1 和 x_2/β_2 中较小的一个值, 所以, 无论是利润最大化或者是成本最小化问题, 厂商的最优投入必然满足 $x_1/\beta_1 = x_2/\beta_2$。在此约束下, 生产函数可以简单地写为 $y = x_1/\beta_1$(当然也可以写为 $y = x_2/\beta_2$)。从而, 对于预先给定的产量 $y \geqslant 0$, 条件要素需求是

$$x_1 = \beta_1 y, \quad x_2 = \beta_2 y$$

成本函数: $c(y) = (\beta_1 w_1 + \beta_2 w_2) y$。

(2) 图略。

3-2 解 (1) 成本最小化问题是

$$\min_{\mathbf{x} \geqslant \mathbf{0}} (w_1 x_1 + w_2 x_2)$$
$$\text{s.t.} \quad a x_1 + b x_2 = y$$

只要 $\dfrac{w_1}{w_2} \neq \dfrac{a}{b}$, 该问题就只存在角点解:

① 若 $w_1/w_2 > a/b$, 条件要素需求为 $(x_1^*, x_2^*) = (0, y/b)$, 成本函数是 $c(y) = w_2 y/b$;

② 若 $w_1/w_2 < a/b$, 条件要素需求为 $(x_1^*, x_2^*) = (y/a, 0)$, 成本函数是 $c(y) = w_1 y/a$;

③ 若 $w_1/w_2 = a/b$, 最优解可取线段 $a x_1 + b x_2 = y$ 上任一点, 在此不妨取 $(x_1^*, x_2^*) = (y/a, 0)$, 所得的成本函数形式上与 ② 中一致 (当然, 取另一端点可得 ① 中的成本函数形式——在这里的条件下, 这二者是一致的)。

(2) 图略。

3-3 证明 成本最小化问题是

$$\min(w_1 x_1 + w_2 x_2)$$
$$\text{s.t.} \quad A x_1^{\alpha} x_2^{1-\alpha} = y$$

拉格朗日函数是 $L = (w_1 x_1 + w_2 x_2) - \lambda (A x_1^{\alpha} x_2^{1-\alpha} - y)$。

一阶必要条件

$$\frac{\partial L}{\partial x_1} = w_1 - \lambda \alpha A x_1^{\alpha-1} x_2^{1-\alpha} = 0$$
$$\frac{\partial L}{\partial x_2} = w_2 - \lambda (1-\alpha) A x_1^{\alpha} x_2^{-\alpha} = 0$$

变形为，
$$w_1^\alpha = (\lambda\alpha A)^\alpha x_1^{(\alpha-1)\alpha} x_2^{(1-\alpha)\alpha}$$
$$w_2^{1-\alpha} = [\lambda(1-\alpha)A]^{1-\alpha} x_1^{(1-\alpha)\alpha} x_2^{(\alpha-1)\alpha}$$

两式相乘得
$$w_1^\alpha w_2^{1-\alpha} = \lambda A \alpha^\alpha (1-\alpha)^{1-\alpha}$$

从而
$$\lambda = \frac{1}{A\alpha^\alpha(1-\alpha)^{1-\alpha}} w_1^\alpha w_2^{1-\alpha} \triangleq B w_1^\alpha w_2^{1-\alpha}$$

其中 B 是依赖于 A 和 α 的常数。代回一阶条件，并利用约束等式，得到
$$w_1 = \frac{\lambda\alpha y}{x_1}, \quad w_2 = \frac{\lambda(1-\alpha)y}{x_2}$$

从而，$c(\mathbf{w}, y) = w_1 x_1 + w_2 x_2 = \lambda y = B w_1^\alpha w_2^{1-\alpha} y$。

3-4 证明 (1) 任取 $y \geqslant 0$，记必要投入集 $V(y) = \{\mathbf{x} | f(\mathbf{x}) \geqslant y\}$，按定义
$$c(\mathbf{w}, y) = \min_{\mathbf{x} \in V(y)} \mathbf{w}\mathbf{x}$$

只要生产函数是单调的，对任何 $y_1 < y_2$，必然有 $V(y_1) \supseteq V(y_2)$，所以
$$c(\mathbf{w}, y_1) = \min_{\mathbf{x} \in V(y_1)} \mathbf{w}\mathbf{x} \leqslant \min_{\mathbf{x} \in V(y_2)} \mathbf{w}\mathbf{x} = c(\mathbf{w}, y_2)$$

(2) 记要素价格为 $\mathbf{w}$ 时的条件要素需求函数为 $\mathbf{x}(\mathbf{w}, y)$，它满足一阶必要条件 (3.4)。容易看出，将该等式右边分式的分子分母同乘以正数 t 等式仍然成立。这说明，在价格 $t\mathbf{w}$ 下，条件要素需求仍然是 $\mathbf{x}(\mathbf{w}, y)$。所以，
$$c(t\mathbf{w}, y) = t\mathbf{w}\mathbf{x}(\mathbf{w}, y) = tc(\mathbf{w}, y)$$

3-5 证明 对任何产量 y_1 和 y_2，记相应成本最小化问题的解 (也就是条件要素需求) 分别是 $\mathbf{x}_1^*$ 和 $\mathbf{x}_2^*$，按定义 $f(\mathbf{x}_1^*) = y_1$，$f(\mathbf{x}_2^*) = y_2$，$c(y_1) = \mathbf{w}\mathbf{x}_1^*$，$c(y_2) = \mathbf{w}\mathbf{x}_2^*$。

对任何 $t \in [0, 1]$，记 $y_3 = ty_1 + (1-t)y_2$。由生产函数的凹性，
$$y_3 = tf(\mathbf{x}_1^*) + (1-t)f(\mathbf{x}_2^*) \leqslant f[t\mathbf{x}_1^* + (1-t)\mathbf{x}_2^*]$$

这意味着 $t\mathbf{x}_1^* + (1-t)\mathbf{x}_2^*$ 足以生产产量 y_3，所以，
$$c(y_3) \leqslant \mathbf{w}[t\mathbf{x}_1^* + (1-t)\mathbf{x}_2^*]$$
$$= t\mathbf{w}\mathbf{x}_1^* + (1-t)\mathbf{w}\mathbf{x}_2^*$$
$$= tc(y_1) + (1-t)c(y_2)$$

这说明 $c(y)$ 是产量 y 的凸函数。

3-6 证明 考虑位似生产函数

$$y = f(\mathbf{x}) = F(g(\mathbf{x}))$$

这里 $F'(\cdot) > 0$, $g(\mathbf{x})$ 是一次齐次函数。根据 1.4 节的推导,

$$e(\mathbf{x}) = \frac{dF}{dg}\frac{g(\mathbf{x})}{F(g(\mathbf{x}))} = \frac{F'(g)g(\mathbf{x})}{y}$$

如果 $\mathbf{x}^* = \mathbf{x}(\mathbf{w}, y)$ 为产出为 y 时的条件要素需求,它必需满足一阶条件 (3.2)

$$w_i = \lambda^* f_i(\mathbf{x}^*) = c'(y)F'(g)g_i(\mathbf{x}^*)$$

其中第二个等式用到了拉格朗日系数的意义: $\lambda^* = c'(y)$。上式两边同乘以 x_i^* 并对 i 加总,得到

$$\sum_{i=1}^{n} w_i x_i^* = c'(y)F'(g)\sum_{i=1}^{n} g_i(\mathbf{x}^*)x_i^*$$

由于 $g(\mathbf{x})$ 是一次齐次函数,由欧拉定理有

$$\sum_{i=1}^{n} g_i(\mathbf{x}^*)x_i^* = g(\mathbf{x}^*)$$

代入前一等式的右端,另外注意到等式左端即为产出 y 的成本 $c(y)$,这就得到

$$c(y) = c'(y)F'(g)g(\mathbf{x}^*)$$

根据成本的产量弹性定义,

$$E_y^c(y) = \frac{c'(y)y}{c(y)} = \frac{y}{F'(g)g(\mathbf{x}^*)} = \frac{1}{e(\mathbf{x}^*)}$$

3-7 解 $c_1'(y_1) = 4y_1$, $c_2'(y_2) = 2y_2 + 2$

(1) 如果厂商同时使用两个工厂,应当满足 $c_1'(y_1) = c_2'(y_2)$;但是,注意到 $c_2'(y_2) \geqslant c_2'(0) = 2$,而当 $y_1 \leqslant 1/2$ 时,$c_1'(y_1) \leqslant 2$。所以,当 $y_1 \leqslant 1/2$ 时厂商只会选择在工厂 1 生产;仅当 $y_1 > 1/2$ 时,厂商才会同时使用两个工厂。

(2) 在同时使用两个工厂的情况下,厂商的产量分配满足 $c_1'(y_1) = c_2'(y_2)$,由此解得

$$y_1 = (y+1)/3 \,,\, y_2 = (2y-1)/3$$

此时总成本就为,

$$c(y) = c_1(y_1) + c_2(y_2)$$
$$= 2\left(\frac{y+1}{3}\right)^2 + \left(\frac{2y-1}{3} + 1\right)^2$$
$$= \frac{2}{3}(y+1)^2$$

所以,
$$c(y) = \begin{cases} 2y^2 & y \leqslant 1/2 \\ \dfrac{2}{3}(y+1)^2 & y > 1/2 \end{cases}$$

3-8 解 (1) 根据 3.2.1 节成本函数的性质, 典型的成本函数 $c(\mathbf{w}, y)$ 应当是 $\mathbf{w}$ 和 y 的单增函数, 是 $\mathbf{w}$ 的一次齐次函数, 同时还是 $\mathbf{w}$ 的凹函数。据此, 必然要求 $\alpha, \beta, \gamma \geqslant 0$, 以及 $\alpha + \beta = 1$, 注意在这两个条件下, $c(w_1, w_2, y) = w_1^\alpha w_2^\beta y^\gamma$ 为 $\mathbf{w}$ 凹函数的条件自动成立 (可检查海赛矩阵主子式的符号确为正负相间)。

(2) 在成本函数已知的条件下, 可根据 Shephard 引理方便地求出条件要素需求
$$x_1(\mathbf{w}, y) = \frac{\partial c(\mathbf{w}, y)}{\partial w_1} = \alpha w_1^{\alpha-1} w_2^\beta y^\gamma, \quad x_2(\mathbf{w}, y) = \frac{\partial c(\mathbf{w}, y)}{\partial w_2} = \beta w_1^\alpha w_2^{\beta-1} y^\gamma$$

3-9 解 (1) 由于这里存在厂商只使用一个工厂的可能性, 而这意味着成本最小化问题中需要考虑角点解, 所以成本最小化条件 (3.28) 不一定成立。

(2) $\alpha = 1$: 此时两工厂的成本函数变为: $c_i(y_i) = F + ky_i$。由于两个工厂的边际成本都是常数 k, 无论厂商需要生产多少产量 y, 它总可以将所有产品安排在一个工厂生产, 维持边际成本 k, 同时节约另一工厂的固定成本 F。据此, 厂商的成本函数即为一个工厂的成本函数: $c(y) = F + ky$。

$\alpha = 3$: $c_i(y_i) = F + ky_i^3$, $c_i'(y_i) = 3ky_i^2$。在产量为 y 时, 如果厂商同时使用两个工厂, 成本最小化要求: $c_1'(y_1) = c_2'(y_2) \Rightarrow y_1 = y_2 = y/2$, 这种情况下厂商具有成本函数:
$$c^{II}(y) = c_1(y/2) + c_2(y/2) = 2F + 2k(y/2)^3$$

如果厂商只使用一个工厂, 它的成本函数是
$$c^I(y) = F + ky^3$$

所以, 厂商的产量配置取决于两个成本孰大孰小。厂商只使用一个工厂的条件是
$$F + ky^3 \leqslant 2F + 2k(y/2)^3$$

即: $y \leqslant (4F/3k)^{1/3}$。从而厂商的成本函数是
$$c(y) = \begin{cases} F + ky^3 & y \leqslant \sqrt[3]{4F/3k} \\ 2F + 2k(y/2)^3 & y > \sqrt[3]{4F/3k} \end{cases}$$

(3) 根据刚才建立的成本函数, 计算成本对产量的弹性系数

$y \leqslant \sqrt[3]{4F/3k}$ 时: $\dfrac{1}{E_y^c(y)} = \dfrac{c(y)/y}{c'(y)} = \dfrac{F + ky^3}{3ky^3} = \dfrac{1}{3} + \dfrac{F}{3ky^3}$

$y > \sqrt[3]{4F/3k}$ 时: $\dfrac{1}{E_y^c(y)} = \dfrac{c(y)/y}{c'(y)} = \dfrac{8F + ky^3}{3ky^3} = \dfrac{1}{3} + \dfrac{8F}{3ky^3}$

因此:

当 $0 \leqslant y < \sqrt[3]{F/2k}$ 时，$E_y^c(y) < 1$，规模经济递增；
当 $\sqrt[3]{F/2k} < y < \sqrt[3]{4F/3k}$ 时，$E_y^c(y) > 1$，规模经济递减；
当 $\sqrt[3]{4F/3k} < y < \sqrt[3]{4F/k}$，$E_y^c(y) < 1$，规模经济递增；
当 $y > \sqrt[3]{4F/k}$ 时，$E_y^c(y) > 1$，规模经济递减。

3-10 解 由所给成本函数先计算：

$$c(\mathbf{w}, y_1, 0) = (w_1 + w_2)\ln(y_1 + 1) + y_1^\alpha$$
$$c(\mathbf{w}, 0, y_2) = (w_1 + w_2)\ln(y_2 + 1) + y_2^\alpha$$

$$\begin{aligned}c(\mathbf{w}, y_1, 0) + c(\mathbf{w}, 0, y_2) &= (w_1 + w_2)[\ln(y_1 + 1) + \ln(y_2 + 1)] + y_1^\alpha + y_2^\alpha \\ &= (w_1 + w_2)\ln[(y_1 + 1)(y_2 + 1)] + y_1^\alpha + y_2^\alpha\end{aligned}$$

因 $c(\mathbf{w}, y_1, y_2) = \sum_i w_i \ln[(y_1 + 1)(y_2 + 1)] + (y_1 + y_2)^\alpha$，所以二者的大小取决于 $y_1^\alpha + y_2^\alpha$ 和 $(y_1 + y_2)^\alpha$ 孰大孰小。显然：

当 $\alpha = 1$ 时，二者相等，该成本函数呈现范围经济不变特征，即成本函数是可分的；
当 $\alpha > 1$ 时，前者较小，范围不经济；
当 $\alpha < 1$ 时，前者较大，存在范围经济。

§ 第 4 章 消费者行为 §

4-1 证明 反证法：如果两条无差异曲线相交于 A 点，见图练习 4-1。由无差异曲线的定义和三点 (消费组合) 在图上的位置，很显然有

$$A \sim C, \ A \sim B \text{ 但 } C \succ B$$

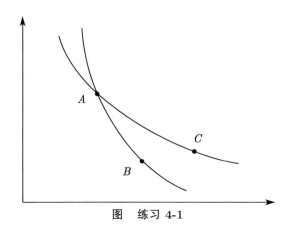

图 练习 4-1

由传递性公理，必然有 $A \succ A$，矛盾，故得证。

4-2 证明 这里不用管效用函数形式，画图证明最清楚。参见图练习 4-2。

假设现在收藏家在 (M^*, X^*) 处达到均衡，其中 M 指钱币数量，X 是所有其他消费品 (的支出)。在图中，预算线与一条无差异曲线 I^* 相切。如果 p_M 上升，p_M/p_X 增大，预算约

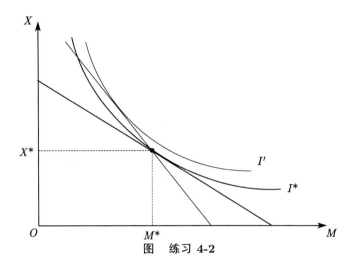

图 练习 4-2

束线较以前陡峭, 但它必然还通过 (M^*, X^*) 点, 因为这点的坐标满足预算线方程 (注意收藏家本来持有组合 (M^*, X^*)):

$$p_M M + p_X X = p_M M^* + p_X X^*$$

因此, 新预算线必然与无差异曲线 I^* 交于两点。在这两点之间, 必然能找到另一点 (M', X'), 在这点预算线相切于一条更高的无差异曲线 I'。

同理可以证明 p_M 下跌时个体可以达到一条较 I^* 更高的无差异曲线 (新均衡点将在 (M^*, X^*) 的右下方)。

4-3 解 在正单调变换 $v = \ln(u/A)$ 下, 原效用函数可变为 ① 的形式; 在正单调变换 $v = u^{1/(\alpha+\beta)}$ 下, 原效用函数可变为 ② 的形式。由于效用函数在正单调变换下不改变原来的偏好性质, 所以 ① 和 ② 都是原来效用函数的等价形式。③ 则不是。

4-4 解 我们取效用函数的等价形式 $u(x_1, x_2) = \alpha \ln x_1 + \beta \ln x_2$, 而且, 还可以假设 $\alpha + \beta = 1$。

(1) 考虑效用最大化问题

$$\max_{x_1, x_2}(\alpha \ln x_1 + \beta \ln x_2)$$
$$\text{s.t.} \quad p_1 x_1 + p_2 x_2 = m$$

拉格朗日函数为

$$L = (\alpha \ln x_1 + \beta \ln x_2) - \lambda(p_1 x_1 + p_2 x_2 - m)$$

一阶必要条件为

$$\frac{\partial L}{\partial x_1} = \frac{\alpha}{x_1} - \lambda p_1 = 0, \quad \frac{\partial L}{\partial x_2} = \frac{\beta}{x_2} - \lambda p_2 = 0$$

$$\frac{\partial L}{\partial \lambda} = m - (p_1 x_1 + p_2 x_2) = 0$$

联立方程求解得: $\lambda = (\alpha + \beta)/m = 1/m$

$$x_1 = \frac{\alpha m}{p_1}, \quad x_2 = \frac{\beta m}{p_2}$$

此即为马歇尔需求；相应的间接效用函数是

$$v(\mathbf{p}, m) = \ln m - \ln p_1^\alpha p_2^\beta \quad (\alpha + \beta = 1)$$

(2) 考虑支出最小化问题

$$\min_{x_1, x_2} (p_1 x_1 + p_2 x_2)$$
$$\text{s.t.} \quad \alpha \ln x_1 + \beta \ln x_2 = u$$

作拉格朗日函数: $L = p_1 x_1 + p_2 x_2 - \lambda(\alpha \ln x_1 + \beta \ln x_2 - u)$, 由一阶条件, 解得

$$\lambda = \left(\frac{p_1}{\alpha}\right)^\alpha \left(\frac{p_2}{\beta}\right)^\beta e^u$$

$$h_1 = x_1^* = \frac{\lambda \alpha}{p_1} = \left(\frac{\alpha p_2}{\beta p_1}\right)^\beta e^u, \quad h_2 = x_2^* = \frac{\lambda \beta}{p_2} = \left(\frac{\beta p_1}{\alpha p_2}\right)^\alpha e^u$$

这即为希克斯需求。支出函数为

$$e(p_1, p_2, u) = \lambda = \left(\frac{p_1}{\alpha}\right)^\alpha \left(\frac{p_2}{\beta}\right)^\beta e^u$$

(3) 以商品 1 为例。在 (x_1, p_1) 平面内, 两条需求曲线相交处满足

$$\frac{\alpha m}{p_1} = \left(\frac{\alpha p_2}{\beta p_1}\right)^\beta e^u$$

在该点两条需求曲线的斜率分别为

$$\frac{\partial x_1(\mathbf{p}, m)}{\partial p_1} = -\frac{\alpha m}{p_1^2}, \quad \frac{\partial h_1(\mathbf{p}, u)}{\partial p_1} = -\beta \frac{1}{p_1} \left(\frac{\alpha p_2}{\beta p_1}\right)^\beta e^u$$

利用交点条件, 显然二者存在关系

$$\frac{\partial h_1(\mathbf{p}, u)}{\partial p_1} = \beta \frac{\partial x_1(\mathbf{p}, m)}{\partial p_1}$$

注意到二者都为负数, 且 $\beta < 1$, 这意味着在 (x_1, p_1) 坐标平面中希克斯需求曲线较马歇尔需求陡峭, 这与第 5 章 (5.12) 的一般关系式是吻合的。

(4) 由 (1), $v(\mathbf{p}, m) = \ln m - \ln p_1^\alpha p_2^\beta$, 所以,

$$\frac{\partial v(\mathbf{p}, m)}{\partial p_1} = -\frac{\alpha}{p_1} \quad \frac{\partial v(\mathbf{p}, m)}{\partial m} = \frac{1}{m}$$

所以

$$-\frac{\partial v(\mathbf{p}, m)/\partial p_1}{\partial v(\mathbf{p}, m)/\partial m} = \frac{\alpha m}{p_1} = x_1$$

(5) 利用关系 $\alpha + \beta = 1$, 容易验证

$$h_1(\mathbf{p}, v(\mathbf{p}, m)) = \left(\frac{\alpha p_2}{\beta p_1}\right)^\beta e^{v(\mathbf{p}, m)} = \frac{\alpha m}{p_1} = x_1(\mathbf{p}, m)$$

其余三个恒等式类似验证。

4-5 解 (1) 在正单调变换 $v = u^{1/(\alpha+\beta+\gamma)}$ 下，原效用函数变为

$$v = (x_1 - b_1)^{\alpha/(\alpha+\beta+\gamma)}(x_2 - b_2)^{\beta/(\alpha+\beta+\gamma)}(x_3 - b_3)^{\gamma/(\alpha+\beta+\gamma)}$$

此时三个指数之和显然为 1。由于在正单调变换之下效用函数仍然表示原来的消费偏好，所以我们可以假设 $\alpha + \beta + \gamma = 1$，这并不影响原有效用函数表示的偏好性质。以下为了计算和表述方便，将 α, β, γ 分别记为 a_1, a_2, a_3，并选用另一等价的效用函数形式

$$v = \sum_{i=1}^{3} a_i \ln(x_i - b_i), \text{ 其中 } \sum_{i=1}^{3} a_i = 1$$

希克斯需求是支出最小化问题的解

$$\min \sum p_i x_i$$
$$\text{s.t.} \quad \sum a_i \ln(x_i - b_i) = u$$

一阶条件为

$$\frac{\partial L}{\partial x_i} = \frac{a_i}{x_i - b_i} - \lambda p_i = 0 \quad i = 1, 2, 3$$

$$\lambda = e^{-u} \prod_k (a_k/p_k)^{a_k}$$

希克斯需求函数为

$$h_i(\mathbf{p}, u) = x_i^* = \frac{a_i}{p_i} \prod_k \left(\frac{p_k}{a_k}\right)^{a_k} e^u + b_i$$

(2) 效用最大化问题

$$\max \sum a_i \ln(x_i - b_i)$$
$$\text{s.t.} \quad \sum p_i x_i = m$$

由一阶条件解得马歇尔需求为

$$x_i(\mathbf{p}, m) = \frac{a_i}{p_i}\left(m - \sum_{j \neq i} p_j b_j\right) + (1 - a_i)b_i$$

因此

$$v(\mathbf{p}, m) = \sum a_i \ln\left[\frac{a_i}{p_i}\left(m - \sum_{j \neq i} p_j b_j\right) - a_i b_i\right]$$

为验证 Slutsky 方程，

$$\frac{\partial x_i(\mathbf{p}, m)}{\partial p_j} = -\frac{a_i b_j}{p_i}, \quad \frac{\partial x_i(\mathbf{p}, m)}{\partial m} = \frac{a_i}{p_i}$$

$$\frac{\partial h_i(\mathbf{p}, u)}{\partial p_j} = \frac{a_i a_j}{p_i p_j} \prod_k \left(\frac{p_k}{a_k}\right)^{a_k} e^u$$

满足

$$\frac{\partial h_i(\mathbf{p}, v(\mathbf{p}, m))}{p_j} - \frac{\partial x_i(\mathbf{p}, m)}{\partial m} x_j(\mathbf{p}, m) = -\frac{a_i b_j}{p_i} = \frac{\partial x_i(\mathbf{p}, m)}{\partial p_i}$$

(3) 自价格效应

$$\frac{\partial h_i(\mathbf{p}, u)}{\partial p_i} = -(1 - a_i) \frac{a_i}{p_i^{2-a_i}} \prod_{k \neq i} \left(\frac{p_k}{a_k}\right)^{a_k} e^u < 0$$

因交叉价格效应为

$$\frac{\partial h_i(\mathbf{p}, u)}{\partial p_j} = \frac{a_i a_j}{p_i p_j} \prod_k \left(\frac{p_k}{a_k}\right)^{a_k} e^u$$

显然有 $\dfrac{\partial h_i(\mathbf{p}, u)}{\partial p_j} = \dfrac{\partial h_j(\mathbf{p}, u)}{\partial p_i} > 0$

4-6 解 (a) 完全替代商品: 由于两种商品是完全替代的, 消费者只可能买其中较便宜的商品。因此, 需求函数和间接效用函数是:

$$x_1 = \begin{cases} m/p_1 & p_1 \leqslant p_2 \\ 0 & p_1 > p_2 \end{cases}, \quad x_2 = \begin{cases} 0 & p_1 \leqslant p_2 \\ m/p_2 & p_1 > p_2 \end{cases}$$

$v = x_1 + x_2 = \dfrac{m}{\min\{p_1, p_2\}}$, 其特征是与价格较高商品的价格无关。

支出函数显然是 $e = u \min\{p_1, p_2\}$, 是 u 的线性函数。举例来说, 如果 $p_1 \leqslant p_2$, 要达到效用水平 u, 消费者只需购买 $x_1 = u$, $x_2 = 0$, 从而支付函数 $e = p_1 u$。

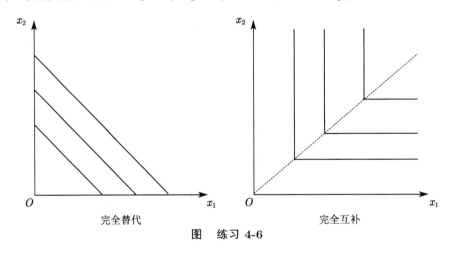

图　练习 4-6

(b) 完全互补商品: 由于效用水平仅是 x_1 和 x_2 中较小的一个值, 所以, 无论是效用最大化还是支出最小化问题, 最优消费组合必然满足 $x_1 = x_2$。在此约束下, 效用函数可以简单地写为 $u = x_1$(当然也可以写为 $u = x_2$)。考虑效用最大化问题:

$$\max x_1$$
$$\text{s.t.} \quad x_1 = x_2$$
$$p_1 x_1 + p_2 x_2 = m$$

其解为
$$x_1^* = x_2^* = \frac{m}{p_1 + p_2}$$

代入 (直接) 效用函数即得间接效用函数:
$$v(\mathbf{p}, m) = \frac{m}{p_1 + p_2}$$

这是收入 m 的线性函数; 而且, 保持 $p_1 + p_2$ 不变, 个别的商品价格变化不改变 $v(\mathbf{p}, m)$。

显然, 对于预先给定的效用水平 $u \geqslant 0$, 希克斯需求是 $x_1 = x_2 = u$, 从而支出函数
$$e = (p_1 + p_2)u$$

4-7 证明 (1) 首先, 在预算约束等式 $\mathbf{p}\mathbf{x}(\mathbf{p}, m) \equiv m$ 两端分别对 p_i 和 m 微分, 得到

$$x_i(\mathbf{p}, m) + \sum_{j=1}^n p_j \frac{\partial x_j(\mathbf{p}, m)}{\partial p_i} = 0 \quad \Rightarrow \quad \sum_{j=1}^k p_j \frac{\partial x_j(\mathbf{p}, m)}{\partial p_i} = -x_i(\mathbf{p}, m)$$

$$\sum_{j=1}^k p_j \frac{\partial x_j(\mathbf{p}, m)}{\partial m} = 1$$

现在分别来计算 Roy 等式中的分子和分母。按定义,

$$v(\mathbf{p}, m) = \max_{\mathbf{x} \in \{\mathbf{x} | \mathbf{p}\mathbf{x} \leqslant m\}} u(\mathbf{x}) \equiv u(\mathbf{x}(\mathbf{p}, m))$$

利用效用最大化一阶条件以及上面得到的等式, 有

$$\frac{\partial v(\mathbf{p}, m)}{\partial p_i} = \sum_{j=1}^k \frac{\partial u(\mathbf{x}(\mathbf{p}, m))}{\partial x_j} \frac{\partial x_j(\mathbf{p}, m)}{\partial p_i} = \lambda \sum_{j=1}^k p_j \frac{\partial x_j(\mathbf{p}, m)}{\partial p_i} = -\lambda x_i(\mathbf{p}, m)$$

$$\frac{\partial v(\mathbf{p}, m)}{\partial m} = \sum_{j=1}^k \frac{\partial u(\mathbf{x}(\mathbf{p}, m))}{\partial x_j} \frac{\partial x_j(\mathbf{p}, m)}{\partial m} = \lambda \sum_{j=1}^k p_j \frac{\partial x_j(\mathbf{p}, m)}{\partial m} = \lambda$$

二者相除即得到 Roy 等式。

(2) 考虑一个由最小支出 $e(\mathbf{p}, u)$ 为预算的效用最大化问题。在 $e(\mathbf{p}, u) = m$ 条件下, 有对偶性等式 (4) 成立: $v(\mathbf{p}, e(\mathbf{p}, u)) \equiv u$。在此恒等式两边对 p_i 求导

$$0 = \frac{\partial v(\mathbf{p}, e(\mathbf{p}, u))}{\partial p_i} = \left.\frac{\partial v(\mathbf{p}, e(\mathbf{p}, u))}{\partial p_i}\right|_{e(\mathbf{p}, u) = m} + \frac{\partial v(\mathbf{p}, e(\mathbf{p}, u))}{\partial m} \frac{\partial e(\mathbf{p}, u)}{\partial p_i}$$

但注意到
$$\frac{\partial e(\mathbf{p}, u)}{\partial p_i} = h_i(\mathbf{p}, u) \equiv x_i(\mathbf{p}, e(\mathbf{p}, u)) = x_i(\mathbf{p}, m)$$

置换到上面等式, 再移项即得到 Roy 等式。

4-8 解 两种税制可进行比较的前提是假设消费者最终缴纳的税额一致, 都等于 T, 然后比较消费者在不同情况下达到的效用水平。分两种情况讨论:

(a) 若从价税是在所有商品上征取, 所有商品的价格都同比例提高, 那么消费者的预算线与一次性缴纳 T 元情况下的预算线一致 (因为斜率相同, 且收入都是 $m-T$), 所以两种税制对消费者来说是一样的。

(b) 从价税只在部分商品上征收, 其他商品的价格保持不动。这里不妨以两种商品的模型进行说明。记原来的商品价格为 $\mathbf{p} = (p_1, p_2)$, 考虑政府实行从价税, 价格变为 $\mathbf{p} = [(1+t)p_1, p_2]$, 记从价税下消费者的最优消费组合为 $\mathbf{x}^* = (x_1^*, x_2^*)$。如果此时消费者所缴纳的总税额 $tp_1 x_1^* = T$, 则可以断言消费者在一次性缴纳 T 元但商品价格维持不动的情况下会有更高的福利。原因在于, 一次性缴纳 T 元, 余下的收入 $m-T$ 足够购买商品组合 $\mathbf{x}^*$, 但消费者不是非买这一组合不可, 他还有其他选择, 这一额外的选择会带给他改善福利的机会。其实, 一次性税制相当于迫使消费者进行了一次程度为 T 元的收入效应调整, 而从价税则是在此基础上迫使消费者再进行一个替代效应式的消费收缩。

4-9 证明 根据希克斯需求的零次齐次性质: 任取 $t > 0$,

$$h_i(t\mathbf{p}, u) = h_i(\mathbf{p}, u) \quad i = 1, \ldots, k$$

等式两端对变量 t 求导:

$$\sum_{j=1}^{k} \frac{\partial h_i(t\mathbf{p}, u)}{\partial p_j} p_j = 0 \quad i = 1, \ldots, k$$

取 $t = 1$ 即得。

4-10 证明 (1) 马歇尔需求 $\mathbf{x}(\mathbf{p}, m)$ 必然满足预算约束

$$\sum_{i=1}^{k} p_i x_i(\mathbf{p}, m) = m$$

等式两端对 m 求导:

$$\sum_{i=1}^{k} p_i \frac{\partial x_i}{\partial m} = 1$$

这就是:

$$1 = \sum_{i=1}^{k} \frac{p_i x_i}{m} \frac{\partial x_i}{\partial m} \frac{m}{x_i} = \sum_{i=1}^{k} \beta_i \text{EM}_i$$

(2) 利用 Slutsky 方程,

$$\frac{\partial x_i}{\partial p_j} = \frac{\partial h_i}{\partial p_j} - \frac{\partial x_i}{\partial m} x_j$$

$$\sum_{j=1}^{k} \text{EP}_{ij} = \sum_{j=1}^{k} \frac{p_j}{x_i} \frac{\partial x_i}{\partial p_j} = \sum_{j=1}^{k} \frac{p_j}{x_i} \left(\frac{\partial h_i}{\partial p_j} - \frac{\partial x_i}{\partial m} x_j \right)$$

$$= \frac{1}{x_i} \sum_{j=1}^{k} p_j \frac{\partial h_i}{\partial p_j} - \frac{1}{x_i} \frac{\partial x_i}{\partial m} \sum_{j=1}^{k} p_j x_j$$

$$= -\frac{m}{x_i} \frac{\partial x_i}{\partial m} = -\text{EM}_i$$

其中用到了练习 4-9 的结果及预算约束等式。

4-11 证明 (1) 利用 Slutsky 方程，

$$\sum_{i=1}^{k}\frac{\partial x_i}{\partial p_j}p_i = \sum_{i=1}^{k}\frac{\partial h_i}{\partial p_j}p_i - x_j\sum_{i=1}^{k}\frac{\partial x_i}{\partial m}p_i$$
$$= \sum_{i=1}^{k}\frac{\partial h_j}{\partial p_i}p_i - x_j = -x_j$$

其中第二行第一个等式除了引用练习 4-10 中的 Engel 和性质，还运用了希克斯需求的交叉价格效应相等性质

$$\frac{\partial h_i}{\partial p_j} = \frac{\partial h_j}{\partial p_i}$$

(2) $\sum_i \frac{\partial x_i}{\partial m}p_i = \sum_i \frac{p_i}{x_j}\left(\frac{\partial h_i}{\partial p_j} - \frac{\partial x_i}{\partial p_j}\right) = \frac{1}{x_j}\left(\sum_i \frac{\partial h_i}{\partial p_j}p_i - \sum_i \frac{\partial x_i}{\partial p_j}p_i\right) = 1$

其中最后一个等式用到了本题 (1) 的结论。

4-12 证明 (1) 一种方法是，模仿位似生产函数下成本函数的讨论 (3.2.3 节)，通过位似效用函数下无差异曲线的性质进行说明。下面采用另一方法进行推导。

假设某消费者具有位似效用函数：$u(\mathbf{x}) = f(\hat{u}(\mathbf{x}))$，其中 $\hat{u}(\mathbf{x})$ 是一次齐次函数，$f'(\cdot) > 0$。

由于 $\hat{u}(\mathbf{x}) = f^{-1}(u(\mathbf{x}))$ (反函数)，且 $[f^{-1}(\cdot)]' = [f'(\cdot)]^{-1} > 0$，根据效用函数在正单调变换下的不变性质，知道 $\hat{u}(\mathbf{x})$ 也是同一消费者的效用函数。

记 $\mathbf{x}^*$ 是问题

$$\min_{\mathbf{x}} \mathbf{wx}$$
$$\text{s.t.} \quad \hat{u}(\mathbf{x}) = 1$$

的解，则对任何常数 $u > 0$，由效用函数 $\hat{u}(\mathbf{x})$ 的一次齐次假设，$\hat{u}(u\mathbf{x}^*) = u$，从而 $u\mathbf{x}^*$ 是问题

$$\min_{\mathbf{x}} \mathbf{wx}$$
$$\text{s.t.} \quad \hat{u}(\mathbf{x}) = u$$

的解。所以，

$$e(\mathbf{p}, u) = u\mathbf{wx}^* \equiv e(\mathbf{p})u$$

(2) 利用第 4 章对偶性性质 (3)：$e(\mathbf{p}, v(\mathbf{p}, m)) \equiv m$，将前面得到的支出函数中的 u_0 换为 $v(\mathbf{p}, m)$

$$m \equiv e(\mathbf{p}, v(\mathbf{p}, m)) \equiv e(\mathbf{p})v(\mathbf{p}, m)$$

两端同除以 $e(\mathbf{p})$ 即得。

(3) 由于

$$\frac{\partial v(\mathbf{p}, m)}{\partial p_i} = \frac{\partial}{\partial p_i}\left[\frac{m}{e(\mathbf{p})}\right] = -\frac{me'_i(\mathbf{p})}{e^2(\mathbf{p})}$$

$$\frac{\partial v(\mathbf{p}, m)}{\partial m} = \frac{\partial}{\partial m}\left[\frac{m}{e(\mathbf{p})}\right] = \frac{1}{e^2(\mathbf{p})}$$

利用 Roy 等式立即得证。

4-13 证明 由于 $\mathbf{x}(\mathbf{p}, m)$ 是 m 的一次齐次函数,

$$\mathbf{x}(\mathbf{p}, m) \equiv \mathbf{x}(\mathbf{p}, m \times 1) = \mathbf{x}(\mathbf{p})m$$

其中 $\mathbf{x}(\mathbf{p}) \equiv \mathbf{x}(\mathbf{p}, 1)$ 是收入为 1 时的马歇尔需求。现在只需证明

$$x_i(\mathbf{p}) = a_i/p_i \text{, 或者等价地: } p_i x_i(\mathbf{p}) = a_i$$

只需证明, 任何价格变化下 $p_i x_i(\mathbf{p})$ 维持不变, 为此, 验证

$$\frac{\partial}{\partial p_i}[p_i x_i(\mathbf{p})] = x_i(\mathbf{p}) + p_i \frac{\partial x_i(\mathbf{p})}{\partial p_i} = 0$$

第二个等式成立是因为交叉价格效应为零, 并利用 Cournot 可加性 (练习 4-11)。

$$\frac{\partial}{\partial p_j}[p_i x_i(\mathbf{p})] = 0$$

这里又是因为交叉价格效应为零。

从而, 存在某一常数 a_i, 使得 $p_i x_i(\mathbf{p}) = a_i$; 而且, 由于价格和马歇尔需求都是正的, 知道 a_i 也必为正值。

§ 第 5 章 消费者理论专题 §

5-1 解 先求解效用最大化问题

$$\max_{x_1, x_2} x_1 x_2$$
$$\text{s.t.} \quad p_1 x_1 + p_2 x_2 = 100$$

一阶必要条件是

$$x_2 - \lambda p_1 = 0$$
$$x_1 - \lambda p_2 = 0$$

代入约束等式求出 $\lambda = \dfrac{50}{p_1 p_2}$, 得到马歇尔需求函数:

$$x_1 = \frac{50}{p_1}, \quad x_2 = \frac{50}{p_2}$$

因此, $\mathbf{p}^0 = (1,1)$ 时: $x_1 = x_2 = 50$, $u^0 = u(50, 50) = 2\,500$

$\mathbf{p}^1 = (1/4, 1)$ 时: $x_1 = 200$, $x_2 = 50$, $u^1 = u(200, 50) = 10\,000$

由公式 (5.2),

$$\Delta \text{CS} = \int_{1/4}^{1} x_1(p_1) dp_1 = \int_{1/4}^{1} \frac{50}{p_1} dp_1 = (50 \ln p_1)\Big|_{1/4}^{1} \approx 69.3$$

为求 EV 和 CV, 再考虑下面的支出最小化问题

$$\max_{x_1, x_2} p_1 x_1 + p_2 x_2$$
$$\text{s.t.} \quad x_1 x_2 = u$$

一阶条件是
$$p_1 - \lambda x_2 = 0$$
$$p_2 - \lambda x_1 = 0$$

代入约束等式求出 $\lambda = \sqrt{\dfrac{p_1 p_2}{u}}$

所以 Hicks 需求函数是

$$x_1 = h_1(p_1, p_2) = \sqrt{\dfrac{p_2}{p_1}} u, \ x_2 = h_2(p_1, p_2) = \sqrt{\dfrac{p_1}{p_2}} u$$

注意到商品 2 的价格 p_2 始终等于 1，将其代入上面的希克斯需求函数，再置换进公式 (5.10) 和公式 (5.11) 求 EV 和 CV

$$\mathrm{EV} = \int_{1/4}^{1} \sqrt{\dfrac{u^1}{p_1}} dp_1 = 2\sqrt{p_1 u^1}\Big|_{1/4}^{1} = 100$$

$$\mathrm{CV} = \int_{1/4}^{1} \sqrt{\dfrac{u^0}{p_1}} dp_1 = 2\sqrt{p_1 u^0}\Big|_{1/4}^{1} = 50$$

可以看出的确有 CV $\leqslant \Delta$CS $\leqslant$ EV 成立。

5-2 解 (1) 由小李的效用函数形状，无论是效用最大化问题和支出最小化问题，他的最优消费组合必然满足 $x_2 = x_3$，在这样的情况下，效用函数可以写为：

$$u = x_1 x_2, \ \mathrm{s.t.} \ x_2 = x_3$$

以 3 000 元收入在内地达到的效用水平可由下面的效用最大化问题求出

$$\max x_1 x_2$$
$$\mathrm{s.t.} \ x_2 = x_3$$
$$x_1 + x_2 + x_3 = 3000$$

由一阶必要条件可求得马歇尔需求为

$$x_1 = 1500, x_2 = 750, x_3 = 750; v = x_1 x_2 = 1500 \times 750 = 1125000$$

要在深圳的物价水平下达到效用水平，所需的收入可求解支出最小化问题

$$\min(x_1 + 2x_2 + 4x_3)$$
$$\mathrm{s.t.} \ x_1 x_2 = 1125000$$
$$x_2 = x_3$$

由一阶必要条件可求得希克斯需求为

$$x_1 = 1500\sqrt{3}, \ x_2 = x_3 = 250\sqrt{3}$$

相应的支出是 $3000\sqrt{3}$ 元。

(2) 仿照 (1), 先求 3000 元在深圳所能达到的效用, 再求内地物价水平下要达到该效用所需的最小支出。答案是 $1000\sqrt{3}$ 元。

5-3 解 (1) 和 (2): 若令 $Y(y_2, y_3) = y_2^b y_3^c$, 则

$$u(x_1, y_2, y_3) = x_1^a y_2^b y_3^c \equiv x_1^a Y = U(x_1, Y)$$

显然它是弱可分的, 而且 y-类商品的效用函数就是 $Y(y_2, y_3) = y_2^b y_3^c$。

事实上, 可以计算 y-类商品之间的边际替代率来进行进一步确认

$$\text{MRS}_{23}^y = \frac{\partial u/\partial y_2}{\partial u/\partial y_3} = \frac{b x_1^a y_2^{b-1} y_3^c}{c x_1^a y_2^b y_3^{c-1}} = \frac{b y_3}{c y_2}$$

这与 x 商品的消费量无关。

(3) 子效用函数 $Y(y_2, y_3) = y_2^b y_3^c$ 是一个 Cobb-Douglas 函数, 按通常的效用最大化问题可求得其需求函数, 这里不再重复。

5-4 解 (1) 利用 Roy 等式, 可直接由间接效用函数求出个体的马歇尔需求

$$x_i^s(\mathbf{p}, m^s) = -\frac{\partial v^s(\mathbf{p}, m^s)/\partial p_i}{\partial v^s(\mathbf{p}, m^s)/\partial m^s} = -\frac{c_i^s(\mathbf{p})}{d(\mathbf{p})} - \frac{d_i(\mathbf{p})}{d(\mathbf{p})} m^s$$

这显然是其收入 m^s 的线性函数, 所以个体的偏好是拟位似的。

(2) 集团需求函数即为各个体的需求加总

$$Z_i(\mathbf{p}, M) = \sum_s x_i^s(\mathbf{p}, m^s) = -\sum_s \frac{c_i^s(\mathbf{p})}{d(\mathbf{p})} - \frac{d_i(\mathbf{p})}{d(\mathbf{p})} \sum_s m^s$$
$$= -\frac{C_i(\mathbf{p})}{d(\mathbf{p})} - \frac{d_i(\mathbf{p})}{d(\mathbf{p})} M$$

其中 $M = \sum_s m^s$ 为集团总收入, $C(\mathbf{p}) = \sum_s c^s(\mathbf{p})$。

(3) 利用对偶性等式 $v(\mathbf{p}, e(\mathbf{p}, u)) \equiv u$, 可得到个体的支出函数为 Gorman 形式

$$e^s(\mathbf{p}, u^s) = -\frac{c^s(\mathbf{p})}{d(\mathbf{p})} + \frac{1}{d(\mathbf{p})} u^s$$

再利用支出函数性质立即有 (以下为简洁省写了函数变量)

$$h_i^s(\mathbf{p}, u^s) = \frac{\partial e^s(\mathbf{p}, u^s)}{\partial p_i} = \frac{c^s d_i - d c_i^s}{d^2} - \frac{d_i}{d^2} u^s$$

从而

$$H_i(\mathbf{p}, U) = \sum_s h_i^s(\mathbf{p}, u^s) = \frac{C d_i - d C_i}{d^2} - \frac{d_i}{d^2} U$$

其中 $U = \sum_s u^s$。现在,

$$\frac{\partial Z_i(\mathbf{p}, M)}{\partial p_j} = \frac{C_i d_j - dC_{ij}}{d^2} - \frac{dd_{ij} - d_i d_j}{d^2}M, \quad \frac{\partial Z_i(\mathbf{p}, M)}{\partial M} = -\frac{d_i}{d}$$

$$\frac{\partial H_i(\mathbf{p}, U)}{\partial p_j} = \frac{d^2(Cd_{ij} + C_j d_i - C_{ij}d - C_i d_j) - 2dd_j(Cd_i - C_i d)}{d^4} - \frac{d^2 d_{ij} - 2dd_i d_j}{d^4}U$$

$$\frac{\partial H_i(\mathbf{p}, V(\mathbf{p}, M))}{\partial p_j} - \frac{\partial Z_i(\mathbf{p}, M)}{\partial M}Z_j(\mathbf{p}, M)$$

$$= \frac{d^2(Cd_{ij} + C_j d_i - C_{ij}d - C_i d_j) - 2dd_j(Cd_i - C_i d)}{d^4}$$

$$- \frac{d^2 d_{ij} - 2dd_i d_j}{d^4}(C + dM) - \frac{d_i}{d}\left(\frac{C_j}{d} + \frac{d_j}{d}M\right)$$

$$= \frac{C_i d_j - C_{ij}d}{d^2} - \frac{dd_{ij} - d_i d_j}{d^2}M = \frac{\partial Z_i(\mathbf{p}, M)}{\partial p_j}$$

这便是 Slutsky 方程。

5-5 证明 按定义,和式可分效用函数形为:

$$U(\mathbf{x}) = F[u_1(x_1) + u_2(x_2) + \ldots + u_k(x_k)]$$

记需求函数为 $\mathbf{x}(\mathbf{p}, m)$,满足以下一阶必要条件:对任意的 $i, j = 1, 2, \ldots, n$,

$$\frac{p_i}{p_j} = \frac{\partial U/\partial x_i}{\partial U/\partial x_j} = \frac{F'(\cdot)u_i'(x_i(p, m))}{F'(\cdot)u_j'(x_j(p, m))} = \frac{u_i'(x_i(p, m))}{u_j'(x_j(p, m))}$$

进一步变形为

$$u_i'(x_i(p, m)) = \frac{p_i}{p_j}u_j'(x_j(p, m))$$

若 m 增加,p 不变,则至少有一种商品的需求量上升。不妨设 x_j 增加,又因为 $u(\cdot)$ 是严格凹的,则 $u_j'(x_j(p, m))$ 必然下降,所以 $u_i'(x_i(p, m))$ 下降,因为 $u(\cdot)$ 是严格凹的,所以 $x_i(p, m)$ 上升。所以不存在劣质品。

5-6 解 以 Kuhn-Tucker 方法来考虑这一问题。正式地,消费者面临的问题是

$$\max_{x_0, x_1}[x_0 + u(x_1)]$$
$$\text{s.t.} \quad x_0 + p_1 x_1 = m$$
$$x_i \geqslant 0 \quad i = 0, 1$$

拉格朗日函数为

$$L = x_0 + u(x_1) - \lambda(x_0 + p_1 x_1 - m) + \mu_0 x_0 + \mu_1 x_1$$

一阶必要条件为

$$\frac{\partial L}{\partial x_0} = 1 - \lambda + \mu_0 = 0$$

$$\frac{\partial L}{\partial x_1} = u'(x_1) - \lambda p_1 + \mu_1 = 0$$

且 $\mu_i \geqslant 0$, $\mu_i x_i = 0$ $i = 0, 1$。

不考虑 x_0 和 x_1 同时大于零的正常情况, 只分析角点解性质

若 $x_0 > 0$, $x_1 = 0$, 则 $\mu_0 = 0$, $\mu_1 \geqslant 0$, 一阶条件进而变为

$$\lambda = 1, p_1 = u'(0) + \mu_1 \geqslant u'(0)$$

这就是说, 相对于商品 1 带来的边际效用, 其价格偏高, 消费者将全部收入用于商品 0 的消费;

若 $x_0 = 0$, $x_1 > 0$, 则 $\mu_0 \geqslant 0$, $\mu_1 = 0$, 一阶条件变为

$$\lambda \geqslant 1, p_1 = u'(x_1)/\lambda \leqslant u'(x_1)$$

与前一种情况恰恰相反: 即使将全部收入用于消费商品 1, 边际效用仍不低于其价格。

综合起来看, 在消费者收入不足以购买商品 1 的最优消费量的条件下, 他只会选择消费唯一一种商品, 而究竟选择哪一种商品, 需视消费者对商品 1 的偏好情况 $u(x_1)$ 及该商品的价格高低而定。

5-7 解 三种可能性都存在, 主要看该人对闲暇和金钱的偏好。在闲暇–货币收入坐标系内, 个体的无差异曲线通常是凸向原点的, 而该曲线的斜率及其变化趋势由个体的具体偏好所决定。

如图练习 5-7(a), 个体作为手工业者时处于 E_0 点, 此时对应的闲暇时间是 17 小时 (工作 7 小时)。受雇于他人, 不同的工资率相当于不同的闲暇价格, 相应地决定了图中不同斜率的预算线。工资率越高, 其斜率 (绝对值) 越大。图中的 w_0 是该个体愿意接受的最低工资率, 因为此时预算线恰好与他原来所处的无差异曲线相切, 而低于该工资率 w 的预算线无法使其达到原有的生活水平。个体在接受最低工资率 w_0 后, 处于新的均衡点 E_1, 与原来的 E_0 处于同一条无差异曲线。图练习 5-7(a) 和 (b) 显示了两种截然不同的均衡结果, 前者受雇于他人后工作时间变长了, 而后者则有了更多的闲暇。当工资率 w_0 对应的预算线与图中无差异曲线的切点恰为 E_0 时, 个体将保持原来 7 小时的工作时间不变。

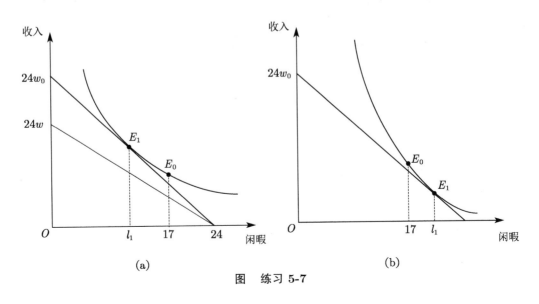

图 练习 5-7

5-8 证明 支出最小化问题为

$$\min(p_1x_1 + p_2x_2 + p_3x_3)$$
$$\text{s.t.} \quad (x_1-b_1)^a(x_2-b_2)^\beta(x_3-b_3)^\gamma = u$$

拉格朗日函数是

$$L = p_1x_1 + p_2x_2 + p_3x_3 - \lambda[(x_1-b_1)^a(x_2-b_2)^\beta(x_3-b_3)^\gamma - u]$$

一阶条件:

$$\frac{\partial L}{\partial x_1} = p_1 - \lambda\alpha(x_1-b_1)^{a-1}(x_2-b_2)^\beta(x_3-b_3)^\gamma = p_1 - \frac{\lambda\alpha u}{x_1-b_1} = 0$$

$$\frac{\partial L}{\partial x_2} = p_2 - \frac{\lambda\beta u}{x_2-b_2} = 0, \quad \frac{\partial L}{\partial x_3} = p_3 - \frac{\lambda\gamma u}{x_3-b_3} = 0,$$

$$\frac{\partial L}{\partial \lambda} = -(x_1-b_1)^a(x_2-b_2)^\beta(x_3-b_3)^\gamma + u = 0$$

求解得: $x_1 = b_1 + \dfrac{\lambda\alpha u}{p_1}$, $x_2 = b_2 + \dfrac{\lambda\beta u}{p_2}$, $x_3 = b_3 + \dfrac{\lambda\gamma u}{p_3}$

其中 $\lambda = \left(\dfrac{p_1}{\alpha}\right)^\alpha\left(\dfrac{p_2}{\beta}\right)^\beta\left(\dfrac{p_3}{\gamma}\right)^\gamma$ (注意 $\alpha+\beta+\gamma=1$)

支出函数是

$$e = \sum p_ix_i = \sum b_ip_i + \lambda u = A(\mathbf{p}) + B(\mathbf{p})u$$

其中 $A(\mathbf{p}) = \sum b_ip_i \quad B(\mathbf{p}) = \lambda$

5-9 解 根据第 5 章的跨时消费最优条件 (5.69), 有

$$\frac{\alpha m_0^{\alpha-1}m_1^{1-\alpha}}{(1-\alpha)m_0^\alpha m_1^{-\alpha}} = 1+r \quad \Rightarrow \quad m_1 = \frac{1-\alpha}{\alpha}(1+r)m_0$$

代入预算约束等式:

$$m_0 + \frac{m_1}{1+r} = \overline{m}_0 + \frac{\overline{m}_1}{1+r} = \overline{V}$$

解得:

$$m_0 = \alpha[\bar{m}_0 + \bar{m}_1/(1+r)]$$
$$m_1 = (1-\alpha)[(1+r)\bar{m}_0 + \bar{m}_1]$$

5-10 解 在两期跨时消费模型中, "商品"价格简化为一个未来消费与当期消费的相对价格 $1/(1+r)$。为了直接套用禀赋下的 Slutsky 方程, 我们记未来消费的价格为 $\delta = 1/(1+r)$, δ 也称为贴现因子。记最优跨时消费为 (m_0, m_1), 由方程 (4.32),

$$\frac{\partial m_i}{\partial \delta} = \left.\frac{\partial h_i}{\partial \delta}\right|_{v=\text{const}} - \frac{\partial m_i}{\partial w}(m_1 - \bar{m}_1) \quad i = 0,1$$

其中为避免混淆将收入记号换为 w。

利率 r 变化对消费行为的影响可等价地通过 δ 的变化来进行分析, 只是二者的影响方向相反。比如, 若利率 r 提高, 则 δ 下降, 未来的消费价格降低, 一方面, Slutsky 方程右边第一项

是替代效应，表示在维持原有效用水平上消费者针对相对价格变化进行的消费调整——通常是降低当期消费，增加储蓄，期望增加未来消费；另一方面，等式右边第二项为收入效应：在利率提高的情况下，购买未来一定的消费（储蓄）所需货币收入减少，消费者实际购买力提高，但同时消费者原有禀赋中 $\bar{m}_1$ 所获利息降低，这又会降低其货币收入——综合这二者的效应，消费者针对货币收入的净变化再对各期消费进行调整。

§第 6 章　进一步的消费模型§

6-1 解　观察值与显示偏好弱公理并不冲突。这是因为：$p^1 x^1 > p^1 x^0$，可推知 $x^1 \succeq_{dR} x^0$，而这与 $p^0 x^0 < p^0 x^1$ 并不矛盾。

6-2 解　由于三种方案都恰好维持健身房运营成本，所以所谓最好的方案一定是会员觉得最满意的方案。根据问卷调查，若采用方案（一），会员的消费支出足以消费另外两种方案下他们选择的健身次数，这说明他们决定的健身次数 7 次是其最为满意的，准确地说就是

$$\text{方案一} \succeq_{dR} \text{方案二} \succeq_{dR} \text{方案三}$$

6-3　如图练习 6-3，若 $p^1 x^1 \geq p^1 x^2$，这表示 x^2 必然不会处于 p^1 预算线的右上方，但因 p^1 预算线与无差异曲线 U^1 相切，所以 x^2 必然位于另外一条较低的无差异曲线 U^2 上，而且曲线 U^2 与 p^2 预算线相切。由于个体的无差异曲线相互绝不相交，可推知 p^2 预算线也绝不可能与 U^1 相交，它将完全位于无差异曲线 U^1 的左下侧，这表明 $p^2 x^2 < p^2 x^1$。

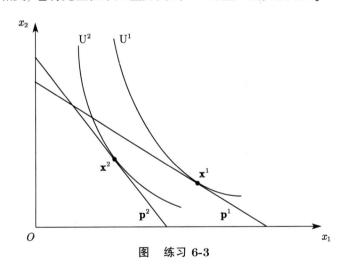

图　练习 6-3

6-4 解　为简洁，将 2000 年记为 0 期，2001 年记为 1 期。

$$\text{收入指数 MI} = \frac{p^1 x^1}{p^0 x^0} = \frac{2.5 \times 200 + 12 \times 10}{2.2 \times 160 + 18 \times 12} \approx 1.09$$

$$\text{Laspeyres 指数 LP} = \frac{p^1 x^0}{p^0 x^0} = \frac{2.5 \times 160 + 12 \times 12}{2.2 \times 160 + 18 \times 12} \approx 0.96$$

$$\text{Paasche 指数 PP} = \frac{p^1 x^1}{p^0 x^1} = \frac{2.5 \times 200 + 12 \times 10}{2.2 \times 200 + 18 \times 10} = 1.0$$

由于 MI > LP, 所以这个消费者的福利在 2001 年 (1 期) 较 2000 年 (0 期) 有了提高。

6-5 解 见图练习 6-5。

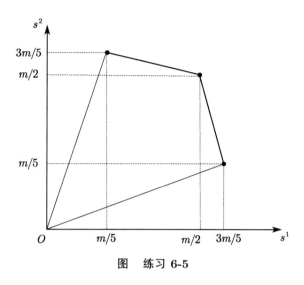

图　练习 6-5

6-6 解 若新商品价格较低, 单位商品所含的元素较多, 使得消费者在全部消费该新商品时所处的点位于原来有效消费前沿折线的右上侧, 则可会提高消费者的效用, 否则不会影响消费者的效用。在任何情况下, 新商品的引入都不会降低消费者的现有效用, 因为消费者可以简单地拒绝消费它。

§　第 7 章　完全竞争市场　§

7-1 解 一个完全竞争厂商的短期成本函数为

$$c(y) = \frac{1}{3}y^3 - 5y^2 + 25y + 10$$

(1) 边际成本: $c'(y) = y^2 - 10y + 25$,

平均成本: $\frac{1}{3}y^2 - 5y + 25 + \frac{10}{y}$,

平均可变成本: $\frac{1}{3}y^2 - 5y + 25$

(2) 短期供给: 求解 $p = c'(y) \geqslant \dfrac{c(y)}{y}$, 得 $y \geqslant 7.5, p \geqslant 6.25$, 因此短期供给为:

$$y = \begin{cases} \sqrt{p} - 5 & p \geqslant 6.25 \\ 0 & p < 6.25 \end{cases}$$

(3) 市场的短期供给: $Y = \begin{cases} 100(\sqrt{p} - 5) & p \geqslant 6.25 \\ 0 & p < 6.25 \end{cases}$

7-2 证明 (1) 因为 $V_i(p,m) = v_i(p) + m$, 根据 Roy 等式,

$$x_i(p) = -\frac{\partial V_i(p,m)/\partial p}{\partial V_i(p,m)/\partial m} = -v_i'(p)$$

另一方面, 由 Hotelling 引理,

$$\pi_j'(p) = y(p)$$

在均衡价格 p^*, 市场总需求等于总供给, 故

$$W'(p^*) = \sum_i v_i'(p^*) + \sum_j \pi_j'(p^*) = -\sum_i x_i(p^*) + \sum_j y_j(p^*) = 0$$

$$W''(p^*) = -\sum_i x_i'(p^*) + \sum_j y_j'(p^*) > 0$$

所以 $W(p)$ 在 $p = p^*$ 处取得最小值。

(2) 当 $p < p^*$ 时, 相对于均衡价格来说消费者的福利 $\sum v_i(p)$ 提高了, 同时厂商的福利降低了, 但注意到此时市场供不应求: $\sum_i x_i(p) > \sum_j y_j(p)$, 从而 $W'(p) < 0$, 这表明如果消费者能以这个较低的价格获得他们所需的消费量, 他们的福利提高幅度将超过厂商福利降低的幅度, 所以社会总的"福利"较市场均衡时高。不过要特别注意, 由于在这一较低的价格上厂商提供的产品供给低于消费者的需求量, 所以这一较高水平的"福利"事实上是无法实现的。

当 $p > p^*$ 时, 相对于市场均衡状态来说消费者的福利 $\sum v_i(p)$ 降低, 同时厂商的福利提高了; 注意到此时有 $\sum_i x_i(p) < \sum_j y_j(p)$ 成立, 从而 $W'(p) > 0$, 这表明如果厂商能以这个较高的价格出售其全部产量, 他们的福利提高幅度将超过消费者福利降低的幅度, 所以社会总的"福利"较市场均衡时高。同样, 由于在这一较高的价格上厂商提供的产品供给量超过了消费者的需求量, 所以这一较高水平的"福利"也是无法实现的。

7-3 证明 参考正文第 7 章图 7.4, 不难发现, 无论是哪一方负担消费税 t, 均衡时卖方价格 p_s^* 总是图中的 p^t, 而买方价格总是图中的 $p^t + t$; 均衡交易量也保持 X^* 不变。

7-4 证明 (1) 均衡稳定条件为: $d < b$。

(2) 政府的干预结果是在 t 期加上了一个额外需求 $G_t = a(\bar{p} - p_{t-1})$, 这样 t 期的市场需求即为

$$X_t + G_t = a - bp_t + a\bar{p} - ap_{t-1}$$

市场出清条件是: $a - bp_t + a\bar{p} - ap_{t-1} = c + dp_{t-1}$

整理后得: $p_t = \dfrac{a(1+\bar{p}) - c}{b} - \dfrac{d+a}{b}p_{t-1}$

比较正文第 7 章 (7.27) 式, 该方程下的稳定性条件是 $d + a < b$——由于 $a > 0$, 与 (1) 中所得的原有稳定性条件相比较, 这一条件更为苛刻了。具体说来, 即使 $d < b$ 成立, 也不一定有 $d + a < b$; 而且, 若 $d \geqslant b$, 则一定有 $d + a \geqslant b$。这意味着, 政府的干预只可能破坏原有均衡的稳定性, 而绝不可能矫正原来处于不稳定状态的均衡。

7-5 解 调整性预期并不一定能保证均衡的稳定性, 是否稳定还需看调整幅度 (k 值大小) 及供给和需求曲线的斜率。事实上调整性预期是天真预期 (naive expectation) 的一种改

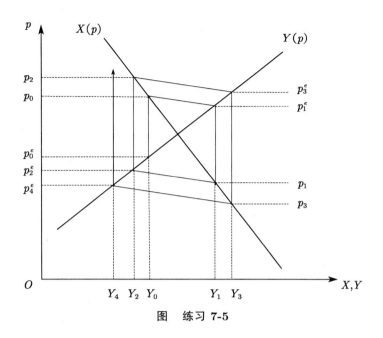

图 练习 7-5

善: 当 $k=0$ 时它就退化为天真预期, 而当 $k>0$ 时, 它在天真预期基础上考虑了上一期的预期误差。图练习 7-5 中显示了调整性预期下价格离均衡水平越来越远的例子。

仍以线性需求和供给曲线的情况为例, 这里推导一个天真预期下均衡稳定的充分条件。由市场均衡条件 $Y(p_t^e) = X(p_t)$

$$a + bp_t^e = \alpha - \beta p_t \Rightarrow p_t = \frac{\alpha - a}{\beta} - \frac{b}{\beta}p_t^e$$

将预期条件变形为

$$p_t^e = kp_{t-1} + (1-k)p_{t-1}^e$$

代入上式, 得到

$$p_t = \frac{\alpha - a}{\beta} - \frac{b}{\beta}[kp_{t-1} + (1-k)p_{t-1}^e]$$

由于价格调整过程是正负相间的, 不妨设 $p_{t-1} > p_{t-2}$, 则必然有 $p_t < p_{t-1}$, 同时由市场均衡条件可推知 $p_{t-1}^e < p_{t-2}^e$。若均衡是稳定的, 必须 $-(p_t - p_{t-1}) < p_{t-1} - p_{t-2}$, 由上面 p_t 的表达式, 这就是

$$-(p_t - p_{t-1}) = \frac{b}{\beta}[kp_{t-1} + (1-k)p_{t-1}^e] - \frac{b}{\beta}[kp_{t-2} + (1-k)p_{t-2}^e]$$
$$= \frac{b}{\beta}[k(p_{t-1} - p_{t-2}) + (1-k)(p_{t-1}^e - p_{t-2}^e)]$$
$$< p_{t-1} - p_{t-2}$$

将其变形为

$$k(p_{t-1} - p_{t-2}) + (1-k)(p_{t-1}^e - p_{t-2}^e) \leqslant \frac{\beta}{b}(p_{t-1} - p_{t-2})$$

注意到 $p_{t-1} > p_{t-2}$, $p_{t-1}^e < p_{t-2}^e$, 上式成立的充分条件是 $kb < \beta$。

7-6 解 为简洁,略去生产环节,仅考虑分配。考虑一个单商品的经济,经济中有 1 和 2 两个消费者,效用函数为 $u_i(x_i) = \sqrt{x_i}$;经济中有 $X = 50$ 单位的商品供分配。比较下面两个分配方案:(A) $x_1 = 50, x_2 = 0$;(B) $x_1 = 25, x_2 = 16$。显然方案 A 是帕累托有效的,而方案 B 存在帕累托改进机会,因为经济中尚存未分配的商品。不过,我们却无法断言方案 A 优于 B。

7-7 解 这里的成本函数就是第 7 章 7.6 节讨论的最后一种情形。由于行业的长期供给曲线为水平直线 $p = c'(0)$,与需求条件无关。所以,只要在价格 $p = c'(0)$ 水平上市场需求为正,那么无论需求如何变化,市场内生产厂商的均衡数量都是无穷大,生产厂商的均衡供给为无穷小。

7-8 解 要素价格提高会导致厂商边际成本上升,同时平均成本也会上升,所以给定市场价格,厂商愿意生产的产量会降低。以 U 形长期成本为例,由于厂商最佳生产规模 $\bar{y}$ 处的平均成本升高,行业的长期供给曲线将随供给量的增长而爬升,出现单调上升趋势。反之,若行业产量增加伴随要素价格降低,则行业的长期供给为一条单调下降的曲线。

要素价格随行业供给变化是非常正常的。比如,一方面许多生产要素因受上游产业生产技术限制等因素影响,其供给在短期内是缺乏弹性的,在需求膨胀的情况下价格自然会上升;另一方面,如果下游的生产扩张刺激了要素生产厂商的技术创新,出现规模经济因素,就会导致要素价格在市场扩大时下降。

7-9 解 (1) 利用均衡条件 $p = c'(y)$ 和 $X = my$,解得

$$y^* = \left(\frac{A}{mB^\alpha}\right)^{\frac{1}{\alpha\beta+1}}, \quad p^* = B\left(\frac{A}{mB^\alpha}\right)^{\frac{\beta}{\alpha\beta+1}}, \quad Y^* = my^* = m\left(\frac{A}{mB^\alpha}\right)^{\frac{1}{\alpha\beta+1}}$$

(2) α 增大 $\to p^*$ 下降,Y^* 下降;β 提高 $\to Y^*$ 下降,p^* 上升。

7-10 证明 (1) 假定在政府未对进口商品征税时消费者需求为 $(x_1^*, \ldots, x_K^*)$,每一个国内厂商和国外厂商的产量分别为 y_d^* 和 y_f^*,则有均衡条件

$$p^* = u_k'(x_k^*) = c_d'(y_d^*) = c_f'(y_f^*), \quad Y_d^* + Y_f^* = X^*$$

现在政府开始征收进口税 t,记此时的国内马歇尔剩余为 $S(t)$

$$S(t) = \sum_k [u_k(x_k) - px_k] + m[py_d - c_d(y_d)] + tY_f \tag{i}$$

对 t 求导,并在 $t = 0$ 处取值:

$$S'(0) = \sum_k [u_k'(x_k)x_k' - px_k' - p'x_k] + m[p'y_d + py_d' - c_d'(y_d)y_d'] + Y_f^*$$
$$= -\sum_k p'x_k^* + mp'y_d^* + Y_f^* = Y_f^*(1 - p')$$

其中第二个等式用到了上面的均衡条件。

由于 $c_f(y_j)$ 是严格凸的,所以 $c_f''(y_j) > 0$,$c_f'(y_j)$ 单调递增,进口关税情况下每个国外厂商的供给将调整至 $p - t = c_f'(y_f)$ 水平,从而 y_f 将下降,总进口 Y_f 也将下降,这导致价

格上升。但只要关税水平不高，国内价格水平的增长幅度不大，就可保证 $1 - p'(0) > 0$，从而 $S'(0) > 0$，这表明小幅征收进口关税可改善国内福利。

(2) 如果国外厂商是规模收益不变的，在关税前的均衡状况下，其边际成本必然等于国内市场价格：$c'_f(y_f) = c = p$。此时，只要对国外厂商进口征收关税 $t > 0$，立即有 $p - t < c$，国外厂商完全停止供给。因此与 (i) 式不同，关税情况下的国内马歇尔剩余是

$$S(t) = \sum_k [u_k(x_k) - px_k] + m[py_d - c_d(y_d)] \qquad \text{(ii)}$$

相应地，

$$S'(0) = -\sum_k p'(0)x_k^* + p'(0)my_d^* = -Y_f^* p'(0) < 0$$

这证明即使是小幅的关税也会恶化国内福利。

7-11 解 $c'(y) = \alpha + 2\beta y$

在长期均衡点，有 $p = c'(y) = c(y)/y$，即是说

$$\frac{K + \alpha y + \beta y^2}{y} = \alpha + 2\beta y$$

所以

$$y^* = (K/\beta)^{1/2}$$

据此，均衡价格为

$$p^* = c'(y^*) = \alpha + 2(\beta K)^{1/2}$$

市场总需求是 $X(p^*) = A - B[\alpha + 2(\beta K)^{1/2}]$；生产厂商的数目为

$$\frac{X(p^*)}{y^*} = \frac{A - B[\alpha + 2(\beta K)^{1/2}]}{(K/\beta)^{1/2}}$$

§第 8 章 一般均衡§

8-1 解 不妨将商品 y 的价格规范为 1，设商品 x 的价格为 p，则二人的效用最大化问题分别为

$$\max_{x_1, y_1} (x_1 + \ln y_1) \qquad \max_{x_2, y_2} (\ln x_2 + \ln y_2)$$
$$\text{s.t.} \quad px_1 + y_1 = 2p + 2 \qquad \text{以及} \qquad \text{s.t.} \quad px_2 + y_2 = 2p$$

建立拉格朗日函数

$$L_1 = x_1 + \ln y_1 - \lambda_1(px_1 + y_1 - 2p - 2)$$
$$L_2 = \ln x_2 + \ln y_2 - \lambda_2(px_2 + y_2 - 2p)$$

一阶必要条件分别为

$$\begin{cases} \partial L_1/\partial x_1 = 1 - \lambda_1 p = 0 \\ \partial L_1/\partial y_1 = 1/y_1 - \lambda_1 = 0 \\ \partial L_1/\partial \lambda_1 = px_1 + y_1 - 2p - 2 = 0 \end{cases}$$

以及

$$\begin{cases} \partial L_2/\partial x_2 = 1/x_2 - \lambda_2 p = 0 \\ \partial L_2/\partial y_2 = 1/y_2 - \lambda_2 = 0 \\ \partial L_2/\partial \lambda_2 = px_2 + y_2 - 2p = 0 \end{cases}$$

再加上市场出清条件 $x_1 + x_2 = 4, y_1 + y_2 = 2$,瓦尔拉斯均衡价格和配置为

$$(p_x, p_y) = (1, 1); \quad (x_1, y_1) = (3, 1), \ (x_2, y_2) = (1, 1)$$

8-2 解 个体 1 和个体 2 的效用函数表明 x 和 y 是互补品。将 1 和 2 的无差异曲线绘制成艾奇沃斯方框如图练习 8-2 所示。瓦尔拉斯均衡要求预算线与无差异曲线在同一点上(相切),由图中可知,在任何一种非 0 的价格水平下,满足双方效用最大化的分配都不会导致市场出清 (典型情况是 x 商品的社会超额需求小于零, y 商品的社会超额需求小于零),因此也不可能达到瓦尔拉斯均衡。在这个纯交换经济当中,瓦尔拉斯均衡点只能是艾奇沃斯方框的两个对角点 O_1 或 O_2,对应的均衡价格分别为 $p_2^* = 0$ 或 $p_1^* = 0$。即全部的产品无偿归某一个消费者所有。

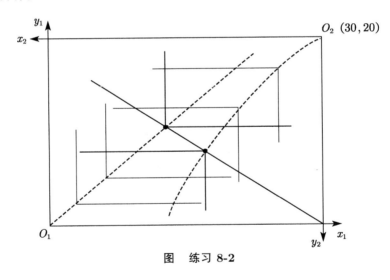

图　练习 8-2

8-3 证明 (1) 设两消费者的初始禀赋分别为 $\omega_i^x, \omega_i^y, i = 1, 2$。则二人的预算约束为

$$p_x x_i + p_y y_i = p_x \omega_i^x + p_y \omega_i^y \quad i = 1, 2$$

两式相加并整理得

$$p_x(x_1 + x_2 - \omega_1^x - \omega_2^x) + p_y(y_1 + y_2 - \omega_1^y - \omega_2^y) = 0$$

由于 $\omega_1^x + \omega_2^x = \bar{x}, \omega_1^y + \omega_2^y = \bar{y}$, 代入可得

$$p_x[\sum_i x_i(\mathbf{p}) - \bar{x}] + p_y[\sum_i y_i(\mathbf{p}) - \bar{y}] = 0$$

(2) 由 (1) 的结果, 当价格 $\mathbf{p}^* \gg \mathbf{0}$ 下 x 市场出清, 则有: $x_1 + x_2 = \bar{x}$, 代入得

$$p_y^*[\sum_i y_i(\mathbf{p}) - \bar{y}] = 0$$

由于 $\mathbf{p}^* \gg \mathbf{0}$, 故而 $y_1 + y_2 = \bar{y}$, 因此 y 市场也必然同时出清。

8-4 证明 (1)

$$\sum_{h=1}^H g_h(q) = \sum_{h=1}^H \frac{q_h + \max\{0, k_h z_h\}}{1 + \sum_{j=1}^H \max\{0, k_j z_j\}} = \frac{\sum_{h=1}^H q_h + \sum_{h=1}^H \max\{0, k_h z_h\}}{1 + \sum_{j=1}^H \max\{0, k_j z_j\}}$$

由于 $\sum_{h=1}^H q_h = 1$, 故而

$$\sum_{h=1}^H g_h(q) = \frac{1 + \sum_{h=1}^H \max\{0, k_h z_h\}}{1 + \sum_{j=1}^H \max\{0, k_j z_j\}} = 1$$

(2)

$$\lim_{\varepsilon \to 0} g_h(\mathbf{z} + \varepsilon\mathbf{1}) = \lim_{\varepsilon \to 0} \frac{q_h + \max\{0, k_h z_h + \varepsilon\}}{1 + \sum_{j=1}^H \max\{0, k_j z_j + \varepsilon\}} = \frac{q_h + \max\{0, k_h z_h\}}{1 + \sum_{j=1}^H \max\{0, k_j z_j\}} = g_h(z)$$

8-5 证明 由 Roy 等式, 个体 i 对商品 h 的需求为

$$x_{ih}(\mathbf{p}) = -\frac{\partial v_i(\mathbf{p}, m_i)/\partial p_h}{\partial v_i(\mathbf{p}, m_i)/\partial m_i} = -\frac{\partial f_i(\mathbf{p})}{\partial p_h}$$

从而,

$$\frac{\partial X_h(\mathbf{p})}{\partial p_h} = \frac{\partial}{\partial p_h} \sum_i x_{ih}(\mathbf{p}) = -\sum_i \frac{\partial^2 f_i(\mathbf{p})}{\partial p_h^2} \leqslant 0$$

最后一个不等式成立用到了间接效用函数的拟凸性质。

8-6 解 当对于所有禀赋约束下可能的配置结果 $\mathbf{x}$, 消费者 1 的无差异曲线斜率都大于消费者 2 的无差异曲线斜率时, 会出现角点解, 即契约线将完全落在艾奇沃斯方框的一条边上。此时通过适当调整初始禀赋, 每个帕累托配置也都对应着一个瓦尔拉斯均衡。

8-7 证明 任取一个帕累托有效配置 $(\mathbf{x}^P, \mathbf{y}^P)$, 指定 $u_i^0 = u_i(\mathbf{x}_i^P)$ $(i = 2, \ldots, m)$; 记 (8.25) 的解为 $(\mathbf{x}^*, \mathbf{y}^*)$, 欲证 $\mathbf{x}^* = \mathbf{x}^P$, $\mathbf{y}^* = \mathbf{y}^P$。

为证明 $\mathbf{x}^* = \mathbf{x}^P$, 只需证明 $\mathbf{x}_1^* = \mathbf{x}_1^P$——如若不然, 在 $\mathbf{x}_1^P$ 基础上更改其消费可改善个体 1 的福利, 同时未损害其他个体的利益, 这与帕累托有效矛盾。

接下来, 容易推断: 对任何厂商 j, 任两种商品 h 和 h', $\mathbf{y}^P$ 都必须满足 (8.25) 的一阶必要条件 (8.30)

$$\frac{\partial u_i/\partial x_{ih}}{\partial u_i/\partial x_{ih'}} = \frac{\partial F_j/\partial y_{jh}}{\partial F_j/\partial y_{jh'}}$$

在 $\mathbf{x}^* = \mathbf{x}^P$ 的前提下, 这意味着 $\mathbf{y}^* = \mathbf{y}^P$。

8-8 证明 (1) 如果 $\mathbf{x}^*$ 不是帕累托有效配置, 则存在另一个不同的配置 $\hat{\mathbf{x}}$, 以及某个消费者 i, 使得

$$u_i(\hat{\mathbf{x}}_i) > u_i(\mathbf{x}_i^*), \text{ 且 } u_j(\hat{\mathbf{x}}_j) \geqslant u_j(\mathbf{x}_j^*) \quad j \neq i$$

从而
$$W(\hat{\mathbf{x}}, \mathbf{k}) = \sum_{i=1}^{n} k_i u_i(\hat{\mathbf{x}}_i) > \sum_{i=1}^{n} k_i u_i(x_i^*) = W(\mathbf{x}^*, \mathbf{k}),$$

矛盾!

(2) 因为 $\mathbf{x}^*$ 是帕累托有效配置,适当调整经济中的初始禀赋,可使 $\mathbf{x}^*$ 成为一个瓦尔拉斯均衡 (福利经济学第二基本定理),令均衡价格为 $\mathbf{p}^*$,则有以下均衡条件成立 (效用最大化问题 (8.1) 的一阶必要条件)

$$\frac{\partial u_i(\mathbf{x}_i^*)}{\partial x_{ih}} = \lambda_i^* p_h^* \quad \forall i, h$$

现在考虑福利函数 $W(\mathbf{x}, \mathbf{k})$ 最大化问题

$$\max \sum_i k_i u_i(\mathbf{x}_i)$$
$$\text{s.t.} \quad \sum_i x_{ih} \leqslant \omega_{ih} \quad h = 1, \ldots, k$$

这个问题的一阶必要条件是: 存在 $\mu_h (h = 1, \ldots, k)$,使得

$$k_i \frac{\partial u_i(\mathbf{x}_i)}{\partial x_{ih}} = \mu_h \quad \forall i, h$$

而且在效用函数为连续凹函数的条件下,这还是充分条件。现在令

$$k_i^* = 1/\lambda_i^* \quad i = 1, \ldots, n$$

则 $\mathbf{x}^*$ 满足上述最大化条件。

(3) 由于 $k_i^* = 1/\lambda_i^*$,而 λ_i^* 是问题 (8.1) 中的拉格朗日系数,观察练习 (8.1) 中的约束条件,可知 λ_i^* 为消费者 i 对其初始货币化禀赋 $m_i = \mathbf{p}\omega_i$ 的边际效用

$$1/k_i^* = \lambda_i^* = \frac{\partial}{\partial m_i} v_i(\mathbf{p}, m_i)$$

8-9 证明 (1) 由个体 i 效用最大化一阶条件,可得

$$u'_{i1}(\mathbf{x}_i)(x_i^1 - \omega_i^1) + u'_{i2}(\mathbf{x}_i)(x_i^2 - \omega_i^2) = 0$$

这即为个体 i 需求的价格提供线方程。显然 $\mathbf{x}_i = (\omega_i^1, \omega_i^2)$ 满足这一方程,故禀赋点在价格提供曲线上。另一方面,对任意价格 $\mathbf{p}$,消费者在交换后达到的无差异曲线不可能低于初始所在的无差异曲线,故此时的消费束位于两条过初始禀赋点的无差异曲线所围成的透镜区域中。

(2) 由 (1) 中的价格提供曲线方程,初始点 (ω_i^1, ω_i^2) 与价格提供曲线上任一点 (x_i^1, x_i^2) 连线的斜率为

$$k = \frac{x_i^2 - \omega_i^2}{x_i^1 - \omega_i^1} = -\frac{u'_{i1}}{u'_{i2}} = \text{MRS}$$

但无差异曲线的斜率也等于 MRS,故二者相切。

(3) 如果二人的价格提供曲线相交于禀赋点之外的一点 (x_1^*, x_2^*), 则由 (2) 中的证明结果, 两人无差异曲线相切于 (x_1^*, x_2^*), 从而该点就是一个瓦尔拉斯均衡。

(4) 在价格 p^* 下, 两个消费者都达到了他们的最大效用, 而且均衡配置所带来的效用不会低于他们在初始禀赋下的效用, 从而该配置不会被任何一个联盟所淘汰, 所以, 瓦尔拉斯均衡配置必然位于核中。

8-10 解 如果个体偏好的凸性是非严格的, 同一类消费者处于同一条无差异曲线上的不同点时, 二者的交换不一定能改善福利 (参照正文中图 8.7, 只有在严格凸的假设下, 才能肯定 a_1 和 a_2 连线的中点必定在更高的无差异曲线上)。所以, 可以肯定同类消费者在一个核配置中会达到同样的效用水平, 但无法肯定他们的消费束是一致的。同理, 参照正文图 8.8, 如果严格凸性不满足, 经济中人数增加时, 非瓦尔拉斯均衡不一定会被淘汰。

8-11 解 不妨假设 B_2 处于较低的无差异曲线上, 则这个配置将被同盟 $\{A_1, B_2\}$ 或 $\{A_2, B_2\}$ 淘汰, 其道理见同等待遇原则的证明。

8-12 解 (1) 如图练习 8-12(a), 一开始双方处于 E_0 点。当 (相对) 价格为 a/b 时, 经济在 E 点达到均衡, 但这不是唯一的均衡——另一个可选的均衡点是 O_B, 对应的相对价格为 0。

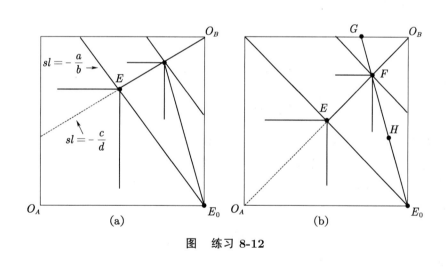

图 练习 8-12

(2) 在两类消费者都只有一人的情况下, 经济的核显然是练习 8-12 图 (a) 中线段 EO_B 所代表的点集。

(3) 在条件 $a = b, c = d$ 下, 艾奇沃斯方框变为练习 8-12 图 (b)。考虑 EO_B 线上除两端点 (Walras 均衡) 以外的任一点 F。一开始只有两个人 A_1 和 B_1 时, 双方通过交换可达到 F 点; 现在我们引入一个新的 B_2, 初始点在 E_0。A_1 和 B_2 会同时发现二者间可通过交换增进自己的福利: 只需 A_1 牺牲一点 x 商品, 换回一些 y 商品即可。极端情况下, A_1 可通过这一交换达到图中 G 点, 同时 B_1 达到 H 点, 显然双方都处于更高的无差异曲线上。所以, 配置 F 将被联盟 $\{A_1, B_1, B_2\}$ 淘汰。

§第 9 章 不确定性和个体行为§

9-1 解 6 个小题答案分别为：风险厌恶、厌恶、爱好、厌恶、中立和厌恶。

9-2 证明 根据定义，按效用函数 $u(\cdot)$ 计算的风险升水 r 满足等式

$$u(\omega - r) = pu(\omega + x) + (1-p)u(\omega + y)$$

但根据 $v(x) = Au(x) + B$，立即有 $v(\omega - r) = pv(\omega + x) + (1-p)v(\omega + y)$，而这意味着 r 同时是以效用函数 $v(\cdot)$ 计算的风险升水。

9-3 解 个体 1 选择 L_2，个体 2 选择 L_1，个体 3 选择 L_2。

9-4 解 若记 $C = PT$ 为常数，在罚款制度下，路人吐痰的期望效用是

$$U \equiv E[u] = Pu(W - T) + (1-P)u(W)$$
$$= Pu(W - C/P) + (1-P)u(W)$$

所以

$$\frac{\partial U}{\partial P} = u(W - C/P) + \frac{C}{P}u'(W - C/P) - u(W)$$

将上式等号右端第一项按 Taylor 展式展开 (或者直接用微分中值定理)

$$u(W - C/P) = u(W) - \frac{C}{P}u'(\hat{W})$$

其中 $\hat{W}$ 是居于 $W - C/P$ 和 W 之间的某一实数。代入前一式中，得到

$$\frac{\partial U}{\partial P} = \frac{C}{P}[u'(W - C/P) - u'(\hat{W})] > 0$$

最后一个不等式成立是因为 $W - C/P < \hat{W}$，而且 $u'' < 0$。

所以，在固定 $C = PT$ 的前提下，提高 P 会提高个体的期望效用，这意味着较小概率 P 和较高罚金 T 的组合效果更好。

9-5 解

$$A(x) = -\frac{u''(x)}{u'(x)} = \frac{2B}{A - 2Bx}$$

在区间 $[0, A/2B)$ 上显然单调递增。

9-6 证明 (1) 假设 $A(x) = -\dfrac{u''(x)}{u'(x)} = c$，这等价于 $[\ln u'(x)]' = -c$，或写为

$$\ln u'(x) = -cx + d \iff u'(x) = e^{-cx+d} \iff u(x) = -Ae^{-cx}$$

其中 $A = e^d/c$。

(2) 假设 $R(x) = -\dfrac{xu''(x)}{u'(x)} = c$，这等价于

$$[\ln u'(x)]' = -c(\ln x)' \iff \ln u'(x) = \ln x^{-c} + d \iff u'(x) = ax^{-c}$$

在 $c \neq 1$ 的情况下，上式等价于 $u(x) = Ax^{1-c} + B$。

(3) 如果前面 $R(x) = c = 1$, $u'(x) = a/x \Leftrightarrow u(x) = A\ln x + B$。

9-7 证明 为方便, 首先我们将风险容忍系数改写为

$$\mathrm{RT}(x) = -\frac{u'(x)}{u''(x)} \equiv -\frac{1}{[\ln u'(x)]'}$$

(1) 若 $\mathrm{RT}(x) = \alpha$, 上式等价于 $[\ln u'(x)]' = -1/\alpha$, 故有

$$\ln u'(x) = -\frac{x}{\alpha} + c \Rightarrow u'(x) = e^{-\frac{x}{\alpha}+c} \Rightarrow u(x) = a - be^{-\frac{x}{\alpha}}$$

(2) 若 $\mathrm{RT}(x) = \beta x$, 且 $\beta \neq 1$, 记 $\gamma = 1/\beta$, 则

$$[\ln u'(x)]' = -\frac{1}{\beta x} = -\frac{\gamma}{x}$$

$$\ln u'(x) = \ln x^{-\gamma} + \ln b \Rightarrow u'(x) = bx^{-\gamma}$$

所以, $u(x) = \dfrac{b}{1-\gamma}x^{1-\gamma} + a$。

(3) 由已知条件, 有

$$-u'(x) = xu''(x)$$

这又可以写为 $[xu'(x)]' = 0$, 从而

$$u'(x) = \frac{b}{x}$$

因此 $u = a + b\ln x$。

(4) 由已知条件,

$$[\ln u'(x)]' = -\frac{1}{\alpha - x}$$

所以存在 $b > 0$, 使得

$$u'(x) = 2b(\alpha - x)$$

因此 $u = a - b(\alpha - x)^2$。

9-8 证明 (1)、(2): 只需考虑 $\alpha = 0$ 处的边际期望效用

$$\left.\frac{d}{d\alpha}E[u(\tilde{W})]\right|_{\alpha=0} = E[u'(1+\alpha\tilde{r})\tilde{r}]|_{\alpha=0} = u'(1)E[\tilde{r}]$$

如果 $E[\tilde{r}] > 0$, 上式大于零 (因为 $u' > 0$), 所以在初始不持有任何风险资产的情形下决定参股会提高期望效用; 反之, 若 $E[\tilde{r}] \leqslant 0$, 参股只会降低期望效用, 个体不会参股。

(3) 若个体手中为另一种风险资产, 则同时持有两种资产的期望效用形如: $E[u((1-\alpha)\tilde{y} + \alpha\tilde{r})]$。我们仍然计算其在 $\alpha = 0$ 处的边际期望效用:

$$\left.\frac{d}{d\alpha}E[u(\tilde{W})]\right|_{\alpha=0} = E[u'((1-\alpha)\tilde{y} + \alpha\tilde{r})(\tilde{r} - \tilde{y})]|_{\alpha=0}$$

$$= E[u'(\tilde{y})(\tilde{r} - \tilde{y})] = E[u'(\tilde{y})]E[\tilde{r}] - E[u'(\tilde{y})\tilde{y}]$$

如果 $E[\tilde{r}] \leqslant 0$, 上式必然小于零, 所以个体仍然不会参股新项目; 另一方面, 若 $E[\tilde{r}] > 0$, 上式仍无法保证是正值, 从而无法保证个体一定会参股。

9-9 证明 (1) 将随机收益写为: $W = W_0 + (1-t)\tilde{r}$, 记资产 2 的最优投资规模为 $x^* = x(t)$, 它满足期望效用最大化的一阶必要条件: $E[u'(W)(1-t)\tilde{r}] = 0$; 因 $t < 1$, 该条件又可写为 $E[u'(W)\tilde{r}] = 0$。在方程两端对 t 求导得

$$E[u''(W)[x'(t)(1-t) - x(t)]\tilde{r}] = 0$$

由此推知

$$x'(t)(1-t) - x(t) = [x(t)(1-t)]' = 0$$

所以必然有 $x(t)(1-t) \equiv C$。

(2) 投资收益课税的效果实际上不同程度地"抹平"了收益的尖峰: 收益越高税负越重, 而且在亏损的情况下税收变为按亏损比例的补贴。所以, 这种税收政策事实上降低了投资风险。税率越高, 风险降低效果越显著, 风险厌恶的投资者自然会提高投资规模。

9-10 解 容易计算出两只证券的期望收益同时等于 0.62。直观地看, 证券 A 各种状态下的收益在均值附近较小的范围内波动, 风险较小, 应更受风险厌恶者青睐。事实上, 我们可以验证 $\tilde{r}_A$ 二阶随机优于 $\tilde{r}_B$。为此, 先计算二者在几个关键收益水平的累积概率:

x	0.3	0.4	0.5	0.7	0.8	0.9
$F_A(x) = \Pr\{\tilde{r}_A \leqslant x\}$	0	0	0.4	1	1	1
$F_B(x) = \Pr\{\tilde{r}_B \leqslant x\}$	0.2	0.4	0.4	0.6	0.8	1

由上表, 容易验证, 任取 $y \in [0,1]$ (事实上只需取 y 为上述几个关键收益水平即可), 都有

$$\int_0^y [F_A(x) - F_B(x)]dx \leqslant 0$$

9-11 证明 充分性: 假设 $E[u(\tilde{r}_A)] \geqslant E[u(\tilde{r}_B)]$, 这就是: 任取单增函数 $u(\cdot)$, 有

$$\int_{-\infty}^{\infty} u(x)dF_A(x) \geqslant \int_{-\infty}^{\infty} u(x)dF_B(x)$$

利用分部积分技巧, 上式变为

$$-\int_{-\infty}^{\infty} F_A(x)u'(x)dx \geqslant -\int_{-\infty}^{\infty} F_B(x)u'(x)dx$$

由于上式对任意单增函数 $u(\cdot)$ 都成立, 取

$$u(x) = \begin{cases} 1 & x \leqslant y \\ 0 & x > y \end{cases}$$

其中 y 为 $(-\infty, \infty)$ 内任意实数。代入上式得

$$\int_{-\infty}^{y} [F_A(x) - F_B(x)]dx \leqslant 0$$

由于 y 是任取的，这意味着 $F_A(x) \leqslant F_B(x) \quad \forall x$

必要性是明显的，略。

9-12 解 在此特殊情况下，概率分布函数形如

$$F_i(x) = \begin{cases} 0 & x < \alpha \\ p_i & \alpha \leqslant x < \beta \\ 1 & x \geqslant \beta \end{cases}$$

(1) 资产 A 一阶随机优于 B 的条件是：$p_A \leqslant p_B$。

(2) 资产 A 二阶随机优于 B 的唯一可能是：$p_A = p_B$。

§第 10 章 不确定性下的交换§

10-1 解 在状态空间中某一点 (y_1, y_2)，个体购买保险的意愿取决于该点处无差异曲线的斜率。若约定状态 2 为灾害发生的自然状态 $(y_1 > y_2)$，灾害发生的概率为 p，则无差异曲线斜率为

$$-\frac{1-p}{p}\frac{u'(y_1)}{u'(y_2)}$$

在条件 $y_1 > y_2$ 下，

$$\frac{u_1'(y_1)}{u_1'(y_2)} = \frac{y_2 + c}{y_1 + c} < 1 \qquad \frac{u_2'(y_1)}{u_2'(y_2)} = \frac{2ay_1 - 1}{2ay_2 - 1} > 1$$

这表明，在面临相同的灾害环境时（相同的灾害概率 p），个体 1 的无差异曲线较为平坦，这意味着他愿意以更多的状态 1 财富来换取一单位状态 2 财富（或说他比个体 2 更看重状态 2 下的消费）。所以，在其他条件相同时，说个体 1 购买保险更为积极是正确的。

10-2 解 (1) 公平保费率应该是事故概率 0.5。在公平保费率下这个人会购买完全保险 (1 万元) 的图示和解释可参见第 10 章；

(2) 在完全保险限制下，购买保险 $q = L$ 所获期望效用为

$$E[u] = (1-p)u(m - \pi L) + pu(m - \pi L - L + L) = u(m - \pi L)$$

在部分保险 $q \leqslant L/2$ 约束下，个体的期望效用为：

$$E[u] = (1-p)u(m - \pi q) + pu(m - \pi q - L + q)$$
$$\leqslant u[(1-p)(m - \pi q) + p(m - \pi q - L + q)]$$
$$= u(m - \pi q + pq - pL)$$
$$= u(m - \pi q)$$

其中不等式成立是因为 u 为凹函数，最后一个等式则用到了公平保费率条件 $\pi = p$。

10-3 证明 由 Arrow-Pratt 定理，存在一个严格单增和严格凹的函数 $G(\cdot)$，使得

$$u_A(y) \equiv G(u_B(y))$$

约定状态 2 为灾害状态，在保费率高于灾害概率条件下，投保人只可能订立部分保险合同，所以 $y_1 > y_2$；因 $u_B(y)$ 为单增函数，而 $G'(\cdot)$ 严格单减（$G(\cdot)$ 严格凹），所以有

$$G'(u_B(y_1)) < G'(u_B(y_2))$$

由此立即得到

$$\frac{u'_A(y_1)}{u'_A(y_2)} = \frac{G'(u_B(y_1))u'_B(y_1)}{G'(u_B(y_2))u'_B(y_2)} < \frac{u'_B(y_1)}{u'_B(y_2)}$$

这意味着：A 的无差异曲线较 B 的无差异曲线平坦，在其他条件相同的情况下，A 的保险需求更高。

10-4 证明 (1) 个体的最优保险需求条件是

$$-\pi(1-p)u'(y_1) + (1-\pi)pu'(y_2) = 0$$

其中 $y_1 = m - \pi q$，$y_2 = m - L - \pi q + q$。方程两边对 p 求导

$$\pi u'(y_1) + \pi^2(1-p)u''(y_1)\frac{\partial q}{\partial p} + (1-\pi)u'(y_2) + (1-\pi)^2 p u''(y_2)\frac{\partial q}{\partial p} = 0$$

得到

$$\frac{\partial q}{\partial p} = -\frac{\pi u'(y_1) + (1-\pi)u'(y_2)}{\pi^2(1-p)u''(y_1) + (1-\pi)^2 p u''(y_2)} > 0$$

其中不等号成立是因为分子和分母分别为正和负（个体偏好严格单增、风险厌恶）。

相似地，在一阶条件等式两端对 L 求导

$$\pi^2(1-p)u''(y_1)\frac{\partial q}{\partial L} + (1-\pi)^2 p u''(y_2)\left(\frac{\partial q}{\partial L} - 1\right) = 0$$

得到

$$\frac{\partial q}{\partial L} = \frac{(1-\pi)^2 p u''(y_2)}{\pi^2(1-p)u''(y_1) + (1-\pi)^2 p u''(y_2)} > 0$$

(2) 将保险公司的保费率调整政策 $\pi = \pi_0 + \beta(p - p_0)$ 改写为 $\Delta\pi = \beta\Delta p$，或者写为微分形式 $d\pi = \beta dp$。

假定一开始在事故概率 p 时投标人在 (y_1, y_2) 达到了均衡，满足条件 (10.11) 的等价形式：

$$\frac{u'(y_1)}{u'(y_2)} = \frac{1/\pi - 1}{1/p - 1} \triangleq \frac{f(\pi)}{f(p)} \tag{i}$$

其中 $f(z) = 1/z - 1$。现在考虑事故概率上升为 $p^* = p + \Delta p$，相应地，保费率提高到 $\pi^* = \pi + \Delta\pi = p + \beta\Delta p$，则新的均衡点 (y_1^*, y_2^*) 满足

$$\frac{u'(y_1^*)}{u'(y_2^*)} = \frac{f(\pi^*)}{f(p^*)}$$

利用微分中值定理，存在 $\bar{z} \in [z, z^*]$，使得 $f(z^*) = f(z) + (z^* - z)f'(\bar{z})$，所以，

$$\frac{u'(y_1^*)}{u'(y_2^*)} = \frac{f(\pi^*)}{f(p^*)} = \frac{\left(\dfrac{1}{\pi} - 1\right) - \dfrac{\beta}{\pi^2}\Delta p}{\left(\dfrac{1}{p} - 1\right) - \dfrac{1}{p^2}\Delta p} \tag{ii}$$

(i) 式和 (ii) 式相比较, 其结果取决于下式是否成立

$$\frac{1}{p^2}\left(\frac{1}{\pi}-1\right)-\frac{\beta}{\pi^2}\left(\frac{1}{p}-1\right)\geqslant 0 \tag{iii}$$

在 $\Delta p > 0$ 的前提下, 若 (iii) 式成立, 则 (ii)$\geqslant$(i), 表明 $u'(y_1^*)$ 相对 $u'(y_1)$ 来说较大, $y_1^* \leqslant y_1$(因为风险厌恶, $u'' < 0$), 这意味着 $q^* \geqslant q$。反之, 若 (iii) 式不成立, 则 (i)$\geqslant$(ii), 表明 $u'(y_1^*)$ 相对 $u'(y_1)$ 来说较小, $y_1^* \geqslant y_1$, 这意味着 $q^* \leqslant q$。

10-5 解 (1) 投资后的期望效用

$$E[u] = 0.5\sqrt{2+2} + 0.5\sqrt{2-1.84} = 1.2$$

初始的效用 $u(2) = \sqrt{2} > 1.2$, 所以这个人不会投资。

(2) 如果 n 个人均摊损益, 每一个体的期望效用为

$$E[u(y_0 + \tilde{y}/n)] = 0.5\sqrt{2+2/n} + 0.5\sqrt{2-1.84/n}$$

最小人数 $\hat{n}$ 满足等式 $E[u(y_0 + \tilde{y}/n)] = u(y_0)$

$$0.5\sqrt{2+2/n} + 0.5\sqrt{2-1.84/n} = \sqrt{2}$$

求解的 $n \approx 7.7$。故至少需 8 人联合投资才可行。

(3) 由于每个人是对称的, 个人达到期望效用最大化时联合体的期望效用也达到最大, 所以问题变为

$$\max_n \left(0.5\sqrt{2+2/n} + 0.5\sqrt{2-1.84/n}\right)$$

求解一阶条件得 $n \approx 11.8$, 所以当投资团队人数为 12 时, 期望效用最大。

10-6 证明 (1) 记投资总额为 a, w_i 为 i 的投资权重 (相应的投资金额为 $w_i a$), 满足

$$\sum_{i=1}^{n} w_i = 1$$

由于这 n 支证券是独立同分布的, 记其方差为 σ^2, 则投资组合的方差为

$$\sigma_P^2 = a^2 \sum_{i=1}^{n} w_i^2 \text{Var}[y_i] = a^2 \sigma^2 \sum_{i=1}^{n} w_i^2$$

由 Cauchy-Schwartz 不等式

$$\left[\sum_{i=1}^{n} a_i b_i\right]^2 \leqslant \sum_{i=1}^{n} a_i^2 \sum_{i=1}^{n} b_i^2$$

有:

$$\sigma_P^2 = a^2 \sigma^2 \sum_{i=1}^{n} w_i^2 \geqslant \frac{a^2 \sigma^2}{n}\left[\sum_{i=1}^{n} w_i\right]^2 = \frac{a^2 \sigma^2}{n}$$

等号右边的 $a^2\sigma^2/n$ 恰好是平均分配投资额时 $(w_i = 1/n)$ 的组合方差, 这就证明这种组合的方差 σ_P^2 最小。

(2) $\lim\limits_{n \to \infty} \dfrac{a^2 \sigma^2}{n} = 0$ 是显然的。

10-7 解 不一定。一个明显的反例是:当两种状态下的社会总收入相等时,两条 45° 角平分线相重合,但契约线不一定在这条 45° 线上。

当两种状态下的社会收入不等时,为了不失一般性,假设 $\bar{y}_1 > \bar{y}_2$。在此条件下,任何一个帕累托有效配置中至少有一个个体的状态 1 收入高于状态 2 收入,不妨设 $y_{a1} > y_{a2}$。根据帕累托有效条件 (10.39)

$$\frac{p_{a1} u'_a(y_{a1})}{p_{a2} u'_a(y_{a2})} = \frac{p_{b1} u'_b(y_{b1})}{p_{b2} u'_b(y_{b2})}$$

条件 $y_{a1} > y_{a2}$ 并不能推出 $y_{b1} > y_{b2}$,所以也不能断言契约线一定在两条 45° 线之间。

如果两个个体对未来状态的估计是一致的 ($p_{as} = p_{bs}$),那么契约线就一定在 45° 线之间了,因为由 $y_{a1} > y_{a2}$ 一定推出 $y_{b1} > y_{b2}$。

10-8 证明 有效分配条件 (10.41) 可以改写为下列形式

$$p_{as} u'_a(y_{as}) = \lambda p_{bs} u'_b(\bar{y}_s - y_{as}) \quad s = 1, 2$$

很显然,y_{as} 仅与 s 状态下的总收入 $\bar{y}_s$ 有关,与其他状态下的总收入无关。相似地,个体 b 在状态 s 下的分配也仅与 $\bar{y}_s$ 有关。

10-9 证明 (1) 记地主为个体 a,农夫为个体 b。由于二人对未来状态的估计是一致的,因此,帕累托有效分配条件变为

$$\frac{u'_a(y_{ah})}{u'_a(y_{al})} = \frac{u'_b(y_{bh})}{u'_b(y_{bl})}$$

如果其中一人获得固定收入,根据 $x^h > x^l$ 条件立即得知另一人在两种状态下的收入是不相等的 (h 状态下的收入高于 l 状态下的收入),这样一来上面的有效条件无法满足 (由于二人是严格风险厌恶的,故 $u'_a(\cdot)$ 和 $u'_b(\cdot)$ 严格单减)。

(2) 根据第 9 章练习与思考 9-6 的结果,如果二人的 A–P 相对风险系数 $R(y) = c \neq 1$,他们的效用函数一定呈以下形式:

$$u(y) = A y^{1-c} + B$$

在此条件下,帕累托有效分配条件为

$$\left(\frac{y_{ah}}{y_{al}}\right)^{-c} = \left(\frac{y_{bh}}{y_{bl}}\right)^{-c} \quad \text{或} \quad \frac{y_{ah}}{y_{bh}} = \frac{y_{al}}{y_{bl}}$$

进一步化为

$$\frac{y_{ah} + y_{bh}}{y_{bh}} = \frac{y_{al} + y_{bl}}{y_{bl}} \triangleq \frac{1}{\alpha}$$

所以 $\forall s = 1, 2, y_{bs} = \alpha y_s, y_{as} = (1-\alpha) y_s$。

(3) 在艾奇沃斯方框中,连接两个原点 O_a 和 O_b 的对角线就是契约线。

§第 11 章 资产市场§

11-1 解 由于 $\mathbf{R}_{\cdot 1}+\mathbf{R}_{\cdot 2}=\mathbf{R}_{\cdot 3}$, 状态 1-3 都是不可保险的; 另一方面, $\mathbf{R}_{\cdot 4}$ 不能写为前三个行向量的线性组合, 因此状态 4 是可保险的, 其 A–D 证券组合为 $\mathbf{a}=(-1/4,-1/4,3/4)$。

11-2 解 (1) 由于资产数量超过了状态数量, 因此至少有一种资产是多余的, 即可由其他资产组合而成。譬如这里的资产 4 收益向量可写为另外三种资产的收益率向量的线性组合: $\mathbf{R}_4=(\mathbf{R}_1+\mathbf{R}_2+\mathbf{R}_3)/3$, 因此资产 4 可视为多余的 (事实上该线性方程也表明, 任取三只资产留在市场内, 余下的另一只资产都可视为是多余的, 可以退市而不影响市场)。

(2) 容易验证 Rank $(\mathbf{R})=3$, 这就保证了市场是完备的。

(3) 为避免过多记号, 下面我们去除多余的资产 4, 将余下三种资产的收益率矩阵仍记为 $\mathbf{R}$。要构造各种状态下的 A–D 证券组合, 可以利用克莱姆法则分别求解如下线性方程组

$$\mathbf{R}\mathbf{a}_s = \mathbf{e}_s \qquad s=1,2,3$$

结果为: $\mathbf{a}_1=(-5/18,1/18,7/18)$, $\mathbf{a}_2=(1/18,7/18,-5/18)$, $\mathbf{a}_3=(7/18,-5/18,1/18)$.

(4) 状态价格可以利用 (11.7) 式来求解 ($\mathbf{R}$ 仍代表去除资产 4 后的收益率矩阵): $\mathbf{R}^T\mathbf{q}=\mathbf{1}$
解得: $q_1=q_2=q_3=1/6$

11-3 解 仍然去除多余的资产 4, 将余下三种资产的收益率矩阵仍记为 $\mathbf{R}$。

(1) 个体 1 面临的投资组合问题为

$$\max \frac{1}{3}[\ln x_0 + \sum_s \ln \sum_i (a_i R_{is})]$$
$$\text{s.t.} \quad x_0 + \sum_i a_i = W_0$$

显然消去目标函数的系数 $1/3$ 不影响求解, 做此简化后的拉格朗日函数是

$$L = [\ln x_0 + \sum_s \ln \sum_i (a_i R_{is})] - \lambda[x_0 + \sum_i a_i - W_0]$$

一阶必要条件为

$$\frac{\partial L}{\partial x_0} = \frac{1}{x_0} - \lambda = 0$$

$$\frac{\partial L}{\partial a_i} = \sum_s \frac{R_{is}}{\sum_i (a_i R_{is})} - \lambda = 0 \quad i=1,2,3$$

由于该问题中三个未来状态对于个体 1 是完全对称的 (发生概率完全相等, 且效用函数中各 x_s 完全对称), 很显然在最优点处有

$$x_1^* = x_2^* = x_3^* = \sum_i (a_i^* R_{is}) \quad s=1,2,3$$

因此第二个一阶条件等式可变形为

$$\frac{\sum_s R_{is}}{\sum_i (a_i R_{is})} - \lambda = 0 \quad i=1,2,3$$

再将另一个一阶条件中解出 λ 并代入上式，注意到

$$\frac{\partial u_1(x_0, x_s)}{\partial x_0} = \frac{1}{x_0} \quad \frac{\partial u_1(x_0, x_s)}{\partial x_s} = \frac{1}{x_s} = \frac{1}{\sum_i (a_i R_{is})}$$

这就得到

$$\text{MRS}_{s,0}^1 = \frac{1/\sum_i (a_i R_{is})}{1/x_0} = \frac{1}{\sum_s R_{is}} = \frac{1}{6} \quad s = 1, 2, 3$$

由上一问题的解得知这即为各状态的状态价格 q_s。

(2) 对于个体 2，

$$\frac{\partial u_2}{\partial x_0} = \frac{1}{2}(x_0 + x_s)^{-1/2}, \quad \frac{\partial u_2}{\partial x_s} = \frac{1}{2}(x_0 + x_s)^{-1/2}$$

根据 MRS 的定义，

$$\text{MRS}_{s,0}^2 = \frac{\pi_s \partial u_2 / \partial x_s}{\sum_s \pi_s \partial u_2 / \partial x_0} = \frac{(x_0 + x_s)^{-1/2}}{3(x_0 + x_s)^{-1/2}} \equiv \frac{1}{3} \quad s = 1, 2, 3$$

很显然不等于状态价格 $1/6$。

由于无论如何总有 $\text{MRS}_{s,0}^2 > q_s$，个体 2 在其财富允许范围内投资未来并在未来消费总会提高其效用 (从另一个角度看即是说他认为资产过于便宜)，因此均衡时他将会用所有财富 W_0 用于投资，当期不消费 ($x_0^* = 0$)，因此他实际上达到一个角点解均衡，而这也是为什么他不满足 (内点解) 均衡条件 (11.26) 式的原因。

11-4 解 (1) 如果 $\forall k$，均有 $\pi_{ks} = 0$，均衡条件 (11.19) 仍然成立，只是相应的状态价格必然为零：$q_s^* = 0$。

(2) 假定存在个体 k, j，满足 $\pi_{ks} > 0, \pi_{js} = 0$，均衡条件 (11.19) 无法完全得到满足，均衡不存在。对于个体 k，条件 (11.19) 意味着 $q_s^* > 0$；但如果 s 状态的状态价格为正，个体 j 将会无休止地卖空该状态的 A–D 证券 (因为他相信状态 s 不可能出现，因此不用担心到时需要赔偿该证券承诺的支付)。

11-5 解 在不存在当前消费的情况下，投资者唯一的选择是将所有财富 1 投资于经济中唯一的资产，获得收益 $\mathbf{x} = (1, y)^T$。如果两类投资者在此收益下未来两种状态间消费的边际替代率一致，现有资产的交易即可保证两类投资者同时达到均衡，经济即为实际完备的。正文中已知具有对数效用函数的 k 类投资者在两种状态间的边际替代率为 y，现在我们计算 j 类投资者的状态间边际替代率：由于 $u_j'(x_{js}) = \delta \exp(-\delta x_{js})$，因此

$$\text{MRS}_{12}^j = \frac{0.5 u_j'(x_{j1})}{0.5 u_j'(x_{j2})} = \frac{\exp(-\delta)}{\exp(-\delta y)} = \exp[\delta(y - 1)]$$

欲使两类投资者的 MRS 相等：$\exp[\delta(y - 1)] = y$，只需 $\delta = (y - 1)^{-1} \ln y$，此时可保证经济是实际完备的。

11-6 证明 在完备市场条件下，每个未来状态都是可保险的，可以构造相应的 A–D 证券，而经济中所有资产都可由 S 只 A–D 证券复制出来。若状态价格为 $\{q_s, s \in S\}$，则资产 i 的当前价格可表示为

$$p_i = \sum_{s=1}^{S} y_{is} q_s \quad i = 1, 2, 3$$

如果在任何状态 $s \in S$ 下都满足

$$y_{1s} = y_{2s} + y_{3s}$$

则显然有 $p_1 = p_2 + p_3$ 成立。

§第 12 章 完全信息博弈§

12-1 解 纳什均衡为 (中, 左) 和 (上, 右)。不存在重复剔除劣战略均衡。

12-2 解 两个嫌疑人是否是的犯罪并不重要, 因为这并不改变博弈的支付结构。若选择"承认"的嫌疑人被处以罚款 x, 则支付结构变为

		乙	
		承认	抵赖
甲	承认	$-10-x$, $-10-x$	$5-x$, -15
	抵赖	-15, $5-x$	0, 0

要使 (抵赖, 抵赖) 成为唯一的纳什均衡, 需要使"抵赖"成为两人的占优战略, 即

$$-15 > -10 - x$$

所以, $x > 5$。

12-3 证明 这个命题从直觉上来说是比较明显的, 这里给出一个严格的证明。记重复剔除 (严格) 劣战略第 k 步后余下的博弈为 $G(k)$, 此时局中人 i 的战略空间记为 $S_i(k)$, 战略组合空间为 $\mathbf{S}(k) = S_1(k) \times \ldots \times S_n(K)$; 相应地, 我们可将原来的博弈记为 $G(0)$。显然, 对任何局中人 i, 存在关系 $S_i(0) \supseteq S_i(1) \supseteq \ldots \supseteq S_i(k-1) \supseteq S_i(k) \supseteq \ldots$ 重复剔除劣战略过程能否继续进行, 取决于以下条件是否成立:

对某个局中人 i, 存在 $s_i', s_i'' \in S_i(k)$, 使得

$$\pi_i(s_i', \mathbf{s}_{-i}) < \pi_i(s_i'', \mathbf{s}_{-i}) \quad \forall \mathbf{s}_{-i} \in \mathbf{S}_{-i}(k)$$

其中 $\mathbf{S}_{-i}$ 表示除 i 以外其他局中人在博弈 $G(k)$ 中的战略组合。

如果博弈 $G(0)$ 存在重复剔除劣战略均衡 $\mathbf{s}^* = (s_1^*, s_2^*, \ldots, s_n^*)$, 则存在某个整数 $K > 0$, 使得

$$S_i(K) = \{s_i^*\} \quad i = 1, 2, \ldots, n$$

由于 $S_i(0) \supseteq S_i(1) \supseteq \ldots \supseteq S_i(K-1) \supseteq S_i(K)$, 这意味着对所有局中人 i, 都有:

$$\pi_i(s_i^*, \mathbf{s}_{-i}^*) \geqslant \pi_i(s_i, \mathbf{s}_{-i}^*) \quad \forall s_i \in S_i(0)$$

这证明 $\mathbf{s}^*$ 的确是纳什均衡。

下面证明这是唯一的纳什均衡。任取一个战略组合 $\mathbf{s}' \neq \mathbf{s}^*$, $\mathbf{s}' \notin \mathbf{S}(K)$, 必定存在某一整数 $k < K$, 使得 $\mathbf{s}' \in \mathbf{S}(k)$, 但 $\mathbf{s}' \notin \mathbf{S}(k+1)$ ($\mathbf{s}'$ 在第 $k=1$ 步被剔除)。这意味着, 某一局中人 i 存在战略 $s_i'' \in S_i(k)$, 使得

$$\pi_i(s_i', \mathbf{s}_{-i}) < \pi_i(s_i'', \mathbf{s}_{-i}) \quad \forall \mathbf{s}_{-i} \in \mathbf{S}_{-i}(k)$$

特别地, 上式对 $\mathbf{s}'_{-i} \in \mathbf{S}_{-i}(k)$ 也成立

$$\pi_i(s'_i, \mathbf{s}'_{-i}) < \pi_i(s''_i, \mathbf{s}'_{-i})$$

这表明 $\mathbf{s}'$ 不是纳什均衡, 均衡的唯一性得证。

12-4 解 单纯战略均衡有两个: (下, 中), (中, 右); 此外还有一个混合战略均衡

甲: $(P_上, P_中, P_下) = (5/9, 1/3, 1/9)$, 乙: $(P_左, P_中, P_右) = (5/16, 1/4, 7/16)$

12-5 解 首先注意到"左"是乙的劣战略, 因为各以 1/2 的概率使用"中"和"右"在各种情况下都能获得更高的支付; 剔除"左"之后, "上"成为甲的劣战略, 因为各以 1/2 的概率选择"中"和"下"在各种情况下都能获得更高的支付。依次剔除"左"和"上"之后, 再依次剔除乙的"中"、甲的"下", 最终得到均衡 (中, 右)。

12-6 证明 该博弈不存在单纯战略均衡是明显的, 因此只可能存在混合战略均衡。下面先证明某人使用单纯战略均衡、另一人使用混合战略均衡不可能构成均衡。不失一般性, 假定均衡中甲使用某一单纯战略, 譬如说"石头"(其他战略也一样), 此时乙的三种战略给他带来的支付都是不同的, 不符合混合战略均衡中不同战略都产生相同支付的要求, 而乙不可能利用这三种战略来构成均衡的混合战略。

接下来考虑某人只使用两种单纯战略进行混合的情况。不失一般性, 假定甲以概率 $p \in (0,1)$ 选"石头"、概率 $1-p$ 选"剪刀"、概率 0 选"布"——这个混合战略只包含前两种战略。在此情况下, 乙选"石头"严格优于"剪刀", 因为前者除掉平局的情况还有正的概率赢, 而后者在平均之余还有正的概率会输。因此, "剪刀"不可能出现在乙的任何均衡战略中, 乙的均衡战略只可能是混合使用"石头"+"布"。但对乙的这种战略, 甲的最优应对战略不可能是"石头"+"剪刀"(一开始假定的均衡战略), 因为这种混合战略劣于单纯战略"布"。矛盾!

12-7 解 两个候选人竞争时, 唯一的纳什均衡是 (0.5, 0.5): 在一个候选人处于 0.5 的条件下, 另一个候选人偏离 0.5 只会将胜利拱手让出, 而他也选择 0.5 可以获得 50% 的获胜机会, 所以 (0.5, 0.5) 为纳什均衡; 另一方面, 任何一个候选人选择 0.5 以外的位置都不可能构成纳什均衡: 不妨设甲选定 $x < 0.5$, 则乙只要选择 $(x, 0.5]$ 中任何位置 y 都可赢得选举, 但此时甲有动机改选 $(y, 0.5]$。

若有三个候选人, 则会存在无数个纳什均衡 (注意选举人的最终支付只是是否当选, 而不是获得多少张选票)。例如 (0.4, 0.6, 0.8) 是一个纳什均衡: 此时第一个候选人会获得 50% 的选票而获胜, 所以第一个候选人没有动机改变位置; 第二个或第三个候选人单独改变位置虽然有可能获得更多的选票, 但不能获胜, 所以也没有动机改变位置。相似地, 可以验证 (0.4, 0.7, 0.8) 和 (0.2, 0.4, 0.6) 等也构成纳什均衡。

12-8 解 (1) 博弈的支付矩阵如下

(2) 在 $0.5w_1 < w_2 < 2w_1$ 条件下, 纳什均衡为 (公司 1, 公司 2) 和 (公司 2, 公司 1), 即两人分别去两个公司应聘。

12-9 解 (1) 三个纳什均衡分别是: (上, [左, 左])、(上, [左, 右]) 和 (下, [右, 右])。

(2) 前两个纳什均衡都是子博弈完美的, 纳什均衡 (下, [右, 右]) 包含不可信威胁: 乙声称他在甲选"上"之后会选"右", 这不符合其个体理性。

		乙	
		公司 1	公司 2
甲	公司 1	$0.5w_1, 0.5w_1$	w_1, w_2
	公司 2	w_2, w_1	$0.5w_2, 0.5w_2$

12-10 解 该博弈的博弈树如图练习 12-10

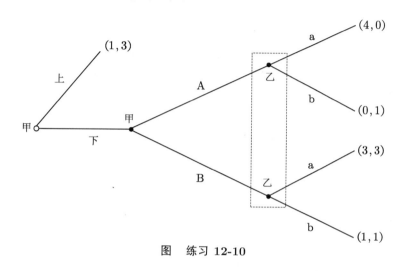

图 练习 12-10

首先我们注意到, 第二阶段二人同时行动的博弈只存在混合战略均衡。(2/3 概率 A + 1/3 概率 B, 1/2 概率 a + 1/2 概率 b), 导致该阶段的期望支付向量 (2, 1)——由于甲在此获得的 2 较他选 "上" 时获得的更高, 因此, 子博弈完美均衡是: 甲先选 "下", 然后双方选择上述混合战略。

此外, 容易验证 (上, b) 也是纳什均衡, 但不是子博弈完美均衡。

12-11 解 支付向量 (4, 4) 无法构成一个子博弈完美均衡中第一阶段的均衡支付。由于单期存在两个纳什均衡 (上, 左) 和 (中, 中), 局中人乙可能会试图通过 "帮助" 甲在第二阶段实现对其有利的 (上, 左) 来诱使对方在第一阶段选 "下", 并且声称若甲不这样做便在第二阶段选 "中" 来惩罚甲。即是说, 乙希望达成如下均衡:

甲: 第一阶段选 "下", 第二阶段选 "上"(不管前一阶段发生什么);

乙: 第一阶段选 "右"; 第二阶段: 若第一阶段对方选 "下", 则选 "左", 若第一阶段是其他结果, 则选 "中"。

虽然这是一个纳什均衡 (可以验证两人的战略互为最佳应对), 但是这不是子博弈完美均衡, 原因在于: 在第二阶段这一子博弈中, 给定甲选 "上", 乙的最优战略是 "左", 乙声称此时有条件地选 "中" 并不是他的最佳应对, 所以这里乙事实上发出了一个不可信威胁。

12-12 解 静态博弈的支付结构如下图所示

该博弈是因徒困境式的博弈, 公司的占优战略是选择 "不付工资", 而工人的占优战略是 "不干活", 所以博弈的占优战略纳什均衡为 (不付工资, 不干活)。

若博弈重复 10 次, 由逆向归纳法, 唯一的子博弈完美纳什均衡是: 各阶段局中人都选择

		工人	
		干活	不干活
公司	付工资	$y-w, w-l$	$-w, w$
	不付工资	$y, -l$	$0, 0$

单期博弈中的占优战略,公司选择"不付工资",工人选择"不干活"。

(1) 若博弈重复无限次,构造如下"扳机战略":

公司:一开始选择"付工资",如果之前工人一直"干活",则在当期继续选择"付工资";一旦观察到工人"不干活"的记录,从下期起一直选择"不付工资"。

工人:一开始选择"干活",如果之前公司一直"付工资",则在当期继续选择"干活",否则,从下期起一直选择"不干活"。

下面证明这个"扳机战略"构成纳什均衡。

如果公司在某一期选择"不付工资",则该期支付为 w,但以后每期的支付为 0,总支付的现值为

$$y + \sum_{t=1}^{\infty} 0 \cdot \delta^t = y$$

如果公司一直选择"付工资",在对方现有战略下,每期的支付为 $y-w$,总支付的现值为

$$\sum_{t=0}^{\infty} (y-w) \cdot \delta^t = \frac{y-w}{1-\delta}$$

只要 $\frac{y-w}{1-\delta} > y$,即 $\delta > \frac{w}{y}$ 时,公司就会一直选择"付工资"。

如果工人在某一期选择"不干活",则该期支付为 w,但以后每期的支付为 0,总支付的现值为

$$w + \sum_{t=1}^{\infty} 0 \cdot \delta^t = w$$

若工人一直选择"干活",在对方现有战略下,每期的支付为 $w-l$,总支付的现值为

$$\sum_{t=0}^{\infty} (w-l) \cdot \delta^t = \frac{w-l}{1-\delta}$$

只要 $\frac{w-l}{1-\delta} > w$,即 $\delta > \frac{l}{w}$ 时,工人就会一直选择"干活"。

所以,当 $\delta > \max\{l/w, w/y\}$ 时,上述"扳机战略"构成纳什均衡。

注意到该博弈只有两类子博弈:之前双方一直合作,或是之前有某一方背叛。上面的过程事实上已证明,在前一类子博弈中,扳机战略所要求的当期继续合作是最优的;而在后一类子博弈中,也容易验证:在对方按扳机战略行事的前提下,选择对背叛行为进行惩罚也是最优的。因此扳机战略组合构成子博弈完美纳什均衡。

(2) 如图练习 12-12 所示,π_1、π_2 分别为公司和工人的支付,四边形 OBCD 内的点是可行的支付点,根据 Folk 定理,阴影部分内的所有点都是无穷重复博弈中可能的子博弈均衡支付,显然 A 点处的均衡结果对公司最为有利。

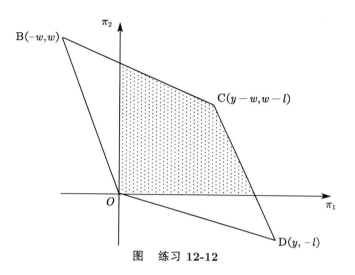

图 练习 12-12

§第 13 章 不完全信息博弈§

13-1 解 当乙的类型是 θ_2 时,乙的最优选择是"左";当乙的类型是 θ_2' 时,乙的最优选择是"右"。

甲选择"上"的期望收益是
$$p \cdot 1 + (1-p) \cdot 0 = p$$

甲选择"下"的期望收益是
$$p \cdot 0 + (1-p) \cdot 2 = 2 - 2p$$

所以,视条件 $p > 2 - 2p$ 是否成立,贝叶斯纳什均衡分别为:

(1) $p > 2/3$

甲:选择"上";乙:θ_2 选择"左",θ_2' 选择"右"。

(2) $p < 2/3$

甲:选择"下";乙:θ_2 选择"左",θ_2' 选择"右"。

(3) $p = 2/3$

甲:随机选择"上"和"下",乙:θ_2 选择"左",θ_2' 选择"右"。

13-2 证明 PBE 的序贯理性条件要求局中人的战略在所有附属博弈(无论它是否在均衡路径上)上构成纳什均衡。由于子博弈是特殊的附属博弈,从而 PBE 必然在所有子博弈上都构成纳什均衡,这正是子博弈完美均衡所要求的。

13-3 解 当某人叫价 b 时,获胜的概率是其余 $n-1$ 个人的叫价均低于 b 的概率,或者说是其余 $n-1$ 个人的保留价格均低于 $V(b)$ 的概率。由于局中人对该物品的保留价格是闭区间 $[0,1]$ 上的均匀分布,所以,其余 $n-1$ 个人的叫价均低于 b 的概率是 $[V(b)]^{n-1}$。因此,一个具有保留价格 v、叫价 b 的竞价者的期望支付是

$$[V(b)]^{n-1} \cdot (v-b) + \{1 - [V(b)]^{n-1}\} \cdot 0$$

从而他的目标是
$$\max_b [V(b)]^{n-1} \cdot (v-b)$$

最优叫价 b^* 满足一阶必要条件
$$[V(b^*)]^{n-2} \cdot [(n-1)(v-b^*)V'(b^*) - V(b^*)] = 0$$

注意到 $V(b^*) = v$, 当 $V(b^*) \neq 0$ 时, 必然有
$$(n-1)[V(b^*) - b^*]V'(b^*) - V(b^*) = 0$$

或写为
$$(n-1)\{[V(b^*) - b^*]V(b^*)\}' = [b^* V(b^*)]'$$

因此有
$$(n-1)[V(b^*) - b^*]V(b^*) = b^* V(b^*) + C$$

把条件 $b=0, V(b)=0$ 代入上式, 得
$$C = 0$$

所以最终得
$$V(b^*) = b^* n/(n-1)$$
或
$$b^* = v(n-1)/n$$

所以, 贝叶斯均衡就是: 每个具有保留价格 v 的局中人以 $v(n-1)/n$ 叫价。

13-4 解 由于 θ_i 均匀分布于 $(-\varepsilon, \varepsilon)$, θ_i 取正值和负值的概率各为 50%——如果这两种情况下局中人 j 采用不同的战略, 则 i 选择"正"和"反"获得的期望支付分别是 θ_i 和 0。显然, $\theta_i \geqslant 0$ 时 i 应选"正", $\theta_i < 0$ 时应取"反", 而这正与之前对局中人的行为假定相符。因此, 贝叶斯-纳什均衡就是: $s_i(\theta_i \geqslant 0) = $ 正, $s_i(\theta_i < 0) = $ 反, $i=1,2$。

当 $\varepsilon \to 0$, 信息不完备强度趋于零, 但每个局中人仍然面临对手以 50% 概率分别选择两种不同战略的情况, 其效果与完备信息博弈中的混合战略纳什均衡相同。

13-5 解 该博弈貌似一个动态博弈, 但由于公司 2 仅根据对方出价 P 是否高于自己的估价决定是出售或买进股份, 因此核心问题集中在公司 1 的均衡出价, 因此这只是一个静态博弈问题。

假定公司 1 出价 P, 公司 2 的战略很简单, 视 P 是否高于自己的 v_2 决定买入或卖出股份。有两种可能性: ① $P > v_2$: 由于 v_2 为 $(0,1)$ 上的均匀分布, 因此这种情况发生的概率为 P。此时 2 的选择是出售自己的股份给公司 1, 后者得: $v_1 - (1-s)P$。② $P < v_2$, 其概率为 $1-P$。此时 2 将买进公司 1 的股份, 后者得: $s(P-v_1)$。综合两种情况, 公司 1 所得的期望支付是
$$P[v_1 - (1-s)P] + (1-P)[sP - sv_1]$$

以其为公司 1 的目标函数, 由一阶必要条件立即推知
$$P^* = \frac{1+s}{2}v_1 + \frac{s}{2}$$

贝叶斯均衡就是：公司 1 以 P^* 报价；公司 2 的战略是：当 $P^* > v_2$ 时，卖出自己的股份，当 $P^* < v_2$ 时，买入对方的股份，当 $p^* = v_2$ 时，随机选择卖出和买入股份。

关于 s 对公司 1 报价的影响：从 P^* 的表达式看它显然是 s 的单增函数，其解释是：s 越大，低价出售现有资产的损失越大，因此需要提高报价抵消这种潜在损失；另一方面，s 越大，以低价买进对方资产的规模也越小，因此 P 也越大。这两个论点从前面对两种可能情况下公司 1 所得的计算中显得非常明显。

13-6 解 为简洁，我们用两个并列的字母来表示局中人类型依存的战略，如 DC 表示局中人 1 这样的战略：父母宽厚时 ($\theta_1 = 0$) 选 D，严厉时 ($\theta_1 = 4$) 时选 C。按这个记号，两人的战略空间都是

$$S_i = \{DD, DC, CD, CC\} \quad i = 1, 2$$

对于宽厚型家庭的局中人，D 显然是其占优战略，因此其均衡战略只可能是 D，这就排除了 S_i 中后两种战略成为均衡的可能性。我们现在来考虑剩下两种战略哪一种是均衡战略，只需分析严厉型家庭局中人的行为：

(1) DD。在对方以该战略行事的前提下，严厉型家庭局中人选 D 获 -3，选 C 获 0，这种局中人有单方改变战略动机。这就排除了 DD 作为均衡战略的可能性。

(2) DC。由于局中人猜测对方两种类型各为 1/2，因此这也是碰到对方使用 D 和 C 的概率。从而，严厉型家庭局中人两种选择所得的期望支付分别是

C: 0;

D: $0.5 \times 2 + 0.5 \times (-3) = -0.5$

这证实，如果家长是严厉型的，局中人的均衡战略为 C。因此，该博弈唯一的单纯战略贝叶斯–纳什均衡是：(DC, DC)。

13-7 解 为简洁，分别将赞成和反对行动记为 A 和 D，并将局中人类型依存战略记为这两个字母的组合，如 AD 表示 $s_i(\theta_i = G) = A, s_i(\theta_i = B) = D$。首先我们注意到两个事实：第一，根据投票规则，局中人 i 的选择只有在对方选择 A(赞成) 时才有意义，因为若对方选 D，项目即被否决；第二，若最新评估 $P_i > 1/2$，A 是 i 的弱占优战略，反之 $P_i < 1/2$ 时 D 是其最佳选择。

(1) 先考察 (AD, AD) 成为均衡的可能性，不妨从局中人 1 的角度分析。1 的选择只有在对方选 A 时方有意义，而在 2 以 AD 战略行事的前提下，这意味着 2 收到的信息为 $\theta_2 = \theta_G$。下面计算 1 在收到不同信息时的信念更新：若 $\theta_1 = \theta_G$，注意到 $p > 1/2$，

$$\Pr\{G|\theta_1 = G \wedge \theta_2 = G\} = \frac{\Pr\{G \wedge \theta_1 = G \wedge \theta_2 = G\}}{\Pr\{\theta_1 = G \wedge \theta_2 = G\}}$$
$$= \frac{qp^2}{qp^2 + (1-q)(1-p)^2} > \frac{qp^2}{qp^2 + (1-q)p^2} = q > \frac{1}{2}$$

其中符号 "$\wedge$" 表示 "并且"；若 $\theta_1 = \text{B}$，

$$\Pr\{G|\theta_1 = \text{B} \wedge \theta_2 = G\} = \frac{\Pr\{G \wedge \theta_1 = \text{B} \wedge \theta_2 = G\}}{\Pr\{\theta_1 = \text{B} \wedge \theta_2 = G\}}$$
$$= \frac{q(1-p)p}{p(1-p)} = q > \frac{1}{2}$$

这表明，在对方以 AD 行事的情况下，局中人的最优应对战略是 AA。这表明 (AD, AD) 不是 PBE。

(2) 接下来考虑 (AA, AA)。仍从 1 的角度分析：由于对方所有情况下都会选 A，我们计算 1 在收到不同信息时的信念更新：若 $\theta_1 = \theta_G$,

$$\Pr\{G|\theta_1 = G\} = \frac{\Pr\{G \wedge \theta_1 = G\}}{\Pr\{\theta_1 = G\}}$$
$$= \frac{qp}{qp + (1-q)(1-p)} > \frac{qp}{qp + (1-q)p} = q > \frac{1}{2}$$

$$\Pr\{G|\theta_1 = B\} = \frac{\Pr\{G \wedge \theta_1 = B\}}{\Pr\{\theta_1 = B\}}$$
$$= \frac{q(1-p)}{q(1-p) + (1-q)p} > \frac{qp}{qp + qp} = \frac{1}{2}$$

这表明委员 1 的最优应对战略确为 AA，这就证明了 (AA, AA) 的确是一个 PBE。

13-8 解 单纯战略纳什均衡有两个：(上, 中) 和 (下, 右)。因为该博弈的唯一子博弈就是它本身，所以上述两个纳什均衡必然就是子博弈完美的。(上, 中) 含有不可信威胁，完美贝叶斯均衡只有 (下, 右; $p = 0$)。

13-9 解 1 若为弱，存在占优战略"右"；在此前提下，强 1 可以通过"左"发出明确信号亮明身份——但若 2 看到对方选择"左"并知道 1 为强，最优应对是"上"，这使得强 1 获得 1；如果强 1 也选右，2 分不清对方是强还是弱，选"上"和"下"分别获期望支付 1 和 0.5，这意味着 2 会选"上"，而这致使强 1 获 2，高于他选"左"得到的 1。因此，完美贝叶斯均衡是一个汇合均衡

1(强)："右"，1(弱)："右"；2："上"；$\mu_2\{右|强\} = 0.5$

13-10 解 (1) 博弈树如图练习 13-10 所示。

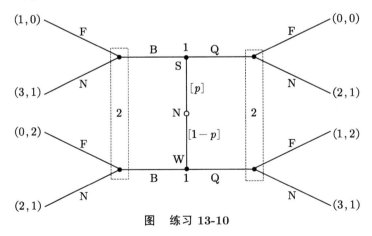

图 练习 13-10

(2) 在可分均衡情况下，局中人 1 可能的均衡战略是 BQ 或 QB(前一个战略表示 S 类选择，后一个为 W 类选择)，而局中人 2 的最优应对分别是 NF 或 FN(前一个为看到对方 B 的应对，后一个为观察到 Q 的应对)。以 (BQ, NF) 组合为例：在局中人 2 的现有应对下，注意到 W 类局中人 1 转而选择 B 可多获得 1，因此他有单方改变战略的动机。(QB, FN) 组合的情况也类似，W 类局中人 1 有单方改变战略动机。因此，我们就排除了可分均衡的可能性。

(3) 现在考虑汇合均衡。无论是哪一种汇合均衡，显然 2 对 1 的均衡选择的对应必须是 N (否则两类局中人 1 都有动机改变战略)。若两类局中人 1 都选 B, 这不会向对方透露任何进一步的身份信息，我们计算 2 在两种选择下的期望支付：

$$F: 2(1-p) \quad N: 1$$

因此，局中人 2 选择 N 的条件是 $p \geqslant 1/2$。易验证在局中人 2 的 NF 对应下两类局中人 1 都没有改变战略动机。

再考虑另一种可能的组合 (QQ, FN)，容易看出局中人在两种选择下的期望支付与对方 BB 选择后的完全一样，因此 2 在此信息集中选择 N 的条件仍然是 $p \geqslant 1/2$。最后我们验证 QQ 是否是 FN 的最优应对：若 1 为 S 类，他选 Q 获 2, 选 B 获 1；若 1 为 W 类，选 Q 获 3, 选 B 获 0。

这样，我们已证明，在 $p \geqslant 1/2$ 条件下，存在两个完美贝叶斯均衡：

$$(BB, NF, \mu\{S|B\} = p) \; ; \; (QQ, FN, \mu\{S|Q\} = p)$$

13-11 解 容易验证存在两个纳什均衡：(B, b, R) 和 (A, b, L)。

(A, b, L) 不可能构成完美贝叶斯均衡。如果我们将 3 的两个节点按其前续战略分别记为 "3A" 和 "3a", 能支持 (A, b, L) 的信念只能是 $\mu(3A) = 1$; 在该信念下，局中人 3 选择 L 没有问题，但局中人 2 的选择违反了序贯理性条件，因为他若有机会选择，在 3 选 L 的前提下 2 不可能选 b。

接下来考虑组合 (B, b, R)，在该组合下 3 的信息集处于非均衡路径上，而且，3 在该信息集内的信念并不受贝叶斯法则的约束。尽管这样，并不是任意的信念都能配合 (B, b, R) 成为均衡，因为该信念必须使得 3 选择 R, 这要求

$$0 \times \mu(3A) + 1 \times [1 - \mu(3A)] > 2 \times \mu(3A) + 0 \times [1 - \mu(3A)]$$

或简化为 $\mu(3A) < 1/3$。因此，完美贝叶斯均衡为 $[B, b, R; \mu(3A) < 1/3]$。

§第 14 章　独占市场§

14-1 解 一阶必要条件是: $10 - 2y = 0.5$, 由此解出最优产出为 $y^* = 4.75$。

14-2 解 $c_1'(y_1) = 2y_1 + 2, c_2'(y_2) = 4y_2$

由于 $c_1'(0) = 2$, 而在 $y_2 \leqslant 1/2$ 时工厂 2 的边际成本都不超过 2, 故当 $y \leqslant 1/2$ 情况下厂商将只使用工厂 2: $y_1 = 0, y_2 = 1/2$; 在 $y > 1/2$ 时，厂商要同时在两个工厂生产，产量分配依据边际成本相等原则

$$2y_1 + 2 = 4y_2 \Rightarrow y_1 = 2y_2 - 1$$

但 $y_1 + y_2 = y$, 故

$$y_1 = \frac{2y-1}{3}, \quad y_2 = \frac{y+1}{3}$$

根据需求函数，只要厂商的产量 $y > 0$, 厂商总有收益 $R = py \equiv 100$, 这是与产量无关的一个常数。厂商要实现利润最大化，只需成本最小即可 (产量可以为任何大于零的值)。自然，

厂商的产量越小其成本也越小，但产量又不能为零，所以厂商只要选取一个非常小但又不为零的产量 $\varepsilon > 0$，按一开始的分析，让工厂 2 生产这个产量，闲置工厂 1。

14-3 解 厂商的利润最大化问题为

$$\max(y \cdot 10y^{-a} - y^2)$$

一阶条件是

$$10(1-a)y^{-a} - 2y = 0 \Rightarrow y^* = [5(1-a)]^{\frac{1}{1+a}}$$

由此，立即得到厂商有正产量的必要条件是 $a < 1$。此外，上述 y^* 是使得厂商利润最大的产量，但若这一产量不能使得厂商获得正利润，它就不会投入生产。所以，还需要下式成立

$$\pi(y^*) = 10[5(1-a)]^{\frac{1-a}{1+a}} - [5(1-a)]^{\frac{2}{1+a}} > 0 \Rightarrow \dots$$

14-4 解 (1) 在任何条件下，独占厂商的定价都遵从正文第 14 章中的一阶条件 (14.2)。如果在一开始的市场需求 $p(y)$ 下均衡产量为 y^*，则

$$p(y^*) + y^* p'(y^*) = c'(y^*)$$

在其他条件不变的前提下，若需求增加，同样的供给下厂商可以索取更高的价格，即是说对任何 y，都有 $q(y) > p(y)$，这里 $q(y)$ 是新的 (反) 需求函数。在这种情况下，$c'(y)$ 也应当增加以维持上述等式成立。由于标准的成本函数是凸的，$c''(y) > 0$，这意味着 $c'(y)$ 是 y 的单增函数。所以，厂商的产量 y 会增加。但产品价格是升是降无法确定。

(2) 如果政府开征从价销售税，从价税率是 $t \in (0, 1)$，消费者支付价格 p 时，厂商获得的价格只是 $(1-t)p$，所以一阶条件变为

$$(1-t)[p(y) + yp'(y)] = c'(y)$$

与无税收时的一阶条件比较，等式左端较低，从而右端 $c'(y)$ 也应当较小，从而此时的均衡产量 y 会较低。由于 y 较低，市场价格将会上升 (因为需求曲线向下倾斜，$p'(y) < 0$)。

(3) 最后，如果对超额利润以一定的比例征收一种所得税，由于对超额利润征收所得税不会改变厂商的边际成本，故一阶必要条件等式 (14.2) 在这种税收下不会受到影响。结论是，所得税不会抬高 (自然也不会降低) 市场价格。

14-5 解 (1) 在拟线性效用函数下，消费需求为

$$p = \frac{\partial u(x, b)}{\partial x} = \frac{2b}{\sqrt{x}}$$

(2) 独占厂商的利润最大化问题是

$$\max_{x,b} \left[\frac{2b}{\sqrt{x}} \cdot x - \frac{1}{2}(x^2 + b^2) \right]$$

一阶条件为

$$\frac{b}{\sqrt{x}} - x = 0, \quad 2\sqrt{x} - b = 0$$

联立方程解得: $x^* = 2$, $b^* = 2\sqrt{2}$。

(3) 考虑 Mashall 剩余

$$M(x,b) = 4b\sqrt{x} - \frac{1}{2}(x^2 + b^2)$$

$$\left.\frac{\partial M(x,b)}{\partial b}\right|_{(x^*,b^*)} = 4\sqrt{x^*} - b^* = 4\sqrt{2} - 2\sqrt{2} > 0$$

这意味着厂商生产的产品质量低于社会最优水平。

14-6 解 首先将两个市场的需求函数改写为 $p_i = p_i(y_i)$ 形式,利润最大化一阶条件分别是

$$50 - 2y_1 = 2, \quad 30 - y_2 = 2$$

所以: $y_1 = 24$, $y_2 = 28$; $p_1 = 26$, $p_2 = 16$。

14-7 解 假定第 i 类 $(i=1,2)$ 消费者的效用函数为 $U_i(x_i, q_i) = u_i(x_i) + q_i$, 满足

$$u_1(x) < u_2(x),\ u_1'(x) < u_2'(x) \quad \forall x > 0$$

根据 (14.35) 和 (14.36),

$$P_1 = u_1(x_1)\,,\ P_2 = u_2(x_2) - u_2(x_1) + P_1$$

从而

$$T_1^* = u_1(x_1^*) - cx_1^*$$
$$T_2 = u_2(x_2^*) - [u_2(x_1^*) - u_1(x_1^*)] - cx_2^*$$

其中 (x_1^*, x_2^*) 满足 (14.38) 和 (14.39)。

14-8 解 如果厂商在两个市场统一定价, 利润最大化问题是

$$\max_p \sum (p-c)(a_i - b_i p)$$

一阶条件是: $\sum(a_i - b_i p) - \sum b_i(p-c) = 0$, 从而均衡价格为

$$p^m = \frac{(a_1 + a_2) + (b_1 + b_2)c}{2(b_1 + b_2)}$$

而需求是

$$x_i^m = a_i - b_i \frac{(a_1 + a_2) + (b_1 + b_2)c}{2(b_1 + b_2)}$$
$$= a_i - \frac{(a_1+a_2)b_i}{2(b_1+b_2)} - \frac{b_i c}{2}$$

市场总需求为

$$X^m = \sum x_i^m = \frac{(a_1+a_2) - (b_1+b_2)c}{2}$$

在歧视定价可行的情况, 厂商利润最大化问题是

$$\max_{p_1, p_2} \sum (p_i - c)(a_i - b_i p_i)$$

由一阶条件立即解得均衡价格和需求量

$$p_i^d = \frac{a_i + b_i c}{2b_i}, \quad x_i^d = \frac{a_i - b_i c}{2} \quad i = 1, 2$$

所以, 市场总需求为

$$X^d = \sum_{i=1}^{2} x_i^d = \sum_{i=1}^{2} \frac{a_i - b_i c}{2} = X^m$$

与统一定价的情况相比, 歧视定价并未增加市场总需求。依据 (14.46), 在这两个市场上歧视定价不可能提高社会福利。

14-9 证明 (1) 不难推知均衡的垄断价格是, 由一阶必要条件得: $p = (A + c)/2$, 从而 $dp/dc = 1/2 < 1$。

(2) 均衡垄断价格为: $p = c\alpha/(\alpha - 1)$, 故 $dp/dc = \alpha/(\alpha - 1) > 1$。

(3) 当价格的变动不影响需求, 即需求的价格弹性为零的情况下, 价格变动恰好等于成本变动幅度。

14-10 解 (1) 如果运用办法 1, 厂商必须承担乘坐券成本 d, 因此边际成本为 $c + d$, 这显然就是每次乘坐的最优票价, 而最优入场费为 A。

如果运用办法 2, 对于任意供给水平 x, 对厂商最有利的入场费水平是 $P = u(x)$; 由于现在厂商的边际成本是 c, 最优供给水平 x^* 满足

$$u'(x_2^*) = p(x_2^*) = c$$

所以, 入场费应定为 $A + B + C + D + E$。

(2) 如果厂商能有效地监控游客玩木马的次数, 而且为此不导致额外的成本, 那么办法 2 能带来更多利润。具体地, 与办法 1 比较, 额外的利润包括: 避免乘坐券成本 d 带来的直接效应 B, 以及额外需求带来的间接效应 C。

(3) 如果不加控制, 游客在购买入场券入场后, 木马便成了一定程度上的公共物品, 这会导致游客玩木马的次数达到 $\bar{x} > x_2^*$ ——真是那样的话, 厂商将为游客多玩的次数埋单, 额外承担 $F + G$ 的成本。所以办法 2 最大的问题是如何控制游客玩木马的次数。由工作人员记录每个游客上木马的次数是可能的, 但这通常也会导致较高的成本。当然在某些情况下, 也许利用游客自身的竞争可以在一定程度上解决问题: 如果游客较多, 需要排队玩木马, 那么每个人每次入场能玩的次数也就有限了。

§第 15 章 静态寡占模型§

15-1 解 古诺均衡的条件是 $p(X) + x_i p'(X) - c = 0$, 从而

$$p(X) = c - x_i p'(X) > c$$

这意味着均衡价格高于厂商边际成本,进一步扩大行业产量会提高社会福利。

15-2 证明 只需证明不存在混合战略均衡。若不然,设存在这样一个均衡: 厂商 1 以概率 $q_k^1 > 0$ 定价 p_k^1, 满足

$$p_1^1 < p_2^1 < \ldots < p_m^1; \quad q_k^1 > 0, \quad \sum_{k=1}^m q_k^1 = 1$$

厂商 2 以概率 $q_j^2 > 0$ 定价 p_j^2, 满足

$$p_1^2 < p_2^2 < \ldots < p_n^2; \quad q_j^1 > 0, \quad \sum_{j=1}^n q_j^1 = 1$$

而且, 由于低于边际成本 c 的定价只会使厂商亏损, 因此上述所有价格都不小于 c。下面分几种情况讨论。

若 $p_m^1 = p_n^2 > c$, 在对方按均衡战略行事的前提下, 任一厂商都可以稍稍降低自己的最高定价水平 (p_m^1 或 p_n^2) 以增加利润, 这与纳什均衡定义矛盾。

若 $p_m^1 > p_n^2 > c$, 对于厂商 1 来说, 选择 p_m^1 这个单纯战略所得利润为零, 如果 $\{p_k^1\}$ 确实是一个均衡战略, 那么对所有的 $p_k^1 (k = 1, \ldots, m)$, 厂商 1 的期望利润也为零, 但这是不可能的 (除非厂商 2 的所有价格水平都在厂商 1 的最低价格水平之上, 但此时厂商 1 显然有单方改变战略的动机)。

同理, $c < p_m^1 < p_n^2$ 情况也会导致矛盾。

15-3 解 (1) $(x_1^C, x_2^C) = \left(\dfrac{a + c_2 - 2c_1}{3b}, \dfrac{a + c_1 - 2c_2}{3b} \right)$

(2) $p_1^B = p_2^B = c_1;\ x_1^B = 0,\ x_2^B = \dfrac{a - c_1}{b}$

(3) 由于两厂商的边际成本为常数, 且 $c_1 > c_2$, 厂商 1 不可能低于 c_1 定价, Stackelberg 均衡与上一小问双方同时行动的 Bertrand 均衡完全相同。

(4) 给定 x_1, 厂商 2 的目标是最大化其利润

$$\pi_2(x_1, x_2) = [a - b(x_1 + x_2)]x_2 - c_2 x_2$$

一阶条件是: $\dfrac{\partial \pi_2}{\partial x_2} = a - 2bx_2 - bx_1 - c_2 = 0$

得反应函数: $x_2 = R(x_1) = \dfrac{a - c_2 - bx_1}{2b}$

厂商 1 预见厂商 2 的最适反应, 其利润最大化问题为

$$\max_{x_1} \pi_1[x_1, R(x_1)]$$

一阶必要条件为

$$-bx_1 + \dfrac{a}{2} + \dfrac{c_2}{2} - c_1 = 0$$

均衡为

$$x_1^S = \dfrac{a - 2c_1 + c_2}{2b},\ x_2^S = \dfrac{a + 2c_1 - 3c_2}{4b}$$

15-4 解 在此税收制度下厂商的利润最大化问题为

$$\max_{x_i}[p(X)x_i - c_i x_i - t_i x_i]$$

一阶必要条件为

$$\frac{\partial \pi}{\partial x_i} = p(X) + x_i p'(X) - (c_i + t_i) = 0 \quad i = 1, \ldots, n$$

将上述 n 个等式相加, 得

$$np(X) + p'(X)X - \sum_i c_i - T = 0$$

显然由上式解出的 X 只依赖于 T。

15-5 证明 (1) 将 (15.15) 移项后变为

$$\begin{cases} \beta_1 x_1 + \gamma x_2 = \alpha_1 - p_1 \\ \gamma x_1 + \beta_2 x_2 = \alpha_2 - p_2 \end{cases}$$

利用克莱姆法则求解 x_i

$$x_1 = \frac{\begin{vmatrix} \alpha_1 - p_1 & \gamma \\ \alpha_2 - p_2 & \beta_2 \end{vmatrix}}{\begin{vmatrix} \beta_1 & \gamma \\ \gamma & \beta_2 \end{vmatrix}} = \frac{\alpha_1 \beta_2 - \gamma \alpha_2}{\beta_1 \beta_2 - \gamma^2} - \frac{\beta_2}{\beta_1 \beta_2 - \gamma^2} p_1 + \frac{\gamma}{\beta_1 \beta_2 - \gamma^2} p_2$$

所以 $a_1 = \dfrac{\alpha_1 \beta_2 - \gamma \alpha_2}{\beta_1 \beta_2 - \gamma^2}; b_1 = \dfrac{\beta_2}{\beta_1 \beta_2 - \gamma^2}; \phi = \dfrac{\gamma}{\beta_1 \beta_2 - \gamma^2}$。同理可求得 a_2 和 b_2 的表达式, 满足题中所述关系。

(2) 不妨假定两厂商的边际成本为常数 c_i。根据 (15.18), 古诺均衡产量为

$$x_i^C = \frac{A_i - A_j B_i}{1 - B_i B_j} = \frac{2\beta_j(\alpha_i - c_i) - (\alpha_j - c_j)\gamma}{4\beta_i \beta_j - \gamma^2}$$

而贝特朗均衡价格为 (15.23)

$$p_i^B = \frac{F_i + F_j G_i}{1 - G_i G_j} = \frac{2b_j(a_i + b_i c_i) + (a_j + b_j c_j)\phi}{4b_i b_j - \phi^2}$$

均衡产出为

$$\begin{aligned} x_i^B &= a_i - b_i p_i + \phi p_j = \frac{2b_i b_j(a_i - b_i c_i)}{4b_i b_j - \phi^2} + \frac{b_i \phi(a_j + b_j c_j) + b_i c_i \phi^2}{4b_i b_j - \phi^2} \\ &= \frac{2\beta_i \beta_j(\alpha_i - c_i) - \beta_i \gamma(\alpha_j - c_j) - \gamma^2(\alpha_i - c_i)}{4\beta_1 \beta_2 - \gamma^2} \frac{\beta_j}{\beta_1 \beta_2 - \gamma^2} \\ &= \left[\beta_i \frac{2\beta_j(\alpha_i - c_i) - \gamma(\alpha_j - c_j)}{4\beta_1 \beta_2 - \gamma^2} - \frac{\gamma^2(\alpha_i - c_i)}{4\beta_i \beta_j - \gamma^2} \right] \frac{\beta_j}{\beta_1 \beta_2 - \gamma^2} \end{aligned}$$

所以存在关系
$$x_i^B = \left[\beta_i x_i^C - \frac{\gamma^2(\alpha_i - c_i)}{4\beta_1\beta_2 - \gamma^2}\right]\frac{\beta_j}{\beta_1\beta_2 - \gamma^2}$$

或
$$x_i^B - x_i^C = \frac{\gamma^2}{\beta_1\beta_2}\left[x_i^B - \frac{\beta_j(\alpha_i - c_i)}{4\beta_1\beta_2 - \gamma^2}\right] > 0$$

(3) 考虑 Bertrand 均衡价格与成本的差
$$p_i^B - c_i = \frac{2b_j(a_i + b_i c_i) + (a_j + b_j c_j)\phi - 4b_i b_j c_i + \phi^2 c_i}{4b_i b_j - \phi^2}$$
$$= \frac{2b_j(a_i - b_i c_i + c_j\phi) + \phi(a_j - b_j c_j + \phi c_i)}{4b_i b_j - \phi^2}$$
$$= \frac{2b_j x_i^0 + \phi x_j^0}{4b_i b_j - \phi^2}$$

其中 $x_i^0 = a_i - b_i c_i + c_j \phi$ 是两厂商分别以自己的边际成本定价时厂商 i 的需求, 它显然是正值; 另一方面, 由条件 $\beta_1\beta_2 > \gamma^2$ 易推知 $b_1 b_2 > \phi^2$, 因此上式分母也为正。这就证明 $p_i^B - c_i > 0$, 厂商的均衡利润为正。但是, 由于前面已证明 $x_i^B > x_i^C$, 所以必然有 $0 < p_i^B < p_i^C$, Bertrand 均衡中厂商的利润低于 Cournot 均衡时的利润水平。

15-6 解 (1) 假设厂商 i 定价 p_i。为推导两厂商的需求函数, 先确定在价格 (p_1, p_2) 下的临界消费者位置, 即确定无所谓去哪一个厂商购买冰箱的消费者位置。对于消费者 $z \in [0, 1]$, 他向两厂商购买冰箱所得的效用分别为 $v - p_1 - zt$ 和 $v - p_2 - z(1-t)$, 如果二者相等, 他就对两厂商有同样偏好
$$v - p_1 - z_0 t = v - p_2 - (1 - z_0)t$$
所以 $z_0 = \dfrac{p_2 - p_1 + t}{2t}$

从而, 两厂商的需求函数分别为
$$x_1 = z_0 N = \frac{p_2 - p_1 + t}{2t}N, \quad x_2 = (1 - z_0)N = \frac{p_1 - p_2 + t}{2t}N$$

厂商的利润最大化问题是
$$\max_{p_i}(p_i - c)\frac{(p_j - p_i + t)N}{2t}$$

一阶必要条件化简后为
$$p_i = \frac{1}{2}(p_j + c + t) \quad i = 1, 2$$

(2) 由前面得到的两个反应方程联立解得纳什均衡
$$(p_1^*, p_2^*) = (t + c, t + c)$$

(3) 在上述均衡定价下, 临界消费者所在的位置为 $z_0 = 0.5$。均衡中每个消费者都购买冰箱的条件是
$$v - (t + c) - \frac{1}{2}t > 0, \text{ 即 } v > c + \frac{3}{2}t$$

15-7 解 根据文中的讨论, 如果存在纳什均衡, 必然是双方以 $p_0 = 1 - (\bar{x}_1 + \bar{x}_2)$ 定价。在厂商 1 定价 p_0 的前提下, 厂商 2 定价 $p_2 > p_0$ 时面临的剩余需求是 (有效配属原则)

$$x_2(p_2) = 1 - p_2 - \bar{x}_1$$

利润为 $\pi_2(p_2) = p_2(1 - p_2 - \bar{x}_1)$, 对价格微分并在 $p_2 = p_0$ 处取值

$$\pi_2'(p_0) = -2\left[1 - (\bar{x}_1 + \bar{x}_2)\right] + (1 - \bar{x}_1) = -1 + \bar{x}_1 + 2\bar{x}_2$$

当 $\bar{x}_1, \bar{x}_2 \in (1/3, 1)$ 时, 上式为正, 提高价格会给厂商带来正利润, 从而 (p_0, p_0) 不是纳什均衡, 因此不存在单纯均衡。$\bar{x}_1, \bar{x}_2 \in (0, 1/3]$ 时, 上式为负或零, 厂商没有提高价格的动机。另一方面, 因为产能限制的关系, 厂商也不可能低于价格 p_0 定价。

厂商 1 单方更改价格的情况与上述分析类似。

§第 16 章 多阶段寡占竞争§

16-1 解 不妨以扳机战略均衡为例进行说明。价格竞争情况下, 背离串谋解以后, 两个厂商所得的利润为 0; 而在产量竞争的情况下, 背离均衡后还能得到古诺均衡下的正利润。因此在价格竞争情况下, 厂商背离串谋解所受到的惩罚更为严厉, 而惩罚越严厉, 串谋解越稳定。

16-2 解 串谋情况下, 行业利润为 $(100 - X)X - X$, 行业利润最大化的一阶必要条件是: $99 - 2X = 0$, 解得 $X = 49.5$。行业利润是: $\pi^* = 2\,450.25$; 由于两厂商是对称的, 假定它们平分市场, $x_1^* = x_2^* = 24.75$, 获得利润 $\pi_1^* = \pi_2^* = 1\,225.125$。

(1) 古诺均衡: 厂商 i 的一阶必要条件为 $99 - 2x_i - x_j = 0$, 联立解得

$$x_1^C = x_2^C = 33 \,,\, \pi_1^C = \pi_2^C = 1\,089$$

给定厂商 j 生产串谋产量 x_j^*, 根据反应函数, 厂商 i 的最优产出为

$$x_i^R = \frac{99 - x_j^*}{2} = \frac{99 - 24.75}{2} = 37.125$$

利润为: $\pi_i^R = 1\,378.265625$。

根据 (16.6), 维持串谋的条件为:

$$\delta \geqslant \frac{\pi_i^R - \pi_i^*}{\pi_i^R - \pi_i^C} = 0.5294$$

(2) 惩罚期要保证两厂商的利润为零: $\pi_i^P = 0$, 需 $X(100 - X) - X = 0$, 这要求行业产量为 0 或 99, 假定串谋协议要求惩罚期每个厂商生产同样的产量: $x_i^P = 49.5$(但也可能会有其他的约定, 如规定惩罚者生产 99, 违规者生产 0)。在这一假设下, 如果有厂商不愿在惩罚期兑现惩罚, 它的最优产出由下列问题求解

$$\max_{x_i}[(100 - x_i - x_j^P)x_i - x_i]$$

由一阶条件解得

$$x_i = \frac{99 - x_j^P}{2} = 24.75$$

相应的利润为 $\pi_i^{RP} = 612.5625$。

维持胡萝卜加大棒战略均衡的条件为 (16.7) 和 (16.8)

$$\delta \geqslant \frac{\pi_i^R - \pi_i^*}{\pi_i^* - \pi_i^P} = 0.125, \quad \delta \geqslant \frac{\pi_i^{RP} - \pi_i^P}{\pi_i^* - \pi_i^P} = 0.5$$

自然, 应当选取较大者: $\delta \geqslant 0.5$。

(3) 厂商要背离串谋, 只需要把价格定为稍低于串谋定价, 就能占有整个市场, 并获得 (几乎所有) 行业利润, 故 $\pi_i^r = 2\,450.25$; 根据扳机战略定义, 背离行为之后面临的是永远的 Bertrand 均衡, 利润为 $\pi_i^B = 0$。与 (16.6) 相似, 此时维持串谋均衡的条件为

$$\delta \geqslant \frac{\pi_i^r - \pi_i^*}{\pi_i^r - \pi_i^B} = 0.5$$

16-3 解 在两种市场需求下, 容易计算出串谋定价分别为 $p = 5.5$ 和 $p = 3$; 如果均分利润, 两厂商的利润分别为 10.125 和 2。如果有厂商计划背离串谋价格, 它必然会选择在高需求出现时这样做, 因为这会使他获得较高的超额利润, 而未来的期望惩罚成本却是一样的。容易看出, 选择在高需求出现时单方违规所获的单期利润为 $\pi_i^R = 20.25$。所以, 维持串谋的条件为

$$20.25 \leqslant 10.125 + \sum_{t=1}^{\infty} \delta^t (0.5 \times 10.125 + 0.5 \times 2)$$

即: $\delta \geqslant 0.626$

16-4 解 (1) 单期纳什均衡为 (中, 中), 均衡支付为 (6,6), 所以, 扳机战略均衡为子博弈完美均衡的条件为

$$10 \sum_{t=0}^{\infty} \delta^t \geqslant 15 + 6 \sum_{t=1}^{\infty} \delta^t$$

即: $\delta \geqslant 5/9$

(2) 无论 δ 取何值, 题中所述的战略组合都无法构成子博弈完美均衡。为说明这一点, 先考察它成为纳什均衡的条件。由于双方是对称的, 只需从其中任何一个局中人的角度分析即可, 这里选择厂商 1。

在对方按照该战略行事的前提下, 厂商 1 遵从该战略行事, 所得支付为 $10 \sum_{t=0}^{\infty} \delta^t$; 如果他背离, 在第一期改选 "中", 对方将在下一期以 "高" 惩罚, 而厂商 1 对此有两个可选的应对, 分别对应下面两种可能路径:

① 第一期 (中, 低), 第二期 (高, 高), 第三期 (中, 低), 第四期 (高, 高), ⋯⋯ 纳什均衡要求

$$15 + (-8)\delta \leqslant 10(1 + \delta), \quad 即 \quad \delta \geqslant \frac{5}{18}$$

② 第一期 (中, 低), 从第二期开始一直为 (低, 高)。纳什均衡要求

$$15 - \sum_{t=1}^{\infty} \delta^t \leqslant 10 \sum_{t=0}^{\infty} \delta^t, \quad 即 \quad \delta \geqslant \frac{5}{16}$$

综上, 当 $\delta \geqslant 5/16$ 时, 该战略构成纳什均衡。

但是, 这不是一个子博弈完美均衡。原因在于, 在上述情形 ②, 即当厂商 1 一开始背离均衡战略, 并在第二期回到"低"之后, 题中所述的战略要求厂商 2 一直以"高"来惩罚对方, 但这不符合厂商 2 的利益。因为在厂商 1 选"低"的前提下, 厂商 2 的最佳应对是"中"。

16-5 解 (1) 在 (p_1, p_2) 坐标系内, 两厂商的反应曲线都是从原点出发, 沿 $45°$ 线至 $p = p^m$ 处, 之后厂商 1 的反应曲线沿水平方向向右延伸, 厂商 2 的反应曲线垂直向上延伸。

(2) 需求函数为
$$x_i(p_i) = \begin{cases} D(p_i)/2 & p_i \leqslant p^m \\ 0 & p_i > p^m \end{cases}$$

需求曲线如图练习 16-5 所示。

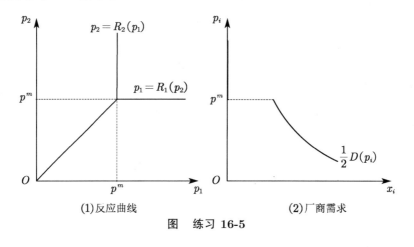

图　练习 16-5

(3) 在对方定价为 p^m 的前提下, 厂商提价会使自己的利润降为零 (对方维持原定价不变), 降价会降低利润 (对方跟着降价, 仍然是双方均分利润, 但行业利润已降低)。因此, 任何一个厂商都没有单方改变定价的动机。(p^m, p^m) 是纳什均衡。

(4) 该模型对厂商信念的假设经不住推敲: 如果有一方涨价, 另一方的理性行为是跟随涨价 (但幅度较小), 而不是维持原有的价格水平。

16-6 解 (1) 给定厂商 1 的产出 x_1 不变, 厂商 2 第二阶段进入市场后面临的问题是
$$\max_{x_2}[(A - x_1 - x_2)x_2 - c_2 x_2]$$

由一阶必要条件解得它的最适应对函数
$$x_2 = \frac{A - c_2 - x_1}{2}$$

限制产量 $x_1 = Y$ 应使厂商 2 进入后的利润恰为零
$$\pi_2(Y) = \left(A - Y - \frac{A - c_2 - Y}{2} - c_2\right)\frac{A - c_2 - Y}{2} = 0$$

即: $Y = A - c_2, p(Y) = c_2$。

(2) 如果厂商 1 满足于在第一阶段独占市场, 并放任对方第二阶段进入, 它在两阶段的利润分别为

$$t = 0: \quad x_1^m = \frac{A - c_1}{2}, \quad \pi_1^m = \frac{(A - c_1)^2}{4}$$

$$t = 1: \quad x_1^C = \frac{1}{3}(A - 2c_1 + c_2), \quad \pi_1^C = \frac{1}{9}(A - 2c_1 + c_2)^2$$

如果选择限制定价战略, 每一期的利润为

$$[p(Y) - c_1]Y = (c_2 - c_1)(A - c_2)$$

厂商 1 希望以限制定价战略阻止对方的条件是

$$(1 + \delta)(c_2 - c_1)(A - c_2) > \pi_1^m + \delta \pi_1^C$$

16-7 解 国有企业因定价限制受益, 原因在于政府的限制 "弱化" 了企业 (定价底线 p_0 越高, 企业以低价进攻对手的能力越弱); 由于价格竞争中厂商间是战略互补关系, 反应曲线向上倾斜, 所以, 采用 Fudenberg–Tirole 所说的 fat–cat 战略可以获利, 这要求制定一个较高的定价底线。在商业竞争中, 企业自己常常无法作出一个可信的行为承诺 (如这里国有企业不跟风降价), 此时政府的某些特殊规制可帮助企业完成一个可信的承诺。

具体地, 设厂商 1 与 2 的需求曲线分别为

$$x_1 = a_1 - b_1 p_1 + \phi p_2$$
$$x_2 = a_2 - b_2 p_2 + \phi p_1$$

不失一般性, 假设两厂商的边际成本为 0。则两者的利润函数分别为

$$\pi_1(p_1, p_2) = p_1(a_1 - b_1 p_1 + \phi p_2)$$
$$\pi_2(p_1, p_2) = p_2(a_2 - b_2 p_2 + \phi p_1)$$

纳什均衡的一阶条件为

$$\frac{\partial \pi_1}{\partial p_1} = a_1 - 2b_1 p_1 + \phi p_2 = 0$$
$$\frac{\partial \pi_2}{\partial p_2} = a_2 - 2b_2 p_2 + \phi p_1 = 0$$

所以, 自由竞争下的均衡为

$$(p_1^B, p_2^B) = \left(\frac{2a_1 b_2 + a_2 \phi}{4b_1 b_2 - \phi^2}, \frac{2a_2 b_1 + a_1 \phi}{4b_1 b_2 - \phi^2} \right)$$

现在考虑厂商 1 的价格被指定在某一水平 p_0, 厂商 2 定价将是 (反应函数)

$$p_2 = \frac{a_2 + \phi p_0}{2b_2}$$

厂商 1 获利润

$$\pi_1(p_0, p_2) = p_0 \left(a_1 - b_1 p_0 + \phi \frac{a_2 + \phi p_0}{2b_2} \right)$$

参照这个利润函数，政府可以求解下列一阶条件来指定最优价格底线 p_0

$$\frac{\partial \pi_1(p_0, p_2)}{\partial p_0} = a_1 - \frac{\phi a_2}{2b_2} - 2b_1 p_0 + \frac{\phi^2}{b_2} p_0 = 0$$

解得：$p_0^* = \frac{2a_1 b_2 + a_2 \phi}{4b_1 b_2 - 2\phi^2} > p_1^B$。

实践中，只要政府把价格底线指定到 p_1^B 至 p_0^* 间的区域，厂商 1 的利润都将高于自由竞争时的利润。

16-8 解 对消费者来说，加油站建立的地点离自己距离的远近会产生交通成本的不同，而这构成了产品差异程度不同。产品的差异越大，则厂商进行削价竞争的动机就越弱，因为降价所带来的额外利润会随着厂商间产品价格差异性增加而降低；这就是产品选择上的"乖狗战略"：适当扩大差异性可使竞争双方竞争强度降低，利润上升。

16-9 解 在产量竞争中，一个可信的过度生产承诺可能给企业带来战略竞争价值，因为对手在面临这一强硬的竞争政策时会降低自己的产量。遗憾的是，要作出一个可信的过度生产承诺常常是困难的，这是因为厂商反应曲线向下倾斜，所以面临行业新进入者的竞争，或者在原来行业内的竞争对手扩张产量时，厂商的理性行为是收缩生产。这里公司董事长的"疯狂"举动事实上成功地为企业创造了一个强硬竞争态势，协议中董事长失约后自动放弃一半股份的条款足以保证这一态势是可信的。

§第 17 章 拍卖§

17-1 解 根据 (17.6)，

$$b(v) = v - \frac{\int_0^v F^{n-1}(s)ds}{F^{n-1}(v)} = v - \frac{\int_0^v s^{(n-1)\alpha}ds}{v^{(n-1)\alpha}} = \frac{(n-1)\alpha}{(n-1)\alpha + 1} v$$

17-2 证明 因为

$$b(v) = v - \frac{\int_0^v F^{n-1}(s)ds}{F^{n-1}(v)} \quad b'(v) = \frac{(n-1)f(v)\int_0^v F^{n-1}(s)ds}{F^n(v)} > 0$$

所以 $b(v)$ 严格单增。

17-3 解 (1) 在英式拍卖下，每个竞标者都以自己的真实估价来叫价，所以，竞标者 i 在获胜情况下支付的期望成本，就等于另一个投标者估价 v_j ($j \neq i$) 小于 v_i 条件下的期望值，这显然等于 $v_i/2$（因为均匀分布）。

(2) 竞标者 i 获胜有两种可能情况：第一种是对方估价 $v_j < p(v_i)$，此时 i 支付 v_j；第二种是 $v_j \geqslant p(v_i)$，此时 i 支付 $\hat{P}$。因此，i 获胜条件下的期望成本为

$$\Pr\{v_j < p(v_i)|v_j < v_i\}E[v_j|v_j < v_i] + \Pr\{v_j \geqslant p(v_i)|v_j < v_i\}\hat{P}$$
$$= \frac{p(v_i)}{v_i} \cdot \frac{1}{2}p(v_i) + \left[1 - \frac{p(v_i)}{v_i}\right]\hat{P}$$
$$= \frac{1}{v_i}\left[\frac{1}{2}p^2(v_i) + [v_i - p(v_i)]\hat{P}\right]$$

(3) 在 (2) 的特殊拍卖中, 由于叫停价格满足 $p'(v) < 0$, 拍卖较高者会较早达到他的叫停价格。这表明, 拍卖者预选公布固定买价 $\hat{P}$ 的行为并没有破坏 "估价高者购得标的物" 的原则, 因此, 收益等值定理成立, 这一拍卖与单纯的英式拍卖产生的期望收益相等。

(4) 假定竞标者是风险厌恶的, 根据 17.3.2 节的解释, 这并不会改变英式拍卖中竞标者以估价叫价的战略。在 (2) 所描述的拍卖中, 由于设定了固定买价 $\hat{P}$, 竞标者将会产生以较高的固定支出 $\hat{P}$ 来回避风险的倾向。换言之, 风险厌恶竞标者的叫停价格 $p(v)$ 将比风险中立者的叫停价格水平低。极端情况下, 如果某一竞标者的 $v_i > \hat{P}$, 而且他的风险厌恶程度足够高, 他甚至会一上来就宣称愿意以 $\hat{P}$ 的价格买走标的。竞标者这种较为激进的叫价战略对拍卖者来说当然是福音, 会给拍卖者带来更高的期望收益。

17-4 解 (1) 竞标者 i 获胜时的期望成本等于其他竞标者的估价 $v_j (j \ne i)$ 都小于 v_i 条件时的期望最大值

$E[\tilde{v}_{(1:n-1)}|\tilde{v}_{(1:n-1)} < v_i]$, 借助 (17.16), 这等于 $\dfrac{n-1}{n} v_i$。

(2) 在英式拍卖下, 竞标者 i 获胜的概率为

$$\Pr\{v_j < v_i, \text{所有 } j \ne i\} = (v_i/\bar{v})^{n-1}$$

从而他的 (无条件) 期望支出为

$$\left(\frac{v_i}{\bar{v}}\right)^{n-1} \frac{n-1}{n} v_i = \frac{n-1}{n} \frac{v_i^n}{\bar{v}^{n-1}}$$

根据收益等值定理, 这同时也是通吃拍卖中竞标者的期望支出, 从而也是他的均衡叫价。

17-5 证明 (1) 首先, 对于一个估价为 0 的竞标者, 对任何价格 $P \in [0, 2/3]$, 他的均衡最优战略都是拒绝, 因为他的估价不超过 P。对于一个估价为 1 的竞标者, 他在两种战略下所得的支付分别为 (给定估价为 1 的对手选择 "接受")

拒绝: $\dfrac{1}{2} \times 0 + \dfrac{1}{2} \times \dfrac{1}{2} \times 1 = \dfrac{1}{4}$

接受: $\dfrac{1}{2} \times (1-P) + \dfrac{1}{2} \times \dfrac{1}{2} \times (1-P) = \dfrac{3}{4}(1-P) \geqslant \dfrac{1}{4}$

其中最后一个不等式是因为 $P \leqslant 2/3$。这就证明, 估价为 1 的竞标者选择 "接受" 构成一个对称均衡。

(2) 在此拍卖规则下, 一个估价为 0 的竞标者所得的均衡期望支付显然不为零 (事实上它等于 1/4), 这破坏了收益等值定理的第二个条件。

17-6 解 对于一个估价为 v 的竞标者, 次高价密封拍卖中的均衡叫价为 v; 在通吃拍卖中, 他的均衡叫价是正文中的 (17.34)

$$b^A(v) = v F^{n-1}(v) - \int_0^v F^{n-1}(s) ds$$

为考察拍卖收益, 将上式右端分子分母同乘以 $F^{n-1}(v) \equiv G(v)$

$$b^A(v) = \frac{v G(v) - \int_{\underline{v}}^v G(s) ds}{G(v)} G(v)$$

$$= \frac{\int_{\underline{v}}^v s\, dG(s)}{G(v)} G(v) = E[\tilde{v}_{(1:n-1)}|\tilde{v}_{(1:n-1)} < v] G(v)$$

即是说，每个人都以自己获胜情况下其他人最高估价的条件期望值，乘以自己获胜的概率来叫价——由于通吃拍卖规则，这同时也是每个竞标者的期望支出。显然，这与次高价拍卖中竞标者的期望支出是完全一致的。因此，两种拍卖下拍卖者所得的期望收益也必然相等。

17-7 解 (1) 记对称均衡战略为 $b_i^* = b(v_i)$, $b(\cdot)$ 为严格单增函数。考虑一个估价为 v_i 的竞标者，如果他模仿估价为 v 的人行动，所得的期望收益为

$$E[\pi_i(v_i, v)] = \int_0^v [v_i - b(z)]dF(z) + \int_v^1 -b(z)dF(z)$$

在 $v = v_i$ 处，上式取得最大值，满足一阶必要条件

$$[v_i - b(v_i)]F'(v_i) - b'(v_i)[1 - F(v_i)] + b(v_i)F'(v_i) = 0$$

从而，

$$b'(v_i)[1 - F(v_i)] = v_i F'(v_i)$$

所以，

$$b(v_i) = \int_0^{v_i} \frac{s}{1 - F(s)}dF(s)$$

(2) 根据收益等值定理，这一拍卖与最高价通吃拍卖的期望收益是相同的。

17-8 解 (1) 按通常的计算，V_B 的平均值 (期望) 为 50，加上 A 公司先进管理才能的溢价 25，A 公司的最高出价是 75。因此，A 公司如果是风险中立的，它的出价应在 [50, 75] 上。但是，这种计算及叫价存在赢家诅咒陷阱。比方说，A 公司叫价 60，如果 B 公司同意，那么 B 公司的价值一定不会超过 60，所以其事后分布应为 [0, 60] 区间上的均匀分布，平均值只是 30，加上管理溢价 15，A 仍会有 60 - 45 = 15 的亏损。这其实是一种逆向选择问题。

(2) 要避免赢家诅咒陷阱，A 公司一开始就需要考虑对方同意自己的叫价情况下的 B 公司价值。假定 A 叫价 b，如果对方同意，那么 V_B 应当是 $[0, b]$ 上的均匀分布，从而其期望值为 $b/2$，加上管理溢价之后，B 公司的价值会上升到 $1.5(b/2) = 3b/4$。只要 $b > 0$，这一价值必定小于 A 公司的叫价 b。因此，A 公司的最优收购价为 0。换句话说，A 公司最好不要考虑这一收购案。

17-9 解 原因在于，在两类拍卖中，赢得拍卖的竞标者都知道另一个竞标者的叫价；由于信息结构完全相同，竞标者在两种场合的叫价战略是一样的，这导致两类拍卖同样的期望收益。

17-10 证明 如果这两个竞标者间的估价是联动的，假设 (s_1, s_2) 和 (s_1', s_2') 是两组可能的估值，满足 $s_1 > s_1'$, $s_2 > s_2'$。因为 $f(s_1, s_2) = f(s_2|s_1)g(s_1)$ ($g(s_1)$ 为 s_1 的无条件密度函数)，利用条件 (17.45) 便得到

$$\frac{f(s_2'|s_1)}{f(s_2|s_1)} < \frac{f(s_2'|s_1')}{f(s_2|s_1')}$$

不等式两端对 s_2' 在区间 $[\underline{s}, s_2]$ 上积分，就得

$$\frac{F(s_2|s_1)}{f(s_2|s_1)} < \frac{F(s_2|s_1')}{f(s_2|s_1')}$$

这意味着 $f(s_2|s_1)/F(s_2|s_1)$ 是 s_1 的单增函数，这就说明
$$\frac{\partial^2 \ln F(s_2|s_1)}{\partial s_1 \partial s_2} = \frac{\partial}{\partial s_1}\left[\frac{f(s_2|s_1)}{F(s_2|s_1)}\right] > 0$$

17-11 解 (1) 采用"间接分析方法"。假定企业 i (估价 v_i) 的经理模仿估价为 v 的企业叫价，他所得的期望收益为
$$E[\pi_i(v_i,v)] = v^{n-1}\left\{v_i - b(v) - k\left[b(v) - E\left(\bar{b}_{-i}|\bar{b}_{-i} < v\right)\right]\right\}$$

在 $v = v_i$ 处，上式取得最大值，满足以下一阶必要条件
$$\begin{aligned}0 &= \frac{\partial E[\pi_i(v_i,v)]}{\partial v}\bigg|_{v=v_i} \\ &= (n-1)v_i^{n-2}\left\{v_i - b(v_i) - k\left[b(v_i) - E\left(\bar{b}_{-i}|\bar{b}_{-i} < v_i\right)\right]\right\} + \\ &\quad + v_i^{n-1}\left\{-b'(v_i) - k\left[b'(v_i) - \frac{\partial}{\partial v} E\left(\bar{b}_{-i}|\bar{b}_{-i} < v\right)\big|_{v=v_i}\right]\right\}\end{aligned}$$

由于 v 为 $[0,1]$ 上的均匀分布，$E[\tilde{v}_{(2)}] = (n-1)/(n+1)$（参看正文中的 (17.16)）；假定 $b(v) = \beta v$，则
$$E\left(\bar{b}_{-i}|\bar{b}_{-i} < v_i\right) = \frac{n-1}{n+1}\beta v_i$$

代入一阶条件，整理后得
$$\beta = \frac{n-1}{n+k}$$

从而
$$b(v) = \frac{n-1}{n+k}v$$

(2) 均衡中，竞标者所得的期望收益为
$$E[\pi_i(v_i,v_i)] = v_i^{n-1}\left[v_i - \beta v_i - k(\beta v_i - \frac{n-1}{n}\beta v_i)\right] = \frac{v_i^n}{n}$$

这表明改变系数 k 不会影响经理的期望效用。

(3) 拍卖者所得的期望收益为：
$$E[\max\{\beta v_i\}] = \frac{n(n-1)}{(n+1)(n+k)}$$

因此 k 增加会降低拍卖者的期望收益。这里等值收益定理不成立是因为经理人员的"难堪效应"导致了福利损失。从计算结果看，竞标经理通过适当的叫价战略调整将"难堪效应"的福利损失全部转嫁到了拍卖者头上。

§第 18 章 社会选择问题§

18-1 证明 如果某偏好"$\succ$"是拟传递的，假定它不是非循环的，则至少存在一个子集 $X' \subseteq X$，$\forall x \in X'$，都存在 $x_1 \in X'$，使得 $x_1 \succ x$。再根据循环性，又存在另一个 x_2，使得 $x_2 \succ x_1$，……不断重复应用循环性质，我们可以找到无限多个 x_n，使得
$$\ldots \succ x_n \succ x_{n-1} \succ \ldots \succ x_2 \succ x_1 \succ x$$

由于 "$\succ$" 满足拟传递性, 因此上述 $\{x_n\}$ 两两不同, 这与 $X' \subseteq X$ 为有限集合矛盾。

18-2 证明 先证明该机制满足正文中的 (18.2)。假定 $x \succ y$, $y \succ z$。根据寡头加总机制, $\forall i \in K$, $x \succ_i y$, $y \succ_i z$(否则根据规则 1 将出现 $y \succeq x$ 和 $z \succeq y$, 与假定矛盾)。根据个体偏好的传递性, 可得 $\forall i \in K$, $x \succ_i z$, 再由规则 2 便知 $x \succ z$。

接下来证明正文中的 (18.3) 未必成立。考虑一个包含两个个体的集团: $K = \{1, 2\}$, 二人在备选集合 $\{x, y, z\}$ 上的偏好分别是

$$x \succ_1 y, \quad z \succ_1 y, \quad x \succ_1 z$$
$$y \succ_2 x, \quad y \succ_2 z, \quad x \succ_2 z$$

根据寡占加总规则 1, 社会偏好将是 $x \sim y$, $y \sim z$, 但由规则 2 则有 $x \succ z$, 显然与正文中的 (18.3) 冲突。

18-3 证明 (1) 是显然的, 因为正文中匿名性的定义与这里完全相同 (重排个体的 "投票" 顺序不影响结果), 只是偏好和社会泛函的表示方式不同而已。

(2) 也是明显的, 因为正文说过, 中立性要求: 如果所有个体在 $\{x, y\}$ 上的偏好都发生反转, 那么社会关于 $\{x, y\}$ 的偏好也随之反转, 而这里恰好就是这个条件的正式表述。

(3) 相对于偏好组合 α, β 是一个更为倾向于备选项 x 的偏好组合, 如果 F 满足正响应性, 则必然有 $F(\beta) > F(\alpha) \geqslant 0$; 又由于 F 只取值 0 和 ± 1, 因此 $F(\beta) > 0$ 意味着必然有 $F(\beta) = 1$。反之, $F(\alpha) \geqslant 0$ 意味着 $x \succeq y$, 如果在 α 的基础上做任何偏向于 x 的偏好改变 (即这里的 β) 都导致 $x \succ y$ (即 $F(\beta) = 1$), 这正是正响应性所要求的。

18-4 证明 假定某社会福利泛函满足中立性条件。$\forall x, y \in X$, 以及任意的两组偏好组合 ($\succeq_1, \succeq_2, \ldots, \succeq_n$) 和 ($\succeq'_1, \succeq'_2, \ldots, \succeq'_n$), 假定

$$\begin{aligned} x \succeq_i y &\Leftrightarrow x \succeq'_i y \quad \forall i \\ y \succeq_i x &\Leftrightarrow y \succeq'_i x \quad \forall i \end{aligned}$$

根据正文中的中立性条件 (18.7), 无论上述两种偏好在 $X \setminus \{x, y\}$ 上任何不同, 均有

$$\begin{aligned} x \succeq y &\Leftrightarrow x \succeq' y \\ y \succeq x &\Leftrightarrow y \succeq' x \end{aligned}$$

这就证明了 F 满足独立性。

要证明独立性条件满足的情况下中立性可能不成立, 考虑下面的例子: 一个三人社会要在 $X = \{x, y, z\}$ 中用投票方式确定社会偏好, 规则是: 在备选项的两两比较中, x 胜出需要至少两票赞成票 (绝对多数制), 但 y 和 z 胜出仅需赞成票多于否定票 (简单多数制); 允许投弃权票 (当个体认为备选项间无差异时可投弃权票)。该加总机制显然不满足中立性 (因为 x 的胜出方式与其他备选项不同), 但容易验证它满足独立性。

18-5 证明 考虑一个三人社会, 各个体在 $\{x, y\}$ 上的偏好如下

$$x \sim_i y \quad i = 1, 2, 3$$

在绝对多数制下, 社会偏好将为 $x \sim y$。

现在假定个体 2 和个体 3 的偏好不变, 而个体 1 改变了偏好, 变为 $x \succ_1 y$。由于绝对多数制只认同超过投票半数的结果, 因此社会偏好仍为 $x \sim y$, 并没有因个体 1 偏向于 x 而有所改变。

18-6 解 容易验证 $S : x < z < y < w$ 满足要求。

18-7 证明 由于三种备选项是对称的, 事实上我们只需随意选择一种线性排序, 证明在这种排序下有人的偏好不满足单峰性质即可。譬如, 选择排序: $S : x < y < z$, 在此排序下个体 1 和个体 2 是单峰偏好, 而个体 3 的偏好是非单峰的。

18-8 证明 如果 $|I|$ 为偶数, 记 $m = |I|/2$, 则中位数个体有两个: 若将所有个体的峰值备选项 $\{w_i, i \in I\}$ 按 S 的排序规则排列, 则对应于第 m 和 $m+1$ 个位置的个体为中位数个体, 我们只需证明其中之一满足题意即可, 另一个的证明过程类似。

不妨令 w_h 为第 m 个个体的峰值备选项。若 $x < w_h$, 显然自从个体 m 开始、包括所有那些峰值备选项排在 m 之后的个体都会认为 w_h 优于 x, 而这些个体的数量是 $m+1$, 超过了社会总体数量的一半, 因此有 $w_h \succ x$; 若 $x > w_h$, 个体 m 及峰值备选项排在之前的个体会在 x 和 w_h 对决中投票后者, 这些个体的数量为 m, 恰好为社会总体数量的一半——虽然这不能保证 w_h 胜出, 但至少能排除 $x \succ w_h$ 这样的结果, 因此我们有 $w_h \succeq x$。综合前面两种情况, 得知无论 x 在什么位置, 均有 $w_h \succeq x$。

18-9 解 考虑一个 4 人、5 个备选项的情形, 各个体的偏好为

$$y \succ_1 z \succ_1 x \succ_1 u \succ_1 v$$
$$z \succ_2 y \succ_2 u \succ_2 x \succ_2 v$$
$$u \succ_3 v \succ_3 z \succ_2 y \succ_3 x$$
$$v \succ_4 u \succ_4 z \succ_4 y \succ_4 x$$

易验证, 若按线性排序 $S : x < y < z < u < v$, 每个个体的偏好都是单峰的 (参看图练习 18-9)。

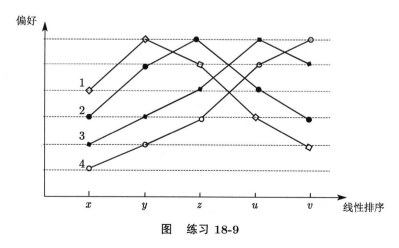

图 练习 18-9

个体 2、3 和 4 都同意 $z \succ_i y \succ_i x$, 在多数票只下得到社会偏好 $z \succ y \succ x$; 另一方面, 个体 1 和 2 同意 $x \succ v$, 但 3 和 4 同意 $v \succ x$, 投票结果二者将打平, 得 $x \sim v$; 同理我们可

得到社会偏好 $y \sim v$。按照传递性，将得到 $x \sim y$，但这与前面的 $y \succ x$ 矛盾。

18-10 证明 先针对单谷偏好证明类似于引理 3 的命题。我们可以定义一个关于单谷偏好的"中位数个体"：将所有个体的谷底备选项按 S 的排序规则排列，位于正中那个单谷备选项对应的个体称为中位数个体，不妨记为个体 h。$\forall x \in X$，如果 $x < w_h$，那么自个体 h 以后的所有个体均同意 $x \succ_i w_h$，而这些个体的数量将超过个体总数的一半，因此社会偏好将是 $x \succ w_h$；同理，可以证明，在 $x > w_h$ 的情形也有 $x \succ w_h$。

现在任取 $x, y, z \in X$，假定 $x \succ y$，$y \succ z$，我们要证明 $x \succ z$。考虑备选项子集 $X' = \{x, y, z\}$，假定社会以多数票制来确定这三个备选项的社会偏好。针对备选项子集 X'，我们刚才建立的命题保证一定存在中位数个体 h，其谷底备选项 w_h 是 X' 最差的。根据条件 $x \succ y$，$y \succ z$，中位数个体的谷底备选项 w_h 不可能是 x 或者 y，而除此之外唯一的可能就是 $w_h = z$。因此，必然有 $x \succ z$。

§第 19 章 市场失效§

19-1 证明 如果厂商 2 同时可以通过自身的努力（成本 z）降低外部性损失，社会福利最大化问题将是

$$\max_{x,z} [\pi_1(x) - e(x,z) - z]$$

一阶必要条件变为

$$\pi_1'(x) = e_x'(x,z) \tag{i}$$

$$e_z'(x,z) = -1 \tag{ii}$$

其中条件 (i) 式与正文中的条件类似，而条件 (ii) 表明社会最优配置需要厂商 2 也做出一定的努力降低外部性损失，注意这一等式的左端是边际外部性损失的边际节约量，而等式右端为厂商 2 行动的边际成本。

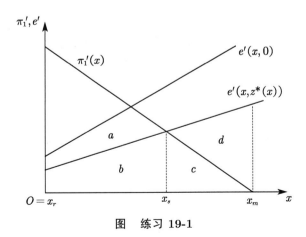

图 练习 19-1

(1) 在自由放任的经济中，首先假设厂商 1 拥有产权，从而它有权生产使其利润达到最大的产量 x_m（如图练习 19-1）。给定厂商 1 的任何一个产量水平 x，厂商 2 都会选择恰当的

$z^*(x)$, 使得外部性损失与努力成本之和最小化

$$\min_z [e(x,z) + z]$$

这一问题的一阶必要条件恰好就是等式 (ii)。这说明,厂商 2 会自动将其努力水平调整到社会最优所需的水平 $z^*(x)$。在图练习 19-1 中,与 $z^*(x)$ 对应于一条边际外部性损失曲线 $e'_x(x, z^*(x))$。厂商 2 可以与厂商 1 协商,由后者降低产量至 x_s, 这个过程中厂商 1 的利润损失由对方予以补偿。根据条件 (i) 式和 (ii) 式, x_s 是社会最优的产量水平; 双方进行科斯交易带来的利益为图中面积 d, 由两个厂商协商分享。

如果厂商 2 拥有产权, 它可以简单地要求对方不生产, 这样也不用自己花钱降低外部性损失, 所以双方进行科斯交易前的状态是 $x = 0, z = 0$。由这一起点开始, 双方可以进行科斯交易: 厂商 2 允许对方进行 $x > 0$ 的生产, 并由对方补偿所有的外部性损失; 同时, 出于最大化自身利益的动机, 厂商 2 会自发地采取行动 $z^*(x)$。从图中容易看出, 双方会将厂商 1 的产出定于 x_s, 共同瓜分科斯交易利益 a。

(2) 利用厂商 2 的边际外部性损失曲线 $e'_x(x, z^*(x))$, 模仿正文的分析。

19-2 解 (1) 在捕鱼人数为 n 时,每个渔夫的所得为 $pf(n)/n - c$, 只要该式大于零, 就会有新的渔夫加入捕鱼行业, 所以, 均衡捕鱼人数 n^* 满足

$$\frac{f(n^*)}{n^*} = \frac{c}{p} \tag{i}$$

(2) 从社会最优出发,参与捕鱼的最优人数 n_s 为下列问题的解

$$\max_n n\left[p\frac{f(n)}{n} - c\right]$$

一阶必要条件为

$$f'(n_s) = \frac{c}{p} \tag{ii}$$

为了比较 n^* 和 n_s, 将 (i) 式变形

$$\frac{c}{p} = \frac{f(n^*)}{n^*} = \frac{f(n^*) - f(0)}{n^*} = f'(\hat{n})$$

其中最后一个等式用到了微分中值定理, $\hat{n}$ 为 $[0, n^*]$ 间的实数。注意到 $f'' < 0$, 所以 $f'(n)$ 为单调递减的, 所以方程 (ii) 只有唯一解,

$$n_s = \hat{n} < n^*$$

这意味着自由放任会导致湖泊捕鱼的人数过多。其原因在于每个渔夫都只考虑自己的捕鱼成本 c, 不考虑他参与捕鱼将降低其他人能捕获的鱼量, 这其实是一种负的外部性。

(3) 如果湖泊是私产, 业主派遣捕鱼的人数当然满足条件 (ii)。

19-3 解 (1) 厂商的目标函数为 $[px - c(x, e)]$, 利润最大化一阶必要条件是

$$c_x(x,e) = p; \quad e^* = 1$$

(2) 社会福利最大化条件

$$c_x(x,e) = p; \quad c_e(x,e) = v'(e)$$

(3) 在生产税率 t 下, 厂商利润最大化条件

$$c_x(x,e) = p - t; \quad c_e(x,e) = 0$$

(4) 若对噪声水平征税的税率为 τ, 则厂商利润最大化条件变为

$$c_x(x,e) = p; \quad c_e(x,e) = -\tau$$

所以选取 $\tau^* = v'(e)$ 可以达到最优配置。

(5) 在科斯交易可行的前提下, 政府对厂商征税将使噪声低于社会最优水平。

19-4 解 对于所有的 **b**, 只要它满足 $b_i \leqslant r_i, \sum b_i = C$, 都是可能的单纯战略均衡。

19-5 解 (1) 不愿意, 因为 $C > v$。

(2) 单纯战略均衡的集合为 $\{(x,y) | x \leqslant v, y \leqslant v/2, x+y = C\}$。

(3) 丈夫会预见到: 只要妻子的出资不超过其保留价格 $v/2$, 她便会配合游泳池的修建, 所以, 子博弈完美均衡为 $x = C - v/2, y = v/2$。

19-6 解 (1) 设计机制如下: 先以任意方式向三者分摊该工程的成本, 如每人出资 33, 然后由每个人根据其保留价格和出资额申报其净收益。如果净收益之和为正, 则兴建工程, 如果净收益为负, 则不兴建工程。同时, 如果某个人的报告改变了决策结果, 即将他排除在外之后其他两人的净收益和与现在的结果相反, 我们称之为"关键人", 对该关键人收取 Clarke 税, 额度为其余两人的净收益 (净损失) 之和。此时, 每个人都会如实报告其真实收益, 以 1 为例, 由于他的申报使得工程得以实施, 那么他增加申报的净收益不会改变这一结果, 而减少申报则可能导致工程下马, 造成损失。而对于 2 或 3 而言, 虽然其净收益为负, 但如果虚报其损失, 则可能导致决策结果改变而承担 Clarke 税, 其损失更大, 因此每个人都会如实申报其保留价格。

(2) 在这种机制下, 每个人的净收益和缴税状况如下表所示

个人	出资	保留价格	净收益	Clarke 税
1	33	90	57	6
2	33	30	-3	0
3	33	30	-3	0

容易看出, 在这里只有 1 是关键人, 即他的申报改变了决策结果, 因此他应当承担 Clarke 税。

19-7 解 (1) 在拟线性效用函数假设下, 个体对公共物品的需求为 $p = u'_i(q_i)$, 根据题中二者的需求函数, 可知: $u'_1(q_1) = 50 - 2q_1, \quad u'_2(q_2) = 25 - q_2$; Lindahl 均衡条件是 $u'_1(q^*) + u'_2(q^*) = c$, 从而 $q^* = 25 - c/3$。

(2) Lindahl 均衡税率满足 $u'_i(q^*) = t_i^*$, 从而 $t_1^* = 2c/3, t_2^* = c/3$。

如果个体 2 说真话, 即 $t_2 = u'_2(q) = 25 - q$, 由 $t_1 + t_2 = c$ 得

$$t_1 = c - u'_2(q) = c - 25 + q$$

如果与对方申报同样的需求 q, 则税率 t_1 下个体 1 的边际效用为

$$\frac{\partial U_1}{\partial q} = u_1'(q) - \frac{\partial}{\partial q}(t_1 q) = (50 - 2q) - (c + 2q - 25) = 75 - 4q - c$$

在 Lindahl 均衡处取值

$$\frac{\partial U_1}{\partial q}\Big|_{q=q^*} = 75 - 4q^* - c = -q^* < 0$$

因此在个体 2 申报均衡结果时, 个体 1 的申报值将低于均衡值, 故而 Lindahl 均衡不是一个纳什均衡。

(3) G–C 机制与正文 19.3.3 节阐述的完全一致, 不再赘述。

19-8 解 (1) 效用最大化问题为

$$\max \left[x_1 + (x_2 q)^2 \right]$$
$$\text{s.t.} \quad p_1 x_1 + p_2 x_2 = m$$

由一阶必要条件可得

$$x_1 = \frac{m}{p_1} - \frac{p_2^2}{2q^2 p_1^2}, \quad x_2 = \frac{p_2}{2q^2 p_1}$$

代入效用函数可得间接效用函数 $v = m/p_1 - p_2^2/4q^2 p_1^2$。

(2) $\dfrac{\partial v/\partial q}{\partial v/\partial m} = \dfrac{p_2^2}{2p_1 q^3}$; 由于公共物品无须付账便能消费并提高间接效用, 从一定程度上讲公共物品便同货币收入具有相似的功效, 二者具有"替代性"。在这里, $\partial v/\partial q$ 代表公共物品的边际效用, $\partial v/\partial m$ 为单位货币收入能"购得"的边际效用, 这二者之比度量了公共物品与货币收入间的"替代"程度。

(3) 利用对偶性恒等式, 由间接效用函数可推知 $e = p_1 u + p_2^2/4q^2 p_1$。

(4) $-\partial e/\partial q = p_2^2/2p_1 q^3$; 其经济含义是, 额外消费一单位公共物品可节约的支出 (效用水平不变), 这从另一个角度定义了公共物品与货币收入间的替代关系。

(5) 根据上面对 (2) 和 (4) 两个变量经济含义的解释, 二者计算结果一致并不是偶然的。

19-9 证明 若政府为厂商 1 安排的价格为 p_1, 则厂商 2 的价格将为 (参看正文 15.2.2 节 (15.22) 式): $p_2 = F_2 + G_2 p_1$, 其中

$$F_2 = \frac{a_2 + b_2 c_2}{2b_2} > 0, \quad G_2 = \frac{\phi}{2b_2} > 0$$

市场均衡时的社会福利为

$$W(p_1) = \sum_{i=1}^{2} \left[\int_{p_i}^{\bar{p}_i} x_i(z_1, z_2) dz_i + (p_i - c_i) x_i(p_1, p_2) \right]$$

考虑其对 p_1 的导数 (利用 $p_2 = F_2 + G_2 p_1$)

$$W'(p_1) = (p_1 - c_1)(-b_1 + \phi G_2) + (F_2 + G_2 p_1 - c_2)(\phi - b_2 G_2)$$

在 $p_1 = c_1$ 处取值, 代入 F_2 和 G_2 的值:

$$W'(c_1) = (F_2 + G_2 c_1 - c_2)(\phi - b_2 G_2) = \frac{a_2 - b_2 c_2 + \phi c_1}{4b_2} \phi$$

在上述表达式中，$a_2 - b_2c_2 + \phi c_1$ 恰为两厂商分别以自己的边际成本定价时厂商 2 的需求，这必然是正值，除非政府干预前厂商 2 就无法获取正利润。所以，$W'(c_1) > 0$，这表明，最优干预政策要求厂商 1 的价格高于其边际成本水平。

§第 20 章 委托–代理理论§

20-1 证明 两类代理人的无差异曲线满足方程

$$u_1 = y_1 - \varphi(x, \theta_1)$$
$$u_2 = y_2 - \varphi(x, \theta_2)$$

它们的差为

$$\Delta = u_2 - u_1 = y_2 - y_1 + \varphi(x, \theta_1) - \varphi(x, \theta_2)$$

对这个函数求导得到

$$\frac{d\Delta}{dx} = \varphi_x(x, \theta_1) - \varphi_x(x, \theta_2) > 0$$

从而 Δ 是严格单调函数，所以最多和 x 轴相交一次，即最多存在一个 x，使得 $u_2 = u_1$。

另一方面，当 $x = 0$ 时，$\varphi(x, \theta_1) = a_1 = 0$，$\varphi(x, \theta_2) = a_2 = 0$。此时委托人的利润函数变为 $v = 0 - y = -y$，根据利润最大化原则，支付的工资为 $y_1 = y_2 = 0$。所以，当 $x = 0$ 时，两效用函数都为 0，无差异曲线相交。

20-2 解 (1) 考虑一个简单的两段支付函数

$$y = \begin{cases} y_1 & x \in [\alpha(a'), \ \alpha(a^*)] \\ y_2 & x \notin [\alpha(a'), \ \alpha(a^*)] \end{cases}$$

其中 y_1 和 y_2 都是常数，$y_1 < y_2$。在此支付结构下，代理人选择行动 a' 所获的期望效用为

$$E[u(a')] = F(\alpha(a^*), a')u(y_1) + [1 - F(y_1, \alpha(a^*))]u(y_2) - a'$$

而选择行动 a^* 所获的期望效用为

$$E[u(a^*)] = u(y_2) - a^*$$

要阻止代理人选择行动 a'，只需

$$F(\alpha(a^*), a')u(y_1) + [1 - F(y_1, \alpha(a^*))]u(y_2) - a' < u(y_2) - a^*$$

由于 $F[\alpha(a^*), a'] > 0$，这就是

$$u(y_1) < u(y_2) - \frac{a^* - a'}{F(\alpha(a^*), a')}$$

由于效用函数是严格单增的，只要 $y_2 - y_1 > 0$ 足够大，上式便成立。

(2) 要阻止代理人选择行动 a^*, 考虑另一个支付函数:

$$y = \begin{cases} y_1 & x \in [\beta(a'), \beta(a^*)] \\ y_2 & x \in [\beta(a'), \beta(a^*)] \end{cases}$$

其中 y_1 和 y_2 都是常数, $y_1 < y_2$。在此支付结构下, 代理人选择行动 a^* 所获的期望效用为:

$$E[u(a^*)] = F(\beta(a'), a^*)u(y_2) + [1 - F(\beta(a'), a^*)]u(y_1) - a^*$$

选择 a' 所得的期望效用是 $E[u(a')] = u(y_2) - a'$, 令

$$F(\beta(a'), a^*)u(y_2) + [1 - F(\beta(a'), a^*)]u(g_1) - a^* < u(y_2) - a'$$

即

$$F(\beta(a'), a^*) < 1 + \frac{a^* - a'}{u(y_2) - u(y_1)}$$

若 $a^* > a'$, 该不等式自然成立; 若 $a^* < a'$, 则只要 $y_2 - y_1$ 足够大, 总能保证上述不等式成立。

20-3 解 在条件 $\theta_1 < \theta_2$ 条件下, 由正文中的最优契约条件 (20.14) 和 (20.15) 得到

$$\varphi_x(x_1^a, \theta_1) = 1 + \frac{1-\gamma}{\gamma}[\varphi_x(x_1^a, \theta_2) - \varphi_x(x_1^a, \theta_1)] < 1$$
$$\varphi_x(x_2^a, \theta_2) = 1$$

当 γ 趋近于 1 时, $\varphi_x(x_1^a, \theta_1)$ 趋向于 1, 这表明 γ 越大, 委托人向低效率代理人提供的契约也就越趋近于最优契约。同时, 委托人向高效率代理人提供的契约不随 γ 的变化而改变。

20-4 解 在正文中模型 20.1 的假设条件下, 假设 θ_1, θ_2 和 θ_3 三类代理人所占的比例分别是 γ_1, γ_2 与 $1 - \gamma_1 - \gamma_2$, 则委托人的期望利润为

$$E[v] = \gamma_1(x_1 - y_1) + \gamma_2(x_2 - y_2) + (1 - \gamma_1 - \gamma_2)(x_3 - y_3)$$

不妨设各代理人的保留收益为 $\bar{u} = 0$, 他们面临的参与约束与自选择约束条件如表练习 20-4。在三个束紧的约束等式下, 委托人的期望利润最大化问题变为

$$\max_{x_1, x_2, x_3} [\gamma_1(x_1 - y_1) + \gamma_2(x_2 - y_2) + (1 - \gamma_1 - \gamma_2)(x_3 - y_3)]$$
$$\text{s.t.} \quad y_1 = \varphi(x_1, \theta_1)$$
$$y_2 = \varphi(x_1, \theta_1) + \varphi(x_2, \theta_2) - \varphi(x_1, \theta_2)$$
$$y_3 = \varphi(x_1, \theta_1) + \varphi(x_2, \theta_2) - \varphi(x_1, \theta_2) + \varphi(x_3, \theta_3) - \varphi(x_2, \theta_3)$$

一阶必要条件是

$$\varphi_x(x_1^a, \theta_1) = 1 + \frac{1-\gamma_1}{\gamma_1}[\varphi_x(x_1^a, \theta_2) - \varphi_x(x_1^a, \theta_1)]$$
$$\varphi_x(x_2^a, \theta_2) = 1 + \frac{1-\gamma_1-\gamma_2}{\gamma_2}[\varphi_x(x_2^a, \theta_3) - \varphi_x(x_2^a, \theta_2)]$$
$$\varphi_x(x_3^a, \theta_3) = 1$$

表练习 20-4

代理人	参与约束	自选择约束
1	$y_1 - \varphi(x_1, \theta_1) \geqslant 0$(束紧)	$y_1 - \varphi(x_1, \theta_1) \geqslant y_2 - \varphi(x_2, \theta_1)$
		$y_1 - \varphi(x_1, \theta_1) \geqslant y_3 - \varphi(x_3, \theta_1)$
2	$y_2 - \varphi(x_2, \theta_2) \geqslant 0$	$y_2 - \varphi(x_2, \theta_2) \geqslant y_1 - \varphi(x_1, \theta_2)$(束紧)
		$y_2 - \varphi(x_2, \theta_2) \geqslant y_3 - \varphi(x_3, \theta_2)$
3	$y_3 - \varphi(x_3, \theta_3) \geqslant 0$	$y_3 - \varphi(x_3, \theta_3) \geqslant y_1 - \varphi(x_1, \theta_3)$
		$y_3 - \varphi(x_3, \theta_3) \geqslant y_2 - \varphi(x_2, \theta_3)$(束紧)

由于 $\varphi_{x\theta} < 0$, 且 $\theta_1 < \theta_2 < \theta_3$, 故而有

$$\varphi_x(x_1^a, \theta_2) < \varphi_x(x_1^a, \theta_1), \varphi_x(x_2^a, \theta_3) < \varphi_x(x_2^a, \theta_2)$$

因此由一阶必要条件易知

$$\varphi_x(x_1^a, \theta_1) < 1 = \varphi_x(x_1^*, \theta_1)$$
$$\varphi_x(x_2^a, \theta_2) < 1 = \varphi_x(x_2^*, \theta_2)$$
$$\varphi_x(x_3^a, \theta_3) = 1 = \varphi_x(x_3^*, \theta_3)$$

由于 $\varphi_{xx} > 0$, 故有 $x_1^a < x_1^*$; $x_2^a < x_2^*$; $x_3^a = x_3^*$, 即在最优激励契约中低效率的两类代理人产量低于帕累托有效水平, 而效率最高的代理人生产帕累托有效水平的产量。

20-5 解 厂商的期望利润为

$$E(\pi) = \gamma(p_1 - c)x_1 + (1 - \gamma)(p_2 - c)x_2$$

消费者的参与约束与自选择约束条件分别为

类型	参与约束	自选择约束
1	$v(x_1) - p_1 x_1 \geqslant 0$(束紧)	$v(x_1) - p_1 x_1 \geqslant v(x_2) - p_2 x_2$
2	$2v(x_2) - p_2 x_2 \geqslant 0$	$2v(x_2) - p_2 x_2 \geqslant 2v(x_1) - p_1 x_1$(束紧)

假设厂商认为市场上两类消费者的比例分别为 γ 和 $(1-\gamma)$, 厂商的期望利润最大化问题为

$$\max_{x_1, x_2}\{\gamma[v(x_1) - cx_1] + (1-\gamma)[2v(x_2) - 2v(x_1) + v(x_1) - cx_2]\}$$

一阶必要条件为

$$v'(x_1^a) = \frac{c}{2\gamma - 1}; \quad v'(x_2^a) = \frac{c}{2}$$

由于 $0 < \gamma < 1$, 因此 $v'(x_1^a) > c = v'(x_1^*)$; 又因为 $v'' < 0$, 故 $x_1^a < x_1^*$, 即低端市场 1 上的产品供应水平小于最优水平, 而在高端市场 2 上, 厂商的供应水平与最优水平一致。

20-6 解 政府可考虑一个两可的干预补贴方案: $[p_1, T_1]$ 或 $[p_2, T_2]$, 根据市场需求条件, 这等价于 $[U'(x_i), T_i]$。政府需要确定恰当的 x_i 和 T_i。

在上述政策下, 企业的参与约束及自选择约束分别为

类型	参与约束	自选择约束
1	$p_1 x_1 - \theta_1 x_1 + T_1 \geqslant 0$	$p_1 x_1 - \theta_1 x_1 + T_1 \geqslant p_2 x_2 - \theta_1 x_2 + T_2$(束紧))
2	$p_2 x_2 - \theta_2 x_2 + T_2 \geqslant 0$(束紧)	$p_2 x_2 - \theta_2 x_2 + T_2 \geqslant p_1 x_1 - \theta_2 x_1 + T_1$

因此, 政府面临的问题是

$$\max_{x_i, T_i} \gamma[U(x_1) - \theta_1 x_1 - T_1] + (1-\gamma)[U(x_2) - \theta_2 x_2 - T_2]$$
$$\text{s.t.} \quad U'(x_1)x_1 - U'(x_2)x_2 - \theta_1 x_1 + \theta_1 x_2 + T_1 - T_2 = 0$$
$$U'(x_2)x_2 - \theta_2 x_2 + T_2 = 0$$

一阶必要条件为

$$\frac{\partial L}{\partial x_1} = \gamma[U'(x_1) - \theta_1] - \lambda_1[U'(x_1) + U''(x_1)x_1 - \theta_1] = 0$$
$$\frac{\partial L}{\partial x_2} = (1-\gamma)[U'(x_2) - \theta_2] - \lambda_1[-U'(x_2) - U''(x_2)x_2 + \theta_1]$$
$$\quad - \lambda_2[U'(x_2) + U''(x_2)x_2 - \theta_2] = 0$$
$$\frac{\partial L}{\partial T_1} = -\gamma - \lambda_1 = 0$$
$$\frac{\partial L}{\partial T_2} = -(1-\gamma) + \lambda_1 - \lambda_2 = 0$$

由后两个等式得到 $\lambda_1 = -\gamma$, $\lambda_2 = 1$。从而

$$U'(x_1^*) = \theta_1 - \frac{1}{2} U''(x_1^*) x_1^*$$
$$U'(x_2^*) = \frac{\theta_1 + \theta_2}{2} - \frac{1+\gamma}{\gamma} U''(x_2^*) x_2^*$$
$$T_1^* = [\theta_1 - U'(x_1^*)] x_1^* + (\theta_2 - \theta_1) x_2^* = (\theta_1 - p_1^*) x_1^* + (\theta_2 - \theta_1) x_2^*$$
$$T_2^* = [\theta_2 - U'(x_2^*)] x_2^* = (\theta_2 - p_2^*) x_2^*$$

上述政策的经济含义: 记信息对称情况下的帕累托最优干预产量为 (x_1^P, x_2^P), 满足条件 $U'(x_i^P) = \theta_i$。如果消费者效用函数是凹函数 (边际效用递减), $U''(\cdot) \leqslant 0$, 则 $p_1^* = U'(x_1^*) \geqslant \theta_1 \Rightarrow x_1^* \leqslant x_1^P$, 这说明高效率厂商的产量应低于帕累托最优水平; 同时, 由于 $U'(x_2^*)$ 与 θ_2 的大小比较依赖于需求条件 (偏好及高低需求的概率), 低效率厂商的产出可能会低于或高于帕累托最优水平。至于补贴政策, $(\theta_i - p_i)x_i$ 意味着依据价格低于边际成本的幅度进行补偿的基本原则, 但因为这里高效率厂商的定价水平较其成本高, 所以这一部分实际上成了税收; 不过, 高效率厂商可以得到补偿 $(\theta_2 - \theta_1)x_2$, 这是对他积极生产 (不假装低效率) 的激励。

特别地, 在线性需求情况下, $U''(\cdot) = 0$, 政府应对高效率厂商补贴 $(\theta_2 - \theta_1)x_2$, 使其在帕累托有效水平生产; 同时, 鼓励低效率厂商在高于帕累托有效的水平上生产 $[U'(x_2^*) = (\theta_1 + \theta_2)/2 < \theta_2]$, 并承诺弥补其全部亏损。

20-7 **证明** 对称信息下, 最优契约满足 (20.21) 式: $\forall x, x' \in [\alpha, \beta]$,

$$\frac{V'(x - y^*(x))}{V'(x' - y^*(x'))} = \frac{u'(y^*(x))}{u'(y^*(x'))}$$

因为委托人和代理人都是风险中立的，V' 和 u' 都是常数，所以

$$\frac{V'(x-y^*(x))}{V'(x'-y^*(x'))} = \frac{u'(y^*(x))}{u'(y^*(x'))} = 1$$

即是说不论产量如何，代理人都获得不变的工资支付，符合帕累托有效的风险配置条件。

如果委托人不能观察到代理人的行为，正文中的最优契约等式 (20.25) 右边最后一项为零，具体写出来就是

$$\frac{V'(x-y^*(x))}{u'(y^*(x))} \equiv \lambda^*$$

从而有

$$\frac{V'(x-y^*(x))}{V'(x'-y^*(x'))} = \frac{u'(y^*(x))}{u'(y^*(x'))} = 1$$

证毕。

20-8 解 (1) 如果店主可以毫不费力地监视雇员的工作，那么雇主在参与约束下最大化营业额

$$\max_a \{x\}$$
$$\text{s.t.} \quad U(y,a) = \sqrt{y} - a \geqslant 0$$

参与约束必然束紧，得到 $y = a^2$。所以，当雇员的努力程度为 $a = 3$ 时，营业额为 $x = 270$，获得工资 $y = a^2 = 9$；当雇员的努力程度为 $a = 0$ 时，营业额为 $x = 70$，获得工资 $y = a^2 = 0$。

(2) 虽然店主不能观察到雇员的努力程度，但是可以观察到营业额，而且营业额和雇员的努力程度有着完全的一一对应关系，所以对工资的支付没有影响：当营业额为 $x = 270$ 时，获得工资 $y = a^2 = 9$；当营业额为 $x = 70$ 时，获得工资 $y = a^2 = 0$。

(3) 雇主有两种可选的契约：(A) 工资支付不作任何激励，任由对方选 $a = 0$；(B) 选择取决于营业结果的工资方案 $y = y(x)$，确保对方选择 $a = 3$。由于雇员的两种努力水平造成的期望营业额差为 80，所以如果能在 80 元以下激励雇员努力工作 ($a = 3$)，便采取契约 B，否则以契约放任其选择 $a = 0$ 更为明智。下面比较两种契约的成本

契约 A: 注意到雇员的期望效用为 0，显然应当有 $y_A \equiv 0$

契约 B: 雇员的自选择约束为

$$0.2\sqrt{y(0)} + 0.4\sqrt{y(100)} + 0.4\sqrt{y(400)} - 3$$
$$\geqslant 0.4\sqrt{y(0)} + 0.4\sqrt{y(100)} + 0.2\sqrt{y(400)}$$

显然，最优契约应满足 $y(0) = 0$；代入上式，化简为 $0.2\sqrt{y(400)} \geqslant 3$，这意味着 $y(400) \geqslant 225$。对于 $y(100)$，因为出现概率在两种努力水平下都是一样的，$y(100)$ 取任何值都不会影响激励结果。因此，最佳激励方案应为：$\{y(0) = y(100) = 0; y(400) = 225\}$。

对于雇主而言，契约 B 的期望成本为 $0.4 \times 225 = 90$ 元，已超过 80 元的最大激励限度。从而，你的最佳选择是契约 A：$y = y(x) \equiv 0$。

(4) 作为一个风险厌恶者，上一小题中的期望利润最大化 (支付给对方的期望工资最小化) 策略可能是不恰当的。比方说你的期望效用函数为 $U(x,y) = \sqrt{x-y}$，容易计算，在上述两种契约中，雇主的期望效用分别为

契约 A: $0.4\sqrt{0} + 0.4\sqrt{100} + 0.2\sqrt{400} = 8$

契约 B: $0.2\sqrt{0} + 0.4\sqrt{100} + 0.4\sqrt{400-225} = 9.3$

因此,应当选择契约 B,用 225 元的高额奖金来鼓励雇员努力工作。

20-9 解 (1) 如果委托人能够无成本地观察到 a 值,只要将对代理人的支付压低到最低限度,使得参与约束恰好束紧即可。不妨假设代理人的保留效用为零,则最优工资支付 $y^*(x)$ 满足

$$\int_\alpha^\beta 2[y^*(x)]^{1/2}\frac{e^{-x/a}}{a}dx - a = 0$$

由于委托人是风险中立的 (其效用函数为 $x-y$ 的线性函数),最优契约要求他承担全部风险,而代理人获得确定的收益,所以,

$$y^*(x) = a^2/4$$

(2) 由于 $f(x,a) = e^{-x/a}/a$, $F(x,a) = \frac{1}{a}\int_0^x e^{-z/a}dz = 1 - e^{-x/a}$

$$F_a(x,a) = -\frac{x}{a^2}e^{-x/a} \leqslant 0$$

且当 $x > 0$ 时,严格不等号成立,所以 a 增加时在一阶随机占优意义上增加产量。

(3) $f_a(x,a) = -\frac{1}{a^2}e^{-x/a} + \frac{x}{a^3}e^{-x/a}$

$$\frac{f_a(x,a)}{f(x,a)} = \frac{-e^{-x/a}/a^2 + xe^{-x/a}/a^3}{e^{-x/a}/a} = \frac{x-a}{a^2}$$

这显然是 x 的单增函数,所以分布密度函数 $f(x,a)$ 满足单调似然率条件。

(4) 在无法观察 a 值的情况下,最优支付函数 $y^*(x)$ 满足正文中的一阶条件 (20.25)

$$\frac{V'(x-y^*(x))}{u'(y^*(x))} = \lambda^* + \mu^*\frac{f_a(x,a)}{f(x,a)} \quad \forall x \in [0,\infty)$$

即是说

$$\sqrt{y} = \lambda^* + \mu^*\frac{x-a}{a^2}$$

或

$$y = Ax^2 + Bx + C$$

§第 21 章 逆向选择、道德风险和信号§

21-1 解 这两个效应都是道德风险的具体表现。如果委托人无法低成本地追踪和监督代理人的行动,后者的行动就会出现收益与成本失衡,促使其做出有损委托人利益的行为。具体地,在经理人与股东的关系中,由于前者只持有部分股份,他进行在职消费所得的利益绝大部分是自己独享 (不是完全独享,因为这在一定程度上也对公司树立形象等有利),而消费支出则由全体股东负担,所以经理有强烈的过度消费倾向。反过来,对于经理人的工作努力,其收益归全体股东,而努力成本由经理单独承担,所以经理人常会寻机偷懒。另一方面,股东与债权人间也存在收益-成本的错位。如果股东拿银行的钱去冒险,银行承担了全部风

险, 却无法获得成功时的巨大收益, 股东只承担有限责任却享有剩余索取权, 具有强烈的冒险倾向。

21-2 解 (1) 临界生产率水平 θ_0 满足 $\bar{y} = y$, 即

$$\theta_0 = \frac{1+2\alpha}{2(1-d)}$$

当 $\theta \geqslant \theta_0$ 时, 人们将选择个体劳动; 而当 $\theta < \theta_0$ 时, 人们将选择受雇于厂商。二者的比例分别为 $\theta_0 - \alpha$ 和 $1 + \alpha - \theta_0$, 具体地,

选择个体劳动: $1 + \alpha - \dfrac{1+2\alpha}{2(1-d)} = \dfrac{1-2d(1+\alpha)}{2(1-d)}$

选择受雇于厂商: $\dfrac{1+2\alpha}{2(1-d)} - \alpha = \dfrac{1+2\alpha d}{2(1-d)}$

(2) 当 $d \to 0$ 时, 选择个体劳动和受雇于厂商的人大约各占一半。

21-3 解 参照正文中的图 21.4, 如果低风险投保人的风险厌恶程度增加, 那么所对应的无差异曲线会变得更加平坦, 与预算线 $\overline{T}$ 相交的可能性更大, 汇合均衡驱逐可分均衡的可能性也就更大。

21-4 解 (1) 这块矿石应该按照期望价格出售: $100 \times (2+20)/2 = 1\,100$ 元。如果实际含金量是 15%, 但双方都不知情, 并不影响矿石按照期望价格出售。

(2) 如果矿石持有者知道矿石的实际含金量, 而且他不能撒谎 (当然可以选择什么都不说), 则无论矿石的含金量如何, 其均衡战略都是选择告知买主真实的含金量。分两种情况讨论:

① $\theta > 11$, 持有者显然会告诉顾客实情, 并按照 100θ 的价格成交。

② $\theta \in [2, 11]$, 矿石持有者会有选择沉默的动机, 并希望仍然按照期望价格 $1\,100$ 元出售。但是, 当他拒绝说实情时, 顾客自然会推断矿石的含金量肯定不足 11%, 所以顾客的出价将是 $100 \times (11+2)/2 = 650$ 元 —— 预料到这一点, 矿石持有者会考虑在 $\theta \geqslant 6.5$ 时选择披露实情。但在矿石持有者这一策略下, 他选择沉默时顾客又可以推知矿石含金量不足 6.5%, 矿石所有者仍不能获得 $[2, 6.5]$ 上的平均价格。不断重复上述过程, 容易推知矿石持有者会选择在整个区间 $\theta \in [2, 11]$ 上披露实情。

(3) 卖方沉默的情况下, 不外乎两种可能: ① 他的确不知情, 此时矿石的售价应为 $100 \times (2+20)/2 = 1\,100$; ② 他知情但不肯透露, 而这必定是矿石质量 θ 低于某一特定的门槛值 $\bar{\theta}$。由于买方估计这两种可能性各为 50%, 因此买家的出价将为 $[1\,100 + 100 \times (2+\bar{\theta})/2]/2$ —— 既然知情卖家愿意接受该价格而不愿告知真实含金量, 必然有

$$[1\,100 + 100 \times (2+\bar{\theta})/2]/2 \geqslant 100\theta$$

而当 $\theta = \bar{\theta}$ 时上式等号成立。将 $\theta = \bar{\theta}$ 代入, 解得 $\bar{\theta} = 8$。因此, 均衡售价应为 800 元。

21-5 解 (1) 给定保险契约 (π, q) 和对汽车的管理程度 a, 投标人未来的两种可能收益为

$$y_1 = m - \pi q - a, \qquad y_2 = m - L + (1-\pi)q - a$$

投保人的期望效用是

$$E[u(a)] = [1 - \gamma(a)]u(y_1) + \gamma(a)u(y_2)$$

选择 a 使其期望效用最大化

$$\max_a\{[1-\gamma(a)]u(y_1)+\gamma(a)u(y_2)\}$$

一阶条件为

$$[Eu(a)]' = [1-\gamma(a)]u'(y_1)+\gamma(a)u'(y_2)+\gamma'(a)[u(y_1)-u(y_2)]=0$$

二阶条件是

$$[Eu(a)]'' = (1-\gamma)u''(y_1)+\gamma u''(y_2)+2\gamma'[u'(y_1)-u'(y_2)]-\gamma''[u(y_1)-u(y_2)]\leqslant 0$$

为了使讨论有意义, 以下我们假设严格不等式成立: $[Eu(a)]''<0$。

(2) 在此仅讨论收入 m 变化对 a 的影响。在一阶条件等式中对 m 求导, 得

$$\frac{\partial a}{\partial m} = \frac{[1-\gamma(a)]u''(y_1)+\gamma(a)u''(y_2)+\gamma'(a)[u'(y_1)-u'(y_2)]}{(1-\gamma)u''(y_1)+\gamma u''(y_2)+2\gamma'[u'(y_1)-u'(y_2)]-\gamma''[u(y_1)-u(y_2)]}$$

其中分母为负 (二阶条件), 但分子中前两项为负, 第三项为正 ($\gamma'<0$, 同时 u' 单减, 且正常情况下有 $y_1\geqslant y_2$), 所以整个分式正负不定, 表明投保人可能随收入的增长提高或降低财物保管程度。

损失规模 L 和保费率 π 的影响仿此进行讨论, 投保量 q 的影响详见下一小题的解答。

(3) 在一阶条件中对 q 求导, 得

$$\frac{\partial a}{\partial q} = \frac{(1-\pi)[\gamma(a)u''(y_2)-\gamma'(a)u'(y_2)]-\pi\{[1-\gamma(a)]u''(y_1)+\gamma'(a)u'(y_1)\}}{(1-\gamma)u''(y_1)+\gamma u''(y_2)+2\gamma'[u'(y_1)-u'(y_2)]-\gamma''[u(y_1)-u(y_2)]}$$

该式分母为负, 所以, 要有 $\partial a/\partial q<0$, 必须假设

$$\pi[(1-\gamma)u''(y_1)+\gamma'u'(y_1)] < (1-\pi)[\gamma u''(y_2)-\gamma'u'(y_2)]$$

两边同除以 $u'(y_1)u'(y_2)$, 变形为

$$\frac{(1-\gamma)u'(y_1)}{\gamma u'(y_2)}\frac{A(y_1)+\gamma'/(1-\gamma)}{A(y_2)-\gamma'/\gamma} < \frac{1-\pi}{\pi}$$

其中 $A(\cdot)$ 为 A-P 绝对风险厌恶系数。从状态空间 (y_1,y_2) 内看, 该不等式右端为预算线斜率 (绝对值); 左端第一个分式为投标人无差异曲线斜率 (绝对值)。如果 (π,q) 是最优契约, 一阶条件表明这二者相等

$$\frac{(1-\gamma)u'(y_1)}{\gamma u'(y_2)} = \frac{1-\pi}{\pi}$$

则条件变为

$$A(y_1)-A(y_2) < -\frac{\gamma'}{\gamma(1-\gamma)}$$

如果投保人风险厌恶系数关于收入递减, 在正常的保险契约下有 $y_1\geqslant y_2$, 因此左端为负, 而右端为正, 上述条件自然成立。因此该条件只是在 $A(y)$ 单增的情况下有约束意义。

如果 $A(y)$ 单增，收入增长会使投保人更惧怕风险。所以，与损失状态相比较，不出意外的状态（状态 1）下投保人行为将更趋保守。只有当降低 a 带来的利益超过这种保守倾向，投保人才会进一步降低其对财物的看管水平。

21-6 解 (1) 如果不雇用专家直接投资 G，期望效用为：$\bar{u} = G(1 + 0.7r_H + 0.3r_L)$；如果雇用专家，并在获得好消息时投资 G_1，坏消息时投资 G_2，投资人的期望效用为：

$$E(u) = 0.5[G_1(1 + 0.9r_H + 0.1r_L) - y] + 0.5[G_2(1 + 0.5r_H + 0.5r_L) - y]$$

雇用专家的必要条件是 $E(u) \geqslant \bar{u}$——只要适当安排 $y \geqslant 0$，并且 $G_1 > G_2$，这个条件是容易成立的，因为当 $G_1 = G_2$ 时 $E(u)$ 除多一项 $-y$ 外与 $\bar{u}$ 是相同的。

(2) 在决定雇用专家的情况下，报酬支付结构必须保证专家认真工作。我们可以将 y 与专家的报告结果和最终实现的收益率挂钩：$y = y(r_H, r_L; I_H, I_L)$，其中 I_H 和 I_L 分别表示专家报告的结果为"好"和"坏"。具体地，可以考虑

$$y = \begin{cases} y_h & \text{如果 } \tilde{r} = r_H, I = I_H, \text{ 或 } \tilde{r} = r_L, I = I_L \\ y_l & \text{如果 } \tilde{r} = r_H, I = I_L, \text{ 或 } \tilde{r} = r_L, I = I_H \end{cases}$$

其中 $y_h > y_l$。只要适当选择 y_h 和 y_l 的值，使得下式成立，便可保证专家认真工作

$$\frac{1}{2}(0.9\sqrt{y_h} + 0.1\sqrt{y_l}) + \frac{1}{2}(0.5\sqrt{y_h} + 0.5\sqrt{y_l}) - c(a) \geqslant 0.5\sqrt{y_h} + 0.5\sqrt{y_l}$$

即

$$c(a) \leqslant \frac{1}{5}(\sqrt{y_h} - \sqrt{y_l})$$

21-7 解 (1) 在汇合均衡中，均衡战略不透露任何新信息，初始信念将维持

$$\mu(\theta_1 \mid e) = \begin{cases} p & e = \bar{e} \\ 0 & e \neq \bar{e} \end{cases}$$

(2) 由于没有更多的新信息，所以，任何其他信念都将与 Bayes 推断原理相悖。

(3) $\mu(\theta_1 \mid e) = \begin{cases} 1 & e = \dfrac{\theta_2 - \theta_1}{c_1} \\ 0 & e \neq \dfrac{\theta_2 - \theta_1}{c_1} \end{cases}$

21-8 解 (1) 因为信号效应，公司会花钱做这种丝毫不影响产品形象和提升需求的广告。劣质洗发水即使做广告，也只能在当期欺骗消费者，而在下一期则获得零利润，因此劣质洗发水生产者不会在广告投入上花费太多。而优质洗发水则因为可以在第二期留住消费者，因此可以承担更大的广告成本，这就出现了可分均衡的可能性。在可分均衡中，消费者会认为有能力做广告的都是优质洗发水，而广告投入较少或不做广告的则是劣质洗发水。

(2) 如果公司不做广告，那么他在第一期可以获得半数的市场份额，而在第二期，上期已经购买洗发水的消费者会继续购买，而上期没有购买该洗发水的消费者则仍有一半会购买，因此厂商可以得到的期望利润为

$$\Pi_n = (1\,000 \times 0.5 + 1\,000 \times 0.5 + 1\,000 \times 0.5 \times 0.5)(30 - 18) = 15\,000$$

而如果厂商做广告,且广告费用为 A,则他在两期均可以获得全部的市场份额,因此其利润为

$$\Pi_a = 2\,000 \times (30 - 18) - A = 24\,000 - A$$

当 $\Pi_n \leqslant \Pi_a$ 时,厂商会选择做广告,因此可得 $A \leqslant 9\,000$。

另一方面,如果厂商生产的洗发水是劣质的,则他知道即使做广告也只能在当期欺骗所有的消费者,而第二期的利润为零。因此他做广告可以得到的利润为

$$\pi_a = 1\,000 \times (30 - 18) - A = 12\,000 - A$$

而他不做广告时,当期可以获得半数的消费者,在第二期,上期购买者不会继续购买,而上期没有购买的消费者仍会有一半购买,因此他可以得到的利润为

$$\pi_n = 500 \times (30 - 18) + 250 \times (30 - 18) = 9\,000$$

故而如果厂商生产的是劣质洗发水,则他的广告投入要满足 $\pi_a \geqslant \pi_n$,即 $A \leqslant 3\,000$。

因此,只要广告投入大于 $3\,000$,则可以有效地实现分离均衡,即生产劣质洗发水的厂商不会做广告,能够做广告的只有优质洗发水的生产者。综上可得公司广告费用的范围是

$$3\,000 < A \leqslant 9\,000$$

(3) 如果公司不做广告,那么他在第一期可以获得半数的市场份额,而在第二期,上期已经购买洗发水的消费者会继续购买,而上期没有购买该洗发水的消费者则仍有一半会购买,第三期中在前两期没有购买的消费者也会有半数购买。因此厂商可以得到的期望利润为

$$\Pi_n = (500 + 750 + 875) \times (30 - 18) = 25\,500$$

如果厂商做广告,且广告费用为 A,则他在三期均可以获得全部的市场份额,因此其利润为

$$\Pi_a = 3\,000 \times (30 - 18) - A = 36\,000 - A$$

当 $\Pi_n \leqslant \Pi_a$ 时,厂商会选择做广告,因此可得 $A \leqslant 10\,500$。

另一方面,如果厂商生产的洗发水是劣质的,则他知道即使做广告也只能在当期欺骗所有的消费者,而第二期以后的利润为零。因此他做广告可以得到的利润为

$$\pi_a = 1\,000 \times (30 - 18) - A = 12\,000 - A$$

而他不做广告时,当期可以获得半数的消费者,在第二期,上期购买者不会继续购买,而上期没有购买的消费者仍会有一半购买,以此推论,第三期依然会有半数此前没有购买的消费者购买洗发水,因此他可以得到的利润为

$$\pi_n = (500 + 250 + 125) \times (30 - 18) = 10\,500$$

故而如果厂商生产的是劣质洗发水,则他的广告投入要满足 $\pi_a \geqslant \pi_n$,即 $A \leqslant 1\,500$。

因此，只要广告投入大于 1 500，则可以有效地实现分离均衡，即生产劣质洗发水的厂商不会做广告，能够做广告的只有优质洗发水的生产者。综上可得公司广告费用的范围是

$$1\,500 < A \leqslant 10\,500$$

教师反馈及教辅申请表

　　北京大学出版社本着"教材优先、学术为本"的出版宗旨，竭诚为广大高等院校师生服务。为更有针对性地提供服务，请您认真填写以下表格并经系主任签字盖章后寄回，我们将按照您填写的联系方式免费向您提供相应教辅资料，以及在本书内容更新后及时与您联系邮寄样书等事宜。

书名		书号	978-7-301-	作者	
您的姓名				职称职务	
校/院/系					
您所讲授的课程名称					
每学期学生人数	_____人_____年级			学时	
您准备何时用此书授课					
您的联系地址					
邮政编码			联系电话（必填）		
E-mail（必填）			QQ		
您对本书的建议：				系主任签字 盖章	

我们的联系方式：

北京大学出版社经济与管理图书事业部
北京市海淀区成府路 205 号，100871
联 系 人：徐冰
电　　话：010-62767312 / 62757146
传　　真：010-62556201
电子邮件：em_pup@126.com 　　em@pup.cn
Q　　Q：5520 63295
新浪微博：@北京大学出版社经管图书
网　　址：http://www.pup.cn